KEYKOREA

성리소설의 미학 ②

춘향전의 感性美

감성미

설성경

연세대학교 출판문화원

설성경

대구에서 태어나 연세대학교 문과대학 국어국문학과를 졸업하고, 같은 대학원에서 문학 석사 및 박사학위를 받았다. 순수학의 심화 위에서 응용학으로 확장하는 신국문학 운동의 개척자다. 연세대학교 인문과학연구소장, 국학연구원 원장, 강진다산실학연구원 원장, 남해유배문학관 명예관장을 역임하였고, 현재는 아시아문화연구원 이사장, 나손인문학연구실 대표이며, 연세대학교 명예교수다.
순수학 연구 이론을 토대로 「춘향전 특별전」을 비롯한 다양한 응용학을 전개하여 학술의 대중화와 세계화에 힘쓰고 있는 현장 지향적 연구자다. 대표 저서로는 『구운몽의 비밀』, 『홍길동전의 비밀』, 『춘향전의 비밀』 등이 있다.

춘향전의 감성미

2024년 12월 16일 1판 1쇄

지은이	설성경
펴낸곳	연세대학교 출판문화원
주소	서울특별시 서대문구 연세로 50
등록	1955년 10월 13일(제9-60호)
전화	02) 2123-3378~80
팩스	02) 2123-8673
전자우편	ysup@yonsei.ac.kr
홈페이지	http://press.yonsei.ac.kr
인쇄	(주)동국문화

ISBN 978-89-6850-902-5 (94810)
ISBN 978-89-6850-900-1 (세트)

값 60,000원

머리글

필자가 개발한 한국적 연구방법인 광통학의 방법은, 특히 성리소설의 특징인 철학과 역사를 융합하여 이면서사를 전개하는 지성적인 작품을 분석하는데 유용한 방법이다. 이는 동양의 사유체계가 보유하고 있는 고유의 방식을 문학 연구의 방법으로 적용하여 해석해 내는 방식이다. 필자가 평생 한국문학의 연구방법론 개발에 천착한 결과로 제시하는 광통학의 방법은, 참여적 융합 연구방식, 즉 구체적으로는 인문학적 문예학 연구방식이라 할 수 있다. 여기서는 연구자의 방과 작가의 방, 작품의 방이 서로 동일한 비중으로 다면적, 다각적, 다층적인 소통을 통해 상호 유기적인 호응을 이루면서 사고의 분리, 추출, 융합의 과정을 거친다. 그 과정을 통해 연구자는 작가의 생각지도에 접근하여, 원작의 창작 설계도를 복원하여 작품을 분석하고 해석해 낸다.

이 연구에서는 『조선왕조실록』을 비롯한 관찬 자료와 개인 문집의 자료를 최대한 활용하면서, 작가가 성리 철학자 출신의 조정 관료로서 보여주는 신하로서의 개성과 당파성, 그리고 당파성을 넘어서는 개인적인 언행과 성격의 실현을 포괄적이고 미세한 부분까지도 점검했다. 성리철학에 기반한 성리문학의 본질과 미학을 해석해 내는 한국문학의 인문학적 확장 연구 방법인 〈광통학〉의 방법으로 구체적인 작품의 해석과 더불어 전후 시대 작품과의 상대적 상관관계도 분석해 내게 되었다.

「춘향전」은 조경남의 소설에서 출발했지만, 18세기에는 지혜롭고 재능 있는 광대들에 의해 판소리 양식으로도 확장되면서 극적인 속성을 보탠 서사 속에 다수의 삽입가요로서의 시가 포함된 독특한 구조를 갖추었다. 판소리는 전문적인 직업 광대들이 적공을 쌓아가며 다듬었기 때문에, 유파별 소리의 특징을 살리면서 더욱 분화 성숙하여 「춘향가」만이 아닌 12마당으로 성장하면서 양반과 서민들 사이에서 함께 인기를 누리는 연행 양식으로 주목받게 되었다. 「춘향전」은 「원춘향전」이 창작된 이래, 늘 새로운 모습으로 변이를 거듭하면서 향수되었기 때문에 춘향 현상을 일으키며, 영원한 사랑의 고전으로 300년 이상 한국 예술사에 큰 궤적을 남기게 되었다. 그 결과 「춘향전」은 다수의 작가와 여러 시대 그리고 다양한 지역과 계층별 취향에 따라서 끊임없이 재창작되며, 거대한 작품군을 이루었다.

이 책은 작가의 방, 그리고 작품의 방을 상호 연계시켜 「춘향전」 탄생의 비밀을 독자들이 이해하고, 이런 토대 위에서 「춘향전」의 특징인 감성미를 고급 독자들이 향수할 수 있도록 구성한 저술이다. 이는 필자가 개발한 인문학적 문예학의 연구방법인 광통학의 결실로, 한국을 중심으로 한중일 3국의 동아시아 비교문학 차원에서 한국문학의 작가적 정체성과 민족적인 독창성을 객관적으로 제시하고자 함이 목적이다. 책에서는 한국에서 개발된 광통학의 방법으로, 성리소설 「춘향전」의 창작의 설계도를 복원해 냄으로써, 하나의 명작이 탄생하는 역사적인 과정과 작품의 주제와 미학을 탐색하는 고급 인문학 향유 시대의 새로운 지평을 열고 있다.

이제, 「춘향전」은 이러한 수준에서, 영국의 세익스피어의 「로미오와 줄리엣」과는 차별화된 이중 서사구조를 가진 성리소설로서의 감성미를 전 세계의 문예학자와 독자들이 주목하여 향유함으로써, 국내외 학술교류의 주요 대상이 되어 글로벌 문학 및 문화시장에서 성리소설 「춘향전」의 감성미를 세계인이 다양하게 즐길 수 있는 한국형 인문학으로서의 지평이 새롭게 확장되기를 기대한다.

2024년 8월 15일

설 성 경

차 례

1

들머리

한국의 대표 고전「춘향전」은 소설을 포함한 여러 예술 양식으로 끊임없이 재현된 명실상부한 한국의 대표 고전소설이다. 이 연구에서는「춘향전」의 성리소설로서의 속성과 그 속에 담긴 미학을 탐색해 본다.

산서 조경남은 남원에서만 평생을 살았다. 그는 대문장가로서 방대한 역사 기록을 남겼다.「춘향전」에서는 가장 한국적인 이야기 속에, 작가 자신의 신분을 기생으로 낮추어 작품 속에 투영시켰다. 그는 춘향을 통하여 약하고 어여쁜 여인이지만, 큰 칼을 쓰고 옥중에서 고통을 받으면서도 열녀성을 지켜내는 이야기로 들려준다. 작가 조경남은 선비이면서도, 전란의 의병장으로서 전쟁터를 누빈 남다른 애국심과 열정을 지닌 인물이다. 또한『난중잡록』·『속잡록』·「춘향전」등의 저술을 남긴 대작가이다.

「춘향전」에서 시작된 춘향예술에 대해 조동일의『한국문학통사』에서는〈판소리계 소설의 작품세계〉라는 항목에서 다음과 같이 서술하고 있다.

> 〈수궁가〉〈심청가〉〈춘향가〉는 판소리 사설의 정착보다는 소설 형태로 더욱 풍부한 자료가 남아 있기 때문에〈토끼전〉〈심청전〉〈춘향전〉〈흥부전〉으로 고찰하는 것이 온당한 방법이다. 이러한 판소리계 소설은 판소리가 지닌 특징을 힘입어 그동안 소설에서 커다란 비중을 차지했다는 초경험적이고 관념적인 설정을 대폭 축소시키는 대신 현실적인 경험을 생동하게 나타내는 방향으로 나아가면서 거기 따르는 논란을 작품에 따라서 또는 이본에 따라서 서로 다른 양상으로 심각하게 벌여 하나같이 문제작이다.[1)]

이러한 서술은 기본적으로 근원설화에서 생성된 판소리「춘향가」가 성립된 후에, 소설「춘향전」이 출현한 것으로 보는 입장이다. 그러나 필자는 이 저서에서 판소리 선행설과는 전혀 다른 방향인 조경남이「원춘향전」을 창작

1) 조동일,『한국문학통사』3권, 제3판, 지식산업사, 1994, 591~592쪽.

했으며, 작품의 특성은 성리소설이라는 점을 밝힌다.「춘향전」의 인물은 관을 대표하는 남원부사와 그 책방 도령과, 민을 대표하는 퇴기 월매와 그 딸인 춘향이다. 음양의 상대적인 속성을 극대화하여 표현하여 인물을 설정한 것이다. 나아가서는 인간이 지닌 선과 악의 속성을 구분하고, 관을 대표하는 선임 남원부사인 이부사와 후임 남원부사인 변부사의 관계를 대립시켜 각각의 인물을 설정하였다. 이런 설정 위에서 변부사가 지방 재판관으로서 펼치는 재판은 선악의 삼각구도에서 개인적인 욕망이 개입된 인심에 따른 재판인데 비하여, 암행어사가 하는 재판은 중앙정부에서 파송된 도심에 따른 공정한 재판이라는 것을「춘향전」은 작품의 중심 서사의 하나로 삼고 있다. 여기에 더 보태어지고 복합되는 것이, 변부사의 인심에 따른 불공정 재판과 암행어사의 도심에 따른 공적인 재판의 대상이 된 춘향의 신분은 기생가의 천인이지만, 그의 심성은 도심을 따르는 열녀일 뿐만이 아니라, 책방 도령의 여인이 곧 암행어사의 여인인 열녀 춘향으로 동일한 인물이라는 점이다.「춘향전」의 작가는 이런 격조 높은 음양의 원리를 통해 1차 변부사와 2차 암행어사의 재판, 그리고 동일한 피고인 춘향을 대상으로 한 재판에서, 기생 춘향으로 몰아세우는 1차 재판의 변부사의 욕심에 따른 잘못된 재판이, 2차 재판인 암행어사의 도심에 따른 공정한 재판으로 이루어지는 시대와 사회를 춘향의 사례를 통해 남원의 사람들이 확인하는 서사를 보여주는 것이며, 이는「춘향전」이 지닌 하나의 축제에 해당한다.[2)]

또,「춘향전」에서 보여주는 서사적 전개는 표면적으로는 신분이 다른 젊은이의 사랑 이야기로 엮어내었고, 그 이면에는 군왕을 중심으로 당파적 대립을 떠나 중앙이나 지방의 관장들이 유가정신을 살려 충을 실현하는 유가적 윤리의 당위성이 실현되는 사사를 보여주고 있다. 그 결과「춘향전」이 구현하는 최종적이고 핵심적인 주제는 춘향 정신이며, 그 정신은 춘향과 이도

---

2) 설성경,「새로 읽는 춘향전」,『문학과 의식』, 2000, 봄호.

령의 사랑의 전개인 만남에서 사랑으로, 다시 이별 다음에 겪게 되는 도령의 출세에 따른 암행어사로의 처지의 변화와, 변부사로부터 당하는 춘향의 시련은, 암행어사로 귀환하여 변부사를 파직시키는 극적인 전환을 통하여, 옥중에서 죽게 된 춘향이 단순히 풀려나는 것 이상의 행복한 열녀로 공인이 된 처지에서 암행어사의 당당한 님으로 재회한다는 극적이고 복합적인 주제를 가진 사랑 이야기라는 점이 「춘향전」의 특징이 된다.

「춘향전」이 등장할 당시까지의 일반적인 설화나 야담에서는, 사랑 이야기나 수절 이야기는 이런 복합적인 주제와 극적인 대반전을 보여주지 못했는데, 본격적인 작가의 등장으로 한 단계 성숙 발전된 극적인 서사를 담아낸 「춘향전」 같은 명작이 허균의 「홍길동전」을 이어 성리학자인 산서 조경남에 의해서 탄생했다는 점이 17세기 조선시대 소설사의 발전 과정을 단적으로 보여준다.

「춘향전」은 주제 면에서도 통속적 대중소설과는 달리 유가정신에 기반한 독특한 충효정신을 담고 있다. 표면적으로는 단순한 사랑의 이야기 같지만, 그 내면에는 춘향정신이라 일컬을 만한 격조 높은 성리적 주제 의식을 담고 있다. 「춘향전」의 성립과 성장 시기는 외부적으로는 임진왜란과 병자호란이라는 큰 전란과, 내부적으로는 정치적 갈등 관계로 인하여 동인과 서인으로 나뉘고, 다시 남인과 북인, 노론과 소론 등으로 분파되면서, 당파적 갈등이 심화되고 있던 시기였기 때문에, 그 여파가 지방에까지 미침으로 탐욕스런 지방 관장들의 폭정은 서민들에게까지 그 고통을 안겨주었다. 이런 시대적 사회적 분위기 속에서, 작가 조경남은 대문호로서 서민들의 안타까운 심정을 소설을 지어 위로하고 갈등을 해소시키고자 하는 목적으로 만년에 성리소설 「춘향전」을 창작한 것으로 판단된다. 그는 특히, 춘향을 둘러싼 이도령과 변부사와의 갈등에서 주인공인 춘향과 도령이 각각 그들이 처음 만났을 때의 조건인 기생에서 열녀로, 도령에서 암행어사로 성숙하는 치열한 노력과 참다운 사랑의 결과로 얻는 승리와 아름다운 결실을 주제화 시켰다. 그러기에 춘향과 이도령의 사랑이야기는 육신의 만남에서 정신의 만남으로 성장하는 이야기로 발전하고, 이는 어두운 시대나 사회에서 불의에 대한 투쟁의 결과로써 정의를 쟁취해내는 도전과 저항의 주제로 나타나기도 하였다.

극적인 서사구조를 지닌 「춘향전」은 문학 내적인 탁월성도 있지만, 높은 예술성을 지닌 개작가와 판소리 광대들의 참여가 높았고, 현대에 와서는 여러 예술 장르의 대가들이 춘향예술의 창작에 동참하여, 춘향현상을 일으키며 지속적으로 발전해 왔다. 이런 「춘향전」의 미학적 특질에는 원작가가 작품을 개작할 수 있도록 열어놓은 양식적 특징도 있다. 극적인 구조로 구성되었기에, 재능있는 개작가들에 의해 사랑 대목에서의 흥의 정감과, 이별 대목의 한의 정감을 증폭시키는 성과를 얻게 되었다. 이는 어사 출도 대목에서 다시 금준미주 시로 대표되는 주제시로 극적인 신명의 판으로 전환을 이루면서, 흥의 정서가 극대화되는 성과로 이어졌다.

2

「춘향전」의 본질과 연구사에 대한 성찰

2-1. 「춘향전」은 성리학자가 창작한 성리소설

(1) 「춘향전」의 본질은 성리학 시대의 학자가 창작한 성리소설

「춘향전」 연구의 역사에서 보면, 춘향학은 20세기 초에, 민족사의 가장 어두웠던 주권을 상실한 일제 강점기에 비롯되었다. 선행 연구에서는 한국형 연구 방법을 제대로 갖추지 못했기 때문에, 1960년까지도 본격적으로 시작된 연구의 성과를 크게 내지 못했다. 그러나 이제는 선행 연구의 토대 위에서 지속적인 연구의 결과로 한국의 주체적인 고전문학 연구 방법인 광통학이라는 방법론을 개발하여, 이 방법으로 민족고전 「춘향전」의 원작가가 산서 조경남이 자신의 성리이념을 무르녹여 대중 속으로 파고드는 성리소설을 창작하였음을 밝히게 되었다.

광통학으로 「춘향전」의 본질을 탐색하면, 이 작품은 종래의 통설이었던 광대의 판소리 「춘향가」에서 발생해서 소설 「춘향전」으로 전개되었다는 판소리 선행설과, 「춘향전」이 통속소설이라는 평가는 표면적 현상을 중시한 미숙한 결론이었다. 이러한 결론에는 필자의 박사학위 논문부터 시작되는 방법론 개발을 향한 목표 지향 연구에서 광의의 제2기 연구까지의 연구 결과에 의한 것이다. 연구 초기에는 필자 스스로도 일부 의심을 가졌던 부분들을 해소 하여, 「춘향전」 성립에 대한 초기 단편적인 진사 창작설까지 보완할 수 있는 새로운 학설로서, 전라도 남원에서 평생을 살았던 남원 의병장 출신 진사 조경남이 「원춘향전」의 작가이며, 작품의 성격은 통속소설이 아닌 성리소설이라는 점을 밝혀내게 되었다. 이런 결론에 따르면, 「춘향전」의 서사구조는 다중적이기에 춘향과 이도령의 순수한 사랑을 통한 신분 극복은 물론, 춘향이 보여준 변부사에 대한 저항, 암행어사의 탐관오리 변부사에 대한 징치 등은 개인적 차원의 춘향의 시련과 고통의 해소를 넘어서는 임병양란에서 겪은 내우외환의 원인과 그로 인한 갈등과 고통을 해소하는 성리이념이 실현되는 행복한 흥과 신명의 세상이 왔음을 제시하는 정신적인 승리의 대주제를 담고 있다.

또, 「춘향전」의 극적인 결말의 서사구조는 외연에 자리한 표면서사의 이면에 내장된 이면서사나 전고로 볼 때, 성리학에서 논의하는 인간이 지닌 순수한 본원의 심성인 도심의 유지와 회복을 보여주는 것이 상하와 동서의 대립에 따른 갈등[3]을 야기시키는 근본이기 때문에 이를 극복하는 관민의 화합, 군신민의 이상적인 질서와 화합이 이루어지는 세상의 한 사례를 기생 집 딸인 춘향까지도 정절을 지키는 열녀의 수준에 이른다는 점을 강조하며 춘향과 책방도령이 지켜내는 순수한 사랑의 약속 실천으로 제시한다. 단순한 사랑을 넘어서는 성리이념을 일반적인 소설과 흡사한 이야기 속에서 보여주는 고급 창작기술이 담긴 작품이 「춘향전」이며, 현상 뒤에 자리한 근본 주제가 있다는 점이다.

원작가 조경남은 임진왜란과 정유재란 때에 남원에서 그 비극의 현장을 체험하였을 뿐만 아니라, 전국적으로 가장 구체적인 전쟁의 참상과 그 전개를 기록한 역사 편찬자이다. 그는 자신이 직접 과거 공부를 가르친 제자가 문과에 급제하여, 암행어사의 임무를 완수하고 남원에 찾아와 스승의 가르침에 따른 자신의 성과를 토로하는 것에 감동하여 늙고 병든 처지이지만, 어린시절 가르쳤던 제자가 군주의 신임을 받는 암행어사가 되어 자신을 찾아

---

3) 양란 이후에 더욱 심각해진 당파성의 결과는 혼사는 물론 생활 민속에까지 미쳐서 걸음걸이가 느리고 공손하면 노론이요, 대적으로 빠르고 활개치는 것이 두드러지면 소론이라 했다. 남인은 팔자걸음을 하며 어기적거리며 걸었다고 했다. 여자들도 옷맵시만 보아도 당색을 알 수가 있었다고 한다. 노론가문의 아낙들은 뒷머리를 느슨하게 내려 쪽을 졌는데 비해 소론 아낙은 뒷머리를 빠싹 죄어 야물게 올려 쪽을 찌었다. 노론 아낙은 저고리 깃과 섶이 둥글었고 치마주름이 드문드문한데 비해 소론 아낙의 깃은 당코라 하여 모가나고 치마주름도 촘촘하였다.(이중희, 포천문화원 부원장, 포천신문, 2018년 11월 30일.

와준 것에 충격적인 감동에 답하기 위하여 「춘향전」을 창작한 것으로 판단된다. 게다가 조경남은 인간 심성을 바로 세우는 성리학의 실제적 효용성을 실감하면서, 성리학에서 거론하는 본연심인 도심을 상실하여 국가적으로나 사회적으로 내우외환이 초래되었지만 낙망할 필요가 없음을 제자 성이성 암행어사를 통해 깨달았다고 판단된다. 조경남은 자신이 위치한 남원이라는 지방에서 서민, 천민의 백성들을 대신하여, 동서, 상하, 경향이 성리학의 본연의 가르침을 받아들이고 실천한다면, 행복하고 평화로운 시대와 사회, 정치와 역사가 전개될 것을 기대하면서, 그 소망이 이루어진 사례를 더욱 폭넓게 확산시키고자 하였다. 특히 성이성 암행어사 전기형식의 이야기 위에 소설로서의 흥미성을 덧보태어 성리학에 기반한 소설을 연애담과 연계시킨 허구성 있는 혁신적 소설로 통속소설의 형식에 성리이념을 융합시켜 춘향상을 부각시키고자 한 것으로 판단된다.

(2) 「춘향전」의 미적 특질은 원작품과 광대들이 재형상한 감성미

조경남은 원초 「춘향전」에서, 이어사가 변부사를 봉고파직하는 것으로 설정하여, 허구화를 통한 극적인 흥미를 높였다. 변부사만이 아니라 인근 고을 수령들까지 모아 놓고, 옥중 춘향을 처형하려고 하는 마당에 걸인 차림의 암행어사가 등장하여 〈금준미주〉 시를 읊는다. 역사 사실에서는 암행어사 이몽룡의 모델이 된 성이성이 남원에 와서 어사 출도를 하면서 〈금준미주〉 시를 읊은 것이 아니라, 작가 조경남이 자신이 알고 있던 〈금준미주〉 시를 작품을 창작하면서 극적인 긴장감을 높이기 위하여, 작품 속에서 암행어사 이몽룡이 읊은 것으로 설정하였다. 이때의 〈금준미주〉 시의 의미망은, 암행어사가 춘향이라는 한 개인의 고통과 한만을 해결해주는 것이 아니라, 춘향을 비롯한 남원의 백성들, 나아가서는 전국 팔도에서 고통받는 모든 백성들의 해한을 향한 의미로 증강 확장된다. 이런 작가의 창작 태도는 변부사가 남원으로 내려올 때는 급박하게 행차하고, 암행어사가 남원으로 내려올 때는 같은 노정이지만 느리게 서술하여 완급의 미학을 보여 주기도 한다. 이런 과정을 거치면서 암행어사 출도로 전개되는 이어사의 변부사 징벌은 위대한 재판과 거룩한 혼사 이야기라는 의미로 전개되면서, 「춘향전」은 단순한 표층적 서사의 사랑이야기 뿐만 아니라, 재판소설이요, 신분을 넘어서는 위대한 혼사소설인 것이다. 그 이면에는 역대 역사 인물들이 이룩한 충렬의식에 다시 작가가 덧 보탠 가장 이상적인 융합형 성리학에 근거한 심성소설이요, 작가의 측면에서는 율곡과 조헌을 잇는 실천적 의리, 성리소설인 것이다. 그러하기에 「춘향전」은 내우외환을 극복할 이치를 제시하며, 한을 한순간에 해소하여 흥으로 전환시키는 대동적 신명소설이다.

주제 면에서는 「춘향전」에는 유교적 사상의 핵심이라고 할 수 있는 열녀사상이 담겨 있다.[4] 이도령 쪽에서 보면, 열녀 춘향 못지않게 열녀성에 짝을 이루는 남성 이어사의 의리정신[5] 을 공유하고 있다. 그들은 신분 사회 속에서도 권위주의와 불평등을 청산하고, 사랑의 약속을 저버리지 않고, 실천하고 행동하는 선진적인 의식을 담아내었다. 신분적 제약에서 벗어난 인간적 해방을 이룩하고자 한 이면적 주제[6]를 내포와 외연의 관계에서 함께 보여주면서, 아무리 깊고 긴 어둠과 슬픔도 순수한 사랑과 정의를 추구하는 인간의 끈질긴 힘 앞에는 굴복한다는 춘향정신으로 구현하였다.[7] 소설과 판소리 양식을 주축으로 한 춘향예술은 신분을 초월한 사랑, 절개, 고진감래, 흥진비래, 불의에 대한 항거, 인간 평등 등을 복합적으로 하는 다양한 빛깔의 정서

---

4) 조윤제, 『교주 춘향전』, 을유문화사, 1957, 272~273쪽.

5) 나병철, 「춘향전의 주제 연구」, 『연세어문학』 18, 연세대, 1985, 87쪽.

6) 조동일, 『한국문학통사 3』, 지식산업사, 1994, 595쪽.

7) 설성경, 『한국고전소설의 본질』, 국학자료원, 1991, 252쪽.

로 살려내었다.

작가 조경남의 이러한 창작의 정신과 배경은, 「춘향전」의 표면서사에서 젊은 남녀의 사랑이야기를 결코 비극적 죽음으로 끝내지 않는다. 그러면서도 「춘향전」을 통해서, 남원성 전투의 상처를 가장 상징적으로 보여주는 광한루를 중심 배경으로 하여 남녀간의 만남을 보여준다. 작품의 표면서사에는 광한루에서의 만남 대목에 아름다운 사랑대목을 서술하고 있지만, 남원의 독자들이나 당시의 독자들은 남원의 참상 그리고 복구를 염두에 두면서 전고적 소재로 삼아 작품을 향수한다. 이렇듯 창작과 역사 소재와 작가의 매개기능은 「춘향전」의 외연이나 내장된 의미에 집단적, 지역적, 전쟁과 죽음의 참상을 내포하고 있기 때문에, 「춘향전」은 비극 이상의 비극적 참상과 이를 극복하는 초비극의 구조를 가진 거대한 이미지, 또는 확장된 주제를 가진다. 이런 작가의 창작 의도나 독자의 향수 능력을 고려한다면, 암행어사가 변부사의 재판을 처리하면서 그 죄상을 폭로할 때, 천인과 만성으로 표현된 백성들의 고통과 분노의 원인이 변부사 생일잔치에 모인 변부사를 비롯한 인근 고을의 수령들도 함께 있었다는 지적과 고발이 결국 비약이 아니며, 재판관인 암행어사가 단지 자신이 광한루에서 만나고, 사랑하고, 이별한 후에 춘향이 옥중에서 당한 고통이 본인 뿐만 아니라, 가족인 월매, 향단, 또 방자와 남원 주변의 백성들을 통해 확인한 모든 결과의 총합인 것이다.

춘향은 이어사의 사랑하는 님이기에, 춘향의 행동과 내면의식을 이어사는 자신의 경험으로 체득했고, 가족과 주변 사람들을 통해 다시 확인도 했다. 그러므로 춘향에게 가하는 변부사의 행동과 잘못된 재판에 대해 확실한 증거를 토대로 진행하게 되는 것이다. 달리 말하면, 재판의 피고가 된 춘향에 대해서는 그 어느 누구보다도 정체성을 가장 확연하게 증거로 제시할 수 있는 사람이 바로 암행어사 자신인 것이다. 동시에 변부사의 재판이 탐관이 자행하는 의롭지도, 정당하지도 못한 재판임을 근거로 삼으며, 지방 제판관을 피고로 하는 암행어사의 명쾌하고 정의로운 재판이 이루어지는 현장이다. 죄 없는 피고인 1명에 가해지는 이 처절한 고통은 죽음에 비견되는 고통이고, 그러기에 이런 한 개인의 비극적 상황을 천인 만성으로 확장시킬 수 있는 실상과 고발, 그리고 위로를 갖춘 것이 「춘향전」의 재판대목이다. 이런 절체절명의 위기에서 춘향의 임이요, 구원자요, 잘못된 재판의 재판장인 변부사에 대하여, 임금이 파송한 재판관인 암행어사는 춘향의 그 한에 대한 대반전으로서의 흥과 신명을 자아내는 장본인이기도 하다. 그러기에 「춘향전」은 철저한 비극에 철저한 희극을 내포한 초비극의 복합 내지 융합을 통해 행복한 결말을 제시하는 작품이다.

인물의 측면에서는 월매에서 춘향, 다시 춘향에서 향단으로 이어지는 월매 집안의 인적인 구성은 도심의 투사로 보면, 세 여성의 구성이 역리철학에서 태극과 음양과 사상이라는 계층과 계열의 비유로도 보인다. 하나의 집안이라는 총체로서의 성격과, 그 계층적 인식에서 주인과 하인이라는 상하관계의 이중적 지속 관계에 속하는 향단이 사회적 계층으로서의 상하의 관계가 아닌 본연의 심리적 속성에서 본다면, 늙은 여성인 월매에 비하여 상대적으로 젊은 춘향과 향단의 신분적 계층은 주인과 하인이라는 상하의 관계이지만, 춘향 못지않는 본연심과 도심의 성리학적 순수 심성을 가진 향단을 설정하여, 조경남은 춘향의 일편단심을 향단의 이름에 새겨 형상하였다. 이는 월매와 춘향, 향단의 이름이 지닌 의미를 성리학자인 조경남이 3개의 동심원에서, 율곡 이이와 우계 성혼, 그리고 중봉 조헌을 잇는 조선 성리학의 한 산맥인 율곡 성리학의 정통을 이는 조경남이 지은 것이 「춘향전」이다. 이런 시각에서 본다면, 「춘향전」을 광대들의 적층문학, 즉 몇몇 근원 설화에서 점진적으로 소박한 판소리 사설 「춘향가」로 발전하고, 그 사설이 정착하여 소설 「춘향전」으로 적층문학의 속성을 보이면서 현전하는 「춘향전」이 본 텍스트들이 성립된 것으로 보는 견해는 무리가 있다.

2-2. 「춘향전」 연구사에 대한 지속적인 성찰과 그 얻어진 성과

(1) 제1세대 연구의 통설이 된 광대의 판소리 「춘향가」 선행설

「춘향전」에 대한 연구는 1920년대의 단편적 비평에서부터 100여 년에 걸친 연구사가 있다. 이들 연구는 장르론적 측면, 작품론적 측면과 소설사적인 측면이 중심이다. 1930년대 대표 연구자인 김태준은[8] 「춘향전」의 발생과 함께 시대성 및 사상에 관하여 거론하면서 본격적인 연구의 선편을 잡았다.[9] 그는 발생과 관련하여, 정조 때 옛날 이야기책 모양으로 전해오던 것을 광대들이 입으로 옮기기 시작하여, 순조 때 가극으로 완성되었다고 하였다. 시대성에 대해서는 신흥계급의 사이에서 맹아한 것이라고 하였고, 사상 면에서는 춘향은 정절보다 인격을 주장하며, 춘향 또는 그를 둘러싼 민중의 승리의 서광을 보여준다고 하였다. 그 결과 문학사적 의의로서 유창한 조선어 사용과 신흥계급의 승리를 대변한다는 점을 들었다.

이병기는 1950년에 출간된 『국문학전사』에 『동국여지승람』의 지리산녀, 『삼국사기』의 도미처 설화를 근원설화로 보았다. 이런 설화를 남원 광대들이 번안하고 분장했을 것으로 보았다.[10]라 하였다. 가람 이병기의 이러한 입장을 나손 김동욱은 일련의 집중적인 연구 작업을 통하여 이병기의 주장을 보다 본격적으로 심화시켰다. 김동욱은 1차로 판소리계 소설의 소원

---

8) 『동아일보』, 1935.1.1일부터 8회 게재. 『증보 조선소설사』, 학예사, 1939.

9) 최남선, 「도화선 전기와 춘향전」, 미발표, 1929. 『육당최남선전집』, 현암사, 1974. 권덕규, 「춘향전 모델」, 『신조선』 3, 1932; 최철 · 설성경 편, 『설화 · 소설의 연구』, 정음사, 1984.

10) 이병기 · 백철, 『국문학전사』, 신구문화사, 1950, 161~163쪽.

에 대한 실증적 연구[11])를, 2차로 『춘향전 비교연구』[12])로 연구사를 이어나갔다.

이처럼 제1세대 「춘향전」 연구의 쌍벽은 이병기의 「춘향전」 연구를 심화시킨 김동욱의 「춘향전」 연구와, 김태준의 「춘향전」 연구를 이은 이가원의 「춘향전」 주석이 연구의 두 흐름을 보여주었다. 이 가운데 김동욱은 1965년 출간한 「춘향전」 연구에서 근원설화를 주목하면서, 암행어사 설화 중에서 성이성 어사를 거론하였다. 김동욱은 광해군 때 남원부사로 부임했던 성안의 부사의 아들인 성이성이 뒤에 남원에 암행어사로 변부사의 생일연에서 '금준미주천인혈 운운'의 시를 읊어 암행어사 출도를 하였다는 내용이 『계서행록』에 있다고 했다. 그리고 성이성이 16세에 진사, 십년 후쯤 인조 5년에 문과에 올랐다는 사실을 밝히면서, 암행어사 설화의 전형적인 것으로 보았다.[13]) 한편 이가원은 『계서행록』에 『수행록』이 있다고, 종손가에서 전하므로 이 말을 신뢰한다면 전라지방 어사는 사실로 믿을 수 있으나, 부사 연석의 장면이 「춘향전」과 부합한다는 부분은 행록의 편자가 조상을 칭송하기 위하여 삽입한 것[14])으로 보았다.

이명선은[15]) 「춘향전」이, 염정소설인가 계급해방의 소설인가 하는 논란은 이본의 성격에 따라 다르다고 하여 이본 연구의 중요성을 거론하고, 몇몇 이본에서 방자나 목낭청 등의 인물을 통해 드러나는 이데올로기적 성격에 대해 언급하였다. 조윤제는[16]) 인물소개 순서, 춘향의 신분, 정표 따위를 포함

---

11) 김동욱, 「판소리계 소설의 실증적 연구」, 서울대학교 박사학위 논문, 1965.

12) 김동욱 · 김태준 · 설성경, 『춘향전 비교연구』, 삼영사. 1979.

13) 김동욱, 『춘향전 연구』, 연세대학교출판부, 1965, 54쪽.

14) 주길순, 「당마당 형성과 춘향전 발생」, 175~176쪽, 『춘향전 어떻게 읽을 것인가?」 춘향문화선양회, 1993, 182쪽.

15) 이명선, 「춘향전과 이본문제」, 『동아일보』 1938년 7월 16, 22, 23일 8월 4, 5일.

16) 조윤제, 「춘향전 이본고」, 『진단학보』 11, 12, 진단학회, 1939, 1940.

하는 플롯과 문체 등을 중심으로 20종의 이본을 검토하였다. 그리고 완판 84장본「열녀춘향수절가」를 저본으로 하여『교주 춘향전』[17]을 발간하였다. 그는 이명선본과 완판본은 창곡을 위주로 한 희곡적 소설이고, 경판본「춘향전」은 스토리적 소설이라고 구별하는 등, 이본 간의 특성들을 규명하여 이후의 이본 연구에 많은 영향을 주었다. 특히, 조윤제의『교주춘향전』이 박문서관에서 나오면서 본격화 되었고, 이때부터 84장본「열녀춘향수절가」가 연구의 주요 대본이 되기 시작하였다. 1950년대와 1960년대를 거치면서 많은 연구자들에 의한 본격적인 학술 논문과 함께, 김동욱의『춘향전 연구』와 같은 통합론적 접근이 발생론에 대한 관심을 넘어서면서, 서사구조나 문체에 대한 연구들이 활기를 띠게 되었다.

「춘향전」 발생에 대해서는 조윤제 역시 김태준의 견해를 따랐는데, 이러한 소설 선행설과 달리하여 서두수는[18] 이 땅은 가요의 고장이라는 점 등을 들면서,「춘향가」가「춘향전」보다 선행했을 가능성이 있다고 하였다. 이러한 가능성은 그 이전에 송석하에[19] 의해 제기된 바 있다. 그는 판소리를 창조극이라고 칭하면서, 연극「춘향전」이 소설「춘향전」보다 먼저인 것 같고, 연극「춘향전」은 산재한 민간설화에서 직업적 예인이 취재, 각색한 것이라고 하였다. 창조극이란 광대가 음률을 주로 하여 연기함을 뜻하는 말이다. 이후 정노식은[20] 많은 광대들의 약전을 소개하는 한편, 판소리를 창조극이라고 칭하면서 '무악 기원설'을 제시하였다. 무녀의 굿의 조와 광대의 창극조가 비슷한 점이 많고 과거 명창 중에 비가비를 제하고는, 거의 모두 재인 무녀 계급에 한하여 출생한 점, 그리고 원한을 품고 죽은 춘향에 대한 살풀이굿이 성행

17) 조윤제,『교주 춘향전』, 박문문고, 을유문화사, 1939.

18) 서두수,「망론 춘향가 · 춘향전」,『문장』3, 문장사, 1939.

19) 송석하,「창조극「춘향전」소논–주로 창조극 전체에 대한 문제–」,『극예술』5, 1936.

20) 정노식,『조선창극사』, 조선일보사 출판부, 1940.

하였다는 전설 등을 근거로 제시하였다. 무악 기원설은 이후 이혜구,[21] 서대석,[22] 설성경 등으로 이어졌다.

김삼불은[23] 판소리는 창악이지 창극은 아니며, 그 가사는 서사시 계열에 속한다고 하였고, 설화에서 타령으로, 다시 서민소설로 발전하였다는 가설을 내세웠다. 이병기의 견해를 토대로 한 비평에서는, 신재효의 「춘향가」 개작에 대해서, 객관적으로 파악하여 개작하였으며, 개작의 결과 기존의 사건 진행 위주의 이야기가 비로소 인물 중심의 문학으로 앙양되었다고 평가하였다.[24] 김동욱은 『춘향전 연구』에서 「춘향전」의 근원설화는 「춘향전」의 소재가 되는 설화라 규정하고, 「춘향전」에 영향을 준 설화 중에서도 플롯에 영향을 준 설화로는 열녀설화, 암행어사설화, 신원설화, 염정설화를 내세웠다.[25]

> 춘향전의 근원설화로서의 御史 설화는 李道令에 상징되는 일반적 御史 說話의 類型 외에 官妓와 御史와의 삼각관계에 서야 되겠으므로 어느 정도 艶情 說話와도 통하며 특수한 유형을 형성한다.
>
> 또 이 溯源 硏究의 근본적 성격으로 말미암아 그 시대가 판소리의 일반적 起源 연대로 보아지는 英祖時代를 더 올라가야겠으므로 그 범위는 한정된다. 또 이는 작가와의 授受關契에서도 고려되어야 하겠으나 설화의 流動性으로 미루어 중요한 여건은 되지 않으리라 본다.[26]

---

21) 이혜구, 「무악 연구」, 『한국음악연구』, 국민음악회, 1957.
22) 서대석, 「판소리 형성의 삽의」, 『우리문화』 3집, 우리문화연구회, 1969.
23) 김삼불, 『배비장전 · 옹고집전』 서문, 국제문화관, 1950.
24) 김삼불, 「신오위장연구 서설」, 서울대 졸업논문, 1949.
25) 김동욱, 『춘향전 연구』, 연세대출판부, 1965, 34~35쪽.
26) 김동욱, 『춘향전 연구』, 연세대출판부, 1965, 36쪽.

「춘향전」의 근원설화에 대한 연구에서는 철종 시대에 경기도 용인에 살았던 이삼현의 『이관잡지』에 다음과 같은 기록을 주목하였다.

倡夫 春香歌 必有所據者 而或云碧梧李公時發宣朝時事也 李判書圭昉卽其裔 而言其家乘亦有此說云耳 以名唱擅名者 權三得 牟(毛)興甲 宋興祿 卽今日之最 而稍前則廩春大 尙傳名字也.[27)]

여기 등장하는 벽오 이시발에 대해 김동욱은 『춘향전 연구』[28)]에서 다음과 같이 소개하였다.

李時發은 字는 養久 號는 碧梧, 六세에 孤가 되어 자라 西溪 李德胤에 배워 나이 二十一(1586)에 文科에 오르고 承文院에 들어 壬辰亂에 接伴官으로 活躍, 翰苑에 들어 典籍에 오르고, 正言, 司書, 兵曹佐郎, 正郎을 歷任, 御史로서 湖西를 按하고 丙申十月 李夢鶴 鴻山에 反하여 時發이 所部의 兵으로 이를 討平, 宣祖가 嘉尙하여 掌樂院正을 除授하고, 慶尙監司, 慶州府尹, 慶尙道觀察使, 刑 · 兵曹參判……仁祖反正後 判尹 刑判을 거쳐 뒤에 三南都檢察使, 南漢의 役을 치르고 仁祖四年(1626)年 五十八로 卒하니 일찍 奇才로서 날렸고 明將 駱尙志가 宣祖에 力薦한 적이 있었다.[29)]

또, 김동욱은 『춘향전 연구』에서는 「춘향가」의 창자인 광대의 연구를 심화하기 위하여 무당과 무속의 연구, 민속학적 방법을 수용하는 영역을 개척하였다. 또 연창의 문예가 지닌 보편성을 찾기 위하여 중세기 창자의 세계적인

27) 李參鉉, 『二官雜志』.

28) 김동욱, 『춘향전 연구』, 연세대출판부, 1965, 36쪽.

29) 김동욱, 『춘향전 연구』, 연세대출판부, 1965, 36~37쪽.

유형으로 프랑스 창자의 문학으로 그 연구 영역을 비교문학적 방법으로까지 확장시켰다. 이와 아울러 「춘향전」 사설의 원천 연구로서 제시한 근원설화의 연구는 문헌 실증적 연구 쪽에서 큰 성과를 획득하였다.

후속 연구자들의 1960년대 후반부터 70년대의 연구에서는 작품에 대한 다양한 해석과 방법론의 적용이 현저하게 나타났다. 판소리 작품으로서의 특징상, 작품에서 종종 드러나게 되는 논리적인 불일치에 대한 해석과 관련하여 최진원, 이상택, 조동일 등이 견해를 개진하였다. 최진원[30)]은, 그 이전 경판본과 완판본을 비교하여 완판본이 묘사나 문장력에 있어서는 우수하지만, 작품 구성에 있어서 불균형과 부조리를 초래한다고 평가한 장덕순의 견해[31)]를 비판하면서, 판소리의 공동성에서 유래한 발랄성을 고려하지 않았다고 하였다. 그는 완판본과 신재효본을 비교하여 완판본의 불합리성을 다시 한번 지적한 다음, 완판본의 불합리성에는 민중의 집단의식의 진실을 떠나지 못하는 발랄성이 있지만, 신재효본에는 그런 것이 없고, 사실만 맞추고자 하였다고 평가하였다. 윤성근[32)]은 완판본에 나타나는 춘향의 사랑은 양반에 접근하여 부귀영화를 누리겠다는 것이며, 또한 죽음에 직면해서는 양반집 귀신이라도 되겠다는 명확히 의도적인 행위라고 하였다. 춘향은 우호적인 양반에게는 접근을 시도하고 비우호적인 양반에게는 저항하였으므로, 춘향의 저항은 양반에의 접근을 방해하는 일련의 행위에 대한 저항이지, 양반 계급 그 자체는 아니라고 하였다. 조동일[33)]은 춘향의 신분이 기생이면서 기생이 아닌 현상에 대해, 이는 신분적 제약과 이를 벗어나려는 인간적 해방의 갈등이라고 하였고, 서로 상반될 수 있는 부분의 독자성이라는 판소리

---

30) 최진원, 「춘향전」의 합리성과 불합리성」, 『국문학과 자연』, 성균관대 출판부, 1977.

31) 장덕순, 「작중 인물을 통하여 본 춘향전」, 『진단학보』 23, 진단학회, 1962.

32) 윤성근, 「완판본 「열여춘향수절가」」, 『어문학』 16, 한국어문학회, 1967.

33) 조동일, 「갈등에서 본 춘향전의 주제」, 『계명논총』 6, 계명대학출판부, 1969.

계 소설의 방식으로 이러한 갈등을 반영한다고 하였다. 그리고 표면적으로는 열녀 주제를 다루면서, 이면적으로는 인간적 해방을 내세운다고 하였는데, 이렇게 주제를 이원화해서 파악한 방식은 많은 논란을 일으키면서, 이후 연구들에 영향을 끼친다. 주제면에서 춘향의 항거가 양반 계급에 대한 것이라고 보는 견해들을 비판한 것으로 윤성근과 황패강의 연구 등이 있다. 황패강[34)]은 사회적 신호와 내면적 신호를 구별하였다. 사회적 신호로 보면 변학도 개인에 대한 미움을 나타내어, 보다 나은 봉건사회를 지향하는 전통적인 조선왕조 소설이고, 내면적 신호로 보면, 기본적 대립이 춘향과 이도령 간에 형성되고, 이 대립이 변학도에 의해 해소되면서, 최종적인 일체화에 이른다고 하였다. 이외에 오세영[35)]은 「춘향전」의 인물들의 성격구성의 공식, 또는 원칙을 발견하고, 문학적 양상의 세계적 보편성을 파악하고자 하였다. 윤홍로는 춘향의 신분 상승과 행복한 재회로 끝나는 결말 때문에, 완판본을 폄하하는 경향에 대해 반론을 편다고 하면서, 그렇게 된 원인은 「춘향전」이 희극적 로만스 계열 작품 범주에 들기 때문이며, 춘향은 그 신분 상징에서 자유롭게 자기 세계를 성취할 수 있고, 선택하는 가능의 세계를 내포하고 있고, 춘향의 정화된 절대 사랑 때문에 독자가 감동하는 것이라고 하였다.

또, 판소리 쪽에서 접근한 연구 성과로는 신재효가 개작한 「춘향가」에 대한 평가에 대해서는, 앞서 거론한 최진원 이외에, 강한영과 김흥규 등의 상반된 논의가 있다. 강한영은 신재효 남창본의 주안상 대목, 사랑가 대목, 십장가 대목, 몽유가 대목, 신행길 대목에 대한 비평을 검토하였다.[36)] 그 결과

34) 황패강, 「춘향전 연구」, 『동양학』 8, 단국대 동양학연구소, 1978.

35) 오세영, 「춘향의 성격 변화」, 『국어국문학』 70, 국어국문학회, 1976.

36) 강한영, 「신재효의 판소리 사설 비평관-그의 춘향가를 중심으로」, 『동양학』 2, 단국대 동양학연구소, 1972.

신재효는 판소리 사설의 비평의 기준을 객관성과 사실성에 두고 있는데, 이는 근대적 비평의식이라고 평가하였다. 이에 반하여 김흥규[37]는 신재효본에 대해, 긍정적 평가를 내린 이병기, 김동욱, 강한영, 김태준 등의 견해에 의문을 제기하여, 「남창 춘향가」는 천상계의 역할을 채용하는 등, 영웅소설적으로 개작하여 현실 인식의 구체성이 약화 되고, 방자적 존재들이 소거되고, 규범적 당위에 충실한 인간형으로 변모한 것으로 보아 양반층의 요구를 배경으로 한, 아전층의 상층문화 지향 의식과 보수성이 반영된, 퇴화적 경향이 농후한 개작이라고 하였다.

(2) 「춘향전」 탄생에 대한 제2세대의 신학설인 조경남 원작가설

「춘향전」에 대한 초기 연구에서는 「춘향전」 발생에 대하여 근원설화 쪽을 주목하면서 도미처 설화를 「춘향전」의 모델로 들기도 하였다. 즉, 가람 이병기는 백철과 함께 쓴 『국문학사』에서 「춘향전」의 원류는 『삼국사기』의 도미처 설화, 『고려사』 악지,와 『동국여지승람』의 남원 조에 있는 지리산녀로 이어지는 이야기라고 하였다.[38] 이런 논의를 주목한 김동욱은 「춘향전」의 근원설화 중에서 신원설화를 소개하였다. 이 설화의 내용은 농민과 부녀들은 흉재의 원인을 원귀 춘향의 소치라고 미신하고, 방재책에 대한 논의가 비등하였고, 이에 당시의 이방이 치자의 입장에서 인민의 미신의 귀취를 양해하고 「춘향전」을 지어서, 무녀의 살풀이 굿에 올려서 그 원혼을 위로하였다.[39]는 것이다. 즉, 원통하게 자결을 한 춘향이가 죽은 후에 원귀가 되었고, 그 귀신 때문에 남원으로 부임해오는 부사들은 거듭거듭 원귀에 놀라서 죽었기 때문

37) 김흥규, 「신재효 개작 춘향가의 판소리사적 위치」, 『한국학보 10, 일지사, 1978.

38) 백철 · 이병기, 『국문학사』. 신구문화사, 1950.

39) 정노식, 『조선창극사』, 조선일보사, 1916쪽.

에, 이를 그냥 지켜볼 수 없었던 어느 대작가가 이 사건을 소설을 지어 위로한 이후로는 남원부사들이 무사하여 졌다.[40]는 설화도 있다. 또, 이와 유사한 설화로는 춘향이 원통하게 죽은 이후로는 비가 순조롭게 오지 않아서 흉년이 들어 이를 안타깝게 여긴 양진사가 백지 석 장에 춘향이 당한 원통한 사실을 지어 광대로 하여금 광한루에서 노래를 불러 기우제를 지냈더니, 광한루 대들보 위에서 웃음소리가 나더니 얼마 아니하여 비가 오기 시작했다는 것이다. 그 후로 백지 세 장의 「춘향전」이 내용이 늘어나서, 지금의 「춘향전」이 되었다.[41]는 것이다.

이 외에도 다음과 같은 유사한 내용의 신원설화들이 소개되었다.

(가) 호남에 전하기를 남원부사 자제 이도령이 어린 기생 춘향을 가까이 했다. 그 후 춘향은 이도령을 위해 수절하다가 신임 사또 탁종립에 의해 맞아 죽었다.[42]

(나) 남원읍에 노기의 딸 무남독녀의 처녀가 있는데 얼굴은 추박하고 신임부사의 아들과의 정적 관계가 있었고, 이부사는 해임 상경 후 일가가 영락부진하였다. 춘향이가 미천의 처녀로 양반의 자제에게 허신한 것이 광영이고 또한 연정이 날로 깊어 갔다. 그러므로 수절하면서 이몽룡이 영달하여 다시 자기를 찾기를 고대하였으나 천리원격에 소식이 막연하였다. 필경은 그 무정의 원한을 품고 죽고 말았다.[43]

(다) 춘향은 원래가 미인이 아니요 천하의 박색이었다. 관기 월매의 딸임

---

40) 김태준, 『조선소설사』, 학예사, 1933. 196쪽.

41) 김동욱, 『춘향전 연구』, 연세대학교 출판부, 1965, 56쪽.

42) 湖南諺傳, 南原府使子李道令 眄童妓春陽 後爲李道令守節 新使卓宗立殺之.

43) 정노식, 『조선창극사』, 동문선, 116쪽.

은 사실이었으나 하도 추물이어서 삼십에 가깝도록 통원하는 자조차 하나도 없었다. 그 춘향이 요천에서 빨래를 하다가 이도령을 본 뒤로는 솟구치는 연정에 기어이 병이 되고 말았다. 이 사실을 안 춘향모 월매는 한 계책을 세워 돈을 주어 방자를 꾀어 이도령을 광한루에 오게 하고 향단을 말쑥하게 차려 이도령을 유인해서 술을 취하게 한 후에 춘향과 운우의 정을 맺게 하였다. 깨어 보니 천하의 박색이라 이도령이 무료하여 나오려고 하니 월매가 밖에 기다리고 있다 엎드리어 간청하여 정표라도 달라고 하기에 소매 속에 감았던 비단 수건을 정표로 끊어주고 왔다. 얼마 아니하여 이도령은 사또의 과만으로 서울에 올라갔다. 춘향은 이도령을 사모한 끝에 광한루에 가서 그 수건으로 목매어 죽었다.[44)]

(라) 전하기를, 춘향은 기생으로 옛날 기생이었던 월매의 딸이라 한다. 춘향과 이도령은 누각 위에서 노닐었다. 한번 헤어진 후로부터 굳게 정절을 지키다가 마침내 옥에서 원통한 죽음을 당하였다. 후세 사람들이 춘향의 그 열행을 가상히 여겨 저술하여 가사를 지어 그 해원하는 뜻을 붙였고, 열행의 뜻을 포상하여 세상에 전하여 퍼뜨리고자 했다. 지난 임신년에 각 고을 기녀들이 누각의 옆에다 사당을 세우고, 향을 사뤘다.[45)]

(마) 남원의 무산촌 성무당가는 미모가 출중하고 가무가 뛰어난 춘향이라는 딸이 있었다. 그 해에도 그 무녀는 신전당 제향이 끝난 뒤 소리판에서 춤과 소리를 하게 되었다. 이때 용두리 세도 가문의 이도령이 무녀 춘향의 미모와 기예에 혼탁하여 연정을 갖게 되고 이것이 인연이 되어서 그들은 통정을 하게 되었다. 이 사실을 안 이씨가에서는 남원부사에게 무녀 춘향의 처벌을

44) 차정언, 『해동염사』, 조선도서주식회사, 1937, 226쪽.

45) 『조선환여승람』, 55쪽, 남원 『용성지』 남원군청, 87쪽, "傳春香妓古妓月梅女也 春與李ㅁ子秀才 遊於樓上 一自別後 固守貞節 竟致獄死寃 後人嘉香其烈行 著爲歌詞以寓其解寃 褒烈之意 傳播於世 去壬申各郡妓女建廟于樓傍香火".

요청하였으나 부사는 거역하였다. 그 뒤 새로 부임한 이부사는 이씨가의 간청을 들어 무녀 춘향을 하옥시키고 엄중한 벌을 내렸다. 동시에 무산촌 성무당가 일족의 성시라는 무당같은 하천배들에게는 성자(성씨라는 양반 成字)가 당치 않다며 姓을 못 쓰게 하였다. 춘향은 옥중에서 성을 빼앗기고 옥사를 하였다.[46)]

(바) "남원 관기동에 雪女라는 기녀가 있었다. 그녀는 높은 관리과 정을 통했고 그 관리는 3년간의 임기를 마치고 떠나면서 기녀에게 3년 내에 데려 가겠다 약속을 하였다. 그러나 그 관리는 약속 일자가 지나도 오지 않았다. 설녀는 기다리다가 지쳐서 병이 들어 전날 관리와 마지막 이별했던 신라봉 영마루로 올라가 평소 관리와 즐겨 불렀던 노래를 부르며 쓰러졌다. 그 뒤부터 이 신라봉 일대에는 도깨비 떼가 나타나 보를 터버리는 작희를 부려 흉년이 거듭 들었다. 고을사람들은 이 도깨비의 작희를 달래기 위해 신라봉 산자락에 綠野亭을 짓고 보를 막고, 무당을 불러 설녀제를 올리고 광대들로 하여금 설녀 창가를 부르게 하고 도깨비 춤을 추게 하니 도깨비 행패가 없어져 풍년이 들었다 한다.『옛부터 남원부 대산방 일대는 물이 흐르지 않아 건내가 많아 이 고을 사람들은 겨울철 보 막기 작업에 동원이 됐다. 보를 막아 물을 저장한다는 것은 일종의 풍년을 기리는 행사이기도 하다."[47)]

위의 인용에서는 춘향의 모델이 될만한 기생을 추한 처녀로 보거나, 원통하게 죽었다고 서술하고 있다. 그런데 (가)는 탁종립이란 인물이 남원부사로 있었던 적이 없는 점 등으로 보아 남원에서 일어났던 역사적 사실을 정확

---

46) 주길순, 「당마당 형성과 「춘향전」 발생」, 175~176쪽, 『「춘향전」 어떻게 읽을 것인가?』 춘향문화선양회, 1993, 181~182쪽.

47) 주길순, 「당마당 형성과 「춘향전」 발생」, 『「춘향전」 어떻게 읽을 것인가?』 춘향문화선양회, 1993,175~176쪽.

히 전하고 있는 것이 아니다. (나)도 「춘향전」 성립 시기 전후에 이부사나 그 자제가 이몽룡인 경우가 없었으니, 이것 또한 근거가 없다. (다)는 이부사나 이도령, 월매, 향단, 방자 등이 거론되는 것으로 보아, 「춘향전」 이후에 성립된 이야기다. (라)는 춘향, 월매, 이수재 등으로 거론되고 있어 이것 역시 「춘향전」 성립 이후에 생겨난 이야기다. (바)는 성무당, 성춘향과 이부사의 자제로 이도령을 거론하고 있으므로 「춘향전」 성립 이후에 나온 이야기다. 물론 남원부사로 이씨 성을 가진 부사가 이복남 부사[48], 이덕필 부사[49], 이사명 부사[50], 이충양 부사[51]가 있기는 하지만, 이복남 부사는 얼마 후 충열로 남원성 전투에서 장렬하게 죽는 부사이기에, 그 아들과 기생 춘향의 연애담이 있기 어렵다. 또, 이덕필 부사는 단지 3개월 밖에 재임하지 않은 단명의 부사이고, 그 다음 부사인 정언충, 정응성, 원신 부사 등이 그렇게 기생 춘향에게 포악을 하였다는 기록이나 전승이 없다. 또, 이사명 부사 또한 1년 5개월의 단명 부사이고, 그 다음의 부사가 경섬, 성계선, 정사호, 신경행, 성안의 부사로 이어지며, 이들에 대한 기록이나 전승 또한 이 이야기의 사실성을 보장하는 것들이 아니다.

여기에 비하여, 성이성 어사는 이도령과 이어사의 모델로서 충분한 근거를 가지고 있다. 그 외의 어사설화들은 구비 전승의 속성상 춘향의 이야기가 너무 낭만적 행복감으로 종결되기 때문에, 현실에서 일어난 슬픈 사랑이야기들이 「춘향전」에 기대면서, 실패한 사또자제와의 사랑 이야기라는 비극적인 이야기를 파생시킨 것으로 보인다.

「춘향전」 작가에 대한 논의의 시작은 1930년대의 김태준의 『증보 조선소설

---

48) 1594년 9월부터 1595년 1월까지 재임.

49) 1597년 10월부터 1598년 1월까지 재임.

50) 1600년 5월부터 1601년 10월까지 재임.

51) 1611년 12월부터 1613년 9월까지 재임.

사』에서 거론한 춘향의 원혼 때문에 부임해오는 남원부사가 거듭 죽었기 때문에 어느 대작가가 원혼을 위로하기 위해 지었다는[52] 대작가설에서 비롯되었다. 이외에도 남원에 사는 춘향이라는 못생긴 기생이 이도령을 위해 수절하다 원통하게 죽은 후로 비가 오지 않아서 양진사가 기우제를 지낼 때에 간략하게 지은 것[53]"으로 본 것이 있다. 이 이후에 이가원은 1960년대에 들어서서 권진사 창작설을 다음과 같이 제기하였다.

> 1954년 여름에 경북 문경 장엄촌에 우거해 계신 존숙 가산(可山) 이익원(1881~)옹이 내경하셨기에 고사를 많이 섭렵하는 어른이라 이러저러한 얘기를 물었더니, "춘향의 주인공 이도령 성춘향은 애초에는 성도령 이춘향이니 성도령은 곧 계서 성이성공(成以性公)이다." 하고 말하고, 또 "원춘향전의 작자는 안동읍에 살던 권진사이다."라고 하였다.[54]

이러한 권진사 창작설은 춘향의 신분을 기생이 아닌 성참판의 서녀로 상승시킨 이후의 이본이기 때문에 이도령 · 이어사 인물 중심이었던 「원춘향전」 이후에 생겨난 이본을 토대로 한 해석이다. 또 이가원의 친지인 이익원옹이 말한 것은 안동읍에 살던 권진사가 「춘향전」의 원작자라는 것이 아니라, 성이성이 「춘향전」의 남성 인물 모델이라는 것을 주목[55]하게 한다. 이는 논리적인 근거를 제시함이 없이 구전에 머무는 것이다. 이외에도 구전으로 전하는 성도령 · 이춘향설은 「춘향전」의 작자가 안동읍에 살던 권진사라는 설과 연계된 것으로, 보인다. 이는 남원의 양진사 창작설을 제기한 김태준의

52) 김태준, 『조선소설사』, 학예사, 1933, 196쪽.

53) 1949년 80세 천안 조성국 노인담.

54) 이가원, 「도산별곡췌론」, 『현대문학』 2권 7호, 1956, 193쪽.

55) 설성경, 『춘향예술의 역사적 연구』, 연세대학교 출판부, 2000, 228쪽.

논의에 그 맥락이 닿아있다.[56)]

권진사설[57)]은 구체적인 논거를 폭넓게 제시한 조경남 원작설로 충분히 극복될 수 있다. 앞선 여러 학설에서 거론된 작가들인 양진사, 권진사 등은 「춘향전」 개작자의 한 사람으로 규정하면 원작과 개작의 문제로 현안들이 해결된다.

제2세대 「춘향전」 연구는 1960년대에 일어난, 나손 김동욱교수와 연민 이가원교수의 「춘향전」을 대상으로 한 논쟁이 한 사례를 보여준다. 이 논쟁은 각기 서로 상반된 토대 위에서 「춘향전」에 대한 연구를 축적해온 연민 이가원과 나손 김동욱의 연구 방법에 있어서의 분명한 차이와 개성을 보여준 논쟁이었다. 연민과 나손은 1960년대 중반에 접어들어서 춘향의 실존 여부를 놓고 본격적인 「춘향전」 논쟁을 전개하게 되었다. 당시에 나손 김동욱에 의해 제기된, 근원설화에서 판소리로, 다시 판소리에서 소설로 발전하였다는 학설은 통설로 수용되었다. 다만, 김기동은 암행어사 설화가 비록 인위적으로 첨가되었다 하더라도 전반부에 해당하는 염정설화와 비중이 다를 수 없다는 입장을 취하고 있었고,[58)] 신기형은 「춘향전」의 작자가 유동적 개인이라는 점을 들어, 원초 「춘향전」이라는 추정은 어렵다.[59)]는 입장을 보였다. 이처럼 몇몇 근원설화가 어울어져 판소리 「춘향가」가 성립되었다는 김동욱의 견해가 공감을 얻고 있을 때, 이가원은 이와는 다른, 춘향과 이도령의 실존설을 내세웠다.

남원에서 남원부사 성안의의 선정비가 발견되자, 일부 학자와 향토학자들

---

56) 이휘교, 「필원산어 해제」, 『중국어문학』 창간호, 영남중국어문학회, 1980, 285쪽, 박선정, 「춘향전고」, 『어문논집』 23집, 고려대국어국문학연구회, 1982, 217~240쪽.

57) 이가원, 「도산별곡」 췌론」, 『현대문학』 2권 6월호, 1956, 193쪽.

58) 「한국소설발달사」, 『한국문화사대계』 5, 고대민족문화연구소, 1967, 128쪽.

59) 신기형, 『한국소설발달사』, 창문사, 1960, 247쪽.

은 성안의 남원부사를 춘향의 아버지로 판단하였다. 게다가 새로 발굴된 성안의 부사의 비를 근거로 춘향의 행적과 관련을 지었다. 이가원은 성춘향을 성부사와 바로 연결 지을 경우, 부사의 딸이 기생이 되기 때문에, 잘못이라고 하며 『부용당 일고』의 기록을 근거로 춘향의 성과 도령의 성이 바뀐 것이라 주장하였다.[60] 이가원은 안동지방 전설에 의하면 안동에 살고있는 권모가 소과에 합격하여 어악을 잡히고, 자기 집까지 내려왔으나 너무나 빈한하여 광대에게 보수할 길이 없자, 「춘향가」를 지어주었다는 것이다. 그때 실존 인물이었던 성이성과 이춘향을 모델로 삼았다는 말이 전해옴을 근거로 내세웠다. 또, 그는 성이성은 성안의 부사의 아들로서 그의 후손이 예안을 비롯하여 봉화와 상주 등지에 살고 있으므로, 이 실화를 바로 쓰지를 못하고 둘의 성을 슬쩍 바꿔서 실화의 이춘향 성도령이 작품에서는 성춘향 이도령 이 되었다는 것이다. 즉, 이가원이 실존설의 근거로 삼고 있는 문헌 기록에 대해 김동욱은 성이성이 암행어사였던 것은 인정하지만, 춘향과 관련되는 언급이 없고, 논리상의 비약이 심해 실존 인물과 「춘향전」의 등장 인물을 직접적인 관계로 보기 어렵다는 견해였다. 그러나 이가원은 문헌 기록과 소설에서 춘향의 나이가 16세로 일치하고 있으며, 아직 공개되지 않은 양주익의 저작인 「춘몽연」이 결정적인 단서가 될 가능성도 있다는 논거를 내세웠다. 이런 상황은 춘향 실존설이 사실로 입증된다면 상대적으로 근원설화설이 부정될 수밖에 없고, 또, 실존설을 뒷받침할 결정적인 근거가 없다면, 그것도 또한 하나의 가설로 판단될 수밖에 없었다. 이런 배경 하에서 「춘향전」 연구의 양대 산맥인 이가원과 김동욱은 실존 인물 문제를 두고 극단적인 견해 차이를 가진 논쟁을 전개하였다.

김동욱과 이가원의 상반된 견해를 종합해 보면, 이가원은 성부사의 유저 『부용당 일고』의 첫 권에 실린 「연보」에 의하면 성부사가 남원에서 광주로 영

60) 이가원, 「춘향은 실존인물일 수도 있다」, 『한국학연구』, 탐구당, 1969, 301쪽.

전되자, 부민이 선정비를 세울 제, 새로 부임해 온 부사 유몽인이 방해를 하였으나, 감사 정경세의 결재에 의하여 세우게 되었다 한다. 1960년대 남원의 유지들은 읍내 하수도 공사를 하다가 성안부사의 선정비가 발굴되자 이를 계기로 성춘향은 성안의 부사와 춘향의 성이 같다 해서, 또는 춘향이 임자생이라 해서 조급히 춘향이를 성부사의 딸로 인정하였다. 또 그는 부용당은 월매의 별당에다가 성부사의 아호를 적용하였는 듯이 생각하였다. 부용당은 창녕 연화봉 밑에 있던 성부사가 사용하던 서재의 이름이다. 그러나 어느 고을이고 동헌에는 연못이 있고 못 가에 세워진 누각을 흔히들 부용당이라 일컫는다. 우선 해주의 부용당도 하나의 예이다. 만일에 성부사와 춘향이 사이에 기어이 계보를 따지려면 이에 거듭 성도령, 이춘향설을 강조하지 않을 수 없겠다고 하였다.

또, 이가원은 1965년에 발표한 논문인 「도산별곡췌론」에서 안동에 살고 있던 권모가 소과에 합격되어 어악을 잡히고 자기 집까지 내려왔으나, 그는 가세가 몹시 가난하여 광대에게 보수할 것이 없어서 「춘향가」를 지어 주었으며, 계서 성이성과 월매의 딸을 모델로 삼았었다고 하였다. 그는 계서 성이성은 성부사의 아들로 그의 후손이 예안, 봉화, 성주 등지에 살고 있으므로, 성씨 성을 작품에서 바로 쓰지를 못하고 두 사람의 성씨를 바꿔쳤다고 하였다. 성부사가 남원을 떠나던 전 해 경술년에 계서의 나이가 곧 16세였고, 또 계서가 춘향을 구출하기 위하여 남원에서 출도한 일이 있었는데, 『경국대전』에 아버지가 재임하였던 고을에는 출도를 하지 못하게 되어 있으므로 계서 성이성은 간관들의 지탄을 입어서 벼슬 길이 막혔다 한다. 또 계서 성이성의 「암행어사 수행록」 중에는 '저녁에 홀로 광한루에 오르매 옛 행락하던 일이 추억에 떠오른다.'라는 대목이 적혀 있음에 근거하여 이는 결코 허무한 말이 아니라고 보았다.[61] 이 외에도 박선정은 『필원산어』를 근거로 이가원의 실존

61) 이가원, 「도산별곡췌론」, 『현대문학』 제2권 제6호, 1965, 193쪽.

설이 믿을 만하다[62]고 보았지만, 이도령과 성춘향의 애정관계를 증명할 만한 단서를 제시하지는 못하였다.[63]"

(3) 지속적으로 접근한 「춘향전」의 본질과 미학 탐색의 궤적

(가) 1단계, 1986년 『춘향전의 형성과 계통』, 정음사

제2세대 춘향전학을 선도한 필자는 서울대학교 출신의 나손 김동욱과 경성제대 출신인 천태산인 김태준의 학문을 이은 연민 이가원의 두 계통으로부터 춘향전학을 물려받아 통합 수용하였다. 도남 조윤제는 1924년 경성제국대학 문과에 제1기생으로 입학하여, 1929년에 학사학위를 받았다. 1931년 조선어문학회를 조직하여 기관지 『조선어문학회보』를 발간했다. 1932년 경성제국대학교 교유에 임명되었으며, 1934년 진단학회를 조직해 기관지 『진단학보』를 발간했다. 1937년에는 최초의 저서 『조선시가사강』을 간행했다. 1939년에는 『교주 춘향전』을 출간했다. 1945년 해방이 되자 서울대학교 교수를 하였고, 그 뒤에는 성균관대학교 교수가 되었다. 그는 「춘향전」을 국문학의 백미로 확정하였는데, 김동욱과 이가원은 각각 서울대학교와 성균관대학교에서 조윤제로부터 배웠다.

제2세대 나손 김동욱의 「춘향전」 연구 성과는 1953년의 「경판본 춘향전 문체고」에서 비롯되었다. 그 이후에는 1954년에는 『최현배선생 화갑기념논문집』에 「춘향전의 근원설화고」를, 1955년에는 서울신문에 「춘향전의 현대적 해석」을, 서울대학교 논문집에 「춘향전의 창자광대-판소리발생고 1」을, 중앙대학교에서 내는 『문경』 제1호에 「춘향전의 창작적 기교」를, 『중앙대논문집』 30주년 기념호에 「춘향전이본고」를, 1956년에는 서울대학교 『논문집』 제

62) 박선정, 「춘향전고」, 『어문논집』 23, 고려대 국어국문학연구회, 1981, 234~239쪽.

63) 김광순, 『한국고전소설사와 론』, 새문사, 1990, 227~236쪽.

3호에 「춘향전의 창자 광대-판소리발생고 2」를, 1957년에는 『이희승선생 송수기념 논문집』에 「춘향전 배경으로서의 남원의 지지적 고찰」을, 1959년에는 중앙대학교에서 내는 『문경』 제8호에 「만화본 춘향전연구」를 연구해 네놓았다. 그리고 1960년에는 서울 문리사대에서 『국어국문학』 제1호에 「춘향전의 문예적 성격」을, 고려대 아세아문제연구소에서 나온 『아세아연구』 제5호에 「춘향전의 비교적 연구」와 중앙대학교 논문집 제5호에 「춘향전의 한 이본-정병욱씨본-」 〈춘향전의 문체와 수사〉를, 1965년에는」 『인물한국사』 제4권에 「춘향전 해제-영원한 겨레의 고전-를, 그리고 마침내 연세대학교 출판부에서 명저 『춘향전 연구』를 학계에 내놓았다.

그 후에도 1966년에도 성균관대학교 『성대문학』 제12호에 「춘향전 과학의 현상과 장래」와, 『일산김두종박사 희수기념논문집』에 「안성판, 경판 대교 춘향전」를, 1967년에는 연세대학교 『동방학지』 제8호에 「기산본 춘랑신설에 대하여」를, 1969년에는 『월간문학』 제9호에 「춘향전」을, 현암사의 『한국의명저』에 「춘향전 해제」를, 신동아 1월호의 『한국의 고전백선』에서 「춘향전」을 1974년에는 『문학사상』 제17호에 「미공개 판본 춘향전 해제: 신학균본 별춘향가」를, 1976년에는 『문학사상』 제40호에는 「춘향전 최초의 판본을 찾아낸 의의」 「춘향전 연구는 어디까지 왔나」를, 『문학사상』 제47호에는 「병오판 완산 33장 춘향가 발굴의 의미」를, 명지대학에서 낸 『춘향전 사본선집』의 「남원고사 해제」를 거쳐서 연세대학교 출판부에서 『증보 춘향전연구』를 출간하였다. 그리고 1978년에는 『동방학지』 제20호에 「춘향전의 비교적 연구」를 거쳐서 1979년에는 삼영사에서 김태준 설성경과 함께 『춘향전 비교연구』를 출간하였다.

이러한 나손 김동욱의 「춘향전」 연구의 30년에 걸친 역사에서 볼 때, 그 전기의 결산이 연세대학교 출판부에서 출간한 『춘향전 연구』라면, 후기의 결산은 제자인 필자와 함께 공간한 『춘향전 비교연구』였다. 이 저술에서는 다음과 같이 춘향전학의 방향을 제시하였다.

"우리의 春香傳學의 究極의 목표는 「原春香傳」을 찾는 데 있다. 또 작자가 표출되지 않고 민중과 더불어 發想된 광대의 춘향전을 찾는 데 있다. 곧 민중의 문학으로서의 춘향전을 찾는 데 있는 것이다. 이 민중문학으로서의 춘향전의 최고의 걸작이 南原古詞다. 우리는 이 南原古詞를 기점으로 하여 春香傳學을 다시 열어야 할 시점에 서 있다고 할 수 있다.(중략) 完板 84章本 烈女春香守節歌가 甲午更張 이후 本이라는 것이 밝혀진 오늘날, 이보다 30년이 앞서면서 字數에 있어 완판 84장본의 두배 이상이 되는 이 남원고사는 가위 춘향전의 결정판이라 말할 수 있다."

이처럼 「남원고사」가 「춘향전」 이본의 최고봉이므로, 완판 84장본 「열녀춘향수절가」 중심의 기존의 연구가들에 의한 「춘향전」 연구는 「춘향전」 연구사의 전기의 업적으로만 남게 된 것이다. 이로 보면 김동욱의 「춘향전」 연구는 「남원고사」의 발견과 함께 이것을 축으로 한 본격적 연구의 출발이라는 새로운 지평을 열었다.[64] 그리고 서울대학교의 정통 학맥을 받고 시작한 나손 김동욱은 「춘향전」 연구를 이렇게 마감하고, 연세대학교 교수로서 연세대학교의 제자인 필자에게 「춘향전」 연구의 과제를 넘겼다.

1962년에 연세대학교 문과대학 국어국문학과에 입학한 필자는 1970년부터 1977년 전임교수가 될 때까지 김동욱의 연구실이 위치한 언드우드관 2층 연구실에서 조교로 도제식 교육을 받으면서 학계에서 가장 선두를 달리던 김동욱의 「춘향전」 연구의 학맥을 확실히 물려받았다. 김동욱으로부터 철저한 실증주의적 연구 방법을 전수받은 필자는 김동욱이 전국 수집망을 통해 구하여 연구실에 비치한 필사본 및 방각본 「춘향전」의 다양한 이본을 섭렵하면서 「춘향전」 연구의 기초 수련을 쌓았다. 그리하여 필자는 김동욱의 제1세

64) 설성경, 「나손의 판소리 연구에 대하여」, 『나손 김동욱선생 회갑기념문집』, 열화당, 1982, 65~67쪽.

대 「춘향전」 연구 위에 문학과 역사 철학을 아울러 접근하는 광통학을 지향하면서 제2세대 「춘향전」 연구 시대를 열게 되었다.

그런데 필자는 「춘향전」 연구에서 특수한 상황에 부딪치게 되었다. 당시 연세대학교에는 1960년대 초에 부임한 두 석학인 김동욱과 이가원이 재직하고 있었다. 두 교수는 학문적 배경과 연구를 전개하는 방법이 아주 대조적이었다. 김동욱은 「춘향전」을 대상으로 발생론이나 해석학적 접근을 하였고, 이가원은 훈고학에 근거하 주석적인 접근을 하고 있는데, 그 상이한 접근을 하는 춘향전학의 대가들에게서 학부, 석사학위, 박사학위 과정을 통하여 지속적으로 강의를 듣고 배웠다. 그 결과 두 스승의 상반된 견해인 김태준을 잇는 이가원의 「춘향전」 대작가설과 김동욱의 판소리 선행설의 논리적 근거를 누구보다 숙지하면서, 이 두 학설의 차이가 생겨나는 근원을 광통학의 방법으로 통합하는 접근 방법을 개발하였다.

필자는 1980년 연세대학교에서 「춘향전」을 대상으로 최초의 박사학위를 받게 되었는데, 이때 심사위원장을 맡았던 이가원는 논문 심사요지에서 다음과 같이 기술하였다.

> 우리나라 古典小說의 白眉的 存在인 春香傳에 대한 硏究는 邇來 몇 十年 사이 자못 多角的으로 進行되어 왔다. 그러나 그 林叢된 七十餘種의 異本을 一一이 熟毒하여 系統的인 硏究에 성공한 論考는 이 薛盛璟의 博士學位請求論文 春香傳의 系統 硏究가 첫 번째의 樹立이다. 文學硏究의 기초작업으로서 書誌學的 硏究가 先行되어야 함은 당연한 일이다. 그러므로 이에 앞서 春香傳의 書誌學的인 硏究로서 零瑣的인 異本攷가 많이들 발표되었다. 이제 이 論攷는 異本攷的인 테두리에서 벗어나 異本攷的인 풍성한 자료를 總網羅하여 系統의 樹立에 心血을 기울린 붉은 痕이 歷然함을 보아 가히 點綴成金이라 이를 수 있을 것이다.
>
> 이 論攷에서 종전의 春香傳 硏究에 解決되지 못했던 問題, 또는 언급못했

던 個所를 解決, 또는 剔抉함에 자못 用意周到하였고, 또 이 論攷에서 古典小說로서의 春香傳과 판소리로서의 春香歌의 관계가 밝혀졌고, 그 根源說話가 小說과 劇本으로 발전되고, 劇本이 굿, 내지 演劇으로 발전되는 過程이 明揭되었다.

이제 여러 審査委員의 意見을 綜合하여 이 薛盛璟의 博士學位請求論文 春香傳의 系統硏究를 通過시키면서 이와 같이 審査要旨를 작성하는 바이다.[65]

「춘향전의 형성과 계통」을 1986년에 정음사에서 다음의 내용으로 출간하였다.

『춘향전의 형성과 계통』의 표지

『춘향전의 형성과 계통』의 목차

Ⅰ. 서언

Ⅱ. 펀소리 명칭의 유동성과 그 의미

Ⅲ. 춘향가의 양식과 사설의 형성

1. 양식의 형성 단계

(1) 춘향굿 단계

(2) 춘향소리굿 단계

(3) 춘향소리 단계

2. 사설의 형성 배경

Ⅳ. 춘향전의 적층적 전개와 계통

1. 핵심화소에 내포된 화소의 파생 · 굴절의 양상

(1) 불망기 삽화와 내포 화소

(2) 신물삽화와 내포화소

65) 이가원, 『이가원전집』, 4권. 정음사, 1983, 227~228쪽.

(3) 과거시제

(4) 암행어사시

2. 동류계 이종본의 파생 · 굴절의 양상

(1) 남원고사계 이종본의 변이

(2) 별춘향전계 이종본의 변이

(3) 옥중화계 이종본의 변이

(4) 춘향전 사설계 이종본의 변이

3. 춘향전 이류 · 이종본의 계통

Ⅴ. 동리본 춘향전의 계통상 위치와 생성의미

1. 춘향전 사설의 합리적 인식과 다양화

(1) 단형 춘향전으로서의 오섬가에 내포된 춘향가

(2) 중형의 동창 춘향가와 원초춘향전으로의 복귀

(3) 장형의 남창 춘향가와 개신춘향전으로서의 출발

2. 후행본에의 영향과 완판 84장본의 성격

3. 남창 춘향가의 개별성과 생성의미

(1) 춘향의 신분 상승과 보건적 기자삽화

(2) 어사의 암행노정과 상징적 공간

(3) 월매의 결연중재와 다원적 언어계층

Ⅵ. 결언

이 책에서 제시하는 요지는 다음과 같다.

「춘향가」의 양식은 원사한 춘향의 넋을 위로하는 진혼제와 기우제의 형식을 빈, 굿에서 출발하였다. 남원의 관아가 중심이 된 춘향굿이 주기적으로 반복되자, 제의적 연창인 춘향소리굿으로 발전한다. 이는 다시 순수한 판소리 연창으로서의 춘향소리로 발전하게 된다. 이러한 양식과 함께 사설도 당대의 대표적 소설인 「구운몽」의 구조 위에다 춘향의 실제담 · 민속설화와 잡가 등의 시가를 수용하여 형성되었다. 특히 서사구조의 앞 단락은 염정설화가, 뒷 단락은 암행어사 설화가 주축이 되었다.

「춘향가」의 기록물인 「춘향전」은 광대나 소설의 단순 필자의 비의도적 변이, 개작자의 의도적 변이에 의해 적층적 전개를 해왔다. 이 적층적 변이를 밝힐 수 있는 축인 삽화에 내포된 화소를 중심으로 유계통본을 분류하면, 「남원고사」계 · 「별춘향전」계 · 「옥중화」계로 구분된다. 또 목판본의 계통은 경판본과 완판본이 대조적 현상을 보여, 경판본은 후행본 일수록 장수가 줄어드는 축약의 원리를 보이고 있으나, 완판본은 후생본 일수록 장수가 늘어나는 확대의 원리를 보이고 있다.

「춘향전」 계통의 사적인 전개로 볼 때, 대표적 굴절자는 신재효다. 그는 「춘향전」 사설을 단형 「춘향전」으로서의 「오섬가」에 내포된 「춘향가」, 중형 「춘향전」으로서의 「동창 춘향가」, 장형 「춘향전」으로서의 「남창 춘향가」로 다양화시켰다. 이와 아울러 작품의 구조와 인물의 개성에서도 합리적 인식하에서 적극적 변이를 가하였기 때문에, 그의 「춘향전」 사설은 개신적 굴절본이 되었다. 이로 인하여 「동창 춘향가」는 오리정 이별에서 작품이 종결되는 최초의 비운의 「춘향전」이 되었다. 또 「남창 춘향가」는 춘향의 신분을 성천총의 서녀로 상승시키고 대비속신한 인물로 설정함으로써, 비기생계 「춘향전」의 효시가 되었다. 신재효가 보여준 개신적 굴절은 「춘향전」을 현실적 합리성과 초월적 합리성으로 전개하였기 때문에, 우연적 사건으로 진행되던 서사구조를 초월적 시간, 공간을 통해 극복하고 있다. 이로 인하여 신재효 「춘향가」 사설은 「춘향전」의 역사에서 최초의 후기 「춘향전」이라는 특징적 위치를 지니게 된다.

신재효의 「춘향가」 사설 이후에 형성된 완판 84장본 「열녀춘향수절가」는 「남창 춘향가」와 완판 33장본 「열녀춘향수절가」의 구조와 행문을 적극 수용하여 세련된 문체로 발전시키려 하였으나, 그 수용 과정에서 모순을 낳기도

하였다. 이러한 모순은 신재효와 같은 적극적 굴절자의 합리성 · 순수지향성과 광대 · 서민 · 상인에 의한 대중지향성이 초래할 수 있는 갈등의 한 단면이다. 최후기 이류본인 「옥중화」계는 「남창 춘향가」에서 출발한 비기생계 「춘향전」이며, 신문학기에 가장 인기를 얻었던 「춘향전」이다. 전기 「춘향전」의 표제는 「춘향전」·「별춘향전」·「열녀춘향수절가」로 변이되었고, 후기 「춘향전」은 민족 수난시대라는 역사적 상황과 관련하여 「옥중화」로 변이되었다가, 광복후 다시 「춘향전」으로 복귀되었다.[66]

(나) 2단계, 1994년, 『춘향전의 통시적 연구』, 서광학술자료사

필자는 「춘향전」 연구의 2단계를 1994년 『춘향전의 통시적 연구』로 서광학술자료사에서 출간하였다.

『춘향전의 통시적 연구』의 목차

책머리에

Ⅰ. 「춘향전」 이해의 길

1. 「춘향전」의 개념
2. 통시구조론적 접근

Ⅱ. 「춘향전」의 심층 세계와 감동의 원천

1. 신화적 원형성
2. 무교의 해원성
3. 조화의 지향성과 개방적 유행성
4. 서울 지향성과 회피된 보복성
5. 슬픔을 골계화하는 삶의 여유

『춘향전의 통시적 연구』의 표지

66) 설성경, 『춘향전의 형성과 계통』, 정음사, 1986, 159쪽.

Ⅷ. 「춘향전」의 미래

1994년 간행된 『춘향전의 통시적 연구』의 결론에서 미래의 「춘향전」에 대해 이렇게 말하였다.

"우리 민족문학의 한 개성으로 '춘향전 현상'을 들 수 있다. 지금으로서는 '춘향전'과 '현상'이란 어휘의 연결이 비록 낯설게 여겨질지 모른다. 그러나 우리가 그렇게 규정하고 명명해왔건 그렇지 아니하건, 춘향전 사건은 우리 민족문학사가 연출해 낸 하나의 값진 사건이요, 기이한 현상이다. 그 현상은 춘향전에 대한 활화산처럼 솟구치는 강력한 창작력과 이를 뒷받침하는 민족적 성원과 갈채 속에서 찾아진다. 춘향전은 길고도 긴 시간을 두고 다수의 민족문학자가 동참하여 공동집필하고 있으며, 민족 구성원은 춘향의 통곡과 미소가 일구는 공동 환상의 찬연한 무지개빛에 시선을 보낸다.

이러한 현상에서 보면, 그간 창작된 춘향전은 하나의 거대 작품일 뿐이며, 춘향전의 완성을 향한 행진은 앞으로도 상당 기간 더 진행될 것이 분명하다. 그러므로 우리는 지금 이 '거대 작품군'으로 이루어질 미래의 완성형 춘향전을 향한 또 하나의 출발 선상에 있을 뿐이다. 17세기 하천한 신분의 광대가 부르던 그 춘향가는 이제는 민족의 대교향곡으로 이 강산에, 세계에 퍼져나가고 있다.

'아직도 춘향전이냐?'라는 냉소 어린 물음이 있는가 하면, '아직도 춘향전은 우리의 최대 고전이지.'라고 긍지 어린 주장을 하는 사람도 있다. 그들 사이에는 또 하나의 '춘향전'이라는 '예술의 탑'을 쌓기 위해 한밤을 지새우며 창의적 나래를 펼치는 문인, 예술가가 있다. 최소한 이런 세 층위에 자리한 민족 구성원이 있는 한, 춘향 현상은 여전히 하나의 가치 있는 현상으로 그 의의를 드러낼 수 있다.

늦은 감이 있지만, 더 늦기 전에 우리는 '춘향전 현상'을 정확히 포착하고,

그 원인을 찾아 생산적인 민족 문화와 예술로 다시 꽃피워야 한다. 사회심리학적 측면에서, 예술사회학적 측면에서 이 현상은 확인되고, 해석되어야 한다. 춘향전 현상을 더 새로운 패러다임의 학문 대상으로 삼아, 민족 구성원 속에서 끊임없이 유행을 만들고, 그 새로운 유행으로 춘향전을 재편성해온 고이지 않는 물과 같은 교묘한 전환의 뒤바꿈의 비법을 밝혀야 한다. '정절'이라는 낡은 윤리에 얽매인듯 하면서도, 시대를 앞서가는 '자유와 해방'의 정신은 항상 춘향전을 살아있게 하는 원동력이 되고 있다. 사랑이 있고, 성의 폭력이 있고, 이별이 있고 죽음을 두려워하지 않는 저항이 있다. 그리고 약속을 저버리지 않는 신의가 넘실거린다.

춘향전은 분명 살아 숨쉬고 있다. 「춘향전」으로, 「별춘향전」으로, 「열녀춘향수절가」로 빛을 달리해 왔다. 또 「남원고사」로, 「옥중화」로 그 소리를 달리해왔다. 그 뿐만 아니라 최남선은 「고본 춘향전」으로, 이광수는 「일설 춘향전」으로 경쟁적으로 시각을 달리하여 실험하기도 했다. 「방자전」 「서울 방자전」으로, 94년형 「외설 춘향전」에서 미국 땅 L.A.에서의 「폭소 춘향전」까지, 그 '춘향 예술의 판'은 깊고 넓으며, 우주 속의 별빛처럼 푸르고 아름다운 세계를 만든다.

원통하게 죽은 여인의 원령을 달래려고 시작한 굿, 그 굿을 소리굿으로, 판소리극으로 예술적 변용을 이룩한 무당과 광대들. 그 천하디 천하게 인식되던 광대 소릿꾼들의 후예들이 혼을 실은 소리를 동편제로, 서편제로 소리의 맛을 달리해가기 몇 백년. 이제 어엿한 한민족의 소리로 세계의 무대에 서고 있다. 우리 전통 문학 예술의 맏형으로 자리하고 있다. 시련의 끝에 자리한 재회와 보상, 춘향전을 가꾸어온 우리 민족에겐 아직 더 받아야 할 세계로부터의 보상이 남아 있다. 외침의 역사이기를 거부해온 우리들은 세기의 어사가 마패를 휘두르며 어사출또를 외칠 때까지 비록 어둠 속이라 하더라도 내일을 향한 공력을 쌓아나가야 한다.

필자는 춘향예술로, 춘향전 연구로 나가기 위한 첫 걸음으로 우선 소설 춘향전을 통시적 시각에서 접근해보았다. 이제 겨우 우리 실정에 맞는 한국형 문학예술의 원리 탐색으로의 길은 분명히 있다는 징후를 포착했다. 춘향전은 분명 우리의 문예학, 예술학 연구에 응답해 줄 수 있는 아시아의 고전이다. 아니, 세계의 고전이다. 그것도 박물관적인 고전이 아닌 현대적 고전이며, 미래적 고전이다.

'춘향전 현상'은 내일에 대한 기대를 안겨 준다. 내일의 춘향전은 연구와 창작이 하나로 접목되는, '하이퍼 텍스트' 시대의 '하이퍼 춘향전'이다. 판소리극 춘향가가 또 한번의 비상을 할 때이다. 멀티 미디어에 의한 '춘향전 CD ROM'이 우리의 안방에서, 세계의 곳곳에서 21세기의 춘향전으로 되살아 날 것이다. 그 춘향전은 과거와 현재의 벽을 허물고, 소설과 시와 희곡의 선을 지우고, 음악과 문학과 미술과 조형예술을 하나이게 하며, 우리의 눈과 귀와 가슴을 동시에 즐겁게 해 줄 것이다. 그러면서 사라져가는 우리의 인간성을 회복하여 우리를 더욱 인간답게 해주는 기능을 할 것이다."

춘향전학 제1세대 연구의 양대 산맥을 넘으면서 필자는 제2세대 춘향전학의 높이를, 춘향전학의 깊이를 찾아나서게 되었다.

(다) 3단계, 2000년 『춘향예술의 역사적 연구』, 연세대학교출판부

필자는 「춘향전」 연구의 3단계를 2000년에 『춘향예술의 역사적 연구』로 연세대학교 출판부에서 출간하였다.

『춘향예술의 역사적 연구』의 목차

차례

1. 들머리

1-1. 고전, 발상 전환의 원천

1-2. 연구 관습에의 도전과 새 지평 찾기

(가) 춘향전학의 거시적 미시적 접근

(나) 지식정보, 국제문화 시대의 춘향전학

『춘향예술의 역사적 연구』의 표지

2. 춘향전학 50년의 자취

2-1. 제1세대 연민과 나손의 「춘향전」 연구

(가) 연민과 나손의 「춘향전」 연구

(나) 연민과 나손의 「춘향전」 모델 논쟁

2-2. 제2세대 춘향전학 30년

(가) 장기적 연구와 시각의 전환

(나) 언론의 격려와 대중의 방향

(다) 고전 전시학의 개척과 대중화

(라) 정보화 시대의 미디어 활용

3. 17세기 「원향전」과 작가 산서

3-1. 「춘향전」 소재의 연계성과 산서

(가) 17세기 광한루 소재

(나) 17세기 남원부사 소재

(1) 임란 후 역대 남원부사의 상황

(2) 성안의 부사의 선치와 승직

(다) 17세기 암행어사 소재

(1) 후반부의 중심 인물인 암행어사

(2) 성이성 암행어사와 광한루 사연

(라) 금준미주시 소재와 산서

(1) 어사출도 대목의 금준미주시

(2) 성이성의 후손이 남긴 금준미주시

3-2. 산서와 「춘향전」의 관계

4. 18~20세기 춘향예술의 역사적 전개

4-1. 18세기 유진한의 한시 「춘향가」와 그 주제

4-2. 19세기 판소리 중흥자 송흥록

(가) 19세기 성악의 새로운 흐름

(나) 19세기 명창과 판소리 중시조 송흥록

4-3. 20세기 공연예술과 유치진의 연구

(가) 유치진이 개척한 연극 「춘향전」

(나) 역사극의 시대적 의미와 민족의식

5. 21세기 판소리 영화 「춘향뎐」의 작품세계

판소리를 영상미학으로 살린 「춘향뎐」

(가) 제작진의 기획 의도와 홍보

(나) 영화에 대한 평가와 향수자의 반응

5-2. 판소리 영상미학으로 본 평가

(가) 시나리오의 구성상 특성

(나) 「춘향뎐」의 개성과 영상미학

6. 춘향예술의 연대기적 이해

7. 마무리

이 저술은 『춘향전 계통 연구』, 『춘향전 비교연구』 이후, 김동욱교수가 제시한 근원설화 중에서 신원설화와 암행어사 설화를 주목하고, 대부분의 신원설화 속에는 「춘향전」의 발생에 관련된 소재, 즉 남원의 어느 이방, 술 빚이 많은 자, 과거 급제하고 풍악을 울린 값으로 노래를 지어 보상한 사람 등, 원초의 「춘향가」를 지목하고 있다는 사실을 심화하여, 판소리 「춘향가」의 원류가 되는 사설을 주목하면서, 성이성 암행어사 설화는 성이성 암행어사의 실화라는 점을 주목하였다. 그의 부친 성안의 부사가 남원부사로 선치를 하였을 뿐만 아니라, 자신의 아들인 책방도령을 남원 임지에 데리고 가서, 그곳 출신이면서 그곳에 살고 있는 의병장이요, 문필가인 산서 조경남을 아들의 학제 스승으로 삼았음을 밝혀냈다.

『춘향예술의 역사적 연구』에서는 「춘향전」의 원작가로 산서 조경남을 최초로 제시하였다.[67)]

이 저술의 요지를 정리하면 다음과 같다.[68)]

첫째, 산서 조경남은 「춘향전」의 배경지인 남원에서 70평생을 살았던 문인이기에 「춘향전」의 공간 소재인 남원과 광한루, 그리고 남원 기생 춘향의 비극적 사건과 그 사건으로 인하여 생긴 신원설화의 전언을 익히 잘 알고 있었던 인물이다. 둘째, 조경남은 「춘향전」 구성의 주요 요소인 남원부사 성안의와 책방 도령 모델인 성이성과 가까이 지냈던 인물이다. 특히 조경남은 성이성이 책방 도령이었을 때, 그의 학제 스승이었다. 또 훗날 청백리 암행어사로 칭송을 받을 때에도, 성이성은 스승인 조경남을 각별히 존경한 것을 그의 저술에서 찾아 볼 수 있다.[69)] 셋째, 조경남은 「춘향전」의 후반부 암행어사 설화의 모델로서, 남원의 또 다른 암행어사 설화의 주인공인 옥계 노진과 이웃으로 어린 시절을 지냈다.

노진의 묘비명을 史料로 보면, 노진은 임종을 앞두고서도 국정을 염려하

67) 설성경, 『춘향예술의 역사적 연구』, 연세대학교 출판부, 2000, 187쪽.

68) 설성경, 위의 책, 248~250쪽.

69) 성이성, 『호남암행록』, 인조 25년 12월 1일.

던 충신이었고, 임금 또한 노진에게 깊은 신뢰와 배려의 마음을 보냈다. 또 백성들은 청렴한 대정치가인 노진의 장례를 추모하는 마음으로 성대히 치루었다. 조경남은 이러한 사건들을 가까이서 보거나 전해들었 수 있으므로 영향을 받았을 것으로 판단된다.[70]

(라) 4단계, 2001년『춘향전의 비밀』, 서울대학교출판부

필자는「춘향전」연구의 4단계를 2001년에『춘향전의 비밀』로 서울대학교출판부에서 출간하였다.

『춘향전의 비밀』의 목차

1. 들머리
   1-1.「춘향전」의 비밀은?
   1-2. 비밀의 문을 열며
2.「춘향전」작가의 비밀
1.「춘향전」작가 찾기
   1-1. 작가 탐색의 의의
   1-2. 작가 탐색의 과정
      (1) 존평적 작가 언급
      (2) 광대의 설화 엮음설
      (3) 조경남 작가설
2. 조경남의 삶과 문학
   2-1.조경남의 삶과 현실 참여
      (1) 장년기의 의병 활동

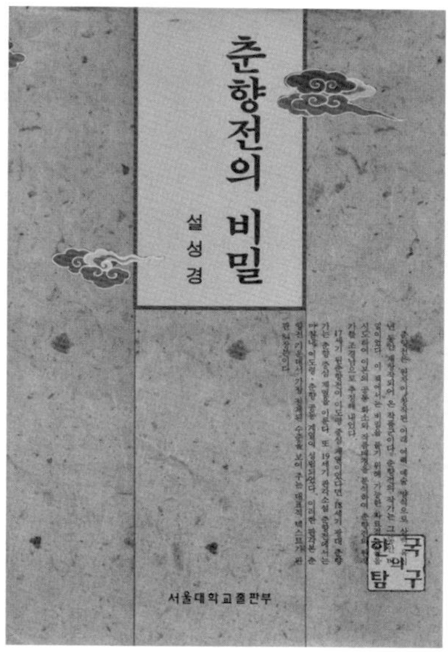

『춘향전의 비밀』 표지

70) 설성경,『춘향전의 비밀』, 서울대학교출판부, 2001, 80~82쪽.

(1) 선택의 서사 기법

(2) 환상의 서사 기법

2. 「춘향전」의 극적 장면 원리와 희곡적 성격

2-1. 극적 장면 원리

(1) 장면 중심의 작품 구성

(2) 대화 중심의 장면 구성

(3) 인물 설정과 대화 활용의 극작술

2-2. 성격 설정의 장면 사례로 본 희곡적 성격

(1) 대립적 성격 설정의 장면 사례

(2) 변동적 성격 설정의 장면 사례

(3) 중재자 설정의 장면 사례

3. 「춘향전」의 서정성과 율격성

3-1. 서정성의 성숙미와 정제미

3-2. 율격성의 성숙미와 정제미

4. 완판 84장본의 완성적 면모

4-1.완판 84장본의 내적닌 특질

(1) 서사적 구조의 완성적 면모

(2) 희곡적 장면 구성의 완성적 면모

(3) 서정시적 성격의 완성적 면모

4-2. 완판 84장본의 외적인 특질

4. 춘향예술의 거대한 세계

1. 초시대적 공감을 보여주는 고전

2. 360년의 역사를 지닌 민족예술의 큰 나무

(1) 1980년대의 춘향예술

(2) 1990년대의 춘향예술

5. 마무리

필자는 『춘향예술의 역사적 연구』를 출간한 다음 해인, 2001년에 서울대출판문화원에서 논증은 미흡하지만 『춘향전의 비밀』을 출간하며, 「춘향전」의 원작가가 산서 조경남임을 학계에 알렸다. 즉, 우리는 민족고전 「춘향전」을 광대들의 예술에서 출발하였다는 이유로, 그 작가를 밝힐 수 없다고 믿어왔다. 그러나 필자는 「춘향전」을 세계의 고전으로 내놓기 위해서는, 「춘향전」의 작가나 구조에 대한 기본적인 논의를 다시 점검해 봐야 할 필요성을 깨달았다. 그래서 「춘향전」이 과연 하층 예술인 광대들의 예술로부터 시작되었다고 판단하기에는 내용들 중에 이도령과 이도령의 과거에 응시하여 장원급제 하는 이야기, 암행어사의 노정기, 그리고 암행어사의 출두 가지 직전의 등장하는 금준미주 시 등이 광대들이 근원설화를 엮어서 기본 서사 및 구체적 표현을 맞추어내기가 어렵다는 점을 주목하고, 양반들의 창작일 가능성을 주목하게 되었다.

(ㅁ) 5단계, 2016년 『춘향전-남원고사』, 서울대학교출판부

필자는 「춘향전」 연구의 5단계를 2016년에 『춘향전-남원고사』로 서울대학교 출판부에서 출간하였다. 이는 논증 수준을 높여서 원작가를 확정한 주석에 해당한다.

『춘향전-남원고사』의 목차

권지이
권지삼
권지사
권지오
「남원고사」 원문
작품해설
원작가 조경남 연보
참고문헌

『춘향전-남원고사』 표지

필자는 제2세대 연민과 나손의 연구 업적에 대한 비판적 수용을 통하여 앞선 세대가 성취한 상반된 연구 방법을 상호 보완시키는 통합적 접근으로, 작품의 주석 연구와 의미 찾기를 심화시켰다. 통설로 받아들여지고 있는 나손 김동욱의 판소리계 소설을 '근원설화에서 판소리로, 판소리에서 판소리계 소설로의 이행'이란 도식의 세부적 상황의 심화와 「춘향전」 자료를 정리할 수 있는 이론적 체계와 문예미를 찾아내는 집중적인 연구를 실행하였다.

이렇게 설정된 연구 결과, 나손이나 연민이 넘겨준 미결의 문제들, 즉 19세기까지의 「춘향전」 이본만을 다루던 태도를 극복하고, 20세기의 「춘향전」과 연속성의 입장에서 연구되어야 한다는 것, 「춘향전」에서 보여준 연구의 깊이와 넓이를 다른 판소리계 작품의 연구로 확장하여야 하고, 판소리의 보편적인 생성론을 보다 구체화하여 판소리 열두 마당 중에서 최초로 형성된 마당을 밝히고, 각 개별 마당이 동일한 상황에서 생성되었는가의 문제를 규명해야 한다.

넷째, 각 작품의 주제나 인물의 성격 등은 異本의 개별성과 보편성이란 양면적 인식으로 접근함으로써, 각 계통 형성의 배경과 그 변이의 양상을 통한 작품의 총체성을 규명할 수 있도록 접근하여야 할 것이다.[71)]" 특히, 1980년대 이후로는 새로운 이본 발견이 주춤한 반면, 「춘향전」의 작품 분석에 새로운 방법론을 적용하는 연구가 눈에 띄게 나타난다. 또한 지금까지의 자료를 총정리하여 제시하는 노력이 있었는데, 총 8책으로 이루어진 『춘향예술사 자료총서』[72)]가 대표적이다.

이런 40여 년의 학술 활동의 여정은 1960년대 비롯된 학부시절 「춘향전」 관련 강의 수강에서부터 그 출발점을 찾을 수 있다.

「춘향전」에 대한 관심은 「월매의 성격고」라는 학부 논문에서 확인된다.

필자는 단계별로 제시한 저술 외에도, 지속적으로 논문을 발표하였다. 1979에는 『동산신태식박사 고희기념논총』에 「남창 춘향가의 생성적 의미」를, 1983년에는 민족문화사에서 나온 『한국학 연구방법론』에는 「춘향전 주제의 특성」을, 1983년에는 이우출판사의 『한국고전소설연구』에서 「춘향가 사설의 형성연구」를, 1986년에는 『문화예술』 제103호에 「춘향전 72종을 대비 분석한다」를, 1986년에는 새문사에서 나온 『고소설의 구조와 의미』에서, 「춘향전 주제 이해의 방법」을, 1990년에는 한길사에서 나온 『1930년대 민족문학의 인식』에서는 「유치진이 추구한 춘향전의 새 의미」, 1990년에는 『애산학보』 제9집에 「남원고사 작가의 구운몽 활용 양상」을, 1991년에는 『한국고전소설의 본질』에 「19세기형 개작장편 남원고사에 나타난 생활문화의 형상화」를, 1993년에는 『애산학보』 제14집에 「춘향전 서두 부분의 유동화와 적층화 양상」를, 1995년에는 『한태동 교수 고희기념논문집』에 「춘향전의 구조」를, 1995년에는 『한태동 교수 고희기념논문집』에 「춘향전의 생성과 비평의 이중적 시각」을, 2000년에는 『문학과 의식』 제47호에 「새로 읽는 춘향전」 등을 지속적으로 발

---

71) 설성경, 「나손의 판소리 연구에 대하여」, 『나손김동욱선생 화갑기념문집』, 열화당, 1982, 67~68쪽.

72) 설성경 편, 『춘향예술사 자료총서』,국학자료원, 1998.

표하였다.

이런 연구과제와 그 방향을 놓고, 필자의 「춘향전」 연구는 몇 차례의 전환과 굴절을 겪어왔다. 그런 상황 속에서 얻은 성과를 제시하면, 문헌 주석의 영역 연구로는 『춘향전 비교연구』, 『춘향전』,[73] 『춘향전』[74]을 들 수 있다. 통시적 영역의 연구로는 『춘향전의 형성과 계통』, 『춘향전의 통시적 연구』, 『춘향전 예술사 자료집』,[75] 「춘향전 72종을 대비 분석한다」,[76] 〈춘향전 전시회〉, 응용 및 미디어화, 세계화 관련 연구 영역으로는 〈춘향전 CD롬 작업〉, 〈예술창작 지원〉, 〈문화상품 지원〉을 들 수 있다. 이 밖에도 「춘향전」의 현대적 해석과 그 대중화 운동을 지속적으로 펼치고 있다. 그 까닭은 춘향학도 이제는 변화해야 하는 시점에 서 있기 때문이다. 그간의 연구가 지닌 정태적인 접근을 벗어나, 연구 영역을 확장하고 연구 결과를 대중화한다는 의미에서 생활문화, 정보문화와 직결되는 생동하는 춘향학으로 전환시켜, 「춘향전」이 지닌 고전의 가치를 현재에서도 향수하여야 한다. 그 방법의 하나로 이론 소설학의 심화와 함께 응용 소설학을 개발하는 길을 주장하였다.[77]

---

73) 설성경 편저, 『춘향전』, 시인사, 1986.

74) 설성경, 『춘향전』, 고려대 민족문화연구소, 2015.

75) 설성경 편저, 『춘향전예술사 자료집』, 1~8권, 국학자료원, 1998.

76) 설성경, 「춘향전 72종을 대비 분석한다」, 『문화예술』, 제103호, 문예진흥원, 1986.

77) 설성경, 「되살아오는 춘향의 향기」, 1999.11. 연세춘추, 1377호.

3

조경남의 「원춘향전」 창작 동기와 목적

3-1. 원작가는 내우외환의 역사를 기록한 성리학자 조경남

(1) 우계 · 율곡의 제자인 조헌의 성리학 계보와 의리정신

율곡 이이는 선조 7년인 1574년에 우부승지로 재직 때, 상소문인 「만언봉사」를 선조에게 올렸다. 이 상소는 재앙이 발생하여 당황한 선조가 제언을 구하는 교지를 내려 신하들과 재야의 선비들로부터 의견을 구하였을 때, 왕명의 출납을 맡는 관직인 우부승지로서 난국을 타개하는 방법을 11,600여 자로 작성하여 밀봉하여 올렸다. 봉사란 중국 한나라 때에 신하가 임금에게 상주할 때, 검은 천 주머니 속에 글을 넣어 봉하여 올림으로써, 그 내용이 사전에 밖으로 누설되는 것을 방지한 데서 생겨난 말이다. 율곡은 임금의 총명함과 영민함을 칭송하는 것으로 이야기를 시작하지만, 결국 그러한 자질이 좋은 정치로 연결되지 못한 이유를 들면서, 시정방법을 단호한 어조와 때로는 직설적인 표현으로 제시하였다.

율곡 이이와 우계 성혼의 제자[78]로 화담 서경덕의 영향도 받은[79] 중봉 조헌은 1565년 성균관에 입학했으며, 1567년에는 식년문과에 병과로 급제하였다. 1568년 처음으로 관직에 올라 정주목 · 파주목 · 홍주목의 교수를 역임하면서 선비들의 기강을 바로잡았다. 1572년부터는 교서관의 정자 · 저작 · 박사를 지내면서, 궁중의 불사 봉향에 반대하는 상소를 올려 국왕을 진노하게 하였다. 성절사 박희립의 질정관으로 명나라에 다녀와 「동환봉사」를 지어 올렸다. 1575년부터 호조좌랑 · 예조좌랑 · 성균관 전적 · 사헌부 감찰을 거쳐,

---

78) 대표적인 인물로는 신독재 김집, 김상용, 정기명, 안방준, 강항, 성문준, 김덕령, 윤황, 이시백변이중, 윤방, 조위한 등이 있다.

79) 서경덕은 어렸을 때 가난하여 스승 없이 독학으로 공부하여 조선 초기의 대표적인 성리학자의 한 사람이 되었다. 제자 중에는 조식, 이이와 교류하던 이지함, 그리고 조헌이 있었다.

경기도 통진현감으로 있을 때, 가내 노비의의 횡행 죄를 엄히 다스리다가 죽인 죄로 탄핵을 받아 부평으로 귀양갔다가 3년 만에 풀려났으며, 다시 공조좌랑 · 전라도 도사 · 종묘서영을 역임하였다. 1582년 계모를 편히 모시기 위하여 보은 현감을 자청하여 나갔는데, 그 치적이 충청좌도에서 으뜸으로 손꼽히었다. 그러나 대간의 모함에 따른 탄핵을 받아 파직되었다가, 다시 공주목 제독을 지냈다. 1587년, 동인 정여립의 흉패함을 논박하는 〈만언소〉를 지어 상소하는 등 5차에 걸쳐 상소문을 올렸으나, 모두 받아들여지지 않았다. 다시 일본 사신을 배척하는 소와 이산해가 나라를 그르침을 논박하는 소를 대궐 문 앞에 나아가 올려 국왕의 진노를 샀다. 관직에서 물러난 뒤 옥천군 안읍 밤티로 들어가 후율정사라는 서실을 짓고, 제자 양성과 학문을 닦는 데 전념하였다.

1589년 지부상소로 시폐를 극론하다가 길주 영동역에 유배되었으나, 이해 정여립의 모반 사건으로 동인이 실각하자 풀려났다. 1591년 일본의 도요토미[80)]가 겐소[81)] 등을 사신으로 보내어 명나라를 칠 길을 빌리자고 하여, 조정의 상하가 어찌할 바를 모르고 있을 때, 옥천에서 상경하여, 대궐 문밖에서 지부상소로 3일간 일본 사신을 목을 벨 것을 청했으나 받아들여지지 않았다. 1592년 4월 임진왜란이 일어나자 옥천에서 문인 이우 · 김경백 · 전승업 등과 의병 1,600여 명을 모아, 8월 1일 영규의 승군과 함께 청주성을 수복하였다. 그러나 충청도 순찰사 윤국형의 방해로 의병이 강제해산을 당하고 불과 700명의 남은 병력을 이끌고 금산으로 행진, 영규의 승군과 합진해서, 전라도로 진격하려던 고바야가와[82)]의 왜군과 8월 18일 전투를 벌인 끝에 중과부적으로 모두 전사하였다. 1588년 4월 3일에 조헌은 소를 올려 재상들을 내

80) 豊臣秀吉.

81) 玄蘇.

82) 小早川隆景.

리 무함하여 여지없이 매도하였다. 이로 인해 유배되었고, 다음 해에, 방면되어 돌아오는 길에 대신을 지척하는 상소를 다시 올리자 선조는 조헌을 간귀라고 하였다. 조헌이 방면되어 돌아오는 도중에 소를 올렸고, 호남의 유생 양산도 · 김광운 등도 소를 올렸는데, 대개 당시의 재신들을 지적 비판한 것이었다.[83)]

중봉 조헌은 제자와 문인 등과 의병을 일으켜 세 번의 주요 전투를 성공으로 이끌었다. 임란이 일어난 1592년 5월 말, 옥천과 보은 등지의 향병으로 보은 차령에서 왜적을 물리쳤다. 8월 1일에 1,600여 명의 의병과 영규대사의 승병으로 청주성을 공격하여 이를 회복했다. 이를 시기하는 관군의 방해는 극심했다. 결국은 흩어지고 남은 의병 700명과 영규대사의 승병 300명이 합세하여 호남순찰사 권율과 8월 18일에 금산의 왜적을 공격하기로 했다. 의병이 금산 외곽에 도착했을 때, 기일을 연기하자는 권율의 연락은 도착하지 않았고, 적은 의병부대를 기습해왔다. 이날, 왜적과의 처절한 전투에서 칠백명의 의병들은 한 사람도 이탈하지 않고 용감히 싸우다 중봉과 함께 모두 순절했다. 아들 완기는 아버지를 살리려고 대장복을 갖추고 앞장서 싸우다가 시신마저 갈기갈기 찢겨 형체도 남지 않았다. 피할 것을 권유하는 제장들에게 중봉은 내가 죽을 자리는 이곳이라며 스스로 말안장을 내렸다. 왜군도 큰 피해를 입고 철수하였고, 호남의 곡창지대를 죽음으로 지켜낸 것이다.[84)]

중봉 조헌은 당대의 탁월한 경세가이자 개혁론자였다. 이것은 스승인 율

---

83) 황준연, 『이율곡, 그 삶의 모습』, 서울대학교 출판부, 2000, 211~216쪽.

84) 안내면 도이리의 후율당은 용촌리의 후율정사를 이건한 것으로 뜰안에 중봉의 충신정려와 아들 완기의 효자정려가 있다. 군북면 이백리의 선생이 강학하던 이지당은 본래 이름이 각신서당으로 선생의 친필 현판이 남아있다.옥천에서 중봉을 배향했던 서원은, 이원면 이원리 창주서원, 강청리 삼계서원, 청산면 하서리에 덕봉서원 세 곳이었는데 지금은 모두 훼철되고 송시열 선생이 쓴 창주서원 묘정비만 서원 터에 남아있다.

곡 이이의 영향이었다기보다도 그의 학문적 성격이 현실을 떠난 관념론이 아니라, 현실 속에서 실천을 위주로 하는 실천의 학문이란 점에서 드러난다. 그는 율곡 이이를 지극히 존경하면서도, 궁리수신의 성리학을 체득하는데 이기 심성 등의 이론적 탐구보다는 율곡 이이의『성학집요』를 높이 평가하였다. 그의 개혁론의 방향은 피폐한 사회현실의 극복과 안민에 있었다. 백성은 국가의 근본이니 그 근본이 굳어져야 국가가 안정된다고 보고, 위민정치의 의미를 강조하였다. 백성을 사지로 몰아 넣으면 백성이 패망함과 동시에 나라도 따라서 망할 것이다."[85]라고 하였다. 그리고 군주의 성찰과 관원의 임용 문제와 인재의 등용 문제는 물론 개혁론까지 전개하였다.[86]

(2) 조헌의 제자 조경남의 의병활동과 실천 성리학

산서 조경남은 1570년 조벽의 장남으로 어머니는 남원 양씨로 남원군 주천면 내송리에서 출생하였다.[87] 3세 때에 이미 '월도천심 풍래수면'[88] 등의 옛 시를 외울 만큼 총명하였다. 5세 때에는 예의로 음식을 사양할 줄 알았고 효성이 극진하였다. 부친은 낙향을 근심했지만 총명한 아들로 인해 안심했다 한다. 6세 때 부친이 별세하자, 색동옷을 사양하고 고기반찬을 먹지 않으

---

85) 조헌,『중봉집』7권,〈論時弊疏〉.

86) 이석린,『임란의병장 조헌연구』, 신구문화사, 1993, 42~45쪽.

87) 조경남은 부친 조벽이 서울 청파동에서 처가를 따라 남원 주천면 원천 송내마을에 내려온 다음에 그곳에서 출생했다. 그곳은 지리산이 동쪽으로 바라보이는 곳으로, 그야말로 지리산 서쪽 자락의 끝에 놓인 마을이다. 한양 조씨가 정착했던 당시에는 마을의 이름을 쇠고개 또는 牛峙洞이라 불렀다. 그 후 마을 주변에 송림이 무성하고 평온하기 이를데 없으므로 소나무를 상징하여 솔 고개로 바꾸었는데 지명을 한자화 하면서 內松이라 하였고 지금은 내기리라 한다.

88) 月倒天心 風來水面.

며 예법을 갖추어 상을 치루었다. 8세 때에 진사 유인옥 밑에서 수학하면서 1년도 못 되어 『사략』을 읽고 『소학』을 외웠다. 다음 해에는 『통감』과 『두시』를 읽었으며, 글짓기를 시작해서는 기이하고 특이한 어귀를 많이 썼다. 13세에는 모친마저 별세하자, 미음만 먹으며 3년을 지냈다. 그래서 외조모 허씨의 손에서 자랐으나 기상은 활달했다. 그는 외조모를 봉양하며 살았다. 외할머니는 다른 자식이 없었기 때문에 돌아가실 때까지 모시고 살았다.

산서 조경남은 15살 때에 안동김씨와 결혼을 했다. 17세 때에 중봉 조헌 선생을 만나 뵙고 사제의 연을 맺어 재능을 인정받았다. 그는 조헌으로부터 의리와 도덕을 터득했다.[89] 선조 7년인 1574년에, 흰 무지개가 태양을 뚫는 자연현상이 일어나는 것을 보았다. 물론 이것은 단순한 자연현상으로, 관측자의 위치에 따라서 다르게 보일 수 있는 일종의 착시현상과 같은 것이었다. 하지만 당시에는 태양은 임금을 상징하는 것으로, 흰 무지개가 태양과 교차되는 것 처럼 보였다는 것은 곧 전쟁이 일어날 징조로 해석되었다. 이에 선조는 대신들로 하여금 다가올 재난을 막을 대책을 내놓으라 하였지만, 선조는 다소 의심이 많은 성격이어서 대신들 어느 누구도 선불리 상소를 올리지 못하고 있었다. 그는 이것을 계기로 난리를 예견하며 일기형 잡록을 쓰기 시작하였다.

산서 조경남은 1592년에 임진왜란이 일어나자 의병을 일으켜 유격대장으로 활약하였다. 동지 정사달 등을 규합하여 십여 차례나 전투에 참가하여 많은 전공을 세웠다. 임진왜란과 정유재란에는 군문에 들어가려 했으나 뜻대로 하지 못하였다. 조경남의 가전에 의하면 1592년 5월 1일에 남원 사람들이 경상도 사람들의 소문을 듣고 피난길에 나서자 이를 막은 남원부사 윤안성의 개유첩을 내렸던 바, 이를 인용하여 서술한 뒤에 붙인 세주에서 "남원은 전라도와 경상도 사이에 있는데 내가 본부에 있었기 때문에 양남과 남원의

89) 설성경, 『춘향예술의 역사적 연구』, 연세대출판부, 2000, 229~231쪽.

일을 자못 상세하게 기록한다"고 쓰고 있다. 그리고 1592년 7월 2일자 본문 기사에서 적병이 오지도 않았는데도 소문만 듣고 사람들이 피난을 가자, 남원부사 윤안성은 그에게 "피난간 사람들이 돌아오도록 하는 첩지를 써서 각 방에 내리라!"고 명했다. 그가 부사 윤안성과 가깝게 지내게 된 것은, 부사가 아버지와 한 동네에서 자란 친구였기 때문이라고 했다.

1597년의 정유재란 무렵에는 남원부사의 서기로 있었다.[90] 서기는 문서기록을 담당하는 직으로 추정되므로, 이 직은 남원부사에게 전해오는 각종 전쟁 상황을 소상하게 기록할 수 있는 기회였다. 1597년 8월 남원 일대에 왜병이 나타나기 시작하자, 모든 사람이 산으로 피난을 갔고 이를 왜군이 수색하였다고 기록하고 있다. 그는 친척 80여 명을 이끌고 지리산으로 피신을 했다. 1597년 8월 16일 남원성이 왜적에게 포위되자, 조경남은 명나라 장수 양원을 찾아가 교룡산성의 수비를 요청하였다. 그리고 성을 막을 대책을 말하였으나, 양원은 이를 듣지 않았고, 마침내 성은 무너지고 말았다. 그 뒤 조경남은 동지들과 더불어 불우치에 병사를 매복하는 계책을 쓰며, 적과 접전 끝에 상당한 전과를 올렸다. 이어 궁장치에 이르러 학성군 김완 · 박언량 등과 함께 적을 쳐서 대파하였다. 그리고 산동원까지 적을 추격하여 거기에서도 세 군데에 병사를 매복시켜놓고 밤에 왜군의 군막을 공격하니, 이에 놀란 적병이 자기들의 막사를 불지르고 도망갔다. 그는 승세를 몰아 추격하여 적병

90) '서기'직이 어떤 신분의 직이었지 알 수 없다. 단지 글자의 의미로 보아 문사의 직책이었던 듯하다. 그처럼 그가 적어도 7년간이나 이 직에 있었다고 하면 이직을 임시직으로 생각하기 어렵다. 서기직이라 함은 부사 밑에서 기록을 남기는 일을 주로 하는 직책인데, 주로 향리 계층에서 담당하였던 듯하다. 이런 예를 경주부『경주선생안』의 16세기 자료에 정조 호장(正朝戶長)이 맡았던 직책 중에 '조문기관(詔文記官)' 또는 '조문', '기관'으로 칭해진 직이 있었음을 찾을 수 있다. 남원의 상급 향리는 9명이었고, 하급향리인 서원은 40명이 이상이었는데, 상급 향리 중 글에 능한 사람이 없었기 때문에 그가 서기직에 임용된 것으로 추정된다.

200여 명을 베었다. 이어서 산음과 탄곡에 나아가서, 적이 세 곳으로 나누어 군막을 설치하고 있는 것을 보고, 판관 안사제, 진사 정사달 등과 함께 군사를 세 곳으로 나누어서 밤을 타서 잠입하여 적의 군막에 불을 질렀다. 그는 또 적군이 요천에 진을 치고, 들판의 곡식을 거두고 있는 것을 보고, 박언량을 시켜 곡성으로 가는 길에 병사를 매복하였다. 그리고는 밤을 이용해 습격하여 적을 대파하니, 적이 곡성 쪽으로 도주하였으나, 그곳에 이미 매복하고 있던 병사들이 도망가는 적군을 섬멸하였다.

9월 9일 파근사에 숨어 머물고 있을 때, 남원의 아전 정대인과 배립 등이 찾아와 의병을 일으키기를 권유했으나, 적세가 너무 강성하여 격문을 보낼 수 없어 포기했다고 하였다. 아마 이때 그를 찾아온 아전들은 상관이었던 조경남을 찾아와 문안을 드린 것으로 이해된다. 그가 의병활동을 임진년부터 했다고 하는 기록이 그의 신도비와 가장 등에 나오고 있으나, 이는 잘못된 표현이다. 그가 왜적을 격살한 것은 정유년 9월 22일 부처모퉁이에서 숨어 있다가 5명을 사살한 전투 기록에서부터이다. 이때 그가 왜적의 목을 베지 않았음을 강조하고 있지만, 이는 후속부대가 오고 있었기 때문으로 생각하며, 그의 전공을 과시하려 하지 않았다는 이후에 번복되는 표현과 함께 주목할 필요가 있다. 그 후 그는 궁장원 전투 등에서 적을 사살했다고 하며, 이후 5곳에서 왜적을 격살했다고 하여 조경남 장군으로 칭해지고 있다. 이후 조경남은 7~80명 이내의 소규모 의병을 인솔하고 여러 곳에서 혁혁한 전공을 세운 것으로『난중잡록』에 기술되어 있다.

3-2. 암행어사 윤계선의 임진왜란 소재의 소설 「달천몽유록」

(1) 암행어사 윤계선의 임진왜란 소재의 소설 「달천몽유록」

산서 조경남은 당시의 일반적인 문인들처럼 한시문도 남겼지만, 대표 저작으로 『난중잡록』과 『속잡록』을 남겼다. 조경남은 『난중잡록』의 1592년의 일기에서는 신립 장군이 충주 달천에서 왜군을 막으려는 작전에 대하여 다음과 같이 기록하고 있다.

○ 신립이 달려 충주(忠州)를 지나서는 조령(鳥嶺)을 막아 적의 길을 끊으려고 하였으나 길이 험하고 막힌 데가 많아서 말타고 활쏘기가 불편하겠기로 후퇴하여 충주로 돌아오고 있었는데 도중에 이일(李鎰)을 만났다. 신립이 왜적의 정세가 어떤가를 물으니, 이일이 대답하기를, "이 적은 경오년(1570, 선조 3)과 을묘년의 그것과는 견줄 게 아니며, 경오년의 왜적은 겨우 웅천(熊川) 두어 고을을 함락시키고는 패하여 돌아갔고, 을묘년의 왜적은 달량(達梁)을 함락시켜 병사(兵使) 원적(元迪)을 죽이고는 잇달아 강진(康津) 등의 고을을 함락하여 영암(靈巖)에까지 왔다가 패하여 돌아갔다. 또 북쪽 오랑캐같이 쉽사리 제압되지도 않습니다. 이제 험준한 데를 점거하여 적의 길을 끊지 못하였으니 만약 넓은 들판에서 교전한다면 당해낼 도리가 없을 것입니다. 차라리 후퇴하여 서울이나 지키십시오." 하니, 신립이 성을 내어 말하기를, "너는 패군(敗軍)한 데다 또 군졸들을 경동(驚動)시키니 군법으로는 목베어야 마땅하다마는, 왜적이 오기를 기다렸다가 공을 세워서 속죄하여라." 하고, 마침내 달천(㺚川)충주의 땅이다. 여기에 주둔하다.

○ 흉악한 왜적이 조령을 넘어 달천으로 달려 들어오니 신립은 패전하여 죽

었다. 당초 적병은 두 재[嶺]의 넘기 어려움을 두려워하고 있었는데, 그곳에 당도하자 산길은 고요하고 사람의 발자취도 전연 없는지라 마침내 크게 기뻐하여 날뛰면서 곧장 충주를 범했다. 한편 신립은 여러 도의 정병(精兵)과 무관 2천 명, 종족(宗族) 1백여 명, 내시위(內侍衛)의 군졸 등 도합 6만여 명의 군사를 거느리고 조령으로부터 다시 충주로 후퇴하였는데, 종사 김여물(金汝岉)이 이일(李鎰)의 말에 따라 산길을 굳게 지키자고 요청하였으나, 신립은 듣지 않고, "바다를 건너온 왜적은 빨리 걷지 못한다." 하고는, 마침내 달천을 등지고 탄금대(彈琴臺)에 진을 쳤던 것이다. 그런데 얼마 후 척후장(斥候將) 김효원(金孝元) · 안민(安敏) 등이 달려와서, "왜적의 선봉이 이미 다가왔습니다." 하고 고하자, 신립은 그들이 군중을 놀라게 한 일에 노하여 당장 그 두 사람을 목 베고 이어 영을 내려 진의 대오를 바꾸게 하였다. 그러나 적병이 이미 아군의 뒤로 나와 천 겹으로 포위하자 장병들이 놀라고 두려워하여 모두 달천의 물로 뛰어들었다. 왜적이 풀을 쳐내듯 칼을 휘둘러 마구 찍어대니 흘린 피가 들판에 가득 찼고 물에 뜬 시체가 강을 메웠으며, 신립과 김여물도 모두 물에 빠져 죽었다. 그래서 우리나라의 정병은 충주와 상주 두 전투에서 다 섬멸되었다고 한다.

조경남은 이런 기록 외에도 충주 달천에서의 신립의 대처 문제를 암행어사 윤계선[91)]이 한문 소설로 지은 것을 주목하고, 윤계선이 암행어사로서의 자신이 어사 행록을 대신하여 충주에서 전해들은 실화를 몽유록 양식에 결합하여 문학으로 남긴 것을 높이 평가하였다.

조경남은 윤계선의 암행어사로서의 파견을 1600년 2월의 일기에서 다음과 같이 기록하였다.

---

91) 윤계선, 1577~1604.

2월 비로소 과거(科擧)를 복구하고 9일에 서울과 지방의 감시(監試) 초장(初場)을 정하였다. 전라 좌도의 시험장소는 광주(光州), 우도는 태인(泰仁)이었으나 얼마 안 되어 파방(罷榜)하였다.

○ 난리를 치른 뒤로부터 염치와 도의가 상실되어 수령들은 한 없는 욕심을 더욱 부리니 백성들은 착취당하는 괴로움을 못 이겨 사방으로 흩어졌는데 오히려 계사년과 갑오년보다 심하였다. 임금이 이 사실을 듣고 살아 남은 백성들을 염려하여 신하 다섯 사람을 불러 여러 도를 암행하게 하여 윤계선(尹繼先)에게 호서를 맡기고, 유숙(柳潚)에게 호남을 맡기었다. 유숙은 서울에 있을 적에 이미 들은 말이 있었으므로, 본도에 이르자 먼저 남원 · 장흥으로 들어가 관고(官庫)와 관청에서 문서를 수색하여 가혹한 정사를 적발하였다. 남원은 12건이었는데 그 중에서 사람을 결박하여 함정에 넣은 것이 으뜸가는 폐단이었다. 인하여 이 사실을 임금께 아뢰었더니, 명령을 내려 원신(元愼)과 이광악(李光岳)을 잡아다가 여러 해 동안 가두어두고 국문하였다. 가선대부(嘉善大夫) 이사명(李思命)을 방어사(防禦使) 겸 남원 부사로 삼고, 안위(安衛)를 병사 겸 장흥 부사로 삼았다. 그때 곡성(谷城)을 폐하고 운봉(雲峯)은 남원에 합쳤다.

위의 인용에서, 조경남은 전란 후에 그 동안 보지 못하였던 과거시험을 보게 된 일과, 윤계선을 호서지역의 암행어사로 파견한 일을 연결해서 일기에 기록하고 있다. 그리고는 특이하게도, 한문단편인 「달천몽유록」에 감동을 받고는 일기에 내용 전체를 다음과 같이 소개하였다.

만력 경자년(1600, 선조 33) 중춘에 파담자(坡潭子)는 당직으로서 서청(西淸)에 며칠 동안을 묶여 있었다. 새벽에 승정원에서 임금의 명령을 받아 시종신 다섯 사람을 불러들여 봉서를 내려주며 제도(諸道)를 암행하라 하였는데, 파담자도 그 중에 끼어 있으므로 한강가에 모여 자면서 봉서를 떼어보니 받은 도는 호서였다. 여러 고을을 차례로 암행하여 충주(忠州)에 이르렀다. 나그네로 떠돌다보니 어느덧 3월이라, 동풍은 따뜻하게 불어오고, 달천의 물은 맑게 출렁이며 수많은 백골(白骨)은 널리고 꽃다운 풀은 더욱 푸르렀다. 9년 동안에 싸움터는 이미 묵어서 들쥐와 산성성이는 해를 보고 숨고, 주린 까마귀와 성난 솔개는 사람을 향하여 시끄럽게 우짖는다. 지친 말을 천천히 몰면서 당시를 묵묵히 회상한다. 양가에서 뽑힌 자제와 훈련받은 정병이 혹은 전공을 세우기 위해 자원해서 오고, 혹은 가혹한 관리의 징발을 당해, 허리에 활을 차고 등에 화살을 지고 싸움터에 나가서 갑옷을 깔고 북을 두드렸다. 좋은 무기를 간직하고서도 싸우지 못하니, 장군의 계책 없음이 분하다. 손을 묶고 할 일 없이 적을 맞이하여 목을 내밀고 적의 칼을 받았으니 마음을 싸매고 원한을 머금었다. 헛되이 죽은 혼이 사충(沙蟲)이 되고, 원숭이와 학이 된 자가 그 몇천만 명이나 되는지 모른다. 분한 기운이 위로 맺혀 뭉친 구름이 어두컴컴하고, 원한의 소리가 아래로 흘러 강물도 흐느낀다. 이다지도 마음을 상하고 눈을 쓰리게 하는가. 인하여 슬피 읊조리고 강개하여 시 세 편을 지었다. 〈중략〉

임 남원이 또한 나아가서, "위태로운 시국을 당하여 외람되이 발탁을 입었는데, 임지인 남원의 지형은 실로 우리 나라의 요충이오. 명 나라 군사와 함께 힘을 다하니, 강회(江淮)의 보장(保障)에 비겼었소. 적이 쳐들어와서 높은 사닥다리는 어지러이 춤추고, 달무리는 점점 짙어지니, 군사는 외롭고 세력은 약함을 탄식하고, 원군이 끊어져서 북소리가 가라앉음을 슬퍼하였소. 맡은 지역을 지키지 못하고 스스로 칼날을 밟게 되었으니, 땅을 지키는 신하로서 죽어 마땅한 일이어니와 양원(楊元)이 힘껏 싸웠으나 그 머리를 보전하기 어려웠으니 국법에는 유감이 있소." 하고 읊었다. 〈중략〉

좌우가 무릎을 치고 탄식하기를, "문장이 맑고 굳세며 의기가 격동하고 처절하니, 그대의 재주를 높이 평가하노라. 부(賦)를 지어 비록 적을 물리친다지만 시를 읊는 것이 나라를 지키는 데 도움이 되지 못하니, 그대의 재주로써 무예를 아울러 익혀 활을 잡고 말을 달리면 못할 것이 무었이랴. 문장은 나라를 빛내고, 무예는 외적의 수모를 막을 것이오. 우리들은 할 수 없지만 그대는 힘쓰라." 하였다. 파담자가 일어나 감사하기를, "가르침대로 하겠습니다." 하고, 하직하고 내려가니 긴 시냇가에서 여러 귀신들이 손뼉을 치며 웃으므로 그 까닭을 물으니 통제사 원균(元均)을 기롱하고 있는 것이었다. 배는 불룩하고, 입은 삐뚤어지고, 얼굴빛은 흙빛이 되어 기어왔으나 퇴짜를 맞고 참여하지 못하였던 것이다. 언덕에 의지하여 두 발을 죽 뻗고 주저앉아 주먹을 불끈 쥐고 길게 탄식할 뿐이다. 파담자 역시 크게 웃고 조롱하다가 기지개를 켜고 깨어나니, 그것은 한바탕 꿈이었다. 베개를 어루만지면서 돌이켜 생각해 보니 역력히 기억이 난다. 그 벼슬로 그 성명을 상고해 보니, 장군은 곧 이순신(李舜臣)이었다. 고 첨지는 경명(敬命)이요, 최 병사는 경회(慶會), 김 원주는 제갑(悌甲), 임 남원은 현(鉉)), 송 동래는 상현(象賢), 김 종사는 여물(汝岉), 김 창의는 천일(千鎰), 조 제독은 헌(憲), 김 회양은 연광(鍊光), 황 병사는 진(進), 이 병사는 복남(福南), 김 진주는 시민(時敏), 유(劉) 수사는 극량(克良), 신 판윤은 입(砬), 이 수사는 억기(億祺), 이 첨사는 영남(英男), 정(鄭) 만호는 운(運), 심 감사는 대(岱), 정(鄭) 동지는 기원(期遠), 신 병사는 할(硈), 윤 판사는 섬(暹), 박 교리는 지(篪), 이 좌랑은 경류(慶流), 고 임피는 종후(從厚), 고정자는 인후(因厚), 승장은 영규(靈圭)이다. 파담자는 뜻이 있는 자라 어떤 사람이 나라 일에 죽었다면 일찍이 흐느껴 울지 않은 적이 없었다. 혹은 그 의(義)를 사모하고, 혹은 그 절개를 기리며, 혹은 그 사적을 탄식하고, 혹은 그 목숨을 애도하였다. 꿈속에서 만난 이가 모두 내가 평소에 우러러보고 공경하던 분이었다. 이런 마음이 있었으므로 이런 꿈을 꾼 것이리라. 이에 제문을 지어 변변치 않은 제물을 마련해 가지고 화악(華岳) 위에 올라 남쪽 구름을 바라보며 곡하고, 서해를 굽어보며 그들의 넋을 불러 제사하였다. 그 사연을 다음과 같이 쓰노라.

파담자는 수양산(首陽山)의 고비나물을 캐고 응벽지(凝碧池)의 물로 잔을 올려 감히 27분의 영전에 아뢰오니, 영령들은 아실런지요. 나는 본래 서생으로서 반평생을 문닫고 역사를 읽으며 옛 사람을 사모하여 그 정충(精忠) 고절(苦節)에 대하여는 책을 덮고 탄식합니다. 만고와 우주를 더듬어보아도 겨우 한두 남아를 발견할 뿐이니, 저 성대한 중국으로서도 이같이 적거늘 우리 삼한으로 말하면, 비록 예의의 나라라 일컬으나 옛날의 동이(東夷)인데 위기에 임하여 오랑캐를 물리친 훌륭한 선비가 27분이나 됩니다. 아! 거룩한 임금이 왕위를 이어 장구한 터전을 만들었고, 2백 년 동안 백성을 기르고 교화시켜 이처럼 많은 선비를 냈던 것입니다. 수군통제사는 진실로 하늘이 낸 거룩한 분으로, 일선 장수에 임명되자, 변경에 크게 자리잡고 한산섬에서 적의 바닷길을 끊으면서 여섯 돌의 세월을 보냈습니다. 장수를 바꾼 일은 본래 적의 꾀에서 나온 것이요, 장군이 군사를 내는 시기를 그르친 것은 아니었습니다. 원균(元均)이 싸움에 패한 뒤에 아홉 척의 배와 남은 군졸로써 여러번 벽파진(碧波津)에서 싸워 이겼으니 그 공은 종에 새겨 길이 남길 만한 일이요, 노량(露梁) 싸움에서 공이 임종할 때에 죽음을 숨기고 깃발을 흔들고 북을 쳐 싸움을 계속할 것을 분부하자 아들이 그 명령대로 하여 산 중달(仲達)을 달아나게 한 것처럼 하였으니, 그 꾀가 더욱 기이하다 하겠습니다. 고 제봉[高霽]은 문장이라 일컫기에는 부족하지마는 강개하여 군사를 일으켜 있는 힘을 다하여 나라의 위기를 건졌습니다. 몸을 적의 소굴에 맡겨 삶을 버리고 의를 취하여 확고한 태도를 바꾸지 않았습니다. 그의 의병을 모집하는 격문을 보면 읽는 사람으로 하여금 저도 모르게 눈물을 흘리게 합니다. 최 병사는 사람됨이 활발하고 매인 데가 없으며, 처음에 모집한 의병은 범이 아니면 바로 곰이라, 서관(西關)에 보낸 편지로 좋은 벼슬에 올랐더니 마침내 진양(晉陽)에서 전패하여 장한 뜻을 펴지 못하고 말았습니다. 치악산성(雉岳山城)은 높고 험준하여 하늘을 찌를 듯이 그윽하고 깊숙하므로 김 사군(使君)이 지형을 살펴보고 이 험하고 가파른 곳을 차지하였는데, 왜적이 한번 침범하자 형세는 외롭고 군사는 피로하여 온 집안이 칼날 아래 쓰러지니 비린내 나는 피가 낭자

하였습니다. 남원은 곧 호남의 관문인데 임 공이 지켜 웅대한 울타리가 되었습니다. 양원(楊元)의 2천여 기가 군대의 위세를 크게 빛냈으나, 미친 왜적이 너무도 창궐하여 힘을 모아 독을 퍼뜨리면서, 새같이 소리개같이 날뛰었습니다. 그런데 밖으로는 소수의 응원도 끊어졌으니 공인들 혼자서 이를 어찌하리오. 삼리성(三里城)이 하루아침에 상처 투성이가 되어버렸습니다. 동래(東萊) 송 선비는 속세를 벗어난 듯 멀쑥하고 시원스러운 풍채로 강해(江海)의 일휘((一麾)에 변란이 불의에 돌발했으므로 그 형세가 한 오라기의 실로 1,000균(鈞)의 무게를 끄는 형세였습니다. 철문을 굳게 잠그고 신명에게 맹세하고 죽음에 임하여 16 글자를 남겨, 보는 이는 목메어 흐느끼니, 슬프도다, 그 장함이여! 김 종사는 장원 급제하였고 힘은 40근짜리 철퇴를 잡아 흔듭니다. 활달했던 그 평생은 자신의 견줌이 너무 과했으나 잡혀 죄에 묶인 것은 자기 죄가 아니니 칼에 그 턱을 기댔던 것입니다. 나라에 어려운 일이 있을 때에 천승(千乘 도순변사 신립을 가리킴)의 막료가 되었으나 시운이 불리하여 사람이 죽어 원한을 남기었습니다. 창의(倡義)의 선비는 먼저 서남쪽 요해를 점거하여 강유(綱維)를 떨쳤으며, 다시 군사를 거느리고 막아서 힘껏 싸웠으나 지쳐서 몸은 죽고 이름을 길이 남겼습니다. 제독의 식견이 처음에는 시귀(蓍龜)와 같다 하였소. 현소(玄蘇)와 수호하던 날을 당하자 혹시 화근을 끼칠까 두려워 거적을 궐문 앞에 깔고 엎드려 5일 동안 극간하였소. 가책(賈策)과 순광(郇筐)을 여러 사람이 모두 천치라고 하였는데, 그대가 참으로 천치였던가? 변을 듣고 곧 일어나 의를 부르짖고 부지런히 힘썼으며, 서원(西原 청주)의 승첩에 우서(羽書)와 격문(檄文)이 사방으로 달렸는데, 깊숙히 금산(錦山)으로 들어가 적의 속임수에 빠져 몸은 죽고 일은 그릇되어 큰 공적이 단번에 무너져버렸습니다. 김 선생은 좋은 분이외다. 조복(朝服)을 갖추고 인수(印綬)를 차고 맡은 곳을 지키며 떠나지 않았습니다. 세상 물정에 어두운 선비라, 비록 적을 무찌르지는 못하였으나 그 몸을 더럽히지 않아 회수(淮水)는 맑고 맑습니다. 황공(黃公)은 온 성안이 의지하고 존중히 여기는 중망을 지니고, 방패를 잡고 성벽에 올라 활시위를 당겨 적을 쏘았습니다. 부장에 섞여 의로운 몸이 한번 거꾸러지니 북소리가 문득 힘이 없어졌습니다. 이 공은 고립된 성이 이미 흔들려 형세가 위태로울 때에 몇 명의 기병을 거느리고 적에게로 나아가 위태함을 꺼리지 않고 천금(千金)의 귀한 몸을 가벼이 한 것은 패배자가 되기를 부끄럽게 여겼기 때문입니다. 당당하다, 김공이여! 힘써 진산(晉山)을 보존한 자는 누구이뇨. 공훈이 높으니 보답도 훌륭하도다. 옥음(玉音)에 아름답다 했는데 무너져서 장순(張巡) · 허원(許遠)의 빛나고 빛난 업적을 보지 못한 것이 한입니다. 유공(劉公)은 노련한 장수로서, 말가죽으로 자신의 시신을 쌀 결심으로 싸움에 임하여 패하고 화살이 다하자 그 자리에서 곧 죽었으니 진실로 천시(千蓍)에 부합합니다. 신공의 배수의 진이야말로 임금의 은혜는 넓은데 그 보답은 작으니 그 죽음은 진실로 마땅하다 하겠지마는 8천의 건아들이야 또 왜 죽습니까? 수사는 참으로 백 사람의 으뜸이요, 첨사는 8척의 훤칠한 키요, 정운(鄭運) 또한 장사라 어찌 지기(志氣)가 낮겠는가? 기백(畿伯)과 동추(同樞)는 모두 맑은 조정의 이름난 벼슬아치로 대궐뜰에 드나들다가 위급할 때에 왕명을 받고 몸을 바치고도 뉘우치지 않았으니, 그들은 모두 한가지입니다. 병사(兵使)는 형의 원수를 갚기에 어찌 그리 급급하여 일각을 늦다 하였던고. 윤 정당(政堂)에게는 양친이 있었으며, 기성(騎省)의 낭관(郎官)과 옥서(玉署)의 논사(論思)가 비명에 함께 죽었으니 이것은 한번 탄식할 것도 못 됩니다. 고씨 집안의 뛰어난 두 형제가 그의 부형을 욕되게 하지 않았으니, 실로 하늘이 주신 떳떳한 도리를 지켰습니다. 영규(靈圭)는 승려 출신으로서 쓰러져 넘어가는 왕가(王家)를 힘껏 붙들어 세우려고 하였습니다. 아! 저 하늘의 뜻은 넘겨보기 어렵구려. 어찌하여 이들을 세상에 내보냈다가 또 어찌하여 그리도 빨리 이들을 앗아갔습니까? 원통한 기운이 천지 사이에 막혀 답답함을 펼 길이 없습니다. 천둥이 치고 구름이 모이고 바람이 참담하게 불어대어도 이 노여움을 풀기에 부족하며, 이 슬픔을 달래기에 부족합니다. 아깝도다, 공들의 재주로써 태평성대의 시대에 처하여 불의의 사태에 대응하여 익숙하지 못한 군사로써 비록 채찍을 꺾지는 못했으나, 나라를 위하고 자신을 잊어서 그 절개와 의리는 조금도 이지러지지 않았으니, 그 자질은 저 풍이(馮異) · 등우(鄧禹) · 이광필(李光弼) · 곽자의(郭子儀)와 똑같다고 보겠습니다. 만약 공등 한두 사람에게 하늘이 두어 해를 더 빌려주어 혹시 오늘에 이르렀다면 오(吳) 나라와 월(越) 나라가 와신상담하고, 월 나라가 10년 동안 백성들을 늘리고 10년 동안 백성들을 가르쳐서 오 나라에 복수한 것처럼 하여 5 · 6사(師)를 풀어서 일본 마도(馬島)의 악독한 종류로 하여금 무서워서 움츠리고 다시는 날뛰지 못하게 할 것입니다. 아! 죽으면 다시 살아나지 못하는데 지난 일을 돌이킨들 무엇하리오. 땅에서는 높은 산 큰 바다가 되고, 하늘에서는 북두(北斗)와 남기(南箕)가 되어 우러러보면 더욱 높고, 건너자면 끝이 없습니다. 화산(花山)의 절벽과 사해(四海)의 물가에 넋이여! 돌아와서 나의 말에 감응하기 바라나이다.

「달천몽유록」에서는 임진왜란 때에 활약하다가 장렬하게 전사한 이순신 · 신립 · 고경명 · 조헌 · 김시민 등 수 많은 장군들이 모임을 다루고 있다.

몽유자로 설정된 파담자는 작가 윤계선의 호이다. 소설의 내용은 1600년 봄에 왕명을 받아 호서지방을 암행하다가 충주 달천에 이르러 지난 임진왜란을 회상하면서 시작된다.[92] 서술자는 임진왜란 때 충주 달천 전투를 회상하면서 억울하게 죽은 병사들의 원한을 드러내고 있다. 서술자 파담자는 이런 감회를 세 편의 시로 읊고 난 후, 암행어사의 직무를 마치고 화산의 수령으로 갔다. 그곳에 부임하고 있던 중에 베개에 기대어 잠이 들어, 나비의 인도로 한 곳에 이르니, 전란에 부상을 당한 귀신들이 통곡하고 있다. 그들이 원한을 풀고자 노래 부르는 중에 파담자가 나타나자 귀신들은 자신들의 말을 세상에 전해 줄 것을 부탁하면서, 신립 장군이 적을 얕잡아 보고 진을 탄

92) 신재홍, 『한국몽유소설 연구』, 계명문화사, 1994, 113쪽.

금대로 옮긴 일과, 패배하여 그 당당한 형세나 용력이 쓸모 없게 되었던 일을 조롱한다.

서에서는 신립의 달천강 전투에서의 실책에 대한 비판과, 신립 자신의 변명으로 토론이 전개되고 있고, 또 이미 지나간 일이므로 시비하여 무엇하겠는가 하는 입장에서 토론이 마무리되고 있다. 토론의 내용이 달천 전투에서의 패배에 관련된 것으로서, 전쟁에 패한 신립과 그의 부하들이 능력을 발휘하지 못하고 패배한 것을 원통해 한다. 이는 경험세계에서의 현실적 패배에 대한 원망의 토로이다. 특히, 신립에 대한 비판은 현실적 패배에 대한 책임을 따져묻는 것이지, 신립이라는 인물 자체를 비난하려는 뜻은 아니다. 토론이 끝난 후 이순신을 위시하여 당시의 관장, 의병장, 승장 등이 와서 자리를 잡는다. 이런 좌정 대목은 몽유록의 유형화된 단락의 하나이다. 이순신이 좌장이 되고, 좌편에 고첨지 등 9인이 앉고, 우편에 황병사 등 8인이 앉고, 남쪽에는 심감사 등 9인이 앉는다. 이들 27명이 좌정한 후에 귀졸들을 물러가게 하고 잔치를 베풀며 각 인물들은 역사적 행적과 결부된 자신의 감회를 토로한다.[93] 27명의 인물들은 돌아가면서 각기 자신들의 회포를 말하고, 이를 시로 읊는다. 마지막에 몽유자 자신이 연회를 마무리하는 시를 읊는다. 시연이 끝날 때쯤, 달천강 가의 잡귀들이 원균을 기롱하며, 그 배를 가르고 입을 찢으니 원균이 엉금엉금 기고 있었다. 파담자는 그 광경을 보고 낄낄 웃다가 꿈을 깬다. 작품의 말미에서 작가는 꿈속에 나왔던 27명 인물들의 관작과 성명을 밝히고, 작가 스스로 제문을 지어서 그들의 의리와 절개를 추모한다.

「달천몽유록」에서는 임진왜란 때 활약했던 인물들의 원한을 토로하게 한다. 즉, 이는 자신들이 몸 바쳐 싸웠음에도 결국 오랑캐에 의해 강토가 유린당한 것에 대한 한탄[94]을 하는 다음과 같은 장면이 있다.

93) 신재홍, 『한국몽유소설 연구』, 계명문화사, 1994, 118쪽.

94) 같은책, 118쪽.

임남원(任南原)이 또한 나아가서, "위태로운 시국을 당하여 외람되이 발탁을 입었는데, 임지인 남원의 지형은 실로 우리 나라의 요충이요, 명나라 군사와 함께 힘을 다하니, 강회의 보장(保障)에 비겼소. 적이 쳐들어와 높은 세력은 약함을 탄식하고, 원군이 끊어져서 북소리가 가라앉음을 슬퍼하였소. 맡은 지경을 지키지 못하고 스스로 칼날을 밟게되었으니, 수토(守土)이 신하로서 죽어 마땅한 일이오나 양원(陽元)이 힘껏 싸웠으나, 그 머리를 보전하기 어려웠으니 국법(王法)에는 유감이 있소." 하고 읊기를, "비휴(貔貅)한 1대가 천관에서 내려와 용성을 가로막으니, 그 의기가 한가하도다. 맹렬한 형세로 곧장 비장(飛將)을 찌르고 가니, 외로운 신하는 한 조각 넋만이 돌아왔네." 하였다.[95)]

"남원은 곧 호남의 관문인데 임공이 지켜 웅대한 울타리가 되었습니다. 양원(楊元)의 2천여 기가 군대의 위세를 크게 빛냈으나 미친 왜적이 너무도 창궐(猖獗)하여 힘을 모아 독을 퍼뜨리면서 새같이, 소리개같이 날뛰었습니다. 그런데 밖으로는 조그마한 응원도〈부의자지원(蚍蜉蟻子之援)〉 끊어졌으니 공인들 혼자서 이를 어찌하리요. 삼리성(三里城)이 하루아침에 상처 투성이가 되어버렸습니다. 동래 송선비〈송사문(宋斯文)〉는 속세를 벗어난 듯 멀쑥하고 시원스런 풍채로 강해의 일휘(一麾)에 변란이 불의에 돌발했으므로 그 형세가 한 오라기의 실로 천근의 무게를 끄는 형세였습니다."[96)]

이러한 내용을 포함하고 있는 「달천몽유록」은 임진왜란에 희생된 원혼들의 이야기를 통해 전란과 패전의 처참함이 주는 비극적인 분위기 속에서 패전의 역사를 교훈으로 제시해주고 있다. 패전의 책임은 왕과 관료들에게 있기에 전쟁에 참여한 장군들은 패전을 한탄하고 반성하면서 시 모임에서 전

95) 신재홍, 『한국몽유소설 연구』, 계명문화사, 1994, 314~315쪽.

96) 같은책, 321쪽.

란 패배의 통분과 장군들간의 갈등을 화해로 이끌어 간다. 특히, 결말에 제시되는 영령들에 대한 제문에서 전몰한 영웅들의 충성과 절개를 기림으로써 그들 외로운 영혼을 위로한다.[97]

97) 설성경, 『춘향전의 비밀』, 서울대학교출판부, 2001, 69쪽.

4

원작가 조경남의 「춘향전」 창작 구도와 이념

4-1. 조경남과 성이성의 만남과 이별이 소재가 된 「춘향전」의 표면서사

(1) 암행어사와 열녀설화가 바탕이 된 「춘향전」의 서사

(가) 고경명 야담에 나타난 고경명과 수절한 어린 기생

고경명[98]은 1533년 광주 압보촌에서 대사간 고맹영과 성균관 진사 서걸의 딸인 남평 서씨의 아들로 태어났다. 할아버지 고운은 조광조와 친하게 지냈다는 이유로 승의랑, 형조좌랑 등을 지냈으나 1519년 기묘사화로 관작을 삭탈당하고 고향에 내려와 여생을 보냈다. 그는 어려서부터 성인과 같아서 백인걸이 유독 그를 칭찬하고 아꼈다. 남평현감으로 근무할 때 그를 처음 본 백인걸은 그가 범상치 않은 아이임을 알고 그를 아꼈다. 백인걸의 문하에서 시서와 경사 등을 수학하였다. 1552년 진사시와 생원시에 동시 합격하여 진사가 되었다.[99] 그는 1558년 전시에 응시하여 식년시 문과에 갑과 1위로 장원급제하고, 성균관 전적에 임명되고, 이어서 호조좌랑이 되었다가 다시 공조좌랑이 되었다. 이어 형조좌랑 · 사간원 정언 등을 역임했다. 1559년 세자시강원 사서에 임명되고, 1560년 봄 사간원 정언이 되었다가 형조좌랑을 거쳐, 병조좌랑 지제교에 임명되었다가 호당에 들어 사가독서를 받았다. 1561년 봄, 사간원 헌납이 된 뒤 사헌부 지평, 홍문관의 부수찬 · 부교리를 거쳐 다시 사간원 헌납으로 임명되었다가 그해 가을 홍문관 부수찬을 거쳐 암행어사로 평안도를 다녀왔다. 그해 겨울 부교리를 거쳐 1562년 봄에 병으로 성

98) 고경명, 1533~1592.

99) 1558년(명종 13년) 명종이 성균관에 유생들을 시험할 때 수석을 차지하여 바로 직부전시에 명을 받았다..

균관 전적에서 울산군수로 좌천되었다. 1563년에 교리가 되었다. 1563년에 인순왕후의 외숙인 이조판서 이량의 전횡을 논할 때 교리로서 이에 참여하여 이량을 공격하였지만, 장인 김백균이 인순왕후의 외삼촌 이량에 무슨 일인지 좌죄되어 울산 군수가 되었다. 그해 11월 사헌부에 의해 탄핵되었다. 1571년에 선조가 그의 재능을 아깝게 여겨 서용하려 하였으나 사림파 언관들의 맹렬한 반대로 무산되으나 동인의 반대를 견뎌내고 영암 군수가 되었다. 이어 종계변무 주청사 김계휘의 서장관으로 명나라에 다녀왔다. 그해에 영암 군수로 재등용되고 이어서 명나라 공식 기록에 이성계가 이인임의 아들로 기록된 것을 바꾸는, 종계 변무 주청사가 명나라에 파견될 때, 김계휘의 추천을 받아 변무 주청사의 서장관으로 임명되어 연경에 다녀왔다. 그는 훈구파의 자제라는 비방에도 불구하고 율곡 이이가 그의 능력을 인정해주어 발탁함으로써 관직에 머무를 수 있었다. 이때 그는 성균관 직강 겸 사헌부 지평의 직책에 임명되어 명나라를 다녀왔다. 1582년 서산 군수로 전임되었는데, 명나라 사신의 원접사에 임명된 이이의 천거로 그 종사관이 되었으며, 이어서 종부시 첨정에 임명되었다. 그뒤 사섬시 첨정이 되었으며 사신으로 만난 명나라 사신들과 시문을 주고 받았다. 1583년 한성부이 되었다가 한산 군수를 거쳐 그해 말 문한으로 추천되어 예조정랑에 임명되었으나 부임하지 않았다. 그는 바로 광주의 집으로 낙향했다. 1584년 종부시 첨정에 임명되었다가, 이 해 사복시 정이 된 뒤 그해 말 성균관 사예를 거쳐 1585년 군자감 정이 되었으나 병을 이유로 사직하였다. 그 해 순창 군수로 부임했다가, 재직 중 전염병에 걸려 혼수상태에 빠졌다가 며칠 사이에 기적적으로 깨어났다. 유몽인의『어우야담』에 의하면, 이때 그는 저승사자에게 끌려갔다가 다른 사자가 이 사람이 아니라고 했다고, 얼마 뒤 무속인의 굿소리를 듣고는 사자를 데리고 무속인이 있는 곳으로 가서 저승사자에게 술이 취하도록 먹인 뒤 깨어났다 한다. 순창 군수로 재직 중 1588년 파직되었다.[100] 또, 1589년에 동래 부사가 되었고, 1590년에는 승문원 판교로 다시 등용되었다. 그해 여름 내섬시 정이 되고, 대신들의 추천을 받아 다시 승문원 판교가 되어 지제교 겸 춘추관 편수관 직책을 겸직했다. 이때 명망가들이 그를 자신의 편으로 끌어들이려 하였으나, 그는 사양하고 물러나 있었다. 1590년 가을 통정대부로 승진하여 동래 부사로 발령되었다. 임진왜란이 일어났을 때는 의병을 일으켜 수장으로써 싸우다가 순국하였다.[101]

고경명과 조경남의 관계를 살펴보면, 1592년에 임진왜란이 일어나자 조경남은 의병을 일으킨 고경명의 진지에 달려갔다. 그러나 그때 외조모 허씨의 병보가 급함을 듣고 돌아와서 약을 다려드리며 돌보았다. 외조모의 병이 어느 정도 회복되자 조경남은 동지 정사달 등을 규합하여 의병을 일으켜 10여 차의 전투에서 많은 전공을 세웠다.[102] 그 후 1597년에 정유재란이 일어나자 그는 다시 의병을 이끌고 남원 · 곡성 · 함양 · 산음 · 곤양 · 하동 등지로 전전하면서 무수히 적을 토벌하였다. 한때는 명나라 장군 유정의 선봉이 되어 초인의 전략을 구사하였다. 유정 장군은 조경남에 대하여 평하기를 "동국의 열남자다. 학문은 삼재를 통하였고 가슴에는 만갑을 담았으며 산림기상을 가졌으니 아마 제갈무후에 견줄 만한 위인이다."[103] 하였다. 한편 권율 도원수와 체찰사 이원익은 그의 공적을 상주려 하였으나, 그는 힘써 사양하기를, "나는 다만 신하의 직분을 다한 것일 뿐이다." 하며 사양하였다. 1600년

---

100) 『어우집』, 「어우연보」, 경문당 영인본, 1977, 310쪽. 변종현, 「어우 유몽인의 한시 연구」, 6쪽.

101) 고씨중앙 종문회(1973), 『고씨세록』, 380쪽. 김형돈, 「〈춘몽록〉 양참의 창작설에 대한 고찰: 고경명 설화를 중심으로」, 1995, 『명지어문학』 22집, 231쪽.

102) 1592년 조경남이 23살 때 제봉 고경명이 의병을 일으키는 격문을 받았다. 7월에는 조헌의 격문을 받았으나 외할머니의 봉양을 위해서 참여하지 못했다. (『난중잡록』).

103) 東國豈無烈男子 眞所謂學究三才 胸藏萬甲 又有山林之爭 其諸葛武候之比宇.

에는 향리에서 수백의 인명을 해친 큰 백호가 횡행하여 방어사 원신이 잡으려고 고심을 하였으나 잡지 못하였는데, 그는 범이 다니는 길에 틀을 차려놓고 기다리다가 활로 명중하여 잡았다. 이 소식을 들은 방어사 이사명이 감사히 여겨 범고기와 말안장, 은장도와 쌀 5석을 상으로 보내었다. 그는 이들 선물 중에서 고기만 받고 다른 것은 다 돌려보내며 "범 한 마리 잡았다고 이런 것을 받을 수 있겠습니까? 만약 이런 곡물이 있으면 백성들에게 양곡을 주십시요." 라고 하니, 방어사는 쌀 30석을 그 마을 민호에 보내왔다.[104)]

조경남은 전라도 관찰사 이광이 근왕병을 모아 북상 중에 공주에서 서울이 함락되었다는 소식을 접하고 해산하자, 김천일은 이광을 성토하여야 한다는 주장을 했으나 고경명의 권유에 의해 행동으로 옮기지는 않았다.

○ 전라 감사 이광(李洸)이 전 부사 고경명(高敬命)에게 보낸 서한에, "대가가 서쪽으로 순행하고 서울은 지켜내지 못했습니다. 나라의 일이 이 지경에 이르렀으니 통곡하고 또 통곡할 일입니다. 오늘 할 일이 있다면, 오직 애통하고 절박한 취지로 격문을 띄워가지고 사방의 충의있는 동지를 불러 유시하여 지체없이 군사를 일으킴으로써 하늘에 사무치는 통분을 씻기나 바라야겠습니다만, 격문의 말이 만약 간절하지 않으면 사람의 마음을 감동시킬 길이 없으니 격문을 거칠고 엉성하게 지어서는 안 됩니다. 격문을 지으셔서 속히 보여주기를 감히 바랍니다. 오장이 찢어지는 것만 같아 어찌할 바를 모르고 한갓 북쪽을 바라보고 통곡할 따름입니다. 또 이 뜻을 사중(士重) 김천일(金千鎰)의 자(字)이다. 등의 제공(諸公)에게 알리는 것이 어떻겠습니까?" 하였다.

○ 고경명이 이광에게 보낸 답서에, "나라의 일이 이 지경에 이르렀으니 더 말할 나위가 있겠습니까. 오직 매일같이 북쪽을 바라보고 통곡할 따름입

104) 김규성 해설, 『난중잡록』, 1971년 7월 30일.

니다. 방금 온갖 생각으로 어지러이 속태우고 있는 가운데 귀하의 글월을 지금 받았습니다만, 끝까지 다 펴 읽기도 전에 눈물이 마구 쏟아지는군요. 저 경명은 쇠병(衰病)으로 여생을 밭[田] 사이에 묻고 침상에 누워 있으면서, 위로는 행장(行裝)을 갖추고 급히 행재소(行在所)로 달려가서 문안드리지 못하고 또 막부(幕府)로 가서 군사 계획을 곁에서 돕지도 못하니, 근심과 부끄러움에 몸 둘 곳을 모르며, 한 번 죽는 것이 있다는 것을 알고 있을 따름입니다. 말씀하신 격문은 제가 비록 오랫동안 글 짓는 일에서 손을 떼었지만, 의리상 감히 피하지 못하겠기에 삼가 이에 지어 보내드립니다. 생각하건대 말의 조리가 엉성하여, 귀하께서 말씀하신 충의지사(忠義之士)를 창도하여 거병(擧兵)하게 하라는 취지를 선양할 길이 없음이 한스럽습니다. 다만 저 경명이 월초(月初)부터 이 고을 동부에 있는 집으로 옮겨와 있는데, 지금 귀하의 글월을 보니, 3일에 낸 것인데 6일에야 군졸이 빈 집에다 전하였기 때문에 이렇게 오래 늦어지기에 이르렀습니다. 늦어서 일에 맞춰 쓰이지 못할까 무척 근심하고 있습니다. 구구한 제 심정을 망령되이 진술할 것이 있어 별지(別紙)에 기록했습니다. 간절히 바라거니와, 귀하는 못난 이 사람이라 해서 진심으로 드리는 말씀을 버리지 마시고, 많은 사람들을 모아 충의의 뜻을 넓히시어 과연 나라를 위해 큰 공을 세우게 하십시오. 김사중(金士重)이 마침 편지를 보내왔기에 귀하의 뜻을 갖추어 전하였습니다. 엎드려 생각하건대, 운운. 나머지는 마음이 어지러워 이만 줄입니다." 하고, 또 별지에, "오늘의 할 일 중엔 군대를 길러서 근왕(勤王)하는 것이 첫째 가는 충의입니다. 그리고 또 사람들의 마음을 굳게 단결시키는 것을 급선무로 삼아야 할 것입니다. 횡포한 왜적의 침범은 물론 그 소요스러움을 견딜 수 없기는 합니다만, 그러나 끝없이 군사를 불러 모은다면 백성들은 더욱 그들의 생업에 안정할 수 없습니다. 옛사람도 이르기를, '군사는 정예하기에 힘쓰지, 많기에 힘쓰지 않는다.' 하였습니다. 만약 잘만 쓴다면 지금 있는 군사로도 넉넉히 승리를 거둘 것이고, 만약 잘 쓰지 못한다면 아무리 많은들 무슨 보탬이 되겠습니까. 다만 나라의 근본이 날로 흔들리고 나라의 일이 날로 빗나갈 뿐입니다. 대가가 서쪽으로 순행하셨는데, 기성(箕城 평양을 두고 한 말임)이 피폐하여, 백관과 유사(有司)의 수요를 공급해 줄 길이 없을 뿐 아니라 대관들의 식사 공급까지도 한심스럽습니다. 제가 듣기로는, 군산(君山)이 세미(稅米)를 바치러 강에까지 갔다가 돌아왔고, 법성(法聖)의 창고도 양곡을 실은 배가 아직 떠나지 않고 있다고 하는데, 만약 그것이 사실이라면 지금 많은 상을 내걸고 조졸(漕卒)을 후하게 모집하고 서해로 배를 몰아서 대동강의 나루에 도달하게 해서, 가령 그 반만이라도 행재소(行在所)까지 보낼 수 있다면 비단 군대와 국가의 수요가 그 덕으로 충족될 뿐 아니라 사방의 인심까지도 역시 그것이 힘이 되어 두려워하지 않을 것입니다. 지금 왜적은 배를 버리고 육지로 올라와서 천리를 전진하며 전투하고 있습니다. 그리하여 비록 그들로 하여금 외람되이 서울을 점거하게 하여 육로가 이미 막혔다고는 하지만, 서쪽의 바닷길들은 그래도 아직 막히지 않았으니 이번에 계획하는 일에 있어서는 성공적으로 해낼 수 있을 것입니다. 다만 평상시의 사례처럼 못난 말석의 용렬한 장수 따위나 억지로 시켜서 가지고 가게 한다면 의외의 변도 생각하지 않을 수 없으니, 충성스럽고 용감한 사람으로 배질에 능통한 자를 뽑아가지고 정예한 군졸을 정해주어 일면으로는 싸우고 일면으론 나아가는 계획을 행하게 한다면 군량이 무사히 도달할 수 있을 뿐 아니라, 행도(行都) 군사들의 사기 역시 조금은 진작하게 될 것입니다. 그러나 바야흐로 민심이 소란하여 군사 모으기가 쉽지 않으니, 서둘러 조치해서 조졸(漕卒)만을 시켜서 전례대로 가지고 가게 하는 것도 혹 괜찮을지 모르겠습니다. 그러나 만약 열흘 정도나 지연되는 경우 저들 왜적이 약탈해 갈 생각을 내지 않으리라는 것도 모를 일입니다. 오늘날 조정의 호령이 군중에 이르지 않고 사방의 소식이 행도에 도달하지 않으니, 이야말로 통곡하며 눈물을 흘릴 일입니다. 만약 중한 값으로 보자기[鮑作]를 후히 모집해서 고기잡이를 하는 척하고 납서(蠟書)를 전달하게 하여 무사히 갔다 오면 관자(官資)에 보직(補職)해 주거나 혹은 미포(米布)를 넉넉하게 주는 두 가지 중에서 그가 원하는 대로 허락해 주고, 또 그 처자를 관가에 데려다 놓고 그가 돌아올 동안을 기한으로 매일 보통 지급하는 양보다 배가 되는 주식(酒食)을 지급해 주어, 밖으로 구휼하고 양육해 주는 은혜를 보이면서 안으로는 붙들어 두는 계획을 시행해야 될 것입니다. 그리고서 사방의 여러 장수들이 힘을 합해 근왕(勤王)하게 되면, 요는 수륙으로 동시에 진격해야 하는 것이니 대군은 곧장 탄탄한 길로 해서 진격하고 기병(奇兵)은 간간이 바닷길로 나아가, 왜적들로 하여금 앞뒤로 적(敵)을 맡게 하여 빠른 우레에 귀를 가릴 사이가 없듯 공격한다면 이는 또한 병가(兵家)에서 쓰는 기정(奇正)의 방법이기도 한 것입니다." 하였다.[105)]

고경명은 서울 수복을 위하여, 또 근왕하기 위해서 의병을 일으켜 6월 11일에 출사한다는 계획은 세웠으나, 실제 군사의 동원, 군량의 확보 등을 위해 출사하지 못하고 전주에 머물고 있었다. 그 때 임진강 전투에서 관군이 패배했다는 소식을 듣고 의병을 더 추가해 모으자는 양대박의 의견으로 양대박은 남원에서 의병을 추가 모집하여 1000여 명을 확보했다고 한다. 고경명의 의병은 가장 많았을 때 6,000명에 달한 것으로 알려졌다. 의병은 숫자보다 유격전투가 장기임으로 군사훈련이 더 중요한 바, 이제까지의 의병사 연구에서는 모집한 군사를 어떻게 훈련시켰는가에 대한 연구가 거의 없다. 양대박의 의병이 전주로 가다가 6월 24일부터 임실 운암계곡에서 왜군을 만나 이를 격파한 전공을 세웠다. 이 전투의 왜병은 실제로 왜병이 아니라 왜병을 가칭한 반란군일 가능성이 높다. 양대박이 이 전투에서 성공한 요인은 우선 이 지역의 지리에 밝아 지형지물을 적절하게 이용한 점이다.

105) 조경남, 『산서잡록』, 1592년 5월 3일.

○ 전라 좌우도의 선비들이 의병(義兵)을 일으킬 것을 제창하였다. 좌도는 전 부사인 첨지 고경명(高敬命)을 대장에 모셨고, 학유(學諭) 유팽로(柳彭老)와 학관(學官) 양대박(梁大樸)을 종사(從事)로 하고, 정랑(正郎) 이대윤(李大胤)과 정자(正字) 최상중(崔尙重) · 양사형(楊士衡) · 양희적(楊希廸) 등을 모량유사(募糧有司)로 삼았다. 우도는 전 부사인 김천일(金千鎰)을 대장으로 모셨다. 고경명은 광주(光州) 사람으로 전에 동래사(東萊府使)를 지냈고, 김천일은 나주(羅州) 사람으로 전에 수원사(水原府使)를 지냈다. 애초에 유팽로가 서울이 함락되어 거가가 서북으로 봉진했다는 소식을 듣고는 주야로 외쳐 울며 편안히 침식을 하지 못하고, 동지 양대박 및 양희적과 더불어 고경명을 찾아가서 지방의 병사를 서둘러 일으켜 북으로 향해 근왕(勤王)할 것을 모의하니, 고경명은 그들이 먼저 생각해 낸 것을 기뻐하며 흔연히 그들을 따랐다. 즉일로 여러 읍에 격문을 돌려 추성(秋城)에 모이도록 불러 날을 정하고 깃발을 세웠다. 본도에서 의병을 제창한 것은 유팽로 등이 첫째였으므로, 호남에 삼창의(三倡義)라는 말이 생겼다.

○ 전라도 의병장 행부호군 고경명(高敬命)이 여러 도의 수재(守宰) 및 사민(士民)과 군인 등에게 다음과 같은 격문을 급히 보냈다.

근자에 국운이 중도에 비색한 때문으로 섬 오랑캐가 밖에서 짖어대어, 처음에는 역적 양(亮)이 맹약을 어긴 일을 본받아 하더니 마침내는 오랑캐 오(吳) 나라가 중국을 먹어 들어오던 짓을 자행해서, 우리가 경계하고 있지 않은 틈을 타 허한 데를 짓이겨대고 멀리 몰고 들어와 '하늘을 속일 수 있다'고 여기며 마음대로 곧장 올라왔다. 장수의 절월(節鉞)을 가진 자는 기로(岐路)에서 서성대고 한 군(郡)의 인신(印信)을 찬 자는 수풀 깊은 속으로 도망가서 왜적을 군친(君親)에게로 돌려버렸다. 이것을 참을 수 있는가. 지존(至尊)으로 하여금 사직을 근심하게 하고서 네 마음이 편안한가? 어찌 생각하였으랴, 1백 년이나 휴양해 온 백성 가운데 어찌 의기 있는 사나이가 하나도 없으랴. 고군(孤軍)으로 깊이 들어간 것은 여진(女眞)이 본래 병법을 몰랐던 것이요, 중행(中行)을 매질하지 않은 것은 대한(大漢)이 본래 책략이 없었던 것이다. 장강(長江)이 급작스레 그 천연의 요해지를 잃어버려서 흉악한 칼날이 이미 신경(神京)에 육박한 것이니, 남조(南朝)에 인물이 없었다는 조롱은 진실로 가슴 아프거니와, 북군(北軍)이 날아서 건너왔다는 말은 불행하게도 근사하구나. 이제 우리 성상(聖上)께서는 태왕(太王)이 빈(邠) 땅을 떠나던 마음으로 명황(明皇)이 촉(蜀) 땅으로 갔던 일을 하셨으니 이는 대체로 역시 종묘사직을 위한 지극한 계획에서 나온 것이다. 이에 사방의 지방관이 잠시 애쓰는 것은 기탄하지 않거니와 공락(鞏洛)의 놀란 먼지 속에 임금의 안색에 자주 깊은 진념이 나타났고, 민아(岷峨)의 위험한 잔도(棧道)로 푸른 일산[翠華]이 긴 노정을 멀리 갔다.

하늘이 낸 이성(李晟)이 적을 숙청한 것은 바로 원로(元老)에 힘입었고, 조서를 초한 육지(陸贄)의 애통한 말은 또 성조(聖朝)에서 내렸다. 무릇 혈기를 가지고 생명을 지닌 자라면 그 누가 분개하고 죽으려 들지 않겠는가. 어찌하랴! 사람의 모의가 좋지 않아 국보(國步)의 간난(艱難)이 잦았도다. 봉천(奉天)의 거가(車駕)가 아직 돌아오지 않았고 상주(相州)의 군대가 이미 무너졌으며, 준동하는 저 벌이나 전갈 같은 무리[蜂蠆之醜]에게 고래나 상어 같은 힘으로 목을 베는 것이 아직도 늦어지고 있다. 그러나 성문에 임시로 쉬고 날아도는 것이 어찌 장막의 제비와 다르겠으며, 외람되이 기보(畿輔)에 버티고 있으니 그 날뛰는 것이 울 안의 원숭이와도 같다. 비록 하늘의 군사가 소탕해버릴 때가 있기는 하겠으나 역시 그 흉악한 무리가 뛰어 달아나기는 기대하기 어렵다. 나 고경명은 단심과 만년의 절개를 가지고 머리가 희어지도록 썩은 선비[腐儒]로 살아왔으나, 밤중의 닭소리를 듣고는 국가의 다난함을 견디지 못하여 중류(中流)에 뜬 배의 노를 치면서 스스로 외로운 충성을 허락하였노라. 한갓 개나 말이 주인을 그리는 정성을 품고 모기나 등에[虻]가 산을 지려 드는 것같이 턱없는 힘을 헤아리지 않고, 이에 의병을 규합하여 곧장 서울로 지향하고자 옷소매를 떨치고 단에 올라 눈물을 뿌리며 여럿과 맹세했다. 곰을 치고 표범을 끌어대는 군사들이 우레같이 세차고 바람같이 날며, 수레를 뛰어넘고 관문을 건너뛰는 무리가 구름같이 합치고 비같이 모였으니, 이는 대개 핍박한 후에 응하여 억지로 나가게 한 것이 아니고 오직 신하로서 충의에 찬 마음이 다 함께 지극한 본성에서 우러난 것이니, 존망의 위기에 임하여 감히 미미한 몸을 아끼겠는가. 군사는 의로써 이름 지었으니 본래 벼슬[職守]에 달려 있는 것이 아니고, 군대는 곧은 것으로 말미암아 씩씩해지는 것이지 취약한가 견고한가를 따지는 것은 아니어서, 대소의 군대들이 모의하지 않고도 뜻을 같이하였고, 원근의 장정들이 소식을 듣고서 다 함께 분발했다. 아아! 우리 여러 군[列郡]의 수재(守宰)들과 여러 길[諸路]의 사민(士民)들의 충성이 어찌 임금을 잊었겠는가. 의리상 마땅히 나라를 위해 죽어야 할 것이다. 혹은 병기(兵器)와 의장(儀仗)으로 도와 주고 혹은 양식으로 구제해 주며, 혹은 말을 달려 군사의 행렬 앞을 가고 혹은 쟁기를 놓고 밭에서 분기하여 힘이 미칠 만한 것을 헤아려 오직 의로운 데로 돌아가 임금을 고난으로부터 막아낼 수 있다면, 나는 그대들과 함께 일어나기를 원하는 것이다. 멀리서 생각하건대, 행궁(行宮)은 서쪽 땅에 멀리 있으나 묘당(廟堂)의 대계(大計)가 장차 정해지리니, 왕업(王業)이 어찌 한쪽에 치우쳐 안정할 것이랴! 잘 패[敗宮]하면 망하지 않나니 복덕(福德)이 바야흐로 오(吳)나라 분야에 임했고, 깊은 근심으로 열어 주니 노래하고 읊조리는 데 더욱 한가(漢家)를 생각하게 된다. 호걸스럽고 준일한 인물이 시세를 바로잡을 제 신정(新亭)에서 마주보고 우는 일을 하지 않을 것이고, 부로(父老)들이 임금을 기다리니 곧 구도(舊都)에 임금이 돌아오는 것을 보리라. 생각하건대 마땅히 힘을 내서 앞서 나가야 할 것이므로 이상 마음속을 털어놓고 고하노라. 《정기록(正氣錄)》에 나온다.

○ 전라도 의병장 행부호군 고경명이 삼가 제주절제사 양공(楊公) 그때 양대수(楊大樹)가 본주의 목사였다. 그의 휘하에 치고(馳告)하나이다. 엎드려

생각하건대, 섬 오랑캐가 침략을 자행하여 임금께서 몽진하였는데, 지존으로 하여금 홀로 근심하게 해놓고 처자를 보호할 계책만 먼저 생각하여 왼발을 들여다보고 먼저 응하니 그 누가 사직을 지키는 마음을 가졌겠소. 흥원(興元)의 거가는 돌아오지 않았는데 상주(相州)의 군대는 이미 무너져서, 이수(伊水)와 낙수(洛水)의 적을 빨리 소탕하여도 아직 회복할 기약은 멀었고, 군량은 버려져 도리어 원수의 손에 들어갔습니다. 다행히 하늘의 뜻이 끊어지지 않았으면 그래도 국사를 도모할 수 있을 것입니다. 나 고경명이 이에 의로운 깃발을 들고 요사한 무리를 숙청하러 나서자 소식을 듣고 그림자같이 모여들었는데 대부분 형초(荊楚)의 기특한 인재들이고, 예리한 무기를 들고 먼저 나서는 중에는 또한 연조(燕趙)의 검객도 들어 있습니다. 다만 한스럽기는, 보졸의 발[足]이 될 것이 없어 말을 채찍질하여 양(良)을 찌를 것을 바라기 어려운 것입니다. 멀리 생각건대, 바다 동쪽의 탐라(耽羅) 땅은 중국의 기북(冀北)과 다름이 없어서 골짜기를 뛰어넘어 다니며 사냥을 할 뿐만 아니라 전투 행진에 따라다녀 또한 목숨을 의탁할 만하다 하니, 만약 그곳에서 나는 말을 바닷배에 가득 실어 보내 주신다면 우리 군대의 위용이 크게 드러나는 것을 기대할 수 있을 것입니다. 귀관께서는 임금의 은혜를 깊이 받아 해역(海域)을 전제(專制)하고 계시니 글로써 호소하면 응당 한 곳의 여론을 일으킬 것이며, 팔뚝을 걷어올리고 외치면 어찌 10실(室)의 마을에 충신(忠信)한 사람이 없기야 하겠습니까. 만약 장사 중에 나가기를 원하는 사람이 있다면 또 그러한 인간의 상정을 막지 말기를 바랍니다.[106]

전라도의 선비들이 최초의 의병을 일으킨 것은 전라 순찰사 이광과의 연계 하에 이루어졌다. 이는 임진년 5월 26일 자에 “전라좌우도의 선비들이 의

---

106) 조경남, 『산서잡록』, 1592년 6월 6일.

병을 일으킬 것을 제창했다. 좌도에는 광주인인 이전 동래 부사 첨지 고경명을 대장으로, 학유 유팽로, 학관 양대박을 종사관으로 정랑 이대윤, 정자 최상중, 양사형, 양희적을 모량 유사로 삼았다. 우도에는 나주인인 전 수원 부사 김천일을 대장으로 삼았다. 담양인 유팽노가 고경명을 찾아가 제안하여 담양에서 모여 의병의 깃발을 세우기로 약속하였으므로 본도의 의병제창은 팽로들이 첫째였으므로 호남에는 삼창의라는 말이 생겼다." 하였다.

○ 전라도 의병장 행 부호군(行副護軍) 고경명(高敬命)이 본도 도순찰사(都巡察使) 절하(節下 순찰사를 말한 것에 다음과 같이 격문을 발송하다.

섬 오랑캐가 난리를 일으켜 임금의 행차가 멀리 순행길을 떠나시니 중외(中外)에서 믿는 것은 오직 호남(湖南)밖에 없는데, 겨우 군사를 일으키라는 어명(御命)을 받들자 갑자기 근왕(勤王)하는 군대를 해산하라고 하니 절하의 마음 속에는 반드시 어떤 계획이 있어서 그렇겠지만 절하의 실지 행동에 있어서는 납득될 만한 것이 없지 않습니까. 조정의 명령은 비록 막혀 끊어졌다 하더라도 한 도내의 물의도 역시 두려운 것이외다. 지난번 용인(龍仁)에서 무너진 것은 실로 선봉장이 패전한 때문이었으나 절하가 주장(主將)이 되어 있는 이상 그 책임을 모면하기 어려울 것이니, 절하는 오늘의 입장에 있어 어떻게 계획하시렵니까? 행여 지나간 실패를 잘 수습하여 주상전하의 남쪽에 대한 근심을 덜어드림으로써 기왕의 허물이 씻겨지고 새로운 업적이 역사에 찬란하게 된다면, 비단 성조(聖朝)에서 난리를 다스리고 정상으로 돌려놓는 기초일 뿐만 아니라 절하에 있어서도 역시 화가 복이 되는 날일 것이외다. 본도 의병이 당초 북도로 향해서 난리를 평정시키고 전하의 행차를 모셔오려고 했었는데, 길에서 들으니 윤 정승[尹左相]이 서 · 북의 정병을 거느리고 서울에 머물러 있는 적을 토벌한다 한즉, 북방의 일은 염려가 없음이 거의 보증됩니다. 그러나 호서(湖西)의 적이 금산(錦山)으로 들어오는데, 방어할 군사가 아직도 용계(龍溪)에 주둔하고 한 사람도 다짐하며 앞서 나오는 자가 없으니, 절하가 이 시기에 있어 진정 병력을 널리 모집하여 형세를 크게 벌리지 않으시면 가엾은 우리 호남 한 지방 백성들은 모두 적의 칼날에 목숨을 빼앗기고 말 것이외다. 그렇게 되면 절하는 위로 국가를 회복하지 못하고 아래로 강회(江淮)를 보장(保障)하지 못하고 있다가, 하루아침에 적이 다 쓰러지고 전하께서 돌아오시어 교서(敎書) 한 장을 내려 사방에 포고한다면, 비단 호남 사람들만 천지간에 용납되지 못할 뿐 아니요 절하 역시 무엇으로써 충성을 바치고 허물을 보상하겠습니까. 절하가 혹 저 왜적이 워낙 사나워서 맞붙어 싸우기 어렵다고 군사를 나누어 험한 곳을 지켜 쳐들어오는 적을 막고 때로 기병(奇兵)을 내어 그 날카로운 기세를 꺾어버리면, 적의 성질이 경망하고 조급한지라 지구전은 계속하지 못할 것이니 열흘이 넘지 않아서 큰 공을 이룰 수 있는 것이외다. 다 같이 왕의 신하가 되어 나랏일을 함께 하는지라, 피차의 사이가 있을 수 없고 형세를 서로 의지하는 처지니, 각자 소견을 자세히 참작해야 할 것인즉, 부디 계획을 잘하여 후회를 끼침이 없기 바랍니다.《정기록(正氣錄)》에 나온다. 고종후(高從厚)가 지었다.

임진년 6월 일 만력(萬曆) 20년 전라도 의병대장 행 부호군 고경명(高敬命)은 해남(海南) · 강진(康津) 두 고을의 사군(使君)으로 있는 의병장 휘하에 다음과 같은 격문을 보냈다.

나 고경명은 전일 추성(秋城 담양(潭陽))에서 의거(義擧)하던 당시에 가슴속의 끓는 피를 편지 한 장에 쏟아서 각 읍 수령에게 두루 고하여 함께 어려운 고비를 극복해 나가자고 호소했으나, 정성이 사람을 감동하지 못해서 아무리 외쳐도 반응이 없으니 초야의 인생이 다만 빈주먹만 두들길 뿐이어서 무기와 군량의 뒷받침을 어떻게 해야 할지 모르던 참이었습니다. 이윽고 들은즉 격문을 받아 보고서 정병을 내어 응원해 준 사람은 호남 50주(州) 중에 유독 두 고을의 원님이 있어, 그 소문이 미치는 곳마다 사기가 백배나 더함과 동시에 정의의 군사를 기다려서 적의 무리를 쓸어

버리려 했던 것이외다. 그런데 뜻밖에 병사(兵使)가 격문을 띄워 부르고 있으니 앞으로의 거취가 자유스럽지 못할까 깊이 염려됩니다. 지금 금산의 왜적이 청진(淸鎭)의 왜적과 형세가 서로 연접되어 나아가고 물러가는 것이 자유로우므로, 한 부대는 이미 용담(龍潭)을 함락시키고 또 한 부대는 무주(茂朱)를 함락시켜 세 군데 소굴을 만들고서 완산(完山 전주(全州))을 침범하기로 계획하고 있습니다. 생각해 보면 완산 고을은 비단 호남 지방의 근본이 될 뿐만 아니라 진전(眞殿)을 모신 곳으로서 실로 우리 성조(聖朝)의 발상지이므로, 나 고경명은 의기(義旗)를 그쪽으로 돌이켜 적의 칼날을 방어하려고 하였습니다. 그러나 다시 생각해 본즉 저 왜적이 본래 잔꾀가 비상한데다 진산(珍山)의 병력은 극히 약하니, 만약 적으로 하여금 진산 · 연산(連山) 같은 험하고 좁은 곳을 넘어서서 은진(恩津) · 여산(礪山) 같은 평탄한 길로 돌진하게 한다면 어찌 다만 호남만 앞뒤로 공격을 받을 뿐이겠습니까. 금강(錦江)의 군사마저 장차 동요가 될 것이외다. 그래서 호서(湖西)가 불통되고 적의 세력이 치성하면 호남의 군량을 어떻게 수원(水原)에 수송할 것이며, 이때 본도 병사 최원(崔遠) · 의병장 김천일(金千鎰)이 군사를 거느리고 수원에 주둔하였다. 조정의 소식을 어떻게 사방에 전달하겠습니까. 이에 군사를 옮겨 진산으로 들어가서 금산(錦山)에 있는 적의 후방을 공격하여 용담 · 무주의 적으로 하여금 뒤를 돌아보는 염려를 버리지 못하게 하고, 서서히 두 고을 군사를 기다려서 곧장 적의 굴혈을 엄습하여 흉악한 무리들로 하여금 나아가나 물러가나 근거가 없게 만들어 놓으면, 국가를 보전하는 상책이 될 뿐만 아니라, 이 역시 완산부(完山府)를 구원하는 하나의 좋은 계책이 될 것입니다. 그러나 공들이 지금 만약 예전 상도만을 고수하고 변통할 줄을 모른다면 나 고경명 역시 군사는 외롭고 힘은 적어서 선뜻 움직이기 어려울 것입니다. 이렇게 되면 호남의 적도 쉽게 전제(剪除)할 수 없고 수원의 아군이 혹시라도, 또 시일만 허송하게 될 것입니다. 병사가 거느린 군사는 모두 호남 사람들입니다. 그들이 만약 적의 무리가 오늘에 아무 지대를 통과하고 내일에 아무 현(縣)에 침입한다는 소문을 듣는다면, 식량은 공급되지 않고 군의 정세는 흉흉할 것이니, 이야말로 목전에 닥친 위급이라 비록 지혜있는 자가 아니라도 짐작하고 남음이 있을 것이외다. 그렇다면 두 원님이 합세해서 금산의 적을 치는 것은 다만 호남을 보장하는 계책이 될 뿐만 아니라, 또한 병사를 위하여 서로 응원하는 꾀도 될 것입니다. 옛 사람의 말에, "장수가 밖에 있어서는 경우에 따라 임금의 명령도 받지 않을 수 있다." 하였으니, 이는 일의 기미에 임하여 융통성이 있는 것을 귀하게 여김이요, 마치 교주고슬(膠柱鼓瑟)하듯이 외곬으로 나가는 것을 취하지 않는다는 것입니다. 하물며 우리 병사가 멀리 천리 밖에 있어 이 도리를 알지 못하고 지극히 위급한 처지에 빠졌으니, 어찌 가까운 데 있는 적을 버리고 후회를 남겨서야 되겠습니까. 사사로운 생각으로는, 두 원님이 위로 수원의 기한에도 미치지 못하고 아래로 금산의 약속도 돌아보지 않는다면 뒷날의 공론이, "적의 칼날을 도피하기 위한 행동이었다." 하지 않겠습니까. 원컨대 스스로 계획을 잘해서 남의 비난을 듣지 말도록 하시오. 《정기록(正氣錄)》에 나온다. 고종후(高從厚)가 지었다.)

여기서는 좌우도의 의병을 소개하고 있지만, 좌도 의병의 조직에 대해서만 상세한 기술이 있을 뿐 우도의 의병의 조직에 대한 서술은 대장을 김천일을 언급했을 뿐 별다른 서술이 없다. 그리고 의병의 깃발이나 의병의 숫자에 대한 기록이 보이지 않는다. 이 자료는 의병 소집을 위한 상부조직을 마련한 조처라고 생각된다. 전라순찰사 이광이 공주에서 근왕병을 해체한 후 2차 근왕병을 모집하여 수원에 와 있는 이광의 군대에 협조하기 위해서 고경명 등은 의병을 일으켰다. 6월 11일에 모여 출사하기로 알리고 있다. 6월 3일에는 전라 좌의병 진중에서의 돌린 글에서, 장비는 다 구비되었으나 군량이 없음으로, 이를 가까운 관내에서 도와 줄 것을 요청함과 동시에, 혹 정병, 군마,

짐신는 말도 협조를 당부하고 있다. 그 책임자로 전쟁에 나서는 운량장에는 진사 박천정, 유학 양희적이고, 지방에 있으면서 운량하는 장수로는 정랑 이대윤, 정자 최상중 등임을 밝히고 있다. 그러나 전라 좌의병이 출발하기도 전인 6월 6일 이광이 거느린 3도의 군대는 용인 전투에서 대군이 궤멸되었으나, 이 소식을 바로 알지 못하고 출사표와 각도 의병을 모집하는 격문을 보냄에는 전라의병장이라고 칭하고 있다. 실제 고경명이 이끈 의병은 광주, 담양, 남원 등에서 많이 모집되었지만, 학맥과 인맥에 의하여 모집되었기 때문에, 엄격히 좌도의 의병이라고 칭하지 않은 듯하다. 고경명보다 먼저 의병을 일으킨 전 수원부사를 지낸 김천일의 군대는 나주인이 주축이 되었지만, 그 의병도 우도의병이라고 칭하였는지는 의문이다. 이는 의병대장을 중심으로 좌도의병, 우도의병이라고 한다면 몰라도 그 모집한 의병의 지역성을 고려하여 전라좌도 의병, 전라우도의 의병이라고 칭하기에는 문제가 있다. 실제로 각도에 의병을 일으킬 것을 격문을 보내거나 군량을 구하는 격문 등에서 좌도 의병이라든지 우도 의병이라는 기치를 내걸지는 않았다.

7월 8~9일에는 전주를 점령하려는 왜군을 완주군 웅치와 이치 전투에서 관군과 의병이 협력하여 막아 냈다. 특히 이 이치전투는 전라병사였던 권율의 지휘 하에, 전라도 관군과 의병이 함께 참여하여 왜군을 격퇴한 전투로 전주를 지켜, 이후 호남을 군량을 댈 수 있는 기지로 지켜냈다는 점에서 매우 중요한 의미를 지닌다. 웅치전투나 이치전투 모두 험한 산을 등지고 싸운 점에서 지리적인 장점을 얻은 전투였다. 운암의 전투가 벌어지고 있던 무렵 고경명은 의병을 이끌고 북상하여 전북 여산을 거쳐 충남 은진에 이르렀다. 이 때 금산에 왜군이 있다는 소식을 듣고 달려가, 일본의 본군과 싸워 7월 10일 의병장 고경명, 그 아들 고인후, 유팽로 등 지휘부 인사들과 수많은 의병이 금산에서 희생을 당하였다.

○ 고경명과 김천일(金千鎰), 양산숙(梁山璹)과 곽현(郭玄)을 시켜 출사표(出師表)를 받들고 서해로 해서 행조(行朝)로 보내다. 그때 적병이 5, 6도(道)에 가득 차 있었고 경기와 황해가 더욱 심했기 때문에 서쪽으로 가는 길이 끊겼었는데 이때에 와서 비로소 수로가 통하게 되었다.

○ 좌의병장 고경명(高敬命)이 전주(全州)로 나아가 진을 치고 의병을 불러 모았으며, 이어 본도의 여러 고을에 글을 보내 이르다.

대장이 급히 구원을 요청하기 위한 것이다. 국가의 일이 이러한 극단에 이르렀으니 오늘의 소망은 오직 의병을 일으키는 데 있는데, 불러 모인 수효는 수백에 불과하다. 비록 강개(慷慨)에 찬 뜻이 당당하여 범하기 어렵다 하더라도 성세가 떨치지 않으니, 관군이 조력하는 것이 아니면 만전지계가 아닌 것 같다. 조전군(助戰軍)은 다소를 불구하고 단지 정예한 것을 택하고 전일 낙오한 사람을 극력 불러모아 충의로써 타일러 주야를 불문하고 급히 구원하러 보낼 것이다.

○ 의병장 고경명(高敬命)이 전주로부터 여산(礪山)으로 향발하여 비밀리 장병들과 의논하기를, "금산과 무주의 왜적이 이미 용진(龍鎭)으로 향했으니 이것은 틀림없이 전주와 남원에 뜻이 있는 것이다. 만약 그렇게 된다면 대군이 본진(本鎭)을 다 떠나가야 할 것이니 노약자만을 남겨서 수비시킬 것이다. 우리 군대가 진산(珍山)으로부터 그 자들이 생각하지 않은 곳으로 나가 나머지 무리들을 다 죽여버리고 뒤쫓아 추격하면, 그 왜적들은 전진해도 거점을 얻지 못하고 후퇴해도 돌아갈 곳이 없어 중도에서 낭패하여 스스로 황산(荒山)의 패전을 초래할 것이다." 하고, 군사를 이끌고 은진(恩津)의 연산(連山)을 향해서 떠났다. 같은 진의 군량색(軍糧色)을 고목(告目)하기를, "가지고 있는 군량은 여산군(礪山郡)에서 수납(輸納)하겠나이다." 하였다. 색리(色吏)는 남원의 색리이고 군량은 남원의 군량이다. 대체로 의병을 돕는 일은 각 읍이 다 그러했다. 대장의 행차가 22일 전주를 떠나 23일 여산에 머물렀다. 당일 도부(到付)한 금산의 전통(傳通)에,

옥천(沃川)의 양산현(陽山縣)을 분탕질한 왜적이 본군을 지향해 와 진을 치려고 한다는 것이었다. 24일 동군(同郡)의 전통에는, 10리 거리에 진을 칠 것이라 했고, 서울의 왜적은 신립(申砬)과 윤두수(尹斗壽)가 각각 좌우 대장이 되어 1천여 명을 잡았다는 것이었으며, 여산군수가 구전(口傳)한 내용은 의병이 은진 · 연산 · 금산으로 지양한 것과 우의병장 김천일(金千鎰)의 행차와 병사(兵使)가 일시에 직산(稷山)으로부터 진위(振威)로 향한 것이었다.[107]

이 외에도 고경명에 관련된 설화계 야담으로는, 고경명의 부친 고맹영이 충청감사로 있을 때, 그는 18세 된 공주 관아의 어린 기생 김명옥과 사랑을 했으며, 2년 후에 부친의 감사직 사임으로 인해 기생과 이별을 하고 고향 장흥으로 갔고, 그 후 고경명은 과거에 장원 급제하고 명옥을 찾아 갔더니, 그 때 김명옥은 신임감사의 수청을 요구받고 있던 처지였기에, 감사는 김명옥을 찾아온 청년이 전임 감사의 아들이며 장원급제한 사실을 알고 김명옥 모녀를 후히 대접하였고, 그후 고경명과 김명옥은 일생을 함께 하였다.[108]는 것도 있다.

또, 『현호쇄담』에도 고경명과 황해도 기생과의 염문이 전하고 있다.

그는 젊어서 해서, 황해도에 갔다가 한 기생을 데려오려 했으나 끝내 데려오지 못했다. 그는 기생의 치마폭에 시를 남겨주고 떠났는데 "강머리에 말을 세워 이별 슬퍼 지체하니, 높은 버들가지만큼 미운 마음 이는구나, 미인은 정이 엷어 새 사람에 마음 두나, 사나이는 정이 깊어 뒷날 기약 다짐하네. 복사꽃 떨어지는 이 좋은 한식철에, 자고새 황혼시에 날아갔다 날아오네. 남포의

107) 조경남, 『산서잡록』, 1592년 6월 23일.

108) 김용철, 『명기들의 야화』, 명문당, 1960, 247~259쪽.

풀 우거지고 봄 물결은 출렁이니, 마름꽃에 정을 담아 꺾어가서 두리로다."
라고 하였다. 뒤에 새로온 황해도 관찰사가 기생의 치마에 쓰인 시를 읽고 시재를 감탄하고, 그 사연을 물어보았다. 나중에 감사가 고맹영을 만나자, 당신 아들 고경명은 재주와 얼굴이 뛰어났지만, 행동에는 좋지 않은 면이 있다며 비꼬았다. 그러자 고맹영은 자기 아들의 모습은 제 어미를 닮았지만 행동은 나를 꼭 닮았다며 웃자 관찰사도 함께 웃었다 한다.

또다른 유사한 설화계 야담으로는, 고경명은 젊었을 때 얼굴이 아름다웠고, 재주가 뛰어나 일찍 서해의 기생과 가깝게 지냈는데, 그 기생을 그 곳 관찰사가 좋아했다. 고경명이 그 기생과 헤어지면서 율시 한 수를 기생의 치마폭에 써 주었다.[109]는 것도 있다.

(나) 노진 야담에 나타난 노진과 정절을 지킨 선천 기생

옥계 노진은 함양군 지곡면 개평에서 태어났다. 집안은 함양의 명문거족이라 할만큼 대단하였다. 함양의 노씨들이 황해도 풍천에서 창원으로 옮겨 살다가 옥계의 증조부 노숙동이 함양으로 장가들어 정착하였다. 그는 세종 때 집현전에 선발된 학자로 대사헌 예조참판을 지냈으며 청백리에도 녹선되었다. 노진의 부친 신고당 노우명은 일두 정여창의 문하에서 수학하였으며, 모재 김안국의 천거로 현릉참봉을 지냈다. 어머니 안동 권씨는 권시민의 딸로서, 권시민은 산청 선비 안분당 권규의 백부였다.

옥계 노진은 6세 때에는 부친상을 당하였고, 8세 때에는 종형들인 노정과

---

109) 말을 강두에 두어 이별을 고의로 늦추며/나면서 버들의 높은 가지를 미워했다오// 가인은 인연이 없어 새로운 태도를 머금었고/탕자는 정이 깊어 후기를 묻는다//도리는 한식절에 떨어지고/자고는 석양에 날아간다//풀이 우거진 남포에 봄 물결이 넓으니/생각한 바 있어 빈화를 꺾고자 한다.//

노상에게 글을 배웠다. 이어서 향리의 유자들인 당곡 정희보의 문하에서 수업을 하였다. 19세 때에는 기묘 명현인 사제당 안처순의 딸을 아내로 맞이하였으며 이듬해 생원시에 합격하였다. 28세 때에 을사사화가 일어났다. 을사사화는 당시 왕실의 외척인 대윤과 소윤의 반목으로 일어나 소윤이 대윤울 몰아낸 사화로 많은 선비들이 화를 당하였다.이때 옥계의 오랜 친구들이 사화에 연루되어 죄를 받고 세상을 떠나자, 세상의 일에 뜻을 두지 않고 성현의 서적을 연구하면서 생을 마치려고 하였다. 당시 옥계의 자형인 신잠이 태인현감으로 있었기에, 모친이 딸을 따라 그 관아에서 거처하고 있었다. 그때 옥계가 가서 뵐 때, 마침 정읍에서 별시가 열리게 되었고, 태인과 정읍은 거리가 얼마되지 않아 신잠이 옥계에게 응시할 것을 권하였다. 또 명종 1년인 1546년에는 모두 함께 권유하므로 서울로 올라가 치른 문과에 급제하였다. 그 후에, 문원의 천거로 박사가 되었고, 예조의 낭관을 거쳐 1555년에 지례현감으로 나갔다. 그곳에서 선정을 베풀어 높은 칭송을 들었으며 청백리로 뽑혔다.

1558년에 부응교가 되고 이듬해 장령 · 검상 · 사인 · 집의 · 직제학을 지냈다. 1560년에는 형조참의를 거쳐 도승지가 되었는데, 시골에 계신 늙 어머니의 봉양을 위하여 외직을 지원하여 담양부사 · 진주목사를 지냈다. 1567년에는 이조참의로 있다가 충청도 관찰사와 전주부윤이 되어 선정을 베풀었고, 부제학에 임명되어 중앙으로 들어왔다. 1571년에는 늙은 어머니의 봉양을 위하여 다시 외직으로 나갈 것을 허가받아, 친가와 가까운 곤양의 군수가 되었다. 이듬해 대사간 · 이조참의가 되고 경상도 관찰사 · 대사헌 등을 지냈다. 1574년에는 병조참판 대사간에 임명되고, 갑자기 이조참판 겸 예문관 제학에 임명되었으나 모두 부임하지 않았다. 1575년에는 자헌에 진계되고 예조판서에 올랐으나 노모의 병 간호로 사퇴하고 한때는 병으로 고향 남원에 내려가 지내기도 하였다.[110] 1576년에 이조참의에서 충청관찰사와 전주부윤을 거쳐 부제학으로 소환되었다가 얼마 안되어 귀향을 바라니 선묘께서 위유하고 휴가를 주어 체직 왕환할새, 그는 고향으로 돌아와 사장과 함께 경예의 말을 첨부하였다. 그는 병조판서를 임명하였으나 병으로 경질되고 공조판서 대사헌을 거쳐 대사마에 임명되어 공직한 지 수십 일에 병으로 사양하였다.

선조 11년인 1578년에 이조판서에 올랐으나 그의 병은 이미 급전하여 일어날 수 없게 되니 선조는 내의원을 보내고 약을 하사하였으나, 어의가 도착하기 전에 슬하의 7형제를 두고 세상을 떠났다. 이후 인조 7년인 1629 3월에 이조정랑 김육을 보내어 시호를 문효라 내렸다.

그는 일찍이 이르기를 "학문은 말을 많이 하는데 있지 않고 대학의 첫머리 16자면 족하다. 반평생 동안의 공부도 오로지 대학에 있었다"고 하였다. 대학을 학문하는 기본으로 삼고 정진하였다. 그의 명성을 듣고 글을 배우려는 사람들이 오면 항상 논어 소학 근사록 등의 책을 중심으로 가르쳤다고 햐였듯이, 고원하고 실천성 없는 이론들만 앞세우기 보다 사람의 근본 도리를 익힐 수 있는 공부를 중히 여겼다. 갈천 임훈은 "가볍게 논변하고 스스로 사람에게 나타내지 아니하였으므로 사람들이 공의 덕있는 것을 알 뿐, 그 도가 있는 것을 아는 자가 드물었다." 라고 하여, 세상 사람들이 옥계를 두고 효성 지극한 청백리로만 알고 학문이 높은 학자라는 사실은 모른다는 점을 지적하였다.

이러한 삶을 살았던 옥계 노진과 수절한 선천 동기와의 관계를 다룬 설화계 야담은 200년 후에 편찬된 『계서야담』에 수록되어 있다.[111]

---

110) 노진, 『한국민족문화대백과』, 한국학중앙연구원.

111) 김동욱, 『춘향전연구』, 연세대출판부, 1965, 46쪽.

옥계 노진은 어릴 적에 고아가 되어 가난하게 남원에서 살고 있었다. 그는 장성했지만 아내를 맞을 수가 없었다. 그 무렵 무인인 당숙이 선천원님으로 있었다. 모친이 선천으로 가서 혼수를 얻어오라고 보냈다. 옥계가 머리를 묶고 도보로 울면서 떠났다. 선천부의 관문에 이르렀는데 문지기에게 걸려들어갈 수가 없었다. 길에서 방황하고 있는데 마침 어린 기생 하나가 있어 입은 옷이 곱고 새것이었는데 지나가다가 걸음을 멈추고 서서 옥계를 뚫어지게 쳐다보다가 묻기를, “도령님은 어디서 오셨나요?”옥계가 사실을 말해주었다. 기생이 “우리 집은 어떤 동에 있고 바로 몇 번째 집에 있으니 여기서부터 멀지 않습니다. 도령님이 우리 집에 하숙처를 정하심이 어떠하겠습니까?” 옥계가 허락했다. 옥계가 어렵게 관문에 들어가서 당숙을 보고서 찾아온 연유를 말했더니 당숙이 얼굴을 찌푸리면서 말했다. “새로 부임한 지 얼마 되지 아니하고 관청에 부채가 산처럼 쌓여서 심히 고민이다.” 그는 참으로 냉대하는 것 같았다. 옥계가 하숙처에서 나가 자겠다는 생각을 고하고는 하직을 하고서 관문을 나섰다. 그리고 즉시로 그 기생의 집을 찾아갔다. 동기가 반갑게 맞이하면서 그 어미로 하여금 저녁밥을 정갈하게 차려서 내오게 하였다. 밤에 그와 함께 동침을 하였다. 그 기생이 말하기를, “제가 본관 사또를 보니 수단이 매우 협소해서 비록 지친의 사이라도 혼수를 잘 마련해줄 지 알 수가 없습니다. 제가 도령님의 기골과 형상을 보니 크게 현달할 모습이십니다. 어찌 반드시 거지의 행색을 스스로 할 필요가 있겠습니까? 제가 지닌 은 오백여냥이 있으니 이곳에서 며칠 유숙하시고 다시는 관문에 들어갈 필요가 없습니다. 그리고 이 은을 가지고 그대로 고향에 돌아가시는 것이 좋을 것입니다.” 그러자 옥계가 아니된다고 하면서 말하기를, “행동거지가 이와 같이 궁색하니 당숙이 어찌 책망을 하지 아니할 수가 있겠는가?” 기생이 말하기를, “도련님이 비록 지친의 정을 믿는다 할지라도 지친을 과연 믿을 수가 있겠습니까? 많은 날을 유숙하다보면 그 사람의 괴로와하는 얼굴빛만 당할 뿐이요, 고향에 돌아갈 때에는 수십 냥 밖에 노자돈을 주지 않을 것이니 장차 그 돈을 어디에다 쓸 것입니까? 차라리 지금 그대로 떠나는 것이 나을 것입니다." 여러날을 보내는데 낮에는 관에 들어가서 당숙을 보고 밤에는 기생의 집에서 잤다. 어느 날 밤에 기생이 등불 아래서 행장을 차리고 은을 내놓으며 보자기로 쌌다. 새벽이 되어서 마굿간에 있는 말 한 필을 끌어내어 싣고 길 떠나기를 재촉하면서 말했다. "도련님은 십년 남짓 지나면 반드시 크게 귀한 몸이 될 것입니다. 내 마땅히 몸을 깨끗이 하여 기다리겠습니다. 도련님과 얼굴을 맞댈 수 있는 길은 이 한 길 밖에 없습니다. 천만 보중하옵소서." 눈물을 뿌리면서 문을 나섰다. 옥계가 부득이하여 당숙에게 하직인사도 하지 아니하고 길을 떠났다. 다음날 아침 본관사또가 귀향했다는 소식을 듣고 그의 하는 짓이 미친 것 같은 것을 내심 괴이하게 여겼으나 마음속으로 생각하기를 돈냥을 소비하지 아니한 것을 다행스럽게 여겼다.

옥계가 집으로 돌아온 뒤 그 은을 가지고 처를 맞이해서 산업을 일으키니 의식이 구차하여지지 않았다. 이에 과거 공부에 온 정성을 쏟아 4, 5년 뒤에 과거에 급제하였다. 그리고 크게 임금으로부터 인정을 받았다. 얼마 되지 않아 수의사또로 관서지방을 시찰할 때 바로 그 기생의 집을 찾아가니 그 어미만 남아 있고 그 딸은 보이지 않았다. 옥계가 어미 앞에 나아가 묻기를, "할머니는 근래에 무사하시오?" 그 할머니가 한참 바라보다가 옥계인 줄을 알아차리고 이에 옷소매를 붙잡고 눈물을 흘리며 말했다. "우리 딸이 자네를 보내고 난 뒤로부터 어미를 버리고 도망가서 간 곳을 알지 못하니, 지금까지 몇 년이나 지났나? 늙은 이 몸이 밤낮으로 생각하느라 눈물이 마를 날이 없다네."

옥계가 망연자실하여 속으로 생각하기를, "내가 이곳에 온 것은 오로지 옛사람을 만나기 위해서이다. 그런데 지금 그림자조차도 없으니 간담이 떨어지는 것 같다. 그러나 저는 반드시 나를 위해서 자취를 감추었을 것이다." 다시 그 어미에게 물었다. "할머니의 딸이 한번 떠난 뒤로 죽었는지 살았는지 아직 듣지 못했습니까?" 할머니가 대답하기를, "근래에 소문을 들으니 내 딸이 선천 경내의 산사에 몸을 부치고 있다고 하는데, 자취를 완전히 감추어서 그 얼굴을 본 사람이 없다고 한다네. 들려오는 소문인지라 믿을 수가 없네. 늙은 몸이 나이 들어 쇠약해서 기운이 없고 또 사내가 없는지라 그 종적을 찾을 수가 없었네." 옥계가 다 듣고 난 다음 즉시 선천땅을 가서 일대의 사찰을 두루 찾아보았다. 아무리 찾아도 끝내 그림자조차 없더니, 한 절을 찾아가니 절 뒤에 천길 벼랑이 있고 그 위에 자그마한 암자 하나가 있는데 너무 가파라서 발 디딜 곳이 없었다. 옥계가 칡 덩굴을 부여잡고서 어렵게 그 위로 올라가니 서너명의 스님이 있었다. 그들에게 물으니, "사오년 전에 이십쯤 되어 보이는 여자 한 사람이 나타나 약간의 은을 예불하는 수좌에게 맡기고 식사비용으로 삼게 하고는 불좌의 탁자 앞에 엎드려서 머리를 풀어헤쳐 얼굴을 덮게 하고 조석 밥을 창 틈으로 들여보내게 했습니다. 간혹 대소변을 볼 적에 잠시 문을 나섰다가 다시 들어갔습니다. 이와 같이 한 지가 벌써 여러 해 되었습니다. 소승은 모두 그 여자가 보살 생불이라고 생각해서 감히 접근하지 못하고 있습니다." 옥계가 그 기생이라고 추측하고서 수좌로 하여금 창 틈으로 다음과 같이 말을 전하게 했다. "남원 사는 노 도령님이 낭자를 위해서 이곳으로 왔으니 어찌 문을 열고서 맞이하지 않습니까?" 그 여자가 스님을 통해서 묻기를, "노 도령님이 왔다고 한다면 과거에 급제했습니까? 안했습니까?" 옥계가 마침내 과거에 급제한 뒤에 이제 마침 수의사또로서 이곳으로 왔노라고 하였다. 그러자 그 여자가 이렇게 말했다. "첩이 이와 같이 여러 해 동안 자취를 감추면서까지 고생을 하는 것은 오로지 낭군을 위해서 입니다. 어찌 흔연히 즉시 나가서 맞이하고 싶지 않겠습니까마는 여러 해 동안 귀신 형용이라 장부한테 뵈기가 어렵습니다. 행차께서 만약에 나를 위해서 십 여일 머무신다면 첩이 삼가 때를 씻고 화장을 해서 본래의 형용을 되찾은 다음에 만나는 것이 좋을듯 합니다." 옥계가 그 말대로 따라서 머물렀다. 십 여일을 보낸 뒤에 그 여자가 화장을 하고 곱게 차린 뒤에 나와서 옥계를 보고 서로 손을 잡으니 슬픔과 기쁨이 함께 이르렀다. 그 곳에 살던 스님들이 비로소 그 내력을 알아

차리고 탄식하지 아니한 사람이 없었다. 옥계가 본부에 통지하고 가마와 말을 빌려 선천부에 실어보냈다. 그 어미하고 상면하게 했다. 일을 마치고 임금에게 보고한 뒤에 비로소 사람과 말을 보내어 데려와서 함께 살아 종신토록 애지중지하였다고 한다.[112]

조경남은 자기 집에서 얼마 떨어지지 않은 용추동을 마음의 위안처나 풍류의 공간으로 삼았다, 지리산 황령치와 향로봉 사이에 있는 용추동은 그의 한시 용추동에서 '벗과 더불어 술을 가지고 용추 가에 가서, 난리 겪는 심정을 서로 위로하였다'에서 그 분위기를 느낄 수 있다. 산서 조경남이 노닐었던 대표적 공간인 영귀암에도 용추동 이야기가 나온다.[113] 여기서 나오는 "옥계 노공의 후손으로 설서의 벼슬을 하는 분들[114]이라는 주석으로 보아, 산서 조경남은 남원부사 목성선 및 옥계의 손자 형제들과 어울렸음이 확인된다. 산서 조경남이 영귀암에서 부사 목성선과 어울린 시기는 목부사의 재임시기인 1635년 10월부터 1638년 1월의 승체까지로 보아야 하므로, 이 때는 선서 조경남이 65세가 넘은 만년이다.[115]

현재까지 노진에 대해서, 전라도 남원의 창주서원에서는 옥계의 위폐를

112) 설성경, 『춘향전의 비밀, 서울대학교출판부, 2001, 118쪽.

113) 영귀암은 용추의 두 번째 구비에 있느니 구룡소의 위쪽이요, 옥녀봉의 아래이다. 읍지에 이르기를 "위에는 가히 이 백사람을 앉힐 수 있다. 아래로는 풍호대가 있고, 위에는 인지반이 있다. 고루암은 그 서쪽을 둘렀고, 용호당은 그 동쪽에 세워져 있다. 선생이 일찍이 남원부사 목성선 및 노공 형제와 더불어 여기에서 풍류를 읊조리고 해가 저물어 돌아왔다. 그래서 바위에 이 이름이 붙게 되었다.(설성경, 『춘향전의 역사적 연구』, 연세대학교출판부, 2000).

114) 府伯睦性善及盧兄弟(玉溪孫說書輩)風詠於此日暮而歸.

115) 노진은 산서 조경남보다 앞선 시기의 인물이다. 노진이 1578년에 사망하였고, 조경남은 8세 소년이었다. 노진의 죽음을 전후한 상황과 그때 겪었던 소년 조경남의 상황은 그의 일생에 옥계 노진이 삶의 강력한 인상으로 남는 사건이었을 것이다.

모시고 있으며, 남원의 주천면 종가에서는 별묘를 모시고 있다. 경상도 함양에는 묘소와 당주서원 터만 남아 있다. 옥계 후손들은 전국 각지에 흩어져 있으나 경남 함양, 전북 남원 등지에 주로 거주하고 있다.[116] 이런 점들로 보면, 조경남은 노진의 실제담, 여기서 파생된 설화계 야담인 『계서야담』[117]에 실린 이야기를 상당 부분 인식하고 있었고, 이를 「춘향전」 창작 때에 기본 서사의 골격으로 삼으면서, 자신의 사사적 자아를 노진의 연인 선천 동기 등을 융복합 소재로 삼아 춘향의 인간상을 형상시킨 것으로 판단된다.

(나) 암행어사와 수절녀 야담의 기본서사에 연계시킨 출도대목

조경남은 「춘향전」을 창작할 때 자신이 겪은 자신과 제자 성이성의 실제 사건과 더불어, 이미 전하던 고경명과 노진을 주인공으로 다룬 설화계 야담을 복합 소재로 삼아서 「춘향전」이 보여주는 극적인 서사의 골격으로 삼은 것으로 판단된다. 즉, 이부사 가문과 월매 가문의 도령과 춘향의 도령의 부친인 이부사 몰래 기생 월매가의 딸인 춘향과의 은밀한 결연을 발단으로 삼고, 춘향의 수절과 도령의 출세가 이도령의 춘향과의 이별 후에 장원급제를 거쳐서 암행어사가 되어 수절을 하느라 옥중에서 죽을 위기에 놓인 춘향을 구한다는 하나의 축과, 이들의 결연을 방해하는 탐관인 신입 남원부사 변사도의 춘향에 대한 가혹한 핍박을 이어사의 출도를 통하여 춘향을 구출하고 약속한 춘향과 이어사의 혼사를 이루게 된다는 축을 복합시켜서 작품의 줄거리로 구성한 것으로 판단된다.

---

116) 『함양노씨 문효공 파보』

117) 『계서야담』은 조경남의 춘향전 창작보다는 훨씬 후기에 편찬된 것이지만, 이 야담이 형성되는 상황에서 조경남은 상당 부분 동일 내지 유사성을 가진 야담의 정보를 직접 들었을 수 있음은 그가 야담집 『소견록』의 수집가요, 『난중잡록』을 집필한 정보 수집 능력을 갖춘 인물이기 때문이다.

「춘향전」의 이어사의 제2 첨가 복합모델로 주목되는 노진에 관해서는 야담과 역사적 사실을 주목해볼 필요가 있다. 1930년대 김태준이 『증보 조선소설사』에서 거론한 이시발의 실제담은 선조시대 이므로 모델이 될 가능성이 줄어들었고, 박문수 암행어사 이야기는 「춘향전」이 판소리 「춘향가」가 되어 연행되던 유진한의 시대와 같은 시대인 영조시대에 활동한 인물이기에 적절하지 않다. 그러므로 마지막 기대를 걸 수 있는 것이, 옥계 노진의 사실을 소설화하여 「춘향전」이 된 것이라고 하였다. 1970년대에 김동욱은 『춘향전 연구』[118]에서, 남원 사람인 옥계 노진[119]은 20세에 생원, 29세에 문과에 급제하여 담양, 진주부사, 이조참의를 거쳐 56세에는 호서어사도 하였다. 한때는 병으로 고향 남원에 내려가 지내기도 하였고, 후에는 이조판서까지 지냈으며, 그에 관한 야담이 전하고 있다고 서술하였다.

조경남은 노진과 선천에서 만난 동기와의 이야기 후반인 노진이 수의의사가 되어 선천에 가사 자신을 어려울 때 도와준 그 동기를 찾아가서 탐문 끝에 재회하고, 한양에 데려가 함께 살았다는 이야기를 자신이 체험한 제자인 남원부사의 책방 도령이 훗날 암행어사가 되어 자신을 찾아온 사건 등과 복합모델화 하여 「춘향전」의 기본서사에 연계시킨 출도대목을 보다 극적으로 창작한 것으로 판단된다. 그 결과 「춘향전」의 수평적인 서사구조는 전후 대단락으로 구별된다. 전단락은 춘향과 도령의 만남과 이별이며, 후단락은 춘향의 고난담과 이도령의 출세담, 그리고 구원담으로 구성된 것으로 보인다. 즉, 전반부에서는 양반자제 이도령이 기생 춘향과 성애적 결연과 이별이 중심이 되어, 비련의 주체로서의 사랑의 영웅들로 묘사되고 있지만, 후반부에서는 전반부에서 보여준 사랑의 구조에 열녀로서의 춘향과 어사로서의 도령이라는 구조로 상승되면서, 비극적 좌절로 끝난 사랑의 주인공들을 관념

118) 김동욱, 『증보 춘향전연구』, 연세대학교출판부, 1976, 46쪽.

119) 노진은 중종 13년 1518년에 태어나서 선조 11년인 1578년까지 살았다.

적 · 당위적으로 전개시켜 사랑의 성공과 재회의 환희를 보여준다.[120)]

(2) 1차 1610년, 조경남과 남원부사 책방도령 성이성의 만남

조경남의 부친 조벽은 서울 청파동에서 처가를 따라 남원부 하원천방 송내마을에 내려왔다. 그곳은 지리산이 동쪽으로 바라보이는 곳으로, 그야말로 지리산 서쪽 자락의 끝에 놓인 마을로, 1390년경 한양 조씨들이 자리를 잡기 시작하여 그 후로 경주 김씨, 서산 유씨들이 차례로 들어와 마을을 이루면서 주위의 비옥한 농토와 산림을 토대로 부유한 마을로 발전하였다.

산서 조경남은 1570년에 부친 사직 조벽과 모친 남원 양씨 사이에서 남원군 주천면 내송리에서 출생하였다. 장남으로 태어난 그는 일찍 부모를 여의고 외조모의 손에 양육됐으나 기상은 활달했다. 3세 때에 이미 '월도천심(月倒天心) 풍래수면(風來水面)' 등의 옛 시를 외울 만큼 총명하였다. 5세 때에는 예의로 음식을 사양할 줄 알았고 효성이 극진하였다. 부친은 낙향을 근심했지만 총명한 아들로 인해 안심했다 한다. 효성이 지극해서 6세 때 부친이 별세하자 예법을 갖추어 3년 상을 치루었고, 상을 마칠 때까지 색동옷을 사양하고 고기반찬을 먹지 않았다. 8세 때는 진사 유인옥 밑에서 수학하면서 1년도 못 되어 『사략』을 읽고 『소학』을 외웠다. 9세 때에는 『통감』과 『두시』를 읽었으며, 글짓기를 시작해서는 기이하고 특이한 어귀를 많이 썼다.

선조 12년인 1579년, 10세 때에 유인옥에게 입문해 글을 써 남을 놀라게 했다. 이 해에 모친 마저 별세하자, 상을 미칠 때까지 미음만 먹으며 지냈다. 외조모를 봉양하며 살았다. 이해 12월 20일 아침해가 셋이 나타난 것을 보고 앞날을 걱정하며 일기형 잡록을 쓰기 시작하였다.

120) 설성경, 『고소설의 구조와 의미』, 새문사, 1988, 273쪽.

그는 15세 때, 모친상을 마치면서 "나는 죄를 지어 일찍이 부모를 여의고 또한 가까운 친척도 없어서 외조모에게 의지하고 자랐으니 그 은혜가 막중하다. 새벽이나 밤에 날씨가 춥거나 덥지 않는가를 문안하거나, 조석으로 음식을 여쭈어 본다는 것은 그 은덕의 만 분의 일도 갚지 못하는 것이다." 하였다. 16세에 김씨 부인을 맞았고, 17세 때에 중봉 조헌의 문하에 나아가 유학을 배우면서 의리와 도덕을 터득했다.. 그때 조헌은 "영재가 나의 문하에 많지만 일찍 문학을 성취하고 성리를 올바로 해석하며 정성과 공력이 독실한 사람은 자네가 처음일세"라 하였다.[121]

조경남은 선조 21년인 1598년 29세에 전라도 병마절도사 이광악 막하에서 명나라 군대와 합세하여 금산 · 함양 등지의 왜군을 무찔렀다. 1601년에는 정유재란이 끝나고 명나라 군사는 남은 군량미 12만 석을 조선에 넘기고 돌아갔다. 조선 정부는 "온 나라 신민과 함께 감격하고 더욱 자강하도록 계책을 하겠다"고 감사 자문을 보냈다.[122] 1608년에는 39세로 향시 양장에 합격하였다. 1614년에는 삼장에 합격했다. 그러나 광해군의 어지러운 정치를 비난하고 벼슬길에 나가지 않았다. 인조반정 후 1623년 54세에 겨우 진사에 등과했으나 세상과 인연을 끊고 지리산 용추동에 별장을 짓고 산서병옹이라 자처하며 세상에 나오지 않았다. 삼학사의 심양 순절소식에 충의를 읊기도 하였다.

산서 조경남은 조광조를 종조로 모신 조숭진의 5대손[123]으로, 중봉 조헌의 제자임에 자부심이 높았다. 그는 남다른 애국심으로 1582년부터 일기를 쓰

---

121) 설성경, 『춘향예술의 역사적 연구』, 연세대출판부, 2000, 229~231쪽.

122) 『조선왕조실록』, 1601년 4월 25일.

123) 戶曹判書臣崇進之道德文章 而副司直臣璧卽其考也 其學問之實以先正文正公臣光祖之後裔 其家庭之學有源而稟賦聰慧. 判書靜庵崇進之曾孫先正靜庵先生之後裔重峰先生之門人也(『산서집부록』, 권지삼).

기 시작하였다. 이 일기를 모아 잡록으로 이름을 붙인 것이『난중잡록』이다. 이 일기의 출발은 1582년 12월로, 그 첫 날의 기록은 다음과 같이 간단하게 시작하였다.

> 겨울 12월 20일. 3개의 해[日]가 동쪽에서 돋고 쌍무지개가 그 3개의 해를 함께 꿰뚫다. 내 나이 열세 살, 시사(時事)에 느끼는 바가 있어서 나날의 기록을 쓰기 시작하다.

조경남은 선조 16년인 1583년에는 다음과 같은 기록을 남겼다.

> 봄 2월. 함경도의 번호(藩胡) 니탕개(尼湯介)가 경원(慶源)에 대거 침입하여 경원부사 김수(金璲)가 죽다. 이보다 앞서, 니탕개는 귀화(歸化)하여 은혜를 받아 육진(六鎭)을 드나들었으며, 우리 나라는 관록(官祿)으로 그를 회유(懷柔)하고 후하게 접대해 주었다. 그런데, 이때에 와서 변진(邊鎭)의 수장(守將)이 약간 그의 뜻을 거슬렸다 하여 니탕개는 이웃 부락의 추장(酋長) 을기내(乙其乃)와 율보리(栗甫里) 등을 불러 모아 병력을 합쳐 침입해 먼저 경원진에 침범하니, 김수가 싸우다가 패하여 이에 죽은 것이다. 그들은 계속하여 경원 · 아산(阿山) · 안원(安原) 등의 진보(鎭堡)를 함락시키고 전진하여 종성(鍾城)을 포위하다. 북병사(北兵使) 변국간(卞國幹)은 여러 차례 전투하였으나 불리했고, 온성 부사(穩城府使) 신립(申砬)이 군사를 이끌고 가서 독전(督戰)하여 수백 급(級)의 목을 베자 적병들은 퇴각하여 달아났다. 그 후 얼마 안 되어 신립은 니탕개를 유인하여 생포하고, 서예원(徐禮元)은 율보리 등을 유인하여 생포했는데 다 목베다. 서예원은 반드시 변방의 수장이었을 것이나 자세히 알수 없다.
>
> ○ 참찬(參贊) 정언신(鄭彦信)을 보내 육진을 순찰케 하고, 신립을 가선대부(嘉善大夫)로 가자(加資)하여 본도(함경도)의 방어사(防禦使)에 임명하였

는데, 얼마 안 가서 승진하여 북병사가 되다.

○ 경기 이하의 5도(道)로 하여금 군사를 뽑아 북쪽으로 가게 했는데, 평화가 오랫동안 계속되어 백성들이 전쟁을 모르다가 거리에서 우는 소리가 들려오다.

○ 병조판서 이이(李珥)가 임금에게 아뢰어 서얼(庶孼)들도 북변(北邊)에 곡식을 납입케 하고서 문무의 과거를 볼 수 있도록 허락해 달라고 청하다. 고사(考事)에 나온다.

여름 5월 16일. 큰 비가 와서 산이 무너졌는데, 남원(南原)과 운봉(雲峯)이 더욱 심해서 떠내려가고 파묻힌 인가가 수백 호였고 사람이나 가축이 죽은 것도 무척 많았다. 물이 남원 동문(東門)에 들었을 때, 용(龍)이 여원(女院)에서 싸웠다는 이야기가 있다. 여원은 운봉과 남원 두 읍의 경계에 있는 지명이다.

가을 9월. 과거를 실시하여 무과 5백 명을 뽑아 곧 함경도로 가게 하다.

○ 조정 안에 동인(東人)과 서인(西人)이 갈린 것은 이때부터 시작하다. 김효원(金孝元) 쪽이 동인이고 심의겸(沈義謙) 쪽이 서인이다.[124)]

조경남은 1589년에는 다음과 같은 기록을 남겼다.

가을 9월. 홍문관 수찬 정여립(鄭汝立)이 반역을 도모하다가 주살(誅殺)되다. 정여립은 전주 사람으로 명망이 일찍부터 드러나 세상을 뒤덮었다. 그는 조정에서 물러나와 집에 있으면서 고매(高邁)하고 자중(自重)하는 체하여 관직을 사퇴하고 받지 않았으며, 나라에서 불러도 나가지 않았다. 사림(士林)에서는 달려가서 한 번이라도 그를 만나는 것을 다행으로 생각하기까지 하였는데, 이때에 와서 그는 황해도 안악(安岳)·재령(載寧) 사람들과 몰래 반역을

124) 『난중잡록』, 선조 16년(1583년), 2월.

모의하고 요사스러운 중 법연(法涓)을 시켜 왕래하면서 연락하게 했다. 재령 군수 박충간(朴忠侃)이 고변(告變)하는 글을 올리자 금부도사(禁府都事)를 보내어 전주에서 정여립을 잡았다. 그때 정여립은 금구(金溝) 별장에 있었는데, 일이 발각되었다는 소식을 듣고 밤중에 자기 아들 정옥남(鄭玉男)과 함께 그의 도당 변숭복(邊崇福)·지경함(池景涵) 등을 거느리고 진안(鎭安)으로 도피하였다가 본현(本縣)의 원 민인백(閔仁伯)에게 잡히는 바 되다. 정여립과 변숭복은 곧 목을 찔러 자살하다. 민인백은 정옥남과 지경함을 생포하고 역적의 시체들을 운반하여 모두 서울로 보내다. 변숭복은 일명 사(涘)라 했고, 지경함은 일명 함도(涵道)라 했는데, 나들이하고 길을 다닐 때면 두 가지 이름을 썼다.

○ 서울과 지방의 사림(士林)들 중에는 역적 정여립에 관련되어 고문을 받다가 목숨을 잃은 자가 이루 헤아릴 수 없을 정도며, 조정 안에서도 말에 연루되어 형을 받은 사람이 많다. 좌의정 정언신(鄭彦信)은 체포되어 고문을 받고 강계(江界)로 귀양가서 돌아오지 못했고, 이조 참의 백유양(白惟讓)은 불복하고 죽었으며, 그의 아들 백진민(白震民)은 신문을 받고 공술하기를, "아비가 모르는 것을 아들이 어떻게 알겠소. 죄가 있고 없음은 증거가 푸른 하늘에 있소. 둥우리가 뒤엎어졌는데 알[卵]이 어찌 홀로 온전하리오. 더 심문할 것도 없고 속히 죽여 주기 바라오." 당시에 공술한 말들이 한정 없이 많았지만 이 말이 간략하고 분명하며 가장 슬프고 가련하다. 하고, 뒤이어 곤장을 맞다가 목숨을 잃다.

겨울 12월. 전라도 생원 정암수(丁嵒壽) 등이 상소하였는데, 그 줄거리는 정여립이 반역한 정상을 상세히 진술하고, 또 전에 정여립이 지리산에 들어가 열병(閱兵)할 때, 옥과(玉果)의 선비 양형(梁泂)이 문서를 맡아 보았다는 내용이다. 양형은 벌써 잡혀서 죽었다. 그런데 비답(批答)에 이르기를, "역적 모의의 전말을 너희들이 이토록 자세히 알았다면 왜 일찍 와서 고변하지 않았느냐." 하고, 금부에 명해 체포하여 심문하게 하였으나, 도사가 정암수 등을 잡아서 천안(天安)까지 오자 석방하라는 특명이 내리다. 남원 사람으로 역적 사건에 연좌되어 잡혀 심문을 받다가 목숨을 잃은 자는 정자(正字) 조유직(趙惟直)과 선비 신여성(申汝成) 두 사람뿐이었으며, 역적 명부에 길삼봉(吉三峯)이라는 자가 있었는데 잡지 못했고, 진주 사람 최영경(崔永慶)의 호가 삼봉(三峯)이라 하여 죽음을 당하였다.

조경남은 1591년에는 다음과 같은 기록을 남겼다.

봄 2월. 황윤길(黃允吉) 등이 대마도(對馬島)에서 바다를 건너서 돌아와 어탑(御榻) 앞에서 복명(復命)하는데, 가지고 온 수길(秀吉)의 계사(啓辭)에는 출병할 정상이 뚜렷하다. 임금이 왜적의 사정을 묻자 김성일(金誠一)이 대답하기를, "일본이 지금은 출병할 기세가 없으니 아무 일 없을 것을 보증할 수 있습니다." 하다. 물러나와서 일행의 사람들이 수길의 매우 사나운 정상을 퍼뜨리자 조정과 백성들의 인심이 어수선하고 두려워하다.
○ 조헌(趙憲)이 강계(江界)에서 밤낮으로 걷기[步] 연습을 하다. 사람들이, "왜 그토록 애쓰는 거요?" 하고 물으면, 조헌은, "명년 왜란 때 효력을 볼 것이오." 하였는데, 얼마 안가서 방면되어 옥천(沃川)에 돌아가다.

조경남은 임진왜란이 일어난 선조 25년 1592년에는 다음과 같은 방대한 기록을 남겼다.

3일. 왜적이 장안성(長安城) 안으로 들어오다. 하루 전날, 왜적이 성문 밖에서 머무르고 있을 때 성 안의 반도(叛徒)들이 나와서 맞이하면서, "나라는 비었고 임금이 없으며, 성은 버려져 지키지 않는다." 하자, 왜적이 그제서야 성 안으로 들어왔던 것이다. 이에 앞서 경상도 양산(梁山)의 관노(官奴) 황응정(黃應禎)이 포로가 되었는데, 왜적이 글을 써서 보여주기를, "너의 나라는 방어는 해서 무엇할 거냐. 불과 20일이면 틀림없이 서울에 들어가게 될 것이다." 하였는데, 이때에 와서 보니 과연 그 말대로였다. 왜적들이 지나가는 여러 고을에는 모두 두목[酋]을 남겨두어 원[宰]이라 칭하고, 우매한 백성들을 꾀어 모아서는 창고의 곡식을 풀어주었으며 겸하여 명패(名牌)를 만들어서 그들이 항복하여 내부(來府)하였음을 표시하게 하니, 이 때문에 백성들이 많이 고식적으로 따랐던 것이다. 부산(釜山)으로부터 서울과 개성(開城)에 이르는 세 길의 상하 30리마다 진(陣) 하나씩을 설치해서, 깊이 들어가다가 길이 막히게 될 우려에 대비하였다. 서울에 입성한 후에는 먼저 궁궐과 종묘를 불태우고 연달아 공사(公私)의 가옥을 태우며, 숨겨 둔 재물을 뒤져내어 매일같이 본토(즉 일본)에 보내고, 군사들을 휴식시켜 관서(關西)와 북쪽 길로 향할 계획을 세우다.

4일. 영남 초유사 김성일(金誠一)이 남원(南原)에 도착하다. 김성일이 애초에 체포한다는 어명에 따라 직산(稷山)까지 갔으나 사면을 받고 도로 초유사의 책임을 받게 되었는데, 그때야 비로소 조정이 서쪽으로 옮겼음을 알고 통곡하면서 돌아오다. 호남과 호서의 길이 막혔기 때문에 충청도의 내로(內路)로 해서 내려오다. 《경상 순영록》에 나온다.

20일. 남원(南原) · 구례(求禮) · 순천(順天)의 군사 8천여 명이 전주(全州)에 와서 참전하다가 일시에 흩어져 마구 찌르는 창에 죽은 자들이 퍽 많았다. 이광(李洸)의 군관 옥경조(玉景祚) 등이 칼을 뽑아 후퇴하는 자들을 베어 죽이자, 무너져 가던 군사들이 옥경조를 에워싸고 전주까지 와서 빠져 나올 수 있었다. 남원 부사 윤안성(尹安性)은 판관 노종령(盧從岭)에게 영(令)을 전하여, 흩어진 군사들을 타일러 모아 보내라고 했고, 구례 현감 조사겸(趙士謙) 등은 직접 본읍에 돌아가 군사들을 불러 모은 다음, 달려 돌아가서는 은진(恩津)까지 이르렀다. 전주 · 광주(光州) · 나주(羅州)의 군사가 용안(龍安)에 도달해서 역시 일시에 흩어지자 수령 등이 길에서 불러 모아 봤지만, 무너진 군사들을 한데 모을 수는 없었다. 이광 역시 길에서 머뭇거리곤 하여 전진하기를 꺼리는 기색이 많았다.

○ 서울에 머무르고 있는 대부대의 왜적이 하루는 사람을 죽여서 시위하라는 영을 내리자, 동대문으로부터 남대문에 이르기까지 반식경에 쓰러진 시체가 길에 가득 차고, 왜적에게 항복하고 부동(附同)한 백성이 채 도망가지 못한지라, 피바다와 살더미의 참상이 이루 말할 수 없었다. 하루가 지나서야 중지시켜 다시 살육을 엄금하고 각 문에다 방을 내걸기를, "남자는 농사에 힘써 자기 생업에 안정하고, 여인은 누에고치 길쌈을 일삼아라." 하였다.

○ 남원 부사(南原府使) 윤안성(尹安性)이 첨지 정염(丁焰)에게 통첩한 것은 다음과 같다.

왕세자 전하께서 이천현(伊川縣)에 계시면서 의병장 김천일에게 수서(手書)를 내리신 것을 보았는데, 반도 다 읽지 못하여 슬픈 느낌이 먼저 생겨 눈물이 절로 흘렀소. 이어 들은즉 주상 전하께서 스스로 군사를 거느리고 중국 군사를 따라 이미 서울로 향하셨다 하오. 흉한 적의 화(禍)가 이러한 지경에 이르렀고 군부의 바람이 이러한 극도에 이르렀으니 이 날에 신자된 자는 죽느니만 못하오. 마땅히 사람들의 마음을 격려하고 의기(義氣)를 주창하여야 할 것인데, 부사인 나는 사람됨이 지극히 둔하여 봉직(奉職)이 형편없고 일마다 조치를 잘못하여 난을 감당하는 재주가 못 되니, 능히 군사와 백성을 통솔하지 못하여 군사를 거느리고 근왕하는 즈음에 두 번이나 군사가 붕괴되었소. 지난달 3일에 이르러 헛소문 때문에 뭇 군사가 무너지고 난민이 되어 필경에는 도적질이나 약탈을 함부로 하여 관가와 민간이 텅텅 비어 있었소. 이때를 당하여 내가 홀몸으로 성에 있으면서 앉아서 죽음만을 기다렸더니, 국가의 위령(威靈)이 아직 끊어지지 않아서 도망했던 백성이 이미 모여 들었고 무너졌던 군사가 도로 안정되었소. 큰 변을 여러 번 당하여 마음이 두서가 없을 뿐 아니라 성의가 부족하여 능히 인심을 감동시키지 못하니, 비록 위에 말한 왕세자의 간절한 말씀을 보아도 저 줄지어 늘어선 이들에게 능히 명령할 수 없소. 그러니 경내(境內)의 부로 기구(父老耆舊)는 이 곡절을 알고 마음을 다하여 힘쓰고 격려하여 혹은 의병에 달려가고 혹은 싸우고 지킬 뜻을 굳게 하라. 이상과 같이 첨지 정염에게 통첩한다.

○ 왜적이 당초에 국경에 침범할 때에 크게 성세를 떠벌리고 척후병을 곳곳에 나누어 보내 우리 군사로 하여금 서로 가까이하지 못하게 하고, 깊은 산골까지 수색한 연후에 각처의 작은 진을 철수하고 부산(釜山)으로부터 경성에 이르기까지 다만 일로(一路)에 거진(巨鎭)을 벌여 놓다. 사방으로 흩어져 죽이고 약탈하는 데 군사가 부족하므로, 경상도에서 점거한 것이 좌도에는 오직 부산 · 동래(東萊) · 경주(慶州) · 밀양(密陽) · 청도(淸道) · 대구(大丘) · 영천(永川) · 영산(靈山) · 창녕(昌寧) · 현풍(玄風) 등 열 고을이요, 우도에는 오직 웅천(熊川) · 김해(金海) · 창원(昌原) · 진해(鎭海) · 고성(固城) · 성주(星州) · 금산(金山) · 개령(開寧) · 선산(善山) · 상주(尙州) · 함창(咸昌) · 문경(聞慶) 등 열두 고을인데, 한 곳에 유둔한 왜놈은 적으면 수백 명을 밑돌지 아니하고 많아도 1천 명을 넘지 않거늘 오직 고성 근처에 모여 유둔한 적이 거의 수천에 가깝다. 이것으로 헤아리건대 영남의 적은 반드시 5만 명에 불과할 것이요, 그 장기(長技)는 조총 · 단총에 불과하여 엄습하는 외에는 다시 다른 재주가 없다. 밤이면 갔던 놈들이 도로 와 길을 점차 가득 채워서 수효가 많다는 것을 보이는데, 우리 군사는 왜적 열 놈만 보면 으레 그 수를 헤아릴 수 없다 하여 적을 토벌할 뜻이 없고 나머지 6도도 그렇지 않은 데가 없거늘, 하물며 평안 · 경기 · 함경 3도의 왜놈 수효가 이 도보다 두서너 배가 되는데 우리 군사의 힘은 이 도보다 약하여 소문만 듣고는 먼저 무너져서 방어할 뜻이 없으니 온 나라가 함몰됨이 괴이할 것도 없다. 아! 통분하도다. 《경상순영록》에서 나옴.

○ 호남 의병을 청하는 글은 다음과 같다.

슬프도다. 바다 도적이 세력을 믿고 침범하매 경계에서 막아낼 사람이 없어 7도의 강산이 적의 손에 모두 함몰되었는데, 오직 우리 호남만이 잠식됨을 면하여 조종의 강토가 지금까지 그대로 있는 것은 한두 의병장들이 충의를 분발하고 격려하여 의사를 모아 합한 힘이 아니었던가. 용성(龍城) · 금산(錦山) 두어 성이 이미 적의 소굴이 되었다가 곧 도리어 섬멸되고 완산(完山) 한 부(府)가 거의 먹힐 뻔하다가 결국 보존되어 승전의 보고가 여러 번 날아와, 추한 무리가 넋을 잃어 한 도의 생령이 안심하고 살게 되매 다른날의 회복이 여기에서 근거가 될 것이니, 적개(敵愾)의 큰 공이 태상(太常 시호와 훈공을 정하는 곳)에 기록할 만하다. 그들의 고풍(高風)이 미치는 곳에 누가 감동되어 사모하지 않으리오. 인홍(仁弘) 등은 각 고을이 붕괴된 나머지에 분기하고 장수와 군사들이 흩어진 뒤에 수습하여 간신히 불러모아 겨우 1려(旅)를 얻어 조개와 도요새처럼 서로 버티어[鷸蚌相持] 여름부터 겨울까지 이르니, 군사는 피곤하고 양식은 부족한데 여러 성을 점령한 적은 좌우에 벌여 있고 길에 왕래하는 왜놈은 먼 데나 가까운 데에 가득하다. 부상당하고 굶주린 군사를 거느리고 한창 날뛰는 적을 항거하자니 또한 어렵도다.

조경남은 임진왜란이 시작된 다음 해인 선조 26년 1593년에는 다음과 같은 방대한 기록을 남겼다.

21일. 적의 선봉에 있던 기병(騎兵) 수백 명이 바로 마현(馬峴)의 봉우리 위에 이르러 위엄을 날리며 달리더니, 이튿날에 많은 적이 마구 몰아 나오는데 수를 헤아릴 수 없어서 기세가 바람과 불길 같다. 일시에 성을 포위하여 공격하기를 심히 급하게 하니, 성중에서 응전하여 물리쳐서 날마다 이렇게 하다. 아래에 나온다. 포위를 당한 지 여러 날에 적의 세력이 더욱 치성하니, 개미 새끼도 통할 수 없어 소식이 아주 막히고 장수와 군사는 피곤하여 휴식할 겨를이 없다. 매일 밤 경(更)마다 적들이 호각을 불어 서로 응하고 높은 소리로 크게 외치며 일시에 총을 쏘매 성중에 어지러이 떨어져서 뇌성과 우박 같고 소리가 천지를 진동하여 한참 만에 그치다. 이튿날 아침에 보니, 우리 군사 중에 죽은 자가 쌓여 있었다. 하루는 경회와 천일이 누각에 올라 바라보고 말하기를, "구원병이 많이 온다." 하니, 모든 장수들이 크게 기뻐하여 큰 종을 울리며 앞다투어 바라본즉, 멀고 가까운 1백 리에 가득 찬 것이 모두 적병이었다. 천일이 말하기를, "하늘이 만일 정의(正義)를 도와 우리들이 성공하여 대궐에 가서 뵙는다면 하란(賀蘭)의 고기를 구워서 함께 먹으리다." 하다.

○ 명 나라 군대 참군(參軍) 여응종(呂應鍾)이 서울에서 남원 북촌에 이르러 진사(進士) 김복흥(金復興)에게 다음의 글을 보내었다.

천지간에 사람이 나서 그 서로 만나는 것이 정해진 수(數)가 있는데 역시 의기(意氣)의 감응(感應)된 바이다. 소나무 · 대 · 매화는 비록 식물이나 또한 유(類)에 따라 벗이 되거늘 어찌 사람에 있어서 그렇지 아니하랴. 내가 적을 추격하기 위하여 왕경(王京)을 떠나 달려 선산(善山)에 이르고 보니, 적막한 넓은 들에 인적이라곤 없는 땅이었다. 석양은 서쪽으로 기우는데 잠자리 찾는 새들은 숲으로 들어가고, 사방으로 돌아보니 망망(茫茫)하여 모두 폐허가 되었으니 참으로 처량하였다. 마침 김생(金生)이란 분이 있어 인사하고 영접하는데 뜻이 매우 은근하였다. 이름을 물으니 모(某)라 하고, 그 관직을 물으니 별좌(別坐)라 하고, 그의 가슴속에 간직한 지식을 시험해 알아보니, 주공(周公)의 정(情)과 공자(孔子)의 생각[思]이 있고, 시(時) · 서(書) · 육예(六藝)에 통함이 있었다. 그제야 내가 한방으로 데리고 와서 음식을 함께 하고 붓과 벼루를 함께 하고 자리를 함께 하여 비바람 치는 밤에 서로 쳐다보니, 평생의 지기(知己)와 같이 즐거웠다. 그러나, 김생은 조선 사람이요 나는 중원 사람이라, 김은 지공(支供)하는 일로 나는 적을 추격하는 일로 우연히 한 번 만났다가 일을 마치고 나자 각기 헤어지니, 서로 사랑함이 깊은 까닭에 서로 이별함이 빨라 피차에 슬퍼하여 절로 각기 눈물이 흘러내렸다. 맑은 바람은 김생을 불러 호남에 돌아가게 하고, 밝은 달은 나를 한양(漢陽)으로 돌아오게 하였다. 마음은 두 지방에서 서로 비추나 몸은 각각 한 하늘이었다. 장차 이 생에서는 김생을 물어볼 곳이 없으리라 여겼었다. 뜻밖에 흉한 왜적이 또 진주에 달려든다는 경보(警報)가 있으므로 내가 나가서 탐문하고 순찰하다가 남원성 밖으로 40리쯤 거리가 되는 산 숲 밑에 앉아서 잠깐 깃발을 멈추고 대장군의 지휘를 기다리고 있었는데, 처음에는 이곳이 둔덕촌(屯德村)으로 곧 김생의 집인 줄 몰랐었다. 마침 원수(元帥) 권 상공(權相公)이 찾아 왔기에, 내가 묻기를, "혹시 이 산중에 선비의 집으로 누워 쉴 만한 깨끗한 방이 없겠소?" 하였더니, 권이 말하기를, "이 마을에 김생이란 자가 있는데 글을 많이 읽었으니 대인(大人)을 모실 만하겠소." 하여, 그제야 곧 선산에서 만났던 고인(故人) 김생인 줄 알았다. 김이 어머니를 모시고 산중에서 피난하고 있다가 내가 왔단 말을 듣고 달려와 문안하였다. 내가 그의 집으로 거처를 옮겼더니, 그 집의 단청한 누각이 녹음 속에 보일락 말락 하고 천 그루 늙은 솔과 만 줄기 긴 대[竹]가 인간 세상의 거처하는 곳이 아니고 특별한 천지의 그윽하고 아담한 처소인 듯하였다. 안에 말[斗] 만한 작은 방이 있었는데 김생이 그 속에서 고요히 수양하는 곳이었다. 화평홍의(和平弘毅)라는 네 글자를 좌우명(座右銘)으로 벽에 써 붙였다. 때때로 거문고 한 곡조를 타는데 옛사람의 흥취가 가득했고, 혹은 퉁소를 부는데 그윽한 맑은 음향이 단구(丹丘) 봉황 울음이었다. 그제야 그가 예법으로써 몸을 다스리며 음악으로써 마음을 다스리고 한갓 귀로 듣고 입으로 지껄이기만 하며 장구(章句)나 따지는 선비가 아님을 알았다. 원수(元帥)도 와서 보고 극구 칭찬하였다. 그의 아들을 보니, 어린 나이로 영기(英氣)가 사람을 놀라게 하였다. 허리에 칼을 차고 강개(慷慨)히 나가서 나라의 원수를 갚으려 하니, 김생이 그 아들 잘 가르친 것을 알 수 있었다. 아! 인생의 만나고 흩어짐이 어찌 우연함이랴! 선산에서 처음 한 번 만났고 용성(龍城)에서 마지막으로 두 번째 만났으니, 반드시 전생의 인연이 있는 것이다.[125)]

조경남은 1593년의 일기 〈송대빈이 광한루 남원 남문 밖 2백 보쯤 거리에

125) 조경남, 『산서잡록』, 1593년 9월 9일.

있다. 옛사람이 지은 시들이 있는데 운은 누(樓) · 두(頭) · 수(收) · 유(遊) · 구(求)[126] 다섯 자였다.〉에서, 놀면서 지은 한시를 다음과 같이 전하고 있다.

싸움을 파하고 돌아오다가 지쳐서 누(樓)에 기대어	戰罷歸來倦倚樓
큰 시내에 칼 씻고 말에게 물 먹이네	洗兵飮馬大溪頭
팔산(八山)의 초목은 천년의 좋은 경치요	八山草木千年勝
사야(四野)의 봉화(烽火) 연기가 한눈에 들어오네	四野烽煙一望收
오늘 파죽지세(破竹之勢)로 몰고 가는데	破竹己乘今日勢
오히려 연을 캐던[采蓮] 옛날의 놀이[遊]가 생각나네	采蓮猶憶昔時遊
내일 아침엔 군대를 엄정히 하여 추격할 터이니	明朝追逐嚴諸部
만리의 공명을 정히 여기어 구(求)하네	萬里勳名正此求

여기에 이어서 중국에서 왜군을 정벌하러온 유격장군 광덕 송대빈도 남원 남숙성 고개에서 전투에서 크게 승리하고 돌아오다가 광한루에서 쉬면서 공경히 옛날의 운자대로 같은 한시를 지었다고 하였다. 이런 남원 광한루를 배경으로 거론되는 사건들과 그 감회는 훗날 조경남이 1640에 창작하게 되는 「춘향전」의 분위기, 즉 남원의 옥중 춘향이 변부사에게 고통을 당하고 있을 때 이도령이 한양에서 암행어사가 내려와서 옥중 춘향을 〈금준미주〉 한시를 읊고 출두하여 구출해주는 것과 유사한 느낌을 준다.

조경남은 21일의 일기에서는, 유격 송대빈이 군사를 거느리고 영남으로 가자 남원의 노인들과 선비들이 길에서 음식을 대접하고 전송하니, 송대빈이 감사의 뜻을 다음과 같은 한시로 지어서 표하였다.

바닷가에 고래 새끼가 조용하니	海徼鯨兒靖

126) 樓 · 頭 · 收 · 遊 · 求.

만리에 왕사(王師)가 돌아가네	王師萬里旋
바람 번개처럼 군대가 엄숙하고	風霆嚴部伍
용과 새처럼 산과 내를 건너가네	龍鳥渡山川
시국은 중흥하는 날을 만났고	時際中興日
가을이라 풍년이 크게 들었네	秋登大有年
항아리에 미음 담아온 어진 부로	壺漿賢父老
이제 요(堯)의 세상을 축원하소	從此祝堯天

또, 조경남은 바로 다음의 일기에서는 구원병을 이끌고 온 명나라 장군에 대한 감사와는 다른 측면에서, 남원인들 중에서도 부끄러운 행동을 도원수 권율이 장계 내용을 빌어서 비판하고 있다. 즉, 권율이 장계를 올리기를 "남원 사람들이 도무지 신하와 백성으로서의 의리가 없어서 왜적이 경계를 침범하기도 전에 솔선하여 도망쳐 붕괴되었으니, 일이 극히 통분하고 해괴하므로 군률에 의하여 처벌하기를 청합니다." 하였고 이에 왕이 비답하기를, "허다한 인민을 다 베일 수는 없으니 선창한 자를 효시하는 것을 제외하고는 나머지는 모두 경이 알아서 처치하라."고 하였다는 것이다. 이는 조경남이 훗날 짓게 된 「춘향전」에서 춘향이 수절하는 것과 상반되는 사례를 남원의 일부 관리와 백성들이 보여준 태도를 비판하고 있는 것과 흡사하다.

또 조경남은 이어진 1593년 8월의 일기에서 권율이 비밀리에 운봉 현감 남간에게 명령하여 남원 좌수를 베었다는 기록을 남겼다. 그리고 이어진 일기에서 조경남은 남원에서 활동한 의병장 변사정에 대한 감동적인 사건을 다음과 같이 전하였다.

○ 전라도 남원에 있는 의병장 종사랑(義兵將從仕郎) 전 제릉참봉(齊陵參奉) 변사정(邊士貞)은 삼가 목욕하고 백번 절하며 정륜입극성덕홍렬(正倫立極盛德弘烈) 주상전하(主上殿下)께 말씀을 아뢰나이다. 아! 신(臣)이 땅강아

지나 개미 같은 미세한 정성으로 군사를 일으킨 지 해가 넘도록 아직 일을 마치지 못하였고, 서쪽 행재소(行在所)를 바라보니 피눈물이 항상 흘러 오래갈수록 진정할 수 없나이다. 통분(痛憤)하옵니다, 흉악한 적이 창궐하여 망극한 화는 이미 말할 수도 없거니와 파천(播遷)하신 행차가 두 해가 되도록 돌아오지 못하실 줄을 어찌 생각이나 했겠습니까. 모욕을 받음이 이미 많고 궁궐이 폐허가 되었는데, 가을 바람이 처량하고 찬 이슬이 장차 맺히려 하옵니다. 서방을 우러러 바라보니 간담이 무너지는데도 아직 목숨을 바쳐 적진에 달려들지 못하옵고, 추위 더위를 두 번이나 겪도록 수치를 참고 원수와 한 하늘을 이고 있사오니, 신이 천지간에 죄를 진 지 이미 오래입니다. 의사(義士)들이 처음 일어날 때에 신도 또한 강개히 분발하여 곧 창을 베개 삼고 원수를 함께 갚으려 하였사오나 스스로 돌아보니, 늙어 무능하므로 밤낮으로 통분한 마음만 간절할 뿐입니다. 다만 고경명(高敬命) · 최경회(崔慶會) · 임계영(任啓英) 등의 세 군대가 전후로 갈 적에 향인들과 더불어 도모하여 군량과 군기를 모두 내어 힘껏 부조하여 보내었더니, 그 뒤에 한 고을의 선비들이 전 목사 정염(丁焰)과 유학(幼學) 양주(梁澍) 등과 더불어 서로 의론하기를, "본부는 남방의 보장(保障)인데 이 부를 지키지 못하면 호남 일도가 모두 적굴이 될 뿐 아니라, 충청도 한 지방도 장차 차례로 함락되어 서울의 적과 합세하게 되면 회복하는 일을 결코 바랄 수 없으니 어찌 고을 의병을 일으켜서 목숨을 바쳐 성을 굳게 지켜 이 보장(保障)을 완전히 하지 않으랴." 하고, 신을 늙은 선비라 하여 추대하여 도장(徒長)을 삼았습니다. 신이 스스로 헤아려 보니, 군사의 일을 알지 못하고 병들고 쇠한 것이 어찌 감히 감당하오리까마는 다만 신의 헛된 이름이 조정에 알려져서 두 번이나 능참봉[添齋郎]을 지냈으므로 비록 초야(草野)에 있더라도 의리상 사양할 수 없기로 드디어 동지의 선비들과 몇 달 동안 경영하였더니, 전 부사(府使) 윤안성(尹安性)이 군사를 도와주어 성사하기를 권하고 전 체찰사 정철이 또한 부장(副將) 이잠(李潛)을 시켜 보좌하게 하니, 고을 군사가 이미 즐거이 따르며 이웃 고을 군사도 또한 따라 일어나서 도합 천여 명이 모였고, 양식과 무기도 근근이 준비되어 작년 11월에 비로소 영남으로 가서 적을 토벌할 계획을 하였더니, 장차 거사하려 할 즈음에 정철이 전령(傳令)하여 신에게 군사를 거느리고 올라와서 힘을 합하여 적을 치자고 독려하기에 신이 즉시 달려서 공주에까지 이르니, 군량이 먼 데 있어 운반하기가 극히 어려워 군사들이 모두 굶주려 어찌할 계책이 없으므로 곧 이 사정을 정철에게 보고하였더니, "물러가 호남과 영남의 경계에 있으면서 전 목사 김홍민(金弘敏)과 더불어 합세하여 적을 방어하라." 하므로, 곧 충청도 옥천 땅으로 가서 부장(副將) 이잠으로 하여금 정예한 군사 3백여 명을 거느리고 황간(黃澗)에 들어가 지키면서 요해지에 매복시켜 상주 · 선산 · 개령 · 금산에 왕래하는 적을 막아치게 하여 작년 12월부터 금년 5월 말까지는 늘 그곳을 떠나지 않았습니다. 아! 이잠은 훌륭한 장수로서 날래고 용맹스럽기 짝이 없으며, 몸을 잊고 나라만 위하여 항상 군사들과 달고 쓴 것을 함께 하며 매양 들어가 적을 정탐할 때에는 몸소 모든 군사보다 앞서서 때로는 말을 버리고 빨리 도보로 험한 데를 이어 넘고 깊은 데를 건너서 서너 번 쉴 만한 거리를 출입하여 하루도 게을리함이 없이 뒤를 치고 돌격하기도 하여 전후에 머리를 베어 온 것이 거의 50여 급에 이르고, 그중에 활 쏘아 죽인 수는 이루 다 헤일 수가 없으며, 명 나라 장수가 적과 강화하고 토벌을 금한 뒤에는 죽인 것을 보고하지 않은 것도 또한 많사온데 모두 체찰사의 장계 가운데 나타나 있습니다. 뒤에 적들이 내려가자 이잠이 먼저 앞서서 대구로 들어가서 명 나라 병사와 합쳤더니 수일 만에 명 나라 장수가 말하기를, "너희들이 여기에 있어서는 소용이 없으니 모름지기 너희 나라 군사들과 일을 같이 하라." 하므로, 바로 함안으로 내려와서 모든 장수들과 함께 진(陣)을 쳤습니다. 당시에 창원의 적이 가득하여 세력이 치성하매 다른 장수들은 감히 손을 대지 못하는데 이잠만은 능히 들어가 토벌하여 곧 머리 세 개를 베어 바쳤는데 그 사실도 또한 방어사 이복남의 장계에 있습니다. 또 적의 세력이 함안으로 충돌하자 곧 여러 장수들과 함께 의령으로 나갔습니다. 그때에 병사 최경회와 창의사 김천일 등이 모두 이곳에 나와서 신과 의논하기를, "진주를 보존하고 못함은 호남의 존망과 가장 관계가 깊은데 주장(主將)의 조처가 어긋나서 성을 지킬 것을 생각하지 못하고 고을의 목사와 판관이 모두 먼 데로 나갔으니, 우리들이 급히 입성하지 아니할 수 없다." 하고, 일시에 군사를 내어 삼가(三嘉)에 이르렀더니, 이잠이 신에게 말하기를, "대장과 부장이 모두 한 성으로 들어가면 군량의 운반이 극히 어려우니 대장은 나누어 밖에서 진을 치고 양식을 운반함이 옳다." 하므로, 물러가 산음현에 있었는데, 진주와의 거리가 하룻길이었습니다. 겨우 한 번 양식을 운반한 뒤에 벌써 진주성이 포위를 당했다는 말을 들었습니다. 신이 외로운 군사를 가지고 능히 들어가 구원하지 못하고 번민하고 머물러 있었으니, 신도 또한 머물러 있은 죄가 지극하여 당연히 베임을 당함을 용서받지 못할 것입니다. 이때에 만약 한 주장이 독촉하여 군사를 합해 전진하여 혹은 근교(近郊)에서 위엄을 보이고, 혹은 산 위에서 횃불을 밝히고, 혹은 요해처(要害處)에 매복을 시켜서 구원하는 형상을 보였더라면 적이 손쉽게 성을 헐지 못하였을 터인데, 여러 장수들이 모두 많은 군사를 거느리고 가까운 데 주둔해 있으면서도 관망하기만 하고 회피하여 곧 달려가 구원하지 아니하여 진주성이 포위를 당한 지가 이미 7 · 8일이 되었는데도, 약간의 군대라도 보내어 구원하는 자가 한 사람도 없었습니다. 그리하여 서너 번 쉬어갈 만한 거리에 인적이라곤 없어서 소식이 통하지 못하니, 마치 진(秦) 나라와 월(越) 나라가 서로 떨어져 있는 듯하여 마침내 충성스러운 장수와 군사로 하여금 모두 칼날에 죽게 하여 쓰러진 시체가 10만이나 되어도 심상히 보고 있었으니, 아! 하늘이여! 이것이 웬 사람입니까? 대저 오늘날 기강이 없어지고 호령이 분명하지 않아서 상주고 벌줌이 두서가 없으니 어찌 권면하고 징계할 수가 있겠습니까? 난이 일어난 이래

의병을 거느린 자로 전후에 목숨을 바친 이가 이미 한둘이 아니었는데 관군을 거느린 자는 그들의 죽는 것을 서서 보면서 감히 구하지 아니하였습니다. 그런데도 군법으로 처단하지 아니하고 이럭저럭 놓아둔 때문에 지금 모두 이와 같으니 이러고서야 어찌 회복을 도모하겠습니까? 전하께서는 이미 나라를 잃었으니, 비록 중흥할 희망이 있다 하나 밖에는 국가를 위해 죽으려는 훌륭한 장수가 없어서 변고가 생긴 이래로 붕괴되어 흩어짐이 버릇이 되어 구차스럽게 세월이나 넘기어 군사를 퇴각시켜도 한 사람도 형을 받는 이가 없고, 구(救)하지 아니하여도 한 사람도 죽임을 받는 이가 없어서 개와 양 같은 무리가 덤비는 화가 반드시 호남까지 모두 함몰시키고야 말 것입니다. 말과 생각이 이에 미치니 통곡을 금할 수 없습니다. 신이 일찍이 제갈량(諸葛亮)의 출사표(出師表)를 읽어 보니, "원하옵건대, 폐하께서 신에게 적을 토벌하여 부흥시키는 책임을 맡겨 공이 없거든 신의 죄를 다스리소서."라고 한 구절이 있으니, 그의 스스로 책임짐이 이와 같아야 비로소 장수된 도리에 합당한 것입니다.[127]

또, 조경남은 이어진 일기에서, 왜적의 괴수 풍신수길이 우리나라의 한강 이남의 3도를 왜국에 넘겨달라는 것을 비롯한 일곱 가지 조건을 명나라에 요구한 사건을 소개하면서,자신이 느낀 분노를 다음과 같이 기록하였다.

통분하다. 전에 이미 7도를 짓밟고 만백성을 도륙하고 임금의 욕됨은 파천하기에 이르고 종묘는 비참하게 잿더미가 되었으니, 귀가 있는 자는 적괴(賊魁)가 죽었다는 소식을 듣고자 하고, 눈을 가진 자는 적괴의 죽음을 보고자 하고, 입을 가진 자는 적괴의 고기를 먹고자 하고, 코를 가진 자는 적괴의 비린내를 맡으려 하고, 손을 가진 자는 적괴의 머리를 베고자 하고, 발을 가진

127) 조경남, 『산서잡록』, 1593년 9월.

자는 적괴의 창자를 짓밟으려 하여 이 땅에 신하나 백성이 된 이는 죽기 전에 원수를 갚기를 생각하여 칼을 어루만지며 쓸개를 맛보면서 잠시라도 잊지 않고, 어리석은 남녀라도 모두 호미와 따비를 던지고 한 왜놈이라도 죽여서 만고에 없던 원수를 갚기를 생각하지 않는 이가 없는데 흉악하고 추한 적은 죄악을 자꾸 쌓아 그치지 아니하여 오히려 엿본다. 말이 이에 미치니 이것은 일시 힐난할 원수가 아니라 만세에 잊지 못할 적이다. 그런데도 사실(私室)에서 잠자고 밥을 먹으며 당장 눈앞의 편안함을 찾는 자가 있고, 백성을 토색(討索)하고 학대하며 원수 갚기를 생각하지 않는 자가 있어 저 적의 견디기 어려운 말을 듣고도 국사에 무심하니, 아! 통분하다. 죽여도 모자란다.[128]

이러한 자신의 분노를 소개한 조경남은, 조선 임금인 선조의 행차가 의주로부터 정주에 이르렀다가 또 정주로부터 평양에 옮겨 거처하였고, 다가 서울로 향하였는데 세자도 따랐다는 사실을 전하고 있다. 이어서 10월 4일에는 선조가 서울에 돌아와서 예조에 명하여 중앙과 지방에 포고하고, 향과 축문을 보내어 각도의 명산 대천에 제사지냈다고 하였다. 그리고 선조는 각도의 백성들에게 다음과 같은 교서 내렸다.

왕은 이르노라. 하늘이 망치려 하지 아니하여 이미 우리 집에 재앙을 내린 것을 뉘우쳤고, 나는 장차 어디로 가랴 하였던 차에 다행히 고국으로 수레를 돌렸도다. 이에 한 종이에 글을 써서 사방에 고하노라. 내가 서쪽으로 옮겨간 지 지금껏 몇 달인가? 삼도(三都)가 무너지자 처음에 진실로 허겁지겁 나왔고, 필마(匹馬)로 떠다닐 제 아침저녁으로 어찌될지 알았으랴. 바람 · 서리 · 추위 · 더위를 여러 번 겪었으며, 위험하고 어려움을 갖추어 맛보았네. 의주의 외로운 성에 체류하여 귀자(龜兹 서역에 있는 조그마한 나라)의 한 구석처

128) 조경남, 『산서잡록』, 1593년 8월 2일.

럼 되었었다.

오묘(五廟)의 종거(鍾簴)에는 월출(月出)의 의관(衣冠)을 오랫동안 폐하였고, 10대의 원릉(園陵)은 한식(寒食)의 맥반(麥飯)도 올리지 못하였네. 유민(遺民)들은 도탄에 빠졌고, 옛 가벌(家閥)들은 비린내 나고 누린내 나는 오랑캐에게 빠졌었네. 처음 난리 난 때를 생각하자니 당시의 일을 어찌 차마 말하랴. 나의 임금답지 못함으로 마침내 액운을 만났네. 천명(天命)과 인심이 크게 두려운 것이어늘 나의 할 도리에 어두웠으며, 높은 성과 깊은 참호가 견고하건만 버리고 갔도다. 뒤로도 걸리고 앞으로도 걸리니 허물이 실로 나에게 있고, 마음이 괴롭고 머리가 아프나 뉘우친들 늦었다. 두려워하여 감히 편안하지 못하고, 움츠려져서 의지할 데 없었더니, 다행히 민심이 한(漢)을 생각하고 또한 하늘의 뜻이 당(唐)을 일으키려 하였다. 요망한 기운이 멀리 걷혀 왕사(王師)에 힘입어 빨리 소탕하였고, 나라를 두 번 만들어 주시니 황제의 은혜를 입어 돌아왔네. 답답하게 오래 있으랴, 동으로 나오고자 하는 계책이 얼마나 간절하였던고. 행차가 더디매 비로소 서에서 오는 수레를 돌렸네. 왕업이 한 구석에서 오래 있을 수 없기 때문에 오늘에야 옛 서울로 돌아왔네. 바람 먼지 속에서 종묘를 찾고, 살아 남은 백성에게 상처를 묻는다. 성곽은 오히려 남았으나 강산을 보매 눈이 비참하고, 위의(威儀)를 다시 보매 부로(父老)를 대함이 상심되네. 서울이 겨우 평정되었으나 왕업이 혹시 실추될까 두렵도다. 하늘이 장차 잘되게 하려고 먼저 액운을 준 것이니, 어찌 어려운 고비 구제하기를 도모하지 않으랴. 일은 반드시 위험을 겪은 뒤에 편안한 것이니, 처음과 끝을 다 잘하기에 힘쓰겠노라. 태평을 생각하는 지극함이 아니면, 어찌 난을 평정하는 공을 이루랴. 벼슬과 상줌은 나에게 있으니 감추었던 헌 옷을 어찌 후일을 기다리랴. 정치가 혹 폐단이 있는 것은 고치는 것이 시급하다. 아울러 유사에게 명하여 충신 · 효자 · 열녀로 전란에 죽은 이를 물어 특별히 표창을 할 것이며, 각 도에서 공헌(貢獻)하는 물품은 참작해 감면(減免)하여 이 시대 민심을 솟구치게 하고 사방의 힘을 조금 펴게 하리라. 신하와 백성과 더불어 새 정치를 시작하여 국가의 중흥을 이룩하여 항구한 영화를 함께 누려 보자. 아! 촉중(蜀中)의 행차가 비록 돌아왔으나 회계(會稽)의 쓸개를 오히려 맛보노라 전란이 2년에 걸쳐 온 것은 전에 없던 화란(禍亂)이요, 원수와 한 하늘 밑에 살고 있으니, 내가 조종을 저버림이 된다. 오히려 너희들의 협력에 힘입어 타일에 설욕하기를 바라노라. 너희 신하와 백성들은 나의 지극한 심정을 알아다오. 이에 교시(敎示)하노니 응당 잘 알리라 생각한다. 초야에 있는 신하가 지금 천지가 다시 돌아 거가(車駕)가 다시 환도하셨다는 소식을 듣고 기뻐서 뛰고 춤추기를 스스로 금할 수 없어 북으로 향하여 축수하기를, "성수(聖壽) 천천세(千千歲)요, 왕실은 만만봄〔萬萬春〕이나 가소서. 나라의 중흥하는 날에 초야의 신하가 뛰며 춤추네." 하였다.[129]

또, 조경남은 임진왜란이 시작된 지 3년 째인 선조 27년 1594년에는 다음과 같은 기록을 남겼다.

○ 사람들이 서로 잡아먹는 것이 이에 이르러 더욱 심하여 골육(骨肉 부자형제(父子兄弟))이 분리되어 길가는 사람 보듯 하였다. 내가 마침 성중(城中)에 이르렀을 때에 명 나라 병사 한 사람이 취하고 배가 불러 지나가다가 길 가운데서 구토를 하자, 굶주린 백성 천백 명이 일시에 달려가서 머리를 모아 주워 먹는데 약한 자는 달려들지 못하고 물러서서 눈물만 흘리는 것을 목격하였다. 독부(督府) 유정(劉綎)이 굶어 죽은 송장이 길에 쌓인 것을 보고 참혹히 여겨 진소(賑所)를 동문 밖에 설치하니, 굶주린 백성이 구름처럼 모여들어 천백 명의 무리가 거기에 힘입어 조금 연명하다가 그 뒤에 모두 그 옆에서 죽었다.

○ 각 도 곳곳에서 도적이 일어나서 천만 명씩 떼를 지은 것이 몹시 많았다.

129) 조경남, 『산서잡록』, 1593년 10월 4일.

남원 사람 김희(金希) · 이복(李福) · 강대수(姜大水) 등이 동촌(東村) 추동(楸洞) 깊은 골에 당을 모아 우도(右道)의 도적 고파(高波) 등과 서로 호응하여 대낮에 횡행하여 드나들며 도적질을 하여 무산(毋山) 북촌의 인민과 연결하여 저들에게 따르지 않는 자나 길가는 자나 촌사람이 관청에 가는 자나 거리에서 머리를 모아 의논하는 자는 가만히 그 도당을 보내어 묶어서 진중으로 끌고 가서 모두 죽였다. 백성들이 겁내어 거리에서 서로 눈짓하고, 길이 막히어 사람들이 통행하지 못하고 군사가 날로 성하나 관이 능히 금하지 못하니, 진안(鎭安) · 장수(長水) · 운봉(雲峯) · 남원(南原)의 지경에 길가는 사람이 끊어졌다. 이때에 양맥(兩麥)이 성숙하였는데 큰 도적에게 붙지 않은 자가 함부로 도적질을 하여 밭을 지키는 사람들이 많이 살해를 당하였다.

○ 양원(楊元)이 서울로부터 남원에 돌아와 적세가 급하다는 말을 듣고 모든 군사에게 수리하는 역사를 독촉하였다.

○ 남원의 교룡 산성(蛟龍山城)을 파하였다.

8일 양원이 군사를 나누어 성을 지키는데, 성 위에 8백 명이요, 토장(土墻) 안에 1천 2백 명이고, 유군(遊軍)이 1천 명이었다. 우리 나라 각 진에 가정(家丁)을 나누어 보내 들어와 함께 지키기를 독려하였다. 이날 운봉 현감의 급한 보고 가운데는, "영남 좌우도의 적이 이미 거창 · 산음 등지에 이르러 모두 분탕질하였습니다. 운운." 하였다.

○ 양원이 적병이 들어와 점거할까 염려하여 부사 임현(任鉉)으로 하여금 산성 안에 있는 가옥을 모두 불사르게 하고 본성 밖의 인가도 불태우게 하였다.

15일 양원이 동문의 성위에 있으면서 주라를 몇 차례 불게 하였으나 성중은 고요하므로 관가(管家 하인)를 시켜 성위로 나가서 크게 두어 번 소리치게 하니, 왜놈 5명이 달려서 동문 밖 돌다리까지 와 꿇어앉아 전갈이 있기를 청하였다. 양원이 통사(通事)로 하여금 몇 마디 말을 설파하게 하니, 다섯 왜놈이 방암봉(訪岩峯)으로 달려 돌아갔다가 곧 다시 돌아와 또한 몇 마디 말로 보고하였다. 혹자는 말하기를, "양원이 적병에게 서로 사자(使者)를 내왕하게 하자고 말하자, 명병(明兵)을 먼저 보내라고 회보하였다." 고 말하나, 자세하지 않다. 양원이 그 자리에서 관가(管家) 두 사람을 불러 이야기하여 내보내니, 왜놈의 사자가 명병을 대동하고 방암봉을 향하여 갔다. 적의 장수와 만나 일을 의논하였는데, 행장(行長)은 음식을 대접하여 돌려보냈다. 저녁 때에 왜장의 사자 5명이 말을 타고 와서 곧장 동문에 이르니, 양원이 통사를 시켜 왜사(倭使)를 대동하여 남문으로 들어오게 하였다. 양원이 용성관(龍城館)에 들어가 앉아 왜사를 만나 의논하니, 왜사는 행장의 말이라면서, "빨리 성을 비기 바랍니다." 하였다. 양원이 말하기를, "내가 15세부터 장수가 되어 천하를 횡행하면서 싸워 이기지 못한 적이 없소. 이제 정병 10만 명으로 이 성을 지키는데, 퇴각하라는 명령은 없었소." 하니, 왜사들이 도로 남문으로 나아갔다. 왜사가 또 전언하기를, "천여 명의 잔졸을 가지고 어떻게 백만의 군대를 당할 것입니까? 천장(天將)께서는 조선에 무슨 은혜가 있어 후회할 일을 남기려 하시오?" 하였다. 양원이 몇 마디 말을 일러 보냈다. 여러 날 포위당하였는데 적의 형세는 더욱 성하여 호호탕탕하고 위급하기가 바람탄 불과 빠른 우레 같았다. 점차 성에 다가와 더욱 공세를 펴부우니 우리 형세는 다급하여 날마다 점점 외롭고 위태해 갔다. 성 내외의 명 나라 병사들이 서로 부르짖기 시작하고, 우리 나라의 남녀들도 동분서주하며 울었다. 적이 이것을 알고 침공을 배나 더했다. 이날 밤에 큰비가 오자 적병은 어둠을 틈타 성을 공격하였는데, 우리 군대와 중국 군대는 맞아 싸우느라 잠자고 밥먹을 틈도 없었다. 이때 심산궁곡까지도 왜적의 발굽에 거의 짓밟혔고, 운봉(雲峯) · 주성(周性)의 무리들도 모두 약탈을 당했다. 나와 양형(梁兄) 및 백암 이공직(李公直)의 부형과 가족 수백 명이 돌의 모서리를 붙잡고 기어서 내려갔다. 황류동(黃流洞)지리산의 황령사(黃嶺寺)와 향로봉의 사이에 있는데, 수원(水源)은 반야봉(般若峯)에서 나와 삼기(三岐) 묘봉(眇峯)을 두루 돌아서 내려온다. 에 이르러 밤을 지냈다. 날마다 고성(孤城)을 바라보니 적병이 달 무리처럼 에워싸 위급하였다. 포성은 하늘을 진동하고, 불빛은 낮과 같이 밝았다. 저 관군들이 힘을 다하여 지키고 방어하는 고생과 흉한 왜적이 자기 분수도 모르고 날뛰는 형상을 생각하니 가슴 아픔을 이기지 못하여 울음과 눈물이 함께 나오고, 한숨 짓고 탄식하였다. 여러 사람에게 말하기를, "만일 1개 여단의 군대가 내 손에 있다면, 한 번 죽음을 무릅쓰고 전진하여 나아가 성원하여 아군이 갈망하는 마음을 풀어 주고, 저 왜적들의 집어삼킬 듯한 기세를 꺾는 것이 무슨 어려움이 있으랴만 애석하다! 수양(睢陽) 한 성이 함락에 임하여서는 장순(張巡)의 한쪽 손으로는 공효를 이룰 수 없었고, 하란(賀蘭)의 주둔병이 이미 흩어지니 제운(霽雲)의 혈성(血誠)도 무엇에 쓰겠소. 뜻은 있으나 속수무책이니 다만 통분할 뿐이오." 하니, 모든 병사들이 이 말을 듣고 눈물을 흘렸다.

16일 흉적(兇賊)이 남원을 함락했다. 총병(總兵)의 중군(中軍) 이신방(李新芳), 천총(千摠) 장표(蔣表) · 모승선(毛承先), 접반사(接伴使) 정기원(鄭期遠), 병사(兵使) 이복남(李福男), 방어사(防禦使) 오응정(吳應井), 조방장(助防將) 김경로(金敬老), 별장(別將) 신호(申浩), 부사(府使) 임현(任鉉), 통판(通判) 이덕회(李德恢), 구례 현감(求禮縣監) 이원춘(李元春) 등이 다 남원에서 죽었다. 양원이 50여 기(騎)로써 서문으로 나와 포위망을 뚫고 달아났다. 이날 적의 괴수 등이 양원이 성을 나가도록 재촉하였고, 양원도 또한 결국 함락을 면하지 못할 줄 알고서 군사를 버리고 갈 계획을 하자, 성중의 사람들이 법석대며 두려워하여 곡성이 우레 같았다. 적병이 성 밑에 육박하며 더욱 급히 공격하여 이경에 이르러 남문으로 마구 몰려들어 어떤 사람은 대모천(大母泉) 모퉁이로 해서 성에 올라왔다 하는데, 옳지 않다. 어둠을 틈타 마구 찌르니 명병과 우리 나라 장사들이 달려가 북문 안에 몰렸다. 적병이 칼을 휘두르며 따라와 죽이니 양군이 북성 안에서 모두 죽었다. 성중에서 전후하여 죽은 자가 거의 5 · 60명에 이르렀다. 왜적은 성 안팎의 관사와 민가를 다 불살라 버렸다. 양원이 접반사를 살리고자 그가 타지 않는 남은 말에 태워 같이 나왔다. 정기원은 말타는 데 익숙하지 못하여 누차 떨어져 잘 따라오지 못했다. 당초에 마귀(麻貴)가 여러 장수에게 분부하여 말하기를, "혹시 위급한 사태가 있게 되면 남원은 전주에 알리고, 전주는 공주에 알리고, 공주는 서울에 알려 차례차례로 달려가 응원하도록 하라." 하였는데, 이때에 진우충(陳愚衷)이 전주에 있었으나 와서 응원하지 아니하고 또 급함을 알리지도 아니하여 대군이 몰사하게 되었다. 이날 밤에 나는 양형(粱兄)더러 말하기를, "성이 이미 함락되었으니 사람들이 살아날 길이 없소." 하고, 서로 슬퍼하며 탄식했다. 양형이 말하기를, "성이 함락된 뒤에 적은 반드시 대거 산을 수색할 것이요, 그대는 모름지기 노복을 인솔하고 산을 내려가서 양식을 운반하여다 산에 머무를 밑천을 장만하시오." 하여, 나는 곧 하인 10여 명을 인솔하고 문현(門峴)에 올라가 망을 보았다. 이날은 바로 청정(淸正)의 군대가 함양으로부터 운봉으로 넘어 들어갈 때이다. 황산(荒山) 상하에는 적병이 가득 찼고, 밤중에 고촌(高村)으로 내려가 보니 적병이 넘쳐나 길을 건너기 어려운 형세이므로 바로 그대로 돌아왔다. 즉시로 양형과 이공직 등 여러 사람과 같이 황류천을 건너 은신암(隱身庵)의 옛터로 향로봉의 북쪽기슭 아래 있다. 들어가 막을 치고 머물렀다.[130]

산서 조경남은 29세 때인 1598년에 외조모상을 당하였고, 과거에 두 차례 응시하여 향시에서는 합격했다. 조경남은 1598년에 전라도 병마절도사 이광악의 막하로 종군하였는데, 이 때 명나라의 도독 유정의 선봉이 되어 금산·함양 등지의 왜군을 무찔렀다. 연일 교전하여 활을 쏘아 번번이 적병을 없애니, 도독이 그를 칭찬하여 말하기를 "참으로 세 가지 재주를 배우고 갖추었

---

130) 조경남, 『산서잡록』, 1597년 8월 16일.

으며, 가슴에는 만 개의 갑옷이 갈무리 되어 있다."라 하고 언제나 선생이라고 불렀다. 또한 이부총은 그를 가리켜 문무의 재주를 모두 갖추었다고 칭찬하며 그의 사적을 『동정기』에 수록하였다. 1598년 9월, 명군의 부대장인 유정의 막하에서 정예군 선봉으로 활동하기도 했다. 그는 그처럼 많은 전투에서 전공을 세웠음에도 불구하고 당시 8도 체찰사 이원익, 전라감사 한효순 등과 만나 그의 공을 칭찬받았으나, 포상되지 않은 이유를 본인의 사양 때문으로 설명하고 있다.

또, 조경남은 선조 31년 1598년에는 다음과 같은 기록을 남겼다.

○ 이순신이 고금도(古今島)강진(康津) 에 유진하니 피난하는 뱃사람들이 모두 모여 들어 한 달도 못 되어 한산진(閑山鎭)과 같았다.

6월 나는 오찬조(吳纘祖) 등과 함께 곤양(昆陽) · 길안(吉安)으로 가서 정찰하고 돌아왔다. 이때에 본도 병사 이광악은 첨지(僉知) 정이길(鄭以吉)을 중군(中軍)으로 삼았다. 나도 또한 허명(虛名)으로 추천을 받아 막사(幕士)로 종사하였다. 중군 김식(金軾)이 선전관(宣傳官)이 되어 서울로 부임한 뒤에 중군은 작년에 내가 모집한 정예 박언량(朴彦良) 등으로 따로 한 부대를 만들어 중군에 소속시키고 더 군사를 뽑으니 모두 70여 명이었다. 이에 이르러 곤양 사람 정인(鄭隣) 등이 본진에 소속되어 와서 자세하게 본군의 소식을 전하고 각 지방에 있는 왜진의 쇠잔하고 치성한 형편을 말하는데, 그중 길안도(吉安島)에 머무른 왜적은 겨우 수십 명으로 대진(大陣)과도 거리가 머니, 만일 일거에 진격하면 적을 죽이는 것은 너무도 용이한 일이며 소와 말도 헤일 수 없을 정도로 많다고 하였다. 이광악은 일찍이 본군의 군수가 되었던 사람이라 그 말을 기뻐하여 중군으로 하여금 군사를 징발하여 들여보내는데 중군은 별장 오찬조와 나를 장수로 정하고, 소속한 정예를 거느려 길안으로 가게 하였다 이달 초하루에 우리들은 군사를 이끌고 백평(白坪)의 진중으로부터 출발하여 구례 남전(藍田)에 이르러 밤을 지내고 이튿날에 악양(岳陽)으로 향하니, 구례 현감 이정남(李挺男)이 연곡천(燕谷川)까지 호송하였다. 행군하여 흑룡판(黑龍坂)에 이르러 잠깐 쉬고 있자니, 문득 한 떼의 인마가 뒤에 있었는데, 닥치고 보니 바로 진주의 화개동(花開洞) 산막장(山幕將) 출신 이상(李祥)이었다. 말에서 내려 인사하고 말하기를, "군사가 어느 쪽으로 향합니까?" 하므로, "망을 보러 왔다." 하니, 이상이 안색을 고쳐 말하기를, "명병 대 부대가 지금 경주와 상주에 이르러 울산과 사천을 도모하고 있으니, 경계를 넘어 멀리 나가 왜적으로 하여금 소문을 듣게 해서는 안 됩니다." 하였다. 우리들은 웃으며 그렇게 하기로 했다. 인하여 밤을 우령(牛嶺)에서 지내는데 초경(初更) 때부터 큰비가 쏟아져 내렸다. 인가도 없는데다가 또 우구(雨具)도 부족하여 비가 살갗까지 스며들어 젖었으며, 모기와 등에가 번갈아 물어뜯어서 간신히 날을 샜다. 그렇게 되니, 활과 살은 모두 녹아서 풀어졌다. 3일에 비를 무릅쓰고 해현(蟹峴) 숲속으로 나가 주둔하니, 바로 하동 땅이었다. 낮이 되어 비가 멎자 고개에 올라가 순천 · 남해 · 곤양 · 사천의 각 진을 바라보니 왕래하는 왜선이 바다에 잇따르고, 총소리가 때때로 끊어지지 않았다. 나는 정인에게 묻기를, "길안(吉安)이 어느 쪽에 있으며 거리는 얼마요?" 하니, 정인이 손을 들어 멀리 가리키며 말하기를, "저 동남해 가운데로 뻗어 들어가 언덕을 이룬 것이 바로 길안입니다. 여기와의 거리는 80여 리쯤 됩니다." 하므로, "왕래하기에 형세가 어떠하오?" 하니, 답하기를, "길이 험하기가 끝까지 한결같으므로 꼭 곤양의 율현(栗峴)을 넘어서 가야 합니다. 율현은 성과의 거리가 5리도 못 되고 또한 매복한 왜병 10명이 한참 고개에 서서 우리 사람을 망보다가 밤이 되면 진으로 돌아가니, 날이 밝으면 지나가기 어렵습니다." 하였다. 나는 정인을 책망하여 말하기를, "너는 사세가 이 같은 줄 알면서 어찌하여 주장하게 무고하여 아군의 낭패(狼狽)가 이 지경에까지 이르게 하였느냐?" 하였더니, 정인이 말하기를, "빨리 달려 진군하면 내일 동트기 전에 돌아올 수 있습니다." 하였다. 내가 말하기를, "길안의 왜적이 가만히 묶여만 있다고 누가 말하더냐? 분주하게 갔다가 돌아오면 언제 싸우겠느냐?" 하고, 중술(仲述)오찬조의 자(字) 에게 말하기를, "길안은 여기에서 거리가 대단히 멀고 왕래하기에 형세도 대단히 어려우니 병법에 비록 '죽을 지경에 버려둔 뒤에야 살아난다.' 하였으나, 이를 두고 한 말을 아닐 것이오. 군사는 만전을 귀히 여기는 까닭에 고군(孤軍)으로 깊이 들어가는 것을 가장 꺼리는 것이요, 적의 꾀는 헤아리기 어렵다는 말이 병서에 나타나 있으니, 이제 아군이 저기에 도착하여 왜적을 공격하더라도 한밤중의 싸움이라 급하게 결전이 날 수 없을 것이오. 머뭇거리는 때에 왜적이 대진과 통하여 곤양 성중에서 북을 울리며 고함쳐 나오고 율현의 복병이 일시에 함께 일어나면 진실로 휴리(携李)의 싸움에 오사(吳師)가 위태로울까 염려되오. 중술의 성이 오(吳)씨이기 때문에 이를 비유함. 형과 나는 한 번 죽는 것이 직책이지만 무고한 군졸을 어떻게 하겠습니까? 지금의 계책으로서는 밤에 율현으로 들어가 먼저 아군을 매복하였다가 왜적이 오기를 기다려 포위 공격해서 베어 죽이고 돌아오는 것만 같지 못합니다." 하였다. 중술이 이 말을 그럴 듯하게 생각하여 즉시 군인을 시켜 진군하여 율현에 이르러 가니 밤 2경(二更)이 되었다. 정인이 큰소리로 말하기를, "주장의 명령을 감히 어기고자 하니 군율을 어찌할 터인가?" 하고, 즉시 그 도당 최홍붕(崔洪鵬) 등 4 · 5인과 같이 소매를 휘날리며 갔다. 정인의 자매 형제가 대부분 길안의 왜적에 붙은 까닭에 매양 이와 같이 출입하였다. 중술이 나한테 말하기를, "저들은 가고 우리들은 머물러 있게 되면 곡직(曲直)이 있을 듯하고 또 길잡이도 없으니 여기에 있기도 또한 난처하니 어찌하오?" 하므로, 나도 옳게 여겨 즉시 중술과 같이 군사를 거느리고 따라갔다. 밤에 80여 리를 행군하자니, 바다 굽이가 험하여 가기가 어려웠고, 밤은 캄캄하게 어두워 어떤 때에는 서로 잃어버리기도 하고, 피로와 갈증이 점점 심했으나 우물물도 얻지 못하였다. 길안에 이르러 정인은 우리들을 밖에 머물러 두고, 스스로 몇 사람과 같이 탐정한다고 하면서 돌아갔다. 밤이 새려하여도 정인 등이 돌아오지 않자 중술과 같이 후퇴할 것을 의논하고 군사를 먼저 떠나가라고 명령할 때 정인 등이 왔다. 전언하여 말하기를, "진중으로 들어가 옛 친구를 불러 적의 형편을 물으니, '남자 장정은 전부 구랑포(九郎浦)로 돌아가 소금을 굽고, 새로 왜병 50여 명이 대진(大陣)으로부터 다시 더 와서 우마를 지키고 있다.'고 합니다. 일이 만일 누설되면 우리들은 초류(噍類)도 없을 것이니, 먼저 상관에게 보고하고 왜적의 막사로 가는 것만 같지 못하여 우리들이 달려왔습니다." 하므로, 즉시 중술과 같이 후퇴해 돌아왔다. 조수를 타고 나와 바로 곤양의 미래교(米來橋)를 건너 하동의 서랑곡(西郎谷)에 이르러 누워서 쉬었다. 문득 망보던 장정이 소리쳐 말하기를, "적이 온다." 하므로, 우리들은 몽둥이를 가지고 그들을 기다리니, 왜적 6명이 과연 오다가 아군을 보고 달아났으나 장졸들은 몸이 고달파 쫓아가 죽이지 못하고, 그대로 그 자리에 머무르면서 며칠 동안 망을 보았다. 7일에 군사를 이끌고 돌아오는데 길에 많은 발자국이 있었다. 나는 의심하여 군사로 하여금 대오를 정돈하여 서로 놀라 혼란되지 말라 하고, 전진하여 해현(蟹峴) 밑에 이르니 화병(火兵)이 풀속으로부터 나와 보고하기를, "왜적 40여 명이 오늘 아침에 곤양으로부터 와 고개 위에 매복했다." 하였다. 나는 중술(仲述)에게 말하기를, "적은 이미 앞길을 막아 기다리고 뒤에서 또 적이 오면 벗어나기가 어려우니 급하게 앞의 적을 공격하고 나가는 것만 같지 못하오." 하고, 즉시 군인에게 명령하여 모두 마름 막대기를 메고 고함치며 곧장 올라가니, 적병이 조금 피했다. 나는 왜통사(倭通事) 서득남(徐得男)으로 시켜 왜놈을 불러 말하기를, "우리 대군의 선봉은 하나가 백 명을 당하는 병사로 먼저 탐색하러 여기까지 왔으니, 적은 빨리 내려와 결전하라고 하라." 하니, 적병이 이 말을 듣고 점점 더 산으로 올라가 회피하고 보이지 않았다. 우리들은 천천히 행진하여 석교에 이르러 돌아다 보니, 적도 또한 가고 없었다. 8일에 진으로 돌아왔다.

5일 사천의 왜적 4백여 명이 수로를 거쳐 전라에 이르러 상륙하고, 군사를 나누어 혹은 낙안(樂安)으로 들어가고 혹은 흥양(興陽)과 보성(寶城)으로 향하여 그대로 내지(內地)를 범하니, 다시 모였던 백성들이 풍문을 듣고 달아나 붕괴되었다. 왜적이 초현(草峴)에 이르자 명군 수십 명이 임환(林懽)의 군사와 합세하여 싸우다가 불리하게 되었다. 이순신이 적이 이곳에 왔단 말을 듣고 군사를 이끌고 추격하려 하자 진인(陳璘)은 수륙이 다르다는 점을 들어 책망하고 말렸다. 적은 낙안(樂安)의 배계원(培界院)에 왔다가 돌아갔다.

○ 남원의 선비들이 다음과 같이 통문을 냈다.

"이 글은 수합(收合)에 관한 것이다. 아! 국가의 오늘날 형세를 논하면, 신하와 백성된 자는 마땅히 싸움에 나가 원수놈과 하루아침의 싸움을 결정하는 것은 영원히 변치 않는 떳떳한 이치이므로 하지 않을 수 없는 것이다. 강약이 같지 않아 싸우면 반드시 죽을 것이요, 적이 공허한 틈을 타서 오게 되면 싸우지 않아도 또한 죽을 것이니, 싸워도 죽고 싸우지 않아도 죽는다면 죽기는 마찬가지이다. 그러나 싸우면 다행히 사는 수가 있지만 싸우지 않으면 꼭 죽고 만다. 방금 왜적이 국경을 압박하는 형세가 있는데 사민(士民)은 적에 임하는 태세가 없으니 이것은 싸우지 않는 것이다. 싸우지 않으면 꼭 죽는다. 그러나 얼마나 다행인지 싸우지 않고도 사는 수가 있으니, 이는 명군이 방어해 주기 때문이 아닌가? 만일 그렇다면 명군이 가고 안 가는 데에 따라 우리 사민(士民)의 생사가 결정되는 것이니, 오늘날의 계책으로는 명군을 잘 대접하는 길밖에는 없다. 현재 부(府) 중에 있는 군사는 6천여 명이고 유야(劉爺)의 대군이 곧 앞으로 온다는데, 본도는 병난을 겪은 뒤라 재력이 고갈되었으니 장차 무엇으로써 두 달을 지탱해 나가서 새 곡식이 익기를 기다리겠는가? 우리 고을이 어지러운 정상은 도(道)내에서 가장 심한데, 민간에서 부담하는 부역(賦役)이 한 가지만이 아니니, 촌락에서 항아리와 전대가 모두 텅 비게 된 것은 이미 아는 바이다.

그러니 한 되 한 말의 식량을 모으는 것도 역시 어렵지 않겠는가? 그러나 또한 그만둘 수 없는 것은 위력의 제압 아래서는 한터럭이라도 아깝지만, 의기가 분발하는 데는 신명을 돌보지 않는 것이 바로 인정의 필연한 사실이다. 원컨대, 도내의 여러 선비와 백성들은 존비(尊卑)가 서로 힘쓰고, 노유(老幼)가 서로 권면하여, 되와 말에 국한하지 말고 보리와 조를 병합하고, 방(坊)과 면(面)은 유사가 있고 부중에는 도청(都廳)이 설치되어 있으니, 각각 마음과 힘을 다하여 기어코 빨리 성취하기를 바란다. 호남과 영남은 본래 선비의 고장이니, 이런 의거라면 앞장서서 움직이지 않음이 없을 것이다. 그러므로 한 장의 통문을 이미 여러 고을에 전파하고 우리 고을의 선비가 모두 그 이름을 기록하였다. 아! 국가의 기본이 되는 곳은 호남과 영남인데, 영남에도 재정이 고갈된 것이 우리 도와 무엇이 다르겠는가마는, 많은 선비가 제창하니 소민(小民)들도 호응하여 열흘 동안에 만 섬의 쌀이 쌓여, 그 이름이 임금에게 알려지고 소문이 명 나라 장수에게 들리지 않았는가? 지난 겨울과 금년 봄에 이 같은 일이 두 번 있었다. 똑같은 왕의 백성이요, 왜적에 대한 걱정은 일반인데, 사기(士氣)와 민풍(民風)이 서로 큰 간격이 생기게 되면, 위로 어떻게 나라의 은혜에 보답할 것이며, 또한 중국 사람의 배척을 받게 되지 않겠는가? 삼가 여러 조항을 다음과 같이 열거한다. 정염(丁焰)과 양경우(梁慶遇) 등."

9월 1일 명군 수천 명이 서울로부터 남원에 도착하여 백평(白坪) 뒷산에 진을 쳤다. 2천 · 3천 명씩 띄엄띄엄 내려오고 모두 인솔한 장수가 있었는데, 군사 기밀이 엄밀하여 자세하게 알 수 없었다.

20일 4로병(四路兵)이 진군하여 도산(島山)을 포위하고, 군사를 독려하여 공격하고 채책(寨柵)을 불태웠으나, 적의 형세는 배나 성하여 계책을 쓸 수가 없었다. 동장(董將)은 진주로부터 제군을 독려하여 전진시켜 먼저 사천 본성의 왜적을 공격하니, 적들은 우리의 군세를 보자 대진(大陣)으로 달려들어갔다. 동일원이 군사를 놓아 추격하며 죽이고 이어 법질도(法叱

島)를 포위하였다. 유장(劉將)은 제장을 거느리고 구목정으로부터 순천의 불우(佛隅)로 나아가니, 행장이 벌써 강화청(講和廳)을 비단 장막 안에 설치하고 먼저 몇 왜놈을 시켜 보검 한 쌍을 제독에게 받들어 올리고 인하여 맞이하여 강화하기로 약속하니, 제독이 이것을 허락하였다. 행장이 대병을 출동시켜 왜교(倭橋) 5리 밖에 진을 치고, 자신은 3천의 병력으로써 나아왔다. 제독은 유중군(劉中軍)으로서 제독의 위의(威儀)를 꾸미고, 원수는 병영우후(兵營虞候) 백한남(白翰南)으로서 병사의 복장을 갖추어 각각 수백 명을 인솔하고 맨손으로 들여보냈다. 의례(儀禮)에 대한 논의를 마치고 귀환할 때 삼협 장병이 합하여 공격하였다. 이때에 의지는 유산(流山)으로부터 와서 왜교에서 연회 준비를 함께 설비하고 장차 강화청으로 오려 하였는데, 우협의 군사가 서쪽에 있으면서 적이 엄밀하지 않은 것을 엿보고, 먼저 화전(火箭)을 쏘며 고함을 지르면서 돌연히 일어나니, 행장 등이 놀라 후퇴하여 달아났다. 제독이 마침내 화포를 놓으며 군사를 독려하여 추격하고 좌협장 이방춘이 기병으로 먼저 적의 길을 막으니, 외진(外陣)의 적병이 두 괴수를 보호하고 들어갔다, 그리고 남은 적으로 아직 입성하지 못한 자는 도중에서 부딪쳐 싸웠다. 모두 참수가 98급이었는데, 명군의 피해도 또한 많았다. 대군이 인하여 나아가 왜성(倭城)을 포위하고 진인은 수병 천여 척을 독려하여 이순신으로 선봉을 삼고, 와두(瓦頭) · 묘도(猫島)를 경유하여 북을 치며 고함을 지르고 기를 휘두르며 전진하여 바다에서 둘러쌌다. 배마다 모두 흑삼생(黑三生)으로서 풍석(風席)을 만들고 각색의 기치가 그 사이에 가로 세로 펄럭이니 보기에 매우 웅장하였다. 적을 추격할 때를 당해서도 삼위군(三衛軍)은 아직 오지 못하였다. 권율이 대노하여 병사(兵使)를 붙잡아서 형벌을 주려 하자 배신이 이것을 말렸다. 이때에 나는 전봉(前鋒)에 있다가 주장(主將)과 서로 엇갈려 헤어졌는데 성을 포위한 뒤에야 서로 만나게 되었다.

○ 행장이 비밀리에 작은 거룻배로 남해 · 사천에 급함을 고해, 그들로 하여

금 와서 응원하게 하고, 또 유정에게 통하여 말하기를, "수병이 화해하지 아니하니 마땅히 급히 약속을 정합시다." 하므로, 유정이 말하기를, "화해를 빌면 진인 장군을 이해시킬 수 있을 것이오." 하였다. 행장은 통역하는 왜놈에게 은 백냥과 보검(寶劍) 50구를 갖추어 진인에게 바치며 말하기를, "전쟁에는 피를 보지 않는 것을 귀하게 여깁니다. 길을 빌려 주어 환국하게 해 주기를 원합니다." 하니, 진인이 허락하였다. 행장이 또 선봉으로 배 수 척을 발송하는 것을 이순신(李舜臣)이 공격하여 죽였다. 행장이 진인에게 통하여 말하기를, "강화를 약속한 뒤에도 어찌하여 싸우는 것이오?" 하니, 진인이 말하기를, "내가 알 바 아니오. 이것은 본국의 통제사 이순신 장군이 한 것이오." 하자, 행장은 걱정하여 또 사천과 남해에 통하여 구원을 청하였다.

19일 진인 · 이순신이 적병을 노량에서 무너뜨리고 9백여 급을 베었는데, 이순신도 순국(殉國)하였다. 이보다 앞서 사천의 적의 괴수 의홍(義弘)과 남해의 부괴수 평조신(平調信) 등이 행장과 의지의 부름에 따라 군사중에 노약자들과 포로된 남녀를 배에 싣고 먼저 떠나게 하고, 자신이 백척을 거느리고 밤 조수를 이용하여 나와 응원했다. 수군 복병장(伏兵將) 경상 우수사 이순신(李純信)이 거룻배로 달려와 보고하였다. 진인과 이순신(李舜臣)이 여러 전선을 거느리고 좌우협(左右協)이 되어 아군은 남해의 관음포(觀音浦)에 주둔하고, 명군은 곤양의 죽도(竹島)에 주둔하여 닻을 거두고 변에 대비하고 있었는데, 함밤중에 적선이 광주(光洲) 산도(山濤) 사천 남해로 오는 수로의 이름이다. 로부터 구름이 합치듯 안개가 모이듯이 모여들어, 곧장 노량을 지나 막 왜교로 향하려는데, 한 번 바라 소리가 울리니 포 소리와 북 소리가 겸하여 진동하고, 아군과 명군 양군이 돌발하여 좌우에서 엄습하니 살과 돌이 섞여 떨어지고, 불붙은 섶을 마구 던져서 허다한 왜선을 태반이나 불태웠다. 적병은 목숨을 걸고 혈전하였으나 형세가 지탱할 수 없어 바로 물러가 관음포(觀音浦)로 들어가니 날이 이미 밝았다.

이순신이 친히 북채를 잡고 먼저 올라가 추격하며 죽이는데 적의 포병이 배 꼬리에 엎드렸다가 이순신을 향하여 일제히 쏘아 이순신은 총알에 맞고 인사불성이 되었다. 급히 장좌(將佐)에게 명하여 방패로 신체를 지탱하게 하고, 그들로 하여금 비밀로 하여 발상(發喪)하지 못하게 하였다. 이때에 그 아들 이회(李薈)가 배에 있다가 아버지의 분부에 따라 북을 울리며 기를 휘둘렀다. 낮도 되지 않아서 적의 배는 거의 다 진멸되고 물에 뛰어들어 죽는 자가 헤아릴 수 없었으며, 도망하여 벗어난 자는 겨우 50여 척이었다. 아군은 수급을 거두어 진인에게 다 바쳤다. 우리 배는 함평(咸平)의 전함이 적에게 불탔다. 한참 싸움이 무르익었을 때에 행장 등이 철병하여 몰래 묘도의 서량(西梁)을 따라 나가 평산(平山) 보(堡)의 이름인데 남해 땅에 있다. 으로 향하여 바다로 달아났다. 남해에 머물러 있던 왜적도 노량(露梁)에서 패전함을 듣고 섬 가운데의 육로를 경유하여 미조항(彌助項)으로 달아났는데, 의지(義智)는 거두어 가지고 함께 갔다. 유정은 왜교에 연기와 화염이 하늘을 가린 것을 보자, 군사를 거느리고 달려 나가니, 적의 성은 이미 텅 비어 있었다. 인하여 유둔하니 본국의 장사들이 따랐다. 이순신이 죽었다는 말을 듣고 좌상(左相)은 충청 병사 이시언(李時言)을 임시로 통제사에 임명하고, 전라 방어사 원신(元愼)을 임시로 병사에 임명하였다. 이시언이 하동으로 달려가니, 진인이 먼저 이순신(李純信)으로서 통제사를 임시로 정하여 이미 수군을 영솔하고 있으므로 이시언이 즉시 본진으로 돌아왔다. 진인이 여러 군사를 이끌고 남해진(南海陣)으로 들어가 탐색하여 군량 만여 석을 거두었고 우마도 셀 수 없을 정도에 이르렀다. 그대로 유산(流山)에 머물렀다. 수병들이 전후로 수급을 벤 것이 천에 달했고, 그 가운데에는 우리 나라 사람으로 잘못 죽은 자도 많았다. 병옹(病翁)도 또한 남쪽 사람이다. 통제사의 전후의 행동을 낱낱이 아는 까닭에 감히 비감(悲感)을 가지고 졸렬한 시구에다 표현하기를

"6년 동안 한산에서 호랑이 위엄을 지녔으니	六載閑山擁虎態
몇 번이나 거북선은 적의 소굴을 갈겼다	幾時龜船剪孤叢
언성 금패는 붕거를 부르는데	偃城金牌招鵬擧
하상의 외로운 군사는 위공을 돌아오게 하였네	河上單師返魏公
세 번이나 벽파에서 이겨서 생전에 절개를 다하고	三捷碧波生盡節
하루아침 와해에서 죽어 충성을 바쳤네	一朝瓦海死輪忠
깃발을 휘두르고 북을 울리며 산을 두고 맹세한 말은	揮旗鳴鼓盟山說
영웅에게 물려 주어 눈물이 한없이 흐르네"	留與英雄淚不窮

하였다.

이때 도산(島山)의 왜적 괴수 청정(淸正)이 먼저 군사를 철수하여 바다를 건너가니 변방이 씻은 듯이 깨끗해졌다. 노량(露梁)의 일이 들려오자 임금께서 슬퍼하시고, 이순신에게 숭록대부 의정부 좌의정을 추증하시고, 그 자손을 등용하게 하였다. 그 뒤 경자년에 시호를 충민(忠愍)이라 내리고, 비석을 전라의 좌수영(左水營)에다 세워 제사를 내렸다. 부하 군사들도 또한 돌을 세워 사모하며 이름하기를, '타루비(墮淚碑)'라 하고, 비음(碑陰)에, "영하(營下)의 수졸(水卒)이 통제사 이공을 위하여 짤막한 비석을 세웠다." 하였다. '타루(墮淚)'라고 이름 한 것은, 양양(襄陽) 사람이 양호(羊祜)를 그리워하여 그 비석을 바라보는 자는 반드시 눈물을 흘렸다는 뜻을 취한 것이다. 갑진년에 논공함에 미쳐 협력선무원공(協力宣武元功) 18명을 녹훈하는데 첫째를 차지하였다. 아들 이회(李薈)에게 임실 현감을 제수하니, 이회의 깨끗하고 간소함이 잘 닮았다. 진인이 친히 호송하여 상경하니 죽었어도 남은 영광이 있다고 이를 만하다.

○ 이때에 영상(領相) 유성룡(柳成龍)이 벼슬을 바치고 집에서 쉬고 있었는데, 남이공(南以恭) 등이 상소하여 아뢰기를, "풍원 부원군(豐原府院君) 유성룡은 본래 영리하고 언별이 뛰어난 자질로서 문묵(文墨)의 작은 재

주로 꾸며서 오랫동안 국정을 전담하여 조정의 권력을 마음대로 농락하여 나라를 그르치고 백성을 병들게 하였으니 그 죄는 다 기록할 수 없습니다. 당초 계사년과 갑오년에 적의 기세가 약간 수그러져 양호(兩湖)가 그래도 온전하였습니다. 만일 이때에 지성으로 명 나라에 호소하여 군사도 청하고 양식도 청하고, 우리 나라의 병력도 수습하여 전적으로 왜적을 토벌하고 원수 갚는 것으로써 마음을 썼다면 다시 회복할 가망이 있었는데, 제일 먼저 기미설(羈縻說)을 제창하여 마침내 강화(講和)의 계제를 만들어 인심을 해이하게 하고, 국세를 떨치지 못하게 하여 오늘과 같이 파멸의 지경에 이르게 하였으니, 중외의 인심이 누가 통분하게 여기지 않겠습니까. 일을 처리할 때에 이르러서는 극력 편견을 주장하고, 거짓으로 허위를 꾸며 백성의 힘을 낭비하였으니, 왜란 이후 7년 동안 한 일이 모두 착실한 일이 아닙니다. 게다가 남이 자기에게 아첨하는 것을 기뻐하고 자질구레한 자들을 신임하여 간사한 무리들이 서울과 지방에 퍼져 있어 백성에게 해독을 끼친 것은 이루 다 헤아릴 수 없습니다. 그래서 인심은 흩어지고 나라의 형세는 위급한데, 권세가 벌써 이루어지고 기세가 등등합니다. 그러나 조야(朝野)가 입을 다물고 있기 때문에 전하께서 듣지 못하고 계시니, 공론이 울분을 느낀 지 오래 되었습니다. 대신으로 이와 같은 죄를 짓고는 하루라도 그 벼슬을 보존할 수 없으니, 청컨대 삭탈관직을 명하소서." 하니, 이에 대해 비답(批答)하기를, "윤허하지 않는다." 하였다. 또 남이공 등이 아뢰기를, "부원군 유성룡은 본시 사특하고 아첨하는 자질에다 재예(才藝)마저 보태어 이름을 도둑질하고 벼슬을 속여 얻어 남을 해쳐도 사람들이 알지 못하고 세상을 속여도 세상이 깨닫지 못하니, 이것이 그의 평생의 심보입니다. 정권을 잡은 이래로 편당을 세워 나라를 그르치고 사욕을 행하여 백성을 병들게 한 죄는 하나만이 아닙니다. 정철(鄭澈)이 독을 함부로 부리던 날에는 우성전(禹聖傳) · 이성중(李誠中)이 유성룡의 심복으로서 간사한 정철에게 아부하여 진신(搢紳)에게 해를 끼쳐, 오늘에 이르기까지 화가 아직도 그치지 않는 것은 성룡이 숨어서 사주한 것입니다. 공론이 벌써 나온 뒤에도 유성룡은 두 사람이 탄핵 받는 것을 분하게 여겨 유감을 품고 마침내 사류와 틈이 났습니다. 뜻을 거슬리는 자는 배척하기를 원수같이 하고, 자기에게 아첨하는 자는 뒤질세라 등용하니, 불만에 가득 찬 무리가 그림자처럼 그 문하에 붙어 조정이 불안하게 되었습니다. 사론(士論)이 서로 어긋나 편당이 생겨 남인 · 북인의 설이 또 세상에 행하게 되었으니, 이것은 참으로 유성룡이 처음으로 만든 것입니다. 왜적은 같은 하늘 아래에서 함께 살 수 없다는 것은 어린애들도 다 아는 바인데, 유성룡은 대신의 몸이 되어 화의(和議)를 선창하였고, 호택(胡澤)이 나오는 때를 당하여 기미(羈縻)의 정책을 극력 주장하여 마침내 심유경(沈惟敬)과 서로 표리가 되어 황조(皇朝)에게 말꼬투리를 잡히게 되었습니다. 그래서 왜를 봉하는 칙서 가운데 조선이 봉해 주기를 청했다는 말이 있게 되었으니, 이것은 온 나라의 신하와 백성이 바다에 빠져 죽을지언정 듣기를 원하지 않는 것인데, 유성룡은 그것을 조정의 의논이 허용하지 않을 것을 두려워하여 그 일을 숨겨 대관(臺官)으로 하여금 알지 못하게 하고, 황신(黃愼)이 이미 발선(發船)한 뒤에야 대관이 처음으로 듣고 이것을 논하게 되었으니, 그는 조정을 업신여기되 기탄 없음이 더할 나위가 없습니다. 지난해에 왜적이 서울에 닥쳐왔을 때에도 오히려 강화하자는 의견을 고집하여 비변사(備邊司)에서 큰소리 치니, 유영경(柳永慶)이 그 자리에 있다가 분하여 일어나 말하기를, '이미 전에도 일을 그르쳤으면서, 또 다시 오늘에 와서 일을 그르치려 하느냐?' 하니, 유성룡이 노하여 말하기를, '영공(令公)의 비석에는 화의(和議)를 주장하지 않았다고 쓰게 될 것이오.' 하였으니, 그의 방자한 꼴에 누가 분통을 터트리지 않겠습니까. 또 소응궁(蕭應宮)의 주장을 빙자하여 사특한 의론을 선동하여 제 뜻대로 하려 하다가 김응남이 홀로 차자(箚子)를 올려 그것이 불가함을 아뢰자, 유성룡은 이제 도리어 회계(回啓)하기를, '신과 김응남의 의견은 별로 차이가 없습니다.' 하였으니, 그가 거짓을 숨기고 임금을 속임이 너무 심합니다. 끝까지 일을 저해하여 천하의 대사를 무너뜨렸으니, 이는 우리 나라의 죄인일 뿐만이 아니라 천하의 죄인입니다. 양경리(楊經理)가 왜적을 토벌하는 데 뜻을 두어, 화의를 주장하는 유성룡을 드러내놓고 비난하므로 성룡이 항상 그에게 원망을 품었는데, 양경리가 무고를 당하니 마침 그 소원에 맞았던 것이라, 조정에서 양경리를 위하여 무고를 변명하려 하면 말하기를, '이것은 내가 알 것이 아니니, 그것은 좌상(左相)에게 고하시오.'하고, 글을 만들어 과도(科道)에 들이고자 하면, 자기의 이름을 처음에 쓰기를 달갑게 여기지 않고, 매번 원임대신(原任大臣)을 먼저 쓰게 하니, 아마 그 마음은 정응태(丁應泰)의 뜻을 건드릴까 염려해서 그런 것입니다. 오직 그는 화의를 주장하는 한 생각이 마음속에 기둥처럼 버티고 있는 까닭에, 정사를 담당한 지 6 · 7년 동안 그가 경영하고 조처한 일이 대부분 이름뿐이고 실상은 없었고, 단지 붓을 휘둘러서 먹을 희롱하는 것을 일과로 삼아 책임을 때웠으며, 남의 말을 귀담아 듣지 않고 강퍅하게 자기 의견만을 주장하여 하는 일마다 정사를 해쳐 이르지 않은 곳이 없었습니다. 이를테면 훈련도감을 맡고 군문을 체찰할 때에 속오작미법(束伍作米法)을 만들고 선봉차관(選鋒差官)을 설치하여 이로 인해 폐단을 만들고, 이를 빙자하여 자신의 이익을 도모하고, 호령이 번거롭고 징수는 절도가 없어 마침내 생민으로 하여금 도탄(塗炭)에 빠지게 하고 촌락들이 텅 비게 하였으며, 피해가 닭과 돼지에까지 미쳐 한 물건도 편안함을 얻지 못하였습니다. 이리하여 원망은 위로 돌아가게 하고 이익은 자신이 독차지하니, 어찌하여 성룡은 자기 몸을 꾀하는 데는 정성스럽고 나라를 위한 계책에는 정성스럽지 못하단 말입니까. 벼슬을 마음대로 농간하여 인정을 베풀고 은혜를 갚으며, 자기의 심복들을 내외에 포진시켰습니다. 각진의 여러 장수와 대소 여러 고을에도 반드시 친속중에 믿음이 두터운 자를 임명해 보냈고, 참하(參下)의 관원을 승진시키려 할 때에는 재목이 능히 수령 노릇할 만하다는 칭찬을 붙이지만 반은 향리의 친척이었고, 서민의 천한 자를 발탁하고자 할 때에는 둔전을 파수하는 관직을 설치했는데, 거의가 저에게 아부하는 무리들이었습니다. 뇌물이 몰래 통하고 선물 꾸러미가 몰래 오가니, 비루한 일은 말하기도 추합니다. 광주(廣州)의 사전(私田)에 백성을 부려 경작하게 하고, 단양(丹陽)의 신장(新庄)에는 죄를 짓고 도망한 자들을 소집하였으며, 안동의 본집에는 기름진 땅을 넓게 점거하고 요역(徭役)을 하지 않았습니다. 그래서 부사 정사호(鄭賜湖)가 그 호(戶)에 부역을 배정하려 하자, 비밀리에 친한 사람을 시켜 그를 내쫓으니, 영남의 유식한 사람들이 침 뱉고 욕하지 않는 이가 없었습니다. 이것은 성룡의 죄상의 대강이고, 지난번에는 중국에 사신 가는 것을 회피한 일로 약간의 견책을 입었으나 다만 정승의 직위만을 체직시켰을 뿐이니, 그것이 어찌 그의 죄를 징계하고 나라 사람에게 사과하는 것이 되겠습니까. 남은 세력이 아직도 성하여 사람이 모두 의심하고 두려워할 뿐 아니라 시비가 밝혀지지 아니하여 공론이 시행되지 않으니, 뒷날의 화단은 이루 다 말할 수 없으니 진실로 한심한 일입니다. 삭탈관직을 명하시어 조금이나마 조야의 울분을 씻어 주소서." 하니, 비답하기를, "부원군이 어찌 이러기까지야 했겠는가. 전해 들리는 말은 반드시 모두가 사실이 아닐 것이다. 이미 체직시킨 대신을 다시 논할 수는 없다." 하였다. 남이공 등이 다시 아뢰기를, "유성룡은 본래 세상에 아첨하는 간사한 사람으로 문필의 재주를 끼고 유아(儒雅)하다는 이름을 도둑질하여 온 세상을 심하게 속이고, 외람되게 정승의 자리를 차지하여 사악한 무리들을 끌어들이고 널리 사당(私黨)을 심어 위복(威福)을 마음대로 하였으며, 세력이 치성하여 조정의 신하들이 입을 다물고 길가는 사람도 눈치를 보게 되어 신인(神人)의 분노가 이미 극도에 이르렀습니다. 왜놈들은 우리 나라에 있어서 만세에 반드시 갚아야 할 원수인데, 유성룡이 대신이 되어 제일 먼저 화의를 주장하여 눈앞의 안일만을 도모하고 총애를 굳혀 구차하게 시일을 보냈습니다. 천위(天威)가 엄할 적에는 먼저 기미(羈縻)의 설을 제기하였고, 호서 · 호남이 다소 안전할 때에는 국가의 자강(自强)할 계책을 생각하지 않아서, 인심이 해이하고 국가의 운세가 쇠퇴해져 스스로 약화되어 흉적의 계책에 말려들게 하였으니, 그가 임금을 잊어버리고 나라를 저버리고 원수놈에게 아첨한 죄는 비록 송 나라의 진회(秦檜)라 하더라도 어찌 이와 같겠습니까. 강팍하고도 시기심 많고 방자한 짓을 꺼림이 없어서 10년 동안 사람을 벼슬시키는 권세를 독차지하여 친속이 중외에 퍼져 있고, 사도(四道) 체찰사의 소임을 받아서 전장(田庄)을 원근에 두루 장만하였으며, 심지어 재주가 수령을 감당할 만하다 하여 선발된 사람 중에는 영남 사람이 10명 중 4명에 이르렀고, 그 나머지에도 또한 문도가 많았습니다. 배설(裵楔)의 패역무도함을 사람들이 다같이 미워하는데, 한 번 그 집에 재물을 바치면 곧 간성(干城)이라 칭찬하였으며, 신충원(辛忠元)의 도에 지나친 행위는 세상에서 미워하는 바인데, 한 번 부뚜막 귀신에게 아첨하자 등용하여 파수를 삼아서 마침내는 수군을 함몰시켜 호서의 인심이 이탈하였으니, 이익은 자신에게 돌리고 화란을 나라에 끼쳐서, 혼란에 빠뜨리게 하여 끝내 멈출 곳이 없게 하였습니다. 자기 생각만을 고집하여 나라를 그르치고 백성을 병들게 한 죄는 비록 송 나라의 왕안석(王安石)이라도 이보다 더할 수는 없으며, 그 재물을 탐내는 꼴은 실로 왕안석과 같은 죄인입니다. 죄악이 이미 차서 감추려 하여도 더욱 드러나 귀 있는 사람은 모두 듣고 입 가진 사람은 말하지 않는 사람이 없는데, 전하께서 이제야 처음으로 듣게 된 것은 다만 성룡이 집권한 날이 오래되어 그 무리가 번성하여 전하의 이목을 막고 가리기를 일삼았기 때문입니다. 신들의 의논은 실로 풍문에 비할 바가 아닙니다. 삭탈관직하라는 청도 오히려 가벼운 것이니, 청컨대, 어렵게 여기지 마시고 빨리 한 번 허락을 내려 주소서." 하니, 비답하기를, "논한 것이 과중하다. 지금은 시끄럽게 굴 때가 아니다." 하였다. 또 다시 아뢰기를, "부원군 유성룡은 본래 간교한 지혜와 언변이 뛰어난 자질로서 사곡한 것으로써 이루고 기예로 꾸며서 이름을 도둑질하고 벼슬을 속여 얻은 것이 그의 평생의 속셈이었습니다. 권력을 마음대로 차지한 뒤에는 그가 임금을 잊어버리고 나라를 저버려 정사를 어지럽히고 백성을 해친 죄는 다 기록할 수 없습니다. 당초에 우성전(禹聖傳)이 탄핵을 받은 것에 유감을 품어 사류(士類)를 배척하여 마침내 당파의 발단을 열었습니다. 우리 작은 나라에 인재가 얼마나 됩니까? 동인 · 서인이라 하는 것도 또한 불행이라 이르는데, 또 남인 · 북인을 구별하게 되니, 이것은 진실로 유성룡이 빚어낸 것입니다. 흉한 왜적과 하늘 아래에서 함께 살 수 없다는 것은 삼척동자도 다 같이 알고 있는 것인데, 유성룡은 대신의 몸으로 왜적을 토멸하여 원수 갚는 것을 일삼지 않고 제일 먼저 화의를 제창하여 호택(胡澤)이 왔을 때 이미 기미(羈縻)의 설을 지어냈습니다." 하였다.[131)]

또, 조경남은 선조 32년 1599년에는 다음과 같은 기록을 남겼다.

○ 중외에 교시하여 백성들을 깨우치고 타이르는 애통서(哀痛書)를 아래와 같이 내렸다.

"왕은 이렇게 말한다. 이 나라의 액은 6 · 7년이 넘어서 위망한 지경이 손쓸 수 없는 데에까지 박두하였고, 민생의 피해가 한두 가지가 아니니 모여 근심하느라 고혈(膏血)이 다 말랐다. 이 많은 고생을 생각하면 아픔이 내 몸을 베는 듯하도다. 내가 외람되이 만인의 위에 있게 되면서부터 늘 조상님께 죄를 얻을까 두려웠다. 사냥이나 성색(聲色)이 전혀 없었지만 감히 스스로 잘하는 일이라 여기지는 않았고, 정령(政令)과 시책을 삼가서 다만 큰 허물을 면하기를 바랐을 뿐이다. 내 어찌 임금됨을 즐거워하랴마는 난은 실로 부덕함에서 말미암았으니, 저 이빨에 검은 물 들인 우둔한 야만종

131) 조경남, 『산서잡록』, 무술년 만력 26년, 선조 31년(1598년).

이 혀를 낼름거리는 독사의 마음을 오래도록 품었었다. 바다에 둘러싸인 것을 강점으로 삼아 정삭(正朔)의 성교(聲敎)가 미치는 바를 멸시하고, 중국을 치겠노라고 이르며 칼과 창을 익히는 것을 능사로 여겼다. 우리가 차라리 그들과 끊고 군사를 일으킬망정 어찌 차마 길을 빌려주어 위를 범하게 하겠는가. 그리하여 군대가 잇따르고 화가 맺히니 온 나라가 평안히 살 수 없게 되고, 욕됨이 극에 이르고 원한이 깊었으니 이 적을 만세(萬世)라도 잊을 수가 없다. 민망스럽게도 강적이 아직 멸망하지 아니하였는데, 어찌하여 약한 힘조차 이미 쇠잔하였는가. 위급존망의 이 시국에 어찌 그저 속수무책(束手無策)할 수 있으랴. 백성을 모으고 군사를 훈련할 때마다 자강(自强)하지 못함을 걱정해 왔다. 지금까지 온갖 호령이 번다한 것이 결국 너희들 백성의 힘을 빼낸 것뿐이다. 그렇지만 그 동안 한 일의 편하고 불편한 것이야 이 어찌 나 한 사람이 다 알 수 있겠느냐. 속오군(束伍軍)이 군사를 훈련한다는 명목으로 도리어 부유한 자는 편안하고 가난한 자만 괴롭히고, 산성(山城)은 적을 막는 실속도 없이 다만 부역만 너무 크고 비용만 지나치게 많이 들었으며, 높다란 포대(砲台) 별영(別營)과 부질없는 선봉(選鋒) 설관(設關) 등이 저 귀신이 날라다 준 것이 아니라 털끝 만한 것도 모두 민간의 집에서 취한 것이니, 국력은 마르고 백성은 곤궁하여 사방이 구렁텅이에 빠지고 말았다. 게다가 차관(差官)은 줄달아 오고, 또 사신들이 내왕하게 되어, 주전(廚傳)은 붐비고 쇄마(刷馬)는 빈번하여 백 가지가 지탱하기 어려운데, 어찌하여 형장(刑杖)과 수초(箠楚)의 가중함이 한결같이 이 지경에 이르렀는가. 설사 시국의 형세가 이렇게 만들었을지라도 그 허물은 누구의 책임이겠는가. 일이 할 수도 있었는데 그쳤으니, 이미 지난 것은 좇기 어려움을 깊이 후회하노라. 백성이란 지극히 어리석은 반면에 지극히 밝은 것이니, 때로는 혹시 괴롭지마는 원망은 아니하리라. 더구나 명 나라 군사가 멀리 와서 구해 주니, 이는 곧 가뭄에 무지개 바라는 백성들의 심정이리라. 그 은혜는 뼈에 살을 붙여 주고 죽은 목숨을 살려 줌보다 더하여, 몸이 가루가 되어도 갚기 어려운데, 접대와 바라지하는 데 예절이 소홀하여 성의가 미덥지 않을까 두렵도다. 아! 징발하는 것이 하도 한 없으니 백성의 태반이 유리되었을 것이다. 여러 도감(都監)과 각 아문이 모두 일어나니, 지방 촌락이나 서울의 거리거리가 모두 비게 되었다. 비바람 눈서리에 삼군(三軍)의 보급이 시급하니, 산천과 도로에는 짐을 이고 진 남녀들이 천리를 이었다. 여러가지 역사(役事)에 모두 피부와 털이 벗겨지고, 한 가지의 혜택이라곤 없어 잠시도 몸을 쉴 새가 없었으니, 백성들은 의당 나를 허물하여 용서하지 않을 것이지만, 하늘은 다행히 화를 뉘우칠 때가 있었네. 그래서 적의 우두머리는 이미 귀신의 죽임을 당하였으니, 과연 악이 차면 저절로 멸망하는 법이요, 나라 운수가 회복을 점칠 만하게 되었으니, 이는 난이 극에 이르면 태평을 생각하게 됨을 알리로다. 그러나 오늘의 남은 걱정을 생각하니, 지난날의 위태로움과 다를 것이 없구나. 큰 병은 겨우 나았으나 원기가 하도 쇠약해져서 침과 약을 쓰기가 참으로 곤란하고, 큰 나무가 비록 살기는 했으나 밑뿌리가 흔들렸으므로 붙들어 세우는 데 공이 많이 들어야 하겠구나. 백성이란 사랑스러우면서도 두려운 존재이니, 나라가 너희들이 아니면 누구를 의지하겠는가. 조금이라도 쉬게 하여 편안케 하고자 생각한다면, 번거롭고 까다로운 일을 모조리 없애주는 것만 같지 못하리. 미논(薇論)이 이미 지극히 간절하고 측은하며, 나의 뜻도 이를 위하여 가슴 아프게 여기노라. 감할 것은 감하고 면제할 것은 면제해서 완급을 참작하는 것이 좋으리라 생각하며, 죽은 자를 조상하고 산 자를 위문하며 오는 자를 위로하여 모여들게 하는 것을 우선적으로 해야 할 것이다. 이는 진실로 재건하고 새 출발하는 시초이니, 바야흐로 눈을 씻고 고개를 쳐들며 기다리리라. 논밭을 측량하여 몇 해 동안의 조세를 탕감하면 모두 중흥(中興)의 큰 덕을 입게 되리니, 지팡이에 의지하여 조서를 듣는다면 비로소 조금이라도 더 오래 삶을 기뻐할 것이다. 상인 · 농민은 그 생업을 즐기게 하기 위하여 공부(貢賦)와

요역(徭役)을 관대하고 공평하게 하노니, 혹시라도 각자의 마음대로 하지 말고 부디 모두 나의 뜻을 이해하길 바라노라. 모든 백성은 강토를 아름답게 하여 기필코 태평성대를 이룩하도록 하라. 보잘것없는 나는 깊은 못이나 살얼음판을 건너는 것 같으니, 어찌 감히 적에 임하는 경계를 늦출 수 있으랴. 운운." 하였다.[132)]

또, 조경남은 선조 33년 1600년에는 다음과 같은 기록을 남겼다.

○ 적의 괴수 수길은 미장주(尾張州) 중촌향(中村鄕) 사람으로 가정(嘉靖) 병신년 5조(條) 모두 병신(丙申). 에 났는데, 생김새가 초라하고 키는 작아 몰골이 원숭이 같았으므로 어렸을 적의 이름으로 삼았습니다. 나면서부터 바른 손가락이 여섯이었는데 자라서 말하기를, "사람은 모두 다섯 손가락인데 여섯 손가락이 무슨 소용이 있나?" 하고, 스스로 칼로 잘라 버렸습니다. 아버지의 집이 본디 가난했으므로 농가의 꼴베는 머슴이 되어 생활하였으며, 장년이 되자 스스로 분발하여 전 관백 신장(關白信長)의 종이 되었으나, 자기의 기이한 재주를 나타낼 수 없어서 관동(關東)으로 달아나 몇해 동안 살다가 다시 와서 자수하니 신장이 그 죄를 용서하고 옛 자리로 되돌아오게 하였으므로, 수길은 애써 상전을 받들며 밤낮으로 비바람을 가리지 아니하였습니다. 신장이 매양 여러 종들을 시켜 시중의 물건을 사오라 하면 반드시 비싼 값을 청구하며 값이 조금만 맞지 않으면 사가지고 돌아오지 못하였으나, 수길에게 시켰더니 시중의 값진 물건을 헐값으로 척척 사서 들여오므로 신장이 매우 기특하게 여겼습니다. 실상은 수길이 신장에게 잘 보이기 위하여 매양 자기 돈을 절반씩 보태곤 하였으나 여러 다른 종들은 그것을 몰랐던 것입니다. 신장이 북주(北州)의 반란자를 친

132) 조경남, 『산서잡록』, 1599년 1월 8일.

히 치게 되자 수길이 창을 들고 돌진하여 싸우는데 향하는 곳마다 초목이 바람에 쓰러지듯 하여, 신장이 드디어 파마주(播摩州)의 희로성(姫路城)을 떼어 주고 그 공을 표창하였고, 얼마 안 되어 또 축전수(筑前守)로 승진하였습니다. 처음에 부르던 그의 성은 목하(木下), 이름은 등길(滕吉) 혹은 등귤(滕橘)이었는데, 이렇게 지위가 올라가자 성을 우시(羽柴)라 고쳐 우시 축전수(羽柴筑前守) 왜놈은 으레 그가 처음 태어난 고장의 마을 이름을 성씨(姓氏)로 삼아 부르는데, 귀하게 되면 반드시 천하던 때에 부르던 것을 고치고, 천하게 되면 귀하던 때의 성씨를 고쳐서 부른다. 라고 불렀습니다. 신장이 말년에 자기 멋대로 형살(刑殺)을 행하고 대신들을 시기하니, 사람들이 제 목숨을 보장할 수가 없어 혹은 성을 수축하고 해자를 수리하여 스스로를 지킬 계책을 하였습니다. 별소소삼랑(別所小三郎)이라는 자가 파마(播摩)와 인파(因播)를 점거하여 배반하자 신장이 가서 당장 죽이라고 하니, 수길이 자기가 가서 타이르겠다고 자청하므로 신장은 그것을 허락하였는데, 수길이 겨우 친병 백여 명을 이끌고 가서 군사를 성 밖에 두고 말하기를, "너희들을 번거롭게 할 필요는 없다. 내가 혼자 들어가겠다" 하니, 그 부하들이 울면서 청하기를, "단신으로 성안에 들어가면 사태가 어떻게 될지 헤아릴 수 없으니 따라 들어가 생사를 같이하겠소." 하였습니다. 수길이 웃으면서 말하기를, "만약에 승부를 겨루게 된다며 백여 명의 잔졸(殘卒) 들이야 굶주린 범에게 고기를 던져 주는 것과 다를 것이 있겠느냐? 만약 승부를 겨루지 않는다면 혼자서 들어가도 걱정 없을 것이다." 하고, 혼자서 말을 타고 창 · 칼을 버리고 장사치의 모습으로 성문을 들어서니 문지기가 말리지 아니하였습니다. 바로 별소(別所)의 장막 앞으로 가서 뛰어가 별소의 손을 덥석 잡고, "주공(主公)은 공을 후하게 대우하였는데 무엇이 못마땅해서 모반하였소? 지금의 계책은 무장을 풀고 휴전하고 몸을 묶어 사죄함만 같지 못하오. 그렇게 하면 부귀를 잃지 않을 것을 보장하리다." 하니, 별소가 말하기를, "신장과의 사이에 벌어진 틈이 이미 깊어 어찌할 도리가 없소." 하였습니다. 별소의 휘하가 수길을 죽이자고 하였으나 별소가 말하기를, "저 사람이 나를 위해서 한 계책인데 어찌 죽일 수 있겠느냐?" 하고, 수길을 호송하여 성문 밖으로 내어 보냈습니다. 수길의 부하들이 수길이 이미 죽었다고 생각하던 차에 그가 성문으로 나오는 것을 보자 모두들 놀라 어리둥절해 하면서 반겨 맞이하였습니다. 이 사실을 신장에게 회보하였더니, 신장이 드디어 수길로 하여금 가서 별소를 치게 하여 별소의 군사가 패하고 서로(西路)로 도망쳐 달아났습니다. 휘원(輝元)이 그때에 산양(山陽) · 산음(山陰)의 11주에 의거하여 신장의 지휘를 듣지 않자 신장이 또 수길로 하여금 군사를 통솔하여 휘원을 치게 하였는데, 휘원의 별장이 별성(別城)을 굳게 지키며 말하기를, "고송(高松)이 마땅히 수길의 군사와 부딪쳐 싸우리라." 하였습니다. 수길이 성을 둘러싸고 흙산을 만들어 물을 끌어들여 성을 공격하였는데, 흙산이 점점 높아짐에 따라 물은 점점 깊어져서 성이 침수되지 않은 부분은 겨우 한 길 남짓 밖에 안 되었으나 성지기의 뜻은 더욱 굳기만 하였습니다. 이때 마침 일향수(日向守) 명지(明知)가 신장을 죽여 그 부고를 전하는 자가 밤낮으로 달려왔는데, 수길은 그 소문이 알려지는 것을 꺼리어 부고를 가지고 온 자를 막하에서 손수 죽이고, 성에 대한 공격을 더욱 다급히 하면서 짐짓 한가로운 체해 보였습니다. 안국사(安國寺)라는 자가 휘원의 모주승(謀主僧)으로 있었는데, 수길이 글월을 보내어 만나기를 청하였더니 안국사가 명령을 듣고 곧 오니 수길이 막사 안으로 맞아들여 말하기를, "성의 함락이 아침저녁에 달려 있으나 나는 차마 수만의 인명을 어육으로 만들 수는 없다. 만약 성주가 배를 갈라 자결하면 나는 마땅히 싸움을 멈추고 화의를 하겠다." 하였습니다. 안국사가 들어가 성주에게 알렸더니, 곧 혼자서 수레를 타고 나가 강물에 빠져 자결하였는데, 수길이 그것을 바라다 보고 곧 휘원과 원한을 풀어 화목하기로 하고 군사를 거두어 동쪽으로 올라갔습니다. 일향수가 친히 여러 장수를 거느리고 섭진주(攝津州)의 산기(山崎) 대판(大坂)과 복견(伏見) 사이 우치하(宇治河) 어귀에 있다. 에서 맞아 싸웠으나, 노고와 안일의 차이가 현격하고 군사의 많고 적음이 또 차이가 나는데, 수길의 기세는 더욱 장하고 싸움은 더욱 힘써 친히 일향수의 머리를 많은 군사들 속에서 베니 그의 군사들은 싸우지 않고 저절로 무너져 버려, 수길이 여러 군사들에게 옹위되어 성안으로 들어갔습니다. 신장의 시체가 있는 곳을 찾아서 그 머리를 가져다가 절에 모시고 21일 동안 재를 올렸습니다. 그때 온 나라에 주인이 없어 민심이 뒤숭숭하였으나, 수길의 행동이 태연하여 염려하고 꺼리는 기색이 조금도 없으니 여러 대신들도 감히 소리도 내지 못하였으며, 자기에게 붙지 않은 자를 공격해 죽이느라 거의 평안한 날이 없었습니다. 기이(紀伊)의 백성들이 군중을 모아서 반란을 일으켜 수십 리를 뻗쳐 진영을 연결하였는데 수길이 친히 가서 격멸하였습니다. 의홍은 대대로 살마(薩摩) 등 3주를 차지하고 있었는데 나라안에 변란이 일어난 틈을 타서 구주(九州)의 온 섬을 점령해 버렸는데, 수길이 또 가서 공격하니 의홍은 다만 전에 가졌던 3주만을 차지하고 그 나머지를 모두 바쳤습니다. 가강은 관동 8주를 차지하고 성패(成敗)를 관망하고 있었는데, 수길이 친히 가서 쳤으나 도리어 싸움에 지고 드디어 가강과 화의를 맺으니, 가강도 역시 몸을 굽혀 섬기고 신하의 예를 한결같이 하였습니다. 휘원이 그 소식을 듣고 또한 비전(肥前) 등 2주를 바치니 66주가 이제 평정되었습니다. 대마수 의지(對馬守義智)는 섭진수 행장(攝津守行長)을 통하여 우리 나라를 침입하는 앞잡이로 시켜 줄 것을 청하니, 행장은 드디어 그 딸을 의지에게 시집보내고, 의지를 데리고 들어가 수길을 만나보니, 수길이 크게 기뻐하여 의지에게 그의 성인 우시(羽柴)를 내려 주었습니다. 우리 나라 사신이 오니 수길이 왜승(倭僧) 태장로(兌長老)·철장로(哲長老) 등으로 하여금 복서사(復書使)로 삼아 명지(明知)가 군사를 동원하여 신장을 죽인 상황을 회답하였는데, 그 부하들이 모두 말하기를, "우선 좋은 말로써 그 편지에 회답하여 저들이 예기치 못한 때에 행동하는 것이 좋겠다." 하였으나, 수길이 말하기를, "그것은 잠자는 사람의 목을 자르는 것과 무엇이 다르랴. 지금 사실대로 써 보내어 저들로 하여금 미리 대비하게 한 다음에 가서 승부를 결정하는 것이 옳다." 하였습니다. 중국 사람 허의준(許儀俊)이 살마주(薩摩州)에 표박(漂泊)하여 약을 팔아 살아가면서 왜국의 비밀들을 자세히 적어 중국 조정에 보고하였는데, 이웃에 사는 중국 사람이 그 글을 몰래 훔쳐 천야 탄정(淺野彈正)에게 고하였습니다. 탄정이 수길에게 고하자 허의준을 사로잡아 왜경(倭京)으로 송치하였는데, 여러 신하들은 모두 그를 삶아 죽이자고 하였으나, 수길이 말하기를, "그는 명 나라 사람이니, 명 나라를 위하여 일본 일을 알리는 것은 사리에 불가함이 없으며, 또한 남을 불의에 친다는 것은 실로 내 뜻이 아니다. 명 나라로 하여금 미리 대비책을 강구하게 하는 것도 또한 불가할 것이 없다. 더구나 예부터 제왕은 모두 거칠고 어두운 세상에서 일어났으니, 명 나라로 하여금 우리가 본래 미천하였다는 것을 알리는 것도 또한 해로운 일은 아니다." 하고, 허의준의 죄를 불문에 부치고 도리어 고해 바친 자에게 이르기를, "너도 명 나라 사람으로서 감히 명 나라 사람을 고발하였으니 너는 흉측한 사람이다." 하였습니다. 임진년에 많은 왜를 보내서 우리 나라를 침범하게 하고 가만히 이르기를, "조선을 삼켜 버리는 일이 성공할 것은 해를 가리켜 말할 수 있다." 하였습니다. 그러나 행장이 평양에서 패하고 여러 왜적이 영남 변방으로 물러가 머물게 되자, 적의 괴수 수길은 크게 노하여 자신이 여러 왜장을 거느리고 계사년 3월에 구주로 내려가 신궁(新宮)을 비전(肥前) 명호옥(名護屋)에다 짓고 거기에 오래 있으면서 싸움을 독려할 계획이었습니다. 호남과 영남이 평정되기를 기다려 친히 부산으로 건너가겠노라고 성명하였으나, 마침 그의 어미가 병으로 죽었다는 소식을 듣고 하룻길을 두 배로 달려 동쪽으로 돌아갔습니다. 그때에 왜장으로서 날뛰는 자가 금량(金亮)을 죽이고 오록(烏祿)을 세우자고 의논하였는데, 불행히 수길이 일찍 돌아가는 바람에 그 계획을 이루지 못하였다고 합니다. 유구국(琉球國)은 살마주에 가장 가깝고 섬들이 여기저기 늘어서 있어 수로가 매우 편하므로 수길이 군사를 이동시켜 유구를 치려고 하니, 살마수 의홍이 몹시 겁이 나서 수길이 총애하는 신하 석전 치부소보(石田治部少輔)에게 많은 뇌물을 보내어 수길에게, "유구국은 양쪽 섬으로 되어 탄알만하고 별로 진기한 그릇이나 보화가 없으니 백성을 수고롭게 하여 군사를 동원할 만한게 못 된다."고 말하게 하고, 또 유구 사람을 불러다 글월을 가지고 방물(方物)을 싣고 가서 수길에게 사과하게 하니, 수길이 유구 치는 것을 그만두었습니다. 경서(京西)의 여러 왜병들은 이미 우리 나라에서 싸움에 지쳤으므로 수길이 이번에는 경동(京東)의 여러 왜병들을 지키게 하려고 산성주(山城州) 복견리(伏見里) 우치하(宇治河) 강가에 모았는데 왕경(王京)에서 10리 떨어진 곳이었습니다. 새 성을 쌓고, 높은 산꼭대기를 깎아서 궁실을 지었는데, 얼마 안 되어 큰 지진이 있어 성사(城舍)가 모조리 기울어졌는데, 다시 옛 성 동쪽에 새 성을 마련하고 한결같이 이전의 제도를 따랐으며, 바깥 성을 둘러싸고 집을 지어 여러 총애하는 신하들을 살게 하고, 강물을 끌어 성 동문으로 대었는데 깊이가 20여 길이나 되었습니다. 사면의 빈 땅에는 소나무와 전나무를 줄지어 심어 몇 달이 안 되어 남산이 울창하게 되었는데, 산을 옮기고 바다를 메우고, 돌을 옮기고 나무를 날라 들여, 한 번 돌아보고 호령하는 사이에 공사가 이루어지고, 널따란 집 수천 칸을 번거로이 헐지 않고 사람의 어깨로 메어 날라 동쪽에 있는 것을 서쪽에 갖다 놓았습니다. 날마다 지팡이를 붙들고 삽을 메고 몸소 역사를 감독하여 비록 심한 추위와 한더위에도 회피하는 일이 없으니, 가강 등이 분주히 역사에 종사하면서 소리 높여 역사를 돕는 품이 종들과 같았습니다. 수길이 죽은 뒤로 복견(伏見)이 빈 성이 되었는데, 일찍이 왜승을 따라 몰래 그 성안에 들어갔더니 다섯 걸음에 한 절이요, 열 걸음에 한 전각이 있었으며, 죽 뻗어 돌아가는 것이 정신이 어지러워 어느 길을 가야 할지 알 수가 없었습니다. 비록 귀신의 재주로도 몇 해에 마치지 못할 공사를 한 해도 못 되어 끝마쳤다고 하니, 이것은 그가 백성을 혹사한 것과 왜인이 고된 역사를 감당할 수 있었던 사실을 모두 이로써 상상해 볼 수 있을 것입니다.

이에 앞서, 적의 괴수 수길은 아들이 없어 그 누이의 아들을 양자로 들여 자기의 아들로 삼았는데, 수길이 자기를 태합(太閤)이라 부르게 되자 그 양자를 관백(關白)이라고 부르고 이세(伊勢)·미장(尾張) 등지를 나누어 주어 그 식읍(食邑)으로 삼게 했습니다. 임진년 겨울에 이르러 수길의 애첩이 아들 수뢰(秀賴)를 낳았는데, 혹자는 말하기를, "대야 수리대부(大野修理大夫)라는 자가 수길의 총애를 받고 노상 침실에 드나들면서 몰래 그의 첩과 간통하여 낳았다." 합니다. 수뢰가 출생하자 관백이 속으로 의심하고 두려워하여 몰래 딴생각을 품게 되었고, 석전 치부(石田治部)라는 자가 또한 붙좇아 죄에 빠지게 하였습니다. 수길은 관백을 자결케 하니, 관백이 기이주(紀伊州) 고야산(高野山)으로 도망쳐 달아나 머리를 깎고 중이 되었으나 수길은 그곳을 찾아서 또 죽음을 내렸습니다. 왜국의 법에 죽을 죄를 지은 자도 토지를 버리고 중이 되면 으레 불문에 부치기로 되어 있는데 수길만은 관백을 꼭 죽이고야 말았으며, 관백의 집을 포위하고 수종하던 벼슬아치들을 모조리 죽이고, 그 집을 가하 대납언(加賀大納言)에게 주었습니다. 이로써 내란이 겨우 평정되었는데, 우리 나라를 침범한 군사가 또 공이 없으니, 가강 등은 군대를 다시 일으키는 것은 그릇된 계획이라 하였으며, 석진 치부도 항상 말하기를, "66주면 만족스러운데 무엇하러 딴나라에까지 가서 악착스레 싸우겠는가?" 하였는데, 오직 청정만은 재침의 거사를 마땅한 일이라고 하였습니다. 수길은 말하기를, "해마다 군사를 내어서 조선의 인물을 모조리 죽여 조선을 빈 땅으로 만들어 버린 뒤에, 서로(西路)의 백성을 옮겨서 조선에 살게 하고 동로(東路)의 백성을 서로에 옮겨 살게 하면 10년 뒤에는 반드시 성공할 것이다." 하였습니다. 재침의 의논이 드디어 결정되자, 쳐들어오는 여러 왜병들에게 명령하기를,

"사람의 귀는 둘이지만 코는 하나이다. 조선 사람의 코를 베어 오는 것으로써 수급에 대신케 하는 것이 편리하니, 한 병졸이 각각 1되의 코를 베고 기준에 도달한 뒤에는 사로잡는 것을 허락한다." 하여, 여러 왜병들이 명령대로 각각 우리 나라 사람의 코를 베어 소금에 절여서 수길에게 보냈습니다. 수길이 그것을 검열한 뒤에 모아서 북쪽들 10리쯤에 있는 대불사(大佛寺) 옆에 묻었는데 그 높이가 한 언덕을 이루었다 하니 우리 혈육(血肉)의 참상을 이것으로써 알 것입니다. 무술년 5월에 모든 왜병들이 영남 해안으로부터 모두 철수하여 돌아가고, 오직 청정 · 행장 · 의홍 · 의지 · 갑비수 등 10여 진만이 우리 나라에 머물러 있었는데, 수길이 그 여러 장수들에게 간절히 부탁하며 말하기를, "조선의 일이 아직까지 끝을 맺지 못하는 것은 무슨 까닭이냐?" 하니, 가강 등이 말하기를, "조선은 큰 나라라, 동쪽을 치면 서쪽을 지키고, 왼쪽을 치면 오른쪽으로 모이곤 하니 설사 10년 기한을 잡아도 일이 끝날 기약이 없소." 하니, 수길이 울면서, "공들은 나를 늙었다고 여기는 모양이다. 나의 처음 뜻은 천하를 평정하는 것이 어렵지 않은 일이라고 생각하였는데, 지금은 늙어서 얼마 안 있으면 죽을 것이니 조선과 휴전하고 화의하는 것이 어떻겠는가?" 하자, 그 부하들은 모두 좋다고 하였습니다. 그의 용모와 언사의 오만 무례함을 생각해 보면, 저도 모르게 마음이 아프고 뼈가 저립니다. 그러나 강화의 의논은 그가 죽기 전에 이미 나온 것입니다. 수길은 성질이 몹시 간사하고 교활하며, 실없는 말로 농지거리나 잘하고 오만하게 웃어대며 여러 부하들을 희롱하였는데, 그는 가강 등을 업신여기고 희롱하기를 어린애 다루는듯 하며, 또 간장을 팔고 떡을 파는 장난을 즐겨 하여 가강 등으로 하여금 지나가는 사람이 되어 사 먹는 시늉을 하게 하고서 한 푼의 돈을 재미삼이 따지곤 하였습니다. 또 오로지 권모술수로 부하 장수들을 제어하는데, 일찍이 영을 내리기를, "오늘 밤은 동쪽에서 잔다." 하고는 밤이 되어서는 문득 서쪽에 있으니, 대개 조조(曹操)의 의총(疑塚)과 같은 술법이었습니다. 또 일찍이 사냥을 나가서 한참 동안 거짓으로 죽어 있었는데, 여러 종자(從者)들이 당황해 하였으나 대신들은 태연하여 끄떡도 하지 아니하였으니, 거짓임을 이미 알고 있었기 때문이었는데 한참 있다가 다시 살아나는 체 하였답니다. 무술년 3월 그믐부터 병을 얻어 여름에는 병이 심하여지고 그의 아들 수뢰(秀賴)는 나이가 겨우 7살이었는데, 그는 자신이 꼭 죽을 것을 알았기 때문에 여러 장수들을 불러 뒷일을 부탁하되, 가강으로 하여금 수뢰의 어미를 아내로 삼고 정사를 보살피다가 수뢰가 성장하여 자립하게 되면 정사를 돌려주도록 하게 하고, 가하 대납언(加賀大納言)의 아들 비전수로 하여금 수뢰의 유부(乳父)로 삼아 비전 중납언 수가(秀家)와 함께 끝까지 수뢰를 받들고 대판(大阪)에 살라고 하였습니다.[133]

조경남은 남원에 있으면서도 1610년 가을까지의 조정을 비롯한 전국 여러 곳의 상황들을 수집하여 자신의 일기 속에 기록하면서, 그 사건들에 대한 애국심 차원에서 남다른 느낌을 갖고 있었다.

조경남은 1610년 가을에 『산서잡록』을 마감하고, 남원부사의 자제 성이성을 데리고 송림사에서 학제 공부를 시키는 데에 몰두하였다.[134] 그는 성안의 남원부사가 남원에서 1607년부터 1611년까지 재임한 후에 전라도 광주목사로 떠날 때까지 책방도령을 가르쳤다.

이런 역사적 사실이 조경남이 1640년 「춘향전」을 창작하면서 노진야담을 기본서사로 삼으면서, 자신이 성이성을 만나고 학제공부를 하고 이별하게 된 현실을 변용하여 표면서사에서 책방 도령 이몽룡과 퇴기의 딸인 춘향이

---

133) 조경남, 『산서잡록』, 1600년 5월.

134) 성이성의 「호남암행록」에 나오는 "進士乃余少時學製于松林寺者也"로 미루어 보아, 원래 천재라는 소문이 있던 조경남이 향시 양장에 합격하여 명성을 떨쳤기에 성안의 부사는 조경남에게 아들 성이성의 학제공부의 스승으로 삼았던 것으로 판단된다.

그네뛰는 것을 보고 매료되어 방자를 불러 광한루에서 만난 후에, 춘향과 사랑을 나누고, 이부사가 승체하여 한양으로 떠날 때에 이별한 이야기로 변용시켜 춘향전의 번반부 이야기를 구성한 것으로 보인다. 이는 성이성의 실제담과 노진 야담에 등장하는 선천 동기를 융합시킨 결과이고, 작가 자신의 서사적인 자아를 춘향으로 형상시킨 근거가 된다. 즉, 전반부에서는 월매의 딸인 춘향의 미모가 이도령이 춘향을 천정배필로 선택하는 동기의 우선 순위가 되고, 후반부에서는 선천의 동기가 보여주는 단순 수절을 넘어서는 열녀로서의 태도가 변부사의 수정을 거부하는 과정에서 모진 고문에도 강력하게 견디면서 〈십장가〉를 부르는 것과 같은 매서운 저항으로 나타나는 남성적 강인함을 드러내게 구성하였다.

(3) 2차 1624년, 조경남과 스승을 예방한 성이성의 감격스런 만남과 이별

조경남은 광해군 4년인 1611년에 제자 성이성을 떠나보낸 이후, 다시 일기를 쓰기 시작하여 후에 그 이름을 『속잡록』이라 하였다.

1611년 가을부터 다시 시작한 『속잡록』을 이렇게 시작하였다.

> 가을에 황해도 봉산 군수(鳳山郡守) 신률(申慄)이 고변(告變)하기를, "삭탈관직된 문신(文臣) 김직재(金直哉)가 몰래 진릉군(晉陵君)과 역모하였다." 하니 도사(都事)를 보내어 잡아다가 국문하니, 김직재와 진릉군은 변명하지 못하고 모두 죽음을 당하였다. 진릉군은 순화군(順和君)의 후계자이다. 황혁(黃赫)도 잡아다가 고문하여 목숨을 빼앗고 인하여 노륙연좌(孥戮緣坐)의 법을 시행하였다.

조경남은 1617년 겨울에는 졸지에 숨이 차고 호흡이 불통하기를 3일간이

나 극심히 고생하였고, 다음 해인 1618년 10월에 건강이 회복되었다.[135] 그 이후에도 계속 일기를 썼는데, 인조 원년인 1623년의 일기에는 다음과 같은 내용를 소개하였다.

1월

5도 선유사(五道宣諭使)를 정하여 쌀과 포목을 거두어들인다는 첩지를 민간에 보내니 사람들이 자유를 얻지 못했다. 그래서 5도의 신민에게 칙지(勅旨)를 다음과 같이 내렸다.

왕은 이르노라. 아, 너희 5도 사민(士民)들은 나의 열 줄의 선유를 들을지어다. 곡식을 내서 윗사람을 섬기는 것은 고금의 통례요, 국가를 먼저 생각하고 사사(私事)를 뒤에 하는 것은 충의의 대절(大節)이다. 먹는 것보다 소중한 것이 없으니 군사를 쓰는 데는 가장 군량이 시급한데, 땅에서 생겨 다함이 없으니 돈을 지니는 것이 어찌 영총(榮寵)보다 낫겠느냐. 과인(寡人)이 즉위함으로부터 시국이 몹시 어려워졌다. 궁궐이 편안하지 못함으로써 토목(土木)의 역사를 면치 못했고, 서북에서 난리를 고하여 마침내 군사(軍事)가 치성하게 되었다. 세 변방에 수자리를 두니 힘은 이미 양식 보내기에 고갈되고, 천리 밖에 물자를 수송하니 재물 역시 긁어내어 다하였으니 항상 잘못 처치할까 두려운데, 곡식을 거두는 일은 실로 부득이한 것이다. 하물며 명나라 장수들이 장차 바닷길을 경유해 올 것이며, 거느린 군사도 반드시 수십만에 달할 것이니, 이쪽에서 응접하는 일도 한두 가지로 헤아릴 수 없다. 깊은 바다를 넘어 행군하는데 누가 군량을 계속 대줄 것인가. 우리 땅에 다다라 먹여주길 바랄 때 군량을 공급할 길이 없다. 민간의 남은 저축을 긁어내자니 허실(虛實)이 혼동될까 염려되고, 밭이랑에 따라 부세(賦稅)를 더하자니 가난뱅이가 흩어져 도망갈까 염려되니, 오직 급한 것을 해결하는 방법은 곡식을 모으는

135) 1624년 이전에 중풍에 걸려 운신에 불편했기에, 자신의 호를 병옹이라 자칭했다.

것이 제일이다. 그러므로 고관(高官) 중사(重使)를 보내어 현사(賢士) · 대부(大夫)에게 알리노니, 부지런히 농사지었으니 어찌 간직해 둔 곡물이 없겠는가. 조상의 업을 물려받아서 또한 풍부하고 안락한 고장이 있으리니 창고가 찼다면 썩어서 소용없다는 것을 생각하고, 재물이 있으면 쓸 곳이 있는 법이니 늙도록 기다려서 무엇하리요. 선왕의 길러주신 지극한 인(仁)을 추념하고, 명 나라가 구원해 준 큰 덕도 갚아야 할 것이니, 혹은 의를 분발하여 전대를 털고, 혹은 충심을 다하여 곳간을 기울여서 힘써 관에 바쳐 군량을 비축하여 적을 멸하고 개가 부르기를 기약하자. 재주에 따라 직위를 받는 것이니 내 후한 보수를 아끼지 않겠다. 발길을 내딛어 조정에 오르면 네 어찌 둘 다 잘 됨을 마다하랴, 비록 수령(守令)의 중한 소임이라도 이력의 천심(淺深)에 구애하지 않을 것이고, 금자(金紫)의 높은 계급도 응모(應募)의 다과에 달렸느니라. 옛날 한 무제(漢武帝)의 세상에 있어서도 복식(卜式) 같은 어진 이가 있어서 재물을 수송해서 변방을 도와 벼슬이 마침내 어사(御使)에 이르렀고, 나라를 위해 가산을 탕진하여 이름이 드디어 당시에 드러났으니, 이 사람으로 하여금 지나간 세대에 아름다움을 독차지하게 하지 말라. 아, 군사와 양식이 넉넉하면 반드시 먼저 민심에 믿음을 주는 법이니, 전대와 주머니에 쌓고서야 곧 천토(天討)를 개시할 것이다. 너희들이 인색하지 않으면 나는 약속을 저버리지 않겠다. 그러므로 이렇게 교시한다.

○ 정언 한유상(韓惟翔) 등이 아뢰기를, "이귀(李貴) · 김자점(金自點) 등이 대비를 두호할 음모를 오랫동안 품고 있으므로 화가 장차 멀지 않을 것이오니, 감히 미리 손쓸 것을 청하옵니다." 하니, 광해는 바야흐로 김상궁과 함께 후원에서 잔치하며 노니는데, 김상궁이 광해의 손을 잡고 크게 웃으며, "외부 의론이 진실로 가소롭습니다. 성지(成之) 김 생원(金生員)이 어찌 이런 뜻이 있으오리까." 하였다. 광해가 아뢴 것을 도로 돌려주며, "서서히 처리하겠다." 하였다. 유상 등이 또 아뢰기를, "충성된 말은 귀에 거슬리고, 크게 간사한 놈은 믿음직한 법이오니 훗날 설혹 후회가 생길지라

도 신들이 말하지 않았다는 말씀은 마시옵소서." 하였다. 광해가 상궁에게 묻자 상궁이 웃고 제지하니, 광해가 비답(批答)을 내리기를, "아무 근거 없는 말을 가지고서 충성되고 선량한 신하를 해치려 하지 말라." 하였다. 먼젓번에 이귀의 딸이 김자겸(金自兼)에게 출가했다가 일찍 과부가 되자 절개를 무너뜨리고 불당(佛堂)에 노닐며 부처에 종사했다. 이 일이 발각되어 옥에 갇혀 문초를 받게 되자 궁녀로 들어가기를 자원하니 광해가 허락했다. 그래서 궁중에 들어오게 되자 상궁과 결탁하여 모녀(母女)가 되기로 약속하고, 항상 그 아버지와 그 남편의 형 자점이 지극한 충성심이 있는데 불행히 대북(大北)에게 미움을 받아 항상 모해당한다는 말을 하며, 날마다 하소연함과 동시에 또 다른 궁녀에게 금은(金銀)을 빌려 주어 상궁에게 바치게 한 것이 수천 냥에 가까웠다. 광해가 유상의 장계를 볼 때마다 잡아다 국문을 하려고 하면 김이 말하기를, "성지는 일월 같은 충신입니다. 하물며 김 생원은 한낱 선비인데 무슨 권력이 있어 다른 계획을 하겠습니까." 하니, 광해는 웃고 끄덕이며 전혀 의심함이 없었다.

조경남은 『속잡록』의 인조 2년인 1624년 1월 14일 기록에서는 "문회 등이 변고를 알려 기자헌 · 이시언 등 40여 명을 잡아다가 하옥시켰는데 이괄 · 한명련과 이괄의 아들 이전, 한명련의 아들 한란 · 한윤도 고발한 가운데 끼어 있었다는 사실 등을 다음과 같이 인지하고 있었다. 그리고 남원에 대한 사건도 다음과 같이 기록하였다.

29일 남원 부사(南原府使) 신준(申埈)이 군사 5백여 명을 거느리고 서울에 당도했다. 완풍군(完豐君) 이서(李曙)로 하여금 군사를 거느리고 달려가 개성부(開城府) 청석동(靑石洞)을 지키게 하였다.

남원 선비들이 향교에 모여 향병(鄕兵)을 일으킬 것을 의논하고, 물망에 의하여 향정(鄕正) 최행(崔荇)을 대장으로 삼았다. 남원 선비들이 율장(栗場)

에 모여 장수를 뽑고 기를 세우고 날짜를 약정하여 근왕(勤王) 길을 떠나기로 하면서 어가(御駕)를 영접할 유생(儒生) 40여 명을 먼저 정하여 떠나보냈다.

이런 때에, 성이성은 부친을 따라 남원을 떠난 후, 성이성은 20세 때인 광해 6년인 1614년 식년 동당시에 합격하였으나 강시에서 떨어졌다. 외증조 백암 김광생이 일찍이 명성을 얻지 않음이 다행이라 하고 기뻐하면서 장래를 힘쓰도록 하였다. 성이성은 1616년에 생원시를 통과하였지만, 조정이 타락하고 혼란하여 대과 시험에는 응하지 않고 외면하였다. 성이성은 1624년 1월의 이괄의 반란 때에는 공주에 피난하는 왕을 호종하는 그 아버지를 따랐다. 2월에는 난리가 평정되었다. 4월에는 부친 성안의가 제주목사로 부임할 때 배종하였다가 귀경할 때, 남원의 스승 조경남 진사를 예방하여, 감격스런 만남을 가졌다. 이 때에, 조경남과 성이성은 인조 반정에 대한 의견을 비롯하여, 남원과 전주 지역에서의 이괄의 난에 얽힌 사실들을 뜻밖에 자신을 방문한 옛 제자와 광한루에서 감격스런 하룻밤 만남의 주제로 삼았을 것이다. 이러한 추측은 조경남의 다음과 같은 『속잡록』의 기록을 통해서도 뒷받침된다.

(4) 3차 1639년, 조경남과 암행어사가 된 성이성의 광한루에서의 만남과 이별

(가) 조경남의 상황으로 본 「춘향전」의 시련 대목과 재회 대목

조경남은 1624년 성이성의 방문으로 뜻밖의 재회를 하고 난 후 마음에 많은 변화가 왔다. 광해군 난정과 이괄의 난도 평정한 시점에서 인조가 새로운 정치를 펴겠다는 적극적인 태도로 보인다고 판단한 것으로 보인다. 특히, 성안의를 제주목사로 파견된 소식도 직접 제자 성이성을 통해 듣고는 1624년 9월에 식년과 회시 응시하였다, 그가 54세의 늙은 나이로 등과를 하게 되자, 고향 출신인 판서 최행과 제독 양형우가 함께 집에 와서 잔치를 벌이고 즐거

운 위로와 축하를 해주었다.[136)]

조경남은 1626년에 자신과 성안의 남원부사, 그리고 책방 도령 성이성을 만났던 광한루가 중건이 되자 일기에 다음과 같이 이 사실을 기록하였다.

○ 광한루(廣寒樓)를 중건하였다. 이 누(樓)의 설립은 어떤 시대에 있었는지는 알 수 없는데, 대루(大樓) · 소루(小樓) · 협선당(俠仙堂) · 연당(蓮堂) · 이원(梨苑) 등의 전각이 구름처럼 나열되어 있고, 복도(複途)가 있어서 세상에서는 남방의 명승(名勝)이라 일컬었다. 정유년 난리에 불에 타서 초토가 되고, 2년 후인 기해년에 본 부사 겸 방어사 원신(元愼)이 임시로 잔루(殘樓)를 얽었으나 벌써 퇴락하였는데, 이제서야 부사 신감(申鑑)이 대루(大樓)를 광한루 옛터에다 중건했다.[137)]

조경남은 인조 6년인 1628년의 일기에는 다음과 같은 사건들에 대하여 기록하였다.

○ 본부(本府 남원) 아전들의 완악한 행실이란 온 나라에서 으뜸간다. 난리 뒤로는 거칠고 사나움이 날로 심해져 경작(耕作)을 관장한 서기(書記)들이 비록 본래 가지고 있는 전답을 농사짓는 사람에게도 뇌물을 받고서 가감을 마음대로 하여 조금도 거리낌이 없으므로, 고을의 부로(父老)들이 죽음을 무릅쓰고 통문(通文)을 돌려 날을 정하여 소장(訴章)을 올리니, 서기 40여 명이 모여서 난동을 부리며 먼저 고을의 늙은이 한(韓) · 홍(洪)씨 등의 집을 공격하고, 다음으로 사핵 도감(查覈都監) 진사(進士) 진성헌(陳聖獻)을 향사당(鄕射堂)에서 마구 쳤다. 그러나 관에서도 금하지 못하고, 고을

136) 조경남, 야담집 「병옹자전」 창작.

137) 조경남, 『속잡록』, 인조 4년(1626년), 9월.

에서도 성토하지 못하여 마침내 별감 양사의(梁士儀)가 목을 잘리는 지경에까지 이르렀다. 역시 세태의 변천을 볼 수 있다.

○ 민간에서 굶주리는 꼴이 계(癸) · 갑(甲) 양년과 마찬가지여서 황해도와 평안도에는 도랑에 굶어 죽은 시체가 서로 포개져 있고, 삼남(三南) 지방에서도 죽은 자가 많았다.[138)]

조경남은 인조 6년인 1628년의 일기에는 다음과 같은 사건들에 대하여 기록하였다.

○ 장유(張維)의 차자는 다음과 같다.

쇄환(刷還)의 불가한 점은 여섯 가지가 있습니다. 적자(赤子)를 호랑이에게 맡겨 물어 뜯게 두는 것이 그 불가한 점의 첫째입니다. 우리나라 사람으로 오랑캐에게 잡혀 있는 사람들이 제각기 향토를 생각하고 있을 것인데, 만일 이번 처리 방침을 듣게 되면 비단 그 돌아오려는 마음을 끊어버릴 뿐 아니라 반드시 모두 다 적을 따르는 데 굳어질 것이므로 이는 역적 윤(潤)을 위하여 당(黨)을 심어 주는 것이니, 그 불가한 점의 둘째입니다. 도망하여 돌아온 사람들의 부모와 처자가 모두 다 의구심을 품을 것이니, 훗날에 적이 오게 되면 무슨 면목으로 호령을 내려 방패와 창을 들고 적을 대항하게 할 것입니까. 그러니 그 불가한 점의 셋째입니다. 이미 그 사람들을 잡아 보내고서 구구이 그들의 생사를 묻는 것은 곧 아이들의 소견이요 여자들의 인정이라, 강성한 오랑캐에게 모욕을 당하는 것이 이보다 심한 것이 없을 것이니 그 불가한 점의 넷째입니다. 오랑캐들이 우리가 감히 그의 뜻을 어기지 못하는 것을 보게 되면 따르기 어려운 요청이 앞으로 못할 짓이 없을 것인데, 따르면 나라가 존립할 수 없을 것이요 불응하면 전

138) 조경남, 『속잡록』, 1628년 4월 26일.

공(前功)이 모두 없어지게 될 것이니, 그 불가한 점의 다섯째입니다. 지난 해 강도(江都)에서의 일은 위급과 흥망이 촉박하였으므로 친히 나아가 맹약하여, 명 나라와의 관계를 단절하고 말과 소를 요구하는 등의 일을 모두 다 죽을 힘을 다하여 거절하였는데 금번에는 중남(仲男)의 한 마디 말 때문에 먼저 스스로 서두르고 있으니, 만일 오랑캐가 다시 병력을 가지고 위협하여 오면 비록 완안(完顏 여진족의 부락 이름이니, 후에 성(姓)이 되었음)이 송(宋)에 책임지운 것 같은 것이 있을지라도 모두 다 앞으로는 일일이 따를 것입니까. 그 불가한 점의 여섯째입니다. 의논하는 사람들이 말하기를, "쇄송(刷送)하지 아니하면 오랑캐가 반드시 오게 될 것이요, 작은 것을 참지 못하면 큰 화를 재촉하게 될 것이라." 하니 이 말이 또한 소견이 없지 않으나 신은 이에 대해 논변할 수 있습니다. 오랑캐가 맹서를 어기느냐 안 어기느냐 하는 것은 그들의 커다란 흉계가 반드시 이미 정해진 계획이 있기 때문에 한 가지 일로 인하여 곧 변동하지는 않을 듯합니다. 만일 저들의 뜻이 재차 침범하는 데 있다면, 우리가 비록 일일이 들어 준들 어찌 병력을 동원할 구실이 없을까 염려하겠습니까. 설사 짐승과 같은 마음을 추측하기 어려워 또 다시 북쪽 오랑캐가 쳐들어오는 화(禍)가 있을지라도 지난해와 같은 데 불과할 뿐입니다. 그런데 강도(江都)에서도 좇지 아니하였던 것을 오늘에 좇아야 할 것입니까. 이것은 곧 국가의 중대한 계책으로서 흥망에 관계되는 바이니 늙은 신하의 한마디 말로 인하여 단연 시행하는 것은 옳지 못합니다.

전교하기를, "이 차자는 참으로 내 뜻에 맞도다. 지금 이 일로 인하여 비록 병화를 입을지라도 결코 차마 오랑캐의 말에 부응하여서는 안 되리라." 하였다.

○ 병조 참의 유백증(兪伯曾)의 상소는 다음과 같다.

국가가 불행하여 이같이 전에 없는 한재를 당하였는데 전곡이나마 다소 가망이 있기를 바랐더니, 동풍이 크게 불어 닥쳐 피어난 이삭이 다 말라 죽었습니다. 호남은 다른 도보다 더 심한데 7월달에 비가 없어 이미 자란 것은 오히려 손상되어서, 혹 이른 곡식이 성숙한 곳이 있으면 바로 밭머리에서 자면서 밤을 이용하여 절취하거나 혹은 밭 주인을 묶어 놓고 베어가서 심한 놈은 살해하기까지에 이릅니다. 고아 · 과부같이 얻어 먹을 데가 없는 사람은 기아를 견디지 못하여 목매어 죽는 자가 많고, 화적이 시골 마을을 약탈하는 경우가 기보(畿輔)에서도 그치지 않는데, 초가을부터 이러하니 내년 봄이면 어떠할 것인지는 짐작이 갑니다.[139)]

조경남은 이런 내용들에 이어서, "삼가 바라건대, 이 두 사람을 불러 삼사에 두시면 반드시 능히 간사한 일들을 규탄하여 과오를 바로잡고 빠뜨린 일을 수습할 것입니다. 근자에 보건대, 기강이 해이되어 사람들이 법을 무서워하지 않고 욕심의 물결이 하늘을 뒤덮으며 탐욕과 오리가 버릇이 되어 수령의 빈 자리 하나를 머리가 부서지도록 경쟁하고 이미 얻고 나면 오직 백성의 재물 긁어먹기를 일삼으니, 백성의 원성이 날로 늘어나고 재력이 탕진되는 까닭은 다만 여기에 연유하는 것입니다. 수령들이 무서워하는 것이 암행어사 만한 것이 없기 때문에 호랑이의 행동이라고 일컬었습니다. 만일 사람을 잘 가려 변장시키고 정해진 때 없이 내려보내어 수령들이 그 단예를 알 수 없게 하면 감히 마음대로 백성을 침해하지 못할 것입니다. 신의 재질이 비록 용렬하나 근심하는 것은 나라의 일이요, 말이 비록 광망하나 마음은 충성뿐입니다. 마침 직언을 구하시는 날을 만났기로 또다시 추요같은 말을 드리는 것입니다."라고 하는 내용을 실어서 암행어사 제도의 중요함을 특별히 강조하였다.

조경남은 인조 7년인 1629년 일기에서 다음과 같이 기술하였다.

139) 조경남, 『속잡록』, 1628년 7월.

○ 각 도에 암행어사를 나누어 파견하여 지방 관리가 정치를 잘한 것과 잘못한 것을 염탐하게 하였다. 본도 어사가 강계하기를, "남원 부사(南原府使) 송상인(宋象仁)이 행정을 엄정하고 공명(公明)하게 하며 청렴하고 고절(苦節)을 지키니, 아전은 두려워하고 백성들은 은혜를 품으며 형장(刑杖)이 치는 것이 비록 중하나 도적이 자취를 감추었으니 다스린 공적이 최고입니다." 하니, 특명으로 통정 대부에 가자(加資)하였다. 남원부의 삼갑계(三甲契)에서 살인하는 것과 남북 적당의 횡포가 날로 더하고 달로 심해져서 여염과 촌락이 겁을 먹고 사람들이 감히 그런 말을 하지 못하고 있었는데, 삼갑계의 장수 양용부(梁龍夫)와 적당의 괴수 정응록(鄭應祿) 등을 죽여서 형법을 바로잡은 뒤로부터는 도적의 도당이 자취를 감추어서 사면의 지경 안이 편안하게 되었다.

10월 남원부(南原府)의 도적이 난동하는 근심과 살인하는 변괴가 한없이 많았다. 송 부사(宋府使)가 와서 다스린 뒤로부터는 흉악한 무리들이 잠깐 피하여 없더니, 그가 벼슬을 버리고 돌아가니 다시 성하여 여염에 사는 백성들은 두려워 떨고 있고 감히 마주앉아 도적 이야기도 하지 못했다.[140)]

이 해의 일기에서는 "각 도에 암행어사를 나누어 파견하여 지방 관리가 정치를 잘한 것과 잘못한 것을 염탐하게 하였다."고 하여, 인조가 제대로 된 암행어사 제도를 실천하게 된 것을 반가워하고 있음을 특별히 기록하고 있다

조경남은 인조 14년인 1636년에 다음과 같이 기록하고 있다.

○ 본부(本府 남원) 선비들이 용성관(龍城館)에 모여 군사를 모집하고 군량을 모집할 것을 상의하였으나 한 사람도 칼을 집고 분연히 일어나는 사람이

140) 조경남, 『속잡록』, 1629년 10월.

없으니, 아, 시사(時事)가 한탄스럽다.

○ 청 나라 한(汗)이 스스로 대군을 거느리고 서쪽을 경유하여 서울에 당도하였다. 그래서 사령(沙嶺)에서 한강(漢江)까지 연이어 진을 치고 또 성 안으로 들어와 동대문 밖을 나가서 주둔하여 모였는데 그 수효가 한량이 없었다. 놈들은 깃발을 휘날리고 무기를 번득이며 풍악으로 노래 부르고 춤을 추고 뛰노는데 그 꼴이란 형언할 수 없었다. 오후에 적의 기병이 잇따라 강을 건너서 전진하여 산성을 육박하였다.[141)]

조경남은 1636년의 일기 중에서는, '2월에는 또 다른 국가적 시련이 닥쳐와서, 청나라의 도적떼가 크게 쳐들어와서, 국왕이 남한산성으로 옮겨 피난하였으나, 끝내 남한산성이 포위되었다는 소문을 들었다. 그는 북쪽을 향해 통곡하며, 전 찰방 이원진과 더불어 의병을 불러일으키고, 군량을 모아서 국가를 구제하러 떠났다. 그러나 청주에 이르러서는, 굴욕적으로 강화하였다는 소식을 듣고 통곡하면서 고향으로 돌아와 집 뒤뜰에 황명단을 쌓고, 국운의 재기와 군왕의 강녕을 위해 기도하였다. 한편 연이은 전란으로 민생고에 허덕이자, 굶주린 도당들이 산적으로 변해 도적떼가 심하였는데, 그는 이러한 산적들을 무수히 퇴치하였다.'는 기사를 중시하였다.

조경남은 인조 15년인 1637년 4월 28일에 또 중풍에 걸려 인사불성이 된 3일 만에야 겨우 살 길을 얻었다. 그는 여름 석 달 동안에 죽을 듯하다가 겨울에서야 소생하고, 이 때의 기사에는 다음과 같이 기술하였다.

2월 1일 청 나라 한(汗)이 포위를 풀고 물러갔다. 진을 쳤던 곳에서 어린아이와 병든 늙은이들이 울며 배가 고프다고 부르짖으니, 성 안에 머무른 체부(體府) 이홍주(李弘胄)가 문을 열고 거두어들여서 노퇴(老退)한 본부 관비(官

141) 조경남, 『속잡록』, 인조 14년(1636년), 12월 24일.

婢)에게 양육하게 하였다.

○ 한(汗)이 종실(宗室)회은군(懷恩君)에게 16세의 절색 처자(處子)가 있다는 말을 듣고 독촉하여 바치게 해서 즉시 제 나라로 실어 보냈다.

○ 청 나라 병사의 대진(大陣)은 모화관(慕華館)에 있었고, 또 한 진은 서강(西江)에 있어 성 안에는 다만 대궐을 지키는 천여 명의 군사가 있을 따름이었다. 적이 포로 된 사람을 팔았는데 남자는 백금 5냥, 여자는 백금 3냥이고 돈이 없는 사람은 추후에 문서를 작성하여 주기로 했다.

13일 청 나라 한(汗)이 군사를 거두어 돌아가는데 사로잡힌 남녀를 앞에 몰고 가니 곡성이 진동하였다. 주상전하는 두 아들의 손을 잡고 실성(失聲) 통곡하니, 한(汗)이 말하기를, "걱정하지 말라. 내 나라에 수년 동안 머물러 두고 성신(誠信)을 시험한 뒤에 돌려보내겠다." 하였다. 적의 군사가 네 길을 나누어 출발하는데, 공(孔) · 경(耿) 두 적은 수로(水路)를 경유하여 가도(椵島)로 가고, 몽고(蒙古) 군사 7 · 8만이 강원도(江原道)를 경유하여 철령(鐵嶺)을 넘어 이어 두만강을 건너갔다. 적이 도중에서 서로 관계한 계집은 말에 태워 가고, 만약 업혀서 우는 아이가 있으면 그 아이를 빼앗아 작대기에 꿰어서 던지니, 죽은 아이가 길가에 즐비하였다.[142]

조경남은 소년 시절에 시작하여 57년 동안 써온 일기 『난중잡록』의 대단원을 이루는 대목은 파파각씨의 부인으로 회은군의 딸이 잡혀 갔다는 기록을 일기에 남겼다. 그 구체적인 내용에서 "그가 그런 부인과 장모를 얻게 된 것 요면이 칸에게 배반할 뜻이 있다는 사실을 칸에게 밀고하였기에, 칸은 그 공로로, 조선에 가서 마음에 드는 여인을 마음대로 선택하는 자격을 얻어서 그 대상으로 회은군의 딸로 삼아서, 청나라의 심양으로 데려갔다"는 내용은 『속잡록』의 이 마지막 기사요, 60년 가까이 써온 자신의 분신과 같은 『산서잡록』

142) 조경남, 『속잡록』, 1637년 2월 13일.

의 마지막 대단원으로 삼았다. 이는 반정에 성공한 인조는 곧바로 병자호란, 정축호란을 당하여 청나라 굴종당하는 초유의 아픔을 겪었고, 조선 백성들의 고통과 좌절은 특히, 특히 처녀들이 겪어야 할 비극적인 상황을 내우외환으로 인한 결과로 나타났다.

조경남은 비록 자신의 육신은 이미 병옹이 되었고, 나라는 청나라 칸의 뜻을 거역하지 못하는 약소국 조선의 안타까운 처지를 단적으로 지적한 것이였지만, 조경남은 반정 후의 인조, 그러나 국내적으로는 반정 후에 정치적 개혁을 이루었지만, 이어서 청나라의 공격으로 삼전도의 굴욕을 당한 좌절을 벗어나고자 하였다. 조선 조정에서는 인조가 제 국정을 제 위치로 전환하려는 강력한 의지로 믿을 만한 측근 신하들 중에서 암행어사를 선발 파견하였고, 그 중에는 호남 지역 암행어사로 자신의 제자 성이성이 특차되어 공무를 마감하고 자신을 방문한 것이 큰 의식의 반전을 이루었다. 재기의 의욕에서, 인조 반정에 따른 성이성 암행어사 전기를 집필하여 국민들에게 새로운 희망을 전하고자 「춘향전」을 창작하기로 작정한 것으로 판단된다.

조경남이 창작의 생각지도를 구체적으로 살피면, 자신의 일기 속에서 크게 부각시켰던 윤계선의 「달천몽유록」과 명나라 조도사의 광해군 풍자시인 〈금준미주〉 한시와, 유일하게 한글로 표기한 시가 부분의 주인공 한음 이항복 등을 복합모델로 삼으면서, 고경명과 노진의 암행어사 설화계 야담을 기본적인 표면서사로 삼은 것으로 판단된다, 이런 기본적인 서사인 지방의 동기의 수절과 그 짝이 되는 양반 자제가 훗날 어사가 되어 동기를 찾게 되고, 수절과 동기는 어가가 되어 돌아온 동기와 재결합을 한다는 내용에, 동기 대신에 자신을 중심으로 복합모델로 형상한 춘향를 설정하고, 그 춘향을 현실에서의 자신인 스승 조경남과 그 제자인 성인의 부사의 책방 도령의 학제 공부를 위한 잠시간의 만남과, 이별 후에 자신은 남원에서 고통 속에서 남원과 조정 등에서 벌어지는 비극적인 상황과 때로는 의로운 이들의 실제의 삶을 다른 일기의 여러 내용을 염두에 두면서, 춘향과 이도령의 이별 후의 출세와 시련, 그리고 변부사의 수청을 끝내 거부하고 옥중에 갇혔다가 암행어사가 된 이어사의 극적인 암행어사 출두로 변부사를 봉고파직하고, 춘향과 이몽룡을 화려한 재회를 한다는 성리이념을 담아 투영시킨 극적이고 이념적인 승리를 하는 표면서사를 갖춘 작품으로 창작한 것이 「춘향전」의 탄생으로 믿어진다.

(나) 성이성의 상황으로 본 「춘향전」의 출세 대목과 재회 대목

계서 성이성은 진사 출신으로 성균관에 유학하고 있을 때, 공부하는 선비들의 풍습이 매우 문란한 상태였다. 그런 와중에 그는 성균관의 유생을 단속하는 대표인 색장이 되어, 해이해진 규율을 바로 세웠기 때문에 주변의 지식인들이 모두 성이성을 칭찬했다. 성이성은 1627년인 33세가 되던 해, 치러진 식년시 과거시험에 병과로 급제하였고, 승문원 부정자에 임용되었다. 다시 정자에 올랐다가 승정원 주서에 옮겼다.[143)]

성이성은 1628년에 유효입이 대북의 잔당을 규합하여 역모를 꾀하면서, 인성군 공을 왕으로 추대하려 했다 하여, 인성군을 자결하게 하고, 연좌처형하기로 된 아들 용을 구명하고자, 간곡한 뜻으로 상소를 올렸고, 여러 차례 경연에서도 간절한 진달로 용서를 청하매, 인조는 드디어 감동하였고, 인성군의 아들 용이 구원됨과 함께, 같은 역률에 연좌되어 대년 중이던 사람들도 모두 죽음을 면하게 되었다. 성이성은 이러한 사실을 전혀 말하지 않았기에 구원받은 사람들조차 그런 줄을 몰랐다. 그는 가을부터 이듬해 겨울까지 수찬, 교리, 정언, 시강원 문학을 두세 차례씩 역임했다.

1629년에는 부친상을 당하여 복을 벗고, 정자에 올라, 승정원 주서에 옮겼다가, 시강원 설서를 거쳐 1633년 성균 전적에 올라, 사헌부 감찰 시강원 사서를 지내고, 이듬해 병조좌랑 예조좌랑을 거쳐 사간원 정언이 되었다. 반정

---

143) 「계서선생 연보」, 『청백리 성이성선생 계서후손 필지선』, 계서당, 2004, 9쪽.

에 성공하고 인조가 즉위하자, 그 부친 정원군의 다섯째 아들을 왕으로 추존하여 종묘에 들이려 하자, 조정에서는 그에 대한 찬반이 엇갈리다가 마침내 원종으로 추숭되었다. 이때 간관이 된 성이성은 강경한 뜻으로 상소를 했다. 겨울에 시강원 사서에 임명되었으나 나가지 않았으나, 1634년에는 사간원 정원, 홍문관의 부수찬 부교리를 거쳐 이듬해 사헌부 지평을 지냈다. 1635년에 사서를 거쳐서 수찬이 되었다. 이때 그는 인성군의 아들 용을 비롯한 여러 사람의 목숨을 죽음에서 구원하였다.

1636년 겨울에 병자호란이 일어나서 청나라의 침략으로 인조가 남한산성에 피난했는데 그는 수찬으로 마침 귀향해 있던 중에 변을 듣고, 망와 금영조, 학사 김응조와 함께 급히 임금 곁으로 달려가던 도중 충주를 지나다가 경상감사 심연을 만났다. 적군에 막혀 남한산성에는 접근할 수 없는 상황이니 차라리 여기서 힘을 바침이 옳으리라고 하는 감사의 말을 따라서 감사 심연의 참모가 되었다. 그의 도타운 충의와 비상한 지모에 심감사는 감탄을 마지않았다. 1637년 정월 그믐날, 마침내 왕이 남한산성을 나와 청나라에게 항복하고 말았다. 성이성은 어려운 형편에 놓인 조정에 나아갔다. 2월에는 진휼어사로 경상도 여러 고을을 두루 돌아 지방 관리의 정사와 민정을 살폈다. 이어 호서 암행어사가 되어 탐학한 관원들을 징계하고 선정이나 아름다운 행정을 한 관장들을 포상하였다. 그때, 권신들이 서로 알력을 빚어, 공정무사한 성이성을 서로 자기 편으로 끌고자 이조정랑을 삼으려 하였다. 그는 이런 상황을 욕되게 여겨서 부친 성안의의 병을 이유로 사직하고 고향으로 돌아왔다. 이로부터 연달아 임명이 있었고, 옛 동료며 친지들도 복직을 권했으나 응하지 않았다. 1638년 봄에 다시 병조정랑에 취임하매, 또, 대신들이 서로 자기 파당으로 끌기 위하여 수찬과 이조정랑에 옮기게 하려 했지만, 그의 강직한 성품을 알고 물러섰다. 다시 교리 · 사간을 거쳐서 1639년에 암행어사가 되었다.

성이성은 1639년 암행어사에 임명되어 호서와 호남 지역에 나가 민정을 살피게 되었다.

성이성은 암행어사의 직분을 마치고 남원에 있는 스승 조경남을 찾아가 예방하였다. 이 때 병약해진 늙은 스승 조경남과 암행어사가 된 제자 성이성은 광한루에서 만났다. 성이성은 인조 25년인 1647년 11월 5일에는 암행어사로 파견[144]되어 다시 조경남의 집을 찾았을 때, 스승은 세상을 떠난 이후므로 홀로 광한루에서 지난 만남을 추억하는 대목이 1647년의 『호남암행록』에 다음과 같이 기록되어 있다.

삼십일 아침 부사가 와서 뵈었다. 식사 후 길을 떠나 오후에 역참에서 쉬니 여기가 바로 순천 땅이니 부(府)로부터 25리의 거리였다. 저녁에 배로 낙수를 건너서 구례에서 명령을 기다리는 자들을 만났다. 해가 지고난 후 구례에 들어가 유숙했다. 사또 이경후가 논박을 받고 파직되었다. 곡성현감 이문주가 맞으러 왔다.

십이월 초하루 아침 어스름에 길을 나서서 십리가 채 안되어 남원땅이었다. 내방한 것을 맞아주었다. 비가 오다 그치다 하였다. 성현에서 유숙하고 눈을 무릅쓰고 원천부내로 들어갔다. 원천부사 홍주가 맞이해 주면서 진사 조경남의 집에 자리를 베풀어주었다. 조진사는 바로 내가 어렸을 적 송림사에서 학제공부를 가르쳐 준 분이다. 기묘년에 또한 암행 차로 광한루에 들렀을 때는 조진사가 아직도 건재해서 이 누에서 동숙했었는데, 이제는 이미 세상을 떠나 그 서출 자식인 조목형제 등만 나와 인사했다. 그 가족들이 다담상을 들려 들어왔다. 조씨네와 헤어졌다. 오후에는 눈바람이 크게 일어서 지척이 분간되지 않았지만 마침내 광한루에 가까스로 도착했다. 늙은 기녀인 여진과 늙은 서리인 강경남이 맞으며 인사해 왔다. 날이 저물어 아전과 기생을 모두 물리치고 소동과 서리들과 더불어 광한루에 나와 앉았다.

144) 성이성, 『계서일고』, 「호남암행록」, 인조 25년(1647).

"흰 눈이 온 들을 덮으니 대숲이 온통 모두 희도다."[145] 거푸 소년시절 일을 회상하고는 밤이 깊도록 능히 잠을 이루지 못했다.

십이월 초이틀 아침 남원부사를 맞아 함께 이야기를 나누었다. 식사 후에 길을 떠나 오후에 오수역에서 쉬었다. 찰방 이양복이 차원으로 떠나갔다. 호남방백 이시해 자범과 전라도윤 박황 덕우와 판관 신홍망 망구가 서신을 보내와 서로의 안부를 물었다. 저녁에 이곳에서 묵었다. 임실현감 조귀석은 말미를 받아 여기에 없었고, 순창군수 민응경이 겸관의 자격으로 와서 맞았다.

이처럼 성이성 암행어사는 조경남 가족과 헤어진 후, 혼자 눈보라 속에서 광한루를 찾아가서 늙은 기생 여진과 아전 강경남을 맞아 대화를 나누게 된다. 그는 해가 진 이후에는 시중드는 기생들마저 다 물리친 후 소동, 서리들과 함께 광한루 난간에 나와서 설경 속에서 소년시절의 추억을 회상하느라 잠을 이루지 못하였다."[146]

성이성은 1639년 남원에서 암행어사로 스승을 만났다가 이별한 이후, 1644년에 어떠한 사건으로 파직되어 고향으로 돌아왔다. 그러나 그해 겨울에 다시 시강원 필선을 거쳐 보덕으로 옮겼다. 1645년에 부수찬이 되어, 청나라 사행에 서장관으로 북경에 다녀왔다. 돌아오는 그의 행장에는 다만 침구 한벌 뿐이어서, 이를 본 부사 정세규는 그글 매우 공경했다. 그해 가을서부터 이듬해인 1646년 여름까지 교리 · 수찬을 네 차례나 임명받았고, 사간 · 사헌부 집의를 네 차례, 그리고 시강원 보덕 한차례에 각각 임명되어 혹 취임하기도 하고, 사양하기도 하였다. 그 6월에 별시 과거에는 시험관이 되어, 주시험관이 출제를 잘못한 사건에 연루되어 함께 파직되었다. 그 후 1647년 7월에 다시 교리에 복직되었다. 그는 1648년의 봄 다시 집의 · 홍문

145) 雪色滿野 竹林皆白.

146) 설성경, 『춘향예술의 역사적 연구』, 연세대학교 출판부, 2000, 208~209쪽.

관 응교를 거쳐 담양부사에 부임하였다. 효종 1년인 1650년에는 암행어사가 그 치적을 임금께 알려 표리가 하사되고 포상하는 유서가 내렸다. 그 후 집의에 재수되고, 겨울에는 부응교를 거쳐 다시 사간에 옮겼다. 1651년에는 또 사간 겸 춘추관 편수관이 되었다. 어느날 가주서 이명익이 경연에서 말한 것을 밖에 퍼뜨렸다 하여 임금이 이명익을 나포하여 국문하도록 명령했다. 이번에도 성이성이 임금께 '경연에서의 일은 본래 공개함이 마땅한 것으로, 반드시 숨길일은 아닙니다.'라고 간했으나, 임금이 노여움을 풀지 않으매, 그는 드디어 사직하고 물러 오려 할새, 마침 『인조실록』이 완성되어, 편찬에 참여했던 춘추관 관원들은 공로로 승진시키는 예임을 들어, 사국의 동료들이 조금만 지체하기를 권했으나, 그는 언관이 되어 말이 쓰이지 못하는 터에 은상을 바라는 것은 너무 부끄러운 노릇이라고 하며 결연히 돌아와 버렸다. 이로 말미암아 그는 더욱 임금의 뜻에 거슬린바 되어, 몇 해 동안은 관직에 나아가지 못했다. 이조판서 정세규가 성이성은 본시 청백하고 근실하기로 알려져, 인조와 효종을 섬겨 온 경악의 신하인데, 한번의 진언으로 전하의 뜻에 거슬렸다하여 버릴 수는 없다고 진언했으나, 임금은 대답도 하지 않았다.

효종 4년인 1653년 3월 비로소 창원부사에 제수되자, 그는 사양하지 못하고 부임했다. 이때 조정에서 진영을 설치하고 힘써 군정을 닦으려 할새, 무관들이 세력을 부려, 그에 따른 일로 여러 고을이 고달팠으며, 또 민가에서 도망친 노비들을 찾아 돌려보내는 추쇄 등의 일로 송사가 분분했다. 그렇지만 성이성은 그 폐를 감사에게 상신함으로써 감사가 나라에 알려 금지케 하매 그 폐단이 훨씬 숙어졌다. 창원은 해변 고을이라 하나, 마포 1면만이 해산물을 공납하는 구실을 부담했는데, 이 해에 마포사람들이 죽는 불상사가 있었다. 성이성은 이들을 긍휼히 여겨, 그 지역에는 구실을 모두 면제시키고, 해산물 공납까지도 관에서 사서 바치는 등으로 성심으로 민생을 보살피자, 떠나 도망쳤던 백성들이 사방에서 모여들어, 그가 다스리기 2년에 백성의 살림이 생기를 되찾게 되었다.

1654년 가을에 모친상을 당한 후에, 복을 마치자 그는 다시 군기시 정을 거쳐 진주목사에 부임하였다. 그 고장 서민들은 사람이 죽으면 산기슭에 초빈을 하여, 오래도록 매장하지 않는 풍속이 있었다. 성이성은 상가의 이웃이나 친척이 힘을 모아, 반드시 매장을 하도록 했고, 딱한 처지이면 관에서 물자와 식량을 주어, 반드시 매장하도록 시켜, 미개한 풍속을 모두 고치게 했다.

1658년에 암행어사 민정중이 순안군무를 겸하여, 임금의 명으로 진주에서 훈련 사열을 하고 나서 군사에게 향연을 베풀고 상벌을 행할 때에, 병사 이하가 모두 분주하고, 두려워하였다. 연회가 끝나고, 병사가 어사를 위해 촉석루에서 크게 놀음놀이를 벌여, 어사의 환심을 얻으려 할 때, 성이성은 그것을 제지시켜 막았다. 이를 듣고 암행어사가 깊이 감복하여, 조정에 들어가 으뜸으로 보고하여, 포상으로 표리 한 벌이 하사되었다. 그 해 가을에, 다시 부교리로 불렸으나 얼마 아니하여, 파직되어 돌아왔다. 1659년에 효종이 승하하고 국장도감 낭청이 되었으며, 6월에 다시 사간이 되었다가 교리에 제수되었다. 10월에 국장을 마치고, 사건으로 물러왔다가 겨울에 다시 집의에 복직, 교리에 옮겼다. 현종 1년인 1660년 봄에, 강계 백성이 오래 폭정에 시달려, 조신 가운데서 중망이 있는 인물을 부사로 물색을 하다가 그를 임명하였었다. 강계는 관서지방의 큰 고을이나, 압록강에 면하여 여진땅에 연접되어 있고, 백성이 드물며, 국내 대표적인 산삼 곳이라, 거의 산삼캐는 일로 생업을 삼는 고장이었다. 원근의 장사꾼들이 모여들고, 관가에서도 끼어들어 이익을 탐함이 장사꾼 이상이었으니, 서도 일대의 고위관원들, 및 중앙 각 아문에서 포백을 실어다 맡기고, 그 값어치의 3배에 해당하는 삼을 요구하는 것이었으며, 수령이 또한 그러하니, 백성의 부대낌이 극심하여 원성은 온 고을에 들끓었다. 그가 부임길에 오르면서, 그 폐단을 여러 대신들에게 알리고, 과감히 바로잡으리라는 결의를 보이매, 정승 이경석만이 그를 칭찬했을 뿐, 대개는 미지근하거나 불쾌하다는 기색들이었다. 그는 부임하자 세삼을 모두 없애고, 서울이며 지방 각 관청의 공안을 가지고 삼을 구하려는 자는 모두 막아버리매, 백성들이 기쁨과 감격을 마지 못했다.

또, 이 해에 관서지방에 가뭄이 심하고, 메뚜기가 온 들판을 뒤덮어 들어가 푸른 잎사귀란 남아나지를 못했다. 그는 밤낮으로 근심하며, 온갖 방법을 짜내어 구호에 성력을 다했다. 어느날 '감영에서 비장이 공문을 가지고 왔다'는 아전의 보고를 받고, 그는 필시 삼 때문이리라고 작하고, 만일 공무라면 군사편으로 공문을 보내어 전령할텐데, 어찌 비장이 공문을 옷소매에 지니고 와서 수령에게 부탁할 것인가. 하며 받기를 거부했다. 그 사람이 매우 노하여 돌아가, 거짓으로 보태어 감사에게 보고하매, 감사가 감탄하기를 그 람이 그렇듯 엄정하니, 비록 상사로서도 어찌할 수 없다며, 뒷날 서울에 돌아가 성이성 같은 이는 지금 세상엔 한 사람뿐이리라고 칭찬하였다. 마침 만포첨사 한휴가 사병이 삼재배를 금하는 규칙을 범했다고 성이성을 무함하여, 조정에서 의논이 분분할 때, 혹 겉으로 돕는 체 하면서 도리어 그를 옭으려 들었다. 10월에 그를 나포하라는 명이 이르매, 온 고을이 창황하여 울부짖었고, 드디어 의금부로 잡혀가게 되매, 강계부의 백성들이 따라와 어울함을 호소하여 '우리 사또님 같은 은혜로운 다스림은 강계가 생긴 이래 처음이라.' 하고, '인삼 2백 근을 나라에 바치니 죄를 용서하소서.' 라고 빌었다. 성이성이 듣고 놀라서 '그렇게 함은 도리어 나를 불리하게 하는 일이라'고 하고 힘써 달래어 막았다. 이런 그의 애민정신을 들어, 관서 지방에서는 그를 산부처라고 불렀다.

성이성은 현종 4년인 1664년 2월 7일 70세로 생애를 마쳤다. 그가 부임했던 고을마다 밝은 다스림으로 칭송이 있어서 담양, 창원, 진주, 강계 등에는 송덕비가 세워졌다. 효종 21년인 1695년에는 청백리에 녹선되어 자손에게 쌀과 콩이 하사되었다.

4-2. 조경남 자신과 제자 성이성을 핵심모델로 창작한 「춘향전」

(1) 작가 조경남 등을 복합모델로 투영시킨 춘향

(가) 작가 조경남 자신을 서사적 자아의 핵심모델로 투영시킨 춘향

(ㄱ) 조경남의 스승 조헌의 상소와 율곡의 학문을 실천하는 의리정신

조경남의 스승 중봉 조헌은 임란 직전에 의리정신을 남달리 발휘하고 임진왜란이 일어나자 의병장으로 활동을 하다가 충청도 금산전투에서 순국한 열사로, 지부상소로 유명하였다. 조헌은 이이와 성혼의 문인으로, 서인의 핵심 정치가인 점에 대해서는 많은 것이 알려져 있지 않다. 조헌은 선조대 붕당정치가 처음 시작될 무렵 서인의 중심인물이었으며, 여러 차례의 상소문을 통해 자신의 의견을 적극 개진한 관료이자 정치가였다. 특히 중국 명나라를 다녀온 후에 올린 상소문을 통해 교육제도, 군사제도의 개혁, 서얼 차별의 폐지 등을 구체적으로 제시한 혁신적 경세가였다.

조헌은 임진왜란이 일어나기 이전에 동서 당파간의 갈등으로 정치적 난국상태 속에서 여러 차례 상소를 통하여 군제를 개혁하고 일본과 외교를 단절할 것을 주장했다. 그 당시 서인의 입장에 섰던 정구의 조헌에 대한 평가는 이러했다.

> 중봉 조공이 생존하였을 때에 세상에서 공을 안다고 하는 사람들은 공이 의기가 북받친 고지식한 위인에 지나지 않을 뿐이라고 말하였고, 공을 알지 못하는 사람은 광인(狂人)이라고 손가락질을 하기도 했다. 생각컨대 공은 평소에 남이 알아주기를 구하지 않았고, 사람들이 비록 자기를 미치광이라 하

> 여도 마음에 불안해하지 않았다. 다른 사람들에게서 의(義)에 부당한 사실을 보면 그를 도외시하였기 때문에 공을 아는 사람은 진정 적었고 원수같이 미워하는 사람은 더욱 많았다. 국가가 평안하고 조정의 실정이 심하지 않았는데도 공은 홀로 궐문 앞에서 항언(抗言)하여 국가의 위기와 존망의 화근이 조석지간(朝夕之間)에 있다고 하였다.[147)]

당시의 상황을 『당의통략』에는 "조헌이 귀향지로부터 돌아와서 호남유생 양산숙과 번갈아 상소함이 마치 정암수의 말과 같았다. 상이 원래 조헌을 미워하였으므로, '조헌이 아직도 두려움을 모른다. 다시 마천령을 넘고 싶은가.'라고 했다."고 했다. 서인과의 격돌에서 선봉에서는 대장 역할을 한 조헌은 선조나 동인 쪽에서는 매우 부정적으로 평가하였다. 선조는 그를 간사한 귀물이라고까지 했고, 동인에서는 여러가지[148)]로 모욕하며 매도했고, 사후에도 "이름을 얻기 위해 죽었다"며 비난했다. 심지어 그의 학문에 대해서도 "조 아무개는 일개 충신에 지나지 않을 뿐이며 그의 학문은 취할 바 없다"고 비판했다.

조헌이 올린 대표적인 상소는 원문 전체가 『조선왕조실록』에 4차로 분회되어 기록되어 있을만큼 역사적인 의미를 지닌 상소였다. 공주의 주학 제독관으로 제수된 조헌이 붕당의 시비와 학정의 폐단을 논한 상소의 구체적인 내용은 다음과 같다.

> 조헌(趙憲)을 공주(公州)의 주학 제독관(州學提督官)으로 삼았다. 조헌이 상소하여 학정(學政)의 폐단을 논하면서 시사에 대하여 극력 아뢰었다. 그 상소에,

---

147) 조헌, 『중봉집』, 〈항의신편서〉.

148) 人妖, 怪鬼, 凶險, 巧詐, 邪毒.

"신은 미치광이 같고 경솔한 병통이 있어 세상 사람들에게 저촉되어 거스름 받은 것이 많은데다가 고을살이를 형편없이 하였으므로 낭패스런 일을 자초하였습니다. 그 당시에 경기 지방에 흉년이 들었고 또 사우(師友)의 도가 무너진 데다가 시사가 날로 그릇되고 있었으므로 화가 몸에 닥칠까 걱정하여 스스로 황산(荒山)으로 도망가 농지를 빌려 힘써 농사를 지었으나 늘 굶주림을 면치 못하여 장차 어머니와 함께 골짜기에 쓰러져 죽지 않을까 두려워하였습니다. 이제 성상께서 몸소 교화를 펴시는 때에 학교의 가르침을 신중히 하고 효제의 도의를 밝히며 중국 조정에서 개혁한 학제(學制)를 본떠 특별히 계수 제독(界首提督)을 신설하였는데, 불초한 신이 외람되게 그 직책에 선발되었습니다. 그러나 고된 농사일 때문에 학문을 전폐하였으니, 혼미한 몸이 어찌 남을 밝게 인도할 수 있겠습니까? 자신을 돌아 봄에 부끄럽고 두려워 감히 선뜻 직에 나가지 못하였습니다. 그러나 어미를 봉양하는 일이 조석으로 절박하였기 때문에 어쩔 수 없이 성정(聖庭)을 깨끗이 쓸고 어린 선비들을 교도하여 삼여(三餘)의 학문을 권장하였습니다. 그리고 예조의 사목(事目) 중에 응당 해야 될 것을 찾아 직접 써서 여러 고을에 통지하였고, 또 사목 이외에 시행할 만한 일을 공첩(公牒)을 갖추어 감사에게 품신하여 점이(粘移)하든지 또는 주상께 계품하여 재가받도록 할 것을 생각 중입니다.[149]

조헌은 고향 남원에서 선조 7년인 1574년에 13세의 소년으로서, 하늘에 흰 무지개가 태양을 뚫는 환일현상이 일어나는 것을 보고 일기형식의 잡록을 짓기 시작한 제자 조경남을 주목하였다. 게다가 조헌은 남원에서 온 조경남이 정암 조광조의 방계 후손인 것을 알고는 더욱 아끼면서 조경남에게 "영재가 나의 문하에 많지만 일찍 문학을 성취하고 성리를 올바로 해석하며 정

149) 『조선왕조실록』, 선조(수정실록) 19년(1586) 10월 1일.

성과 공력이 독실한 사람은 자네가 처음일세"[150]라며 극찬을 아끼지 않았다.

조헌이 1586년 10월 1일에 올린 상소문 〈주학 제독관으로 제수된 조헌이 붕당의 시비와 학정의 폐단〉을 논한 상소문③의 내용은 다음과 같다.

> 대저 짐승에는 해치(獬豸)가 있고 풀에는 지녕(指佞)이 있습니다. 성상께서 몽학을 선사(善士)라 하여 발탁하여 언관(言官)의 자리에 있게 하였으니, 응당 앞뒤를 돌아보지 않고 지극히 탐욕스럽고 간사한 죄상을 극력 진언하여 군친(君親)과 지기(知己)에게 보답해야 합니다. 그런데 명도(名途)에 눈이 어두워 앞뒤를 관망함으로써 호남의 거활(巨猾)로 하여금 숭품(崇品)의 반열에 그대로 보전케 하였습니다. 이발은 이로써 몽학을 공자 같은 사람이라고 하면서 도리어 한 시대의 청절(淸節)을 지닌 선비들을 일망 타진하였으며, 남대(南臺)가 혁파된 것도 오로지 이들 때문이었습니다. 이발의 이러한 일들은 모두 의중을 위하고 자기 형제들의 입지를 마련키 위한 것이었으니, 그의 마음이 진실로 사직과 임금을 보필하는 데에 있었던 것이었겠습니까.
>
> 신은 그래도 이발이 옛 친구인 것에 연연하여 차마 즉시 교제를 끊지 못하고, 추위를 무릅쓰고 남쪽으로 달려가 반복하여 충고하여서 미혹된 마음을 돌이키기를 바라고, 애절한 말로 간절하게 타일렀습니다. 그러나 그들 형제는 노여워하는 뜻이 더욱 치솟아 수그러지지 않고, 오히려 성혼은 그르고 여립은 옳다 하며 숫자가 많은 쪽이 사림이고 적은 쪽이 불초(不肖)한 자들이라고 하면서 눈썹을 치켜올리고 눈을 부라리며 마치 날뛰는 돼지와 같은 기세였습니다. 신이 이에 세 차례 편지를 보내 교제를 끊고 개탄해 온 지가 오래되었습니다. 그래서 지금 고을을 지나면서 한 번 만나기를 청하였으나 신은 병을 핑계로 가지 않았고 또 두 편의 시를 지어 거절하였습니다.

150) 설성경, 『춘향예술의 역사적 연구』, 연세대출판부, 2000, 229~231쪽.

아, 옛일을 상고하지 않고 어찌 사람의 시비를 가릴 수 있겠습니까. 서한(西漢) 말엽에 천자가 대사마(大司馬)를 삼을 만한 인물을 천거하라는 조서를 내리자, 공광(孔光) 등은 왕망(王莽)을 천거하였고, 하무(何武)는 공손녹(公孫祿)을 천거하고 공손녹은 하무를 천거하였습니다. 이때 방맹(逄萌)이 벼슬을 버리고 바다를 건너가고 매복(梅福)도 갓을 걸어두고 떠나가자, 온 나라 사람이 글을 올려 왕망을 칭송하는 기세였는데 왕실에 마음을 두는 사람은 오직 하무 · 공손녹 두 사람뿐이었으니, 글을 올려 서로 천거한 것은 그럴 수 밖에 없는 형세였습니다. 그러나 왕망을 발탁하여 대사마로 삼으니 모두가 서로 칭찬하였고 하무 · 공손녹 두 사람은 파직시키고 말았는데, 두 사람을 쫓아내자 한(漢)이 신(新)으로 바뀌어 왕망이 하고 싶은 대로 되었습니다. 옛일을 가지고 지금의 상황을 비추어 보더라고 이이가 정철을 천거하고 성혼이 이이를 구해(救解)한 일이 과연 사심을 품고 한 것이었겠습니까. 퇴파(頹波)에 휩쓸리는 자를 과연 군자라 할 수 있으며, 횡류(橫流)의 지주(砥柱)와 같은 자를 소인이라 할 수 있겠습니까.

사림이란, 학문은 전통이 있고 행실은 가정에서 닦여져 온 고을이 그 효성과 우애를 존경하고 백성들이 그의 은택을 힘입어 입으로 선행을 말하지 않더라고 사람들이 스스로 잊어버리지 않는 자인 것입니다. 그런데 어찌 사사로이 서로 왕래하면서 친절하고 올바른 체하며, 하찮은 학식을 지니고서 스스로 뽐내고 이록(利祿)을 염두에 두고 서로 따르며, 조금 청렴한 체하며 외면 치레만 하는 자들의 힘을 빌어 충신을 해치려는 자들을 억지로 사림이라 부를 수 있겠습니까. 그리고 반드시 숫자의 많고 적은 것으로써 어느 쪽이 나으며 어느 쪽이 못하다고 논하여 일체 이의를 제기하는 것을 미워한다면 조씨(曹氏)가 한나라를 차지할 때 공융(孔融)이 정색(正色)하고 말했던 것이 옳지 않은 것이 되고 진회(秦檜)가 송나라를 제멋대로 하였을 때 조정(趙鼎)의 불굴의 기백이 옳지 않은 것이 됩니다. 그런데 군부(君父)가 무슨 잘못으로

외롭게 서서 그 능멸과 횡포를 받아야 합니까.[151]

또, 조헌이 위와 같은 장문의 상소를 올린 5개월 후인 1587년 3월 1일에는 〈성균 진사 조광현 · 이귀 등이 스승 이이가 무함당한 정상을 논한 상소문〉을 올렸다.

성균 진사 조광현(趙光玹) · 이귀(李貴) 등이 상소하여, 스승 이이(李珥)가 시배(時輩)들에게 무함(誣陷)당한 정상을 극력 논하였는데, 모두 수만언(數萬言)이었다.【이때 조정 논의가 성혼(成渾) · 이이(李珥)의 당에 대한 공격을 거르는 날이 없었다. 선비로서 성혼 · 이이의 문정(門庭)에 조금이라도 가까이 한 자는 차례로 배척당하였다. 그래서 성혼 · 이이를 위하여 감히 말하는 자가 없었다. 관학 유생(官學儒生)이 오현(五賢)의 종사(從祀)를 청하는 것을 명분으로 삼아 유생들을 불러 모으고는 상소 끝머리에 '정도(正道)를 그르치고 진리를 어지럽히며 이름을 낚고 성예(聲譽)를 구하였다.'는 등의 말을 몰래 첨가하여 성혼 · 이이를 공격하였는데, 전일 성혼 · 이이를 존숭하던 무리들도 모두 알지 못하고서 거기에 서명하였다. 이귀의 이름도 거기에 들어 있었으므로 이귀가 성내어 동료를 거느리고 소장을 갖추어 이를 변명하고자 하였으나, 여러 사람들이 화를 두려워하여 모두 흩어지고 말았다. 그래서 유독 조광현과 소장을 지어 동서(東西) 논의의 수말(首末)을 두루 진달하는 한편 조헌(趙憲)의 논의가 치우쳤음을 말하고 힘써 손순(遜順)하여 중도에 맞게 하려 하였는데 조광현은 그것은 감히 하지 못하였다. 이귀가 이에 이경진(李景震)을 시켜 별도로 상소하게 하고 그가 지은 소장도 올렸다.】[152]

151) 『조선왕조실록』, 선조(수정실록) 19년(1586) 10월 1일.

152) 『조선왕조실록』, 선조(수정실록) 20년(1587) 3월 1일.

또, 조헌이 선조 19년인 1586년 10월 1일에 장문의 상소를 올린 11개월 후, 1587년 9월 1일에 공주와 충청도에 소장을 올렸는데 감사가 받지 않자 공주 교수의 직책을 사임하고 귀향하였다. 1587년 3월 1일에는 〈성균 진사 조광현 · 이귀 등이 스승 이이가 무함당한 정상을 논한 상소문〉을 올리는 일이 있었다. 이 집단의 상소 사건이 있는 6개월 후인 9월 1일에 조헌은 귀향을 하였다. 즉, 조헌은 공주 교수의 직책을 사임하고 낙향을 하고는 제자들을 가르치고 있었다. 그 즈음에 진사 유인옥 밑에서 수학하면서 1년도 못 되어 『사략』을 읽고 『소학』을 외웠고, 다음 해에는 『통감』과 『두시』를 읽었으며, 글짓기를 시작해서는 기이하고 특이한 어귀를 많이 썼던 인재였다. 그런데 가정적으로는 불행하여 13세에는 홀로 모시던 모친마저 별세하자 미음만 먹으며 3년을 지냈던 효자였다. 15살 때에는 안동김씨와 결혼을 하였지만, 부인을 집에 두고 학문을 닦기 위해, 1597년 17세 때에 유학길에 올라 충청도와 전라도에서 가장 존경받던 중봉 조헌선생을 찾아가 문하생이 되었다.

산서 조경남은 조헌의 제자요, 율곡의 재전 제자로서 삶에서 충과 효를 실천하는 전형적인 성리학자였다. 남원에 살던 진사 출신의 조경남은 남원부사 성안의의 아들인 책방도령 성이성과 짧지만 치열한 학제공부를 하다가 아쉽게 헤어졌다. 훗날 암행어사가 되어 남원을 찾아온 제자와 늙고 병들어 스스로 병옹으로 규정한 조경남 자신과의 감격 적인 광한루 재회의 실화는 「춘향전」 서사의 작가 조경남에 의해 본격적으로 투영되었다. 그런데 지금까지의 학계의 통설은 「춘향전」이 상층 양반이 아닌 천민 광대들에 의해 춘향과 이도령의 신분을 벗어난 사랑 이야기가 생겨난 것으로 보았기에, 이도령의 과거시험 이야기를 비롯하여 암행어사로 남원에 와서 민심을 염탐하고 어사출두로 변부사의 폭정과 징벌하고 옥중의 춘향을 구출하는 내용들은 천민 광대들과는 거리가 먼 내용들이었다.

『난중잡록』은 조경남 자신의 이야기를 중심으로 임진왜란의 의병사를 기술한 야사다. 산서[153]를 직접 거론하였지만, 이는 자기를 포함한 국가 차원, 민족 차원의 역사를 기록한 것이다. 자신이 살고있던 전라도 남원 지역의 사건이 중심이 된 야사이기에, 지역별 사건으로는 1위가 남원으로 119회, 2위의 의주가 93회, 3위의 진주가 72회, 4위의 전주가 71회, 5위의 평양이 65회로 거론되었다.[154] 국적으로는 조선의 사건이 중심이지만, 그 외에도 명, 청, 왜, 대마도, 유구 등 동아시아에까지 관심의 폭이 넓었으며, 하늘과 우주에까지 관심이 많았다. 현실 참여로는 역사 현실 파악 등 다각적 정보를 통해 역사나 사태에 대한 정확한 파악을 하였다. 구체적 역사 현실에 대한 파악으로는 1592년에 일어난 임진왜란과 1597년에 일어난 정유재란, 1627년에 일어난 정묘호란, 1636년에 일어난 병자호란과 1637년의 정축호란을 다루고 있다.[155]

산서 조경남은 서문에서는 전쟁의 기미가 시작된 1582년 선조 15년부터, 전쟁이 겨우 안정기에 접어든 광해 2년인 1610년까지 4책으로 묶어『난중잡록』이라고 책이름을 붙이고, 그 첫 기사는 다음과 같이 기록하였다.

『임오년 겨울 12월 20일 세 개의 태양이 동쪽에 떴다. 쌍무지개가 겹쳐서

153) 조경남은 산서, 산서병옹으로 10회 등장.

154) 정구복의 「『난중잡록』의 임진왜란 기사서술에 관한 연구」(2010)에 따르면, 날짜별 기록에 뒤에 추가해 넣은 기사가 많이 있다. 예컨대 1603년 4월 13일 기사에, 정발의 처 임씨의 소장에 의해 그 진상을 재조사한 내용을 기록하고 있다. 임금의 교서라던지 의병장의 격문은 보는 즉시 그때 그때 일록으로 기록하였다. 그리고 후일 강항의 보고서를 여러 곳에 분산해 실어 일본의 지리, 형세 등을 파악할 수 있게 추보하였다.

155) 서술의 시작은 1582 12월 20일(선조 15년)이며, 서울 분량은 1592년(292쪽) 1593년(68쪽) 1594년(41쪽) 1596년9(27쪽), 1597년(65쪽) 1598년(38쪽) 1600년(80쪽) 1608년(102쪽) 1615년(21쪽),1617년(22쪽) 1619년(42쪽) 1621년(46쪽 1623년(21쪽) 1624년(27쪽) 1627년(41쪽) 1628년(117쪽) 1629년(28쪽) 1630년(53쪽) 1633년(23쪽) 1636년(40쪽) 1637년(91쪽) 1638년(35쪽)이고, 종결은 1638년 12월(인조 16년)이다.

관통했다.』

이 세 개의 태양이 나타난 것은 정상적인 자연현상이 아니다. 이는 하나의 이변이다. 하나의 태양이 떠야 하는데 남쪽과 북쪽에서 전쟁이 날 것임을 예고해주는 도입 기사로 조경남은 활용하고 있다. 그에게는 자연현상이 인간 역사를 예고해준다고 생각했던 동양의 전통적 믿음이 깊이 깔려 있었음을 말해준다. 즉, 북과 남에서 왜와 여진족의 침입으로 국가가 혼란스러운 상황을 당할 것임을 예고해준다고 조경남은 파악했다.

바로 다음 해, 여진족의 니탕개 종족이 우리나라 북변을 침략했다는 기사가 나오고 있다. 조선은 항상 북쪽과 남쪽이 외침의 경계 대상이었다. 이들 외침은 비록 방향이 다르고 다른 주체에 의하여 일어나는 것이지만, 조선에서의 충격은 서로 연결되는 것이었다. 북변의 오랑캐라고 칭하던 여진족의 침입을 막기 위해 파견된 장수들이 왜란을 당하여 다시 남으로 내려와 이를 막으려 했다. 신립, 이일, 이순신 등이 모두 북변의 여진족의 침략을 막아냈던 장수였다.

윗 기사의 말미에 두 줄로 쓴 세주를 다음과 같이 붙이고 있다. 이해 내 나이 13세였다. 시국에 대해 느낌이 있어 이때부터 비로소「일록(日錄)」을 쓰게 되었다.

산서 조경남의 역사 서술관은, 조선과 왜를 보는 시각에 있어서, 국적을 떠나서 인간의 의리와 진실성을 중심으로 평가 서술한 경우를 보여주기도 한다.

『난중잡록』에 실린 총 41편에 달하는 격문과 통문들은 1592년 한 해 동안에 작성된 것이 34편으로 전체의 약 83퍼센트에 달할 정도로 집중되어 있다. 창의에 영향을 미친 선비들의 정신은 대의, 충성, 위국, 책임, 복수 등 다섯 가지로 선비들의 창의는 평소 자신들이 가지고 있던 선비정신의 발로였다. 선비정신의 현실 세계에서의 구현은, 위기를 맞은 국가 공동체가 나아가야 할 올바른 방향성을 부여한 행위였다. 창의의 명분이 합당하다 할지라도, 많은 백성들을 의병 휘하에 모으고 거느리기 위해서는 높은 명망이 요구되었는데, 이는 평소 학문을 닦으면서 인격 도야에도 힘쓴 선비이기에 가능한 일이었다. 임란 초기 선비들의 의병 활동은 꺼져가던 국운에 희망의 불씨를 살리는 행위였다. 의병의 중요성을 인식한 조선 정부도 의병 창의를 독려하여 총력전을 펼침으로써 위기를 극복하고자 하였다. 무너져가는 나라를 지탱시킬 수 있는 힘인 희망을 선비들이 행동으로 이끌어낸 것이다. 이들의 활동은 백성들의 인심이 더 이상 이반되지 않고 하나로 결집하는 계기가 되었다. 그리고 일본군에게 일방적으로 우세하게 전개되던 전쟁의 흐름을 바꾸는 계기로 작용하였다. 의병의 활약으로 체제 정비를 위한 시간을 번 조선은, 차츰 육지의 관군을 수습하여 재정비할 수 있었던 것이다. 비록 의병의 긍정적 활동이 단기간에 그쳤고 전투적인 측면에서는 크게 성취한 바가 없었다고 하더라도 국가의 명맥이 의병 덕분에 유지될 수 있었음은 분명한 사실이다.[156)]

『난중잡록』은 전라도 의병이 경상우도 방어에 활약한 모습을 소상히 전하고 있다. 전라도의 의병들이 성주성 전투에 참여한 내용을 『난중잡록』에서 상세히 전하고 있다. 그리고 정철이 전라도 의병을 빼내어 경성수복에 참여케 하려는 조처를 경상도 사림들의 건의로 막아낸 내용도 상세히 전하고 있다. 또한 『난중잡록』에는 정유재란 때에 일본군이 민패를 나누어주어 직접 통치하려한 모습도 전하고 있다. 그리고 일본군의 잔악성에 대한 구체적 서술 등 당시의 사회 상태를 상당히 사실적으로 소개하고 있다.[157)] 그는 임란 전의 서울 민심의 동요와 당쟁에 대한 사론 등도 기록하였다. 그는 100여 명이 모여 부른 둥둥곡이란 곳을 소개하면서 서울의 풍속을 논하고, 당파의 분

---

156) 우인수, 「선비들의 임란 창의정신과 의병 활동」, 『퇴계학과 유교문화』, 경북대학교 퇴계연구소, 2015.

157) 정구복, 「『난중잡록』의 임진왜란 기사서술에 관한 연구」, 한국학중앙연구원, 2010.

열도 언급하고 있다. 그밖에도 2-3곳에서 당쟁에 대한 언급을 하고는 있지만, 의 서문에서 강조한 것처럼, 당쟁 문제를 심각한 문제로 절실하게 강조한 것이라고는 할 수 없다.

최시옹이 1666년에 쓴『난중잡록』의 서문은 다음과 같다.

> 임오년(선조 15년 서기 1582)에 공의 나이 13세였는데, 세 개의 해가 함께 솟고 쌍무지개가 세 해를 포개서 꿰뚫은 것을 보고는 세상이 대단히 어지러워질 것을 알고 당시의 일을 기록하게 되었으니, 잡록의 저술은 이때부터 시작된 것이다. 계미년(선조 16년 서기 1583)에 양 부인이 세상을 떠나니 공은 전후하여 부모를 다 잃었다. 그런데 외할머니 허씨는 다른 자녀가 없어 이 때부터 할머니와 손자 두 사람은 서로 의지하고 살게 되었다. 정해년(선조 20년 서기 1587년에 중봉 조헌 선생을 찾아가 뵙고 도덕의 가르침을 들을 수 있었다. 임진년(선조 25년 1592)에 왜적이 창궐해서 나라 일이 형편없이 되자, 공은 자기가 완력이 있고 말타기와 활쏘기를 잘하는 것을 믿는지라 의병의 격문이 오면 번번이 떨치고 일어나 먼저 나설 뜻을 갖었으나, 외할머니가 연로하고 의탁할 데가 없는 데다, 또 이질을 앓는 일을 생각하고 딱 끊고 가버리기가 어려워 의분을 참고서 그만두었다. 행조로 부터 자기를 죄책하는 교서를 내리기에 이르러서는 공은 그 교서를 보고 대성 통곡하며 말하기를, "신민된 자가 이 교서를 보고도 통곡하지 않는다면 인정이 없는 자다." 하고, 시를 지어서 자기의 뜻을 나타냈다. 정유년(선조 30년 서기 1597)봄에, 무용으로 뽑혀서 군문찬획이 되었으나 마침내는 외할머니의 사정 때문에, 사퇴하고 돌아와 노인을 업고 지리산 속으로 피난했다. 매일 같이 왜적을 만나서는 힘을 내어 쳐서 쫓으니, 산을 뒤지던 왜적들은 감히 항거하지 못했고, 도적질하는 무리들도 두려워하여 감히 함부로 굴지 못했다. 공을 따라다니는 자들이 3백여 명이 있는데, 하나도 다치거나 없어지지 않았고, 산골짜기에 피해와 있는 자들도

다 공의 덕으로 온전히 살게 되었다. 그리고는 동지들과 함께 군중을 모아 왜적을 토벌하여 여러 차례 특출한 공훈을 세웠다. 불우에서의 완전한 승리, 궁장에서의 무찌른 싸움, 산골에서의 밤중의 살륙, 하동에서의 추격 참적, 죽전에서의 기묘한 계략, 숯굴에서의 급박한 추격, 산음에서의 화공, 해현에서의 포위를 돌출한 등은 다 그의 전공 중에 뚜렷이 나타난 것들이다. 복수장 정이길이 원수에게 보고하기를, "조경남은 일개 서생으로 의사들을 모아서 죽음을 같이 하기로 맹서하고 여러 차례 왜적을 섬멸하였으니, 그의 나라를 위한 정성에 대하여 마땅히 빨리 포상을 내리도록 장계를 올려야 할꺼요."라고 하였다. 그러나 공은 신하된 의리로서 임금을 위해 왜적을 토벌하여 자기의 분을 풀 따름이지 적을 목 베어 바쳐 포상을 요구해서는 안된다고 생각하기로, 산과 들을 전전하여 싸워, 전후로 왜적을 목 베인 것이 몇백이나 되는지 이루 헤아릴 수 없을 정도였으나, 종내 일자 반급의 상도 없었다. 그가 스스로 자랑하기를 부끄러워 한 것이 이러했다. 무술년(1598)에 외할머니 허씨의 상을 당하여 그 복기가 끝나지 않았는데, 본도의 병사 이광악이 글을 보내 그를 막하로 부르자, 의리상 감히 사퇴할 수 없어 마침내 종군하게 되었다. (중략)

공은 명문의 후예로 남쪽 시골에 밀려 내려와서 불행하게 어린 나이에 부모를 잃었는데도 스스로 분발하여 학문에 힘써 문장은 세상에 알려지고, 지혜와 용맹은 당시에 이미 드러날 수 있었다. 그러나 재주와 운수가 서로 맞지 않아 뜻을 지닌 채로 세상을 떠났으니 정말 가석하다.

아! 공은 비록 생전에는 불우했으나 다만 이 한 책은 후세에 전해질 수 있으니 불후의 작이라 해도 좋다. 지금도 기억하거니와 지난 갑자년(1624)에 공이 진사시에 급제하고 집에 돌아오자, 내 선친 판소공이 당시 장령으로 축하연에 초청되었다. 공의 손자 선군이 그 책을 가지고 와서 나에게 보여 주며 책의 보람을 나타내는 글을 요구하는 것이다.

나는 금년에 81세로서 노환으로 들어앉아 있는 터라, 글을 쓸 생각은 없지만, 지난날을 생각하면 감회를 누를 길이 없어 감히 늙고 졸렬한 것으로써,

그의 생각을 물리치지 못한다. 그래서 공의 자서를 가지고 거기에다 약간의 산정을 가하고 중간에 선배들로부터 전해들은 것을 부기해서 한편의 글을 만든 것이다. 그리고 당시 정치인들이 잘하고 잘못한 것과 좋고 그름과 사세에 완급에 이르러서는 이 책을 보는 사람은 으레 알게 될 것이므로 여기서는 다시 늘어놓지 않는다.[158)]

숭정 기원 39년 병오년(1666) 9월 국화피는 가을에 삭녕(朔寧)인 최시옹(崔是翁)이 삼가 서문을 쓴다.

산서 조경남은 『난중잡록』에서 인간의 문제와 자연 즉, 우주의 문제를 함께 바라보았다. 우주, 자연의 변화와 인간의 삶이 겪게 될 변화나 기복을 함께 바라보기 때문에, 자연이나 우주만의 기록이나, 인간의 역사만의 기록에 비교하여 이 역사는 잡록의 역사였던 것이다. 그러기에 그 잡록에는 천재지변에 관한 자연관이 자리하고 있다. 이치나 이념이 앞서기 전에 일어나는 사건, 그 자체가 주체가 된다고 파악하였기에, 역사적 진행, 사건 속에 움직이는 인물들의 실질적인 대응행위 자체를 기록의 대상으로 삼았다.

조경남은 『난중잡록』에서 충무공이 한산도에서 읊은 한시에서 "바다에 맹서하니 어룡이 꿈틀대고, 산에 다짐하자 초목이 알아듣네.[159)] 그는 대체 어디에다 대고 무엇을 맹서 했기에 초목과 어룡조차 격동되어 대답했다고 하는가? 공이 자신의 칼에 써서 새긴 칼이름에 석 자 칼로 하늘에 맹서를 하니, 산하조차 낯빛이 움직이누나."[160)]라 했으니, 그 맹서는 다른 칼에 새긴 "한번 휘둘러 쓸어버리매, 산하가 그 피로 물들어지리."[161)]에 절실히 담겨 있

158) 숭정 기원 39년(현종 7년. 1666). 국화피는 가을에 삭녕인 최시옹이 삼가 서문을 쓴다.

159) 誓海魚龍動 盟山草木知.

160) 三尺誓天, 山河動色.

161) 一揮掃蕩, 血染山河.

다.[162]

산서 조경남은 남원성의 함락에 대해『난중잡록』에서 다음과 같이 기록하고 있다.

> 달은 휘영청 밝은데 멀리 남원성에서는 왜놈들의 조총 소리가 천지를 진동하고 터져나오는 총포의 불빛으로 하늘은 대낮과 같았다. 잔악한 적군의 포위 속에서 고전을 하고 있을 아군을 생각하니 참으로 분하고 원통하였다. 나도 모르게 소리를 내어 통곡하였다. 그리고 나는 주위 사람들에게 이렇게 외쳤다. "만약에 나에게 한 부대의 병력만 주어진다면, 죽음을 무릅쓰고 쳐들어가 고전하는 아군을 돕고 적의 기세를 분쇄할 자신이 있다…허나 뜻만 있을 뿐 아무 힘이 없으니 오직 분하고 분할 뿐이다."라고 했다.[163]

또, 9월 22일의 일기에는, 남원 동쪽 10리쯤 떨어진 불우에서 왜적 5명을 만나 동지 박언량과 이를 죽였고, 그 이튿날에는 마침 임실에서 남원을 거쳐 구례를 빠지려는 왜적을 그 길목 궁장현에서 김완, 박언량, 정사진 등과 함께 처음에는 활을 쏘아 그리고 다음에는 육탄전을 벌여 적 56명을 죽였다. 또 그 무렵 산동촌에는, 왜적 400여 명이 머물며 익어가는 벼를 베어 군량미를 비축하고 한편으로 약탈과 살육을 자행하고 있었는데 김완, 양덕해 등 10여 명과 함께 야습하여 적 55명을 죽였다.

조경남은 지리산 황류동에 피난 중이었는데, 남원성의 함락되던 그때의 상황을『난중잡록』에는 다음과 같이 기록하고 있다.

---

162) 정민,『정민의 세설신어』, [275] 서해맹산(誓海盟山).

163) 조경남,『난중잡록』, 1597년 8월 15일.

달은 휘영청 밝은데 멀리 남원성에서는 왜놈들의 조총 소리가 천지를 진동하고 터져나오는 총포의 불빛으로 하늘은 대낮과 같았다. 잔악한 적군의 포위 속에서 고전을 하고 있을 아군을 생각하니 참으로 분하고 원통하여 모르게 소리를 내어 통곡하였다. 그리고 나는 주위 사람들에게 이렇게 외쳤다. "만약에 나에게 한 부대의 병력만 주어진다면 죽음을 무릅쓰고 쳐들어가 고전하는 아군을 돕고 적의 기세를 분쇄할 자신이 있다. 허나 뜻만 있을 뿐, 아무 힘이 없으니 오직 분하고 분할 뿐이다."라고 했다. 또 9월 22일에는, 남원 동쪽 10리쯤 떨어진 불우에서 왜적 5명을 만나 동지 박언량과 이들을 살해하였고 그 이튿날에는 마침 임실에서 남원을 거쳐 구례로 빠지려는 왜적을 그 길목 궁장현에서 김완, 박언량, 정사진 등과 함께 처음에는 활을 쏘아 다음에는 육탄전을 벌여 적 56명을 살해하였다. 또 그 무렵 산동촌에는 왜적 400여 명이 머물며 익어가는 벼를 베어 군량미를 비축하고 한편으로 약탈과 살육을 자행하고 있었는데 김완, 양덕해 등 10여 명과 함께 야습하여 적 55명을 살해하였으며 이 밖에도 조경남은 적을 쫓아 경상도 하동 · 산음 또는 구례, 순천까지 전전하면서 여러 차례 적과 싸워 많은 전과를 올렸다.[164)]

산서 조경남의 『난중잡록』은 임진왜란사에 뿐만 아니라, 조선 중기의 정치, 경제, 사회, 문화, 당쟁, 외교, 군사 등 실로 다방면의 내용을 생생하게 기록하고 있기에, 지방의 개인 기록을 넘어서, 국가의 공식 역사서인 왕조실록에도 반영이 된 아주 특별한 책이다.

『난중잡록』은 『승정원일기』에 반영되어 있다. 영조 20년에 『승정원일기』가 불에 타서 인조로부터 숙종 말년까지의 일기가 소실되었음으로, 이를 개수하는 작업이 영조 22년(1746년)부터 있었는데, 이 개수한 『승정원일기』에 『난중잡록』이 인용되었다. 즉 『난중잡록』은 인조 8년조 기사에 27가지의 기사가

164) 조경남, 『난중잡록』, 1597년 8월 15일.

인용되었다. 『난중잡록』으로부터 『승정원일기』에 당해 기사를 베껴 넣은 사람은 낭청 이정중이었고, 이를 교정본 사람은 낭청 원계영이었다.[165)]

『선조수정실록』의 기록으로 본 남해와 남원성 전투는 다음과 같다.

경리 양호와 제독 마귀(麻貴)가 대군을 이끌고 남하하여 경상도로 갔다. 양호가 떠나면서 상께 말하기를 '내가 군사를 거느리고 남쪽을 정벌하려는데, 국왕도 함께 가자.'고 하니, 상이 즉시 응답하여 승낙하였다. 이튿날 상과 경리가 고삐를 나란히 하여 성을 나갔는데, 경리가 험한 길로 말을 달려가자, 상도 재빨리 달려 따라갔는데, 자세가 안정되고 여유가 있었다. 이에 경리가 돌아보고 웃으면서 '왕과 함께 일을 할 만하다.' 하였다. 상이 말에서 내리려는데, 백관과 위사(衛士)가 한 사람도 뒤따라 온 자가 없고, 오직 선전관 유승서(柳承緖)만이 따라와 고삐를 잡았다. 강가에 이르러 경리가 굳이 상에게 환도(還都)할 것을 청하니 상이 이에 돌아왔다.[166)]

유정(劉綎)이 순천(順天)의 적영(賊營)을 다시 공격하고, 통제사(統制使) 이순신(李舜臣)이 수군을 거느리고 그들의 구원병을 크게 패퇴시켰는데 순신은 그 전투에서 전사하였다. 이때에 행장(行將)이 순천 왜교(倭橋)에다 성을 쌓고 굳게 지키면서 물러가지 않자 유정이 다시 진공하고, 순신은 진린(陳璘)과 해구(海口)를 막고 압박하였다. 행장이 사천(泗川)의 적 심안돈오(沈安頓吾)에게 후원을 요청하니, 돈오가 바닷길로 와서 구원하므로, 순신이 진격하여 대파하였는데, 적선 2백여 척을 불태웠고 죽이고 노획한 것이 무수하였다. 남해(南海) 경계까지 추격해 순신이 몸소 시석(矢石)을 무릅쓰고 힘껏 싸우다 날아온 탄환에 가슴을 맞았다. 좌우(左右)가 부축하여 장막 속으로 들어

165) 『난중잡록』은 한양 조정으로 올라가서, 규장각에 보존되었다. 1860년대에 조경남은 지방의 들이 상소를 올린 결과로, 드디어 사후 300년 만에 호조참판으로 추증되었다.

166) 『선조수정실록』, 선조 30년(1597) 11월 1일.

가니, 순신이 말하기를 '싸움이 지금 한창 급하니 조심하여 내가 죽었다는 말을 하지 말라.' 하고, 말을 마치자 절명하였다. 순신의 형의 아들인 이완(李莞)이 그의 죽음을 숨기고, 순신의 명령으로 더욱 급하게 싸움을 독려하니, 군중에서는 알지 못하였다. 진린이 탄 배가 적에게 포위되자 완은 그의 군사를 지휘해 구원하니, 적이 흩어져 갔다. 진린이 순신에게 사람을 보내 자기를 구해 준 것을 사례하다가, 비로소 그의 죽음을 듣고는 놀라 의자에서 떨어져 가슴을 치며 크게 통곡하였고, 우리 군사와 중국 군사들이 순신의 죽음을 듣고는 병영(兵營)마다 통곡하였다. 그의 운구 행렬이 이르는 곳마다 백성들이 모두 제사를 지내고 수레를 붙잡고 울어 수레가 앞으로 나갈 수가 없었다. 조정에서 우의정을 추증했고, 바닷가 사람들이 자진하여 사우를 짓고 충민사라 불렀다.

왜적이 남원성을 공격하여 함락하니 양 부총이 가까스로 서문을 통하여 빠져 나와 겨우 죽음을 면하였다. 본월 12일에 왜적이 남원을 포위하고 주야로 공격하니 부총의 병마는 화살도 떨어지고 힘도 다하였다. 16일 밤에 적이 남문으로 기어 오르자 부총은 사태가 다급하여, 단지 병졸 3백여 명만을 이끌고 서문으로 빠져 나오다가 탄환 두 발을 맞았으며, 겨우 10여 명만이 살아 돌아왔다.[167]

영돈녕부사 이산해, 중추부사 윤두수, 좌의정 김응남, 행 지중추부사 정탁 등이 소대를 청하니, 상이 별전으로 나가 인견하였는데, 좌승지 정광적, 주서 송석경, 가주서 허적, 검열 임수정 · 이필영 등이 입시하였다. 응남이 아뢰기를, "남원이 함락되었다니 이런 망극한 일이 또 어디에 있겠습니까." 하고, 두수는 아뢰기를, "우리 나라의 일로 인하여 중국군이 이 지경까지 되었으니 망극하다 뿐이겠습니까. 우리 나라의 존망이 걸려 있을 뿐 아니라 천하의 일이 이제 끝났습니다." 하니, 상이 이르기를, "전일에 내가 말하지 않았던가.

167) 조경남, 『난중잡록』, 선조 30년(1597) 8월 18일.

양 총병이 남원을 지킨 것이 지혜로운 일이겠는가. 3천 명의 외로운 군사로 어떻게 한창 기세가 뻗치는 적병을 대항하겠는가." 하였다.[168)]

(ㄴ) 조경남이 57년간에 걸쳐 집필한 『난중잡록』과 『속잡록』

조경남은 1618년에 『난중잡록』을 편찬하면서 그 서문에서 다음과 같이 집필의 의도를 밝혔다.

> 오랑캐의 난은 어느 시대에도 다 있었다. 주 선왕(周宣王) 때에는 험윤(玁狁 옛 종족으로 흉노의 옛 이름)이 심히 기승을 부렸고, 또 한 고조(漢高祖) 때에는 묵특[冒頓]이 횡행하였으니, 6월에 출병시킨 일이라든지 후한 뇌물을 보내준 계략 따위는 본래 부득이한 일들이었다. 이제 왜적의 변란이 아무런 대비도 없을 때에 일어나서 먼저 상주(相州)에 견줄 요충지의 군사가 궤멸했고 또 장강(長江 낙동강을 말함)과도 같은 험새(險塞)를 잃어버려, 임금은 파천(播遷)하기에 이르렀고 종묘 사직은 모두 잿더미가 되었으며, 8도는 함락되고 만백성은 짓밟혀 우리 국가의 당당하게 빛나는 왕업이 차마 말할 수 없는 지경에 이르렀다. 그러나 다행히 민심은 한실(漢室)에 기울 듯 조국을 생각했고, 하늘의 뜻은 주(周) 나라에 돌아가듯 명 나라에 쏠려 관군이 패전하였지만 의병이 일어났고, 우리 군대가 패퇴하였으나 명군(明軍)이 왔다. 그리하여 비로소 토벌을 벌인 끝에 왜적을 국경 밖으로 몰아 내어 국토를 다시 회복하였고 파천했던 임금도 환도했으니, 명(明)의 출병이야말로 그 은혜가 막중하다. 그러나 천심(天心) 이 돌아서지 않으매 화근이 제거되지 않았으니, 적은 3면을 점거하고서 강화를 요구하여 온 것이었다. 황제의 도량이 관대하여 전쟁을 그만두고, 왕을 봉해 주기를 의논함으로써 우리 나라의 휴식을 바랐다. 그리하여 멀리 사신을 보냈으니 이것은 후한 뇌물을 보내 준 옛 계략과

168) 조경남, 『난중잡록』, 선조 30년(1597) 8월 18일.

같은 것으로, 그 은덕 또한 높다 하겠다. 그런데 저 짐승과 같은 왜적들이 은덕을 저버리고 하늘을 깔보며 해[日]를 욕하여 관군을 도륙하고 침략을 자행하자, 황제의 위엄은 다시 진동하였다. 그리하여 고래[鯨]떼 같은 왜적의 무리가 사라지고서야 변경의 전진(戰塵)이 깨끗이 맑아지고 사방이 편안하여졌으니, 불행 중 다행한 일이 이보다 더 클 데가 어디 있겠는가. 아! 국운이 막혀 재화와 난이 연달아 일어나 7년 동안이나 전쟁이 계속되었고, 황제의 군사가 세 차례나 출동하였다. 싸우고 수비하기에 편할 날이 없었고 이기고 패하고 할 적마다 기쁘고 비통하였던 일은 한 마디로 다 말할 수 없다. 나는 때를 잘못 타고나서 이러한 난리를 만나고도 임금을 위해 죽지 못했으니, 신하되고 백성된 도리에 죄책을 면할 길이 없어 한밤중에 주먹을 불끈 쥐고 한갓 혼자서 눈물을 닦을 따름이다. 아! 비록 나랏일에 힘을 바치지는 못하였으나 마음은 늘 왕실에 있어서, 승전의 소식을 들으면 춤을 추면서 그 일을 기록했고 아군이 패전한 것을 보면 분함에 떨면서 그 일을 쓰고는 했으며, 애통한 말로 효유(曉諭)하는 교서(敎書)라든가 이첩(移牒) · 공문 · 격서(檄書)에 이르기까지 본 일과 들은 사실을 빠뜨리지 않고 얻는 족족 기록하고, 간간이 나 개인의 의견을 넣어 연결시켜 글을 만들었다. 이 글이 후일 지사(志士)들의 격절탄상(擊節歎賞)하는 자료가 되기를 바라는 동시에 충신 열사의 사적과 나라를 저버리고 임금을 잊은 자의 죄상이 여기에 누락되지 않았다면 직책 밖의 외람된 일이라는 책망을 나는 달게 받겠다. 아! 한 가닥 천성이 매우 강개하여, 옳지 않은 줄을 알면서도 그만두지 못하고 책망을 당할 것인데도 스스로 억제하지 못한 것이다. 임오년(선조 15년, 1582) 왜란이 싹튼 초기부터 비롯하여, 경술년(광해군 2년, 1610)에 겨우 안정되기 시작한 무렵까지 끝냈는데, 내가 정유년(선조 30년, 1597)에 피난하고 왜적을 토벌한 일을 그 다음에 다 엮어 넣어 나눠서 네 편으로 만들고 '난중잡록'이라고 이름을 붙였다. 궁벽한 시골이라 견문이 고루하여 사실과 어긋난 기사도 없지 않을 것이나, 그 가운데는 또 선을 권면하고 악을 징계하여 사람을 감동시키려는 뜻도 많이 들어 있으니, 이것이 어찌 한때 잠을 안 자고 심심풀이로 읽는 데 그칠 뿐이랴. 공자가 이르기를, "나를 알아 주는 것도 오직 춘추를 통해서일 것이고, 나를 벌하는 것도 오직춘추를 통해서일 것이다." 하였는데, 나는 이 말의 뜻을 가지고 외람되나마 후세의 군자들에게 기대를 건다.[169]

조경남은 1610년 2월로 『난중잡록』을 마감한 이후, 1611년 2월에 『속잡록』을 다시 쓰기 시작하였다. 그 사이에 성안의 부사가 1607년 2월에 남원부사로 와서, 1611년 2월에 광주 목사로 떠났다. 그 사이 남원부사 성안의의 아들인 성이성은 과거 공부를 위해, 1차로 1607년에 일시적으로 상주의 우복 정경세에게 배웠고, 2차로 1609년에, 전주의 강공 윤복선에게 배웠다.[170] 3차로 1610년에는 남원의 산서 조경남에게 학제공부를 배웠다.[171] 이런 사실을 종합해보면, 조경남은 1610년 2월에 『난중잡록』 4권을 마감하고, 성안의 부사의 책방도령 성이성을 데리고, 지리산의 송림사에 들어가서 학제 공부를 집중적으로 시작하였다. 성안의 남원부사가 1611년 2월에 광주 목사로 떠날 때, 아들 성이성도 함께 남원을 떠났다. 조경남과 성이성은 1610년 2월에, 지리산 송림사에 들어가 봄부터 학제공부를 시작하여, 다음 해 2월, 부친이 광주목사로 떠나는 겨울까지 사계절을 함께 지리산에서 공부한 것이다. 짧은 기간이었지만, 조경남과 성이성은 지리산 송림사라는 특별한 공부방에서, 조경남식의 특별한 학제공부를 집중적으로 받은 후에, 부친을 따라 광주로 가며 아쉬운 이별을 했다. 제자 성이성과의 이별 후에 조경남은 그동안 제자의 학제공부를 위해 중단했던 잡록 쓰기를 1611년 1월에 다시 시작했다.

---

169) 『난중잡록』 자서(自序) 만력 무오년(광해군 10년, 1618년) 가을 7월 16일.

170) 『계서선생필지』, 〈부용당 년보〉. 성기운 ,천주교 대구대교구. 〈관덕정 순교기념관〉 자료. 2004,

171) 성이성, 『계서일고』, 「호남암행록」.

조경남은 다시 일기를 시작하면서, 남원의 혼란을 『속잡록』에서 다음과 같이 서술하였다.

> 본부(남원) 아전들의 완악한 품이란 이 나라에 으뜸간다. 더구나 난리 뒤로는 거칠고 사나움이 날로 더하여 경작을 관장하는 서기들이 비록 본래 가지고 있는 전답만 농사짓는 사람에게도 뇌물을 받고서 가감을 마음대로 하여 조금도 기탄이 없으므로, 향중의 부로들이 죽음을 무릅쓰고 통문을 돌려 날을 정하여 소장을 올리니, 서기 40여 명이 모여서 난동을 부리며 먼저 향중 늙은이 한, 홍씨 등의 집을 부수고, 다음으로 조사원 도감 진사 진선헌을 향사당에서 마구 쳤다. 그러나 관에서 금단하지 못하고, 향중에서도 성토하지 못하여 마침내 별감 양사의가 목을 잘리는 지경에 이르렀다.[172)]
>
> 각 고을 안에 도적의 변란이 곳곳에서 봉기하여 사람을 죽이고 물건을 해치는데 남원부가 더욱 심했다. 부사의 다스리는 법이 지극히 엄하여 도적들이 피해서 가기도 했다.(본부에서는 도적뿐 아니라 사혐으로 사람을 죽이는 변란이 서로 잇달아 여염 촌락에서 일어나서 눈 한번 흘길 만한 원한으로 남의 목을 자르고 꾸짖음을 당하면 배를 갈기도 하였다 한다.)[173)]
>
> 대북과 소북이 서로 한 곳에 모여 주연을 베풀고 화해를 하였다. 이이첨이 먼저 읊기를, "봄을 찾는 즐거운 놀이가 아니라, 다만 서로 모여 마음 속을 말하기 위함이다. 매화 꽃도 역시 우리의 뜻 이해하고, 먼저 온화한 날씨를 차지하고 그윽한 향기 보내누나." 하니, 박승종이 차운하기를, "9일 동안 바빴다가 10일 만에 찾으니 이제껏 품은 회포 몇 번이나 애태웠는고? 매화는 차고 대나무는 야위어 맑은 운치 같이 하니, 꽃다운 술항아리 內醞(궁중의 술) 향기에 모두 취하는구나." 하니, 유희분이 차운하기를, "그대는 한가함과

---

172) 조경남, 『속잡록』 2, 인조 6년(1628) 4월, 대동야승』 31권, 8의 132쪽.

173) 조경남, 『속잡록』 3, 인조 7년(1629) 6월, 『대동야승』 33권, 8의 346쪽.

바쁨이 다르다고 말하지 말라, 다만 철석같은 심장이 더욱 굳기만 원할 뿐. 오얏은 희고 복사는 붉은 것 전혀 관여할 게 못 되나니, 추운 겨울 송백같이 성명의 향기를 보전하기 기약하세." 하니, 李昌後가 이어서, "주연 예가 끝나자 문 나서기 바쁘구나, 신선의 차를 얻어 뱃속을 적시기 바라네. 이 모임이 우연이 아님을 응당 알 것이니, 만난 이 장소에서의 작은 매화 향기를 모름지기 기억하소서." 하였다. 광창부원군 이이첨은 대북의 거두요, 密昌府院君 박승종과 문창부원군 유희분은 소북의 우두머리이니, 세상에서 일컫는 바, "삼창의 권문이다. 이창후는 대북사람이었다. 두 북파가 서로 공격하는 것이 물과 불보다도 심하였다. 李慶全이 두 당파 사이를 조정하여 서로 화해시키려고 하여 이렇게까지 했다고 하나, 그 후 원수로 여겨 이에 이르렀으니 이것은 무슨 뜻인가? 또 이이첨의 딸은 박승종의 아들 朴自興에게 시집가서 지금은 세자빈의 부모가 되었는데도 피차 눈을 흘기고 서로 원수로 여겨 여기에 이르렀으니, 당시의 일을 알 수가 있다. 그때 서인과 남인은 침체해 있었고 두 북파만이 서로 이와 같았다. 이이첨 등의 권세는 날로 융성해지자 서인과 남인으로 아부하는 자도 또한 많았다.[174]

汗이 宗室懷恩君이 16세의 절색 처자가 있다는 말을 듣고 독촉하여 바치게 해서 즉시 제나라로 실어 보냈다. 이에 대해 어떤 사람의 시가 있는데, "궁중에 길러낸 십육세 처녀, 세상에 둘도 없는 미인이었네. 화친 맺어 오랑캐(天驕) 아내가 되니, 靑塚되면 뉘 너를 가엾다 하리."[175] 하였다. 또 종실의 자녀를 구해서 혼인을 맺었다.[176]

조경남의 『속잡록』에는 그의 남다른 애국의식이 더욱 분명히 드러난다.

---

174) 조경남, 『속잡록』 광해군 10년(1618) 2월, 『대동야승』 30권, 7의 509~510쪽.

175) 養育宮中年二八 世間無右一嬋姸 講和竟作天驕婦 靑塚他時孰汝憐.

176) 『대동야승』 33권, 8권 441쪽.

전라 좌수사 이순신으로서 삼도 수군통제사를 겸하게 하였다. 순신이 여러 장수를 거느리고 한산도에 結鎭하여 거제에 있는 적과 대치하여, 한 달이 넘지 않아서 수비가 이미 완전히 준비되었다. 때때로 거북선을 발동시켜 나오는 적을 잡으니 적은 겁내고 움츠러져서 감히 나오지 못하여 경상우도의 沿路와 호남의 일면이 안전할 수 있었다. 순신이 한산도에 있으면서 지은 20韻의 시 가운데, "바다를 두고 맹세하니 물고기와 용이 움직이고 산을 두고 맹세하매 초목이 아네." (誓海魚龍動盟山草木知) 등의 句가 있다.[177)]

대궐문에 익명시가 붙여져 있는데, 이르기를, "三綱이 다 끊어지매 나라도 따라서 기울어지니, 公義가 천추의 汗靑에 부끄럽다. 차마 神宗皇帝의 은택을 배반할 소냐, 무슨 낯으로 宣祖大王 廟庭에 들어갈거나. 차라리 北地王諶이 되어 죽을지언정, 東窓의 적 秦檜가 살지는 아니하리라, 흰머리로 울먹이면서 걷다가 울다가 하니, 穆陵에 넘어가는 해가 작은 정성을 바치네." 하였다.[178)]

유격장군 진운홍이 서울로부터 남원에 도착하고 駱守牌 葉參將(모두 이름은 잊었다)이 또한 전주로부터 남원에 도착하였다. 익일에 진운홍이 四泳樓에서 시를 짓기를, "사명을 받들고 부산에 가서 왜적에게 타일러 소굴로 돌아가게 하려고 가는 길에 萬曆 甲午(1594년, 선조 27년) 12월 28일에 남원 행차를 멈추면서 낮잠을 자다가 꾀꼬리와 까치가 시끄럽게 지저귀는 것을 듣고 臺에 올라서는 눈(雪)을 보고 느낌이 있었다.

또, "立春날 느낌이 있다.

(이 날이 입춘이다) 지난해 오늘에 서울의 손이 되었더니, 오늘 새봄에 또 집을 떠났네. 반평생에 먼 길을 다녀 파리함만 남았으니, 느끼고 상심하여 스스로 슬피 탄식하네." 하였다. 또, "벼슬길에 돌아다닌 지 30년, 괴로움 겪노

177) 『대동야승』, 27권, 7권 30쪽.

178) 『대동야승』, 34권, 8권 501쪽.

라고 편안할 수 없었네. 금년 겨울 또 宣諭하는 사명 받았으니, 만리 먼 곳에서 눈(雪)을 베고 자네. 皇明 神機備兵坐營兼管三營遊擊將軍事都指揮使 武林遵樓 진운홍이라." 하였다. 이튿날에 광한루에 나가 연회하였다.[179]

이 의론이 올라가자, 寄自獻과 함께 함경도 북청으로 귀양을 갔다. 떠나기에 임하여 전송하는 동료에게 말하기를, "명년 8월에 마땅히 다시 돌아올 것이니, 그때 서로 만나 보아도 늦지 않소." 하고, 시를 읊기를, "구름낀 해는 쓸쓸하여 대낮에도 캄캄하고 흐릿하고, 북풍은 멀리가는 길손의 옷을 불어 젖히네. 요동의 성곽은 응당 옛 모습이려니, 다만 令威가 가서 돌아오지 못할까 두려울 뿐이네." 하였다. 도중에 서로 익살을 부리면서 시름과 피로를 씻었다. 驛站에 나오는 마부를 보고 크게 웃으면서 말하기를, "네가 기다린다면 일찍 돌아올 것이다." 하였다. 寄自獻은 둥주리를 타고, 鰲城은 浮擔을 탔는데, 기자헌에게 말하기를, "令公은 둥주리 같은 厄을 만났네." 하니, 기자헌은, "영공은 到處에 浮擔(허튼 이야기)이로다." 하였다. 오성이 북청에 있을 때 노래를 지으니, "鐵嶺 第一峰에 자고가는 저 구름아, 孤臣寃淚를 비삼아 가져다가 님 계신 九重宮闕에 뿌려 본들 어떠리." 하였다. 이 노래가 서울 장안의 宮人들에게 전파되니, 광해가 이 노래를 듣고 누가 지은 것이냐고 물었다. 궁인이 사실로써 대답하니, 광해는 수심에 싸여 기뻐하지 않았다. 그래도 소환하라는 명은 없었다. 아! 사람의 마음이 한 번 그르치게 되면 깨닫기 어려움이 이에 이르는구나. 오성은 실로 세상에 드문 大賢이요, 동방의 名相인데 末世에 태어나서 받아들여지지 못했으니, 한스러운 일이다.[180]

○ 이항복이 의논하기를, "신은 8월 9일 처음 중풍을 얻어 몸은 비록 죽지 않았으나 정신은 이미 빠져나갔습니다. 하늘을 우러르고 해를 바라보며 죽을 것을 각오한 지 이제 거의 반년이 지났으나 아직 병석에 누워 있습니

---

179) 『대동야승』, 7권 81~82쪽.

180) 『대동야승』, 7권 518쪽.

다. 공사(公事)에 관계되는 일은 우러러 대답하기가 어려우나, 이것은 국가의 큰일로 남은 목숨이 아직 끊어지지 않았는데 어찌 감히 병을 핑계하여 가만히 있기만 하겠습니까? 누가 전하를 위하여 이 계략을 꾸몄는지는 모르겠습니까? 먼저 폐하고, 후에 아뢰는 계략 임금의 앞에서는 요 · 순의 도가 아니면 진술하지 않는 것은 옛날의 밝은 훈계입니다. 우순(虞舜)은 불행히도 완악한 부모가 늘 자신을 죽이려고 우물을 파고 지붕을 이도록 하여 그 위험이 극도에 달했으나, 울고 사모하면서 그 부모의 옳지 않은 것을 생각하지 않았습니다. 진실로 아비가 비록 자애롭지 않다고 하더라도 자식은 불효해서는 안 되는 것이기 때문입니다. 그러므로 《춘추(春秋)》의 의리로는 자식이 어미를 원수로 여기는 법이 없습니다. 하물며 공급(孔伋)의 아내된 이는 백(白 공급의 아들 이름)의 어미가 된다 하였으니, 효도의 중대함이 어찌 친모와 계모의 차이가 있겠습니까? 이제 효를 가지고 나라를 다스리려고 하여 온 나라 안이 바야흐로 점차로 교화될 전망이 있는데, 이러한 말들이 어찌하여 전하의 귀에까지 이르게 되었단 말입니까? 지금의 도리로서는 순임금의 덕을 본받아 효성으로써 조화를 이루고 지성으로 섬겨, 대비의 노여움을 돌려 자애로 만들고자 함이 어리석은 신의 바람입니다." 하였다.

조경남이 『속잡록』을 쓰면서 특이한 태도를 보인 곳이 잇는데, 그것은 전문을 한문으로 표기를 하다가 다음의 경우는 한문과 병행하여 한글을 병기한 것이다.

조경남이 이러한 한문과 한글의 이중 표기를 한 이 대목은 조경남이 작품의 의미를 제대로 살려내기 위해서 시가 부분은 한역이 아닌 한글로 표가해야 한다는 한글문학관을 보여줌과 동시에, 원초 조경남의 「춘향전」이 한글 표기로 창작되었을 가능성을 열러준다.

(나) 임진왜란 때 죽은 관민을 복합모델로 투영시킨 춘향

(ㄱ) 금산전투에서 희생된 조헌 등 7백명을 복합모델로 투영시킨 춘향

산서 조경남은 임진왜란이 일어나 1592년 4월에 남원에까지 왜적이 쳐들어오자 화가 치밀어 칼을 어루만지며 살지 못하더라도 병사를 모아 적을 막아야 한다고 분연히 나섰다. 그러나 외조모 허씨가 늙고 병들어 의지할 자녀가 없으므로 그는 허씨를 업고 지리산에서 난리를 피하였다. 그는 왕이 서쪽으로 피난하였다는 소식을 듣고는 통곡하며 군주가 전란을 겪는데 오직 우리 한 도만은 의병을 일으켜 성토하는 자가 없다며 의병을 일으켰다. 그 때 고경명이 격문을 전달하자 그 진지로 달려갔지만, 마침 외조모 허씨가 위독하다는 연락을 박도 허씨 곁으로 돌아갔다. 또, 7월에는 조헌의 격문을 보고는 곧 달려가 함께 창의하기를 약속했지만, 이때도 허씨의 병고로 부득이 돌아갔다. 가는 도중에 지방장관을 만나 권율의 연기 밀약을 알게 되었다. 연기한 날에 달려가니 조헌은 권율과의 약속을 어기고 7백 의사와 함께 금산에서 전사하여 금봉산 순국에 참여하지 못하였다.[181] 그 후 8월에 스승인 조헌이 전사하였음을 전해듣고는 통곡하였다.

조경남의 의병장 활동을 구체적으로 살펴보면, 그는 1592년 8월 29일에 원천동 집에 깃발을 세우고 진사 정사달로 종사로, 유지양으로 참모로, 양덕해를 운량판관으로, 삼아 여러 휘하로 포진시켰다. 9월 3일에 운봉의 팔량재로 왜적 100여 기병이 오므로 팔량재 왼편 좁은 길목에 잠복하다가 육십령,

181) 『조선왕조실록』의 선조 27년(1594) 2월 6일의 기록인 안준도을 국문할 때의 공초에서 보면, "선전관 안준도 나이 43세로 조헌이 의병장이었을 때 이산겸은 별장이었고 나는 종사관이었습니다. 조헌이 죽은 다음 방어사 이옥의 군관으로 자망되자 이산겸이 나를 조헌의 종사관이었다 하여 순찰사에게 이문하였으므로 부득이 종군하다가 지난해 4월 왜군이 남하할 적에 나는 먼저 물러왔으므로 그의 역모는 형세상 알기 어렵습니다." 한 것으로 보면, 일부는 금산 전투에서 살아남았다.

팔양재 등에서 적을 무찔렀다.

조경남은 왜적을 격퇴시키기 위해 다음과 같은 의병 활동을 하였다는 기록이 있다.

> 1593년 10월 27일 왜적을 정사달, 박언량, 박필남 등과 함께 적을 격퇴시켰다. 1594년 4월, 조정의 명령이 각 도의 의병을 해산시키라 하므로 그는 모집한 의병도 해산하여 돌려보냈다. 5월 27일 각 도 같은 국민인 도적들이 떼를 지어 곳곳에서 살인 강도를 하여 백성들이 벌벌 떨며 도로에 인적이 끊겼다. 그가 용추동에서 두목을 죽이니 부하들은 달아났다.
>
> 1596년 윤 9월에 감찰사가 그를 불러 "남원의 사민들이 조대인(趙大人)은 효성으로 고을에 이름이 났고, 성리학에 대한 조예는 중봉 조헌이 인정하였고, 지난 날의 흉측한 왜적들의 난동에 관리들은 많이 도망질 쳐버리고 백성들은 떨면서 숨어 버렸는데, 오직 조대인이 발벗고 전장에 나서서 계획과 책략, 흉적 쳐 없애기를 풀 베듯 하였고 출전하기 10여 회에 한번도 패한 적이 없었으니, 이렇게 훌륭한 일을 하고도 광명을 뜬구름처럼 생각하고, 누군가가 왜적의 귀를 베어 바치자고 권하였으나 꾸짖어 제지하고 충성과 의리를 지킴이 이와 같이 훌륭하면서 청렴하기는 어찌 그리 지나치나요. 대인의 아름다운 행동과 위대한 업적을 듣고서 감탄하지 않을 수 없어 곧 주상께 상 주려 합니다"라고 하였으나, 그는 공명이나 보상을 나의 바란 바가 아니라며 사양했다.

금산 지역의 의병장 조헌과 의승장 영규는 고을과 성안에서 왜적과 맞서 싸웠으나 적은 수의 병사로 막강한 왜적을 막아내지 못하고 끝내 금산성에서 전사하였다. 그때의 상황을 살펴보면, 왜적은 금산성 밖에 주둔하여 틈틈히 공격을 해왔다. 관군과 의병의 장수들이 이끄는 진지에서는 재를 지켰다. 군사들은 이미 고경명이 패한 것을 징계하여 감히 깊이 들어가지 못하였다.

보성과 남평 두 곳의 군사만은 재를 넘어 왜적을 엿보다가 그들에게 엄습당하여 남평 현감 한순이 그의 군사 5백여 명과 함께 모두 전사하였다. 이때부터는 감히 재를 넘는 자가 없었다.

조헌은 이미 근왕하는 행군도 정지하고 본도 주장에게 오도되어 외로운 군사를 이끌고 홀로 진군하여 곧장 금산의 적을 공격하려 하였다. 이에 전라 감사 권율과 충청 감사 허욱이 모두 만류하면서 동시에 군사를 크게 일으킬 것을 청하고 기일을 약속하였다. 그러나 또 기일이 연기되자 조헌은 그들이 머뭇거리는 것을 분하게 여긴 나머지 7백여 명만을 이끌고 재를 넘으려 하였다. 영규가 간곡한 말로 만류하기를 "반드시 관군이 뒤에서 지원을 해 주어야만 들어갈 수 있다." 하였으나, 조헌은 울면서 "군주가 어디에 계신가? 군주가 치욕을 당하면 신하는 목숨을 버려야 하니, 그때가 바로 지금이다. 성패와 이해 관계를 어떻게 돌아볼 수 있겠는가." 하고 북을 치며 행군하였다. 영규도 "조공을 혼자 죽게 할 수는 없다." 하고, 거느린 승려 수백 명과 진을 합하여 함께 떠나면서 문첩을 계속 보내 관군이 이어 진군하도록 재촉하였다.

조헌의 군사가 곧장 금산성 밖 10리 되는 곳에 이르러 진을 치고 관군을 기다리는데, 적이 후속 부대가 없다는 것을 알고는 군사를 잠복시켜 후면을 끊은 뒤 군사를 총동원하여 나와 싸웠다. 조헌이 명령을 내리기를 "오늘은 한 번 죽음이 있을 뿐이니 하나의 의로운 의 자에 부끄러움이 없도록 하라." 하니, 군사들이 모두 응락하였다. 한참 동안 힘을 다하여 싸웠는데 적이 세 번 진격했다가 세 번 패하였다. 그러나 조헌의 군사는 이미 화살이 다 떨어진 상태였다. 조헌은 장막 가운데 움직이지 않고 앉아 있었는데, 좌우에서 빠져나가기를 청하자, 조헌은 "대장부가 죽으면 그만이지 구차스럽게 살 수는 없다." 하고, 북을 울리며 더욱 급하게 전투를 독려하였다. 군사들은 맨주먹으로 육박전을 벌였는데, 한 사람도 자리를 떠나는 자가 없이 모두 조헌과 함께 전사하였으며, 영규도 전사하였다. 왜적의 무리는 죽은 자가 더 많아 시체를 운반하여 성으로 들어가면서 우는 소리가 연이어졌다.

조헌이 군사를 일으킨 지 몇 개월 동안 한번도 군사들에게 벌을 가하지 않았지만, 군사들은 모두 명령을 받들어 각자가 힘써 전투하였으며 이르는 곳마다 엄숙하고 정돈이 되어 문란하지 않았었다. 당초에 그가 의병을 일으켰다는 소식을 듣고 원근에서 따르며 모였는데, 관가에 의해 가족이 구금되어도 오히려 조헌을 사모하여 차마 떠나지 못하였다. 그가 패했다는 소식이 전해지자 전진에서 죽은 군사의 집에서는 사사로운 원한을 품지 않고 다만 조헌이 전사한 것을 슬프게 여겼으며, 요행히 뒤에 처져 모면한 자도 죽지 않은 것을 다행으로 여기지 않고 함께 죽지 못한 것을 한스럽게 여겼다. 호서의 여러 고을 사람들이 그를 위하여 몇 개월 동안이나 소찬만 먹었다.

조헌의 부대가 왜적과 맞서 격전을 벌인 이튿날 조헌의 동생 조범이 몰래 전쟁터에 들어가서 시체를 거두었는데, 조헌은 깃발 아래에서 전사하였고 장졸들이 모두 곁에서 빙둘러 전사해 있었다. 4일 만에 시신을 거두어 빈소를 차렸는데, 그때까지 낯빛이 살았을 적과 같았으며 눈을 부릅뜨고 수염이 움직여 사람들은 그가 죽은 지 오래되었음을 깨닫지 못하였다. 왜적이 퇴각한 뒤에 조헌의 문하생들이 가서 7백 명의 시체를 거두어 무덤 하나를 만들고 칠백의사총[182]이라고 표시하였다. 조헌의 아들 조완기는 신체가 장대하고 성품과 도량 역시 절륜하였다. 군사가 패하게 되자 일부러 관복을 화려하게 입었으니 그의 아버지를 대신하여 죽고자 한 것이다. 이에 왜적이 그를 주장으로 오인하고 그 시체를 찢었다.

이때 함께 전사한 자로 드러난 자는 다음과 같다. 참봉 이광륜은 효성스럽고 우애하였으며 절개가 있었다. 처음에 향병 수백 명을 모집하여 처음부터 끝까지 계획에 참여하였다. 봉사 임정식은 성품이 질박하고 곧았으며 무재가 있었는데, 척후로 진 밖에 있다가 조헌이 위급함을 보고 말에 채찍질하

---

182) 七百義士塚.

여 돌격하여 전사하였다. 사인 이려는 이탁의 손자로 학문과 덕행이 있었고, 사인 김절은 맨 먼저 군사를 모집하여 전투에 참여하면서 역전하였다. 만호 변계온, 현감 양응춘, 봉사 곽자방, 무인 김헌 · 김인남 · 이양립 · 정원복 · 강인서 · 박봉서 · 김희철 · 이인현 · 황삼양 · 박춘년 · 한기 · 박찬은 모두 종들로 혈전을 벌이다 전사하였다. 선비 박사진 · 김선복 · 복응길 · 신경일 · 서응시 · 윤여익 · 김성원 · 박혼 · 조경남 · 고명원 · 강몽조는 모두 문인으로 종군하다가 전사하였다.[183] 일이 알려지자 조헌에게 이조 참판을 추증하고 그의 아들 조완도를 녹용하였으며 그 집에 월름을 지급하였다. 이광륜은 사헌부 집의에 추증되었다.[184]

조경남은『산서잡록』에서 다음과 같이 이날의 상황을 기록하였다.

> 금산(錦山)에 진을 친 왜적이 다음과 같은 글월을 고시하다.
>
> 대일본(大日本) 대왕은 정치의 도를 조선에 베풀어 백성들을 구휼하려 하는데 무슨 까닭으로 바다와 육지의 길을 막아 도리어 원수를 사는가. 이른바 당랑(螳蜋 사마귀)이 수레바퀴를 항거하고 비부(蚍蜉 하루살이)가 큰 나무를 흔든다는 말이 바로 이것인가. 이로 인해 깊은 여항(閭巷)을 찾아 들어가서 기병 · 보병이 깃발을 드날리고 칼날을 비껴 드니, 성문은 소실되고 집집마다 포성이 진동하였다. 역당들을 모조리 잡아 목을 잘라 죽이려고 했으나 죄과의 많고 적음을 구별하기 어렵고, 또 그 부모 처자가 가엾기 때문에 특별히 용서하여 굶주림을 구원해서 생명을 보존하게 했다.비록 이같이 했으나 싸우려 달겨드는 자는 살해할 것이다. 지난번 무관으로 들[野]에 있었던 사람이

183)『조선왕조실록』의 1594년 2월 6일자에 의하면, 승려 도현의 공초에, "승려 영규의 의진군(義陣軍)으로 청주와 금산 싸움에 나아가 싸우다 절벽에서 떨어져 겨우 살아 돌아왔다"고 한 것으로 보면 일부는 겨우 살아남았다.

184)『조선왕조실록』, 선조(수정)실록) 25년(1592) 8월 1일.

전일의 잘못을 뉘우치고 옛집으로 돌아가서 해를 따라 풍속이 변하기를 바란다면 정리하여 편히 살 수 있을 것이다. 일본 황제가 조선 황제와 더불어 반드시 회합을 갖게 될 것이니 너희들은 어찌 알지 못하느냐. 아무쪼록 이 말을 산중의 무관에게 알리어 활과 칼을 버리고 와서 항복한다면 무슨 죄를 당하겠느냐. 만약 이 뜻을 위반하는 일이 있으면 거듭 이 땅에 주둔하여 수백 명의 병관(兵官)을 거느리고 다시 살륙을 가할 것이다. 장협(長鋏) 오장대왕(吾將大王)이 거듭 안무하여 옛 조정에서 이 나라 천자를 위하니, 또한 천행(天幸)의 은혜가 내리기를. 이만 줄인다. 천정(天正) 20년 부상(扶桑) 신 안국사(安國寺). 이것을 보면 과연 전라 감사라고 칭호한 자이다.

또 투서(投書)를 얻어 보니, '야운(野雲)'이라 했다. 고경명(高敬命)이 해석하기를, "넓은 들에 희미한 구름 끊어지고, 빈 산에 조각달이 비끼었구나." 하였다.(중략) 금산의 적 수천여 명이 진산(珍山)에 들어와 불을 지르고 약탈하니 이현(梨峴)의 복병장(伏兵將)인 광주 목사(光州牧使) 권율(權慄), 동복 현감 황진 등이 군사를 독려하여 막아 싸웠다. 황진이 탄환에 맞아 조금 퇴각하는 바람에 적병이 진채(陣寨)로 뛰어드니 우리 군사들이 놀라 무저지는지라, 권율이 칼을 뽑아들고 후퇴하는 아군을 베며 죽음을 무릅쓰고 먼저 오르고 황진도 역시 상처를 움켜쥐고 다시 싸워 우리 군사 한 명이 백 명의 적을 당하지 않는 자가 없으니 적병이 크게 패하여 기계를 다 버리고 달아났는데 30여 명을 베었다.[185)]

27일. 충청도 의병장 조헌(趙憲)과 중[僧] 의장(義將) 영규(靈圭) 등이 금산(錦山)에서 적을 치다가 패하여 죽다. 그 뒤 만력 23년 을미년(1595, 선조 28)에 전지(戰地)에 비를 세우다.

27일. 충청도 의병장 조헌(趙憲)과 중[僧] 의장(義將) 영규(靈圭) 등이 금산(錦山)에서 적을 치다가 패하여 죽다. 그 뒤 만력 23년 을미년(1595, 선조 28)

185) 조경남, 『산서잡록』 1권 1592년 7월 9일.

에 전지(戰地)에 비를 세우다. 그 비문은 다음과 같다.

아! 여기는 증 참판(贈參判) 조공(趙公)이 순절한 땅으로서 부하와 함께 죽은 병사들이 매장된 곳이다. 만력 임진년(1592, 선조 25)에 왜란이 갑자기 일어나니, 우리 땅을 범하였다. 우리 군사가 닿는 곳마다 번번이 붕괴되어 감히 그 칼날을 막는 자가 없었다. 왜적이 드디어 이긴 기세를 타고 마구 몰아서 바로 한강을 건너오니 삼경(三京 한양(漢陽) · 개성(開城) · 평양(平壤))이 모두 지켜지지 못하고 임금의 행차가 서쪽으로 파천하였으나 근왕(勤王)하는 자가 전혀 없었다. 이때에 공이 옥천(沃川)의 시골집에 있다가 홀로 분연히 일어나서 피를 뿜으며 격문을 돌려서 의병을 모집하였는데, 순찰사와 수령들이 모두 방해하였다. 공이 잉에 동지와 문생인 전승업(全承業) · 김절(金節) 등과 더불어 충청 우도로 달려갔더니 전 참봉 이광륜(李光輪)과 선비 신난수(申蘭壽) · 장덕개(張德盖) · 고경우(高擎宇) · 노응탁(盧應晫) 등이 공의 의기를 사모하여 앞다투어 와서 모였다. 드디어 군사와 군량을 모집하고 혹은 기계를 주조하여 7월 4일에 공주(公州)에서 기(旗)를 세우니 군사가 1천 7백이었다. 이때에 왜적이 공주를 점령하매 방어사 이옥(李沃)의 군사가 붕궤되었다. 공이 청주(淸州)로 진군하여 8월 1일에 바로 성의 서문 밖을 두드려서 승장(僧將) 영규와 진(陣)을 연합하였다. 공이 친히 시석(矢石)을 무릅쓰고 종일토록 독전(督戰))하니 적이 크게 패하여 마침내 저들의 송장을 태우고 밤에 달아났다. 이로부터 충청 좌도 여러 둔(屯)의 적이 모두 도망하였다. 공이 바야흐로 날랜 군사를 가려서 바로 행조(行朝)로 달려가려고 온양(溫陽)까지 이르자, 금산에 있는 왜적이 다시 창궐하여 장차 충청 · 전라도를 침범하려 하였다. 순찰사가 공의 동지를 소개로 하여 공을 만나 금산의 적을 치는 것에 대해 의론하자고 청하였다. 부하 장교들도 역시 대부분 말하기를, "국가의 땅이 모두 적에게 점령당하고 오직 충청 · 전라도만이 침범당하지 않았으니, 아마도 하늘이 우리를 도와서 중흥의 열려 함이 아니겠습니까. 지금 버리고 서울로 올라간다면 이것은 충청 · 전라도가 없어지는 것이요, 또 먼저 금산의 적을 무찔러서 뒤를 밟을 적을 끊은 뒤에 북으로 가서 근왕하여도 늦지 않다." 하므로, 공이 이에 공주로 돌아왔더니 순찰사와 뜻이 또 서로 틀어졌다. 대개 의병을 일으킬 처음에 공이 순찰사에게 글을 보내어, 그가 군사를 끼고 스스로 호위하고 근왕하는 데는 뜻이 없어 충신과 의사(義士)의 기운을 누른다고 책하였더니 순찰사가 사감을 품은 것이었다. 이에 이르러 순찰사가 각 고을에 공문을 돌려 무릇 공의 휘하에 모집되어 있는 자에 대해 그의 부모와 처자를 잡아 가두고 또 관군에 영을 내려 서로 응원하지 않게 하니, 휘하의 군사가 이미 모였다가 다시 흩어지고 다만 의사 7백 명이 공을 따라 사생을 같이하려는 이가 있을 뿐이었다. 8월 25일에 군사를 옮겨 금계(錦溪)로 가려 하니 별장(別將) 한 사람이 극력 말리기를, "적이 명종(明宗) 을묘년(1555)에 호남에서 패한 것을 징계하여 지금 금계를 점령한 자는 특히 정예한 부대요 수효도 수만인데, 어찌하여 우리의 오합(烏合)한 군사를 가지고 당적하겠습니까. 마땅히 군사를 멈추고 기회를 보고 또 조정의 명령을 기다립시다." 하다. 공이 울면서 맹세하기를, "임금께서 지금 어디 계시건대, 감히 승패를 말하리오. 임금이 욕을 보면 신하가 죽어야 하는 것이니 나는 한번 죽음을 알 뿐이다." 하고, 드디어 영규와 군사를 연합하여 진군하였다. 일찍이 전라도 순찰사 권율(權慄)과 27일에 일제히 협공(夾攻)하기를 약속하였었는데 권율이 글을 보내어 기일을 변경하였으나, 글이 도착하기 전에 공이 이미 금산군에서 10리의 거리에 당도하여 전라도 군사를 기다렸다. 적이 정찰해 알고 맞아 공격하여 우리가 미처 진을 치기 전에 군사를 세 갈래로 나누어 번갈아 나와서 우리에게 대들었다. 공이 이내 군중(軍中)에 영을 내리기를, "오늘에는 다만 한 번의 죽음이 있을 뿐이니, 생사와 진퇴에 있어 의(義)자에 부끄러움이 없게 하라." 하니, 군사들이 모두 명을 따라 감히 어기지 못하였다. 힘껏 싸운 지 한참 만에 적이 세 번 패하여 겨우 다시 정돈하였는데, 우리 군사는 이미 화살이 다되었다. 적이 드디어 막하로 몰려 들어오자, 군사가 도망가기를 청하였다. 공이 웃으며, "장부가 죽으면 죽었지, 위태로움에 이르러 구차히 살 수는 없다." 하고 드디어 북채를 들고 독전하기를 더욱 급히 하니, 군사들이 죽음을 각오로 달려들어 맨주먹으로 적을 치면서도 오히려 행오(行伍)를 이탈하지 않고 마침내 공과 함께 죽어서, 삶을 바라고 요행히 면한 자가 없었다. 적도 역시 그만큼 죽어서 세력이 드디어 꺾이자, 남은 군사를 거두어 진중으로 돌아가면서 곡하는 소리가 우레와 같았고 그 송장을 사흘 동안 운반하여도 오히려 다하지 못하여 이내 쌓아서 불태웠으며, 마침내 무주에 있는 적과 함께 모두 도망하였다. 그러므로 충청 · 전라가 보존되어 국가가 그 덕에 오늘날의 중흥이 있게 되었으니, 공이 비록 패하여 죽었으나, 충청 · 전라를 보존하여 왜적을 꺾고 막은 공이 어떻다 하겠는가. 공이 군사를 일으킨 몇 달 동안 일찍이 형벌을 쓴 적이 없었으나, 군사들이 모두 명령에 복종하여 이르는 곳마다 숙연히 정제하여 시끄러움이 없었다. 공이 의병을 일으켰다는 소문을 듣고는 멀고 가까운 데서 달려와 모여서, 비록 관에게 극력 방해를 당하여 처자가 옥에 갇혔으면서도 또한 공을 사랑하고 사모하여 차마 버리고 가지 못한 자가 있었다. 그의 패함을 듣자 거리에 곡성이 서로 들리며 전사한 집에서도 사사로운 원망을 하지 않고 오직 공의 죽음을 슬퍼하며, 뒤에 처져서 죽지 아니한 자도 자기의 죽음 면한 것을 다행으로 생각하지 아니하고 다만 의탁할 데가 없음을 한탄하여서 충청 우도의 사람들은 천한 하인까지도 모두 소식(素食)을 하였으니, 공의 덕이 사람에게 감동됨이 깊었던 것을 가히 알 수 있다. 일이 위에 알려지자, 임금께서 매우 애도하시어 이조참판 겸 동지 경연의금부 춘추관사로 증직하고 그 아들 완도(完堵)를 태릉 참봉(泰陵參奉)으로 제수하였으며 달마다 집에 곡식을 내렸으니 아! 이로써 군신 관계를 보겠도다. 아! 평상시에는 큰 소리를 하다가 작은 이해에 임해서는 두려워하고 피하여 앞으로 갔다가 물러갔다가 하는 자가 많은데, 공과 같은 이는 전일에 곧은 상소를 올리고 국사(國事)를 말하여 여러 번 주운(朱雲)의 칼을 청하였으니 곧은 말을 한다는 명성이 일시에 진동하였고, 한가히 물러나 처하다가 국난을 듣고는 곧 분발하여 먼저 의병의 깃발을 날려 비록 성패가 하늘에 달려 있어 몸에 화살을 맞고 순국하였으니, 그가 전날 말한 바와 맞추어 보매 부절(符節)이 합한 듯 스스로 마음에 편안하게 하고자 한 것이다. 또 국가에 문관으로서 전쟁에 달려가야 할 책임이 없고 공은 또 당시에는 관직도 없었는데도 한갓 의로써 일어났으니, 군사를 멈추고 기회를 보아서 조정의 명령을 기다린다 하더라도 누군들 불가하다 하리오마는, 외로운 군사를 거느리고 강한 적에게 항거하여 죽어서 후회가 없었으니 어찌 열렬한 남자가 아니랴. 공이 신묘년(1591, 선조 24)에 왜적의 사신이 왔을 때에 문득 조정에 글을 올려 그 사신을 베어 천조(天朝)에 보고할 것을 청하였는데 그 늠름한 기색과 의연한 말이 바로 해나 달과 더불어 빛을 다투었으니, 호방형(胡邦衡)의 봉사(封事) 뒤로 공의 한 장의 상소를 보겠다. 또 천문에 특히 밝아서 하루는 동남쪽에서 큰 우레 같은 소리가 나는 것을 듣고는 공이 울면서 이르기를, "이것은 천고(天鼓)라는 것이니, 왜적이 이제 반드시 바다를 건널 것이다." 하였다. 그 말이 과연 증험되어 날짜도 틀리지 않았으니, 공은 이인(異人)이 아니고 무엇인고. 역적 정(鄭)가를 배척하면서 예(羿)와 착(浞)에게 비하였는데 그 뒤에 그 말이 마치 촛불로 비추고 거북으로 점친 것 같았으니, 이것은 사람마다 전해 외우는 바이다. 기타 사적과 행실이 탁월하고 빛나는 것도 진실로 전하지 아니할 수 없지마는, 이제 그 죽음으로 절개를 지킨 한 가지 일은 도저히 미칠 수 없는 것이다. 공의 8대조 휘(諱) 천성(天性)이 홍건적(紅巾賊)의 난을 당하여 박주(博州)에서 두 번 이기고 안주(安州)에서 패하여 순국하였는데, 공이 일찍이 그 조상의 충절에 강개하여 탄복하고 추모하며 칭도하기를 좋아하더니 지금 마침내 능히 닮았으니, 또한 기이하도다. 공의 휘는 헌(憲)이요, 자는 여식(汝式)이요, 호는 중봉(重峯)이다. 정묘년(1567, 명종 22)에 문과에 올랐다. 집이 가난하여 처자는 배고픔과 추위를 면하지 못하였으나 모친을 봉양하는 데는 맛난 음식과 따뜻한 옷이 부족함이 없게 하였고, 몸소 밭 갈아 끼니를 대면서도 여가에는 항시 성현의 글을 대하여 읽는 소리가 끊이지 아니하였으니, 옛날에 이른 바 낮에는 농사짓고 밤에는 글 읽은 것이 아닌가. 인륜과 의리를 외우고 말하여 반드시 행사에 나타나기를 기약하였고, 생사에 분명하여 본래 마음에 정한 까닭에 창졸의 즈음에 능히 우뚝하게 스스로 성취함이 이와 같으니, 가히 공경할 만하도다. 행조에서 공이 의병을 일으켰다는 것을 듣고 교서를 내려 봉상시 첨정(奉常寺僉正)을 제수하였으나, 공이 또한 미처 보지 못하였다. 군사가 패한 이튿날에 공의 아우 조범(趙範)이 죽음을 무릅쓰고 전지에 들어가니, 공은 기(旗) 밑에서 죽었고 장수와 군사들은 모두 그 옆에 죽어 있었다. 조범이 곧 공의 시체를 지고 옥천으로 돌아와서 4일 만에 빈(殯)하였는데, 안색이 살아 있는 듯하여서 성낸 기운이 발발(勃勃)하여 눈을 부릅뜨고 수염이 흐늘거리므로 사람들이 그가 죽은 지 이미 오래된 줄을 몰랐다. 공을 따라 전사한 7백 명은 대개 공의 열렬함을 사모하여 듣고 보면서 격동된 자들로서 몸을 버리는 데 뒤질까 두려워하여 온 군사가 모두 충의의 귀신이 되기를 사양하지 않았으니, 특히 이번 전란 이래로 다른 군중에서 있지 않았을 뿐만 아니라 옛 역사에 상고 하여 보아도 또한 듣기 드문 바이다. 또 그 중에 더욱 드러난 이로 참봉 이광륜 중임(仲任)은 효도와 우애가 타고났으며 강개히 절개가 있어 향병(鄕兵) 수백을 모집하여 실로 시종일관 공을 돕다가 마침내 죽음을 함께 하여 사헌부 집의(司憲府執義)에 증직되었다. 봉사 임정식(任廷式)은 성품이 질박하고 정직한데다가 활 쏘고 말 타는 재주가 있어서 척후병을 거느리고 진(陣) 밖에 있다가 형세가 급한 것을 바라보고는 말을 채찍질해 돌진하여 왜놈 두엇을 쳐 죽이고 죽었다. 선비 김절(金節)은 의병을 모집하는 데 맨 먼저 따라서 전공이 많았다. 이려(李勵)는 바로 고(故) 수상(首相) 이탁(李鐸)의 손자로 학문을 좋아하고 행실이 돈독하였으며, 그의 가풍을 계승하더니 공이 의병을 일으켰다는 것을 듣고 의기로 따라왔다가 진중에서 함께 죽었다. 또 만호(萬戶) 변계온(邊繼溫), 현감 양응춘(楊應春), 봉사 곽자방(郭自防), 무인(武人) 김헌(金獻)·김인남(金仁男)·이양립(李養立)·정원복(鄭元福)·강충서(姜忠恕)·박봉서(朴鳳瑞)·김희철(金希哲)·이인현(李仁賢)·황삼양(黃三讓)·박춘년(朴春年)·한기(韓琦)·박찬(朴贊)은 모두 편비(偏裨)로서 혹은 선등(先登)하여 견고한 적을 꺾고 혹은 적을 죽이기를 많이 하여 용맹과 열렬함이 남의 이목에 빛난 자들이다. 선비 박사진(朴士振)·김선복(金善復)·복응길(卜應吉)·신경일(辛慶一)·서득시(徐得時)·윤여익(尹汝翼)·김성원(金聲遠)·박혼(朴渾)·조경남(趙慶男)·고명원(高明遠)·강몽조(姜夢祖)는 모두 혹은 문학으로 혹은 행실로 알려진 이들인데, 살아서는 공의 문하에 출입하였다가 전장에서 공과 죽음을 같이한 자들이다. 공의 아들 완기(完基)는 씩씩한 용모에 체격이 듬직하였으며 성질이 남보다 뛰어났었는데, 군사가 패하자 일부러 그 의관을 화려하게 하여 공의 죽음을 대신하려 하니 적이 대장인 줄 알고 그 시체를 부숴버렸다. 적이 이미 물러가자, 공의 문도(門徒) 박정량(朴廷亮)·전승업(全承業)이 곧 가서 7백 의골(義骨)을 수습하여 모아 한 무덤을 만들었다. 정량은 기특한 선비라 옛 도리를 힘써 행하고 승업은 단아하여 경학(經學)에 통하고 행실을 다듬었는데, 공의 막하에 있다가 마침 임무를 받아 밖에 나갔었기 때문에 난에서 죽음을 당하지 아니하였다. 일찍이 비석을 세워서 영원히 전하기를 선창하였더니 불행히 연달아 병들어 죽었다. 동문(同門) 민욱(閔昱)은 의를 즐기는 자라, 그들이 뜻을 이루지 못한 것을 애석히 여겨 그 뜻을 이어 경영하여 충청도 선비들 및 금산의 기로(耆老)들과 의론이 합하였다. 방백(方伯)과 수령들이 또한 비용을 보조하여 돌을 다듬기를 이미 마치자, 진사 송방조(宋邦祚)가 나에게 와서 말하기를, "참판 조헌의 마음과 일을 아는 이가 몇 분인데 모두 세상에 살아 있지 아니하니 감히 자네에게 부탁하네." 하였다. 내가 참판을 잘 알았는데 그가 순국한 초기 내가 행조에 있다가 듣고 특히 슬퍼하였다. 그러나 천 리에 서로 바라보면서 순국한 그 자리에 술 한 잔을 부어서 예전 마음을 풀 기회가 없었는데 이제 글을 짓고 사적을 적어서 이 일을 돕게 되었으니 어찌 글이 훌륭하지 못하다는 핑계로 사양하리오마는, 다만 노쇠한 나머지에 어찌 능히 그 사적을 빛나게 써서 땅 밑에 7백의 충혼을 위로하여 그들로 하여금 눈을 감게 할 수 있으랴. 아! 상심된다.

○ 금산의 적 수천여 명이 진산(珍山)에 들어와 불을 지르고 약탈하니 이현(梨峴)의 복병장(伏兵將)인 광주 목사(光州牧使) 권율(權慄), 동복 현감 황진 등이 군사를 독려하여 막아 싸웠다. 황진이 탄환에 맞아 조금 퇴각하는 바람에 적병이 진채(陣寨)로 뛰어드니 우리 군사들이 놀라 무저지는지라, 권율이 칼을 뽑아들고 후퇴하는 아군을 베며 죽음을 무릅쓰고 먼저 오르고 황진도 역시 상처를 움켜쥐고 다시 싸워 우리 군사 한 명이 백 명의 적을 당하지 않는 자가 없으니 적병이 크게 패하여 기계를 다 버리고 달아났는데 30여 명을 베었다.

조경남은 스승 조헌의 명을 받고 의병에 하려했지만 외조모가 위독하다는 기별을 받고 울면서 허씨 곁으로 돌아갔다. 7월에 조헌 장군의 격문이 다시 오자 그는 달려가 함께 창의하기를 약속했지만, 또다시 외조모의 병고로 부득이 돌아가는 도중에 지방장관을 만나 권율장군의 연기 밀약을 알게 되었다. 연기한 날에 달려가니 조헌장군은 이미 7백 의사와 함께 금산에서 전사한 후였다. 이런 자신의 처지 때문에, 이때 세상을 떠난 이들에 남다른 안타까움이 있어 위로의 마음에서 「춘향전」에서 주인공 춘향의 복수 모델로 삼아 끝내 옥중에서 암행어사의 어사출로로 구출되는 위로의 대상으로 삼은 것으로 판단된다.

(ㄴ) 남원전투에서 희생된 이복남 등 7천명을 복합모델로 투영시킨 춘향

1597년 8월 15일에 전란의 와중 속에서, 조선과 명나라 연합군은 왜군에 크게 패하면서 명나라 군대와 조선군 및 백성들은 만명에 가까운 인명의 손실을 가져왔다. 이날 전투에서는 당시 남원부사인 임현, 전임 남원부사인 이복남, 구례현감 등도 순직하였다. 임현은 문반 출신 당상으로서 1597년 5월에 남원부사로 부임하여 같은 해 8월에 남원성 전투를 맞이하게 되었고, 이복남은 무반 출신 당상으로서 1594년 9월에 남원부사로 부임하여 1595년

1월에 논파된 바 있으나 이 날 절명하게 되었다.

이들 전현직 남원부사의 비장한 최후를 살펴보면, 임현 남원부사는 이런 편지를 보낸 7일 후에 남원성 전투에서 다음과 같이 생을 마감하였다. 그는 특별한 재조가 있어 정유에 명장 양원이 남원에 출진할새 조정에 청하여 문무겸비한 자를 얻어서 같이 왜적의 침입을 방어할 것을 꾀하였다. 상이 특별히 그를 남원부사를 제수하였다. 남원은 왜적을 막을 요충이라 하여 친지들이 그 위험을 말하되 그는 감격하여 용감하게 나와서 말하기를, "신자된 자 국은을 도모할 때마다 어찌 사세가 위태함을 염려하리요" 하고, 명나라 장군과 더불어 남하하였다. 이때 한산이 이미 무너지고 적이 승승장구하여 소리쳐 말하되, "남원을 치라 하니 열진이 바람을 따라 궤멸시켜 쫓아내리라 하였다. 그는 명나라 장군에게 권하여 아국의 여러 장사들을 격문으로 불러 전투에서 수비를 할 것을 꾀하고 군중에 노고를 반드시 자신이 먼저하고 관아에 있는 공궤물을 다 내어 날로 장사들을 먹이더니 왜적에 대한 보고가 심히 급하되 그의 행동은 한가하며 사졸을 독려하여 군기를 수선하고 주야 권고하되 성이 이미 포위가 되니 힘을 다하여 항전한 수일만에 적의 사상이 심히 많았다. 이때 적세의 확산이 심하고 원병은 이르지 아니하니 양원이 성을 버리고 달아나고자 하되 그는 힘껏 만류하여 말하되 "이 성은 호남과 영남의 요충이라. 이 성을 잃은즉 적세를 막을 수 없을 것이니 청컨대 같이 죽을 힘을 다하여 사수하기를 꾀하라. 또 그는 천자의 명을 받아 번방을 내원하니 어찌 왕사를 함몰의 가운데 버리고 홀로 탈신할 것을 꾀하는 것이 마땅하냐 하니 양원이 송연하여 끝쳤다. 그는 명나라 병사 및 우리 군사에게 울면서 호소하여 더욱 충분하니 성중이 그의 혈성에 감복하지 않으리 없어 전사를 할 것을 쟁원하였다. 성이 장차 함락에 이르니 양원이 또 같이 도망하기를 요청하니 그는 종시 불응하여 말하되 "강토를 지키는 신하는 마땅히 직에 죽는 것이니 어찌하여 구차히 살까 보냐"고 하였다. 양원이 이미 도망하니 그는 스스로 성 위에 올라 항전하다가 적병의 활에 맞아 거꾸러지니라. 화살도

다 하고 힘도 다 하니 그는 관에 돌아와 관대를 정제하고 북면 사배하여 말하되 “신이 능히 차 성을 보전치 못하니 죽어도 나머자 책임은 있는지라 눈을 부릅뜨고 적을 꾸짖다가 마침내 적의 칼에 죽었다.[186]

또, 전임 남원부사 이복남도 다음과 같이 이 전투에서 장렬한 죽음을 선택하였다.

> 이복남은 정유에 본도 병사에 올랐었다. 때마침 적이 재침한 날을 當하여 명장 양원이 삼천 병마로써 남원에 주재하고, 그는 수천 의사로써 해상에 있으면서 석만(石蠻) 행장(行長) 두 적을 막어내었다. 양원이 근심되는 고성으로 단지 삼천병을 거느리고 십만 대병을 당하게 되었다. 명장 진우충과 장유성은 전주에 있으면서 안병(按兵)만하고 감히 구원치 못한지라 양원이 그에게 내원하기를 격문하니 그는 이 격문을 받고 곧 달려와서 병사를 모여놓고 말하되, “적은 중(衆)하고 구원병은 끊첫으니 일발고성(一髮孤城)의 함락이 조모(朝暮)에 있는지라. 내가 국은을 받았으니 좌시할 수없고 이제 수천인으로써 그 많은 군사를 당적하기는 홍로(洪爐)에 홍모(鴻毛)를 사르는 것 같으나 그러나 장부 가히 죽어도 사양치 못하리라. 너희들은 따르고자 하는 자는 따르고 따르기를 원치 않는 자는 돌아가도 좋다” 하니 군사들은 눈물을 뿌려 청종(請從)하는지라. 이에 날낸 사졸 오백을 가려 빨리 달려 비홍치를 넘으니 적이 이미 성을 에워쌓는지라. 그는 눈을 부릅뜨고 손에 침을 뱉어 말하되, “군부의 위난을 구원함이 此日이 아니냐” 하고, 인하여 가노양인(家奴兩人)을 불러 머리털과 항상 쓰고 있든 천익을 주며 말하되, “내 몸을 이미 나라에 허락하였으니 마당히 차 성으로 더불어 존망을 같이 하리니 부모에게 불효함이 크다. 그러나 충효를 양전(兩全)함은 고금으로 어려운 바라 네가 이것을

186) 『남원충렬사지』, 남원문화원, 1987, 22쪽.

가정에 받쳐 성이 함락되는 날로써 나의 죽은 날을 정하라.” 하고 인하여 영을 나러 말하되, “군졸들은 동요치 말라 물너서는 자는 마땅히 참하리라.” 하고 남문으로 향하니 나아가며 징을 울리고 나팔을 불며 용감히 적진을 뚫고 조금도 두러운 빛이 없이 들어가니 성중에서 환성(懽聲)이 우뢰 같은지라. 양원이 그의 손을 잡고 맞아드러 말하되, “강병을 가지고도 구원하지 아니한 자 많거든 절도는 홀로 고군으로써 부원하니 조선에 오즉 이시랑 일인뿐이 아인가하노라.” 그는 이에 첩목대기(疊木大器)의 운반을 독촉하여 남성을 지키고 종일토록 혈전하니 적이 구름다리를 가설하여 개미떼같이 오르는 것을 문득 물리쳐 버리니라. “이러하기를 수차에 걸쳐 참이 많으니 적이 감히 핍박하지 못하더니, 명일에 성동이 무너지니 그는 부아에 달려드러 의자에 정좌하자 양원이 사람을 보내어 같이 도망하기를 요청하거늘. 그는 칼을 잡고 말하되 내가 이 성과 더불어 존망을 같이 할 것이어늘 어찌 초간을 向하여 살기를 구할소냐” 하니 좌우 감히 우러러 보지 못하더라. 그는 군졸로 하여금 나무를 쌓어 백? 하니 풍렬화맹(風烈火猛)의 화염중에도 오즉 올연하니 적이 보고 또한 차탄하였다. 드디어 의에 사하였다.[187]

이처럼 정유재란 때 남원성에는 아군이 장병 3천 명과 창의대 모두 합하여 1만여 명에 달하였으나, 적병은 십만이라 사면에 충척하였으니 아군은 구원병만 고대하였으나 원병은 이르지 아니하였다. 양곡도 화살도 탕갈되고 1507년 8월 16일 이른 아침에 적이 입성하니 아군은 속수무책으로 싸우다가 모두 순국하였다. 남원성의 일각이 무너지면서 조명 연합군 오천명이 거의 전멸 상태에 빠지게 되니 이리떼 같은 왜병들은 닥치는대로 방화 약탈 살상을 자행하기 시작하자 시민들은 남녀노소 할 것 없이 몽둥이와 돌을 들고 왜적에게 최후일인 최후일각까지 항쟁타가 성돌을 베고 옥쇄하였으니 이 백의

187) 『남원충렬사지』, 남원문화원, 1987, 21쪽.

종군한 오천의 무명 의사들의 시체는 시체는 산과 같고, 흘린 피는 바다와같았다고 할 정도였다. 왜퇴 후 시민들이 이 시체를 한곳에 모아 동충촌 앞 초원에 큰 구덩이를 파고 매장하였으니 이것이 만인의 총이다. 명나라 군대의 중장 이신방 천총 장표 모승선 외 마보병 삼천명의 유골도 이에 합장되었다. 이처럼 남원성을 지키다 숨져간 만명이나 되는 충렬인의 공동 무덤이란 란 뜻으로 '만인의총'[188]이라 부르게 되었다.

그 후에, 1612년에 충렬사가 건립될 때 지역 향반의 대표적인, 특히 지역 의병장으로 활동한 산서 조경남과 그 참모들은 충렬사 건립 추진에 동참했을 것이다. 그러기에 충렬사 건립 후 춘추 제향 때마다 산서 조경남은 그 때의 슬픈 역사를 되돌아보는 계기가 되었을 것이다. 특히, 동참한 유족들의 대표를 볼 때마다 그 순절한 열사들의 이야기와 비겁하게 도망한 사람들의 이야기를 반추했을 것이다. 전현직 남원부사를 비롯해, 구례 현감, 고희를 넘긴 노인, 구례의 통인같은 천인도 순국한 것을 보면, 남원성 전투는 노소귀천이 없이 그 충열의 정신을 드러내 보이고 있다. 이러한 남원성 전투에서 죽은 이들의 충혼에 대해서 국가에서 그들을 위령하고 있는 사실을 지켜보는 의병장 출신인 조경남은 누구보다도 그들의 충렬을 위해 목숨을 바친 장렬한 죽음에 대한 감동이 남달랐을 것이다. 이런 감동이 성리소설「춘향전」의 창작에서 주인공 춘향의 열녀화, 정절화의 형상에 죽음으로써 남원을 지킨 충렬 인사들의 이야기로 활용하게 되었을 것이다.[189]

또, 1624년 7월 20일에 내린 남원성 전쟁에서 사망한 장병에게 내린 제문은 다음과 같다.

188) 萬人義塚.

189) 설성경,『춘향전의 비밀, 서울대학교 출판문화원, 2001, 133쪽.

"이러한 재난에 지금 태고에도 없었던 가뭄과 바람과 건조함으로 불에 타 풀과 나무가 모두 말라 죽고 밭농작이 장차 폐허가 될지경에 이르렀다. 크게 명령을 해도 가까운데 그쳐 버리니, 저 푸른 것은 하늘이라. 어찌 차라리 참는 것이 옳다고 하지 않으리오. 나는 전쟁을 당하여 쓰여지다 쓰러진 神들이 갈 곳이 없고 신하들이 이미 죽어 꿈을 꿀 때마다 하늘에 보이니 일찌기 까닭을 알지 못함이 아니나 사방을 돌아보니 오직 이 帶方인 즉 옛싸움터이다. 이미 지난 정유년 적의 목구멍이 되었던 외로운 남원성에 달무리만 비치고 원조가 끊긴 채 왕개미만이 보인다. 중국의 병사는 해체되고 우리의 장수는 단약하여 큰 세력을 충분히 막을 길이 없어 모든 군대가 屠戮당하니 거친 들판에는 시체뿐이었고 城堞이 무너지니 많은 피를 흘렸으며 의지할 곳 없는 나그네 심정으로 돌아갈 것을 생각하는 의로운 혼백들이 오히려 분함만이 백년 동안 가슴이 막혀 답답할 것이다. 弔祭가 지극하지 못하고 향불이 오래 빠졌으니 말과 생각으로 이에 미칠 수 있을 것인가. 내 마음이 슬프고 아퍼 기운이 어그러져 재앙이 되었다. 이러한 이치가 더욱 분명하니 이에 앞으로 희생과 술로 번거로운 원한을 두루 위로할 것이니 오직 너희 정령들은 깨닫지 못함이 있다고 해도 부끄러움이 아니고서는 일컬을 말이 없고, 오히려 정성을 다하여 보응을 보이고자 함이니 재앙이 변하여 성서롭게 되고 단비를 내리게 하고 우리의 농업을 잘 이루도록 할 것이며 진실로 우리나라의 근본을 우리 동방에 영원토록 보존케 할 것이라. 이러한 연고로 교시한 것이니 마땅한 뜻을 모두 생각하기를 바라노라."[190]

조경남이 「춘향전」을 창작하면서, 남원에 있는 만인의총의 주역들인 이복남과 의병을 비롯한 순국 열사들의 이미지를 작품에 반영할 때에는 시기적으로 만인의총 주역들에 대한 공식적인 제향이 이루어지고, 춘향의 역사와

---

190) 『용성지』, 권지십, 458~459쪽.

작품을 연계하는 지점을 나이로 하여, 정유재란 출생동이로 설정하였다. "어떤 역사적 사건이 개인이나 민족에게 깊고도 아픈 충격을 주고 지나갔을 때에 그 고통을 당한 개인이나 사회는 그 상처를 치유하기 위하여 많은 노력을 기울일 것이고, 따라서 시간이 흐르면 외면적으로는 어느 정도 그 상처가 아문 것처럼 보일 것이다. 그러나 그렇다고 해서 그 사건이 강타하고 간 정신적인 충격이 쉽게 사라지기는 어려운 것이다. 오히려 시간이 흐르면 흐를수록 그 아픔은 더욱 새로워 지고 그것은 새로운 분노와 증오, 그리고 복수심을 낳는다. 그러나 복수를 위한 현실적인 능력이 부족하다고 생각될 때 이러한 증오와 적개심은 결국 정신적인 차원에서 해소시킬 수밖에 없다."[191)]

작가 조경남은 작품 속의 열녀 춘향을 형상하면서, 전란으로 순국한 애국충렬 지사들의 환생에 비유될 수 있는 연결고리를 정유재란 직전에 춘향의 출생을 맞추는 것으로 설정하였다. 이도령의 모델은 성이성을 핵심으로 삼아, 그의 짝이 된 춘향은 정유재란 직전에 출생한 '전쟁동이'로 설정하여 춘향의 모델 형상에 포함시켰다. 유진한의 한시 「춘향가」에는 이도령은 16세요, 춘향은 한 살이 적은 15세로 설정되어 있다. 이를 기준으로 삼고, 춘향 모델을 살펴보면 특이한 역사적 배경에 연관된 설정이 나타난다. 이도령의 대표 모델을 성이성으로 설정한다면 그는 1595년에 출생했다. 여기에 비하여 춘향 모델의 나이를 이보다 한 살 아래로 잡아서 춘향은 1596년에 출생하게 된다. 성이성이 16세의 책방 도령으로 부친을 따라 광주로 옮겨가는 1611년에 춘향은 15세가 된다. 즉, 유진한 한시 「춘향가」 200구에서는 춘향은 15세이고 도령은 16세라 했듯이, 성이성이 1595년생이고, 춘향은 이보다 한 살 아래로 작품에 나온다. 초기 「춘향전」이 역사적 사실 쪽에 근거를 두었다면, 춘향은 1611년에 15세가 되므로, 정유재란이 발생한 1597년은 춘향이 태어난 다음 해가 된다. 그러므로 춘향은 '정유재란 전쟁동이'다. 또는 태어나자

---

191) 김미란, 「전란의 비극과 여성들의 분노」, 『문학사상』, 164호, 1986, 268~269쪽.

곧 난리가 난 비극적인 출생 이미지를 지니고 있다. 즉, 춘향이 탄생한 시기가 남원 역사상 가장 비참한 시기였던 정유재란의 피해를 변부사에게 당하는 춘향의 시련 속에 복합적으로 반영하였다.

"길에서 굶어 죽은 시체를 거적으로 말아서 덮어둔 것을 보았다. 그 곁에 두 아이가 앉아서 울고 있었는데, 물었더니 말하기를, 그 어미라 한다. 어제 병으로 굶어 죽었는데, 그 뼈를 묻으려해도 자기네 힘만으로는 옮길 수가 없을뿐더러, 땅을 팔 연장도 얻을 수 없다고 한다. 조금 뒤 나물 캐는 여인이 광주리에 호미를 가지고 지나가므로 두 아이는 말하기를, 혹 그 호미를 얻으면 땅을 파고 묻을 수 있겠다고 한다. 그 말을 들으니 슬프고 한탄스러움을 이길 수가 없다. 비단 이뿐이 아니라, 굶어 죽은 시체가 길에 잇달아서, 하루에 보는 것도 몇이나 되는지 알 수가 없으니, 슬프다 우리나라 백성이 적의 칼날에 모조리 죽어버린 나머지에 또 굶주림의 환란을 만나서 쑥대머리에 때묻은 얼굴로 남자는 지고, 여자는 이고, 늙은이를 부축하고, 어린이를 이끌고 유리하는 괴로움을 겪는 자가 서로 길에 이어 있어 장차 남는 자가 없는 데에 이르겠으니, 저 푸른 하늘이 어찌 이에 이르렀는가. 크게 탄식한들 무엇하리요. 牧民의 책임을 맡은 자도 또한 책임을 면할 수 없을 것이다."[192)]

"遊離하여 걸식하는 이로 士族 常人 할 것없이 서로 이끌고 지팡이를 짚고 와서 날마다 서 있는 이가 적어도 15, 16인보다 적지 않다. 비록 불쌍함을 참을 수 없는 마음이 있으나, 나 역시 유락, 걸식하는 사람이다. 내 형세가 그들을 구제할 수 없어, 다만 스스로 탄식할 뿐이다."[193)]

"들으니, 宋藝는 병에 걸리고 또 양식도 떨어져서 굶어 죽었다고 한다. 애도함을 이기지 못하겠다. 송은 나의 庶族으로서 평일에 가장 가깝게 지냈고,

192) 황패강, 『임진왜란과 실기문학』, 일지사, 1992, 162쪽.

193) 황패강, 『임진왜란과 실기문학』, 일지사, 1992, 164쪽.

곡식도 넉넉히 저장하고 전답도 많이 샀으며, 또 새로 집도 짓고, 늦게 아들도 낳아서 스스로 영구히 대대로 부자로 살 것이라 생각하더니, 이제 큰 변을 당하여 굶어 죽는 데 이르렀는 데도 구원하지 못했으니, 사람의 사생과 호복은 미리 계획하고 미루어 알 수가 없는 일이다."[194)]

"들으니, 친가의 종 복지는 당초에 그 어미와 함께 성을 나갔다. 그 남편 산석이 아들 응일이 잡혀가는 것을 보고, 찾아서 데리고 오리라 생각하고 그 뒤를 따라갔는데, 오래도록 돌아오지 않으니 필시 죽음을 당한 것이다. 복지는 그 세 아들 및 그 어미와 함께 얻어먹기가 몹시 어려워 부득이 성안으로 들어가서 도로 옛집에 가서 살다가 그 뒤 집이 불탈 때 도망하여 중흥사에 이르러 아들들과 함께 얼고 굶주려 죽었다고 한다. 그 어미는 비록 적의 손에 죽지 않았다 하더라도 필연 굶어죽었을 것이니, 불쌍하다."[195)]

"길 위에 부황이 나서 죽은 시체가 즐비하다. 심지어 시체로 길이 막혀 통행하기 어려운 데가 있다 하였다. 밀보리가 나오기 전에는 구제할 길이 없으니 4월과 5월을 지나기 전에 사람들이 멸망하는 데 이를 것이다. 옛날부터 어느 시대에 난리가 없었으리오마는 오늘날같이 백성이 많이 죽은 일이 또 어디 있었겠는가? 長川에 있는 노복과 한마을 사람들이 모두 죽고 남아 있는 종들이 10여 명에 지나지 않는데, 살 도리가 없어 그 죽은 것을 바랍조고만 있게 되었으니, 가슴이 타고 슬피 운들 무슨 소용이 있겠는가?"[196)]

"홀연히 한 노파가 와서 뜰에 엎드려 절하거늘 물은즉, 성주 유생 李輔卿의 형수인데, 난리를 만난 후에 전 가족이 물에 빠져 죽고 그 홀로 남아 길가에서 걸식하고 다니니 형용이 수척하여 그 참혹한 정경을 차마 볼 수 없었다. 길 위에서 쓰러진 자가 연달았고 구렁에 넘어져 죽은 자 또한 셀 수 없는 가

194) 황패강, 『임진왜란과 실기문학』, 일지사, 1992, 165쪽.
195) 황패강, 『임진왜란과 실기문학』, 일지사, 1992, 165쪽.
196) 황패강, 『임진왜란과 실기문학』, 일지사, 1992, 109쪽.

운데 아이들의 시체가 더욱 많았다."[197]

이런 상황들은 조경남이 남원성 전투에 참가하려 했지;만, 외조모가 위독하다는 기별을 받고 집으로 갔다가 남원성 전투가 시작되자, 어쩔 수 없이 외조모를 모시고 지리산 속으로 피신을 하였다. 그러나 남원성 전투에서 명나라 장군 양원은 도망을 가도 항전하던 조선군과 의병, 그리고 남원성 속에 피신해 있던 7,000명이 죽게 된 사실을 알았다. 이런 자신의 처지 때문에, 이때 세상을 떠난 이들에 남다른 안타까움이 있어 위로의 마음에서 「춘향전」에서 주인공 춘향의 복수 모델로 삼아 끝내 옥중에서 암행어사의 어사출로로 구출되는 위로의 대상으로 삼은 것으로 판단된다.

(다) 인조를 역행 복합모델로 투영시킨 춘향

(ㄱ) 1624년, 이괄의 난으로 한양을 버리고 공주로 피신한 인조

인조는 반정을 명분으로 광해군을 폐위시키고 왕위에 올랐지만, 논공행상에 불만을 품은 반정공신 이괄의 반란으로 즉위 1년도 못돼 한양을 떠나야 했다.

『조선왕조실록』의 인조 2년인 1624년 2월 22일 기사에는 "적이 패하여 성으로 들어간 뒤 도성 백성 80여 인을 죽였다. 또 적이 처음 와서 성안에서 군사를 모집할 때에 들어간 자가 매우 많았다. 그 중에서 가장 현저한 자를 여러 관군 장수들이 처치한 것이 200인이다"고 했다. 반정 때에. 이괄은 반정군이 대궐을 공격하려고 집결했을 때 늦게 도착한 김류에게 반정군의 대장직을 물려주었기에 좋지 않게 생각하였다. 거사에 성공한 이튿날 이귀가 인조 앞에서 이괄을 병조판서에 임명할 것을 제안하자, 이괄은 김류가 늦게 왔

197) 황패강, 『임진왜란과 실기문학』, 일지사, 1992, 110쪽.

기에 그를 베고자 했으나 이귀가 말려 시행하지 못했다 하면서 노골적으로 이귀를 비난하였다. 또, 인조가 마련한 모화관 회식 자리에서도 이괄은 김류보다 아래쪽에 자리를 배정받은 것을 못마땅하게 여겼다.

반정이 성공한 후에, 인조가 논공행상을 하는 과정에서 이괄은 여러 차례 불만을 드러내다가, 53명의 공신들을 정사공신에 책봉할 때에 반정군 대장을 맡았던 김류는 1등 공신에 포함됐으나, 이괄은 반정 세력에 늦게 참여했다는 이유로 2등 공신으로 밀려나는 데 불만이 쌓였다. 이괄은 1623년 5월 변방 수비를 맡기 위해 평안도 영변으로 떠났다. 당시 압록강 너머 후금이 세력을 펼치자, 숭명배금 정책을 내세운 조선으로서는 북방 경비가 어느 때보다 중요한 상황이었다. 인조는 도원수 장만에게 수시로 후금의 동태와 경비 상황을 보고받았고, 경비를 강화하기 위해 당시 공석이던 부원수 자리에 이괄을 임명하면서 평안 병마절도사를 겸하게 했다. 당시 장만은 인조에게 부원수 후보로 이괄과 이서 두 사람을 추천했으며, 결국 이괄이 낙점을 받았다. 이에 장만은 지원부대 5,000명을 거느리고 평양에 주둔하고, 이괄은 평안도 토병 및 전라도에서 차출된 부방군 1만 2,000명, 왜란 때 항복한 일본군 130여 명을 휘하에 두고 영변에 자리 잡아 변방 수비의 실질적 책임자가 되었다. 그러던 중 조정에서는 이괄 등의 반란 모의에 대한 고변이 일어났다. 그러나만 인조는 이괄은 충의스런 신하인데 두 마음을 품었을 리 없다고 판단하였다. 그러다가 조정에서는 결국 기자헌을 비롯해 역모 혐의가 있는 40여 명을 하옥시켜 국문을 진행하고, 이괄에 대해서는 일단 불문에 부치되, 그 아들 이전을 잡아들여 조사를 하기로 했다. 그런데 당시 이전은 아버지와 함께 영변에 머물고 있었다. 이에 인조는 금부도사 고덕률 등을 영변으로 보냈다. 이 사실을 전해들은 이괄은 아들이 잡혀가면 역모로 몰려 죽을 수밖에 없을 것으로 생각하고, 영변을 찾아온 금부도사 일행을 죽이고, 휘하의 군사들을 이끌고 반란을 일으켰다.

이괄은 주변의 수령들에게 "도성에 변고가 생겨 구원하러 간다." 하고 속인 뒤 군사들을 이끌고 영변을 출발했다. 역모 혐의를 받았던 구성 부사 한명련도 자신을 잡으러 온 금부도사를 죽인 뒤 군사를 이끌고 반란군에 합류하였다. 이들은 개천을 거쳐 강동, 황주, 수안, 평산, 개성으로 진격해 한양에 이르렀다. 반란군이 남쪽으로 향하고 있다는 보고를 받은 조정은 장만과 부체찰사 이시발 등으로 하여금 이들을 중간에서 막도록 했다. 하지만 반란군이 경비가 허술한 샛길만 골라 신출귀몰하게 이동하는 바람에 정부군은 제대로 대응하지 못하고 연전연패하였다. 장만이 "적이 교활하게 샛길로 출몰하여 위치를 종잡을 수 없다."라고 말할 정도였다. 반란군과 정부군이 처음 접전을 벌인 곳은 황주 부근의 상원이었다. 이곳에서 정부군은 반란군이 거짓으로 투항하는 척하자 방심하다가 크게 패하였다. 선봉장 박영서 등은 사로잡혀 죽음을 맞았다. 항왜를 앞세운 1만여 명의 반란군은 계속 남쪽으로 내려가 예성강 상류인 평산 마탄에서 잠복 중이던 정부군을 급습해 무찌르고 방어사 이중로, 이성부 등을 죽였다. 정부군 중에는 강에 빠져 죽은 사람이 많았고, 나머지는 모두 반란군에게 항복했다. 정충신이 이끄는 군사들이 정부군에 합세하려고 뒤늦게 도착했으나, 반란군이 여러 장수의 머리를 베어 실어 보내자 모두 기세가 꺾이고 말았다. 반란군은 이어 개성을 지나 임진을 지키던 정부군까지 기습 공격으로 격파하고 벽제로 나아갔다. 당시 조정에서는 정부군이 마탄에서 대패했다는 소식을 접하고, 한밤에 대신들이 모여 인조에게 도성을 떠날 것을 청하였다. 결국 인조는 며칠 후 비빈, 대신들과 함께 공주산성으로 피란을 떠났다. 반정으로 왕위에 오른 그다음 해에 내부 반란으로 왕이 도성을 버리고 떠나자, 백성들은 충격을 받았고 민심이 흉흉해졌다. 이는 곧 조정에 대한 불신으로 이어졌다. 이미 인조가 즉위한 직후부터 공신 집단의 국정 농단이 심해 민간에서는 '광해군 때의 북인과 다를 게 없다'라는 내용의 풍자적인 노래가 유행하던 터였다. 한 예로 반란군에 맞서 도성을 방비할 군사를 급히 모으는데 훈련도감에 소속된 군사 세 명 가운데 한 명은 달아나고 없을 정도였다. 마침내 이괄이 이끄는 반란군은

2월 10일 한양으로 입성했다. 영변에서 군사를 일으킨 지 19일만이었다. 이괄은 우선 민심을 안정시키기 위해 도성 곳곳에 방을 붙여 생업에 종사하게 했고, 일반 백성들도 이괄의 무리를 환영했다. 이괄은 이어 선조의 아들 흥안군 제를 왕으로 옹립했다. 그때 이괄의 뒤를 쫓아온 장만과 정충신, 남이흥이 각지의 관군 연합군을 이끌고 안현에 도착해 진을 쳤다. 그러자 이괄은 군대를 두 곳으로 나눠 이들을 포위 공격했으나, 관군이 지형상 유리한 지역을 차지하는 바람에 이괄의 군대는 크게 패하였다. 이괄은 야음을 틈타 부상당한 한명련을 비롯해 패잔병 수백 명을 이끌고 수구문을 통해 도성에서 빠져나갔다. 하지만 관군의 추격으로 반란군은 뿔뿔이 흩어졌고, 이괄은 40여 명을 이끌고 광주를 거쳐 이천 묵방리에 이르렀다. 이날 밤 반란군의 이수백, 기익헌 등은 이괄과 아들 이전, 한명련 등의 목을 베어 관군에게 투항했다.

이괄의 반란이 평정되자 도성으로 돌아온 인조는 반란을 진압하는 데 공을 세운 장만과 정충신, 남이흥 등 32명을 진무공신에 책봉했다. 하지만 역모 혐의를 받고 있던 한명련의 아들 한윤이 후금으로 달아나 인조 정권의 부당성과 친명 외교를 거론하며 조선 침략을 종용하였고, 그리하여 이로부터 3년 뒤에 또다시 전란에 휩싸였다.

조경남은 『속잡록』에 이때의 상황들을 다음과 같이 여러 가지 시각에서 기록하였다.

> 1월 14일 문회(文晦) · 이우(李佑) 등이 변고를 알려 기자헌(奇自獻) · 이시언(李時言) · 한여길(韓汝吉) · 유공량(柳公亮) · 이성(李偕) 등 40여 명을 잡아다가 하옥(下獄)시켰다. 그런데 이괄(李适) · 한명련(韓明璉)과 이괄의 아들 이전(李栴), 한명련의 아들 한란(韓瀾) · 한윤(韓潤)도 고발한 가운데 끼어 있었다.

18일 ○ 선전관 김지수(金智秀), 금부가도사(禁府假都事) 심대림(沈大臨)·고덕창(高德昌) 등을 보내어 이전·한란·한윤을 잡아 오게 하였다. 도사(都事)가 안주(安州)에 당도해서는 영변(寧邊)과 구성(龜城)으로 각각 나누어 향했다. 이때 이괄의 수하병(手下兵)은 1만 2천여 명이고, 항복해 온 왜병이 1백 30명인데, 겨울 내내 무술을 연마하여 정예부대라 일컬었다. 도사가 문전에 당도하자 일부러 문 여는 것을 지연시키고, 그 부하 이수백(李守白)·기익헌(奇益獻)·최덕문(崔德雯)·이정배(李廷培)와 좌우를 물리치고 밀실에서 모의하기를, "내게 자식 하나밖에 없는데 장차 참형을 당하게 되었으니, 자식이 잡혀갔는데 아비가 온전할 리가 어디 있겠는가. 일이 이미 위급한 지경에 이르렀으니 아들이 죽지 않는다면 그만이지만 죽는다면 어찌 고분고분히 머리 숙이고 참형을 당할 수야 있겠느냐." 하니, 익헌 등이 입을 모아 똑같이 말하기를, "만약 거사를 하려 한다면 온 사신을 죽여 군중을 위협하여 아무도 이의를 제기할 수 없게 하는 것이 낫다." 하였다. 의논이 결정되자 이괄이 여러 장수를 불러 그 사실을 이야기하는데, 중군 이윤서(李胤緖), 별장 유순무(柳順懋)·이타(李玧), 우후(虞侯) 이신(李愼)이 자리에 있었다. 이괄이 손에 칼 하나를 들고 여러 장수를 보며 말하기를, "감히 어기는 자가 있으면 죽이겠다." 하니, 좌우가 벌벌 떨며 한 사람도 절조를 지켜 적을 꾸짖어 흉계를 좌절시키는 자가 없었다.

이에 성안에 진을 치고 문을 열어 도사를 영접해 들였는데, 도사가 미처 뜰에 들어오기도 전에 군교(軍校)를 시켜 베어 죽이니 온 군중이 공포에 떨어 감히 서로 한 마디 말도 못했다. 그리고 즉시 진중에 영을 내려 22일에 군사를 일으킬 것을 약속함과 동시에 근영(近營) 수령(守令)들에게 전령하기를, "시급한 군무로 만나서 의논할 일이 있으니 밤낮 할 것 없이 달려서 22일 해시(亥時)까지 오도록 하라." 하였다. 이때에 장만은 평양에 있고, 중군 남이흥(南以興)의 휘하 군관 남두방(南斗傍)이 마침 사적인 일로 영변에 가게 되었는데, 이괄이 알고서 편지 한 장을 써서 두방에게 주고 고의로 석방하였다.

이튿날 두방이 평양에 당도하여 역적의 형상을 갖추어 보고하고, 또 그 편지를 남이흥에게 전하니, 이흥은 뜯어보지도 않고 원수부에 바쳤다. 그래서 뜯어보니, 편지 안에 남이흥 · 유효걸(柳孝傑) · 박진영(朴震英)의 자(字)를 나열하여 썼는데, 그 사연에 이르기를, "성명(聖明)이 위에 계시는데 흉악한 무리가 조정에 가득하니 임금의 측근에 있는 악당을 없애는 일을 어찌 그만둘 수 있겠느냐……." 하였다. 원수부에서는 곧장 그 사실과 그 편지까지 아울러 올렸으니, 이는 이 두어 장수는 모두 이괄이 꺼리는 사람이라서 원수부에 이간을 하여 그 뿌리를 흔들려 한 것이었다. 이때 원수는 병이 위독하여 항상 누워 있었는데, 변고를 들은 이후로 작전 계획이 몹시 번거로워 밤에도 잠을 자지는 못하나 정신만은 그다지 쇠약하지 않아 토벌하는 계책과 법에 의외의 생각을 내곤 하였다. 원수는, "이 역적이 부원수라는 칭호를 믿고 1만여 명의 군사를 거느리고 있으니, 거리낌 없이 곧장 올라온다면 그 서슬을 경솔히 범할 수 없다. 내가 비록 원수이긴 하지만 소속 부하가 수천 명에 불과하니, 역리와 순리가 비록 다르지만 숫자에 있어 차이가 나니, 꾀를 써서 해산시키기는 쉽고 힘으로 싸우기는 어렵다."고 생각하였다. 이에 각 읍에 영을 전달하여 군사를 거느리고 빨리 평양으로 들어오게 하여 굳건히 지킬 계획을 하는 한편, 병사의 부모와 처자를 깨우쳐서 몰래 적의 진중에 통해서 역적을 등지고 귀순하게 하며, 또 남북 양도의 감사 · 병사에게 영을 전달하여 군사를 이끌고 난에 참여하게 하며, 군관(軍官)을 창(昌) · 의(義) 두 진영에 보내어 유비(柳斐) · 김완(金完)으로 하여금 군사를 대동하고 급히 영문(營門)으로 오게 하고, 군관 강용(姜涌)과 수안 군수(遂安郡守)의 직무대리인인 이정(李靖)에게 날랜 포병 한 부대를 주어 서흥(瑞興) · 수안 등지의 군병을 규합하여 미리 성을 막아서 적의 통로를 끊게 하였다. 《서정록(西征錄)》에 나왔음.

22일 적병이 영변을 출발하여 개천(价川)의 길로 향하는데, 본도 토병(土兵) 상마대(上馬隊)가 본영의 군대 등을 거느리고 전라도 대군 도합 수만 명과 항복한 왜놈을 앞뒤로 호위하고 가는 것이었다. 원수가 요량하기를, "적이 곧은 길을 경유하면 오늘 안으로 반드시 안주(安州)에 도착하게 될 것이다." 하니, 장좌(將佐)가 모두 말하기를, "방어사 정충신(鄭忠信)이 저 역적과 서로 사이가 좋고 재주도 있으니, 본성(本城)의 존망은 충신의 향배(向背)에 달렸다." 하였다. 그러자 원수가 말하기를, "정충신은 강개한 남아로 나라를 위해 죽을 뜻이 있고, 또 나와는 정이 골육(骨肉)과도 같으니 반드시 나를 배반하고 적을 따르지는 않을 것이며, 역량이 적을 대적할 만하니 성을 등지고 한 번 싸우는 일이 있더라도 반드시 적의 손에 죽지는 않을 것이다." 하였는데, 저물녘에 정충신이 원수부로 달려왔다. 종사(從事) 김기종(金起宗)이 말하기를, "안주는 중요한 진영이고 또 방어(防禦)도 겸했으니 굳건히 성을 지켜 적으로 하여금 감히 동쪽으로 나오지 못하게 할 책임이 주장(主將)에게 있는데, 충신은 성을 버리고 왔으니 군율을 면하기 어려운즉 절친한 사람이라 해서 용서해 주는 일이 있어서는 안 될 것입니다." 하니, 원수가 즉시 뜰 안으로 잡아들여 죄주려 하자, 충신이 대답하기를, "저 적은 빨리 나아가는 데 뜻이 있으니 반드시 안주를 경유하지 않을 것이요, 설사 안주를 경유한다 해도 군사는 적고 힘은 약하니 형세가 대적하기 어렵습니다. 고립된 성만 고수하다 죽는 것보다는 원수부의 명을 따르는 것이 낫습니다." 하였다. 원수가 말하기를, "네 말이 옳다. 그러나 적의 정세를 멀리서 요량해서는 안 되고 진영을 함부로 떠나서도 안 되는 것이니 너는 급히 본주로 돌아가라." 하고, 날래고 용맹한 기병 백여 명을 내주고 드디어 원수부의 군관 조시준(趙時俊)과 함께 가게 했다. 그리고 또 충신에게 묻기를, "저 적에게는 상 · 중 · 하의 세 가지 계책이 있으니, 은자(銀子)와 인삼(人蔘)을 후하게 바쳐서 모문룡과 결탁하여 청천(淸川) 이북을 차지하고 여러 성에 포진하여 한 도를 호령하는 것이 상책이고, 은밀히 오랑캐 추장들과 결탁하여 세력에 의지하는 것이 중책이고, 샛길로 빨리 달려 곧장 서울로 향하는 것이 하책이다. 네 생각으로는 적이 어떤 계책을 쓰겠느냐?" 하니, 충신이 말하기를, "반드시 하책을 쓸 것이 의심 없습니다." 하였다. 정충신이 순안(順安)에 당도하여 적이 이미 개천

(价川)길로 향했다는 말을 듣고 원수부에 보고하기를, "안주가 이미 적의 후방에 있으니, 이런 때 빈 성만 지키고 앉아서 적을 임금에게 보낼 수는 없은즉 원수부로 돌아가기를 원합니다." 하니, 원수가 그 보고를 옳게 여겼다. 정충신이 평양으로 달려가다가 숙천(肅川)에 당도하자 부사 정문익(鄭文翼)에게 영을 전달하여 안주로 들어가 지키게 하니, 문익은 선뜻 승낙하며 조금도 난색을 보이지 않고 그날 밤으로 안주에 들어가 성을 지킬 계획을 했으며, 노강 첨사(老江僉使) 이경정(李慶禎) 역시 본진(本鎭)의 토병(土兵)을 거느리고 들어와 안주를 지켰다. 평양에 주둔한 군사가 매우 적어서 사람들이 많이 위태롭게 여겼는데, 변고를 들은 이튿날에 중화 부사(中和府使) 유대화(柳大和)가 부중(府中)의 군사 1천여 명을 모조리 거느리고 왔고, 황주(黃州) 포수 1천여 명도 잇달아 와서 군의 사기가 차츰 높아졌다. 그 다음날에 성천 부사 정두원(鄭斗源)이 군사 3백여 명을 거느리고 성중으로 달려와서 군량까지 관장했고, 자산 군수(慈山郡守) 안몽윤(安夢尹), 삼화 현령(三和縣令) 유대일(兪大逸), 강동 현감(江東縣監) 최응일(崔應一), 상원 군수(祥原郡守) 이숙(李埱), 용강 현령(龍岡縣令) 신유(申𥜥), 강서 현령(江西縣令) 황익(黃瀷), 증산 현령(甑山縣令) 장돈(張暾)·광량 첨사(廣梁僉使) 장훈(張曛)이 차례로 이르렀다. 그리고 평안 도사(平安都事) 김진(金搢)은 해변 고을을 순행하다가 사변을 들은 그날에 단기로 달려와서 함께 일을 의논하고, 정주 목사(定州牧使) 정호서(丁好恕)는 역적 이괄의 전령을 가지고 장차 영변에 갈 양으로 가산(嘉山)까지 왔다가 반역한 사실을 듣고서 곧 본주로 돌아왔다.

○ 명련(明璉)은 구성(龜城)에서 역시 도사(都事)를 죽이고 먼저 30여 기병을 대동하여 떠나면서 중군 김효신(金孝信)과 별장 강작(姜綽)으로 하여금 군사 1천 2백 명을 거느리고 뒤를 따라 출발하게 하였다.

24일 원수의 장계가 서울에 도착하자 도성 안의 인심이 흉흉했다. 이수일(李守一)로 부원수를 삼아 떠나보내고, 급히 선전관을 각도 감사와 병사에게 보내어 교지를 전달하게 하였다. 그 교지 내용은, "서변의 반장(叛將)이 군사를 일으켜 난리를 꾸미니 서울도 뜻하지 않은 근심이 생길지 모른다. 경(卿)은 도내 군병을 거느리고 밤낮 할 것 없이 달려오라." 는 것이었다.

○ 원수부 종사관 이민구(李敏求)가 강변으로부터 순찰하여 영변으로 향하다가 가산에 와서 사변을 듣고 안주로 달려 들어가 격문을 지어 통고하여 인심을 진정시키고서 군관 정지한(鄭之罕) 등 서너 명을 보내어 김효신의 진중을 효유하였다. 청천 이북 방면이 모두 역적을 등지고 귀순한 것은 다 이민구의 힘이다. 순찰사 이상길(李尙吉)이 철산(鐵山)으로부터 안주로 달려와서 용천 부사(龍川府使) 이희건(李希建), 곽산 군수(郭山郡守) 민여검(閔汝儉), 선천 부사(宣川府使) 김경운(金慶雲), 정주 목사(定州牧使) 정호서, 선사포 첨사(宣沙浦僉使) 이택(李澤), 복수장(復讎將) 김양언(金良彦)에게 전령하여 군사를 거느리고 와 모이게 하였다. 삭주 부사(朔州府使) 민인길(閔仁佶), 영원 군수(寧遠郡守) 안준(安浚)도 잇달아 왔다. 덕천 군수(德川郡守) 이후여(李厚輿)는 사변을 듣고 놀라 관청을 버리고 안주 · 평양 두 진에 들어가지 못하고 샛길로 빠져 달아나 곧장 서울로 달렸다. 원수가 김기종에게 이르기를, "종사(從事)가 영변에서 일을 볼 적에 반드시 여러 장수와 말을 해 보았을 것이니, 그 중에 적을 따르지 않을 사람이 누구누구라는 것을 짐작하겠는가?" 하니, 기종이 말하기를, "사람을 알아보기란 매우 어려운 것이라서 미리 알 수는 없지만, 이윤서(李胤緖) · 유순무(柳舜懋) · 이신(李愼) 같은 사람은 그 사람된 것을 보면 역적질하지는 않을 것 같습니다." 하였다. 원수가 말하기를, "이윤서는 내가 비록 서로 접촉은 못했지만 본래 영남 사람이고, 또 성질이 양순하며, 유순무와 이신은 나와 서로 알고 지낸 지가 이미 오래라 적을 따르지 않을 것이다. 그들 역적이 군사를 일으키던 저녁에 죽지 않은 것은 아마도 생각하는 바가 있어 그런 것 같으니 계책을 마련해 주면 그 사람들이 반드시 서로 내응할 것인즉 여러 장수로 하여금 각각 간첩 행동할 꾀를 짜내어 들이도록 하라." 하였다. 별장 박진영(朴震英)이 병졸 한 명을 잡아가지고 와서 김기종에게

바치며 말하기를, "이놈은 바로 역적 이괄의 중군 이윤서의 종으로 이름은 효생(孝生)입니다. 만약 계교를 쓰려 한다면 이 사람이야말로 좋은 기화입니다." 하였다. 종사가 곧장 방으로 끌어들여 술과 고기를 대접하고, 약속하기를, "네가 만약 돌아가서 이 편지 한 장을 중군에게 전달하여 그로 하여금 군사를 거느리고 의리에 항복해 오게 한다면 마땅히 너에게 천금의 상을 주겠다. 그리고 임금께 아뢰어 중군에게 계급을 따지지 않고 벼슬을 내리게 하겠다." 하고, 드디어 남이흥 · 유효걸 · 박진영과 연명으로 역순(逆順)과 이해(利害)를 낱낱이 설명하는 편지를 써서 옷섶 속에 넣어 꿰매게 하였다. 약속을 정하고서 원수에게 사실을 고하니, 원수가 무명베 50필을 효생에게 주자, 효생이 말하기를, "우리 주인이 현재 적의 진중에 있으니 죽지 않았다면 포로가 되어있을 것이옵니다. 이는 병졸로 부끄러운 일이오니 마땅히 만번 죽음을 무릅쓰고 적진에 들어가서 이 편지를 우리 주인에게 전달하여 살 길을 찾게 하는 것이 마땅합니다. 이로 인해 돈벌이한다는 것은 저로서는 차마 못할 일입니다." 하고, 굳이 사양하고 받지 않으니, 보는 자가 다 의인(義人)이라 하였다.

이때 적의 군사는 이미 자산(慈山)에 당도하였다. 이날 효생이 자산으로 가서 그 편지를 전달하니, 이윤서 · 유순무 · 이신 · 이타가 이보다 앞서 이미 모의가 있었던 터라, 편지를 보고서 비밀리에 부하 장관들과 약속하고 밤 삼경에 포를 쏘아 진을 해산하니 적이 몹시 놀라 동요하였다. 영유 파총(永柔把摠) 김통가(金通可) 등도 이 모의에 참여하여 자못 공이 있었다. 이윤서 · 유순무 · 이신 · 이타 등이 곧장 원수부에 당도하여 뜰아래 절하고 엎드려 계속 통곡하니, 원수도 평상에서 내려와 손을 잡고 울며 말하기를, "당초 협박을 당한 것은 갑작스러운 일이었으니 죽었다면 가장 좋았겠지만 죽지 않고서 군사를 거느리고 귀순한 것 역시 하나의 방편이다." 하고, 당일에 이윤서 · 이신 · 이타로 별장을 삼고, 유순무로 중군을 삼아서 직무를 맡기고 조금도 의심하지 않으니 온 진중이 모두 원수의 넓은 아량에 탄복했다. 이윤서는 역적놈에게 무릎을 꿇은 것을 수치로 여겨 여러 날 동안 식음을 전폐하고 마침내 광증(狂症)이 생겨 드디어 칼에 엎드려 죽었다. 이미 이런 죽음을 각오했다면 철옹성(鐵甕城)에서 모반하던 날에 적을 꾸짖지 못하고, 또 원수가 역적을 토벌하는 때에 목숨을 바쳐 공을 세우지도 못했으니 그 죽음이 애석하기는 하나, 울분에 못이겨 자결한 것만도 한 세상에 남의 신하가 되어 두 가지 마음을 품고 욕되게 생명을 탐내는 자보다는 낫다 하겠다. 자산에서 빠져나오던 밤에 적병이 무너져 흩어진 수효가 3천여 명이었고, 이윤서를 따라서 평양에 도착한 자가 6백 명이었다. 그래서 백기(白旗)를 서문 밖에 세우고 항복하는 군사를 불러들여 따로 한 부대를 편성해서 장령(將領)에 소속시키고, 군관으로서 역적을 등지고 귀순해 오는 자가 있으면 원수가 방안으로 끌어들여 흉금을 털어놓고 말하기를, "죽이려거든 나를 죽이고 그렇지 않으려면 나의 지시를 따르라." 하여, 심복을 삼되 친숙한 부하와 다름없이 여기니 사람들이 모두 감격해 울며 목숨을 바쳐 은혜를 갚기를 원했다.

적이 죽음을 각오한 군사 8명을 뽑아서 네 사람은 철산(鐵山)으로 보내어 순찰사를 찔러 죽이고, 네 사람은 평양으로 보내어 원수를 찔러 죽이려고 했는데 그 중 한 사람이 나졸(羅卒)에게 붙잡혀 왔다. 원수는 그도 죄주지 않고 후하게 음식을 대접하고 일부러 놓아 보내게 하였으니, 그의 의도는 적으로 하여금 성중에 방비가 있다는 것을 알려 감히 가까이하지 못하게 하자는 것이었다. 원수는 병이 심하여 말에 올라탈 수도 없는데, 오히려 작은 교자를 타고 하루 세 번씩 성을 순회하니, 부하들은 병세가 더할까 염려하여 힘써 만류하자, 원수가 말하기를, "저 역적이 우리를 가볍게 여기는 것은 내가 신병이 중하여 조만간 죽을 것이기 때문이다. 만약 나의 힘이 성을 순회할 수 있다는 것을 안다면 반드시 경솔히 우리를 침범하지 못할 것이다." 하였다. 김기종과 김진이 격문 2백여 통을 만들되 절반은 국문으로 지어 군졸들로 하여금 그 뜻을 쉽게 알게 하고, 자산 군수 안몽윤을 시켜 그 부하를 보내어 적이 들어오는 앞길에 걸게 하였다. 적의 선봉이 격문을 주워 오자 온 진중이 돌려보며 말하기를, "나는 원수도 이 모의에 참여했다고 들었는데, 지금 이 격문을 보니 이는 우리를 속인 것이다." 하고, 마침내 머뭇거리며 떠나지 않으니, 이괄은 군의 정세가 동요되는 것을 알고 높은 언덕에 진을 치고 설득하여 진정시켰다. 그러고 나니 날이 이미 저물어서 강동(江東)으로 진격하지 못하고 마침내 군사를 거두어 자산으로 돌아갔다. 이날 밤에 적병이 크게 무너지고 네 장수가 도망해 나왔으니, 기회를 타서 이간을 붙인 꾀가 많은 힘이 되었다. 《서정록》에 나옴.

25일 원수는 적이 평양을 경유하지 않는다는 것을 알고서 군사 출동할 것을 의논하는데, 이날 일직성(日直星)이 칠살(七殺)을 범했다. 그래서 의논하는 자가 병가(兵家)에서 금한다는 말을 들어 어렵게 여기자, 정충신이 말하기를, "어찌 부모가 위급하다는 소식을 듣고서 방위를 가려서 출행하는 일이 있겠는가. 군사는 곧음으로써 사기가 높아지는 것이니 어찌 반드시 고허(孤虛)나 향배(向背)의 설에 구애되랴." 하니, 원수가 옳게 여겨 정충신으로 전부대장을 삼아 여러 장수를 소속시키고, 전 부사 박영서(朴永緖)로 선봉을 삼아 정예부대를 소속시키고, 유효걸로 좌협장(左協將)을 삼아 상마대(上馬隊)와 북병(北兵)을 소속시키고, 조시준(趙時俊)으로 돌격장(突擊將)을 삼아 상마대 이초(二哨)를 소속시키고, 장돈(張暾)으로 우협장(右協將)을 삼아 포수(炮手) 1천 명과 용강 현령 신유를 소속시키고, 평양 판관 진성일(陳誠一)로 전후장(殿後將)을 삼아 기병 · 보병 각각 절반씩과 전 만호(萬戶) 김태흘(金泰屹)을 소속시키고, 자산 군수 안몽윤으로 관향관(管餉官)을 삼고, 강동 현감 최응일로 향도장(餉道將)을 삼고, 정주(定州) 천총(千摠) 홍심(洪沈)으로 척후장(斥候將)을 삼으니, 군사는 도합 1천 8백여 명이었다. 26일에 중군 남이흥으로 계원대장(繼援大將)을 삼고, 박진영으로 별장을 삼아 원수부 군관과 기병 ·

보병을 소속시켰다. 군사를 출동하는 날에 여러 장수를 모두 줄지어 뜰에 꿇어 앉히고 새로 장의토역기(仗義討逆旗)를 만들어 원수가 직접 내주며 말하기를, "적병이 비록 많으나 모두 협박에 못 이겨 따르는 자들이니 부모를 잊고 처자를 버리고 적을 따라 반역하는 것이 어찌 그들의 본심이겠느냐. 싸움에 임하면 반드시 역리와 순리를 들어 말해주고 이해로써 깨우칠 것이다. 만약 우리에게 항복해 오는 자가 있으면 절대 죽이지 말고 생포를 많이 하는 자가 으뜸의 공이 되며, 머리를 벤 자는 그 다음이다." 하였다. 충의로 권면하는 말이 몹시 격렬하니 모든 장수가 다 눈물을 훔치고 들었다.

이때 안늑(安玏)이 평양부에 갇혀 있었는데, 남이흥이 원수에게 말하기를, "나는 본래 안늑의 사람됨을 아는데, 적과 반역을 도모할 리가 전혀 없으니, 그 죽음을 용서하여 죄를 진 채로 역적을 토벌하게 하소서." 하니, 원수가 김기종에게 "이 말이 어떠하냐?" 고 묻자, 기종이 대답하기를, "상도(常道)로써 말하면 왕부(王府)의 죄인은 결코 함부로 놓아 주기는 어려운 일입니다. 그러나 군사를 쓰는 데는 권도와 정도가 있고, 일을 처결하는 데도 정도와 권도가 있으니, 오늘의 사세는 오로지 권도에 달려 있습니다. 현즙(玄楫)이 중군으로서 오래도록 군무를 총괄하여 상당히 군의 정세를 알며, 그 형적을 관찰하면 의심할 여지가 없는 것 같은데, 불행히도 잡혀 갔으니 이로부터 여러 장수들이 각기 스스로 의구심이 생겨 잡아 가두라는 명령이 잇달아 올 것이라 여기고 투지를 상실하였습니다. 그들이 발길을 어디로 돌리느냐에 승부가 달려 있으니, 지금 만약 한 명의 안늑을 석방하여 그가 사력을 다하게 한다면 군사들의 마음을 진정시킬 수 있으니 어찌 안늑만을 위하는 데 그치오리까?" 하였다. 원수가 말하기를, "내 뜻도 그렇다." 하고, 즉시 조정에 아뢰어 이내 안늑을 석방하여 선봉의 휘하에 소속시키고 죄를 진 채로 적을 토벌하게 하였다. 이에 여러 장수들이 모두 말하기를, "비록 잡아 가두라는 명령이 있을지라도 원수부에서는 반드시 우리를 살려줄 것을 믿어 의심하지 않는다." 하였다.

군사를 출동한 수일 만에 상께서 안늑을 효시(梟示)하라는 명령이 있었고, 잇달아 장계로 인하여 석방하라는 교지가 있었는데, 안늑이 선봉의 진중에 있었기 때문에 모면하게 된 것이다. 원수는 또 별장 박상(朴瑺)으로 하여금 군사 8백 명을 거느리고 계속 후원하니, 적은 강동을 경유하여 삼등(三登) 경내에서 유숙하므로 원수는 날랜 포병 백여 명을 뽑아 허익복(許益福) · 김천국(金天國)으로 장수를 삼고, 밤에 적의 진영을 공격하니 적병이 많이 무너졌다. 김효신과 강작이 그 군사를 거느리고 뒤를 따라 개천(价川)에 당도하자 효신이 속임수를 써서 숙천으로 들어가 강작을 베어 머리를 함 속에 넣고, 군사를 거느리고 귀순하였다. 강작을 죽이는 싸움에 효신의 목도 반이나 상했음. 원수의 장계에, "적의 세력이 날로 꺾여가니 적의 목을 앉아서 기다릴 수 있다."는 등의 말이 있자, 김기종이 말하기를, "지금 적병이 비록 무너졌으나 항복한 왜병이 해산되지 않아 심복들의 근심이 아직도 남았는데 경솔히 말하는 것은 불가하며, 장계의 사연이 이와 같으면 혹 조정에서 곧장 소탕해 없애지 않아 일을 맡은 사람의 죄가 될까 염려됩니다." 하니, 원수가 말하기를, "오늘날 사세는 외부 도적과 같지 않아 그 심복과 도당이 도성 안에 잠복해 있는데, 만약 적병의 세력이 성하여 형세가 대적하기 어렵다고 장계를 올리면 내응하는 무리가 반드시 많이 일어나서 화를 헤아릴 수 없을 것이다. 이것이 도성 안을 진정시키는 뜻이다. 하물며 장계 말단에는 매양 서울에서도 엄밀한 방비를 더하라는 말을 썼으니 조정에서는 반드시 그 속뜻을 짐작할 것이다." 하였다. 《서정록》에 나옴

28일 본도 감사 이명(李溟)이 전주(全州)에서 각 읍에 영을 전달하여 군사를 일으켜 국난에 출전하라 하고, 먼저 은진(恩津)에 당도하니, 병사 윤숙(尹璛)이 군사를 거느리고 뒤따라 왔다. 그래서 이명은 자기 군사를 주어 올려 보내고 은진에 머물러 대응하기로 계획을 세웠다.

○ 원수부 종사관 이치구(李致求)가 청천 이북의 아병(牙兵)을 뽑아 가지고

평양에 당도했다.

○ 평안 감사 이상길(李尙吉)이 군사를 거느리고 평양에 당도했다. 이날 원구가 군사를 출동하여 각 부서의 장수를 임명하고 군사를 정돈했는데, 유순무가 중군이 되고, 유몽룡(劉夢龍)이 좌협장이 되고, 정호서가 우협장이 되고, 김대건(金大乾)이 좌척후장(左斥候將)이 되고, 이수경(李守敬)이 우척후장(右斥候將)이 되었다. 순찰사는 평양 포수와 아병(牙兵) 1천 명을 모두 동원했는데 군사는 모두 장정이었다. 곽산 군수 민여검(閔汝儉)에게 속하게 하였다. 군사를 출동시킬 때에 날이 이미 어두워 대군이 겨우 대동강을 건너 밤을 지냈다. 이때 독전어사(督戰御史) 최현(崔晛)이 평산에 당도하여 원수부에 공문을 띄우고 군사를 재촉하여 싸움에 나섰으나 너무 중과부적이 되어 싸우지 못했다. 적은 수안(遂安)으로 향하다가 강용(姜涌)과 이정(李靖)이 성을 굳게 지키는 것을 알고서 감히 접근하지 못하고 황주의 마장(馬場)으로 들어가니 관군이 뒤를 밟아 벌판을 사이에 두고 서로 대치하였다.

2월 2일 묘시에 적이 먼저 출병하니 관군도 진지를 떠나 넓은 벌판에 주둔하고 진을 치는 중이었는데, 적의 중영(中營) 포수가 공포 한 발을 쏜 후에 곧장 우리 진으로 오고, 허전(許銓) · 송립(宋岦)도 병마를 대동하고 한꺼번에 귀순해 오는 것이었다. 관군은 적군이 항복해 오는 것을 멀리서 보고 진격해 오는 것으로 오인하여 마침내 무너져 흩어지자, 별장 안늑과 척후장 오섬(吳暹)이 적에게 포로가 되었고, 선봉장 박영서(朴永緖)는 적의 포위망에 빠져 말을 버리고 꿋꿋이 앉아 한 발자국도 옮기지 않았다. 붙잡혀 위협을 받게 되자 적을 쉴 새 없이 꾸짖으며 말하기를, "너는 부원군으로 부원수를 겸직했는데 네가 무엇이 부족해서 반역할 생각을 품고 이 지경에 이르렀느냐?" 하며, 끝까지 굴복하지 않다가 칼에 난자질 당하여 죽었다. 유효걸은 적의 포위망에 빠져 거의 적에게 죽게 되었는데, 효걸이 손에 채찍을 쥐고 좌우로 휘둘러

쳐서 마침내 한 쪽이 열려서 탈출했다. 효걸의 종 산수(山水)란 자도 용력이 뛰어났는데 비록 난병(亂兵) 속에 있었으나 그 상전과 잠깐도 떨어지지 않고 마침내 적에게 죽었다. 이날 밤에 원수가 황주로 달려와서, 군병을 검열하고, 항복해 온 군사를 모아보니, 관군으로 적에게 붙잡혀 죽은 자가 30여 명이고, 진에서 도망친 자가 30여 명이며, 적의 군사로 우리에게 항복한 자가 1천 8백 명으로, 얻은 수효가 잃은 수효보다 훨씬 많았다. 처음 황해 병사 변흡(邊潝)이 아직도 부임하지 못하여 성중에는 주장(主將)이 없으므로 판관 정양필(鄭良弼)이 군병을 수습하여 인심을 진정시키는데, 관향사(管餉使) 남이웅(南以雄)이 또한 변고가 났다는 소문을 듣고 달려와서 정양필과 사수(死守)할 계획을 하여 계획이 상당히 치밀하고 통제가 알맞으니 군중이 믿고서 두려워함이 없었다. 그래서 남이웅은 저장한 양곡을 모조리 끌어내서 군문 앞까지 운반해 왔으니, 안현(鞍峴)에서 수복한 공이 실로 여기에서 비롯되었다. 신교(薪橋)에서 관군이 패전하자 여러 사람들은 남이흥과 정충신 등이 패전한 죄가 있으니 마땅히 군법으로 다스려야 한다고 생각하였는데, 김기종이 말하기를, "이 주장이 비록 정론일지라도 관군은 조금 퇴각하고 그 반면 얻은 것이 매우 많으니 한 번 패했다 해서 그 사람을 죄주는 것은 불가하다. 또 장령 가운데 그 자리를 대행할 만한 자도 없다. 적이 이미 봉산(鳳山)에 들어왔는데 지금 만약 여러 날을 적에게 뒤처진다면 비록 추격하려 해도 형세상 맞지 않을 것이니 마땅히 전과 같이 직을 맡겨 공을 세우게 하는 것이 옳다." 하므로, 원수가 허락했다.

○ 통문은 다음과 같다. 나라의 운수가 불행하여 역적이 난리를 일으켜 임금의 사신을 학살하고, 관서(關西)의 산협을 몰래 점거하였으니, 모든 혈기가 있는 자라면 누군들 통분히 여기지 않겠는가. 우리 호남 한 도는 본래 절의를 숭상한다는 명칭이 드러났다. 일찍이 임진년 왜적의 난리에도 다투어 의병을 일으켜 목숨을 잊고 싸움터로 나갔는데, 하물며 지금 역적의

변란이 가까이에서 일어났으니 그 은혜를 저버리고 의리를 배반하여 임금을 배반하는 극악무도함이 저 임진년 왜놈의 변란에 비해 어찌 만배나 더하지 않으랴. 이야말로 신하된 자들은 하늘에 맹세하고 목숨을 바쳐 나라에 보답할 때인데, 여러 날을 두고 귀를 기울였으나 한 사람도 먼저 의성(義聲)을 떨쳐 한 도의 주동자가 되었다는 말을 듣지 못했으니, 이 일을 생각하면 기가 막히고 한심하다. 우리들은 이 때문에 노둔하고 용렬함을 헤아리지 않고 감히 군사를 일으켜 통고하노라. 삼가 바라건대 도내 모든 군자들은 함께 적개심을 분발하여 각기 국가에 힘을 다하는 절개를 격려하라. 통문이 당도하는 날에 향교(鄕校)·사마재(司馬齋)·향사당(鄕射堂)의 여러분들은 즉시 온 마을 사람을 모아 널리 의(義)를 앞세우는 무리를 뽑아서 금월 16일에 담양(潭陽) 객사(客舍)에 일제히 모여 서로 충분히 의견을 교환하고 병무를 신칙한다면 천만 다행이겠다. 또 듣자니, 도원수 장만은 평양으로 가서 안주 방어사 정충신과 함께 요충지를 파수하고, 체찰사 이원익(李元翼)은 개성(開城)으로 나가 지키고, 부사(副使) 이시발(李時發)은 격문을 전달하여 싸움을 독려하고, 남병사(南兵使) 신경원(申景瑗)은 함경도 정예 부대를 거느리고 북으로부터 적의 왼팔을 끊고, 부원수 이수일(李守一)은 경기 포수를 거느리고 동으로부터 적의 인후(咽喉)를 조이니, 흉도들이 넋이 빠져 계속 흩어져 형세가 갈수록 궁해져서 진퇴양난이다. 귀신이 죽이고 하늘이 벌 내리는 것이 조석에 임박하였으니, 이런 형편을 미리 알고 사기를 고동시켜 기약한 날짜에 일제히 모이고, 혹시라도 감히 뒤지지 말기를 바란다. 만약에 핑계를 대고 머뭇거리고 국가의 어려움을 급하게 여기지 않는다면 모두 모여 맹세하는 날에 마땅히 군법으로 다스릴 것이니 이것도 양찰하라. 모월 모일 봉상정(奉常正) 최행(崔荇), 생원(生員) 최온(崔薀) 등.

6일 삼도 군사가 한강 가에 당도하였는데 양식 보급이 끊어지자 경기도 각 관청에서 양식을 보내어 계속 후원했다.

○ 적병이 봉산을 지나가므로 관군이 추격하여 뒤를 따르게 되자 적은 다시 기린로(麒麟路)로 향했다. 이로부터 산은 높고 골짜기는 좁은데 수목은 빽빽하고 잔도(棧道)는 험준하여 기병이 나란히 가지 못하니 전쟁할 지역이 아니었다. 능리(陵里)에 이르러 결사대를 모집하여 적진에 충돌해서 적의 항복한 왜병 두 명을 베니 적병이 많이 무너졌다. 관군의 보급로가 자주 끊어져 사람과 말이 모두 주렸으나 다들 말하기를, “원수부가 뒤에 있으니 반드시 우리를 구할 것이다.” 하였다. 원수의 대군이 봉산 길을 경유하여 선봉과 저탄(猪灘)에서 합세해 적을 공격하기로 약속하고, 서흥(瑞興)에 당도하여 부원수 이수일을 만나니, 그가 거느린 군사는 약 백여 명 밖에 되지 않았다. 원수는 부하 장령 곽산 군수 민여검, 삭주 부사 민인길, 평양 판관 진성일과 그들이 대동한 군사를 소속시키니, 그제서야 그 군사가 군의 모양새를 갖추었다. 이어 행군하여 밤에 총수참(葱秀站)에 당도하자 원수가 병이 위독하여 인사불성이 되니, 김기종과 이민구가 둘러앉아 한탄하며 민망히 여겼는데 한참 만에 다시 소생되었다. 5경(五更)이 지나 출발하여 동틀 무렵에 평산에 당도하여 또 의주의 병마를 소속시켰다. 남병사(南兵使) 신경원(申景瑗)도 본도 군사 8백 명을 대동하고 와서 합치고, 부체찰사(副體察使) 이시발과 종사관 김시양(金時讓)이 싸움을 독려했다. 어사(御史) 최현과 황해 감사 임서(林愲)가 이때에 평산(平山) 산성에 있다가 상의하고 마탄(馬灘)으로 진격하여 정충신 등과 양쪽에서 공격하기로 약속했는데, 갑자기 포 소리가 멀리서 들려오므로 아마도 관군이 합세하여 싸우는 모양이라 여기고 재촉하여 나아가 구원하려 하는데, 이중로(李重老) 등이 패했다는 보고가 와서 성중이 모두 크게 놀랐다. 《서정록》에 나옴.

처음에 황해 방어사 이중로가 군사를 거느리고 강을 지키며 적을 맞아 싸울 계획을 했는데, 적병이 육박해 들어오니, 관군이 거의 다 강에 빠져 죽고 나머지는 모두 적에게 항복하고, 중로는 여러 장수와 함께 죽었다, 정충신 등이 적을 추격하여 마탄에 당도하니, 적이 이미 이중로의 군사를 무너뜨리고 탄상(灘上)으로 회군하므로, 관군은 물을 사이에 두고 대진하여 혹은 활을 쏘고 혹은 포를 쏘아 오랜 시간이 지나도록 싸우니, 적이 기병 한 사람을 시켜 이중로 등 8장수의 머리를 실어 보냈는데, 미목(眉目)이 완연하여 모두 평소에 서로 아는 처지라 온 군중이 의기소침하지 않은 자가 없었다. 남이흥이 대중을 속여 말하기를, "이는 모두 안면이 없는 사람들이니 반드시 졸병일 것이다." 하였다. 원수는 백미 6 · 7석을 삶아 밥을 지어 포대에 담아 군전(軍前)에 실어 보내니, 장졸들은 손으로 밥을 움켜 먹으며 감격해서 눈물을 흘리는 자까지 있었다. 평산 부사 이곽(李廓)은 이미 방어사란 명칭을 겸했고, 대동한 군병도 이중로의 오합지졸과 같지 않았는데 싸움도 하지 않고 또 죽지도 않고 몸을 시체더미 속에 숨기고 밤이 지나도록 여전히 일어나지 않았다.

이튿날 새벽에 남이흥이 이희선(李希善)을 보내어 싸움터를 살펴보게 하고서야 비로소 그가 죽지 않은 것을 알고 말을 타고 와서 어제 진중의 일을 물으니 전혀 기억하지 못하고, 스스로 말하기를, "적에게 곤봉(棍棒)을 맞아 거의 죽었다가 다시 살아났다." 하므로, 살펴보니 상처가 한 군데도 없었다. 적은 부원수 이서의 군사가 청석동(靑石洞)을 굳건히 지킨다는 말을 듣고 항복해 온 왜병 수십 명을 보내어 밤에 그 군사를 뒤흔들어 놓으니 관군이 조금 퇴각했다. 적은 그래도 청석동을 경유하지 않고 산예(狻猊) 옛길로부터 송도(松都) 서문 밖을 지나서 곧장 임진(臨津)으로 향하니, 관군이 뒤를 쫓아 장단(長湍)에 당도하여 군졸과 약속하고 임진에서 결사전을 벌이기로 했다. 임진에 당도하니 적이 이미 강을 건넜으므로 모든 임진의 아전들에게 물으니, "파주 목사(坡州牧使)가 군사 수백 명을 거느리고 탄구(灘口)를 지키는데, 적이 두 기병으로 하여금 먼저 건너게 하여 그 군중에 이르러 무슨 말을 했는지는 모르나, 목사 박효립(朴孝立)은 군사를 철거하여 달아났다." 하였다.

적 한 명은 돌아가 보고하고, 한 명은 동쪽 기슭을 따라 곧장 상류로 향했다고 하니, 이는 이홍립(李興立)에게 보낸 것이다. 흥립은 수원 방어사로 군사를 거느리고 중요한 목을 지켰는데 효립 · 흥립도 역시 무너졌음. 평산에서 출발한 이후로 모든 군사를 이동시키고 전쟁을 할 때는 흔히 이시발 · 최현 · 김세양과 상의하여 미리 계획을 정하고 행동하므로 계획도 빗나감이 없고 일도 편리한 점이 많았다. 군사를 몰고 임진에 당도하여 보니, 강여울이 몹시 얕고 또 설비가 없어 적으로 하여금 마구 몰고 건너가게 하였으니, 박효립이 국사를 그르친 죄는 만번 죽어도 애석할 것이 없다. 장령들은 이를 갈고 주먹을 불끈 쥐고, 졸병 가운데도 칼을 빼어 나무를 찍으며 빨리 흉적을 베어 죽이고자 하는 자가 있으니, 인심이 이와 같이 격동하는 것은 역시 원수가 잘 보살펴 주는 데서 얻은 것임을 볼 수 있으니, 적을 평정기하는 힘들 것 같지 않다. 정충신 이하는《서정록》에서 나왔음.

○ 적병이 날로 진격하니 서울에서 출전한 장수들이 모두 무너져 후퇴하므로, 조정에서는 마침내 적을 피할 계획을 정하고 전라 감사에게 어지(御旨)를 내리기를, "흉악한 칼날이 이미 서울 부근에 육박했으므로 내가 친히 군사를 거느리고 가서 토벌을 하겠다. 그런데 자전(慈殿) · 내전(內殿) · 원자(元子)는 우선 묘당(廟堂)의 청에 따라 잠시 피난을 시킬 계획인데, 생각해 보니, 호남은 실로 중국의 진양(晉陽 태원(太原))과 같은 땅인즉 경(卿)은 친히 그 곳에 이르러서 모든 지공(支供)에 군색함이 없도록 주선하라……." 하였다. 감사가 은진에서 전주로 달려가서 차사원(差使員)을 배정하여 빨리 조치하고, 도로 여산(礪山)에 와서 등대하였다.

○ 기자헌(奇自獻) · 이시언(李時言) · 유공량(柳公亮) · 이성(李偗) 등 40여 명을 옥중에서 끌어내어 능지처참했다.

8일 호서 · 호남 군사가 한강을 건너 숭례문(崇禮門) 밖에 진을 치고 적병의 동향을 탐지해 본즉 이미 벽제(碧蹄)에 당도했다고 한다. 초저녁에 주상전하가 자전 · 내전 · 원자와 함께 숭례문을 벗어나 한강에 당도하니, 사공이 다

도망가서 강을 건널 배가 대령되지 못했다. 주상은 친히 횃불을 들어 배를 독촉하고, 백관들은 강 머리에서 발을 구르며 건너갈 길이 없어 울며 분주한 때에 창경궁(昌慶宮)에서 불길이 하늘에 치솟으니 난민이 불을 질렀음. 상하가 모두 적병이 바로 뒤에 있다고 여기고 가족들을 서로 안고서 강물에 빠져 죽으려 하였다. 이윽고 5 · 6척의 작은 배를 얻어 밤새도록 바삐 건넜는데, 하도(下道) 군병과 도성으로부터 어가(御駕)를 수행한 대소 인원 중에 미처 건너지 못한 자는 분산되어 서로 종적을 잃었다.

9일 아침에 어가(御駕)가 사평원(沙平原)에 주둔했는데 날이 늦도록 수라를 올리지 못했다. 그래서 남원 부사 신준(申埈)이 율무죽과 곶감을 올렸다. 주상 일행은 바로 수원부(水原府)로 행차했다. 오후에 적병 30여 기가 먼저 서울에 도착하여 외치기를, "성안 사람들은 절대 동요하지 말라. 새 임금이 즉위하신다……." 하였다.

10일 역적 이괄이 명련과 나란히 말을 타고 성안으로 들어왔다. 이괄의 아우 이수(李邃)와 이충길(李忠吉), 이시언(李時言)의 아들 이욱(李煜) 등이 모집한 군사 수천 명을 대동하고 사라현(沙羅峴) 북쪽에 와서 적을 영접하여 선도(先導)가 되고, 또 각 시(寺)의 서리(胥吏) · 예대(隸臺)가 관과 의복을 갖추고 나와 영접하는 자도 있었으며, 동민은 길을 닦아 황토를 깔고 영접했다. 적은 들어와 경복궁(景福宮)을 점거하고 흥안군(興安君) 이제(李瑅)선조의 아들 를 추대하고, 이충길을 대장으로 삼아 역적 이제를 호위하게 하니, 이제는 음식을 준비하여 충길의 군사를 먹였다. 도성 백성들이 말하기를, "역적 이제를 추대한 것을 보니 형세가 오래 가지 못할 모양이다." 하였다. 이때 원수는 신병이 위독하였으나 참고 행군하여 사졸을 격려해서 해가 진 뒤에 드디어 임진강을 건넜다. 그리고 먼저 남병사 신경원(申景瑗)을 시켜 선봉으로 달려가게 했다. 이보다 2일 전에 원수는 군관 김인(金仁) 등 4명을 뽑아서 비단을 후히 주고 서울로 보내어 적의 정세를 탐지해 오게 하였는데, 회보하기를, "적이 도성 안에 들어오고, 주상 전하는 충청도로 파천하시고, 근왕병(勤王兵)은 모화관(慕華館)에 주둔했다가 역시 이미 무너져 흩어졌다." 하니, 온 진중이 듣고 모두 눈물을 흘렸다. 원수가 말하기를, "길이 비록 막혔을지라도 달려가 위문하지 않을 수 없다." 하고, 즉시 이민구를 행조(行朝)로 보내니, 김기종이 그와 이별하며 말하기를, "내일 적과 싸우기로 결정했으니 나의 생사는 마땅히 싸움의 승패로 알 수 있을 것이다. 부디 행조로 잘 가서 남방에서 국가를 회복하는 근거지를 만들라." 하자, 이민구가 대답하기를, "일이 만약 불행하게 된다면 그대나 나는 모두 죽는데 다만 죽음의 선후만 다를 뿐이다. 내 어찌 혼자 살겠는가?" 하였다. 선봉이 새벽에 출발하여 혜림령(惠林嶺)에 당도하자, 원수가 남이흥 · 정충신에게 영을 전달하기를, "회의할 일이 있으니 모두 와 모이도록 하라." 하였다. 그래서 정충신 · 남이흥 · 유효걸 · 김완(金浣) · 변흡(邊潝) · 신경원 등이 일제히 모이고, 이시발 · 최현 · 김시양 · 이민구 · 김기종이 모두 파주 길가에 거적을 깔고 진격할 것을 상의했다. 원수가 말하기를, "오늘의 계책으로는 두 가지가 있다. 적이 도성에 들어가고 종묘사직은 남으로 옮겼으니 국가가 의뢰하여 중흥하는 것은 그 책임이 우리에게 달렸다. 하물며 지금 도성 안 백성들이 반드시 다 적에게 붙지 않고 성패를 관망하는 자도 있을 것이니, 만약 하루 이틀만 지연한다면 사람들이 모두 적에게 호응할 생각이 굳어져서 비록 팔도의 군사가 있을지라도 공격하기 쉽지 않을 것이다. 그러니 이때를 당하여 한 번 결사전을 하는 것이 한 가지 계책이고, 이서의 군사를 재촉하여 동쪽 길을 지키고, 신경진(申景禛)의 군사로 남쪽 길을 지키고 사면으로 파수하여 적의 보급로를 끊고서 각도 군사를 기다려 합력하여 공격해서 만전지책을 내는 것이 한 가지 계책이다. 이 두 가지 중에 어느 것을 택하느냐?" 하니, 정충신이 대답하기를, "제장들이 힘을 다해 적을 토벌하지 못하고, 적으로 하여금 서울을 침범하게 하여 임금이 파천을 하게 되었으니 죄가 만번 죽어 마땅하오. 사세가 이미 급박해졌으니 역적을 관망만 할 것이 아니라 성패를 막론하고 서울에서 한번 싸워 보아야 하지 않겠소. 하물며 먼저 북산(北山)을 차지하는 자가 이기는 데야 어찌하겠소. 관군이 고개를 차지하고 진을 친다면 그 형세가 마땅히 도성을 내리누르게 될 것이니,

관망하는 도성 백성들이 만약 원수의 대군이 이미 안령(鞍嶺)에 다다른 줄 알면 반드시 내응할 것이요, 또 적이 나와 싸우지 않을 수 없을 것이며, 싸우면 반드시 쳐다보고 치게 될 것이니 그 지형의 유리한 점을 얻어 진지가 매우 견고할 것이니, 필연코 적을 격파시킬 것입니다. 그러니 원수께서는 모든 군사를 독려하여 줄지어 나아가 내일 새벽까지 일제히 안령에 당도할 수 있게 하려면 꾀가 이보다 나은 것이 없습니다." 하였다. 남이흥이 말하기를, "오늘의 꾀로 말하면 충신의 꾀가 제일이니, 원컨대, 원수는 빨리 결단하소서." 하고, 최현 · 김시양 · 이민구 · 김기종도 그 계획에 찬성하니, 원수가 한 마디 말로 결단했다. 충신이 드디어 말을 타고 먼저 나오니 여러 장수가 딴 말이 없었다.

원수는 또 군교(軍校)에게 말하기를, "적이 반드시 나오지 않을 것이니, 군사를 나누어 남산(南山) 잠두(蠶頭)에 웅거하고, 이서 · 임서(林愲)의 군사를 독촉하여 낙산(駱山) 정족(鼎足)에 임하게 하여 서로 뿔처럼 대치하고 있으면 하루 이틀이 지나지 않아서 두 역적놈의 머리를 벨 수 있을 것이다." 하였다. 충신 등도 도중에서 이 일을 의논하고, 장차 신경원 · 변흡의 군사를 나누어 남산을 지킬 계획을 세웠으니 서로 면대하여 상의한 것은 아니나 계획이 이미 은연중 합치되었다. 체찰사가 말하기를, "싸움을 독려하는 것은 오로지 후퇴하는 자를 베는 데 있는데 으레 지위가 낮은 사람으로 하여금 참퇴장(斬退將)을 삼으면 절제(節制)할 수 없다. 참퇴장 원건(元健)과 신간(申柬)은 모두 지위가 낮으니 남병사 신경원으로 참퇴장을 삼는 것이 어떠한가?" 하니, 원수가 말하기를, "대장이 참퇴장이 되는 것은 사체에 타당하지 않다." 하자, 김시양이 말하기를, "정유년 도산(島山)의 싸움에 이시언(李時言)이 충청 병

사로 참퇴장이 되었으니, 대장이 하더라도 안 될 것은 없다." 하였다.

순변사(巡邊使) 변흡이 패군장 이인경(李寅卿)과 박효립(朴孝立)을 베자고 청하는 보고가 마침 오니, 시양이 말하기를, "병법에 성세(聲勢)를 우선으로 하고 실상을 뒤로 한다는 말이 있는데, 변흡의 이 보고를 진중에서 반드시 들어 알 것이니, 만약 변흡으로 참퇴장을 삼는다면 군정(軍情)이 반드시 꺼릴 것입니다." 하고, 이민구도 힘껏 말하므로 원수는 마침내 허락하고, 변흡으로 참퇴대장을 삼았다. 그래서 파주에 당도하니 총독부사 최명길(崔鳴吉)과 협수장(協守將) 이시백(李時白)이 군사 2백여 명을 거느리고 적성(積誠)으로부터 왔다. 정충신이 연서(延曙)에 당도하여 척후장(斥候將) 김양언(金良彦)으로 하여금 20여 기병을 대동하고 안령(鞍嶺) 아래에 당도하여 말을 버리고 도보로 몰래 정상에 올라가 봉화(烽火)를 맡은 군사를 생포하여 평상시의 봉화를 들도록 시켰으니, 이는 적으로 하여금 경보가 없음을 알게 하자는 것이었다. 대군이 정토사(淨土寺) 가는 길을 경유하여 안령으로 나가 진을 치니 날이 이미 어두웠다. 정충신 · 유효걸 · 이희건(李希建) · 김경운(金慶云) · 조득준(趙得俊) · 최응일(崔應一) · 신경원이 먼저 정상에 올라 진세(陣勢)를 두루 살펴 계획을 세우고 기다렸다. 남이흥 · 박상(朴瑺) · 성대훈(成大勳) · 이휴복(李休復) · 김태흘(金泰屹) · 이정(李靖) · 이택(李澤) · 이경정 · 안몽윤 · 안철(安澈) · 황익(黃瀷)이 차례차례 도착하고, 김완(金完) · 변흡도 잇달아 왔다. 그래서 박상 · 이휴복 · 성대훈 · 이희건 · 김경운이 안령 남쪽을 지키는 두국(頭局)이 되었으니 모두 정충신의 소속이고, 변흡의 군사 절반과 남이흥의 군사로 안령 내부를 지키게 하고, 김완의 군사로 안령 서쪽을 지키게 하고, 신경원 · 이정의 군사로 안령 북쪽을 지키게 하고, 황익 · 안몽윤 · 최응일 · 이경정 · 변흡의 군사 절반으로 중견(中堅)을 삼고, 이곽으로 하여금 정예 포군 2백 명을 거느리고 상암(裳巖) 위 계곡에 잠복하여 창의문(彰義門) 길을 방어하게 하였다.

여러 군사가 밤에 달려 사람과 말이 떠들썩한데 때마침 동풍이 크게 일어나서 도성 안에서는 관군이 와서 진을 치는 줄도 몰랐으니, 하늘이 이치를 따르는 자를 돕는 것을 알 수 있다. 이날 밤에 경영고(京營庫) 근처에 사는 이엽(李葉) 등 8명이 군문에 와서 계책을 올리기를, "경영고에 쌀과 포목이 매우 많이 있어 적의 기병 4명이 와서 지키고, 도민을 시켜 순찰하게 합니다. 어찌 이것을 탈환하여 의식의 자료로 삼지 않습니까?" 하였다. 변흡은 일찍이 연서(延曙)에서 적진으로 나온 자를 만나서 이미 그 내용을 자세히 들었으므로 그 말이 거짓말이 아님을 알고 곧 오박(吳珀)으로 하여금 그 군사 50여 기병을 대동하고 가서 습격하여 적장을 죽이게 하였다. 그리고 변흡은 보병 백 명을, 남이흥은 기병 수백 명을 각각 보내어 그 곡식을 다 가져오게 하니 진중이 오랫동안 먹지 못하다가 이를 얻어 유지되었다. 이괄의 아우 이하는 《서정록》에 나왔다.

○ 어가가 수원으로부터 천안으로 달렸는데 삼전(三殿)이 뒤를 따랐다.

11일 아침에 적은 비로소 안령 정상에 관군이 있음을 보고 두 역적이 상의하여 군사를 출동시키며, 이괄이 말하기를, "우리 나라 병법에 정예 부대로 선봉을 삼고 있으니 원수가 뒤에 있다면 그 군사는 반드시 힘이 없을 것이다. 그런즉 한 부대 군사를 거느리고 왜병(倭兵)을 대동시켜 창의문을 거쳐 연서로 가는 길을 둘러 나가 장만을 생포하여 정상에 있는 관군에게 보이면 사기가 떨어져 사람들이 투지가 없을 것이니 한 번 쳐서 전승을 얻을 것이다." 하자, 명련이 말하기를, "정상에 있는 군사의 수효를 나는 이미 알고 있으니 도성 백성을 몰고 나가 그들로 하여금 성에 올라 우리의 전법을 구경하게 하고, 한 군데 길로 진군하여 전력으로 공격하면 저 멀리서 온 오합지졸이 우리 군사를 멀리서 보고 반드시 기가 질려 미처 싸워보지도 못하고 무너져 흩어질 것이다.

그런 뒤에 인심을 진정시키고 뒷 물의를 막을 수 있다." 하고, 이어서 군중에 명령하여 일찍이 식사를 준비시키게 하며, "이들을 무찌르고 아침을 먹자" 하고는 곧장 성문을 열고 진격하였다. 그래서 한 부대는 박정길(朴鼎吉)

의 집 앞길로부터 나가고, 한 부대는 연지장(蓮池墻) 뒷길로부터 나가 산을 덮고 골짜기를 메우며 개미떼처럼 붙어서 올라가니, 관군이 정상에 있어서 돌아갈 길이 이미 끊어졌는지라 사람마다 죽음을 각오하고 정신을 가다듬고 기다리지 않는 자가 없었다. 관망하던 도성 백성들은 곡성(曲城)으로부터 남산에 이르러 성 위에 빽빽이 늘어섰는데, 명련이 항복한 왜병 수십 명과 정예 포수를 대동하여 선봉이 되고, 이괄은 중군이 되어 싸움을 독려하고, 또 순풍을 타서 곧장 선봉대를 공격하니 화살과 탄환이 비오듯 하여 사람이 감히 대적할 수 없었다. 남이흥이 칼을 뽑아들고 싸움을 독려하니 장수나 군사가 감히 뒤처지는 자가 없으며, 김경운 · 이희건이 몸을 빼내 나가 싸워 화살을 헛되이 쏘지 않았는데 경운은 탄환에 맞아 죽었다. 변흡은 손수 칼을 들고 싸움을 독려하니, 사람마다 죽음을 각오하고 싸우는데, 이윽고 풍향이 갑자기 돌아서 적이 도리어 하풍(下風)에 있게 되니 관군의 기세가 배나 되어 묘시에서 사시까지 격전이 벌어졌다. 원수부 군관 신간(申柬)이 와서 보고하기를, "적이 처음 출병할 적에 부원수 이수일이 군사를 재 밑에 주둔시키고 선뜻 군사를 내보내지 않았으니, 지금 비록 서쪽 재에 진격하더라도 서로 구원하지 않을 것입니다." 하니, 원수가 말하기를, "군률이 지극히 엄한데 어찌 감히 그럴 수 있겠느냐?" 하자, 김시양 · 김기종 · 최현이 말하기를, "머뭇거리거나 뒤에 오는 자는 마땅히 군법으로 다스려야 하오니, 부원수 병방 군관(兵房軍官)을 곧 잡아다 군중에 효시하여 여러 군사를 독려해야 합니다." 하였다. 최명길이 말하기를, "이 말이 가장 공명정대한데 어찌 곧장 따르지 않는가?" 하니, 원수가 말하기를, "부원수는 대장이라 경솔히 처리할 수 없으니 다시 독려하여 그 진퇴를 보아 처치해도 늦지 않다." 하고, 끝내 허락하지 않았다. 김기종이 말하기를, "저 적이 반드시 성을 비우고 나와 싸울 것이니,

이때 우리 군사가 창의문으로 들어가 먼저 기치를 꽂고, 또 남이흥 · 정충신으로 하여금 서남쪽 두 문으로 들어가게 하면 적이 반드시 진퇴간에 낭패

를 당하게 되어, 한 번 쳐서 섬멸할 것입니다." 하고, 이시발도, "이야말로 신기한 계책이다. 기회를 잃어서는 안 된다." 하자, 원수가 말하기를, "계획은 훌륭하나, 도성의 지세가 평원과 같지 않아서 골목도 깊고 굽은 곳도 많으며, 항복한 왜놈은 매복(埋伏)하는 데 장기(長技)가 있으니 만에 하나라도 차질이 생긴다면 후회해도 소용없는 일이다. 도성 백성이 또 적과 서로 섞여 있으니 총칼을 휘두르는 날에는 아군과 적군이 다 죽게 되어 사상자가 반드시 많이 생길 것이니 되도록 만전지책으로 나가는 것만 못하다." 하고, 드디어 중지하였다. 관군이 한창 격전을 벌이니, 적장 이양(李壤)은 탄환에 맞아 말에서 떨어져 죽고, 명련은 화살을 맞아 퇴각하고, 그 밖에 적병의 시체가 진 앞에 가득하며, 또 벼랑에 떨어지고 계곡에 빠져 죽은 적병도 이루 다 셀 수 없을 정도로 많았다. 관군이 날뛰듯이 추격하니 형세가 거꾸로 매달린 병에서 물이 쏟아지듯 하여 유효걸이 대동한 북군은 하나가 적 열 명을 대적하지 않는 자가 없어서 적은 목숨도 구할 겨를이 없어 혹은 흩어져 달아나고, 혹은 여염집으로 들어가 숨었다. 도성 백성이 돈의문(敦義門)·서소문(西小門) 두 문을 굳게 닫아 버리니 적이 들어가지 못하고 곧장 숭례문으로 향하고, 혹은 마포 서강(西江)으로 향해 달아나다 물에 빠져 죽는 자도 많았다.

정충신이 군사를 독려하여 추격해 들어가려고 하자, 남이흥이 만류하며 말하기를, "오늘날 싸움은 다행히 하늘의 도움을 입어 이만한 승리를 거두었으니, 하루도 되지 않아서 두 놈 역적의 머리를 베게 될 것은 뻔한 일인데 구태여 끝까지 추격할 것 없지 않느냐?" 하니, 충신이 말하기를, "빠른 천둥이란 귀를 가릴 틈도 주지 않는 것이니 이야말로 놓치지 말고 급히 추격할 기회이다. 저 한명련과 이괄 두 놈은 이미 넋이 빠진 귀신이나 다름없는데 어느 겨를에 실패를 돌려 승리로 이끌 수 있겠느냐? 만약 힘을 합쳐 쫓아가면 반드시 광통교(廣通橋)를 벗어나기도 전에 잡게 될 것이다." 하였다. 그러나 이흥은 애써 중지시켰다. 김기종이 정상에 당도하여 부원수와 자리를 맞대고 앉았는데, 잠깐 사이에 적의 머리가 산더미처럼 쌓였다. 한 사람이 한 중놈의 머리를 베어 가지고 와서 바치는데 면모가 살아 있는 것 같았다. 김기종이 말하기를, "중놈이 적진에 와서 있을 리는 없을 것 같고 이 자의 모양이 윤가(尹哥)와 같으니 아마도 윤인발(尹仁發)의 머리가 아닌가 싶다." 하자, 부원수 역시 말하기를, "나도 그렇게 생각한다. 종사(從事)의 말이 옳다." 하였다. 윤인발이란 자는 바로 작고한 승지 윤경립(尹敬立)의 서자인데, 이괄의 아들 이전과 은밀히 역적 모의를 하여 성중의 무뢰배들과 교제하고 서로 내응하기로 약속을 했는데, 문회(文晦) · 이우(李佑) 등이 이 사실을 고발하게 되자 스스로 모의가 발각된 것을 알고, 자신을 마치 길 가다가 도적을 만나 피살된 것같이 하기 위하여 다른 사람의 시체를 난도질해서 사람들이 보아도 의심 없을 만큼 만들어 놓은 후에 이내 머리를 깎고 중이 되어 영변으로 도망해 갔다.

그래서 이괄이 군사를 일으키게 되자 항상 이괄의 좌우에 있으면서 서기(書記)를 맡아 보던 자이다. 또 두 사람을 생포해서 바치는데 그 두 사람이 원통하다 말하나 좌우에서 진짜인지 가짜인지를 묻지도 않고 마구 베려 하니, 김기종이 말하기를, "적병이 관군과 복색이 서로 같으니 혹시 이 사람이 우리 군사인데 도성 백성이 공을 세우기 위하여 거짓으로 적이라 칭한 것인지 어찌 알랴. 자세히 심문해서 처리해야겠다." 하고, 물어보니 바로 남원(南原) 이초관(李哨官)의 부하 포수(炮手)이므로 마침내 석방했다. 아군과 적군이 모두 죽는다는 환난이란 말은 이를 두고 한 말이다. 김기종이 부원수에게 이르기를, "적병이 서쪽 고개를 경유하지 않으므로 영감이 비록 적과 싸우지는 않았으나 고개를 마주보고 진을 치고 있었으며, 또 초관(哨官) 이극경(李克敬) · 임호(任灝)를 보내어 기세를 도와서 적으로 하여금 중견(中堅) 지대를 침범하지 못하게 했으니 매우 다행입니다." 하니, 부원수가 말하기를, "노장(老將)인 내가 무슨 힘이 되었겠는가?" 하였다. 김기종은 동쪽 고개로 가서 김완 · 남이흥을 만나보니, 적 수십여 명을 생포해서 진중에 두었기로 묻기를, "생포한 적을 죽이지 않는 것은 무슨 까닭인가?" 하니, 이흥이 말하기를,

"평양에서 출동하던 날에 원수가 여러 장수를 훈계하면서 '함부로 인명을 살해하지 말라. 적도 우리 백성인데 어떻게 마구 죽일 수 있겠느냐.' 하였는데, 그 말이 자못 옛날 명장의 풍모가 있었다." 하였다. 또 선봉의 보고에, "적병 50여 기병이 경회루(慶會樓) 연못가에 주둔하고 있다." 하므로, 남이흥이 즉시 진중에 명령하여 호각을 불고 포를 쏘고 정신을 가다듬고 대기하라고 했다.

도민(都民)들은 관군이 크게 승리하는 것을 바라보고 곧장 적진에 들어가 지키는 군사를 때려죽이고 양식을 다 빼앗아 왔다. 적이 성에 들어와 밥을 못 얻어먹으므로 분노하여 도민을 죽이니, 도민이 이 때문에 적을 등지고 우리에게 돌아서서 관군을 입성시켜 함께 이 적을 섬멸하자고 요청하는데 날이 이미 저물어서 미처 군사를 내보내지 못했다. 어떤 사람이 이시언(李時言)의 아들 이욱(李煜)을 생포해 와서 군전(軍前)에 바치니, 체찰사와 도원수는 진실인지 의심되어 바야흐로 그 죄상을 물으려 하자, 김시양이 말하기를, "교외에 나가 적을 영접했다는 것은 이미 염탐 간 사람의 입에서 나왔고, 또 자기가 탄 말을 옻칠하여 그 종적을 감추려 했으니 적에게 붙은 증거가 명백하여 의심 없는데 죽이지 않고 무엇하겠습니까?" 하므로, 드디어 베어 군중에 조리돌리게 하였다. 이욱은 참형을 당하면서 외치기를, "안망구(安望久)가 나를 이 지경으로 만들었다." 하였으니 이는 망구가 적진으로부터 불러 간 것이다. 신경원과 박진영이 자기 군사를 모두 대동하고 동쪽 교외에 나가 매복하여 적의 길목을 지켰다. 《서정록》에서 나왔음.

○ 저녁 때 두 역적이 수백 기병을 거느리고 훈련원(訓練院)에 주둔했다. 염탐꾼의 보고에, "적병이 서울을 벗어나서 한강으로 나갔다." 하였다. 어가(御駕)가 자전을 모시고 궁중 권속을 거느리고 공주(公州)로 달리는데, 그 군색하고 욕됨이란 이루 다 형언할 수 없었다. 광정참(廣亭站)에 당도하자 호서(湖西)의 부로(父老)와 백성들이 바구니에 든 밥과 병에 든 음료를 가지고 와서 울며 절하고 영접하니, 주상이 한탄하며 민망히 여겼다. 공주에

당도하여 어가를 멈추고 호남 · 호서 군사로 하여금 나누어 산성(山城)과 금강(錦江)을 지키게 하였다.

○ 남원 선비들이 향교에 모여 향병(鄕兵)을 일으킬 것을 의논하고, 물망에 의하여 향정(鄕正) 최행(崔荇)을 대장으로 삼았다.

○ 밤 아홉 시에 두 역적이 몰래 수구문(水口門)으로 빠져 도망갔다. 《서정록》에서 나왔음.

12일 적병이 삼전포(三田浦)를 경유하여 광주(廣州)를 지나가면서 목사 임회(林檜)를 죽이고 인하여 이북령(利北嶺) 길을 취하니[因取], 원수가 정충신 · 유효걸 · 조시준 · 이희건을 시켜 추격하게 하였다. 체찰사는 도성에 머물러 인심을 진정시키고 즉일로 종묘와 전우(殿宇)를 배알하였다. 도민(都民)이 다투어 적병이나 아군을 죽여 그 머리를 바치고 죄를 면할 계획을 하여, 혹은 혐의로 인하여 무고한 사람을 죽이고서 적병이라 칭하는 자가 있으므로 원수가 걱정하여 즉시 군중에 영을 내려 머리를 바치는 자에게 상을 주지 말고 오직 생포하는 것으로 으뜸 공을 삼게 하고, 인해서 사대문에 방을 걸어 효유하고 엄금하니 다투어 죽이는 버릇이 중지되어 사람들이 온전히 살게 되었다. 원수는 적이 남쪽으로 달아날까 염려하여 동작(銅雀) 나루터로 군사를 건너게 하여 길목을 차단할 계획을 하였다. 정충신 등이 적이 경안교(慶安橋)에 주둔했다는 말을 듣고 좇아갔는데, 유효걸 · 조시준 및 군관 중 건장한 말을 탄 자 27명밖에 없었다. 적은 관군이 좇아오는 것을 바라보고 대군이 뒤에 있는가 의심하여 일시에 무너져 흩어졌다. 역적 이제(李瑅)는 광주(廣州) 소천(昭川)으로 향하고, 정배(廷培)는 남한산성으로 향하니, 두 역적을 따라 다리를 건너간 자는 익헌(益獻) 등 약간 명의 심복과 5 · 60명의 기병일 따름이었다. 아군은 날이 어둡고 말도 피곤하고 군사 역시 적어서 끝까지 추격하지 못하고 있는데, 신경원 · 김완 · 이희건 등이 밤중에 일제히 건너 와서 바야흐로 추격할 것을 의논하자, 남원 포수 한 사람이 적진으로부터 도망해 와서 적의 상황을 자세히 말하기를, "성주(星州)의 파총(把摠)이란 자가 초관(哨官)들과 상의하여 오늘 밤에 두 역적을 죽이려고 한다." 하였다.

이튿날 새벽에 정충신 · 유효걸 · 조시준 · 이희건 등이 약간 명의 정예 기병을 대동하고, 이천(利川) 묵방리(墨坊里)에 당도하니 적의 무리가 이미 이괄 · 이수(李邃) · 이전(李栴) · 명련(明璉) 등 아홉 명을 죽였다. 익헌(益獻)과 수백(守白) 등은 편지 한 장을 써서 임대곤(林大坤)으로 하여금 원수부에 전달하게 했다. 그리고 익헌 등은 길을 나누어 이미 행재소(行在所)로 향했다. 명련의 아들 한윤(韓潤)과 조카 한 사람은 도망가고, 역적 이제는 소천에 당도하여 자칭 원수의 군관이라 하고 여염집에 들어가 투숙하려 하다가, 전 현감 안사성(安士誠)에게 붙잡혀 체찰부로 들어와 군중에 가두었다. 한남 원수(漢南元帥) 심기원(沈器遠)과 도감대장(都監大將) 신경진(申景禛) 등이 수원으로부터 와서 이제는 이미 참역(僭逆)을 했으니 사람마다 그를 죽일 수 있다 여기고 체찰부 · 원수부와 상의한 끝에 돈화문 앞에서 매어 죽였다. 정배(廷培)도 사람에게 포박 당하여 올라왔기로 원수가 그를 베어 죽였다.

○ 남원 선비들이 율장(栗場)에 모여 장수를 뽑고 기를 세우고 날짜를 약정하여 근왕(勤王) 길을 떠나기로 하면서 어가(御駕)를 영접할 유생(儒生) 40여 명을 먼저 정하여 떠나보냈다.

○ 역적의 수급(首級)이 행재소에 오자 주상전하는 친히 종묘사직에 고유하고 정시(廷試)로 문(文) · 무(武) 과거를 베풀었다. 박효립(朴孝立)을 베어 조리돌렸다. 각 도의 군사를 돌려보냈다.

19일 어가가 공주를 출발하여 천안으로 향했다. 22일에 환도하는데 삼전(三殿)도 수행하였다. 중외(中外) 대소 신료(臣僚) · 기로(耆老) · 군민(軍民) · 한량(閑良) 등에게 다음과 같이 교서를 내렸다.

왕은 이르노라. 시운이 어려워 대역이 졸지에 중신 중에서 일어났으나, 국가의 기업이 빛나 흉도들이 모조리 참형을 당했다. 경사와 두려움이 겹쳐 이에 윤음을 내리노라. 지난날 혼조(昏朝 광해를 말함) 시대에 흉악한 무리가 번성하여 삼강(三綱)이 모두 무너지니 국가가 장차 어지러울 것을 알았고, 크게 병들어도 구원함이 없으니 백성의 씨가 없어질 것을 알았다. 나 같은 부덕한 사람이 이런 위태로운 기업을 계승하니, 노래는 장초(萇草)가 슬프니 정성이야 어찌 무마하는 데 게으르겠느냐만 정사가 포로(蒲蘆)에 부끄러우니 인덕이 멀리 베풀어지지 못했다. 더구나 형벌의 그물마저 구멍이 뚫려 반역하는 모의가 몰래 움트기 시작했다. 역적 이괄과 한명련 등은 행적은 본래 우둔한데 천성은 몹시 교활하였다. 채수(債帥)가 한창 치성할 적에 뱀과 돼지 같은 비린내를 풍김이 오래되었고, 회조(會朝)가 청명하게 되자 약간 우양(牛羊)의 힘을 폈다. 그래서 병권(兵權)을 인연하여 감히 화란을 일으켰다. 음으로 죄인들과 결탁하여 하늘을 원수로 여겼고, 변방 백성을 협박하여 국가가 방비가 없음을 엿보았다. 우리 주(州)와 부(府)를 쑥대밭으로 만들고, 우리 사신을 살해하여 사나운 기운은 기전(畿甸 서울 부근을 말함)에 가득 차고, 병기(兵氣)는 궁궐을 핍박하니, 비록 오합지졸(烏合之卒)이 마침내 멸망을 면하지 못할 것을 알지만 워낙 저돌적이어서 염려가 되지 않을 수 없었다. 이에 잠깐 피난길을 떠나 드디어 바깥에 주둔하는 군사를 독려하여 선봉이 미치는 곳에 큰 악인이 모두 목이 달아났다. 궁궐을 청소하고 군사를 진작시킨 지 열흘도 못 되어 역적의 목이 곧장 두 궁궐에 달렸으니, 이는 실로 신의 음우(陰佑)이고, 또한 중외의 협조였다. 무망(無妄)의 재앙이 도리어 상서를 맞는 날이 되고, 두려움이 있으면 경계하니 이것이 계성(啓聖)의 기약이다. 종묘사직의 복이지, 부덕한 나야 무슨 힘이 있었겠느냐.

본월 15일 새벽 이전부터……. 아, 하늘은 반드시 순한 자를 돕는 법이고, 이치는 기울어짐이 없이 항시 평탄치 못하니, 큰 형벌로 군병(軍兵)을 쓴 것이 어찌 내 마음이 원한 것이었겠느냐. 따뜻한 봄이 덕을 펴니 온 나라가 한결 새로워질 것이다. 그러므로 이렇게 교시하는 것이다…….

○ 원수가 서도에서 신병이 대단할 때부터 또 왼쪽 눈에 부종(浮腫)이 났었다. 그때는 첫 봄이 왔지만 일기는 여전히 차고 큰 바람도 많았는데, 밤낮으로 행군하여 한데서 고생하기를 거의 반달 이상이나 하였다. 그래서 적이 평정된 수일 후에 왼쪽 눈이 마침내 실명(失明)되었다. 《서정록》에서 나왔음.

3월 진무공신(振武功臣) 옥성부원군(玉城府院君) 장만(張晩) 등 29인에 대해 공을 기록하는데, 장만 · 정충신(鄭忠信) · 남이흥(南以興)은 일등, 이수일(李守一) · 김기종(金起宗) · 변흡(邊潝) · 유효걸(柳孝傑) · 김경운(金慶雲) · 이희건(李希建) · 조시준(趙時俊) · 박상(朴瑺) · 성대훈(成大勳)은 이등, 남이웅(南以雄) · 신경원(申景瑗) · 김완(金完) · 이신(李愼) · 이휴복(李休復) · 송덕영(宋德榮) · 최응일(崔應一) · 김양언(金良彦) · 김태흘(金泰屹) · 오박(吳珀) · 최응수(崔應水) · 지계최(池繼催) · 이낙(李珞) · 이경정(李慶禎) · 이택(李澤) · 이정(李靖) · 안몽윤(安夢尹)은 삼등, 그리고 변고를 알린 문회 · 이우 · 김광숙(金光淑) 등도 삼등을 추록하라는 명령이 내렸으며, 부체찰사 이시발, 종사관 김시양, 독전어사 최현 · 원수부 종사관 이민구는 똑같이 역적을 토벌한 공이 있으나, 주상전하께서 봉전(封典)은 되도록 간략하게 하라는 분부를 누차 내려 병록(竝錄)하는 것을 허락하지 않으므로, 원수가 어전(御前)에서 주달하기를 두 번, 물러나와 또 상소하기를 두 번이나 하였으나 주상은 끝내 허락하지 않았다. 그때 진중에서 시종 힘껏 싸웠는데도 훈적(勳籍)에 참여하지 못한 자는 별도로 명단을 써 올리자, 안늑(安玏) · 황익(黃瀷) · 이원로(李元老) · 안철(安澈) 등 70여 인에게 아울러 상으로 직책을 가자(加資)하였다. 《서정록》에서 나왔음. 광주 남한산성을 수리하기 위하여 각도 승군(僧軍)을 일으켜 공사에 참여하게 했다.[198]

---

198) 조경남, 『속잡록』, 인조 2년(1624년), 3월.

이처럼 인조 2년인 1624년 1월 22일에 인조는 평안병사 이괄의 반란으로 인한 2월 8일부터 2월 22일까지 공주지역으로의 파천하면서 한양 도성을 비우게 된 것을 조경남은 자세한 당시의 기록으로 남겼을 뿐만 아니라, 1640년에 「춘향전」을 창작하면서, 이 비극적 수난 상황을 역행 소재로 축소 활용하여, 변부사의 모진 압제 하에서도 춘향이 그 고통을 견내 이겨내는 것으로 전환시킨 수절녀 춘향상을 성리소설 「춘향전」의 표면서사로 전환시킨 것으로 보인다.

(ㄴ) 1627년, 정묘호란으로 한양을 버리고 강화도로 피신한 인조

인조의 두 번째 파천으로 인조 5년 1627년 1월 정묘호란이 발발하면서 1월 26일부터 4월 12일까지 강화도로 피난을 갔다. 그 배경을 살펴보면, 인조 5년인 1627년 2월 23일 아민이 이끄는 후금군 3만은 '전왕 광해군을 위하여 원수를 갚는다'는 명분을 걸고 사르후 전투에서 항복한 강홍립 등 조선인을 길잡이로 삼아 심양을 출발해 조선을 침공한다. 이들은 압록강을 건너 3월 1일 의주성을, 3월 2일에는 정주성을, 3월 8일에는 안주성을 점령했으며, 3월 10일에는 평양성에 도착했다. 전쟁이 시작된지 불과 보름만에 황해도와 평안도 지역이 청군에게 장악된 것이다. 조선에서는 장만을 도원수로 삼아 평양 등지에서 최선을 다해 싸웠으나, 후금군에게 패하면서 그 본진이 개성까지 후퇴하였다. 인조를 포함한 신하들은 강화도로 피하고 소현세자는 전주로 내려가서 분조 활동을 했다. 하지만 명나라의 후금을 향한 공세와 더불어 정봉수라는 무관이 의병을 모아 평안북도 철산군의 용골산성에서 후금군과 맹렬한 전투를 벌였다. 평안북도 용천군의 이립도 의병을 모아 후금군의 배후를 위협했다. 후금은 성을 함락시킬 때마다 사신을 보내 조선에게 강화를 요청했고, 백성들에게도 후금군은 강화를 원하는데 너희 조정이 우리를 무시한다는 식으로 선전하면서 조선 조정을 압박했다.

조선 조정은 후금측의 강화 요청을 계속 무시하다가 결국 후금군이 고속

으로 전진하여 황해도 평산까지 도달하자 나서야 강화협상에 응했다. 겨우 10여 일만에 후금군은 황해도까지 이르렀다. 그리하여 일단 후금은 2월 평산에서 멈추고 강화도에 있는 조선 조정과 계속 사신이 왕래하였으며, 3월 25일 부장 유해를 강화도에 보내 명나라의 연호 천계를 쓰지 말것을 요구했다. 결국 후금군은 유해 강홍립 등을 보내어 사정을 설명하게 했다. 후금 사신단의 일원으로 온 강홍립은 조정에 후금의 내부사정이 복잡하기 때문에, 장기전을 원하지 않는다는 것을 조선 조정측에 설명했으며, 이에 따라 인조와 조선조정은 주전론을 펴는 언관들의 반론을 물리치고 후금과의 화의를 모색한다. 여기에 후금 사신 유해는 명나라 항장출신으로, 협상이 결렬 위기를 맞았을 때, 제3자적 입장에서 조선측의 입장을 이해한다는 식으로 개인서신을 인조에 보내 위기에 빠진 협상을 구해냈다. 이후 조선이 은, 면 등으로 구성된 배상금을 낼 것, 왕자를 인질로 보낼 것 등의 조건으로 화의를 교섭하게 하였다. 이에 양측은 화약 후 후금군은 즉시 철병할 것, 후금군은 철병 후 다시 압록강을 넘지 말 것, 양국은 형제국으로 정할 것, 조선은 후금과 화약을 맺되 명나라와 적대하지 않을 것 등을 조건으로 하는 조약을 맺고 4월 18일 그 의식을 행하였다.

요동을 두고 명과 대치하던 후금은 배후지원을 차단하고자 조선을 선제공격한다. 1월 13일 얼어붙은 압록강을 도하한 3만 6000명의 후금군은 의주성, 창성부, 능한산성, 안주성을 차례로 함락시키고 1월 26일 황주에 이어 2월 7일 황해도 평산까지 진군했다. 인조는 강화도 피신을 결정하고 1월 26일 도성을 빠져나갔다. 김포를 경유해 장릉에 참배하고 1월 29일 저녁에 강화도 행궁에 도착했다. 유도대장 김상용은 적병이 임진강을 건넜다는 소식에 겁을 먹고 강화도로 도망쳤다. 그는 비축된 양곡을 적에게 넘기지 않기 위해 어고를 비롯한 각 관청의 양곡을 불질렀고 혼란에 빠진 난민들도 선혜청, 호조 창고를 방화했다. 정묘호란은 조선의 정복을 목적으로 한 전쟁은 아니었다. 조선을 겁줘 명나라편에 서지 않도록 경고하려고 했다. 1627년 3월 3일 양국이 강화도에서 정묘조약을 체결하면서 후금 군대는 철수했다. 조약은 양국이 형제관계를 맺고 조선은 후금과 명 사이에서 중립을 지키는 내용을 담았다. 인조는 3월 12일 경덕궁으로 환궁했다.

이때의 상황을 조경남은『속잡록』에 다음과 같이 기술하였다.

1월 6일 각 도의 순안어사가 서울에서 나뉘어 지방으로 출발했다.

13일 오랑캐가 압록강을 건너 의주로 육박해 들어오면서 먼저 사람을 시켜 남산에 올라 외치기를, "대 금국(金國) 이왕부(二王府)는 명령을 받들어 토벌하노니, 성중 장사들은 무장을 해제하고 나와 항복하라. 그리고 남방 군사는 모조리 나와 고향으로 돌아가라. 그렇지 않으면 철 기병이 짓밟아서 씨도 남기지 않고 다 죽이겠다." 하였다. 이날 부윤 이완(李莞)이 술에 취하여 인사불성이 되니 성중이 흉흉하여 어떻게 대답해야 할 지를 몰랐다.

14일 적병이 의주를 함락시키고 부윤 이완과 판관 최몽량(崔夢良)을 잡아 죽였다. 이에 앞서 이완은 오랫동안 인심을 잃어 군사들이 적에게 귀순할 뜻이 많았는데, 적병이 압록강을 건너오게 되니 군졸들이 흩어졌다. 초저녁에 한윤(韓潤)이란 자가 중국 복색으로 변장하고 몰래 사냥꾼을 따라 말을 타고 성안으로 들어왔다. 새벽이 되자 적병이 포위하여 성 아래로 육박하며 돌격전을 벌이니 성중이 힘을 다해 방어하는데, 적 한윤이 무기 창고에 불을 지르니 온 성중이 어지러워지자 반란민이 성문을 열고 적을 맞아들여 성이 마침내 함락되고, 이완 등은 사로잡혔다. 적은 북군(北軍)과 남군(南軍)을 각각 갈라서게 하니, 병졸들이 무슨 의도인지 알지 못하고 각기 좌우로 모이자, 적은 첨방군(添防軍)을 다 죽이고, 이어서 이완을 삶아 죽여 하늘에 제사드리고 최몽량에게는 항복하라고 유혹하자, 몽량은 크게 꾸짖으며 말하기를, "이 금수개 돼지놈아! 이 지경이 웬 말이냐? 이웃 나라의 도리가 과연 이러하냐?" 하니, 적은 크게 성내어 몽량을 난도질해 죽였다. 그리고 즉시 본토 군인의 머리를 깎고 자기 군대에 편입시켜 군용(軍容)을 대단하게 하였다. 그래서 적에게 항복한 군사들은 강홍립(姜弘立) · 박난영(朴蘭英) · 오신남(吳信男) · 한윤이 적의 진중에 와 있는 것을 보았다는 것이다. 오신남은 본도 강진(康津) 사람인데 기미년 싸움에 원수의 중군으로 사로잡혀 가서 돌아오지 못했음.

○ 적의 추장이 편지를 보내어 우리에게 허물을 돌리기를, "너희 나라에 네 가지 죄가 있다. 천가한(天可汗)이 세상을 떠났을 때 즉시 사신을 보내 조상하지 않았고, 선천(宣川) 싸움에 우리는 너희 나라 사람을 하나도 죽이지 않았는데 즉시 사신을 보내어 사례하지 않았고, 모문룡은 우리의 큰 원수인데 너희 나라에 수용하여 군량을 대주고 두호하며, 요동 백성은 우리 백성인데 도망병을 불러들이고 배반자를 받아들이며 한 명도 돌려보내지 않았다. 나는 이 때문에 몹시 한스럽게 여긴다……." 하였다.

○ 병조 판서 장만(張晩)으로 도원수를 삼아서 떠나 보냈다.

○ 본도 좌우도 어사가 전주에 당도하여 바로 강진 · 해남으로 내려가니 민심이 소요되었다. 다른 도도 마찬가지였다.

○ 각 도에 명령하여 근왕병(勤王兵)을 일으키게 하였다.

○ 적병이 의주로부터 거침없이 내달려 오므로 용천 부사(龍川府使) 이희건(李希建)이 수천의 병력을 대동하고 본부 용골산성(龍骨山城)을 지키는데, 부내(府內) 좌수(座首)란 자가 적과 내응하였다. 그래서 희건은 성을 버리고 나갔다.

17일 적병이 곽산(郭山) 능한산성(凌漢山城)을 함락시키니 곽산 군수 박유건(朴惟建)과 정주 목사(定州牧使) 김진(金搢) 등이 적에게 항복했다. 이날 이른 아침에 적병이 크게 몰려와서 성을 돌며 외치기를, "성중의 장사들은 진(鎭)을 버리고 나와 항복하라. 우리 대군(大軍)은 우선 너희들을 놓아두고 지나가는 것이다." 하자, 성중에서 답하기를, "명령을 받아 성을 지키는 처지이니 목숨을 바쳐 싸우기로 맹세했다." 하였다. 이에 적은 군사를 몰고 진격하여 긴사다리를 가져다가 잇대어 성에 대놓고 허수아비를 많이 만들어 사다리 위에 줄지어 세우고 여러 군사가 서로 섞여 화살을 비오듯이 퍼부으니, 성안에서는 힘을 다해 방어하였으나 격전한 지 오래지 않아서 군졸이 거의 죽고 무기도 이미 떨어졌다. 적이 성에 올라 추격하여 마구 죽이니, 김진과 박유건이 자기 가족들과 함께 사로잡혀 항복하며 살려달라고 애걸하고 일시에 머리를 깎았다. 적은 그들의 아내와 첩을 받아들여 항상 장막 속에 있게 하고 행군할 경우에는 박유건 등으로 하여금 각각 자기 아내와 첩이 탄 말을 끌게 하였다. 유건 등이 그 아내가 절개를 잃었다고 책망하니, 그 처첩들은 도리어 그 남편이 불충한 자라고 책망했다.

○ 적병이 정주(定州)에 당도하여 창기(唱妓)와 악공(樂工)을 모아 노래를 부르고 북치며 잔치를 벌였다.

20일 오후에 선전관이 본부(남원)를 지나가는데, 부사 신감(申鑑)이 낭청방(郎廳房)에서 접견하고 오랑캐의 침략을 들어 알고서 곧장 소속 고을에 영을 전달하여 근왕군을 일으키게 하였다. 본부(本府)가 본도의 좌영이기 때문에 속읍(屬邑)이 있음. 선전관은 곧 좌수영(左水營)으로 향하여 배들을 서해로 돌리게 했다. 삼도 수영(水營)도 똑같이 이렇게 했다.

○ 적병이 가는 곳마다 거짓으로 타이르기를, "오늘날 일은 오로지 전왕(前王 광해)을 위해 원수를 갚자는 것이니, 일이 성공한 뒤에는 각도 군민(軍民)에게 10년간 세금을 면제해 준다." 하였다. 이것은 모두 역적 한윤의 행위라고 한다.

○ 좌랑(佐郎) 오섬(吳暹), 검열(檢閱) 김여옥(金汝鈺), 정자(正字) 신응망(辛應望), 학유(學諭) 이상형(李尙馨)은 모두 본도 사람으로 서울에 있다가 변

란을 듣고 본도 선비들에게 다음과 같은 통문(通文)을 돌렸다.

이상의 통문은 군사도 모집하고 군량도 모으는 일에 관한 것이다. 아, 나라 형편이 이 지경에 이르렀으니 통곡하는 외에는 다시 무슨 말을 하랴. 이야말로 신하들이 있는 힘을 다해야 할 때이다. 우리들은 외롭고 미약한 힘으로 국은(國恩)에 보답할 길이 없으니 다만 한번 죽기로 결심했을 뿐이외다. 옛날 임진왜란에 7도가 유린을 당하고 종묘사직이 서도로 옮겼으나 우리 본도만은 다행히 완전하여 충의지사인 김천일(金千鎰) · 고경명(高敬命) 부자(父子) · 최경회(崔慶會) 같은 여러 어진 이들이 모두 분발하여 의병을 규합하고 목숨을 바쳐 싸워 국가의 명맥을 유지하여 회복의 근거지가 되어 이 호남이 실상 저 중국 조양자(趙襄子) 때의 진양(晉陽)과 같은 존재로 오늘에까지 왔던 것인데, 또 망극한 변을 만났으니 선현(先賢)의 업적을 계승하고 임금의 곤란을 면해드리는 것이 어찌 우리들의 책임이 아니겠는가. 우리 여러 군자는 충의의 대절이 본래부터 축적되어 있는 터이니 굳이 남의 말을 기다려서 일어나리라고 여기지는 않지만 의리로써 서로 권면하자니 부득불 이렇게 말하는 것이외다. 바라건대, 한편으로 군사를 모집하고 한편으로 군량을 모아 한마음으로 힘을 다해서 이 난국을 돌파하게 해 주시면 다행이겠사외다.

21일 적병이 안주(安州)를 함락시키고, 부원수 겸 평안 병사 남이흥(南以興)과 목사 겸 방어사 김준(金俊)을 죽였다. 수일 전에 성중에서는 적병이 날로 육박해 들어온다는 말을 듣고 군사와 무기를 정돈하여 사수(死守)할 계획을 했는데, 군사의 수효는 모두 3만 6천 명이었다. 오랑캐 기병 몇 명이 먼저 와서 선언하기를, "성중의 허다한 인물이 죄 없이 죽는 것은 너무도 불쌍한 일이니 빨리 나와 항복하여 살 길을 찾으라." 하는데, 성중에서는 대답을 하지 않았다. 20일 오후가 되자 대대의 적병이 청천강(淸川江)을 건너오는데 그 수가 한이 없었다. 성 밖 수백 보 지점에 진을 치고 돌격부대를 시켜 성을 돌며 크게 외치기를, "죄 없는 남병(南兵)은 성문을 열어 돌려보내고 성중의 장사는 무장을 해제하고 나와 항복하라. 우리는 군사를 움직이지 않고 우선 너희들이 항복하느냐 싸우느냐에 대한 회답을 기다리겠다." 하였다.

이에 앞서 여러 장수가 상의하고서 성 밖과 한쪽 마을의 인가가 적의 거점이 될 것을 염려하여 모두 불태워 버렸는데, 이제 와서 적병이 말하기를, "인가가 지중한데 너희는 어째서 스스로 불태웠느냐?" 하며, 인하여 협박하기를 몹시 급하게 하니, 성중에서는 군관(軍官)을 시켜 중군(中軍)이라 칭하고 성문을 나가 적을 보고서 적의 정세를 탐지하게 하였는데, 두 추장과 강홍립(姜弘立)은 교의에 앉아 있고, 박난영(朴蘭英) 등은 맨바닥에 앉아 있었다. 적의 추장이 말하기를, "대금국 황제가 너희들의 행위에 노하여 군사를 보내 토벌하는 것이다. 너희 나라는 무슨 까닭으로 호패를 만들어 백성을 침해하며 사신도 들여보내지 않아 이웃끼리의 호의도 닦지 않느냐? 하물며 이 3리 되는 성과 수만의 민중이 무슨 죄가 있기에 함부로 항거하여 스스로 죽으려 드느냐? 너희 나라는 어찌하여 천시(天時)를 살피지 못하고 감히 대국과 원수가 되려 하느냐? 급히 나와 항복하고 화친을 맺으라." 하며, 술 석 잔을 먹여서 돌려보내니, 여러 장수들도 벌벌 떨고 감히 싸우자는 말조차 못하는데, 김준이 팔을 휘두르며 크게 소리치기를, "우리 임금께서 벼슬을 주시며 성을 지키라 하셨으니, 신하된 자는 마땅히 힘을 다하여 목숨을 바쳐 겨를 없이 국은(國恩)에 보답해야 하거늘 어찌하여 하루아침 난리를 당하자 모두 구차히 살 계획만 하고 있는가?" 하였다. 그리고 즉시 통역을 시켜 성에 올라가 외치기를, "우리 나라는 다만 싸움과 죽음만을 알 따름이고 본시 항복이나 화친은 모른다." 하자, 적이 말하기를, "내일 성을 도륙할 것이니 너희들은 한탄하지 말라." 하였다. 이날 동틀 무렵에 사방은 안개가 자욱하여 지척도 분간할 수 없는데, 적진에서 호각을 불고 북을 치며 고함치고 깃발을 휘날리며 수만의 기병이 한꺼번에 나와 구름과 번개처럼 진격하니, 성중에서 대포와 화살을 일시에 쏘아서 적은 말에서 떨어지고 구덩이에 빠져 죽은 시체가 산처럼 쌓였다. 그러나 앞에서 넘어지면 뒤에서 들어오고, 왼쪽에서 밀어내면 오른쪽에서 돌격해오며, 모두 낙타 등에다 긴 사다리를 싣고 와서 일제히 성에 올라 긴 창과 짧은 칼로 여기저기서 들이치는데, 형세가 바람 앞의 불길 같아 손도 미처 놀릴 새 없이 적이 벌써 성중에 가득하여 우리 군사를 마구 죽이는 것이었다. 남이흥과 김준은 손수 화약 주머니를 들고 영루(營樓)에 기대서서 수없이 마구 쏘아대지만 적들이 한꺼번에 포위하니, 김준 등이 어찌할 수가 없어 마침내 화약 주머니를 불태우니 지붕이 공중으로 날아가고, 남이흥 · 김준 부자와 여러 장수가 모두 불에 타 죽었다. 그리고 적병도 타서 죽은 자가 부지기수였다. 적은 성중의 사람을 다 죽였다.

또 성 안팎에서 사람을 수색하여 모았는데, 거의 수백 명에 달하자 몰고 본진으로 와서 모조리 죽이려고 하던 차에 마침 원수부에서 화친하자는 서신이 와서 마침내 놓아주었다. 그런데 그 군졸들이 백 보도 못 가서 급히 돌아오라고 하니, 군졸들이 당황하여 혼이 몸에서 빠져나갈 지경이었다. 추장이 말하기를, "너희들은 목숨을 살려주었는데도 어찌 감사하다는 말 한 마디 없이 물러가느냐? 마땅히 무례한 죄를 받아야 할 것이나 그저 용서하고 문책하지 않으니 각기 본 고장으로 돌아가서 안심하고 생활하라." 하였다. 이때에 선전관이 임금의 명령을 받들고 성중에 당도하니 적병이 이미 근접해 왔는지라, 남이흥이 말하기를, "명령을 받은 사람은 이곳에 있어서는 안 된다." 하고, 마침내 혈서로 장계를 올리기를, "외로운 성이 포위를 당하여 형세가 장차 지탱하기 어렵사옵니다. 만약 주장(主將)이 군사를 독려하여 와 구원한다면 신 등이 거의 함락당하는 근심을 면할 듯하오나, 감사 윤훤(尹暄)이 평양에서 군사를 끼고 앉아서 하룻길밖에 되지 않는데도 구원하지 않으니 신 등에게는 죽음이 있을 따름입니다." 하니, 선전관은 달려가서 이 사실을 복명(復命)했다. 중군이 비로소 적진으로부터 돌아오자 여러 장수는 벌벌 떨며 말하기를 모두 목숨만을 유지할 생각들을 하는데, 수령 한 사람이 분연히 뭇 사람을 향해 말하기를, "신하의 도리에 이럴 수 있는가? 보국(報國)하는 길이 어느 곳에 있단 말인가?" 하니, 김준이 이 말을 듣고 통곡하며, "이 뜻을 가지고 군사들을 격려하자." 하니, 여러 장수가 이로 인해 더욱 분발하여 온전히 국가를 위해 순국했다. 남원(南原) 출신인 김정망(金廷望)이 난군 틈에 끼어 붙잡혔다가 석방되어 살아 와서 성이 함락된 경위를 자세히 전하는데, 본 고을 원님의 성명을 알 수 없으니 한스러운 일이었다. 김준 등은 화약이 터지는 바람에 몸이 공중으로 날렸다가 다시 땅에 떨어져 목숨은 끊어졌으나 신체만은 온전했다. 그래서 적이 지나간 뒤에 고을 사람들이 그 시체를 알아보고 염(歛)을 해서 임시로 묻었다가 적이 완전히 물러간 뒤에 본가로 실어 보내어 장사하였다. 남이흥은 서울 사람이고, 김준은 본도 고부(古阜) 사람이다.

○ 도감대장(都監大將) 신경진(申景禛) · 구굉(具宏) 등을 시켜 서울 포군과 경기도 군사를 거느리고 임진강(臨津江)을 지키게 하였다.

○ 본도 감사 민성징(閔聖徵)이 전주에서 근왕(勤王)하라는 교지를 받고 군관을 각 읍으로 나누어 보내 군사를 일으키게 하였다.

○ 남원 부사 신감(申鑑)이 군사 수천 명을 거느리고 전주를 향해 떠났다.

○ 심기원(沈器遠)으로 도순검사(都巡檢使)를 삼고, 김장생(金長生)으로 전라호소사(全羅號召使)를 삼고, 장현광(張顯光)으로 경상호소사(慶尙號召使)를 삼아 근왕병을 모집하고, 호조 판서 이서(李曙)로 하여금 가까운 읍의 군사를 모집하여 남한산성을 지키게 하였다. 각 도 순안어사(巡按御史)를 소환하여 호패에 관한 사무를 철폐하고 그 문안을 불태우고 호패를 찬 자는 죄를 주게 하며, 또 군인 등록에 관한 사무도 정지시켰다. 지난해에는 호패를 차지 않은 자를 벌주더니 금년에는 도리어 호패 찬 사람을 벌주니 누가 주장해서 그러는 것인가? 귀양간 사람들을 모두 석방시켰으나 대북(大北)의 흉당(兇黨)만은 이에서 제외되었다.

○ 적병이 가도(椵島)를 침범하니 가도에 있는 중국 사람이 많이 죽었다. 문룡은 진지를 옮겨 철산(鐵山) 신미도(身彌島)로 들어갔다.

○ 장만은 평산(平山)에 도착하여 변란에 대비하였다. 평안 감사 윤훤(尹暄)은 평양에 있으면서 적병이 이미 육박했다는 소식을 듣고도 계엄태세를 갖추지 않으니, 군 · 민이 모두 흩어졌다.

○ 조정에서는 적을 피할 의사가 있어 김상용(金尙容)으로 유도대장(留都大將)을 삼고, 여인길(呂裀吉)로 부장을 삼아 도성의 일을 관장하게 하였다.

24일 도체찰사(都體察使) 완평부원군(完平府院君) 이원익(李元翼), 좌의정 신흠(申欽), 서평부원군(西平府院君) 한준겸(韓浚謙)과 군무를 돌보는 여러 관원에게 명하여 동궁(東宮)을 받들고 남쪽으로 내려가게 했는데, 병조 참판 이민구(李敏求), 순검사(巡檢使) 심기원(沈器遠), 통어사 유비(柳斐), 동양위(東陽尉) 신익성(申翊聖)도 시종하게 되었다.

○ 하삼도 병사에게 유시를 내려 군사를 거느리고 서쪽으로 가서 임진강의 수비를 도와주게 하였는데, 여러 장수가 모두 명령에 복종하지 않았다.

○ 전라도 군사가 여산(礪山)에 모였는데, 병사 신경인(申慶裀)이 3천 명을 뽑아서 인솔하여 서울로 향하고, 그 나머지는 진(鎭)에 머물러 훈령을 듣기로 했다.

27일 임금 행차가 종묘사직의 신주(神主)와 자전(慈殿)과 중전(中殿)을 모시고 강화도(江華島)로 피해 들어가는데, 영의정 윤방(尹昉), 우의정 오윤겸(吳允謙), 이조 판서 김류(金瑬), 이상(二相 찬성) 이귀(李貴), 참판 최명길(崔鳴吉) · 김자점(金自點) 등 여러 고관이 모두 시종했다. 중외(中外)의 대소 신료(臣僚) · 기로(耆老) · 군민(軍民) · 한량(閑良) 등에게 유시한 교서는 다음과 같다.

왕은 이르노라. 아, 치란(治亂)과 흥쇠(興衰)는 임금이 결코 면할 수 없는 일이다. 그러나 그렇게 되는 까닭을 규명해 보면 한 사람의 잘잘못에서 기인

되지 않는 것이 없다. 대개 사변이 일어나지 않을 때에는 맡은 사무를 게을리하고 한 때의 안일을 즐겨 법도를 무너트리고 덕화를 상실해서 상류 계급에서는 성을 내고 하류 계급에서는 이반하되 전혀 반성하지 못하고 차츰 화패(禍敗)를 불러들여 나중에는 아무리 울어도 소용이 없게 되는 것이다. 지난 역사를 더듬어 보면 매양 슬픔을 금하지 못하는데, 오늘날 마침내 이 허물을 범하게 될 줄이야 어찌 알았으랴. 나는 부덕한 몸으로 비색한 운수를 만나 나라가 장차 전복되게 되므로 차마 앉아서 보지 못하고 하늘의 밝은 명을 공경하고 두려워한다. 높은 자리에 임하여 밤낮으로 걱정하고 두려워하여 국가를 안보하고 백성을 편안히 할 것을 생각한다. 그런데 나는 이치를 알 수 있을 만큼 밝지도 못하고, 만물을 윤택하게 할 수 있을 만큼 어질지도 못하며, 사람을 감동시킬 수 있을 만큼 미덥지도 못하고, 난리를 바로잡을 만큼 무력도 없으므로 정책을 짜내고 일을 꾀함에 번번이 도리에 어긋나며, 세금은 지나치고 부역은 많아서 백성도 피곤하고 군사도 지쳤다.

지나간 갑자년 변란에 역적이 대궐을 침범하여 종묘사직이 전복되고, 산천 귀신이 위태로움을 당하게 되었는데, 이 난리를 부른 이유를 곰곰히 생각하면, 그 허물이 실로 내게 있었던 것이다. 그런데 나는 이 그릇된 점을 징계삼아 조심성 있게 하지 못하고, 마음은 더욱 날로 어두워지고, 정사는 날로 더욱 어지러워져서 천재와 이변이 달마다 생겨나고, 온갖 비방과 원망이 극에 달하지 않는 것이 없다. 장수가 군기(軍機)를 잃어도 나는 알지 못하고, 강한 이웃이 틈을 노려도 나는 깨닫지 못하여 결국 오랑캐가 크게 군사를 일으켜 졸지에 서쪽 변방을 침범하게 되었다. 그래서 용만(龍灣)의 큰 진이 하루아침에 함락되어 무기와 군량이 모조리 적의 소유가 되고, 흉한 불길이 안으로 뻗쳐 이미 정주(定州)를 지났으니 그 저돌적인 형세를 막아낼 수가 없다. 그래서 종묘사직의 백년대계를 깊이 생각하고 겸하여 조정의 공론을 채택하여 이에 종묘사직의 신주와 자전, 중전을 모시고 난을 피해 강화도로 들어가게 했다. 혹시 적이 점점 핍박해 온다면 나 역시 장차 옮길 것이니, 일이 이

지경에 이르매 다시 무슨 말을 하랴. 아, 파천(播遷)하는 치욕이란 비록 백년에 한 번 만나더라도 오히려 큰 변이라 할 것인데, 나는 4년 사이에 이미 두 번째 당하게 되니 어지신 하늘이 어찌 나에게만 혹독하랴. 조용히 생각하면 내 자신이 스스로 불러들인 화가 아님이 없다. 대개 나는 혁명 즈음을 당하고 큰 난리의 뒤를 이어 능히 덕과 은혜를 베풀어 만백성을 비호하지 못하고 도리어 민심을 잃어버릴 행동이 한두 가지가 아니다. 나는 즉위하던 처음에 백성을 가련히 여기는 뜻이 있어 모든 부역을 없애라는 명령을 여러 차례 선포했으나 받들어 집행하는 자가 내 뜻을 맞추지 못하여 실지 혜택이 미치지 못했으니, 도탄(塗炭)에 허덕이는 백성들이 어찌 내가 속였다고 여기지 않으랴. 이것이 첫째로 민심을 잃게 된 이유이다. 역적이 자주 일어나고 큰 옥사(獄事)가 서로 잇달았으니, 원흉의 괴수는 진실로 마땅히 처형되어야겠지만 연좌가 미친 곳에 어찌 원통하고 억울한 자가 없으랴. 한 사람만 원한을 품어도 자연의 조화를 해친다 하는데, 하물며 한 사람만이 아니잖느냐. 이것이 둘째로 민심을 잃게 된 이유이다. 서쪽 변방에서 군사를 주둔시키고, 모문룡(毛文龍)의 진에서 군량을 독촉하여 길가는 자는 싸 가지고 가고, 집에 있는 자는 실어 보내어 쉴 새 없이 공급만 하니 백성은 곤궁하고 재물은 바닥이 나서 안팎이 소란하다. 이것이 비록 부득이한 일이지만 백성이 어떻게 견디겠느냐. 이것이 셋째로 민심을 잃게 된 이유이다. 호패(號牌)법에 이르러서는 본시 도망간 자를 보충하고 이웃 민족의 폐단을 제거하려는 것이었으나 갑자기 백 년 동안 폐지됐던 법을 다시 실시하여 강제로 많은 유민(遊民)들을 속박할 일을 급히 끝맺자니 미비한 점도 없지 않았으며, 억누르는 것이 지나치게 엄하고 규정도 너무 세밀하여 사람들이 모두 불편을 말하는데 나는 유독 중도에 철폐하기 어려워 뭇사람의 노여움을 범했으니 누가 내 본심을 이해하랴. 유생(儒生)에 대한 고강(考講)도 실로 처음 창설한 일이 아니고 옛 제도를 모방한 것이나, 이 역시 시기에 맞지 않아서 뜻은 비록 학문을 권장하는 데 있었지만 사람들은 도리어 까다롭고 각박하다고 여기니, 이것이 넷째로 민심을 잃게 된 이유이다.

《서경》에 이르기를, "한 사람이 세 가지를 잘못했으니 그에 대한 원망이 어찌 드러나야만 알 것인가?" 하였는데, 하물며 나는 네 가지 실수가 있었으니 위태로움을 당하는 것은 불행이 아니다. 난리가 이와 같이 번져 오랑캐가 점차로 침입해 들어와 종묘는 먼지 속에 묻히고, 자전(慈殿)은 피난길을 떠나게 되었는데 싸워 지킬 만한 군사도 없고, 사람에게 나누어 줄 양식도 없으니 지혜로운 자는 꾀를 내지 못하고, 용맹스러운 자도 손을 쓰지 못하여 사방을 돌아봐도 갈 곳이 없고, 끝없는 큰물을 건너는 것 같다. 시국을 곰곰히 생각하면 오직 궁극으로 치달을 뿐이다. 비록 그러하나 천지는 지극히 어진 덕이 있어 일찍이 만물을 없애버린 일이 없으며, 군신(君臣)은 본래 정해진 의리가 있는데 어찌 차마 나를 버리겠느냐. 지금 나는 마음을 돌이키고 생각을 바꾸어 옛것을 버리고 새롭게 나가 각 도 어사(御史)를 소환하여 시급히 호패 제도를 혁파하고 그 문안을 불태워 버릴 것이며, 모든 전후에 호패의 일로 죄를 당한 자나 옥에 갇힌 자나 귀양살이하는 자들을 모조리 용서하여 이 백성들과 유신(維新)을 같이할 것이며, 양정(良丁)을 총괄해서 제색(諸色) 군역(軍役)을 정한 자는 그대로 두고 고치지 않는다. 그리고 각 도 군사를 등록하는 문안은 불태우는 데에서 제외한다. 아, 너희 중외 사민(士民)들아! 비록 나를 못된 임금이라 할지라도 역대 선왕께서 비호해 주신 은택을 느끼지 못하느냐. 곧 너희들이 내가 나라를 잃게 한 것에 대해서는 구휼할 것이 없다 할지라도 종묘사직의 제사가 끊어지고 팔도가 도륙이 된다는 것을 생각지 않느냐. 그러기에 한 장의 교서로 사방에 알리는 것이니 각기 내 마음을 이해하고, 충의를 격앙시키고 고굉(股肱)의 힘을 분발하여 혹은 의병을 소집하여 행재소(行在所)로 달려오고, 혹은 식량을 모집하여 군문으로 실어 보내되 각각 힘이 미치는 데에 따라 당연한 분의를 지키라. 입에서 나온 말이 아니라 실로 충정에서 나온 말이므로 이와 같이 교시하는 것이다.

○ 교지(敎旨)가 여산에 도착하자 감사는 도사(都事) 안헌징(安獻徵)을 시켜 각 진에 순회하며 낭독하게 하여 군인들에게 들려주었다. 그리고 등서(謄書)해서 각 읍에 전파하였다.

○ 도원수는 조정의 명령에 따라 강홍립과 박난영 두 집 자식에게 국서(國書)를 주어 적에게 보내 그 아비로 하여금 오랑캐 군사를 물리쳐 달라고 말하고, 인하여 적의 정세를 탐지해 오도록 하였는데, 홍립의 답서에, "엎드려 대감의 편지를 받자오니, 위로하는 말씀이 간절하여 감격함을 이기지 못하옵니다. 저는 모진 목숨이 죽지도 않고 화친(和親)되기만을 바랐었는데 마침내 이렇게 되니 다시 무슨 말을 하오리까. 군중(軍中)에서 이에 대한 말이 나오면 한결같이 역설하여 목숨을 걸고 다투었던 것입니다. 지금 두 집 자식이 국서를 받들고 위험을 무릅쓰고 온 것을 보니 자못 과감한 뜻이 있습니다. 엎드려 바라노니, 영형(令兄)께서는 힘껏 협조하여 조정의 근심을 풀면 심히 다행이겠습니다. 군사가 이미 깊이 들어와서 군정(軍情)이 몹시 예민하니 한갓 입만 가지고 변론할 것이 아니라, 특별히 진실한 호의를 강론(講論)하고 겸하여 예물과 군인들에게 상줄 만한 물자를 후히 보내어 빨리 군사를 퇴각시키는 것이 상책이며, 경조(慶弔)의 일에 이르러서는 추후에 닦아도 늦지 않습니다. 사세가 지극히 급박하니 높으신 소견에 응당 짐작이 있을 줄 믿으며, 차사(差使)는 기어코 어전(御前)에서 친히 문서를 전달하게 하여 피차가 한 모양으로 화친한다는 것을 알려주는 것도 긴요한 처사이니, 아무쪼록 심사숙고하여 선처하시기 바랍니다. 제 자식은 잠깐 만나고 바로 돌아가니 만류할 수 없는 형편이라 마음이 찢어질 것 같지만 어찌하리까. 영감은 양찰하시오." 하였다.

○ 홍립이 평안 감사에게 보낸 편지에, "영감 전에 편지를 올립니다. 체찰부사 휘하. 일이 급박하여 딴 말은 제외합니다. 금국(金國) 이왕부(二王府)가 우리 나라와 화친을 강론하기를 요구하여 조정에서는 연속 차사를 보내어 두 번째 국서를 받고 화친 조약이 이루어지게 되었으니 생민의 다행입니

다. 지금 막부(幕府)가 잠깐 근읍에 왕림했다는 말을 듣고 나로 하여금 통신하게 한 것이니, 원컨대, 막부는 일찍 본영으로 돌아가서 흩어진 백성을 모아들이도록 하시오. 대병(大兵)이 돌아갈 때는 추호도 침범함이 없게 한다는 뜻이니 매우 아름다운 일이외다. 막부는 상량하여 진퇴(進退)를 결정하시기 바랍니다." 하였다.

○ 상원 군수(祥原郡守) 허전(許銓)이 강홍립에게 전한 편지에, "영감의 기체후가 안녕하십니까? 금국이 이유 없는 싸움을 걸어온 것은 아마도 교린(交隣)의 도가 아닐 것입니다. 지금 두 나라가 옛날의 호의를 다시 다진다 하오니 생민의 복이 어떠하겠습니까? 전 체찰사는 평양성을 무너뜨린 연유로 어제 끌려가고, 신임 체찰사는 때마침 경내에 당도하지 못했기로 귀서(貴書)를 그대로 돌려보내는 것이외다. 이만 줄입니다." 하였다.

○ 도사(都事) 안헌징(安獻徵)의 통문은 다음과 같다.

요즘 나라 운수가 어려움이 많아 오랑캐가 난리를 일으켰다. 처음에는 몰래 압록강을 건너고, 마침내는 용만(龍灣)을 엄습하여 열사(烈士)들은 계속해서 목숨을 잃고, 외로운 성은 문득 수비력을 상실했다. 국조(國朝) 2백 년 동안 믿을 만한 곳은 평양 서쪽이었는데, 적병 수만 명이 이미 청천(靑川) 이북쪽에 육박했단 말인가. 흉한 칼날이 미치는 곳에 각 진이 모두 비게 되어 우리 백성을 마구 죽이고 그 처자를 잡아다가 욕보인다. 벌떼와 개미떼처럼 모이니 누가 그 기세를 막으랴. 이리와 짐승 같은 야심으로 문득 깊이 들어오기만 한다. 나라에 틈이 있음을 엿보고 이 땅에 사람이 없다고 여기는구나. 오랑캐를 사로잡을 날은 기약 없고, 서울에 들어올 날은 박두했으니 신도(神都)가 안보할 수 없게 되고, 인심은 동요하기 쉬움에 어찌하랴. 오직 우리 성상께서 상중(喪中)에 계시고, 지난해에 사친(私親)의 내간(內艱)상을 당했음. 역적의 변란을 겪으신 뒤로 죽을 잡수시며 애통해 하시니 옥체가 지탱하기 어렵고, 식사 시간이 되면 근심 걱정이 많으시와 이마를 찌푸리시더니 어찌 불측한 역적이 감히 하늘에 대고 활을 쏘는 흉계를 부릴 줄이야 알았으랴. 조정의 정책이 올바르지 않아서 오늘을 자초하였으나, 대대로 지킨 땅을 버리고 어디로 가리요. 일이 예전과 다르나 우선 주 나라가 빈(邠) 땅을 버림을 따르고, 조양자(趙襄子)가 진(晉) 나라에 돌아가기를 힘쓴 것은 부득이한 계획이지, 어찌 하고 싶어 한 일이겠느냐. 그래도 중외(中外)의 협력에 힘입어 신민의 전력을 기대한다. 아비가 남는데 자식이 어찌 가랴. 실로 부자의 정과 같고, 임금 앞에 신하가 반드시 따르나니 군신간의 대의를 생각하라. 차마 수백년 문명의 국가를 어찌 하루아침에 되놈의 나라로 만들쏘냐. 목숨은 기러기 털보다 가벼우니 달갑게 황천에서 눈을 감고, 자취가 범 아가리에 붙었으니 한 하늘 아래 얼굴을 쳐들기 어렵구나. 우리 호남 지방은 본시 이 나라의 근본이라 칭한다. 백성의 수효는 삼한(三韓)에서 제일 많고, 국방의 강성함은 8도에 으뜸이다. 지나간 임진난리에 있어서도 충의의 인사가 많았다.

고경명(高敬命)은 군사를 일으켜 임금 위해 몸 바쳤고, 김천일(金千鎰)은 절의를 지켜 적에게 죽어 이름이 비석에 보존되고, 사적은 정문에 새겨져 있다. 오직 신하의 타고난 정성을 생각할 때 바로 목숨을 바쳐야 할 날이 온 것이다. 바라건대, 여러분은 소신을 변경하지 말고 마음을 굳게 하여 혹은 의병과 군량을 모집하고, 혹은 전마(戰馬)와 무기를 내놓으시라. 곰이나 범처럼 용맹하면 어찌 형세가 외로움을 걱정하며, 노적에 쌓고 곳간에 쌓으면 군량이 떨어질 염려가 있으랴. 좋은 활과 굳센 화살은 반드시 적을 방어할 요소가 되게 하고, 좋은 말로 마땅히 멀리 달릴 것을 생각하며, 국가를 위해 목숨을 바치기로 맹서하고 오랑캐를 평정하기로 기약을 하시라. 그렇게 하면 공업이 어찌 훌륭하지 않으랴. 벼슬이나 상 따위는 따질 것도 아니다. 헌징(獻徵)은 나라를 근심하고, 임금을 사랑하여 한(韓) 나라 장량(張良)이 한 나라에서 5세(五世) 동안 입은 은혜에 보답함을 품은 것처럼 다만 몸을 바쳐 죽을 뿐이고, 정(鄭) 나라가 7일 동안 포위당한 치욕을 생각하니 차마 적과 함께 살 수 없으나 능력 없음을 한탄하여 오직 통곡이 있었을 뿐이외다. 저 옛날 중류(中

流)에서 뱃전을 친 조사아(祖士雅)의 외로운 충성을 안았고, 강에서 배를 탄 온태진(溫太鎭)의 씩씩한 절개를 본받았으니, 이 일편단심이 없어지지 않았는데 머리털이 하얗다고 무엇을 꺼리리요. 그러므로 편지를 전달하는 것이니 촌각이라도 지체하지 말라.

2월 1일 본부의 인사가 통문으로 인하여 용성관(龍城館) 성에 모여 향병을 일으킬 것을 의논하고, 여러 날 동안 모집하여 겨우 백여 명을 얻었는데, 모두 유생 백도(白徒)들로 쓸모없는 사람들이라, 의병을 규합하여 근왕하기란 아무리 생각해도 형편이 아니다. 나랏일이 이 지경에 이르렀으니 다시 가망이 없다. 아, 슬프다. 나랏일이 어찌 이 지경에 이르렀는가? 임진년 난리에는 관군이 비록 무너졌으나 의병이 구름같이 일어나 혹은 북쪽으로 근왕하러 가고, 혹은 관방(關防)을 파수하였기로 중흥의 공도 이에 힘입었으니, 이는 인심이 분발하고 사기가 강개하여 적을 죽이지 않으면 살 수가 없다고 여겨 촌구석의 인사들까지도 맨주먹을 쥐고 칼날을 무릅쓰며 목숨을 바쳐 국가를 보전한 자가 있었기 때문이다. 본도로만 말하여도 이와 같이 한 이가 얼마나 많았던가? 그런데 어찌하여 오늘에 와서는 적이 경내에 침범하기도 전에 먼저 도피할 꾀만 생각하고서 의병을 모집한다는 말을 들으면 비방하고 기롱하고, 징발하라는 격서를 보면 욕설을 퍼붓고 성내기까지 하며 남의 일 보듯이 하고, 백 가지로 핑계만 대고 한 사람도 선뜻 응하여 출두하는 자가 없으니 이것이 어찌 인심이 순하지 못해서만이랴? 역시 국운이 불행한 탓이다. 종묘사직이 바다 섬에 붙어 있고, 팔도의 생령이 모두 도살되게 되었으니, 아, 슬프다. 나랏일이 왜 이 지경에 이르렀는가?

병옹(病翁)이 비록 중풍이 들어 육신이 마비된 사람이지만 병무(兵務)에 관한 일에 있어서는 익숙하게 연구했다. 그런데 그는 항상, "오랑캐 군사가 강하고 말이 날래니 우리의 쇠잔한 군사와 약한 말로는 절대 쳐부수지 못한다."고 말을 하니, 어찌 이처럼 겁이 많은지 모르겠다. 군의 형세로 말하면 지금 쳐들어온 오랑캐 군사가 비록 십만 명이 넘을지라도 임진왜란에 비하면 겨우 10분의 1밖에 되지 않으며, 무기로 말하더라도 오랑캐 군사는 돌격전을 벌여 마구 덤비는 데만 능할 뿐이고 예리한 검술을 활용하는 데는 도저히 왜놈만 못하다. 더구나 왜놈의 변사(變詐)와 흉계란 실로 추측할 수 없었지만 그 예리한 장검도 우리의 굳센 화살을 못 당했고, 그 변사와 흉계도 우리의 임기응변 앞에는 소용이 없었다. 다만 인심이 해이하여 힘껏 싸우지 않았기 때문에 왜놈에게 패하고 말았던 것이다. 절강(浙江) 엽유격(葉遊擊)이 일찍이 말하기를, "조선 사람은 어떻고 왜놈은 어떻다는 것인가? 양편 군사가 힘을 다해 싸우면 피차가 상당하다." 하였으니, 이는 또 이치를 들어 대강을 말한 것이 실로 우리 나라 일을 모르는 말이다. 군사로 말하면 우리 나라 군사가 천하에 제일이다. 지금 오랑캐 군사가 왜병에게 미치지 못하는 것이 이와 같은데도 마음대로 승승장구하여 조금도 걸리는 것이 없으니 사람들은 모두 어찌할 방법이 없다고 말하지만, 나는 그들의 세력이 특별해서 그렇다고는 믿어지지 않는다. 우리 태조 대왕이 건주(建州)를 쳐서 함락시키고, 윤(尹)·어(魚) 두 장수가 횡행하니 여진(女眞)은 무슨 군사로 방어해야 할지를 몰랐으며, 옛날 당 태종(太宗)은 천하의 10만 병력을 동원하여 요동 전역을 평정하고 석권(席卷)의 형세로 몰아치다가 안시성(安市城)에 와서는 한 장수의 수천 군사에게 곤욕을 당하여 중국 비단 천 필을 상주고 물러갔으니, 지금으로 헤아려보면 중국 군사와 오랑캐 군사는 10분의 1의 차이가 있고, 성지(城池)가 견고한 것도 전보다 십 배나 더한데, 싸움이 반나절도 못 가서 문득 함몰을 당하니, 아, 무엇 때문에 이렇게 되는 것인가? 맹자(孟子)의 말에, "천시(天時)가 지리(地利)만 같지 못하고, 지리가 인화(人和)만 못하다." 하였으니, 이 때문에 병옹은 시골에 있으면서도 국사를 위해 항상 통곡하는 것이다.

5일 세자가 여산(礪山)에 당도하고, 이튿날 전주를 향하여 삼례참(參禮站)에 당도하자 큰 비가 내려 출발할 수 없게 되었는데, 완평(完平)이 지급하는 일을 어렵게 여겨 비를 맞고라도 떠나야 한다고 청하므로 세자가 따랐다.

○ 어지(御旨)를 내리기를, "오랑캐가 한편으로는 화친을 청하고, 한편으로는 진격하여 부대가 이미 평산(平山)에 당도하였으니 사세가 매우 급박한즉, 각 도 제장은 군사를 독려하여 국난(國難)에 참여하라." 하였다. 이때 적의 선봉이 이미 서흥(瑞興)에 도착했다.

9일 오랑캐 차사 유해(劉海)가 강홍립 · 박난영(朴蘭英)과 함께 개성(開城) · 풍덕(豐德)을 경유하여 행재소로 들어갔다. 이 보고가 오자 도성에서는 적병이 이미 육박해 왔다고 여겨 일시에 달아나 무너지니, 김상용(金尙容)은 급히 부하 군사를 시켜 쌀과 포목이 들어있는 어고(御庫), 병 · 호조의 대창(大倉) · 선혜청(宣惠廳) · 경영고(京營庫) 등 여러 창고에 불을 질러 국가의 저장물이 거의 탕진되었다. 그리고는 상용이 곧장 행재소로 달아났다. 노량진 가에 양곡 천여 석이 있었는데 역시 다 유실되고, 여인길(呂裀吉)이 배 두어 척을 거두어 겨우 2백여 석을 싣고 갔을 뿐이다.

11일 강홍립 등이 오랑캐 차사 9명과 강을 건너 행재소로 나가 홍립 등이 숙배(肅拜)를 드렸다. 이튿날 군(軍)의 위엄을 베풀고 오랑캐 차사를 인견하는데, 주상전하가 답례를 하지 않으니 오랑캐가 크게 성냈다. 그래서 그날 밤에 통역을 시켜 좋은 말로 타이르게 하고, 보창군(普昌君) 강인(姜絪)으로 회답사(回答使)를 삼아 적진에 보내어 위로하게 하니 유해(劉海) 등도 같이 돌아갔다. 유해는 본래 요동 사람으로 오랑캐에게 항복하여 이왕자(二王子)의 사위가 된 자였다.

○ 무군사(撫軍司)는 도성이 텅 비었다는 말을 듣고 적병이 임진강을 넘어선 것으로 여겨 전주를 떠나 좌수영(左水營)으로 향하여 항해(航海)할 계획을 하자, 완평(完平)이, "이렇게 하면 인심이 이산되어 마침내 나라꼴이 되기

가 어려우니, 우선 적이 도성에 들어오는 것을 기다려서 옮겨 가도록 해도 늦지 않다." 하니, 세자가 그 말에 따랐다.

○ 적병이 창성(昌城)을 함락시키니 부사 김시약(金時若)이 순절(殉節)했다. 처음에 시약이 사변 났다는 말을 듣고 허둥지둥하며 첩입(疊入)한 여러 장수와 함께 방어할 기구를 준비하니, 군사들이 겁을 내어 날로 차츰 도망해 달아났다. 그리고 정탐 갔던 사람도 한 번 가서 돌아오지 않아 적에 대한 보고가 끊어져서 완급(緩急)을 알 수 없었다. 그런데 의주(義州)의 적 2백여 명이 뜻밖에 돌진해 와서 성 밖에 주둔하고 선언하기를, "너희 나라가 다 함몰되고 국왕도 어디로 갔는지 알 수 없는 판국인데, 너는 한 구석 외로운 성과 소수의 쇠잔한 군사로 감히 대국의 군사를 막으려 하느냐? 급히 나와 항복하여 인민을 살리도록 하라." 하니, 성중에서 아무런 대답을 하지 않았다. 오랑캐 군사가 또 문 밖에 당도하여 나와 항복하라고 독촉하니, 성중에서 받아들이고 후대하여 돌려보내며 인하여 군관으로 하여금 문 밖에 나가 적당히 대답하게 하니, 적도 술을 대접해 보냈다. 이날 밤에 군졸이 성을 넘어 달아나므로 시약이 군사를 엄중히 단속하게 하였으나, 온 성중이 일시에 총부리를 돌리니 시약은 어찌할 수 없었다. 그래서 여러 장수에게 말하기를, "늙은 나는 이 땅을 지키는 주인이니 마땅히 여기에서 죽어야 하겠지만 너희들은 마음대로 가든지 남아 있든지 하라." 하니, 얼마 되지 않은 장졸들이 성을 넘어 다 흩어졌다. 적병이 달아나는 자를 추격하여 마구 죽이고 돌진해서 성안으로 들어오니, 시약도 사로잡히고 그 밖에 다른 수령들도 사로잡힌 자가 많았다. 적이 포박을 풀어주고 항복하라고 권유했으나 시약이 끝까지 굴복하지 않자 의주로 보내어 죽였다. 그 두 아들은 그날로 머리를 깎고 오랑캐가 되었다. 본부 입방군(入防軍) 3천여 명이 적 백여 기병을 보고 지레 겁내어 스스로 무너지니, 하늘이 시켜서 그러는지 사람이 시켜서 그러는지 너무도 통분한 일이다.

12일 내가 방원진(房元震)과 남문 밖의 대장장이 한운(漢雲)의 집에서 자면서 군무에 대한 것을 상의하고 내일 새벽에 향병을 일으켜 전주로 향하기로 기약했는데, 밤중에 성중에서 떠들고 소란하므로 급히 탐문해 보니, 세자가 지금 전주를 떠나서 이튿날 임실(任實)·남원(南原)을 지나 순천(順天)으로 향한다는 것이었다. 이튿날 온 경내 백성이 적병이 이미 육박해 온 줄로 알고 겁내어 달아나면서 가축을 땅 속에 묻고 산중으로 피난갔다. 감사의 분부로 인하여 남원 객사에 임시 가옥 백여 칸을 만들고 민가 수백 호를 수리하여 민가의 건초(乾草)를 받아들였다. 순천 한 곳에 차사를 보내어 길을 닦는데, 잇달아 들으니 적병이 이때에 평산에 있고, 오랑캐 차사는 강화도에 드나든다 하므로 세자는 그대로 견성(甄城 전주(全州))에 머물렀다고 한다.

20일 유해(劉海)가 또 평산에서 강도로 들어와 임금을 뵙고 친히 문서를 올리겠다고 청하므로 주상전하가 부득이 허락하여 읍(揖)하는 예를 행하는데, 따라온 오랑캐 한 놈은 바로 종성(鍾城) 백성으로 오랑캐에게 투항한 박중남(朴仲男)이었다. 그런데 다른 오랑캐처럼 버젓이 읍을 하니, 아는 자가 말하기를, “너는 본국 사람으로 버젓이 주상의 예를 받고 있으니 차마 할 일이냐?” 하자, 그 자가 대답하기를, “지금 신민의 도리를 가지고 나를 책망하는 것은 불가하다.” 하고, 조금도 두려워하는 태도가 없었다. 유해가 편지를 내보이는데 그 글은 다음과 같다.

변변치 못한 저는 중국 사람이라서 잠깐 오랑캐 땅에 살고 있으나 마음만은 변함이 없고, 학문은 비록 천하고 고루하나 대의는 잊어버리지 않았으니, 어찌 한때에 유리되었다 해서 위태로운 사람을 잡아주고 넘어지는 사람을 부축하는 대의를 잃어버렸겠습니까. 지금 귀국 백성이 도탄에 빠졌으니 조금이라도 인심이 있다면 통분한 눈물이 없지 못한데, 하물며 저는 본시 자비심을 품었음에랴. 지혜가 귀국의 위급함을 구원하지 못하면서 언어와 문자로만 힘을 많이 쓰고 있으니, 귀국이 어떻게 저의 이 마음을 알 수 있겠습니까. 요즘 두어 마디 말을 주고받아서 화친의 일을 완전히 하자고 요구하는 것은 그윽히 옛 사람의 난국을 풀어주고 분란을 가라앉히는 의를 본따서 목숨을 걸고 나선 것으로, 응당 귀국의 왕께서는 내 마음을 아실 것으로 여겼는데 어찌 한 가지 소견만 고집하고 권도는 모르며, 조그마한 절개만 믿고 시무(時務)는 무시하신단 말입니까. 이는 호걸(豪傑)이 난리를 처리하는 길이 아닌가 합니다. 나는 듣건대, 귀국 왕은 밝으심이 만리 밖을 내다보며 뭇 사람의 논란을 단독으로 결단한다 하니, 만약 한때의 굴욕을 참으신다면 반드시 장구한 계책을 펼 것이니, 이는 강하면서도 짐짓 피한다는 도를 체득한 것으로 어찌 아름답지 않겠습니까. 지금은 농번기가 가까워지는데 백성이 혹은 산중으로 피하고, 혹은 섬으로 잠적하고, 혹은 가산이 실패되고, 혹은 형제가 사로잡혀서 날마다 모두 고개를 쳐들고 하나의 화(和) 자만을 바라고 있습니다. 그런데 지금 귀국 왕은 한 번 접견하는 예식만 거행하시고 백성들의 도탄을 염려하지 않으시니 어찌 차마 할 일입니까. 나의 생각으로는 금국(金國) 사람들의 마음씨가 바르지 못하니 다시 한 번 격하면 형세가 반드시 서울을 함락시킬 것이고, 서울이 한 번 함락되면 위태로움이 누란지세와 같아서 가까운 사도(四道)만이 해를 받을 뿐 아니라 팔도의 민생 역시 불안할 것이니, 기회가 한 번 어긋나면 말할 수 없는 화가 닥칠 것입니다. 저는 미천한 신분으로 딴 나라에 붙어살고 있으니 스스로 부끄러워 겨를도 없는데, 어찌 감히 귀국의 왕과 예절을 강론하오리까. 만약 이로써 상규(常規)를 삼는다면 제가 반드시 귀국을 위해 꾀했다 하여 한 글자도 통하지 못하게 할까 염려되므로 이와 같이 번거롭게 하니 재삼 생각하시기 바랍니다. 혹시 나를 믿지 못할까 하여 오늘 사연을 고합니다.

오랑캐 차사가 명 나라의 천계(天啓) 연호를 없애라고 협박하고, 또 왕자를 인질로 보내라고 요구하니, 조정에서는 왕자가 나이 어려서 약속의 대상이 될 수 없다고 대답하고, 종친(宗親) 원창령(原昌令) 의신도정(義信都正) 이비(李備)의 아들임. 을 군(君)으로 삼아 왕의 아우라 칭하고, 이홍망(李弘望)으로 통신사를 삼고, 예단으로 목면(木綿) 3백 동, 백저포(白苧布) 3백 필, 호피(虎皮) 백 벌, 초피(貂皮) 백 벌을 봉하여 우봉 현감(牛峯縣監) 이상룡(李祥龍)으로 차사원을 삼아 김포(金浦) · 통진(通津) 등지의 사람과 말을 동원해서 적진으로 실어 보냈다.

○ 조정에서 화친에 대한 의논이 이미 정해지자 사람들이 모두 통분히 여겼다. 사간 윤황(尹煌)이 아뢰기를, "우리 나라에서 명분 없는 화친을 적에게 청했으니, 이것은 과연 항복이 아닙니까?" 하니, 전교하기를, "윤황의 장계가 흉하고 참혹하다. '항(降)'이라고 쓴 이유를 아뢰라." 하니, 윤황이 다시 아뢰기를, "신의 말이 옳지 않다면 신의 목을 베소서." 하였다. 전교하기를, "관직을 삭탈하라." 하였는데, 양사(兩司)에서 간하여 다시 복직되었다.

○ 영남 선비 이척연(李惕然)이 행재소에 들어가 통곡하며 상소하여 화친을 주장한 간신을 베어 죽이기를 원했는데, 소장을 세 번이나 올렸으나 보고되지 않았다. 그래서 마침내 동반(東班)을 명하여 등용해서 별제(別提)를 제수하니, 척연은 사퇴하고 돌아갔다.

7일 공주(公州) 진을 파하고 그 군사로 하여금 돌아가 농사짓게 하였다.

○ 오랑캐로부터 온 서신은 다음과 같다.

대금국 이왕부(二王府)는 조선 국왕 휘하에 통고합니다. 어제 온 편지 내용을 보면, "세 길로 군사를 나누어 우리 백성을 노략질하고 있으니 이것은 전에 우리가 각처에서 차출해 보낸 사람들을 죽였다 해서 이렇게 보복하는 것이 아닌가?" 하였는데, 이미 맹약하고 또 군사를 풀어서 약탈한다면 천지

신명이 또한 어찌 귀국을 괴이히 여기지 않겠는가. 하늘이 어찌 우리를 괴이히 여기리오. 우리가 친히 맹약을 한 이후로 맹약을 준수하지 않는다면 하늘이 반드시 우리를 괴이히 여길 것이다. 귀국이 맹약을 하고서 먼저 맹약을 어기고 우리 사신을 죽인다면 하늘이 누구를 괴이히 여기겠는가. 나는 이 같은 일은 상상조차 못하겠소. 하늘이 귀국 서울과 8도를 우리에게 줄 뜻을 가지고 있으니, 내가 이곳에 있으면 왕이 될 것이나 나는 눌러 있으려 하지 않고 귀국에게 돌려주었으니, 귀국에서 겉으로는 우리를 형제의 나라라고 하지만 속으로는 우리를 부모처럼 느끼면서 이와 같이 저주한다면 이런 예의가 어디 있겠소. 귀국은 행여, "우리가 섬 속에 있는데 저들이 어찌 하겠느냐."라는 생각은 갖지 마오. 내가 한 번 서울에 당도하면 8도가 모두 내게 소속되고 말 것이니, 비록 섬 속에 있다지만 바다가 전답이 되며 고기가 백성이 되겠는가. 따라온 대신은 우리 군사가 속히 돌아가기 때문에 잠시 함께 떠나겠소. 만약 내가 기자(箕子)를 본받아서 여기에 남아 왕 노릇을 한다고 하면 따라온 대신들이 각기 제 가족과 재산에 대해 연연해 할 것이니, 어찌 왕에게 나가 항복하자고 말하지 않으랴. 소문을 들으면, 국왕은 일을 많이 아는 사람이라고 하던데 우리가 이처럼 대접하는데도 어찌하여 우리를 좋게 생각하지 않소. 하물며 전일에 보내온 예물도 수효대로 다 오지 않았으며, 또 값진 물건들도 아니었으나 나는 어떤 것이든 막론하고 받아들였소. 혹 내가 세상 물정을 모르는 사람이라고 여길런지 모르나 내가 어찌 모르겠소. 해마다 명 나라에 조공하는 물건과는 비교가 되지 않으나 이미 사람을 보내어 멀리 와서 이미 15일이 되었으니 평양성 안주 일대 지방은 명령대로 하겠소.

이 뒤로 적병이 다 청천강을 건너갔다.

13일 세자가 전주를 떠나 강도로 향하니, 호종하는 여러 신하 중에는 혹 가족을 남겨두고 가는 이도 있었다.

21일 임진강을 방어하는 군사를 해산했다. 각 도의 군사와 강도에서 분부를 받고 온 군사들임.

4월 6일 각 도 근왕병(勤王兵)을 돌려보냈다.

10일 어가(御駕)가 강도를 떠나 강을 건너 통진(通津)에서 유숙하고, 11일에 김포(金浦)에 머물러 선릉(先陵)에서 제사지내고, 12일에 환도하였다.[199)]

조경남은 이처럼 1627년 인조가 한양을 버리고 강화도로 파천한 상황을 상세히 알고 자신의『속잡록』에 기록하였다. 조경남은 자세한 당시의 기록으로 남겼을 뿐만 아니라, 1640년에「춘향전」을 창작하면서, 이 비극적 수난 상황을 역행 소재로 축소 활용하여, 변부사의 모진 압제 하에서도 춘향이 그 고통을 견내 이겨내는 것으로 전환시킨 열녀 춘향상을 성리소설「춘향전」의 표면서사로 전환시킨 것으로 보인다.

(ㄷ) 1637년, 병자호란으로 한양을 버리고 남한산성으로 피신한 인조

인조의 마지막 파천은 인조 14년인 1636년 12월 병자호란이 일어나 12월 14일부터 이듬해 1월 30일까지 남한산성으로 대피한 사건이다. 그해 4월 후금의 태종은 국호를 대청으로 고치고 조선에 명과의 관계 단절, 군신의 맹약을 요구했다. 조선은 거부했다. 12월 2일 청 태종은 12만 8000명의 원정군을 이끌고 직접 친정에 나섰다. 마부태가가 이끄는 청군 선발대가 안주, 평양을 지나 이미 개성까지 도달한 사실을 접한 조정은 14일 강화도 파천을 결정했다. 이때는 이미 청군 일부가 강화도로 가는 길목인 양천강에 도달한 상태였다. 인조 일행은 급히 남한산성으로 발길을 돌렸다. 어가 행렬이 구리개

199) 조경남,『속잡록』, 인조 5년(1627년), 4월.

를 넘어 수구문을 나서자 울부짖는 도성민의 피난 행렬과 어지럽게 섞였다. 인조는 신천과 송파강을 건너 초경이 지나서야 겨우 남한산성에 도착했다. 청군 선봉은 12월 27일 임진강을 건넜고 29일 한강을 건너 남한산성 서쪽에 도착했다. 후발대도 쇄도했다. 인조가 떠난 서울은 곧바로 청군 선발대의 수중에 들어갔다. 미처 탈출하지 못한 사람들은 급한 대로 백악산과 삼각산 일대로 숨어들었으며 유도대장 심기원도 270여 명의 병력을 이끌고 서울 근교 산지에 잠복했다. 청군도 처음에는 약탈을 자제했다.

1636년 2월에는 용골대 · 마부태 등이 후금 태종의 존호를 조선에 알림과 동시에 인조비 한씨의 문상 명목으로 조선에 사신으로 왔는데, 그들이 군신의 의를 강요해 조선의 분노는 폭발하게 되었다. 조정 신하들 가운데 척화를 극간하는 이가 많아 인조도 이에 동조해 사신의 접견을 거절하고 국서를 받지 않았으며 후금 사신을 감시하게 했다. 조선의 동정이 심상하지 않음을 알아차린 그들은 일이 낭패했음을 간파하고 민가의 마필을 빼앗아 도주했는데, 공교롭게도 도망치던 도중에 조선 조정에서 평안도관찰사에 내린 유문을 빼앗아 본국으로 가져가게 되었다. 이로 인해 후금에 대한 조선의 태도가 무엇인지를 그들도 비로소 명확하게 알 수 있게 되었고 재차 침입을 결심하게 된 것이다. 같은 해 4월 후금은 나라 이름을 '청'으로 고치고 연호를 숭덕이라 했다. 그는 이 자리에 참석한 조선 사신에게 왕자를 볼모로 보내서 사죄하지 않으면 대군을 일으켜 조선을 공략하겠다고 협박했다. 이와 같은 청나라의 무리한 요구는 척화의지가 고조되고 있는 조선 조정에 받아들여질리 없었다. 그 해 11월 심양에 간 조선 사신에게 그들은 왕자와 대신 및 척화론을 주창하는 자를 압송하라는 최후 통첩을 보내왔으나 조선에서는 그들의 요구를 묵살했다.

1636년 12월 1일, 청태종은 몸소 전쟁에 나설 것을 결심하고 1636년 12월 1일에 청군 7만, 몽골군 3만, 한군 2만 등 도합 12만의 대군을 심양에 모아 9일에 압록강을 건너 다탁은 전봉장 마부태에 명해 바로 서울로 진격하도록 했다. 마부태는 의주부윤 임경업이 백마산성을 굳게 수비하고 있음을 알고, 이를 피해 밤낮을 달려 심양을 떠난 지 10여일 만에 서울에 육박했다. 청군이 압록강을 건너 조선을 침입했다는 급보가 중앙에 전달되었다. 조정에서는 비로소 적의 형세가 급박한 것을 알고는 있었으나, 이렇게 빨리 진격해오리라고는 예상하지 못했다. 13일 오후 늦게 재차 장계가 이르러 청군이 이미 평양에 도착했다고 하자 조정은 갑작스런 변란에 황망해 결단을 내리지 못했다. 도성 안은 흉흉해 성을 빠져나가는 자들로 줄을 이었다. 다음 14일 개성유수의 치계로 청군이 이미 개성을 지나갔다는 것을 알게 되자 급히 판윤 김경징을 검찰사로 명하고 강화를 수비하도록 했다.

한편, 원임대신 윤방과 김상용에게 명해 종묘사직의 신주를 받들고 세자빈 강씨, 원손, 둘째아들 봉림대군, 셋째아들 인평대군을 인도해 강화도로 피하도록 했다. 심기원을 상중에서 불러내어 유도대장으로 삼았다. 인조도 그날 밤 숭례문으로 서울을 빠져 나와 강화도로 향했으나, 적정을 탐색하던 군졸이 달려와서 청국군이 벌써 영서역을 통과했으며, 마부태가 기병 수백을 거느리고 홍제원에 도착해, 한 부대를 보내 양천강을 차단해 강화도로 가는 길이 끊겼다고 보고했다.

인조는 다시 성안으로 들어와 숭례문 누각에 앉아 사후 대책을 물으니, 전 철산부사 지여해가 정병 500을 주면 사현에 나가 청군의 선봉 부대를 무찌르겠다고 했다. 그 말에 여러 신하들은 500의 군사로 적을 시험하는 것은 위험하다는 반대 의사를 개진했다. 결국, 이조판서 최명길이 홍제원 청군 진영에 나가 술과 고기를 먹이며 출병의 이유를 물으면서 시간을 지연시키는 사이에 인조는 세자와 백관을 대동하고 남한산성으로 들어갔다. 인조 일행이 남한산성으로 들어간 뒤 영의정 김류 등은 본 산성이 지리적으로 불리함을 들어 야음을 타서 강화도로 옮겨갈 것을 역설하므로 다음 15일 새벽에 인조는 산성을 떠나 강화도로 떠나려 했다. 그러나 마침 눈이 내린 뒤라 산 언덕에 얼음이 얼어서 왕이 탄 말이 미끄러져 왕은 말에서 내려 걸어서 갔는데, 여러 번 미끄러져 몸이 편안하지 못해 강화도로 가는 것을 포기하고 다시 산성으로 돌아왔다. 훈련대장 신경진이 서울로부터 뒤따라오니 그에게 동성 망월대를 지키게 하고, 이영달을 중군으로 삼고 총융사 구굉에게 남성을 지키게 했다.

이때 성안에 있는 군사는 1만 3,000명으로 성첩(城堞)을 지키도록 하고, 도원수 · 부원수와 각 도의 관찰사와 병사에게는 근왕병(勤王兵)을 모으도록 하는 한편, 명나라에 위급함을 알려 원병을 청했다. 성안에는 양곡 1만 4,300석, 장 220 항아리가 있어 겨우 50여 일을 견딜 수 있는 식량에 불과했다. 청군의 선봉 부대는 12월 16일에 이미 남한산성에 이르고 대신 담태의 군사도 아무런 저항을 받지 않고 서울에 입성해 그 길로 한강을 건너 남한산성을 포위했다. 청태종은 다음해 1월 1일에 남한산성 밑 탄천에서 20만의 군사를 포진하고 성 동쪽의 망월봉에 올라 성안을 굽어보며 조선군의 동태를 살폈다. 포위를 당한 성안의 조선군은 12월 18일 어영부사 원두표가 성안의 장사를 모집, 성을 빠져나가 순찰중인 적군 6명을 죽이고, 동월 20일 훈련대장 신경진의 군이 출전해 또 적군 30명을 죽였으며, 다음날 어영대장 이기축이 군사를 이끌고 서성을 나가 적군 10명을 또 죽여 성안에 사기를 올렸다. 그러나 이렇다할 큰싸움 없이 40여 일이 지나자 성안의 참상은 말이 아니었다. 이러할 즈음 각 도의 관찰사와 병사가 거느리고 올라왔던 관군들은 목적지에 이르기도 전에 무너졌다.

이때 경기 · 호남 · 경상도 등지에서 의병이 일어나서, 경기도에서는 적병이 강화성을 공략할 때 다소의 전과를 거두었고, 호남에서는 전 참의 정홍명이 많은 의병을 이끌고 공주에까지 이르렀으나 이미 화의가 이루어진 뒤라 군사를 파했다.

남한산성으로 구원오는 군사가 모두 붕괴되고 성중은 안과 밖이 끊어져서 의지할 곳이 없게 되자 차차 강화론이 일어나기 시작했다. 주화파는 주전파와의 여러 차례 논쟁을 거듭했으나, 주전파 역시 난국을 타개할 방도가 있었던 것은 아니었다. 예조판서 김상헌, 이조참판 정온 등의 반대에도 불구하고 대세는 강화를 지지하는 쪽으로 기울게 되었다. 1637년 1월 3일 최명길 · 이식 · 장유로 하여금 회답하는 국서를 초하도록 했는데, 최명길의 글이 공손하다 하여 그것을 채택하고 좌의정 홍서봉, 호조판서 김신국 등을 청군 진영에 보내 화호를 청했다. 그러나 청태종의 답서는 조선 국왕이 친히 성안에서 나와 자기 군문에 항복하고 척화 주모자 2, 3인을 결박지어보내라는 내용이어서, 조선은 이에 응하지 않고 정론이 구구해 주저하고 있었다. 이 때 강화도가 함락되었다는 보고가 성안에 이르렀다. 강화 유수 겸 주사대장 장신은 '검찰사의 지휘 명령을 받들 사람이 아니라'고 서로 배척하는 등 알력이 심해 강화 수비에 많은 문제를 안고 있었다.

1월 21일 밤 초경에 청군이 강화도를 침입하자 김경징은 그제야 놀라서 파수계책을 일르면서 화약과 총탄을 나누어주었다. 부마 윤신지로 대청포를 지키게 하였다. 그러나 군사가 적은데다 새로 모집하는 군사들도 흩어져서 결국 강화도성을 지키기로 했다.

청군이 나루터에 주둔해 홍이대포를 쏘니 포탄이 물을 넘어 육지 몇 리밖에 떨어졌다. 이를 본 김경징과 이민구는 놀라 부성으로 들어가려 했으나 주위의 반대로 들어가지 못했다. 주사대장 장신은 해전을 벌리려다 도중에 퇴각해 싸움을 회피하니 강화도의 위급은 촌각에 달려 있었다. 청군은 복병을 의심해 배를 출발시키지 않고 1척을 먼저 보내 7명을 상륙시켰다. 이것을 본 관군이 조총을 쏘았으나 화약에 습기가 차서 불발되었다.

한편, 남한산성에서는 적의 포위 속에 있으면서 화전 양론이 팽팽이 맞서다가 주화론이 우세해 인조의 출성이 목전에 다가오자 예조판서 김상헌과 이조참판 정온이 화의를 반대 자결을 꾀하려다 실패했다. 이 때 청군은 강화도에서 포로가 된 대군의 수서와 재신 윤방과 한흥일 등의 장계를 보이면서 독촉했다. 강화도의 함락 사실을 확인한 인조는 드디어 출성을 결정하지 않을 수 없었다.

조경남은 이처럼 1637년 인조가 한양을 버리고 남한산성으로 파천한 상황을 상세히 알고 자신의 『속잡록』에 기록하였다. 조경남은 자세한 당시의 기록으로 남겼을 뿐만 아니라, 1640년에 「춘향전」을 창작하면서, 이 비극적 수난 상황을 역행 소재로 축소 활용하여, 변부사의 모진 압제 하에서도 춘향이 그 고통을 견내 이겨내는 것으로 전환시킨 열녀 춘향상을 성리소설 「춘향전」의 표면서사로 전환시킨 것으로 보인다.

(라) 명나라 장군 양원을 역행 복합모델로 투영시킨 춘향

춘향의 역행 복합모델로 명나라 장군 양원을 들 수 있다. 양원은 명나라의 무장으로서 1592년 임진왜란 시기에 직위는 명군 부총병이었다. 총병 이여송의 부하로서 2,000명의 응원군을 이끌고 좌협대장으로 약 11,000명을 지휘하고 평양성 전투에서 공을 세우고, 1593년 벽제관 전투에서도 이여송을 구하는 등의 활약을 보였다.정유재란이 시작되자 1597년 음력 5월 8일 요동기병 3,000을 이끌고 조선에 다시 응원군으로 참전. 총병 마귀의 휘하에 들어가 음력 6월 18일부터 전라도 남원성에 부임해 성의 방비 강화에 힘썼다.

그는 1597년 8월 13일 일본군의 본 공격이 시작되고, 왜군의 조총공격과 조선국의 비격진천뢰와 대완구 공격으로 하루를 버티고, 다음날 왜군의 장대를 설치하여 조총공격에 명나라군에 약간 타격이 있었다. 이 날 저녁 양원이 부하 몇 명을 왜군에 보내 코니시와 만나게 했고, 그 후 왜군과 밀담있었다고 한다. 양원이 조선백성과 성을 넘겨 줄테니 나의 는 목숨을 보전할 것을 왜군에 거래했다고 한다. 그결과 1만여 명 백성과 명나라 3,000병력이 몰살 당하게 되지만, 양원과 50여 명이 안전하게 퇴각하게 된다. 왜군이 해자를 볏짚으로 메우고 있을 때 양원은 말안장을 챙기고, 도망갈 준비를 하고 있었다. 이 싸움에서 접반사 정기원, 이복남, 방어사 오응정, 조방장 김경로, 별장 신호, 남원부사 임현, 통판 이덕회, 구례현감 이원춘 등이 전사하였다.

이밖에 왜군에게 학살된 민·관·군의 수는 거의 1만여 명에 달하였다. 임진왜란이 끝난 뒤 전사한 사람들의 시신을 한 곳에 묻었고, 광해군 4년인 1612년 충렬사를 세워 8명의 충신을 제향하였다.

1597년 정월 일기에 다음과 같이 기록하였다.

명나라 장수 양원(楊元)이 이 고을에 진을 쳤다기에 그가 양원을 찾아보고 방어할 계책을 진술하였으나, 양원이 듣지 않으므로 그는 나와서 말하기를 "장수란 자가 전연 캄캄하여 서로 도와서 의지해야 하겠는데, 성으로써 하자는 것인가?" 이 달 보름께 왜적이 성을 에워싸서 일이 급하게 되었다. 그는 정사달(丁士達)과 박언량(朴彦良)에게 이르기를 "양원이 비록 내 계획을 듣지 아니하나, 만약 한 부대의 무리만 있다면 나아가 부딪혀 성원하는 것이 우리 군사의 갈망하는 바를 풀어 주겠고, 저 왜적들의 깨물려는 세력을 꺾어 버리면 무슨 어려운 바 있겠는가?" 하였다. 애석하다. 양양성이 함락하니 장순(張巡)의 혼자 힘으로 어찌 할 도리가 없었으니, 하란(賀蘭)의 군대도 흩어져 버리고 재운(齋雲)의 혈성(血城)도 아무 보탬이 되지 못하고 속수무책으로 한갓 절통하고 분할 따름이었다.

다음날 성이 함락되니 부사 임공현(任公鉉)과 병사 이복남(李福男)이 모두 자결하였다. 적의 세력은 더욱 왕성하여 그가 목격하니 일이 분격함을 참을 수 없었다. 이어 정사달과 안사제(安嗣悌)와 양덕해(梁德海) 등을 원천동에 모아 놓고 그는 분연히 울면서 이르기를 "평상시에 선비는 진실로 자중해야 하지만 국가에 어려운 걱정이 있을 때에야 편안히 앉아서 흉적을 죽이지 않고서는 천지 간에 설 곳이 없다" 하며, 먼저 가동들로 하여금 분대를 편성하고, 격문을 발표하여 불러 모집하니 원근에서 점점 호응하여 모여들어 말하기를 "산서 조처사(趙處士)가 임진년과 계사년의 난리에도 의병을 일으켜 왜적을 토벌하실 적에 우리는 한 사람도 죽은 자가 없었다." 하며, 수일 동안 수백 명이나 모였다. 드디어 진군하여 불우재에 매복하고 바라보며 기다렸다. 왜적 250명이 부성(府城)으로부터 총을 메고 칼을 휘두르며 오는데, 그중 5명이 사면으로 얼굴을 그린 금빛 나는 가면을 쓰고 말을 타고 앞에 달려오니 그의 군대가 다분히 겁내는 기색이었다. 그는 박언량(朴彦良)에게 이르기를 "바라건대 기를 꺾이지 말고 내가 먼저 나가서 활을 쏠 터이니 모든 군사도 각각 계속해서 발사하도록 하라"면서 그가 먼저 발사하니, 금가면을 한 자 5명이 살에 맞는 대로 추락하니 우리 장사들이 소리를 지르고 어깨를 쭉 펴고 세력을 얻어 모두 쏘아대니, 적의 죽은 자 2백여 명이고, 상한 자가 50여 명이었다. 이어서 모두 처치해 버리고 나니 조금 있다가 50여 명의 아군이 숙령성(宿星嶺)으로부터 왔는데, 이들도 구례에서 자원하여 모병한 왕득인(王得仁)장수였다. 왕장수가 전투를 위로하고 이어서 방비할 계책을 물으니, 그가 이르기를 "석주(石柱)는 적군의 요충지이니 물러가서 굳게 지키는 것이 좋겠다"고 했다.

그때 군자 유시춘(柳時春)이 그의 토적을 위로하며 이르기를 "아깝도다. 공이 없이는 백만인 군대가 있어도 난리를 평정하지 못할 것이다" 하니 그는 대답하기를 "정위(精衛)가 나무를 물어다가 동해를 메우는 것은 조심할 만하며 노계의 병아리 품는 것과 미친개가 깨무는 것은 자못 성실성이 없느냐, 많으냐에 달려 있을 따름이다"라고 하였다. (중략) 진사 유인옥(柳仁沃)이 그의 토적에 근로하는 소문을 듣고 60여 명의 군사를 보내면서 위로하는 서찰에 쓰기를, "방금 왜적이 재차 침범으로 칼날에 죽는 동포가 억으로도 헤아릴 수 없는데, 오직 우리 친구 조선술(趙善述)이 5백여 병력으로 적을 만나는 대로 토벌하면서 아직까지 한 사람도 패했다거나 도망한 자가 없었으니, 성호의 독실함과 성리학에 해박함을 내가 평소부터 흠앙하고 탄족하는 바이나, 용병하기를 귀신같이 하고 활쏘기를 방아찧듯 하는 것은 어디서 융득하였는가? 나는 늙고 병든 사람으로 뜻은 있어도 재략이 없으면서 다만 흉적을 절치부심할 따름으로 동리 사람을 거둬 합쳐서 겨우 60여 명을 군세에 돕는다"고 하

였다.[200)]

임진왜란 때 남원성 전투 기록이 『선조실록』에는 8월 12일부터 왜군이 포위하여, 16일 밤에 성이 함락되었음과 단지 부총병 양원 등 10명이 살아남은 것으로 간략하게 기술하고 있는데 반하여, 『선조수정실록』의 9월 1일자에는 비교적 상세히 서술[201)]하고 있는 것, 즉, 남원성의 함락에서 죽은 장수들의 이름을 보충하고 있으며, 양원을 부총병이라는 서술에서 총병이라는 직함으로 수정하고 있다. 양원이 요동군사 3,000명을 거느리고 남원에 도착한 것은 1597년 5월 13일이었고, 그의 직함은 총병으로 기술하고 있다. 그는 원래는 부총병이었는데 총병 馬貴가 제독으로 임해지면서, 총병으로 칭해진 듯 하다.[202)]

남원성이 왜군에 함락되는 날의 기사는 단순히 8월 16일자의 기록만을 보면 『선조수정실록』은 『난중잡록』 이외의 자료를 통해 서술한 것으로 보이지만, 『선조수정실록』의 9월 1일자 기사는 모두 『난중잡록』에 나오는 기사이다. 즉, 『난중잡록』에는 8월 13일에 소서행장과 의지 등이 남원성 아래에 이르렀음을 서술하고 양원이 교룡산성 등을 파하고, 남원성을 지키려 한 사실과 각 장수가 성의 어느 곳에 있었는가, 그리고 14일, 15일의 전투상황을 상세히

200) 조경남, 『난중잡록』, 선조 30년(1597년), 1월.

201) 朔己丑/賊陷南原, 總兵楊元走還, 總兵中軍 李新芳、千總 蔣表 · 毛承先、接伴使 鄭期遠、兵使李福男、防禦使 吳應井、助防將金敬老、別將申浩、府使任鉉、判官李德恢、求禮縣監 李元春等皆死之。初, 賊將行長、義智等, 分道進兵, 圍城數重。時, 楊元與李新芳在東門, 千總蔣表在南門, 毛承先在西門, 李福男在北門, 相持累日。賊兵以薪草塡塹, 乘夜肉薄而登, 亂放飛丸, 城中大亂。元與麾下數人潰圍而走, 堇以身免, 天兵及我師盡被砍殺。新芳、表、承先、期遠、福男、應井、敬老、浩、鉉、德恢、元春俱死。南原旣陷, 全州以北一時瓦解, 事不可爲矣。後, 天朝誅楊元, 徇于我國。

202) 명나라에서 총책임자로서 자신만이 도망친 양원을 목을 베어 우리나라에 주리를 돌리었다는 새로운 사실을 추가하고 있다.

기술하고 있어, 남원성의 함락 기사는 『난중잡록』의 기사에 의거하되, 그 개략만을 합쳐 서술한 것으로 판단된다. 또한 1592년 7월 8일에 왜적이 전주를 점령하기 위하여 침입함을 막아낸 이치와 웅치의 전투기록은 『선조실록』에는 그 정황이 거의 서술되지 않았는데 『선조수정실록』의 7월 1일자 기사에 상세히 실려 있다. 이는 권율이 문집 기록을 남기지 않았기 때문에, 조경남의 『난중잡록』의 기록을 발췌한 것으로 이해 된다. 단지, 웅치를 『난중잡록』에서는 웅현전투라고 기술하며, 김제 군수 정담의 사수와 나주 판관 이복남의 굳센 전투를 강조하고 있다.

『선조수정실록』 선조 25년 8월 1일자 7번째 기사에 김천일이 막하였던 곽현과 양산숙 등을 보내 십생구사로 서해로 행조에 가서 표를 올리고, 상이 남방소식을 친문한 다음에, 두 사람에게 상직을 주었다는 기사와 전라도 사민 등에게 내린 선조의 교서와 경상도 사민에게 내린 교서는 이 『난중잡록』에 의거 하여 실은 것이다.

1597년 8월 15일에서 16일 사이에 벌어진 남원성 전투에서 명나라 군대와 조선의 연합군은 크게 패하였다.

> 남원성 민 모두가 하나가 되었다. 김폭(金幅)이란 의병도 싸우다 죽으며 시신을 거두는데 징표가 되라고 문신을 하였다. 문신하라고 등을 내민 남편, 한뜸 한뜸 문신을 한 아낙네, 이렇듯 남원 성민은 죽음을 각오하고 한 덩어리의 포탄으로 전투에 임했던 것이다. 작전 제4일째인 이날 적은 총대장 우키다 히데이에(宇喜多秀家)의 독전 아래 아침부터 운제(雲梯)와 3층 목책으로 성 안을 굽어보면서 주로 남문 쪽에 교두보 확보를 위한 집중 사격, 포격을 가했다. 이때의 상황을 적군 종군승은 "돌담에 바짝 붙었는데 성에서 쏘아대는 포탄과 화살에 생각지도 않는 사람들이 죽어만 가네." 라고 기록하고 있다. 쌍방의 사격전이 얼마나 치열했는가 짐작이 간다. 이 전투는 종일토록 계속되었다. 이에 앞서 우키다 히데이는 고니시 유키나가(小西行長)와 긴급 상

의해서 시미즈 요시히로(島津義弘)와 가토 요시야키(加藤嘉明) 부대에서 1만 2천 명의 병력을 빼돌려 향교산 근처에 잠복시키고, 전주 방면에서 올 것으로 예상되는 구원군을 차단키로 하였다. 동시에 동서 양면에 이어져 있는 군세를 일부 이동시켜 성 북쪽 진용의 재정비 강화를 마쳤다. 이렇게 하여 이경(밤10시)이 되자 남문 쪽에서부터 공격하기 시작하였다. 보병들은 대로 만든 방패로 무장하고 타다 남은 민가의 돌담과 흙벽에 기대며 남문을 향하여 총을 쏘아 대며 병졸들은 매립한 성호를 넘어 성벽에 대서 풀 다발 벼 다발을 쌓고 긴 사다리를 걸치고 이를 딛고 성벽을 기어올랐다. 선두에는 로쿠도 다로베에(六戸太郎兵衛)와 아오이 젠베에(靑井善兵衛: 宇喜多의 老臣 戸川達安의 勇士)와 후지도 니에몽(藤堂仁衛門)과 후지도 사쿠베에(藤堂作兵衛, 오오가와 우치히데모도(大河內秀元) 등 6명이 선두를 다투어 성벽 위에 오르자 잽싸게 성루에 불을 질렀다. 그러자 이에 호응하여 적병이 동서남북 4면에서 일제히 성중에 난입하기 시작하였다. 성중에 쏟아진 적병은 성민 군민 가리지 않고 미친 듯이 장검을 휘두르며 총포를 쏘아 댔다. 삽시간에 성내는 아비규환의 함성과 비명과 곡성의 아수라장으로 변했다.[203)]

이때 주장 양원(楊元)은 장막 안에서 자고 있다가 성내의 함성에 놀라서 뛰쳐나와 발가벗은 채 청사로 달려가 전보관 영국윤(寗國胤)의 의복과 신발을 빌리고 대검 한 자루를 메고 가정(家丁) 18인과 군병 50기에 둘러싸여 서문으로 달려가 탈출을 시도하였다. 그러면서 부하를 시켜 북문을 지키고 있는 병사 이복남(李福男)에게 같이 탈출하자고 했다. 한 나라의 병사를 어떻게 보고 그랬을까? 당시의 군의 통수체제가 짐작이 간다.

양원이 이럴진대, 그 예하 명나라 장졸들은 어떠하였을까? 이렇게 되면 가장 긴요한 고비에 적군 5만 7천과 싸울 아군 수는 천 명도 채 못된 셈이다. 실로 57대 1이다. 정말 자주 국방력이 없는 나라의 비애가 아니겠는가? 양원

---

203) 최규진, 『남원과 정유재란』, 선영출판사, 1987, 179~184쪽.

이 허둥지둥 서문을 빠져나가 보니 왜병이 성 밖을 이중 삼중 포위망을 치고 있었다. 그래서 말머리를 다시 돌려 성안으로 들어와 접반사 정기원(鄭期遠)을 찾아내 준마로 바꿔타고 같이 성을 탈출하려고 했으나, 정기원은 말타기가 서툴러서 바로 낙마하고 말았다. 그러나 양원은 또 되돌아와 그를 끌고라도 가려고 하였으나, 왜적의 추격 부대가 달려오는 것을 보고는 한데 매어 있던 5마리의 말고삐를 떨구고 단기로 서문으로 달려 여기를 빠져나가 왜적 가운데로 뛰어들었다. 젊은 시절부터 전진 속에서 단련된 양원은 우로 일장을 베고 좌로 이졸을 치는 분전으로 혈로를 열며 달렸으나 돌연 타고 있던 말이 지쳐 넘어졌다. 그때 말을 부르니 먼저 놓쳤던 4마리의 말이 어디서인지 나타났다. 그는 바로 말을 바꿔 타고 36계불여 도망으로 도망쳤다. 그의 시종들도 창검을 휘두르고 활을 쏘아대며 그의 뒤를 따랐다. 또한 서문을 지키고 있던 천총(千總), 모승선(毛承善)도 말을 타고 달렸다.

이 무렵 병사 이복남이 지키고 있는 북문 쪽에는 말을 탄 명나라 군사가 거미 떼같이 밀려들었다. 그리하여 북문 안을 꽉 메웠다. 그 수가 몇 백 몇 천인지도 모른다. 이들은 굳게 닫힌 성문을 가까스로 열어 제치고 성밖으로 탈출했다. 여기도 왜병들이 이중 삼중으로 잠복하고 있다가 도망치는 명군을 닥치는 대로 치고 베서 거의 전멸되었다. 그렇게 오만하고 호언만 하던 명군은 이렇게 어의없이 떼죽음을 당한 것이다. 그런데 조선 군사는 이와는 달랐다. 내 나라 내 겨례를 내가 지킨다는 일념으로 모두가 용감하고 일사불란했다. 방어사 오응정(吳應井), 조방장 김경로(金敬老)도 같이 싸웠다. 오응정은 궁수들에게 화살을 나누는 한편 적진으로부터 날아오는 화살을 모아 이 가운데서 다시 골라 재사용시키면서 엄명을 내려 활을 정확히 쏘게 하고 화살을 아껴 쓰도록 했다.

이때 양원은 먼저 기록한 대로 전세의 불리함을 간파하고 부하를 시켜 병사 이복남에게 같이 탈출하자고 했던 것이다. 그러나 양원의 연락을 받은 이복남은 장검을 쓰다듬으며 “나는 성을 베게로 싸워서 죽을 것을 맹서하였는데 어찌 초야에 묻혀 살기를 꾀할소냐!" 하고 이를 단호히 거절하였다. 그리고 그는 부하를 시켜 마른풀과 나무를 모아 주변에 쌓게 하고 언제든지 죽을 각오를 하였다. 오응정과 김경로도 같은 결심이었다. 교룡산성 별장 신호(申浩)도 같이 북문을 지키고 있었는데, 왜군이 성내에 밀고 들어오자 거목을 방패로 강궁을 당겨서 적을 사살하고 화살이 다되면 장검을 휘둘러 닥치는 대로 적을 베었다. 신호는 그의 곁에서 수발을 드는 종에게 입고 있던 의복 한 벌을 주고 또 미리 뽑아 놓은 이빨을 주면서 "이것을 집에 가져가서 가족들에게 나의 순절을 알려라." 하고 최후까지 싸우다가 중상을 입게 되자 "이제는 이것으로." 하면서 가지고 있던 칼을 던져서 적병 한 명을 더 죽이고 장렬한 전사를 하였다. 최후의 일각까지 싸우다 조용히 죽음에 임하는 이 정신! 이것이 바로 의병 정신이다. 신호는 고부 사람으로 의병장이었다. 남원부사 임현(任鉉)은 이덕회(李德恢)와 같이 용감하게 싸우고 있었는데 50이 넘은 일본 노병 한 사람이 백발을 휘날리며 갑옷도 벗어던지고 진홍색 전투복 차림으로 장창을 꼬나 잡고 질풍같이 달려왔다. 임현과 이덕회는 서로 얼굴을 마주보고 있다가 병사들에게 명하여 돌을 던져 쫓게 하였다. 그런데 노장은 끄떡도 하지 않고 싸움을 걸어오기에 하는 수 없이 두 사람은 앞뒤로 돌아 단칼로 베어 버렸다. 그러나 차마 목은 벨 수가 없어서 버려두고 다시 전투에 임했는데 죽은 그는 왜장 후지도 다케도라의 부장 와다베 소오(渡辺 宗)라는 역전의 노장이었다. 구례현감 이원춘(李元春)은 흑각별장궁을 당겨 백발백중으로 적을 사살하고 있었는데 시신들을 뛰어넘어 칼을 휘두르며 쏜살같이 달려드는 나이 어린 적병을 보자 병사들에게 피하라 명하고 죽이려 하지 않았다. 그러나 이 소년은 바로 병사 이복남의 진에 달려 들려고 하기에 이복남의 수병이 곤봉으로 머리를 쳐서 죽였다. 이 소년병도 역시 다카도라 예하 군사 이소사키 이에노부(磯崎家信)로 이제 겨우 14살의 아이였다. 이복남은 불쌍하게 생각해서 방패로 얼굴을 가려 주도록 하였다. 순천부사 오응정(吳應鼎)은 북문에서 독전하고 있는데 아들인 역(棫)이 전주성으로 탈출해서 살아야 한다고 권했으나 그는 듣지아니하고 끝까지 소임을 다하다가 마침내 화약을 던져 폭파한 그 속으로 뛰어들어가 자폭을 하였다. 아들 역도 부하 수십 명과 같이 적을 치고 죽었다. 전황은 이렇게 일각 일각 기울어져 피아간에 사상자가 속출하고 파도처럼 일파 일파 밀어닥쳐 마침내는 광란으로 소용돌이치는 격랑의 세가 되었다. 이복남은 방어사 오응정과 조방장 김경로, 구례현감 이원춘 등을 둘러보며 "이제 올 데까지 왔다. 우리들이 가는 길을 가자." 라고 말하고 쌓여 있는 풀섶 속으로 조용히 들어갔다. 다른 장수들도 태연자약 뒤를 따랐다. 이복남은 종사에게 불을 붙이게 하였다. 종사는 울면서 불화살을 쏘았다. 때마침 일어난 강풍에 휩싸여 불꽃은 맹렬한 기세로 이들 4장수를 삼켰다. 무서운 화염 속에서 불굴의 투지를 불태우면서 대연하게 죽음에 임한 이들이었다. 피에 범벅이가 된 대검이 무지개빛으로 칠색 찬란하게 빛나고 있었다. 장렬을 넘어 장엄한 이 광경에 눈을 팔고 있던 부하 군병은 모두 통곡하면서 무기를 손에 들고 왜적 속으로 치고 들어가 한 사람도 남지 않고 남원성을 베게 삼아 전사하였다. 한편 부총병 양원은 서문 밖에서 사람과 말을 뛰어넘으며 종횡무진으로 분투한 나머지 탈출에는 성공했으나 말이 지쳐서 뜻대로 되지 않자 말을 바꿔 타고 부하들을 데리고 큰 길을 달려 익봉산 쪽으로 도망갔다. 이때 성중에는 검은 연기가 하늘 높이 올랐다. 당초 요동 군병 3,117명을 이끌고 한성에 온 양원이었는데 이날부터 3일이 지난 후 은진관에서 점호해 보니 수행병 수는 117명에 불과했다. 정확히 3,000명을 잃은 셈이다. 당시 제독 마귀(麻貴)는 남원성 위급의 보고에 접하자 유격장 우백영(牛伯英)을 보내서 돕도록 하였는데 이때는 이미 성이 함락된 귀였고, 겨우 공주까지 진출한 때였다. 전주성의 수장 진우충은 마침내 한 사람의 구원병도 못보내고 말았다. 그도 그럴 것이 왜군 우군이 밀어 닥쳐오기 때문에 그랬던 것이다. 이 전투에서 조선군은 접반사 정기원(鄭期遠), 병사 이복남(李福男)을 비롯해서 방어사 오응정(吳應井), 조방장(의병장) 김경로(金敬老), 별장 신호(申浩), 부사 임현(任鉉), 판관 이덕회(李德恢), 구례현감 이원춘(李元春) 등이 장렬한 전사를 하였다. 그리고 남원을 비롯해서 전라도 각지에서 모인 수많은 의병이 남원성두의 꽃으로 졌다.

명나라 군사도 중군 이신방(李新芳)을 비롯해서 천총(千總), 장표(蔣表), 모승선(毛承善)을 잃었다. 남원성민도 전원 옥쇄했다.

왜는 8월 17일을 전승기념일로 하고 악귀떼 같이 성안 골목을 누비며 나머지 노유를 죽이고, 코를 베어서 어린 손주를 안고 나는 죽여도 좋으니 이 손주만 살려 달라고 애원하는 한 할머니를 왜병은 싸잡아 내리쳤다. 뿐만 아니라 그 조손의 코까지 자르고 도려냈다. 코베기는 적괴 토요토미 히데요시의 명에 의한 것으로 이 남원성 전투에서부터 시작된 것이다. 이렇게 온갖 만행을 다한 왜군 좌군은 8월 18일 남원을 떠나 전주로 향하였다.[204)]

이러한 정유재란 때의 상황, 특히 양원에 대해서 조경남은『난중잡록』에서 부정적인 상황이 기록하였다. 즉, 그는 이여송의 휘하로, 임란 때 조선에 온 총병 양원은 조정의 극진한 대접을 받으며, 임진왜란의 평양성 전투에서는 큰 공을 세우지만, 정유재란 때에는 남원성 전투에서 야반도주하는 행동으로, 유례가 없는 대패전으로 비난의 대상이 되었다고 다음과 같이 기술하였다.

초8일 양원은 城堞을 지킬 군대를 나누었는데, 성 위에 8백명, 토성 안에 1천2백명, 遊軍 1천명으로 하였다. 그리고 조선(우리나라) 군대의 모든 진영에는 가정에서 보낸 장정들을 나누어 주어 摠兵府를 지키는 데 함께 들어가도록 하였으며, 問安使 吳應井에게 本道 防禦使를 兼하여 城 가운데에 머무르게 하였다.

204) 최규진,『남원과 정유재란』, 선영출판사, 1987, 179~184쪽.

11일 午後 凶賊(왜적)들이 숙령성으로 踰入하여 주의하여 살피면서 아래로 이어 흘러 들어오더니 밤이 되었을 때에는 성 아래까지 들어와 엿보다가 돌아갔다. 다음날 행장 등 前鋒이 蓼川邊에 이르렀는데, 동남쪽 4~50리 안이 연기가 하늘에 치솟았고, 炮聲이 하늘을 震動하였다. 兵使 李福男이 順天에서 玉果에 도착하였는데, 이끌고 온 바 군졸이 역시 이미 다 흩어지고 다만 偏裨 50여명만 남아 있을 뿐이었다. 이들을 이끌고 남원 西倉으로 나아가 方向을 남원성 가운데로 돌리니 助防將 金敬老 또한 金城으로부터 남원으로 오다가 柿田村에서 福男과 만나게 되었으며, 흠연히 손을 마주잡고 함께 죽을 것을 맹서하고, 이어서 진군하여 飛鴻嶺에서 머무르려고 할 때 곧 흉적이 이미 성벽 아래에 迫頭하였거늘 복남이 눈을 부릅뜨고 용감히 이르기를 '君父의 위급하고 어려운 일을 위해서 이 날이 있는 것이 아니겠느냐? 국가의 鴻恩을 갚을 수 있는 날이 이 날이 아니겠느냐?'하고, 鑼角을 크게 불게 하고, 북(鼓)을 치도록 하고, 천천히 萬福寺 앞을 따라 南門을 지나 성 안으로 들어갔다. 흉적들이 복남의 병사들을 살펴 보고 움직일 수가 없었으며, 義로움이 아님이 없었다.

13일 왜적의 병사들이 크게 성 아래로 진격하였는데, 前鋒의 행장 義智 등이 앞서 廣巖峯에 이르러 結陣을 하고, 모든 우두머리들은 다음으로 나아가고자 하였는데, 세 길로 나누어 성을 에워쌓다, 하나의 움직임은 防川을 따라 禪院을 경유하여 鄕校 앞을 이어 건너서 長城橋를 지나 서문 밖에 이르는 結陣이고, 하나의 움직임은 漆場에서부터 截川의 흐르는 곳을 가로 질러 德蔭 아래 옛 紙所 앞을 돌아 시내를 너머 栗場으로 이어 건너 大母泉을 지나 서문 밖의 적들과 함께 서로 이어 결진하니 서로 돌아 이어져 뻗침이 마치 달무리가 여러 겹 둘러 있는 것과 같았고, 遊兵이 담장과 길을 따르고 東門을 향해 炮를 놓기도 하고 소리를 지르며 앞으로 나아갔다 뒤로 물러갔다 하면서 싸움을 걸어왔다. 장차 왜적들이 곧 鄕校山과 麒麟山으로 올라가거나 혹 德蔭

峰과 氷水峰으로 올라가 軍幕을 치고 결진을 하고자 하였다.

이 때 양원은 이신방과 함께 동문쪽에 있었고, 千摠將 表는 남문쪽에 있었으며, 毛承先은 서문쪽에 있었으며, 이복남은 북문쪽에 있으면서 군대를 나누어 城堞을 지키고 있었다. 正午 때에 왜적 다섯 명이 동문 밖 石橋 위에 배풀어 서니 양원이 몰래 문을 나가 募部將 金翼龍과 司僕 梁得과 別牌 鄭金 등이 일시에 丸을 놓아 세 곳의 왜적을 쓰러뜨렸다. 未時에 적병 수만명이 칠장과 선원으로부터 高喊을 지르며 성으로 전진하여왔다. 성 안에서 震天雷를 놓아대니 적병이 부상 당하고 죽은 자가 매우 많아지니 왜적들은 물러갔다. 양원은 마름 모양의 鐵을 만들어 해자에 심고, 다리의 머리에 釘板을 묻어 놓았다. 이 날 밤 二更 쯤 세 곳의 왜적들이 정판을 거두고 바야흐로 다리를 지나니 天兵들이 점차로 빠져 나가고, 양원은 곧 네 문에 설치되어 있던 다리를 撤去할 것을 명령하였다. 네 곳에 있는 敵陣에서 놓은 불과 연기가 아침까지 달하였는데, 포를 끊이지 않고 성안으로 놓아댔다.

14일 왜적의 군대가 宿星과 源川으로부터 漫山을 이어 아래로 성 밖에 이르더니 나누어 보태 네 면을 포위한 채 土木 공사를 크게 일으키고, 성벽을 오르기 위하여 날아가는 구름처럼 긴 사닥다리를 많이 만들어 大母泉 귀퉁이에 갖추어 놓고, 해자를 가득 메꾸어 길을 만들고 그 밖에다 긴 나무를 엮어 세로로 백여보(百餘步)에 이르게 놓았으며, 人家에서 板子를 취하다가 나무에 의지하여 벌려 세워 놓았다. 또 성밖 담장 벽을 뚫고 아울러 丸을 놓을 장소로 삼았으며, 또 끼워놓은 다리에 柵을 높게 엮어 성 가운데를 내려다 보면서 수도 없이 환을 놓아댔다. 天兵들이 지키고 있던 남쪽 성의 가의 안쪽과 바깥에 있던 사람들은 모두 죽음을 다하여 싸우다 죽었다. 동남쪽 귀퉁이 성첩이 다 비었다. 午時에 적병이 칠밭으로부터 고함을 지르며 突進해오면서 一時에 포를 놓아대니 鐵丸이 우뢰가 치듯 하고 우박이 쏟아지듯 하였으며, 천지를 진동하는 소리가 나기도 하였다. 서문쪽에 있던 적들은 萬福寺의 四

天王像을 輪車에 싣고 돌면서 성 가운데를 둘러보니 大軍들이 더욱 驚愕하였다. 양원은 천여명의 병졸을 모집하여 문을 열고 싸움터로 나아가려 石橋 밖에 이르니 적병들이 潛伏하여 기어다니면서 포위하고 있어 나누어 죽일 계획으로 급히 나발을 불게 명령하니 밖에 나가 있던 병사들이 돌아오다가 탄환 가운데 죽은 자가 수 3명이었다.

15일 揚元이 東門 성 위에 있다가 나발을 몇 曲調를 불라고 명령하였는데, 성 가운데는 조용하였다. 菅家로 하여금 나아가 성 위에 서서 크게 피리를 불어 몇 번 소리를 내게 하였다. 왜적 다섯 명이 달려와 東門 밖에 이르러 무릎을 꿇고 명령을 청하였다. 양원은 通事로 하여금 왜적들에게 몇 마디 말을 전하도록 하니 다섯 명의 왜적들은 廣巖峯으로 되돌아갔다가 곧 되돌아와서 몇 마디 말을 양원에게 보고하였다. 양원은 관가 두 사람에게 명령하여 나가 사신을 보내주도록 하였는데, 天兵을 帶同하고 광암을 향해 가서 왜적 우두머리 行長과 饗餉을 만나 보고 일을 論하도록 돌려보냈다.

저녁 때 왜적 사신 다섯 명이 곧바로 동문에 이르러 龍城館에 앉아 있는 양원을 謁見하고 왜적들이 의논한 말을 왜적의 사신이 行長의 말로써 성(龍城: 南原城)을 급히 비워줄 것을 請한다고 하였다. 양원이 이르기를 '내 나이 15살 때부터 將帥가 되어 天下를 縱橫하면서 싸움을 하였지만 이겨보지 않음이 없었다. 이제 精銳 軍士 천만명으로 이 성을 지킬 것이니 나의 명령이 없이는 물러 서지 못할 것이다.' 왜적에게 또 전하여 말할 것을 이르기를 '千餘 殘兵들이 어찌 百萬의 군중을 감당할 수 있겠는가? 天將이 朝鮮에 어떤 恩寵을 입었기에 後悔할 일을 하겠는가? 양원은 몇 마디 말을 전파하여 보냈다.[205]

---

205) 「용성지」, 남원군청, 1752(복사), 54~58쪽.

왜군은 1597년부터 3월 중순부터 조선에 도착하기 시작하여, 7월 하순에 이르러 본격적인 공세를 취하였다. 이에 대해 명은 경략 형개를 중심으로 총리 양호, 제독 마귀 등, 4만 병력을 이끌고, 5월에는 그 선봉대로서 부총병 양원이 3천명을 이끌고 입경하였다. 양원은 입경하면서 작전권을 요구하였고, 조정에서는 이를 인정하지 않을 수 없었으니, 사실상 군사지휘권은 명장에게 넘어갔다. 도원수 이하의 장수들이 명장의 절제를 받게 됨으로써, 도체찰사나 도원수의 독자적인 작전이 거의 불가능 하였다.[206] 그 결과는 그 해 8월 남원성 함락으로 나타났다. 남원성 전투는 이미 7월 통제사 원균이 거제도 앞바다 칠천량 해전에서 대패함으로써, 왜군이 3방면에서 수륙양육 작전에 의해 전면 공격을 당한 힘겨운 전투였다. 하지만 남원성의 함락은 산성 대신 평성인 남원성 방어를 고집한 명나라 장수 양원이 이끈 남원성의 패배는 명의 장수에게 작전권을 내줄 수밖에 없었던 조선군의 독자적 지휘체계의 한계가 빚어낸 예상된 패배였다. 이로써 정유재란 초반의 전세는 그 동안 영남을 중심으로 가장 주력했던 견벽청야 전략에 큰 차질을 빚게 된 셈이었다.[207]

"왜군의 재침에 대비하기 위해 이미 영남에 내려가 있던 하사도 도체찰사인 이원익은 도원수 권율과 함께 군사권을 지휘하고 있다가, 왜군의 공세에 밀려 1597년 4월 호남방어에 임하고 있었다. 조선군은 명장의 작전권 행사로 독자적인 군지휘권을 행사하기는 사실상 어려웠다. (중략) 1587년 8월 말 왜군은 전라도 일대를 점령하고, 서울을 향해 직산까지 진출하였다. 이에 조정은 이순신을 다시 통제사로 기용하여, 해상에서 반격전을 펴는 한편, 상사도 도체찰사 유성룡은 연강제치대사로 삼고, 부체찰사 노직은 부사로 삼아

206) 차문섭,「조선중기 왜란기의 군령 군사지휘권 연구」,『한국사학』5권, 1983, 28쪽.

207) 심승구,「임진왜란기 군사지휘권의 추이와 성격」,『임진왜란과 권율장군』, 전쟁기념관, 1999, 53~54쪽.

한강의 수비를 강화하였다. 명의 경리 양호는 한강방어를 위해 도원수 권율에게 지킬 것을 요구하는 한편, 적극 공세로 남하하여, 9월 5일 직산 소사평에서 대격전 끝에 왜군을 대파함으로써, 전세는 다시 역전되기 시작하였다. 당시 왜군은 직산전투에서 조명연합군에게 크게 패함에 따라 더 이상 북진을 하지 못한 상태에서 남으로 퇴각하기 시작하였다.[208)]

> "도찰원이 성지(聖旨)를 받으니, "양원과 진우충이 패배하여 구차스럽게 빠져나와 도망쳤으니 군법상 용서할 수 없다. 엄히 나문(拿問)하여 율을 적용, 중하게 처벌하라." 하였는데, 이에 도찰원에서, "대소 장령(將領)들은 각기 모두 알도록 하라." 하였다.[209)]
>
> 적이 남원을 함락시키니, 총병(總兵) 양원(楊元)은 도망하여 돌아왔고, 총병 중군(總兵中軍) 이신방(李新芳), 천총(千總) 장표(蔣表)·모승선(毛承先), 접반사(接伴使) 정기원(鄭期遠), 병사(兵使) 이복남(李福男), 방어사(防禦使) 오응정(吳應井), 조방장(助防將) 김경로(金敬老), 별장(別將) 신호(申浩), 부사(府使) 임현(任鉉), 판관(判官) 이덕회(李德恢), 구례 현감 이원춘(李元春) 등이 모두 죽었다.[210)]
>
> 처음에 적장 평행장(平行長)과 평의지(平義智) 등이 군사를 나누어 진격해 와 성을 몇 겹으로 포위하였다. 이때 양원과 이신방은 동문에 있고 천총 장표는 남문에 있고, 모승선은 서문에 있고 이복남은 북문에 있으면서 서로 여러 날 동안 버티었다. 적병이 나무와 풀로 참호를 메우고 밤을 틈타 육박해 올라와 어지러이 탄환을 쏘아대니, 성안이 크게 혼란하였다. 이에 양원은 휘하

208) 심승구, 「임진왜란기 군사지휘권의 추이와 성격」, 『임진왜란과 권율장군』, 전쟁기념관, 1999, 54~55쪽.

209) 『조선왕조실록』, 선조 30년(1597) 9월 20일에.

210) 『조선왕조실록』, 선조(수정실록) 30년(1597) 9월 1일.

몇 사람과 포위망을 뚫고 달아나 겨우 죽음을 면하였고, 중국 군사와 우리 군사는 모두 죽었다. 이신방 · 장표 · 모승선 · 정기원 · 이복남 · 오응정 · 김경로 · 신호 · 임현 · 이덕회 · 이원춘도 모두 전사하였다. 남원이 함락되자 전주(全州) 이북이 한꺼번에 와해되어 어찌 해볼 수가 없게 되었다. 후에 중국에서는 양원을 죽여 우리 나라에 조리돌리었다.[211)]

1597년 2월에 강상성주인 우희다수가[212)] 장군이 재출병하면서 남원성을 칠 때는 코만 잘랐다. 다시 말해서 대판성[213)]에서 풍신수길이 보낸 〈주인장〉[214)]을 보면, 남원성 함락한 다음날에 남원에 사는 조선인 20인 죽은 자의 코를 베어 보낸 것이 무사히 도착했다는 회답을 볼 때, 필경 2차 파병 때부터 코를 잘라 간 것이 분명하다. 한편 남원성이 함락될 때에는, 남원의 의병장 조경남은 그때 일을 『난중잡록』에 썼는데, 즉, 당초 수길, 소조수추를 조선에 출병할 때, 병사를 보내 더 많은 조선인을 코만 자르도록 당부해서 이렇게 잔인하게 해하였다는 기록이다.[215)]

「춘향전」의 변부사는 탐욕과 불의를 저지르는 부패 관료의 상징이다.[216)] 약자를 권력으로 압제하는 불의한 지도자의 상징인 변부사는 끝내는 정의에 의해 패망하는 이미지로서, 기생이지만 춘향의 성에 대한 유린을 해서는 안

---

211) 『조선왕조실록』, 『선조(수정실록)』 30년(1597) 9월 1일.

212) 宇喜多秀家.

213) 大阪城.

214) 朱印狀.

215) 김문길, 「임진 정유재란에 있어서 '코무덤' 연구」, 『사명대사와 호국불교의 이념』, 사명대사 연구논총 간행위원회, 2000, 옥련선원, 414~418쪽.

216) 춘향이가 변사또의 수청을 거부하고 옥중에서 불렀다는 옥중시에는 님을 그리워하는 애절함이 구구절절 나타나 있다. 去歲何時君別妾 昨已冬節又動秋 狂風半夜雨如雪 何爲南原獄中囚 (지난 해 어느 때에 임을 이별하였던가./엊그제 겨울이러니 이제 또 가을이 깊었네./거친 바람 깊은 밤에 찬비 내리는데 /어찌하여 남원 옥중에 죄수가 되어 있는고.

된다는 것을 보여준다.[217] 그런데 역사상 실재하였던 남원부사 중에는 변씨 성을 가진 당시 남원부사는 없었다. 그뿐만 아니라, 야사에 등장하는 탁종립 부사 또한 역사상에는 실재하지 않는 인물로 야사에서 지어낸 인물이다. 부패 관료의 전형으로서, 권력을 이용하여 사리사욕을 채우기 위하여 춘향의 수청을 요구하는 변부사는 약자에게 강하게 군림하는 부패 관장으로 조선사회의 위정자의 부패성을 나타낸다.

(마) 조경남이 존경한 이항복을 순행 복합모델로 투영시킨 춘향

백사 이항복은 명종 때 의정부 우참찬, 형조판서 등을 역임한 부친 이몽량이 58세 때 본 늦둥이 막내이다. 태어났을 때는 몸이 매우 약해서 집안의 근심거리였다고 한다. 어머니인 최씨 부인도 몸이 약해서 젖이 없어 큰 누이가 젖을 물렸다고 할 정도다. 이항복이 아주 어린 시절 유모가 우물 근처에 아이를 놓아두고는 졸고 있었는데 그 사이 아이가 우물로 기어가 빠질 위험에 처하자 웬 노인이 꿈에 나타나 지팡이로 그녀의 정강이를 탁 치면서 아이를 돌보지 않느냐고 꾸짖는 바람에 그녀가 정신을 차리고 이항복을 구했는데, 그 노인이 바로 이항복의 방계 조상이자 고려 말 문하시중을 지냈으며 거유(巨儒)였던 익재(益齋) 이제현이었다는 일화도 유명하다. 또한 이항복이 9세 때 부친이 사망해서 집안이 크게 기울어 어렵게 살았다고 한다. 이몽량이 형조 판서와 우참찬 등 고위 관직을 지내긴 했지만 권세와는 거리가 멀었던 모양. 어린 시절에는 민담에서 나오는 것처럼 대단한 말썽꾸러기로 백사집에

217) 이영훈, 미래사, 2014년, 『반일 종족주의』 "기생은 정부와 관아의 명을 받아 관리와 귀한 손님의 침실에 들어 성적 위안을 제공하였다. 기생제를 창출한 인물은 세종이었으며, '관리와 군사에게 성적 위안을 제공하는 기생제'는 '누구도 그 도덕적 근거를 의심하지 않은 조선 고유의 풍속으로 정착되어 갔다고 한다. 가냘픈 여인의 성을 아무렇게나 누리는 것이 임금의 이름으로 선포된 국가 질서였다고 주장하기도 했다.

서 이항복 본인이 '내가 어린 시절에는 마치 짐승과 같아서 아무도 나를 바로 잡아 주지 못했다'고 말할 정도이니 어느 정도였는지 짐작이 갈 지경. 아버지에 이어 16세 때는 어머니마저 여의었는데, 상을 치르고는 철이 들어 성균관에 청강생 신분으로 들어가 과거 급제에 성공했을 만큼 열심히 학업에 정진했다고 한다.

이항복 집에서 기르던 감나무의 감을 따먹으려 하는데 옆집이던 권철 집으로 가지가 넘어가 감이 열리자 권철의 하인들이 저 감은 우리 집으로 넘어왔으니 못 먹는다며 행패를 부렸는데, 이에 이항복이 당돌하게도 권철의 방에 주먹으로 구멍을 내 "대감, 이 팔이 누구의 팔이옵니까?" 하며 따진 일화가 언급된다.

동시대의 인물 한음 이덕형과는 과거 시험장에서 처음 만나자마자 친해져서[10] 평생 돈독한 우정과 짓궂은 장난을 후세에 길이 남길 오성과 한음 일화를 만들었다. 둘은 나이 들어서도 저런 장난질을 하고 다녀 부인들이 꽤 고생한 적이 있다. 이덕형과는 5살 차로, 이덕형이 오성에게 보낸 편지에 형이라고 부르며 다른 사람에게 보낸 편지와는 달리 유달리 찌질거린 걸 보면 망년지교 그 자체에 해당했던 것이다. 조선시대에는 유교적 장유유서 때문에 오히려 친형제간에는 그렇게까지 허울없이 지낼 수는 없었으니 말이다.

벼슬길에 올라서도 워낙 조크를 즐겨서 붙은 별명이 '농담 정승'. 실록에서 그에 대해 대놓고 '해학이 지나쳤다'는 표현까지 등장할 정도다. 그렇다고 이분이 벼슬자리에서 장난질 혹은 농담 따먹기나 하면서 코믹 에피소드만 남겼다고 생각하면 오산. 농담 따먹기 이상으로 관리 생활을 하면서 훌륭한 수완을 발휘한 명신이기도 했다. 그리 멀리 갈 거 없이 해학이 지나치다는 평가를 받음에도 불구하고 영의정까지 올라갔으니 실력이 좋다고밖에 설명이 안 된다. 그리고 저 '해학이 지나쳤다'라는 표현은 이항복 본인이 직접 남겼을 가능성도 있다. 저 표현은 선조실록에만 등장하는데, 광해군 시절 이 선조실록 편찬을 총감독하는 실록청 총재관이 바로 이항복 본인이었기 때문이다.

임진왜란 당시에는 피난간 선조를 호종했으며 선조가 요동으로 망명을 청원할 때 보낸 사신이 바로 그다. 그리고 명나라에 파견되어 지원군을 요청하는 등 외교 활동에 주력했다. 또한 전란 중에 군무를 관장하는 병조판서를 5번이나 역임하며 국방 업무를 담당하기도 했다. 왜란 당시엔 가족들에게 재앙이 연속해서 발생해 그를 괴롭히기도 했다. 이항복의 큰 형은 조상의 신주를 모시고 피난을 가다가 사고로 물에 빠져 익사해 3년이 지난 뒤에야 겨우 장례를 치렀고, 조카 부부도 각각 산고와 도적 떼로 인해 숨졌다. 이항복 본인의 딸도 어린 나이에 병으로 위독할 때 아버지가 보고 싶다고 세 번 말하다 숨을 거두었다고 한다.

1600년 영의정에 올랐으나 1602년 사직했고, 1604년 영의정으로 재임명되었지만 한 달을 채우지 않고 도로 사직했다. 그 뒤 선조가 승하하고 광해군이 즉위하면서 다시 부름을 받고 좌의정으로 출사하였다 임해군 옥사 사건이 일어나자 만약 임해군이 반란을 일으키면 자신이 평소처럼 처리하더라도 충분히 진압할 것이라고 말하였다고 한다. 친구 이덕형과 함께 임해군을 살려주자고 주장하였다. 자신의 문하에 있는 사람들에게 임해군이 신원되는 것을 볼것이라고 말하였다고 한다.

1617년 인목대비 폐비에 반대하는 상소를 올렸다가 대북파의 모함을 받아 60 넘은 고령에 중풍까지 앓고 있던 몸이었는데도 불구하고 함경도 북청도호부로 유배를 떠났다. 혹독한 추위에 고생하다가 병에 걸려 5개월 만에 생을 마감했다. 친구 이덕형도 영창대군의 처형을 반대하다가 삭탈 관직 당한 후 고향집에서 최후를 맞이한 것을 보면 참 애석하기도 하다.[12] 유배를 갈 때 지은 시조가 그 유명한 "철령 높은 재에 자고 가는 저 구름아..." 사망 후 고향인 포천에서 장례를 치렀다. 이항복의 묘는 현재 경기도 포천시 가산면 금현리에 있다.

평소 당색이 없었으나 어찌된 일인지 정여립의 난에 위관으로 송강 정철과 참여해 욕을 먹었고 그래도 정철에 비해서 사건을 최대한 줄이려고 했다는 평을 받는다. 사실 당색을 굳이 따지라면 서인 쪽에 가까웠던 편.[13] 실제로 이항복의 제자 중에 서인으로 조정의 대신이 된 인물들이 많았다. 김여물의 아들 김류는 이항복과 친밀했고 야사에는 이항복의 조언으로 훗날 인조를 왕으로 옹립하는 인조반정을 일으켰다고도 한다. 정충신도 이항복의 제자이기도 했고 병자호란 때 주화파의 중추로 유명한 지천 최명길, 이귀의 아들이자 그 역시 인조반정의 공신인 이시백 역시 그의 문하였다. 또한 그의 자손들인 영의정 이광좌, 좌의정 이태좌, 영의정 이종성, 좌의정 이경일도 서인에서 분파된 소론에 속했다. 한편 그의 절친으로 유명한 한음 이덕형도 근본적으로는 무당파적 인물이었으나, 굳이 당색을 따지면 이항복과 반대인 동인, 그것도 약간 남인 쪽에 가까웠다. 남인의 영수인 류성룡과도 친했으며 임진왜란 중에는 "지금 조정의 대신들 중 말솜씨 좋고 능력있으며 경우가 바르기로는 서애 대감만한 분이 없다."고 높이 평가했다.

『백사집』과 야담에서는권율과 이항복의 관계는 사극 시트콤을 찍어도 될 정도로 유쾌한 이야기들이 많다. 이항복은 어릴 때 이덕형과 담력 내기를 한 적이 있는데 무덤에 떡을 하나씩 돌리면 이기는 내기였다. 물론 무서워서 포기하면 끝. 이덕형은 이항복을 먼저 보내고 하인에게 무덤에 숨어 그를 놀래키라 했는데 떡 하나 더 주라며 무덤 근처에서 손을 불쑥 내밀자 이항복이 손을 치면서 "주는 대로 먹을 것이지 죽은 놈이 뭔 욕심이냐"며 호통쳤다는 일화도 있다.[218)]

1598년 4월 이덕형이 38세의 나이로 먼저 우의정에 올랐고, 동년 10월 이항복이 43세의 나이로 우의정이 됨으로써 정승 반열에 올랐다. 이덕형은 아버지인 이민성이 한가로이 지내도록 별장을 지어 드렸는데 이민성이 별장

218) 이 일화는 고려말 문신인 한종유에 얽힌 『용재총화』 속 일화가 이항복의 일화로 대체되어 구전된 것으로 보인다.

에 앉아 있는데 이항복이 찾아왔다. 이민성은 이항복에게 누각의 이름을 지어 휘호로 써 달라고 청하였고 이항복은 '맑고 맑은 집'이라는 뜻의 '청청당'이라는 글자를 써서 현판을 만들어 걸어 주었다. 그날 퇴청한 이덕형은 현판을 보자 '그 친구가 장난을 쳤다'라며 황당해했는데 의아해진 이민성이 이유를 묻자 이덕형은 청나라에는 '맑을 청'이라는 뜻 이외에도 궁중에서 쓰는 '꿀 청'이라는 의미가 있다며 '꿀꿀이집'이라는 뜻이 되었다고 어이없어했다.

명종 대는 사화기의 마지막 시기였기에, 사림파의 득세가 대세가 된 시점에서 문정왕후를 등에 업은 외척 세력의 등장은 훈구파가 피워낸 최후의 불꽃과도 같았다. 당시 사림파는 불교 부흥의 선봉에 섰던 보우대사를 극단적으로 배척했기에, 문정왕후가 세상을 떠나자 명종이 보우대사를 죽이고 외척 세력의 핵심이었던 윤원형을 쫓아내면서 조정은 사림파의 독무대가 되었다. 명종의 뒤를 이어 보위에 오른 선조는 중종의 후궁 창빈 안씨의 소생인 덕흥군의 셋째 아들로 성리학자 한윤명의 문하에서 공부했으므로 사림에 비교적 호의적이었다.

이항복은 이런 시기에 조정에 출사하여 당파 간의 분쟁에 얽매지 않고 불편부당한 대의를 좇았을 뿐만 아니라 임진왜란 같은 난세에 충절의 정점을 몸소 보여주었고, 계축옥사 당시에는 폐모론을 반대하고 삭풍이 몰아치는 유배지를 택함으로써 세인들의 존경을 받았다.

『조선왕조실록』에는 선조가 〈영의정 이항복의 사직 요청에 대해 불윤 비답을 내리다〉에서 다음과 같이 말하였다.

> 영의정 이항복의 처음 정사(呈辭)에 대하여 불윤 비답(不允批答)을 내리기를, "발탁하여 조정에 두고 의지하는 마음이 한창 깊은데 요직을 사양하여 갑자기 사직하는 상소를 보게 되었다. 국가의 안위(安危)가 실로 경의 거류(去留)에 달렸는데 진퇴를 어찌 경솔히 할 수 있겠는가. 경은 석덕(碩德)으로 나의 충신(忠臣)이다. 청렴한 기품은 열 길 연꽃과 같이 진세(塵世)에서 높이 빼

어났고 화평한 흉금은 구운몽(九雲夢)을 머금은 듯 끝없이 망망하다. 일찍이 경국 제세(經國濟世)의 재주를 간직하였고 평소부터 공보(公輔)의 촉망을 받았었다. 맑고 깨끗한 인품은 물들지 않아서 스스로 빙벽(氷蘗)의 절조를 지녔고 검소하게 행동하여 오히려 위포(韋布)[219]의 뜻을 보존하였는데, 경력을 오래 쌓아 명성이 더욱 높아졌다. 전쟁을 겪던 지난 날을 생각하건대 충정(忠貞)의 공을 더욱 힘썼다. 세찬 비바람 속에서도 절개를 지켜 변하지 않았고 산과 못처럼 높고 깊은 그 마음 시종 돈독하였다. 전부(銓部)를 맡을 때는 인재를 뽑음에 공평하다고 이름났고 병조를 맡아서는 군율(軍律)이 확립되었다. 계책은 국가의 재건에 많이 도움이 되었고 조처한 일은 뭇 사람의 마음에 합당하였다.

이에 복상(卜相)하여 드디어 정승자리에 오르니 중망(重望)은 풍속을 진정하기에 충분하여 조정의 우의(羽儀)가 되었고, 묘책은 시대를 바로잡기에 충분하여 국가의 주석(柱石)이 되었다. 훈명(勳名)을 책에 기록해 포장(褒奬)하여 호위(扈衛)한 공을 갚으려 했는데 이룬 공을 사양하여 차지하지 않으니 더욱 겸손한 뜻을 알 수 있다. 그런데 물러가기를 비는 계청을 한창 국사에 마음을 기울여야 할 때에 올릴 줄 생각이나 했겠는가. 내 성의가 미덥지 못하여 자리에 있기가 편안치 못해서인가, 아니면 과인의 덕이 임금답지 못하여 국사를 도모하기에 부족해서인가? 올린 글을 한 번 보니 부끄러움이 더욱 심하다.

지난 번 소관(小官)의 망령된 말로 인해 과인이 말을 하게 되었으나 생각해 보면 경에게 무슨 관계이겠는가. 잘못 오해하지 말라. 생각건대 국사가 하나도 믿을 것이 없고 시세는 갖가지로 걱정이 된다. 남쪽의 적은 재침할 흉모를 굳혀 사태가 바야흐로 급박하고 북쪽 오랑캐는 질주해 올 형세인데, 막을 자 누구인가. 어려운 일을 잘 구제해야 할 때이니 태정(台鼎)의 자리를 굳이

219) 위포(韋布)는 한사(寒士)의 뜻.

사양해서는 안 된다. 더구나 사소한 병으로 어찌 짐을 벗어버리고 물러가 쉴 수 있겠는가. 집안에 누워서 다스린다면 많은 기무(機務)를 걱정할 것이 없으며 약을 쓰지 않아도 병이 나아 신명(神明)이 도와 줄 것이다. 겸퇴(謙退)만을 고집하지 말고 경을 갈망하는 나의 마음에 부응하라. 아, 의리로는 군신이요 은혜로는 부모와 같은데, 어찌 나를 버리려 하는가. 시대의 성쇠와 나라와 존망이 실로 경의 손에 달려 있으니, 그 직을 편히 여겨 내 마음을 저버리지 말라. 사직을 윤허하지 않기 때문에 이렇게 교시하니 잘 알 것으로 생각된다." 하였다. 이는 홍문관 응교 심열(沈悅)이 지은 글이다.[220]

이항복은 16세 때인 선조 4년인 1571년에 모친까지 여의고 고아가 되었다. 눈물로 삼년상을 마친 그는 1575년에 진사 초시에 급제하여 성균관에 들어갔다. 당시 그의 재능을 눈여겨 본 영의정 권철이 그를 손녀사위로 삼았다. 그의 장인은 임진왜란 때 이치승첩과 행주대첩을 이끌어낸 도원수 권율이었고, 전란 초기 탄금대에서 전사한 신립 장군은 그의 동서였다. 25세 때인 1580년에 알성문과에 병과로 급제하여 조정에 출사했다. 첫 벼슬은 승문원 부정자였다. 이듬해 예문관 정열이 되었을 때 율곡 이이의 천거를 받아 임금 앞에서 『강목』을 강연했다. 그 공으로 이덕형 등 다섯 명과 함께 홍문관에 들어갔다. 1583년에 사가독서의 은전을 입은 그는 홍문관 정자 · 저작 · 박사, 예문관 봉교 · 성균관 전적과 사간원의 정언 겸 지제교 · 수찬 · 이조좌랑 등의 요직을 두루 거쳤다. 1589년 정여립의 난이 일어났다. 그 여파로 이어진 기축옥사에서 수많은 선비들이 희생당할 때 예조 정랑이었던 이항복은 국청에서 문사낭청으로 죄인의 취조서를 작성하여 읽어주는 임무를 담당했다. 그때의 공적으로 호조 참의로 복무하던 1590년에 평난공신 3등에 책록되었다. 당시 이항복은 신료들이 동서로 갈려 분쟁이 일어나면 삼사에 드나들며

220) 『조선왕조실록』, 선조 34년(1601) 6월 20일.

중재하고 시시비비를 공평하게 가려주었으므로 그의 은혜를 입은 관리들이 많았다. 실로 그는 여론보다는 대의를 좇았다. 이듬해 정철이 이산해의 계교에 빠져 광해군을 세자로 추대하려다 신성군을 마음에 둔 선조의 미움을 샀다. 이에 사람들이 사건에 연루될까 두려워하여 정철을 외면했지만 이항복은 좌승지의 신분으로 날마다 그를 찾아가 대화를 나누었다. 그로 인해 동인들로부터 탄핵을 받고 일시 파직되었지만, 대사헌 이원익의 적극적인 비호가 있어 곧 복직되고 도승지에 발탁되었다.

이항복은 1618년 기자헌, 김덕함 등과 함께 폐모론에 반대하는 상소를 올렸다가 삭탈관직을 당하고 함경도 북청으로 유배형에 처해졌다. 삭풍이 몰아치는 북행길에 병든 충신을 모신 사람은 평소 그를 아비처럼 따르던 정충신뿐이었다. 그해 5월 초, 이항복은 꿈속에서 선조와 이덕형을 보고 자신의 최후를 예감했다. 평생 충성을 바쳤던 선조나 죽마고우 이덕형은 이미 세상에 없는 사람들이었다. 1618년 11일에 이항복은 유배지 북청에서 세상을 떠났다.

훗날 정조는 『일득록』에서 다음과 같이 그를 상찬하였다.

> "백사 이항복으로 말할 것 같으면, 덕망과 공로와 문장과 절개 중에서 하나만 얻어도 어진 재상이라고 할 수 있는데, 하물며 한 몸에 겸했음에랴. 세상에 전하는 우스개들이 꼭 모두 그가 행한 것은 아니겠지만 백성들이 지금까지도 그를 아끼고 사모하고 있는 까닭을 것을 충분히 추측할 수 있다. 임진왜란으로 임금이 파천하던 날 밤 궁궐을 지키는 위사들은 모두 흩어졌는데 홀로 손수 횃불을 들고 앞장서서 임금을 내전으로 인도했고, 조정의 의논이 결정되자 개연히 호종을 자처한 인물은 공 한 사람뿐이었다.

여기서 "나라가 누란의 위기에 빠졌을 때 참된 신하를 알아본다." 라는 것은 그가 지은 시조인 「철령가」 중에서, "누가 외로운 신하의 원통한 눈물을 가져다가 구중궁궐에 뿌려 줄까?"라는 구절에서 충신의 감동은 절정을 보여준다.

조경남은 자신의 57년 동안의 일기에 이 시조 대목에서만은 한글로 표기하는 주체적인 언어관을 보여주었듯이, 자신의 서사적인 자아를 춘향으로 여러 복합 투영시킬 때, 자신의 또 다른 2차적인 서사적 자아로 자신이 가장 존경하였던 백사 이항복을 융합하여 투영시킨 것으로 보인다. 조경남은 「춘향전」의 기본서사를 설정할 때는 고경명과, 노진의 야담을 표준으로 삼았고, 고경명과 노진의 의미확장에는 조경남 자신이 춘향을 표면으로 내세운 서사적 자아가 되었고, 그 조경남의 서사적 자아 내부에 다시 자신이 존경하는 이항복을 포함시켰다. 이로보면, 3중의 동심원적 인물소재에 가장 핵심에 놓은 것은 선조와 광해 시대에 살았던 충신 이항복이었다. 이러한 논리의 근거로는 조경남은 성품은 주변과 화합하고 원만하며 재기가 넘치고 활달했던 징정한 충신 이항복을 당쟁이 치열하던 시기에 초당파적인 삶을 지켜낸 점을 존경하였기 때문이었다. 이런 존경의 표시는 조경남의 대표 저서 『속잡록』에 이항복의 시조 '철령 이북……'을 한글로 표현해놓은 점이다. 이런 한글 표기는 평생을 걸쳐서 집필하였다고 평할 수 있는 『난중잡록』에서 유일하게 기자헌의 풍자시와 함께 한글로 표현해놓았기 때문이다. 이 시조에는 이항복은 성품이 여유가 있고, 기지가 있어서 유배를 가면서도 자신이 충신이란 것을 시조로 읊었다는 사실을 강력하게 부각시키고 있다.

(2) 조경남의 외조모와 선천 동기의 노모를 복합모델로 투영시킨 월매

「춘향전」에서 조역으로서의 주요 역할을 감당하는 월매의 모델은 조경남의 조모로 추정된다. 조경남은 조실부모하고, 조모 밑에서 성장하였다. 그는 15세 때 모친상을 마치면서 "나는 죄를 지어 일찍이 부모를 여의고 또한 가까운 친척도 없어서 외조모에게 의지하고 자랐으니 그 은혜가 막중하다. 새벽이나 밤에 날씨가 춥거나 덥지 않는가를 문안하거나, 조석으로 음식을 여쭈어 본다는 것은 그 은덕의 만 분의 일도 갚지 못하는 것이다." 하였다.

조경남은 정유재란 때에 외조모를 모시고 지리산으로 피난을 하는 중에도, 왜적을 격살하는 전과를 여러 차례 올렸다

> 운봉 현감의 급한 보고에, "적병이 진주 · 구례로부터 산에 들어와 수색하는 놈들이 그 수를 헤아릴 수 없다." 하였다. 이때 내가 부사의 서기로 성중에 있으면서 가족을 먼저 산중으로 들어가게 하였는데, 지금 흉악한 적이 연일 산을 수색한다는 말을 듣고는 충성할 마음도 비록 간절하나 노모가 의지할 데가 없으므로 부득이 동문으로부터 나와서 집에 와보니 동리는 텅 비었고 다만 두어 명 하인이 산에 숨어 내가 오기를 고대하고 있었고, 처자는 영(嶺) 위에서 나를 기다리고 있기에 함께 상룡추(上龍湫) 가에 있는 산막에 들어갔다. 내가 부모를 일찍 여의고 외조모에게 의지하여 자랐으므로 외조모를 어머니라고 불렀다.[221)]

남원성 전투 당시에 조경남에게는 늙은 외조모가 있어 피난이 불가피 했다. 그는 6세에 아버지를, 14세엔 어머니가 세상을 떠나 외조모를 모시고 있었기 때문에, 늙고 병든 외조모를 모시고 지리산으로 피난하였다. 정유재란 때인 1597년 9월에는 남원성 전투 때에 왜적은 남원성을 무너뜨리고 5천여 관군과 의병 및 일반 백성까지도 무참히 살륙하였다.

조경남은 부모를 일찍 여읜 후에 외조모를 모시고 살았기에 외조모를 복합모델로 삼면서, 또 다른 모델로는 위에서 인용한 노진의 설화계 야담에 속하는 선천부의 어린 기생으로 춘향의 모델이 된 기생의 노모를 삼았음을 짐

221) 조경남, 『난중잡록』, 1597년, 8월 9일.

작할 수있다. 조경남의 외조모의 구체적인 언행은 기록으로 남아있지 않지만, 노진의 이 야담에 등장하는 내용은 걸인차람의 암행어사가 춘향집을 찾아가서 월매와 수작하다가 춘향이 남원부 옥중에 갇혀있다는 이야기의 원천 소재가 되기에 적절하다.

조경남이 창작한 「춘향전」에서, 춘향모의 이름이 월매였다는 것은 현재 전하는 「춘향전」 월매는 항속적 요소에 해당한다는 점에서 확인된다. 여기에 반하여, 춘향의 아버지는 텍스트에 따라 달리 나타나는 것이 특징이다. 초기 텍스트에서는 춘향의 부친은 등장하지 않고, 19세기 중후반의 텍스트, 특히 완판 84장본 「열녀춘향수절가」에서는 '성가라는 양반'으로 성만을 밝히고 있다.

「춘향전」에서 월매의 성격은 수다스럽고 이해 타산적인 모습이 부각된다. 이도령이 결연을 간청하자, 월매가 춘향의 내력을 이야기 해주는 내용으로, 회고에 젖는 월매의 점잖음과 애수를 느끼게 한다. 또, 월매가 이별한다는 말을 듣고 춘향과 이도령에게 발악하는 내용으로, 월매가 날뛰며 포악하는 격앙된 분위기로 빠른 상황이 전개된다. 월매의 발악과 춘향의 공방사설로, 충격적인 이별 상황의 대응에서 마음이 어느 정도 진정되면서 앞으로의 슬픔을 생각하는 슬픈 정서가 중심이 된다. 월매의 애절한 축원 등 회고적 분위기, 월매와 이어사가 상봉하여 수작하는 대목에는 재담적 대화로 다수 등장한다. 이어사의 반가운 마음과 월매의 처절한 심정이 교체되는 충격적이고 절박한 상황을 보여준다. 월매는 향단과 거지 차림의 이어사를 옥으로 안내한다. 적막한 옥중에 비몽사몽에 놓인 춘향을 깨우는 월매와 향단의 절망감, 옥중의 음산한 분위기 묘사, 어사 출도 후에 월매가 등장하여 춤추며 사설을 늘어놓으며, 월매가 전날 저녁 이어사를 구박한 사실에 대한 변명과 춘향의 구출을 통한 신명을 유감없이 표현한다.[222] 게다가 월매는 우리에

222) 이규호, 「판소리 춘향가 비교 연구」, 중앙대학교 대학원 석사학위논문, 1984, 28~95쪽.

게 축제판에 동참할 수 있는 길을 마련해준다는 점에서 특히 주목되는 인물이다. 그녀는 이도령이 어사가 되어 춘향을 살려냈다는 소문을 듣고 달려와 '궁둥이를 두었다가 논을 사나 밭을 사나 흔들 대로 흔들어보자'며 한바탕 엉덩이춤을 신나게 춘다. 월매가 추는 엉덩이춤은 신명났을 때, 저절로 추어지는 주체할 수 없는 춤이고, 그것은 바로 한풀이 굿에서 한을 풀어내는 무당의 신들린 춤과 다를 바 없다. 한 걸음 물러선 자리에서 춘향의 승리를 바라보는 것으로 만족했던 우리는 월매가 벌이는 춤판에 뛰어들어 그녀와 더불어 엉덩이춤을 신명나게 추며, 춘향의 승리를 체험하고 그것에 환호한다. 여기에 와서야 비로소 춘향의 승리가, 우리 모두의 승리라는 의미를 획득하게 되고, 그것은 완전한 것이 된다. 그리고 월매는 수다스럽고 경망스러운 듯하면서도 자신의 이익을 위해서는 빈틈없이 행동하는 등, 퇴기라는 출신 성분에 어울리는 면을 골고루 갖추고 있는 매우 현실적이고 기회주의적인 인물로, 깊이 있는 생각, 가치 있는 고민, 뚜렷한 이념 같은 것은 전혀 어울리지 않는 속물적 성격을 대변하는 인물이다. 방자는 양반을 희화화하고 풍자함으로써, 민중을 대변하고 골계미를 창조하는 데에 기여하는 인물이다. 이들은 모두 제 몫에 충실하여 「춘향가」에 활력을 불어넣는 생동하는 인물들로서, 걸인 차림의 이어사를 만나는 장면에서 야박하게 구는 월매의 매몰찬 태도와 울며 분노하며 허탈해하는 월매의 언행에 대중은 웃음을 터뜨리며 공감의 반응을 보인다.

이러한 현실적 이기적 태도를 보이는 퇴기로 설정된 월매의 언행은 생활현장에서 시달리는 서민들의 괴로움과 한의 정감에 닿아있다. 지극히 예외적이고 이념적인 춘향의 언행에 대조를 보이는 너무나 평범한 인간적 인정을 보이는 세파에 시달린 늙은 월매의 역할은 표면서사에서 범인들의 언행과 인심 수준의 심성을 대변한다. 반면에, 이념적인 도심의 춘향과 젊은 향단의 순수함과는 좋은 대조를 보여 준다.

춘향의 위상은 부친의 위치 설정에 따라 달라진다. 첫째는 미상으로 기생 월매가 누구와의 관계에서 춘향을 출산하였는지가 제시되지 않는다. 둘째는 성천총으로, 퇴기 월매가 남원의 무반 출신과 관계하여 출산한다. 셋째는 성참판으로, 퇴기 월매가 남원의 문반 출신인 부사와 관계하여 출산한다. 이런 신분의 상승은 첫째 19세기 중반 완판 33장본, 신재효 이후, 둘째로 상승적 변모를 보이고, 완판 84장본 「열녀춘향수절가」와 20세기의 「옥중화」에서는 셋째 경우로 상승한 후, 현대 공연에서는 이를 따른다. 이후의 부분들도 마찬가지이다. 이어사가 월매를 찾아가자 월매가 그를 몹시 괄시하는 장면, 변사또 생일 잔치에서 기생이며 각읍 수령들이 이어사를 모욕하는 장면, 또 이어사가 춘향을 옥에서 내어다가 수청을 요구하는 장면들도 모두 향수자들은 이몽룡이 어사라는 사실을 알고 있으나 등장인물들은 이를 모르고 잘못을 저지르는 상황이다.[223)]

월매의 성격은 통시적으로 보면, 여러 시대에 걸쳐서 변모를 하면서 그 정체성에 있어서 노출의 정도가 후행 텍스트에서 증가한다. 월매의 지체와 언행에 있어서는 이중적 태도를 보이며, 언행은 보다 젊잖은 모습으로 바뀌면서 퇴기의 모습이 아닌 양반의 첩으로서의 인간상으로 그 기본 태도가 달라진다. 그 이유 중에는 관장에 맞서서 죽음을 마다 않고 정절을 지키는 열녀 춘향을 낳고 성장시킨 열녀의 모친이며, 성천총과 성참판의 부실로서 지방의 중인 및 양반의 첩의 위치라는 사회적 위치는 초기 텍스트에서 작가 조경남이 자신을 핵심모델로 하면서 설정한 여러 복합모델로 보여준 겸양의 태도가 깔린 춘향모로서의 퇴기 월매의 인간상에서는 점차 변모된 결과로 보인다. 또한 완판 84장본 「열녀춘향수절가」의 인간상은 월매가 상당한 수준의 소양을 갖춘 성격과 언행을 보여준다. 월매는 춘향의 신분 상승을 기대했던 인물로서, 이도령과 춘향의 만남을 계약적 관계로 구성하려던 인물이다. 호사스런 술상을 받은 이도령이 관청이 아닌데도 이처럼 잘 차린 이유를 묻

223) 전신재, 「춘향가의 극적 아이러니」, 한국공연문화학회, 2003.

자, 월매는 춘향이 혼인하면 손님 대접을 잘 할 수 있도록 미리 가르쳐 준 것이라고 변명하고,[224] 이도령과 춘향의 만남이 혼인이라는 의례로 성립하도록 완결 짓는다. 후대적 변이를 보이긴 했지만, 「옥중화」의 월매는 춘향이 귀한 존재임을 환기시키며, 이도령으로 인해 가련한 신세가 되었음을 강조한다. 이는 춘향에 대한 이도령의 책임감을 요청하는 부분이며, 간곡한 모정을 드러낸다. 춘향이 도령과 이별한 후 월매는 딸 앞에서 슬픔을 진정하고 대범하게 위로하는 애정을 보여준다. 서술자는 이러한 월매의 인격적 자질을 높이 평가한다.[225] 이에 비해 둘 사이의 관계에 월매의 역할 비중이 축소된 「남원고사」의 경우에는, 월매의 매개 없이 첫 만남을 이루며, 춘향 집을 찾아온 책방 도련님의 존재를 알아챈 월매는 도리어 잠깐 놀다가 들어가라며 그를 환대한다. 어머니로서 딸의 행실이나 존엄성을 강조하기보다는 하나의 세력 있는 손님으로서 춘향과의 관계를 통해 이익을 얻으려는 욕망을 보여준다. 이처럼 완판84장본 「열녀춘향수절가」와 「옥중화」의 월매는 이도령에게 춘향의 존엄성을 강조하고 책임감 있는 태도를 요청함으로서, 딸의 장래를 염려하는 모성을 드러낸다. 그러나 책임감을 강조하는 행위의 이면에는 기생으로서 당할 수 있는 사회적 불이익에 대한 두려움이 자리해 있다. 이는 춘향이 옥에 갇혔을 때 정절을 지키며 기생의 신분을 넘어서고자 했던 딸을 안타까워하는 모성으로 표현되었다.

---

224) 완판 84장본 「열녀춘향수절가」: 49~50.

225) '춘향은 효녀이라. 수색을 감추오고 천연히 위로하니 춘향모가 제 딸의 거동을 보고 울음을 진정하고 대범한 좋은 말로 딸을 도로 위로하니 이러함으로 남원 월매라 하던 것이었다.'(〈옥중화〉: 58).

⑶ 광주목사로 승진한 성안의 남원부사를 투영시킨 이부사

(가) 퇴계 · 남명 학맥을 이은 부용당 성안의를 투영시킨 이부사

부용당 성안의는 퇴계 이황과 남명 조식의 제자인 한강 정구의 제자였다. 퇴계 이황[226]은 성리설의 개념적 분석체계와 더불어 수양론의 실천방법을 긴밀하게 연결하여 상호 조명하고 있다. 도학의 학문적 기본방법을 경의 생활화와 진리의 탐구의 두 축으로 파악한다면, 이 둘은 하나의 도학을 이루는 양변으로서 겉과 속, 또는 뿌리와 가지와 같이 유기적 관계를 지닌다. 퇴계의 제자 정유일은 선생의 학문적 특징을 지적하여 '공경과 의리를 함께 지키고 지식과 행위를 함께 나아가게 하며, 겉과 속이 한결같고, 뿌리와 가지를 함께 들어 올리며, 큰 근원을 꿰뚫어보고, 큰 근본을 일으켜 세운다'[227]고 했다. 퇴계의 학문은 거경과 궁리라는 도학의 두 축을 상호 연관시켜 포괄하면서 그 근원을 확립하고 있다."[228] 이처럼 심성론에 초점을 두고 있는 퇴계 철학은 가치의 철학이요, 인격의 성숙과 삶의 향상을 추구하는 수양론의 철학이다. 그러므로 퇴계에 있어서 수양론의 기본과제는 경의 실현으로 집약되며, 경은 마음을 주재하여 안으로 심성의 도덕적 바탕을 배양하여, 밖으로 행동 속에서 악이 발현할 수 있는 가능성을 억제하는 수양론이다. 경의 원리에 따라 인간의 심성에 깃들어 있는 천명의 준칙을 지키고 실현함으로써 자신의 완성을 지향하는 수양공부다. 따라서 퇴계가 심, 성, 정의 성리학적 분석적 인식과 경의 수양론적 실천을 추구하는 것은 별개가 아닌 하나의 도학적 체계가 요구하는 인간의 인식방법이요 실현방법으로 통일되었다. 또한

---

226) 1501~1570.

227) 『퇴계선생언행록』 권 1, 敬義夾持, 知行竝進 表裏如一 本末竝擧 洞見大原 植立大本.

228) 금장태, 『퇴계의 삶과 철학』, 서울대학교출판부, 1998, 9쪽.

인식과 실천의 문제는 인식과 실천이 상호 작용하는 지행호진설[229]로 인간의 향상과 성숙을 추구하였다.

퇴계와 동시대의 성리학자 남명 조식[230]은 다양한 학문에 관심을 보이며 과거를 위한 공부에 전념했다. 문과에 급제한 아버지를 따라 5세 때인 1505년에 고향 삼가에서 서울로 올라갔으며, 이후 서울과 단천을 오가면서 사서 등의 유가경전과 함께 천문, 지리, 의방, 수학, 궁마, 관방 등 세상에 소용되는 것이라면 무엇이라도 공부하였다. 20세 때인 1520년에 문과 회시에 나아가 실패하고, 자신의 문장수업을 반성하며, 다시 공부하게 된다. 25세 되던 해에는『성리대전』을 읽다가 원나라 허형의 출처에 대한 언급을 통해 깨달은 바 있어 위기지학[231]을 근간으로 한 성리학에 매진하였다. 모색기에는 모순된 현실을 직시하며, 비판적 현실인식을 가다듬어 갔다. 26세 때 부친이 돌아가시자, 고향 삼가로 다시 내려와 관동 선영에 장사지냈다. 그때에 그는 합천과 의령의 백성들이 당하는 고초를 체험하게 되었다. 30세때인 1530년에는 처향인 김해로 이사하여 산해정을 짓고 공부하였다. 신계성, 김대유 등과 교유하면서 학문을 토론하게 되었다. 왜에 대한 인식을 새롭게 하고 아울러 국토에 대한 애착을 가졌다. 그때에도 남명은 과거에 대한 꿈을 버리지는 않았기에 34세 때에는 명경시에 나갔지만 시험에 실패하였다. 37세 때인 1537년에는 현실의 부조리를 생각하며 과거를 포기하게 되었다.

남명 조식의 출처 의식은 이같은 시의 · 불의에 대한 자각에 기반하였다. 남명은 16세기의 모순된 역사적 상황을 인식하면서, 항상 출처에 대해 강조해 왔다. 출처가 군자의 대절이라 생각했기 때문이다. 일찍이 정구가 그를 방문하고 배움을 청했을 때 '네가 나아가거나 물러나는 것에 대하여 대체로

229) 知行互進說.

230) 1501~1572.

231) 爲己之學.

본 것이 있으니, 나의 마음을 허락한다. 사군자의 대절은 오직 출처에 있을 따름이다.'라 하였다. 일찍이 세상이 쇠하고 도심이 없어지며, 인심이 그릇되고, 풍속이 투박해져서, 큰 가르침이 폐하여 풀어짐을 보았다. 또 현인의 길이 기구하여 재앙의 기미가 은밀히 드러나니, 이때를 맞아 교화를 만회시킴에 뜻을 둔다고 할지라도 도가 때를 만나지 못하여 결국 배운 바를 행하지 못할 것이라 여겼다. 이런 까닭에 시험장에 나아가지 않았으며, 벼슬도 구하지 않고, 품은 뜻을 거두어 산야로 물러났다. 특히, 정립기의 남명은 시련을 통해 단련된 자아를 바탕으로 하여 현실주의적 세계관을 정립하였다. 그는 45세 때인 1545년 11월에 어머니가 세상을 떠났기에 선영에 장사지내기 위하여, 다시 삼가로 돌아갔다. 3년상을 마치고 1548년에는 토동에 계부당과 뇌룡사를 짓고 학문을 연마하였다.[232] 벼슬하지 않은 처사였지만, 급진적이고 과격한 상소를 올려 부조리한 현실을 비판한 것은 모두 이 때문이었다. 온축기의 남명은 정립된 세계관을 온축하며 제자들을 통해 후세에 적극적으로 전하고자 하였으며, 또한 '경의'로 요약되는 실천이론을 가다듬었다. 1561년에는 삼가에서 지리산 밑의 덕산으로 들어가 산천재를 짓고 강학하였다. 남명은 정립기에서 확보한 현실주의적 세계관을 지속적으로 지니면서 그의 실천적 학문경향을 전수하려 노력하였다. 창벽간에 '경과 의' 두 자를 써 두고 제자들을 독려한 것이 그것이다.

이처럼 남명 조식의 사상적 기저는 절의정신이었다. 절의라는 말은 절조와 의기를 의미한다. 이는 경의에서 실천적 측면이 더욱 강조된 것이다. 일찍이 맹자는 의를 이와 비교하면서, 의리는 객관적이고 합리적인 공공의 이념이고, 이는 이기적이고 편파적인 사리의 이념이라 이해할 수 있다. 곽재우는 전자를 강하게 추구하였기에, 경상감사 김수의 비열한 행동에 대해 분

232) '뇌룡(雷龍)'이라는 당호에서 보듯이, 초야에 묻혀지내는 것은 뇌성과 용처럼 나타나는 것이라는 모순된 두 정신을 함께 드러내는 역설적 세계인식을 하였다.

개한 그의 정신에서 극명히 드러난다. 즉 일본군이 조선에 쳐들어오자 경상감사 김수는 적을 방어할 생각은 하지 않고, 근왕을 핑계로 영북으로 달아났다. 이에 곽재우는 도내 열읍의 의병에게 '김수는 나라를 망친 큰 역적이니 춘추의리로써 논한다면 모든 사람이 나서서 목을 베어야 한다.'고 하면서 격문을 띄웠다.

한강 정구[233)]는 1563년에 퇴계의 문하에서 학문을 닦았다. 그는 또 1566년에는 조식을 찾아가 스승으로 모시고 그의 문하에도 출입하며 글을 배웠다. 그는 관직에 나갈 뜻이 없이 공부에만 전념하였는데, 과거를 보라는 주변의 권고로 1563년 향시에 응시하여 합격으나, 문과 응시를 포기하고 고향으로 돌아가 학문 연구에 전념하였다. 이후 학문을 함에 있어서 구도의 일념으로 정진하다가 명종조에 여러 번 유일로서 관직에 천거되었지만 모두 고사하였다.

대사헌을 지낸 한강 정구의 삶을 『조선왕조실록』에서 기록하고 있는 졸기를 보면 다음과 같다.

> 그는 성주(星州) 사람으로 한훤 선생(寒暄先生)의 외손이다. 어려서는 덕계(德溪) 오건(吳健)을 스승으로 모셨고, 겸하여 퇴계(退溪)와 남명(南冥)의 문하에 드나들었다. 일찍이 말하기를 "퇴계는 덕우(德宇)가 혼후(渾厚)하며 행실이 독실하고, 남명은 재기(才氣)가 호걸스럽고 고매(高邁)하여 우뚝 서서 홀로 행하는 어른이다." 하였는데, 그가 마음에 정한 견해가 그러하였다. 그는 어려서부터 학문을 게을리하지 않았는데, 선묘조(宣廟朝)가 여러 번 불러들이고서야 등대(登對)하고서 맨 먼저 '근독(謹獨)은 제왕이 다스림을 내는 근본이 된다.'고 진달하니, 선조가 칭송하기를 "그대 이름은 헛되이 얻어진 것이 아니로구나." 하였다. 그는 주(州) · 군(郡)을 두루 맡았고, 조정에 들어

233) 1543-1620.

와서는 지평 · 승지가 되었으며, 강원도 관찰사를 지냈다. 광해군 때에는 불러들여 대사헌에 제수했는데 임해군(臨海君)의 옥사 때에 상차를 올려 맨 먼저 골육의 은혜를 온전히 할 것을 청하니, 광해군이 아름다움을 훔치고 이름을 산다고 하였다. 이 일로 말미암아 상의 뜻을 거슬러 고향으로 돌아갔다.

계축옥(癸丑獄)이 일어나 영창 대군(永昌大君)을 유치(幽置)하자, 공이 봉사(封事)를 올렸는데, 《춘추(春秋)》를 인용하기를, "왕자 영부(佞夫)가 죽자 공자가 쓰기를 '천왕(天王)이 그 아우 영부(佞夫)를 죽이다.'라고 하였는데, 그의 죽음이 애당초 경왕(景王)이 한 것은 아니지만 다만 금지하지 못해서였습니다. 이에 대해 좌씨(左氏)는 '죄가 왕에게 있다.' 하였고, 곡량자(穀梁子)는 심하다고 하였으며, 두예(杜預)는 '골육을 잔상(殘傷)하였다.'라고 하였습니다. 지금 영창 대군이 어리고 몽매하여 아는 것이 없으니, 비단 영부가 알지 못했던 것 정도일 뿐만이 아닙니다. 그런데 조정의 의논이 그치질 않아 반드시 처치하고자 하고 있으니, 또한 경왕이 금하지 못한 것보다 심합니다." 하였다. 봉사의 말이 수천 자나 되었는데, 말의 뜻이 명백하고 절실하여 사람들이 다 그를 위하여 위태롭고 두렵게 여겼다. 그때 공의 아들 장(樟)이 서울에 있었는데, 시의(時議)가 날로 험해지는 것을 보고 헤아릴 수 없는 화를 당할까 두려워하여 마침내 그 상소를 숨기고 올리지 않았다. 그러자 공이 또 상소하였는데 말이 더욱 절실하였으며, 전에 쓴 상소도 아울러 올렸다.

공은 본디 정인홍(鄭仁弘)과 동문수학한 처지로 서로 사이가 좋았었는데, 이때에 이르러 흉염(兇焰)을 두려워하고 미워하여 그를 피해 거처를 옮겼다. 학자들은 그를 한강 선생(寒岡先生)이라고 하였다. 백매원(百梅園)을 돌보면서 행실을 편안하고 곧게 하여 후학들을 지도하는 것으로 일을 삼았다.

저서가 매우 많았는데, 만년에 화재를 만나 방실(放失)되었고, 오직 《심경발휘(心經發揮)》 · 《오복연혁도(五服沿革圖)》 · 《심의제도(深衣制度)》 등의 책이 세상에 행하고 있다. 특히 예학(禮學)에 조예가 깊어 《오선생예설(五先生禮說)》을 찬하였는데, 늙어 병이 위독한 지경에 이르러서도 오히려 상고와 교열을 그치지 않았다. 소시(少時)에 오덕계(吳德溪)의 소개서를 가지고 퇴계 선생을 예안(禮安)으로 찾아뵈었는데 퇴계 선생이 덕계에게 답한 편지에 "이 사람은 후대에 견줄 사람이 없을 것이다. 다만 부화(浮華)하고 경솔한 하자가 있을까 우려될 뿐이다." 하였는데, 늙어서 항상 사람들에게 말하기를, "노선생(老先生)이 병증(病證)에 대해 따끔하게 경계하신 한 말씀을 종신토록 갈고 닦았으나 제대로 고쳐지지 않았으니, 이로써 사람의 타고난 병통은 변화되기가 쉽지 않다는 것을 알겠다." 하였다.

이때에 이르러 사상(泗上)의 지경재(持敬齋)에서 일생을 마치니, 나이가 78세였다. 장례에 참석한 사람이 4백여 명이나 되었다. 선생이 별세하기 전해에 가야산(伽倻山)의 북쪽 산부리가 무너졌으며, 세상을 뜨던 날에는 목가(木稼)의 이변이 있었는데, 사람들이 선생이 별세할 징조라고 하였다. 계해반정(癸亥反正) 뒤에 관리를 보내어 치제(致祭)하였고, 이조 판서에 추증하였다. 그리고 문인(門人) 이윤우(李潤雨)가 등대(登對)하여 시호를 청하자, 마침내 문목공(文穆公)이라는 시호를 내렸다.[234]

이러한 한강 정구가 살아있을 때인 1607년에, 그 제자인 부용당 성안의는 퇴계 이황의 재전 제자로서 임진왜란과 정유재란 때에 호남에서 가장 큰 피해를 본 남원에 부사로 부임하였다.

(나) 산서 조경남의 정신과 학문을 인정한 성안의 남원부사

부용당 성안의는 임진왜란이 일어나기 한 해 전인 선조 24년인 1591년에 식년문과에 을과로 급제하고 벼슬길에 올랐으나, 이듬해 여름에 왜구들이 난을 일으키자 의병장 곽재우를 따랐다가 관찰사 김륵의 막하에 종사하였다. 그는 그때 배필을 잃었으나 김륵이 자기 형의 손녀사위로 맞이하였기에,

234) 『조선왕조실록』, 광해군 12년(1620) 1월 5일.

부모를 모시고 영주군의 처가에 가서 살고 있었다.

임진왜란이 일어나자 성안의는 정자로서 고향인 창녕을 중심으로 의병을 규합하여 왜적과 싸웠다. 그는 충의위 성천희 · 유학 곽찬 등과 함께 거병하여 1천여 명을 거느리고 곽재우의 휘하에서 활약하였다.[235] 생원 신방즙 · 충의 성천희 · 정자 성안의 · 유학 곽찬 · 보인 조열 등은 군사를 모아서 적군 토벌을 도왔다. 천희 등이 군사 십여 명을 거느리고, 창녕의 적군을 포위하고 종일토록 교전하여 본읍의 군수라고 자칭하는 적을 쏘아 맞추자 3일 만에 적군이 성책을 불지르고 도망갔다.[236] 그는 왜구들이 난을 일으키자 의병장 곽재우를 따랐다가 관찰사 김륵의 막하에 종사하였다. 특히, 소모사로 활동하였다.[237]

그 후 여러 벼슬을 하다가 1596년에는 외직에서 돌아와 성균관 직강이 되고 이듬해 가을에는 사헌부 지평이 되었고, 다시 사간원 헌납으로 옮겼다. 또 다음해에는 병조좌랑으로서 영남 조도사가 되었다. 예조좌랑을 거쳐 1597년 사헌부지평, 1598년 성균관사예에 이르렀다. 다시 영남조도사가 되어 유성룡으로부터 제세의 재간이 있다는 찬사를 받았다. 그 뒤 부모를 섬긴다는 이유로, 고향에 머물다가 1600년 가을에 조정으로 돌아가니 공적을 칭찬하며 요직을 맡기려 하였지만, 그는 연로한 부모를 봉양하기 위하여 영해부사로 내려가서, 4년 간 선정을 베풀었다. 1604년 가을에 부친의 병환으로 창녕으로 돌아왔으나, 끝내 부친을 여의었다. 부친상을 마친 후, 1607년 남원부사로 부임하였다. 남들이 그곳은 다스리기 어려운 곳이라고 하였으나 그는 게의치 않고 남원부사가 되었다. 그는 폐단을 혁신하고 쇠잔한 형편을

---

235) 『고대일기(孤臺日記)』의 인명록.

236) 『순영록』, 『연려실기술』 제17권, 선조조 고사본말.

237) 『계서선생필지』, 〈부용당 년보〉. 성기운 ,천주교 대구대교구. 〈관덕정 순교기념관〉 자료. 2004.

소생시켜 일을 결정하여 처리함에 막힘이 없었다.

성안의 부사[238]는 조경남이 자신의 의병장 활동을 『난중잡록』에 다음과 같이 서술하였음을 알게 되었다.

> 부사(府使) 성안의(成安義) 공이 탄복하여 말하기를, "나는 그가 문장의 거벽(巨擘)인 줄만 알 았지 짐승을 쫓아가서 잡을 만한 이런 용맹이 있다고는 생각도 못했다. 어제의 노루는 문만호 (文萬戶)의 호랑이 정도가 아니다." 하였다.[239]
>
> 경상도 창녕(昌寧)의 생원 신방즙(辛邦楫), 충의위(忠義衛) 성천희(成天禧), 정자(正字) 성안의(成安義), 유학(幼學) 곽찬(郭趲) 등이 군사 7백여 명을 모아 복병을 설치하고 적을 쳐서 서로 계속 적의 귀를 베어 바쳤다. 보인(保人) 조열(曹悅)과 성천희 등은 천여 명의 군사를 거느리고 창녕을 포위하여 종일토록 교전하는데, 적 한 놈이 백마(白馬)를 타고 자칭 고을 원님이라 하므로 마침내 그 놈을 쏘아 당장 죽게 하였다. 그런 지 3일 후에 적은 울을 불태우고 도망갔다. 의령(宜寧)은 전 목사 소모관 오운(吳澐)이 한 고을을 개유(開諭)하여 군사 2천여 명을 얻었다. 《경상순영록》에 나온다.
>
> 5월 이후에 신이 네 번이나 장계를 올렸으나 길이 막힘으로 인하여 한 번도 돌아오지 아니하므로, 행재(行在)의 기별을 알 길이 없어 밤낮으로 슬퍼하고 있었습니다. 이제 듣건대 평양을 또 지키지 못하여 대가가 의주로 옮겨 가시고 동궁은 안협(安峽)에 와 머문다 하니, 오장이 무너져 어찌할 바를 모르겠나이다. 신이 좌도 순찰사에 임명된 지 이미 오래었는데도 교서(敎書)와 인신(印信)이 아직 내려오지 않으니 이것은 반드시 적병이 가득 차서 길이 통하기 어려운 소치일 것입니다. 좌도의 적세를 말하면, 6월 초순 이후까지도 흉

238) 성안의(성이성?)는 사후 이조판서, 대제학에 추증되었다.

239) 최시옹, 『난중잡록』의 서, 1666. 9월.

해(興海) · 청하(淸河) · 영덕(盈德) · 영해(寧海) · 진보(眞寶) · 청송(靑松) · 안동(安東) · 예안(禮安) · 봉화(奉化) · 풍기(豐基) · 영천(永川) · 예천(醴泉) · 용궁(龍宮) 등 10여 고을이 아직 적을 겪지 않았는데, 이제는 용궁 · 예천 · 안동 · 예안 · 봉화가 이미 함몰되어 대개 30여 성(城)에 한 치도 깨끗한 땅이 없습니다. 신이 비록 동쪽으로 강을 건너도 다시 발을 붙일 곳이 없으니, 변이 난 뒤로부터 좌우도가 나뉘어 호령이 통하지 않았습니다. 좌도에는 앞장서 일어나 적을 치는 이가 없었으므로 적이 더욱 거리낌이 없어 땅을 저들이 차지하여 각기 고을의 원이라 칭하고, 집을 짓고 농토를 가꾸어 오래 머물 계획을 하고 있습니다. 신이 각 고을에 통문을 돌려 선비 중에 유식한 자를 선택하여 소모관(召募官)을 지키고 무변(武弁) 가운데 재주 있는 자로 가장(假裝)을 삼았습니다. 영산(靈山)에는 정로위(定虜衛) 신방주(辛邦柱), 생원 신방즙(辛邦楫), 창녕(昌寧)에는 충의위(忠義衛) 성천희(成天禧), 성안의(成安義), 급제(及第) 성천유(成天裕), 보인(保人) 조열(曺悅), 유학(幼學) 곽찬(郭趲), 업무(業武) 신의일(辛義逸)이 각기 군사 6백여 명을 모아서 매복을 시켜 적을 쳐서 연달아 괵(馘)을 바치고, 이달 4일에 조열 · 성천유 등이 군사 1천여 명을 합하여 창녕을 포위 엄습하여 종일토록 교전하여, 고을 원이라 칭하는 백마 탄 왜놈을 소아 죽이자 사흘 만에 적이 책(柵)을 불태우고 도망하였습니다. 신녕(新寧)의 권응수(權應銖)는 신이 통문을 돌리기 전에 이미 군사를 일으켜 적을 쳤으므로 그대로 의병대장을 시켰더니, 지난달 27일에 병사 박진의 명령을 받고 하양(河陽) 의병장 신해(申海)와 더불어 네 고을 군사를 거느리고 영천에 성을 점령한 적을 쳐서 남김없이 무찔렀는데, 하양(河陽) · 신녕 · 의흥(義興) · 군위(軍威) · 의성(義城)의 적은 모두 달아나고 안동의 적은 또 풍산현(豐山縣)으로 이둔(移屯)하였습니다.

박진이 부성(府城)에 들어가 있으면서 바야흐로 진격할 계책을 하고 있으며, 현풍(玄風) · 영산(靈山)의 적도 역시 공격할 만한 기회가 있으므로 고령(高靈) · 합천(陜川) · 초계(草溪)의 의병으로 하여금 현풍을 치게 하고 창녕 ·

의령(宜寧)의 군사로 영산을 치기로 이미 약속을 하였습니다. 곽재우(郭再祐)가 이보다 먼저 현풍 · 영산 등 고을을 수복하였는데, 여기서 또 적이 있다 한 것은 적의 오고 감이 일정치 않기 때문이다. 우도에는 전 좌랑 김면(金沔)이 거창(居昌)의 군사를 거느리고 본 현의 경계를 지켜서 금산(金山) · 무주(茂朱)의 적을 방비하고 가장 전 주부 손승의(孫承義)와 전 수문장 제말(諸沫) 등으로 하여금 나누어 고령을 지켜서 성주(星州)의 적을 막게 하였으며, 전 장령 정인홍(鄭仁弘)으로 가목(假牧)을 삼고 거제 현령(巨濟縣令) 김준민(金俊民)으로 가장을 삼아서 유학 이대기(李大期) · 전치달(全致達)이 모집한 군사를 거느려 함께 초계를 지켜서 초계 및 강가에 왕래하는 적을 방비하였으며, 봉사(奉事) 윤탁(尹鐸)은 박사제(朴思齊) 등이 모집한 군사를 거느려 의령 · 승진(昇津) 및 신반현(新反縣)을 지키고 유학 곽재우 · 봉사 권난(權鸞) 등은 그 모집한 군사 및 전 목사 오운(吳澐)이 모은 군사를 거느려 영산 · 창녕 · 현풍 및 강가에 왕래하는 적을 지키며 진주 판관(晉州判官) 김시민(金時敏)은 관군 및 군수 김대명(金大鳴) 등이 모집한 군사를 거느려 고성(固城) · 진해(鎭海)의 적을 막고, 함안 군수(咸安郡守) 유숭인(柳崇仁) · 칠원 현감(漆原縣監) 이방좌(李邦佐) · 사천 현감(泗川縣監) 정득렬(鄭得悅) · 곤양 군수(昆陽郡守) 이광악(李光岳) 등은 각기 그 성으로 돌아와서 싸우고 지킨 공이 많았습니다. 함창(咸昌) · 상주(尙州) · 지례(知禮) · 선산(善山) · 김해(金海) · 창원(昌原) · 진해 · 고성 밖에는 적이 감히 침범하지 못합니다.

이 달 3일에 김면이 김해 부사 서예원(徐禮元) 등을 거느리고 지례를 화공(火攻)하여 창고 안에 들어 있는 적을 태워 죽이자 남은 적이 금산으로 도망해 갔습니다. 김면이 현재 다시 화구(火具)를 준비하여 금산 의병장 박사(博士) 여대로(呂大老), 가장 권응성(權應星) 등과 더불어 동군(同郡 금산)을 공격하려 합니다. 7일에 창원 부사 장의국(張義國)이 함안 · 칠원 등지의 군사와 더불어 나가 본부(本府)를 포위하여 적 10여 급을 베니 남은 적이 패하여 김해로 달아나고 군량이 남아 있으므로 의국이 그 성에 들어가 있습니다. 진해 · 고성의 적은 모두 배를 잃고 빠져 나갈 길 없는 도적이 되어 죽을 각오로 지키므로 진주 · 함안의 군사가 여러 번 공격하였으나 실패하였습니다. 수사(水使) 원균(元均)이 본진(本鎭)을 버린 뒤에 다만 전선(戰船) 네 채가 있었는데, 전라 좌우도의 수군을 청해 와서 세 번 해전을 벌여 아울러 크게 이겨서 수백 급을 베고 적선 백여 척을 부수었으며, 불에 타거나 물에 빠져 죽은 자가 헤일 수 없었습니다. 적이 크게 겁내어 호남으로 가겠다고 소리를 치면서도 마침내 움직이지 못하고, 바다를 건너려는 자는 반드시 산에 올라 망을 보아 서해에 배가 없는 것을 알고야 떠나니, 변고가 생긴 뒤로 전공(戰功)은 양도(兩道) 수사가 제일입니다. 지금 또 들은즉 호남의 수군이 크게 이르러 장차 모든 섬을 토벌하고자 한다 합니다.

6월 중에 전라 감사라 자칭하는 왜놈이 창원으로부터 바로 함안에 이르러 의령의 승진을 건너고자 하다가 곽재우가 막으니 곧 김해로 돌아갔고, 거창에 침범하려 하다가 김면에게 퇴각을 당하였으며, 지례를 경유하여 무주현으로 향해 충청도의 적과 합하여 금산(錦山)에 들어가서 연달아 무주 · 용담(龍潭) · 진안(鎭安) 등 모든 고을을 함락시키자, 전주(全州)의 위급함이 아침, 저녁에 임박하였는데, 다행히 적이 불리하여 퇴각하여 1천여 명이 몰래 본도(本道)로 오는 것을 김면이 지례의 지경에 매복을 시켰다가 불시에 뒤를 밟아 치니 적이 패하여 달아나서 이로부터 적이 감히 다시 오지 못하고 대부분 옥천(沃川)의 지경으로 들어갔습니다. 남은 적은 현재 금산 · 무주에 머물고 있는데 호남 사람들이 감히 몰아내지 못하므로, 적이 소리치기를, "여러 곳의 왜병을 합하여 다시 들어와 침략하겠다." 합니다. 영남 · 호남 사람들이 능히 근왕하여 적을 치지 못하는 것을 순찰사에게 허물을 돌렸는데 이 도에는 곽재우가 감히 도주(道主)에 격문을 보낸 것을 신이 겨우 진정시켰고, 호남에서는 광주 목사 권율(權慄) 등이 순찰사 이광(李洸)이 직무를 행하여 적을 치지 못하여 모르는 체하고 있다고 그 죄를 열거하여 도내에 통문을 돌렸습니다.

대개 본도의 형세는, 좌도는 위에 진술한 바와 같으므로 신이 비록 강을 건너가더라도 일은 할 수가 없고 여기에 있으면 오히려 일부는 버티어 부지할 수 있겠으나 명령이 이미 내렸으니 지체하여 머물 수 없습니다. 그러므로 이미 좌도의 숨어 있는 수령들에게 통문을 보내어 몰래 군사를 거느리고 영접하도록 하였으니, 그 보고가 이르기를 기다려 칼을 집고 강을 건너 사생결단을 하려 합니다. 엎드려 듣건대, 천병(天兵)이 크게 이르러 회복함이 희망이 있다 하니 신이 그동안 죽지 않아 난이 평정되어 환도하시는 날을 보게 된다면 비록 군량만 허비한 죄로 만 번 죽음을 받아도 뉘우침이 없겠나이다.

27일 왕안찰(王按察)이 전주로부터 남원에 이르러 용두산(龍頭山)에 유진하니 접반사 민인백(閔仁伯)이 따랐다.

○ 마귀는 군대를 섬으로 후퇴하였다. 청정은 지난해 포위를 받은 이후로 여러 진의 군사를 모아다가 힘을 합하여 굳게 지키므로 대군이 성에 이르러서도 계책이 나오지 아니하여 바로 즉시 본도로 후퇴해 나왔다. 좌방어사 권응수(權應銖)는 원수에게 보고하기를, "이달 19일에 마귀 제독은 동래 성안의 온정(溫井) 등지에 왜적을 엄습하고, 20일에는 군사를 도산으로 옮겨 단지 외책(外柵)을 불살랐을 뿐, 성을 장차 함락하려 하는데 적의 탄환이 비오듯 하여 명군의 피해는 그 숫자를 알지 못하였습니다. 명군은 날마다 도전하였으나 굳게 지키고 나오지 않으니 어쩔 수 없이 군사를 퇴군하였습니다. 대개 적병의 많음이 지난해의 10배나 되고, 성책의 험하기가 또한 전날보다도 훨씬 더합니다. 그 군사의 형세를 보니, 상책이 무엇이지 알지 못하겠습니다." 하였다.[240)]

이 밖에도 조경남은 『난중잡록』 2권 선조 25년인 1592년에는 "5월 이후에 신이 네 번이나 장계를 올렸으나, 길이 막힘으로 인하여 한 번도 돌아오지

240) 조경남, 『난중잡록』, 선조 31년(1598년) 8월 27일.

아니하므로, 행재의 기별을 알 길이 없어 밤낮으로 슬퍼하고 있었습니다. 영산에는 정로위 신방주, 생원 신방즙, 창녕에는 충의위 성천희, 성안의, 급제 성천유, 보인 조열, 유학 곽찬, 업무 신의일이 각기 군사 6백여 명을 모아서 매복을 시켜, 적을 쳐서 연달아 괵을 바치고, 이달 4일에 조열 · 성천유 등이 군사 1천여 명을 합하여 창녕을 포위 엄습하여 종일토록 교전하여, 고을 원이라 칭하는 백마 탄 왜놈을 쏘아 죽이자, 사흘 만에 적이 책을 불태우고 도망하였습니다."는 기록이 있다.

이런 상황까지 알게 된 데다가, 조경남이 빼어난 무술과 용맹함에 대하여 실제로 현장에서 보고 탄복하며, "그가 문장의 거벽인 줄만 알았지, 이러한 짐승을 쫓아가서 잡을 만한 용맹이 있다고는 생각지도 못했다. 어제의 노루는 문만호의 호랑이 정도가 아니다"[241]고 말하기도 하였다. 성안의 부사는 공무를 마친 후에는, 고을 사람들 가운데 어진 이를 맞이하여 서로 학문을 강론하고 시를 읊는 것으로 즐거움을 삼으면서, 조경남의 언행에 주목하다가 『난중잡록』을 집필하고 있는 조경남을 높이 평가하여 비록 당파는 다른 서인계이지만, 율곡과 중봉의 정통 학문 배경을 가진 조경남에게 당파적 갈등 관계를 초월하여 성리학의 본원심 차원에서 아들 성이성의 스승으로 삼았다.

성안의 남원부사는 1611년 봄에는 남원부사로서 덕치로 선정을 베푼 것이 좋은 평가를 받아서 정3품으로 당상관인 광주목사로 승직하여 남원을 떠나게 되었다. 조경남은 성안의 부사와 제자인 성이성과 아쉬운 이별을 하게 되었다. 그런데, 성안의 목사는 소송 처리를 소홀히 했다는 이유로 광주목사에서 파직되었다. 조경남은 성안의 광주목사가 비록 선정을 했어도 모함을 받아 파직되었다는 사실을, 그 아들 성이성이 암행어사가 되어 조경남을 만나러 왔을때 광한루에서 하룻밤을 함께 보내며 전해 들었을 것이다.

---

241) 최시옹의 『난중잡록』 서문.

그 후, 성안의는 1628년에는 우부승지에 임명되었고, 창녕의 영암선사와, 제주목사를 지낸 다음에 만년에는 고향 봉화군 물야면 가평리에 계서당[242]으로 돌아왔다. 그 후 10여 년동안 덕망이 훌륭한 선비들을 만나 교분을 가지면서 소요 자적하면서,영주시 이산면 신암리에 있는 집 가까이 계서초당을 짓고 문중 자제들의 훈학과 후학 배양에 힘썼다.[243]

(4) 성이성과 명나라 조도사를 복합모델로 투영시킨 이어사

(가) 조경남의 제자 성이성 암행어사를 투영시킨 이어사

계서 성이성은 인조 14년인 1636년 12월 8일부터 1637년 1월 30일까지의 병자호란 직후인 1637년 7월 16일에 임금의 특명인 정직과 청렴의 표상인 호서어사가 되었다. 또, 1639년 7월 11일에 1차로 호남암행어사, 1647년 11월 5일에는 2차로 호남 암행어사로 출발하였던 인물이다. 이러한 특별한 암행어사의 경력을 가진 성이성은 1595년 2월 1일, 경북 영주시 동면 문단리 외가에서 판서공 안의의 셋째 아들로 탄생했다. 그는 부친을 따라 남원 임소로 가는 길에, 부친 성안의 부사의 배려에 따라, 잠시 1607년 11월에는 경상도 상주에 거주하는 우복 정경세 밑에 가서 공부를 했다. 부친 부용당 성안의는 그가 학업에 열중하므로 13세 때 정경세에 보였더니, 정경세는 그가 크

---

242) 봉화읍에서 부석사로 가는 국도를 따라가다 보면 물야면의 계서당은 성이성의 처와와 외가에서 지원하여 개축한 집이다.

243) 계서정은 당시의 띠집인 계서초당이었다. 정조 때, 방 한 칸이던 초당에다 툇마루와 방 하나를 덧붙여 현재의 모양으로 증축했다. 띠로 덮은 지붕은 오래 유지되도록 기와로 교체한 그는 기와를 올린 뒤 조상의 청빈 정신을 훼손한 것 같아 마음에 걸렸다. 후손은 병조판서 채제공을 찾아 그 뜻을 전하고 계서정의 내력을 담은 기문을 부탁하였다. 지금 현판은 계서정이고, 계서초당이란 편액체제공의 글씨로은 정자 안에 걸려 있다.

게 될 인물이라 하였다. 그 후 학문에 더욱 정진하여 김굉필, 이연경의 학통을 이은 강복성의 문인으로 1609년에는 전주부윤이요, 주역의 권위자인 강복성에게 공부를 배우기기도 했다.[244)]

성이성은 부친이 남원부사로 재임했던 일정 시기에는 부친과 함께 남원에서 소년시절을 보냈다. 그는 남원에서만 머무르지는 않았다. 부친의 배려에 따라, 1607년 11월에는 경상도 상주에 거주하는 우복 정경세 밑에서 공부를 하다가 1609년에는 일시 김굉필, 이연경의 학통을 이은 주역의 권위자인 전주의 강공 윤복성에게도 배웠다.[245)] 그는 이어서 부친이 1611년부터 남원부사로 재직하고 있는 남원으로 가서 조경남 지도하에 지리산 송림사에서 1611년 부친 성안의부사가 광주목사로 승차되어 떠날 때까지 산서 조경남에게 학제공부를 배웠다.[246)]

성이성은 부친인 성안의 부사가 당상관인 광주목사로 승진하여 광주로 갈 때 함께 남원을 떠난 다음, 1614년에는 이괄의 반란 때 공주로 피난하는 왕을 호종하는 부친을 따랐다. 성이성은 22세가 되던 광해군 8년 1616년에 생원시와 진사시를 한 해에 모두 합격[247)]하였지만, 광해군 난세에는 벼슬길에 나아가지 않았다. 1627년에는 식년문과에 병과로 급제하여 벼슬길에 올라 승문원에 소속되어 부정자, 정자에 올랐다가 승정원 주서에 옮겼다.[248)] 시강

---

244) 영남 지방의 들은 성이성이 기호학파의 인물인 조경남보다는, 성이성이 학업에 열중하여 13세 때 정경세에게 보이니, 정경세가 크게 될 인물이라 하였다. 자라면서 학문에 더욱 정진하여 김굉필 · 이연경의 학통을 이은 강복성의 문인이 되었다고 보기도 한다.

245) 『계서선생 연보, 2004, 9쪽.

246) 『계서선생 연보』에 따르면, 약관의 나이로 경남 거창의 동당회시에 응시하러 갔는데, 고시관에 부친 성안의의 벗이 있어서 응시하지 않고 나왔다. 남원에서는 조경남 밑에서 배웠고, 그 외에는 강복성 정경세 등에게 학문을 배웠다.

247) 『사마방목』에 의하면 광해 8년(1616) 생원시에 합격.

248) 급제 기록은 「홍문록」과 『등영록』에 구체적인 점수까지 기록되어 있다.

원 설서에 옮기고 전적 감찰 사서 병조좌랑 겸 춘추 예조정랑에 옮기고 사간원 정언을 배명하여, 원종을 추종하자는 의론이 일어나자 상소를 올렸다. 1628년 유효입이 대북의 잔당을 규합하여 역모를 꾀하면서 인성군 공을 왕으로 추대하려 했다하여 인성군을 자결하게 하고, 연좌처형 하기로 된 아들 용은 대년 중이었다. 성이성은 인성군의 아들 용을 구명하고자 간곡한 뜻으로 상소, 경연에서도 여러 차례 간절한 진달로 용서를 청하매, 인조는 드디어 감동되어 인성군의 아들 용이 구원됨과 함께, 같은 역률에 연좌되어 대년 중이던 사람들도 모두 죽음을 면하게 되었다. 그러고도 그는 이런 사실을 전혀 말하지 않았기에 구원받은 사람들조차 그런 줄을 모르게 했다. 그는 가을부터 이듬해 겨울까지에 수찬, 교리, 정언, 시강원문학을 두세 차례씩 역임했다. 1633년 성균관 전적에 올라, 사헌부 감찰, 시강원 사서를 지내고, 1634년 사간원 정언 · 홍문관의 부수찬 · 부교리를 거쳤다.

성이성의 관직 생활을 기록에서 확인할 수 있는 범위에서 살펴보면, 인조 12년인 1634년 8월 5일에 성이성은 정언이 되었다. 8월 20일에는 헌납 김경여가 헌부에 비답을 내려서 "배척하고 허락하지 않는 무리는 모두 스스로 노린 헛된 명예를 차지하고 삼사와 양전을 저희들이 하고 싶은대로 하였으므로, 후배들이 침을 흘리며 서로 본받기에 바쁘다."고 한 분부를 이유로 인피하고, 성이성 등도 같은 이유로 인혐하였다. 그러나 옥당이 처치하여 모두 출사시키기를 청하니 따랐다.

윤 8월 11일에는 부제학 김광현, 교리 이상질, 수찬 이시해 등이 상차하기를, "세상의 일은 옳은 것도 있고 그른 것도 있는데, 저쪽이 옳으면 이쪽은 그르고 이쪽이 옳으면 저쪽은 그른 것이 자연의 이치여서 둘 다 존립할 수 있는 경우는 없습니다. 지금 태묘에 들이는 일은 온 나라가 모두 예에 맞지 않는 것으로 여겨, 위로는 대신에서부터 아래로는 초야의 선비에 이르기까지 번갈아 가면서 상소하여 극력 간쟁하지 않는 이가 없으니, 이것이 이른바 큰 시비이고 큰 논의라는 것입니다. 그 사이에 설사 의견이 다른 한두 사람이 있더라도 제각기 자신의 견해를 주장하고 부화뇌동하지 않으면 될 것이고 자신의 편견을 가지고 공론을 억제하여서는 안되는 것이 분명합니다.

이조 참의 유백증은 전에 간원의 장관으로서 합사한 공의가 한창 일어날 즈음에 자신의 사견을 옳게 여겨 공의를 저지할 목적으로 동료들의 출사를 기다리지도 않고 혼자서 정계하는 논의를 일으켰습니다. 그리고 옥당으로 옮겨 임명되었을 때 물의가 떠들썩한데도 아무렇지도 않은 듯이 출사하였으니, 너무나도 조정을 경시하고 남의 말을 거들떠보지 않은 것입니다. 그리고 혹 공론을 맡은 지위에 있으면서 이런 연이어 상소하는 사태를 만났는데도 배회하고 곁눈질이나 하면서 진퇴를 분명히 하지 않는 자가 있다면, 그 행신과 처사가 구차하고도 근거가 없는만큼 모두 공의가 용납하기 어려워, 형세상 병립할 수 없습니다. 그런데 끝내 그 잘못됨을 거론하여 바루는 자가 없으니, 이것만으로도 세도를 보기에 충분합니다. 어찌 개탄스럽지 않겠습니까, 지난 번에 양사의 관료들이 함께 용납할 수 없다는 뜻으로 논의를 꺼내고 인피하였다가 이미 출사한 뒤에는 끝내 한 마디 말도 없으니, 언관의 일을 논하는 체모가 어찌 이럴 수가 있겠습니까. 이것이 비록 너무 기가 꺾여 사기가 저상된 탓이기는 하지만 대각의 풍채가 이토록 미약하니 참으로 한심합니다. 유백증은 파직시키고, 대사간 홍명구, 헌납 김경여, 정언 홍명일 · 성이성, 장령 김덕승, 지평 박수홍은 체차하소서." 하였는데, 차자를 들였으나 답하지 않았다.

1635년 6월 4일에 성이성에게 교리 · 수찬직을 제수하였다. 6월 7일에는 부수찬으로 삼았다. 6월 24일에는 부교리로 삼았다. 8월 5일에는 지평으로 삼았다. 9월 16일에는 부교리로 삼았다. 10월 3일에는 정언으로 삼았다. 10월 4일에는 부교리로 삼았다. 11월 2일에는 정언으로 삼았다. 1636년 1월 25일에는 성이성에게 수찬으로 삼았다. 2월 18일에는 정언으로 삼았다. 2월 21일에는 부교리로 삼았다. 3월 17일에는 김자점의 신칙 문제로 정태화와 김익희 등의 의견이 맞서는 때에 다음과 같이 동참하였다.

사간 정태화(鄭太和)가 아뢰기를, "동료들이 원수(元帥)를 신칙해야 한다는 논의를 일으키고 있습니다. 신은 생각건대, 국가가 법을 세운 것이 애당초 엄하지 않은 것이 아니니 죄가 있으면 그 죄율에 따르는 것이 바로 떳떳한 일이라고 여깁니다. 그런데 어찌하여 반드시 별도로 논계해서 새로 만든 법이 있는 것처럼 한단 말입니까. 진실로 법을 어겼으면 법대로 시행하는 것이 마땅하고 법대로 시행하지 않으면 법대로 시행할 것을 주청할 따름입니다. 어찌 훈귀이기 때문에 미리 그가 명령을 따르지 않을 것을 염려하여 용서하지 않겠다고 유시해서 도리어 나라의 위엄이 무겁지 않은 것을 보일 수 있단 말입니까. 그리고 신은 바로 그의 종사관인 만큼 조만간에 종정(從征)하여야 하므로 혐의쩍어서 감히 논의에 참여하지 못했습니다. 체직하라고 명하소서."

하고, 정언 김익희(金益熙) · 김중일(金重鎰)이 아뢰기를,

"옛날에 장수를 명하여 출사(出師)할 적에는 훈계와 신칙이 매우 엄했는데, 그것은 여럿의 뜻을 하나로 하고 나태함을 흥기해야 하기 때문이었습니다. 그렇기 때문에 하(夏)나라 계(啓)가 감(甘) 땅을 정벌할 때에는 육경에게 맹서하였고, 주 무왕(周武王)이 상나라를 칠 때에는 우방의 임금들에게 맹서했으며, 태조 고황제가 서달(徐達)과 상우춘(常遇春) 등에게 출사를 명할 적에도 계칙하는 글이 있었던 것입니다. 서달 등은 일대의 훈구 대신으로 자신을 잊고 나라의 일을 따르는 데 있어 어찌 계칙이나 면려가 있은 뒤에 힘쓰는 바가 있던 것이겠습니까. 그런데도 이와 같이 한 것은, 대개 온 국내의 군사를 모두 그에게 소속시켰으므로 나라의 존망이 그 일에 달려 있기 때문에 부득이 재삼 신칙하여 군율을 엄히 하였던 것입니다.

우리 나라는 군율이 엄하지 않기 때문에 적이 오기도 전에 먼저 무너지고 싸움이 벌어지기도 전에 먼저 달아납니다. 이에 처음 갑자년에 패했을 때는 적이 경성까지 들어왔었고 재차 정묘년에 패했을 때는 오랑캐가 곧장 치달렸으니, 이는 모두 그 당시의 원수가 우물쭈물하다가 군율을 잃은 탓이었습니다. 지금 장수를 명하는 날을 만났으니 폐지된 군율을 거듭 밝혀서 전의 잘못

을 경계하지 않으면 안 됩니다. 이에 신들이 이런 뜻을 가지고 진계했던 것인데, 사간 정태화는 고집을 부려 허락하지 않고 있으니, 그 뜻을 모르겠습니다. 신들은 이미 신용을 받지 못했고 또 논척을 당했으니, 신들을 체직하소서." 하였다. 부교리 김수익(金壽翼) · 성이성(成以性)과 부수찬 심지한(沈之漢) · 권우(權堣) 등이 처치하여 아뢰기를, "장수를 명하는 날을 당해서 군율을 밝히고자 하였으니 가상하게 여길 만합니다. 본인이 막좌(幕佐)가 되었다고 하여 공의을 막고자 하였으니 일이 매우 형편없습니다. 김익희 · 김중일은 출사하게 하고 정태화는 체차하소서." 하니, 답하기를, "아뢴 대로 하라. 정태화의 말은 진실로 소견이 있어서인데 너희들은 체차하라고 논하니 시비가 밝지 못하다고 할 만하다." 하였다. 그러자 김수익 등은 대죄하고 김익희와 김중일은 다시 이를 이유로 인피하니, 체직하였다.

사신은 논한다. 김자점이 공을 믿고 법을 업신여겨 적이 오면 달아날 것이라는 것을 모든 사람들이 알고 있다. 신칙하는 일은 참으로 그만둘 수 없는 일인데, 태화는 훈귀에게 아첨하여 장황한 말을 하면서 오직 자점이 그 말을 듣지 못할까 염려하였으니 비루하다.

또, 1637년 윤 4월 24일에 헌부가 남선 · 신익량 등의 죄상에 대해 아뢰는 때에 다음과 같이 동참 하였다.

헌부가 아뢰기를, "전 감사 남선(南銑)은 위급한 때에 명을 받고서 오직 술 마시는 것을 일삼았고, 처사가 어긋났으며 얼마 후에는 사체(辭遞)하였으니, 당초에 중번(重藩)에 발탁하여 제수한 의미가 과연 어디에 있습니까. 청컨대 남선을 파직하고 새로 내린 가자를 개정하소서. 전 목사 신익량(申翊亮)은 이미 방백에서 체직되었으니, 새로 수여한 가자는 환수하는 것이 이치에 합당합니다. 개정하소서.강서 현령(江西縣令) 이대순(李大純)은 관향사의 장계로 인하여 가자하라는 명을 내리셨습니다. 적을 몇 명 베었다고 해서 당상에까지 오르게 되었으므로 물정이 모두 지나치다고 여깁니다. 개정하소서. 전 유수 한인급(韓仁及)은 변란 초기에 원근의 군사 상황을 하나도 치계하지 않고 해도로 몸을 피해가서 겁에 질려 어쩔 줄 모르다가 일이 안정된 후에야 버젓이 집으로 돌아왔으며, 여러 달을 관직을 비우다가 결국에는 질병을 핑계로 사체하였으니, 물정이 놀랍게 여깁니다. 청컨대 파직하고 서용하지 마소서.

상피(相避)의 법은 《대전(大典)》에 실려 있으니 비록 전쟁으로 어수선한 중이라 하더라도 지켜야 하는데 더구나 어느 정도 안정되어가는 시기이겠습니까. 영해 부사(寧海府使) 이사상(李士祥)은 본도 감사의 4촌으로 법에 있어서 마땅히 교체되어야 하는데 진휼 어사의 장계로 인하여 특별히 그대로 유임하게 하였으며, 소촌 찰방(召村察訪) 이초로(李楚老)도 역시 동일한 체제로 시행하게 하였습니다. 조정의 거조가 이처럼 구차해서는 안 됩니다. 어사가 유임하기를 계청한 것은 이미 그 직책의 임무가 아니니 일의 체제를 알지 못함이 심합니다. 영해 부사 이사상과 소촌 찰방 이초로를 모두 고쳐 차임하고 어사 성이성(成以性)은 추고하소서. 변란을 겪은 후로 서경(署經)의 법이 오래도록 폐지되었는데, 모진(冒進)하는 걱정이 반드시 여기에서 비롯되지 않는다고 할 수 없습니다. 지금부터 양사의 서경을 전처럼 거행하소서." 하니, 답하기를, "아뢴 대로 하라. 성이성은 굳이 추고할 것 없다. 서경하는 일은 아직 천천히 하라. 이사상 등의 일은 윤허하지 않는다." 하였다.

인조 14년인 12월에 청나라 병사가 남한산성을 포위하자 그는 수찬으로서 마침 귀향해 있던 중 변란 소식을 듣고, 망와 김영조, 학사 김응조와 함께 급히 왕 곁으로 달려가던 중 충주를 지나다가 경상감사 심연을 만났다. 그는 '적군에 막혀 남한산성에는 접근할 수 없는 상황이니 차라리 여기서 힘을 바침이 옳으리라'고 하는 감사의 말을 좇아 참모가 되었다. 그의 도타운 충의와 비상한 지모에 심감사는 감탄을 마지 않았다. 그는 진휼어사로 경상도 여러 고을을 두루 돌아 지방관리의 정사와 민정을 살폈으며, 이어 호서 암행어사가 되어 탐학한 관원들을 엄중히 징계하고 선정이나 미행이 있는 이를 포상하였다. 이어 사헌부지평 겸 지제교를 거쳐 사간원 헌납이 되어 윤방, 김류, 심기원, 김자점 등의 나라 그르친 죄를 극론하였다. 이듬해 홍문관 교리에 옮겨 그대로 지제교를 겸했다. 그때 권신들이 서로 알력을 빚어 공직한 인품으로 명망을 띤 그를 서로 끌고자 하여 이조정랑을 삼으려 하였으나, 어버이 병을 이유로 사직하고 돌아왔다.

1637년 7월 16일에 임금은 암행어사 성이성과 김홍욱 · 심동귀 · 조수익을 각도로 보냈다. 10월에 교리로 임명받았다. 12월 15일에는 헌납이 되었고, 사간을 역임하는 동안 직언으로 일관하여 주위의 시기를 받아 승진이 순조롭지 못하기도 하였다. 1638년 2월 5일에는 헌납으로 있으면서 다음과 같이 혐의를 받기도 했다.

> 정언 노준명(盧峻命)이 부원수의 죄를 논핵하려 하다가 미처 아뢰지 못했는데, 옥당에서 먼저 논하였으니 그대로 무릅쓰고 있을 수 없다는 이유로 피혐하고, 대사헌 전식(全湜), 지평 이상형(李尙馨), 헌납 성이성(成以性), 정언 김진(金振)도 김자점을 죄주자고 청하는 논을 옥당에서 먼저 하였다는 이유로 서로 이어 피혐하였으며, 사간 임담은 의견이 같지 않다는 이유로 피혐하니, 모두 사피하지 말라고 답하였다.[249)]

이 일이 있는 다음 날인 2월 6일에도 이 논의는 다음과 같이 계속되었다.

> 부교리 윤명은(尹鳴殷)과 수찬 남노성(南老星)이, 차자에 대한 비답이 온당치 않아 감히 양사(兩司)를 처치하지 못하겠다는 이유로 소를 올리고 대죄(待罪)하니, 상이 이조에 내려 의논하게 하였다. 이조가 회계하기를, "옥당이

---

249) 『조선왕조실록』, 인조 16년(1638) 2월 5일.

양사와는 간격이 있습니다. 비록 온당치 않은 전교를 받들었지만 처치하지 않을 수 없습니다. 이것이 전례입니다." 하니, 상이 따랐다. 이에 처치하기를, "법에 의거해 율(律)을 청하는 것이 지금 또한 늦지 않았지만, 의견이 서로 어긋나고 말이 너무 구차합니다. 노준명 · 전식 · 이상형 · 성이성 · 김진은 출사하게 하고, 임담은 체차하소서." 하니, 답하기를, "아뢴 대로 하라. 노준명도 체차하라." 하였다.[250)]

또, 이틀 후인 2월 8일에는, 주강을 마친 뒤 이현영이 인재의 쓰고 버림에 대해 임금에게 다음과 같이 아뢰었다

주강에 《시전》을 강하였다. 강을 마친 뒤에 이현영(李顯英)이 아뢰기를, "주의(注擬)할 때 항상 인재가 부족한 근심을 하니, 이습관(肄習官)이나 포폄에서 중(中)을 맞은 자들을 파격적으로 청요(淸要)의 좋은 직에 의망하소서." 하니, 상이 이르기를, "외직에 있으면서 중을 맞은 자들은 의망하는 것이 무방하다." 하였다. 현영이 아뢰기를, "큰 난이 일어난 뒤로 세월이 이미 오래되었습니다. 비록 죄가 있는 사람이라 하더라도 본심에서 저지른 것이 아닌 경우에는 수용하는 것이 마땅한 듯합니다. 어찌 한 때의 일로 인하여 끝까지 버릴 수 있겠습니까." 하니, 상이 이르기를, "부박하고 일꾸미기를 좋아하는 무리들은 급급히 수용할 필요가 없다." 하였다. 현영이 아뢰기를, "정유성(鄭維城)은 문충공(文忠公) 정몽주(鄭夢周)의 후예입니다. 조상의 음덕(蔭德)은 받지 못하고 도리어 처외조부(妻外祖父)의 죄에 연좌되었으니, 또한 원통하지 않습니까."

하니, 상이 이르기를, "역적을 다스리는 율이 중하여 그런 것이다." 하였다. 현영이 아뢰기를, "이행진(李行進)은 당초에 고 정승 이원익(李元翼)을

250) 『조선왕조실록』, 인조 16년(1638) 2월 6일.

모욕한 죄로 나추(拿推)되었습니다만, 모욕한 말은 전하는 사람이 잘못 전달한 점이 없지 않습니다. 그런데 종신토록 폐기하는 것은 어떨지 모르겠습니다." 하니, 상이 이르기를, "이는 바로 정경세(鄭經世)가 한 말이다. 어찌 사실이 아닌 말을 임금 앞에서 함부로 전했겠는가. 이원익은 원로 숙덕(元老宿德)으로 나라의 시귀(蓍龜)가 되는 사람인데, 이행진이 감히 모욕했으니, 그 사람됨을 알 만하다. 요즈음 젊은 부박한 무리들이 논하는 바가 있으면 일의 옳고 그름을 가리지 않고 각각 스스로 자기 마음으로 마음을 삼아 나라의 체통을 손상하는 것이 심하다. 옛날에는 대각이 논계할 일이 있으면 반드시 선생이나 어른에게 가서 의논을 하였으니, 이는 아름다운 일이다." 하였다. 현영이 아뢰기를, "지금 이 두 정승을 안치하라는 계사조차 옥당에 통보하지 않았는데, 하물며 어른에게 의논하기를 바라겠습니까."

하니, 상이 이르기를, "경이 이미 이와 같다는 것을 알았으면 어찌하여 분별해 쓰거나 버리지 않고 부질없이 빈말만 하는가. 대간이 피혐하는 말 중에 '윤방(尹昉)은 적이나 원수보다 심한 점이 있다.'고 하였으니, 이 말은 이치에 당치 않는 말이다. 이는 이런 높은 의론을 해서 동료들에게 중망을 받으려고 하는 데 불과한 것이다. 무릇 논계를 그치거나 계속하거나는 각자 자기 의견이 있는 것인데, 자기와 의견이 다른 사람은 반드시 배척하려고 하니, 이 무슨 의도인가?" 하자, 현영이 아뢰기를, "대각의 신하들은 직절(直截)함을 숭상해야 하니, 혹 과격하더라도 너그러이 용납하시는 것이 마땅합니다." 하였다. 대사헌 전식(全湜)이 아뢰기를, "김자점은 원수가 되어 나라의 서문(西門)을 지키고 있었습니다. 그런데 적병이 깊숙이 쳐들어와 대가(大駕)가 군색하게 산성으로 들어가게 하였으며, 위급함이 아침 저녁에 곧 무너질 것 같았는데도 골짜기에서 머뭇거리면서 한 발자국도 나오지 않았습니다. 율에 따라 죄를 정하소서." 하니, 상이 이르기를, "대장의 직임을 받은 사람이 적병으로 하여금 무인지경에 들어오듯이 들어오게 하였으니, 그 죄는 참으로 죽어 마땅하다. 그러나 그 당시 수하에 병사가 적었고, 앞서의 공 또한 크기 때문에 사형을 감하여 죄를 정하였다. 해도에 안치하는 것 또한 가벼운 율이 아니다. 내 의견으로는 국가에서 처치한 것이 마땅함을 잃지는 않은 듯하다. 그런데 해가 지난 뒤에 또 다시 발론하니, 온편치 못한 듯하다." 하였다. 전식이 노준명(盧峻命)을 특별히 체직하라는 명을 도로 거두기를 청하니, 상이 이르기를, "그 사람이 부박하고 일꾸미기를 좋아하며, 말 또한 조리가 없으므로 체직한 것이다. 지금 비록 그 명을 도로 거두더라도 이미 체직되었으니 형세상 행공하기가 어려울 것이다. 다시 번독스럽게 하지 말라." 하였다. 헌납 성이성(成以性)이 유백증(兪伯曾)을 먼저 파직하고 뒤에 추고하라고 한 명을 도로 거두기를 청하니, 상이 이르기를, "임금에게 고하는 말은 아무리 작더라도 반드시 살펴야 하는데, 하물며 종사에 관계된 일이겠는가. 임금이 이미 그르다고 하였으면 스스로 반성하기에 겨를이 없어야 할 것인데, 장황하게 차자에 진술해 조금도 돌아보거나 꺼리는 바가 없었다. 그러므로 약간 벌을 준 것이다." 하였다. 이성이 아뢰기를, "대간이 아뢴 일은 결말이 나기 전에는 승전을 받들 수 없습니다. 이것이 바로 유래되어 온 규례입니다. 그런데 헌부 성상소와 정원의 해당 승지가 버젓이 받들었으니, 아울러 파직을 명하소서." 하니, 상이 이르기를, "전에는 이와 같은 규례가 없었는가?" 하자, 이성이 아뢰기를, "대간이 논집한 일은 정원이 으레 승전을 받들 수 없습니다. 양사는 한 몸인데, 어찌 정계하지 않았는데 미리 승전을 받들 리가 있겠습니까." 하니, 상이 이르기를, "그렇다면 아울러 추고하라." 하였다. 이성이 아뢰기를, "노준명을 특별히 체직하라고 한 명을 도로 거두소서. 그리고 옥당 유신(儒臣)들의 흔쾌히 따르라는 의논은 참으로 당연한 것이며, 대장을 율에 비추어 정죄하는 것 또한 공공의 의논에서 나온 것입니다. 그런데 성상의 비답이 지극히 온당치 않고, 또 그 소를 해조에 내리셨으니, 이는 전에 드물게 있었던 일입니다." 하니, 상이 이르기를, "소를 해조에 내린 일은, 다시 생각해 보니 과연 온당치 않다. 이는 내가 살피지 못한 소치이다." 하였다.[251)]

251) 『조선왕조실록』, 인조 16년(1638) 2월 8일.

3월 20일에는 교리가 되었다. 4월 8일에 헌납이 되었고, 4월 22일에는 대사간 전식과 함께 성이성 등이 상차하기를, "성상의 옥체를 잘 조리하고 보양하며 힘써 실질적인 덕을 닦아서 하늘에 기도하여 천명을 영원히 하는 근본으로 삼으소서. 사치 풍속을 통렬히 개혁하고, 언로를 널리 열며, 기강을 떨쳐 정숙케 하고, 절의를 높이고 권장하며, 백성들의 아픔을 부지런히 구휼하고, 내수사를 혁파하여 하늘의 견책에 답하고 재앙을 늦추는 방도로 삼으소서." 하니, 임금은 "진달한 8조목은 지극한 의논이 아닌 것이 없으니, 내 어찌 감히 스스로 힘써 채용하지 않겠는가." 하였다.

또, 4월 26일에는 교리가 되었고, 다음 날인 4월 27일에에는 성이성이 군신간의 관계에 대해 다음과 같이 계하였다.

> 이 당시 상이 편치 못하여 오랫동안 경연을 폐지했었는데, 이때 이르러 비로소 문정전(文政殿) 무하(廡下)에서 유신(儒臣)들을 소대하였다. 성이성(成以性)이 아뢰기를, "신이 듣건대, 묘당이 중국의 문서를 받는 일에 대해 의논해 처치할 때, 성비(聖批)에 '주장한 사람은 마땅히 그 책임을 져야 할 것이다.'고 전교하기까지 하셨다고 합니다. 임금과 신하 사이에 귀한 바는 서로 믿는 것이고 일이 안위(安危)에 관계될 경우 익숙히 강구하는 데 달려 있으니, 이처럼 곧바로 굴레를 씌우는 것은 마땅치 않습니다. 지난해 강화를 배척한 신하들을 잡아 보낸 거조도 이미 성명한 시대의 아름다운 일이 아닌데, 이런 태도를 고집하여 위엄으로 제압하는 듯한 점이 있으니, 매우 미안합니다." 하니, 상이 이르기를, "나랏일이 이 지경에 이른 것은 명분을 좋아하는 자들이 빌미를 만든 것이다. 다시 잘못될까 염려되어 나도 모르게 성난 말을 한 것이다." 하였다.

또, 5월 1일에는 부제학 이경여 등과 함께 교리 성이성은 국사 전반에 대해 임금에게 다음과 같이 계하였다.

부제학 이경여(李敬輿), 교리 성이성(成以性) 등이 차자를 올리기를, "전하께서 총명하고 슬기로운 자질과 효우롭고 공검(恭儉)한 덕으로 지치(至治)를 이루고자 전전긍긍하시며 인재들을 불러모아 함께 다스리신 지 이제 16년이 되었습니다. 그러나 국사가 끝내 이 지경에 이르러 하늘은 재앙을 거두지 않고 백성들은 원망하는 마음을 풀지 않아 재화가 거듭되어 나라의 존망을 예측할 수 없으니 장차 용렬하고 혼암한 임금처럼 패망하고 말게 되었습니다. 그 까닭은 무엇이겠습니까. 신들은 통탄스럽게 여깁니다.

신들은 모르겠습니다만, 전하의 마음씀이 체용(體用)의 현미(顯微) 사이에 과연 모두 하늘에 맞는데도 하늘이 응하지 않는 것입니까? 당연히 해야 할 일에 대하여 당연한 법칙을 다하면 그것이 바로 이치에 합하는 것이고 일이 모두 이치에 합하면 움직이는 일마다 뜻에 맞을 것입니다. 어찌 이적(夷狄)을 두려워하겠으며 화란(禍亂)을 근심하겠으며 재변을 염려하겠습니까.전하께서는 혼조(昏朝) 때 여항에 계시면서 종사(宗社)와 윤기(倫紀)를 근심하시어 난세를 다스려 안정으로 회복시키는 것을 책무로 삼으시고 만 번 죽더라도 불사할 각오로 동지들을 규합하여 대의를 일으켜 세워서 다시 이륜(彝倫)이 밝아지고 종사가 안정되게 하였으니 중흥(中興)의 공덕이 찬란합니다. 이는 다름이 아니라 마음이 가는 바를 의(義)로 주를 삼아 두려워하거나 기가 꺾이지 않았고 이해를 다투는 사사로운 마음이 그 사이에 관련되지 않았기 때문에 지기(志氣)가 강건해져서 마침내 큰 공적을 아루게 된 것입니다. 수백 명의 오합지졸로 조정을 맑아지게 하는 업적을 이루었으니, 실로 하늘이 도우신 것입니다. 이것이 어찌 사람의 모사로 되었겠습니까. 하늘의 도움을 얻은 것은 의리가 있었기 때문입니다.

계해년 이후로 전하께서 만일 즉위초와 같은 마음으로 마음을 가다듬으시고 천승(千乘)의 존귀함을 낙으로 여기지 않으시면서 오직 마음을 바로잡고 덕을 쌓으며, 하늘을 공경하고 백성을 편안히 하는 데 전념하시어 조심하고 두려워하여 조금이라도 태만한 일이 없으시며, 충성스럽고 어진 신하들을 신임하여 그들의 직언을 즐겨 듣고 사의(私意)를 버리고 공도(公道)를 넓히며, 궁금(宮禁)을 엄하게 다스려 청탁의 길을 막고 절검을 숭상하여 부역을 줄이시며, 공리(功利)의 설에 현혹되지 않고 세금을 잘 거두는 신하를 좋아하지 않으시며, 기강을 바로잡아 형식적인 것들은 통렬히 개혁하고 군율을 엄히 밝혀 군정(軍政)을 정돈하셨다면, 10년도 안 되어 국사가 다스려지고 나라의 근본이 점차 튼튼해져서 형세가 저절로 공고해졌을 것입니다." 하고, 또 아뢰기를, "궁실과 먹고 입는 것을 차리는 것과, 여마(輿馬)와 완호품(玩好品) 등을 갖추는 것과, 내시와 궁녀들이 받드는 것도 전과 같으며, 곧은 선비들을 물리치고 아첨하는 무리들을 신임하며 간언을 물리치고 자기 의견만 내세워 언로를 막는 것도 전과 같습니다. 심지어 공적인 의리는 전혀 없고 사사로운 이해에만 현혹되어 천지의 법도를 하찮게 여기고 사람과 사물의 떳떳한 법칙을 멸절되게 하여 천하의 큰 법도를 유지하고 온 나라의 인심을 위로할 수 없게 되었습니다. 마치 거의 죽어가는 사람이 발병한 원인은 경계하지 않고서 본성을 해치고 생명을 손상시키는 짓을 계속 힘써 하여 가물거리는 목숨이 언제 끊어질지 모르는 것과 같습니다. 어찌 한심한 일이 아니겠습니까. 아, 위로는 하늘이 노하고 아래에서는 백성들의 원성이 쌓이니, 원근의 사람들이 모두 애통하고 답답해하며 흩어질 마음을 갖는 것도 이상할 게 없습니다." 하였다.

또 아뢰기를, "신들이 가까이 모신 것이 어제 오늘의 일이 아닌데, 전하께서 술을 즐기거나 여색에 빠지는 과실이 있다는 것은 듣지 못하였습니다. 그런데 요즈음 그런 얘기가 항간에 떠돌기 시작했습니다. 궁중의 일은 비밀스러운 것이라 신들은 그 말이 사실인지 아닌지는 알 수 없으나, 만약 허위가 아니라면 반드시 곡절이 있을 것입니다. 신들은 이에 목이 메어 차마 말을 못하겠습니다.

전하의 한몸은 종사와 신민이 믿고 우러르는 바입니다. 큰 혼란이 진정되지 않았고 막중한 책임이 앞에 있는데 어찌 차마 경거 망동을 하시어 열성(列聖)들에게 슬픔을 끼치시고 백성들에게 근심을 던져 주십니까. 통렬히 반성하시어 결단코 멀리 끊어 버리십시오. 역적 인성군 이공(仁城君李珙)의 자녀가 모두 혼인을 했으니 참으로 성덕(聖德)의 일입니다. 폐동궁(廢東宮)의 한 딸도 이미 장성하여 성상께서 하늘에 계신 선조(宣祖)의 뜻을 받들어 이미 조정 신하들의 청을 허락하셨으니, 유사로 하여금 혼사를 제때에 거행하도록 하는 것도 역시 화기(和氣)를 부르는 데 하나의 도움이 될 것입니다.

전에 중국의 문서를 받을지의 여부는 실로 대의에 관계되는 것이었으며, 국가 안위의 기틀이 달린 것이었습니다. 그 사이에 조처를 잘 할 수 있는 방법이 어찌 없었겠습니까. 그런데 조정에서 처치한 것은 사리에 있어 근거가 없고 조처한 것이 마땅하지 못했으므로 인심이 복종하지 않고 여론이 분분하니 어찌 안타까운 일이 아니겠습니까. 전하의 뜻은 필시 진위 여부가 확실하지 않다고 여기시어 그렇게 신중히 하셨을 것입니다만, 성상의 의중을 어떻게 사람마다 일일이 납득시킬 수 있겠습니까. 더구나 원수(元首)와 고굉(股肱)은 의리상 일체이므로 성패와 이해에 기쁨과 슬픔을 함께 하는 법이니, 득실과 편부에 대하여 충분히 따져보고 의논을 일치시키는 것이 사리상 마땅합니다. 그런데 성비(聖批)에, 논의를 주창한 자가 담당하라고까지 분부하셨으니, 신은 삼가 전하를 위하여 안타깝게 생각합니다.

옛날의 명철한 임금은 반드시 절의를 중요시하여 오히려 미치지 못할세라 급급하게 부식하고 권장하여 융숭한 상과 높은 벼슬을 조금도 아까워하지 않았고 엄중한 형벌을 늦추어 주지도 않았으니, 멀리 생각한 것은 천 년 후에도 본받을 만합니다. 절의를 지키다가 죽은 대소 진신(搢紳)들과 귀하거나 천하거나 변란을 당해서도 정절을 지킨 부인들을 남김없이 찾아내어 정려하고 포장하는 은전을 속히 거행하여 구천에 떠도는 영혼을 달래소서. 혹 살았더라도 제몸을 깨끗하게 지켜 인륜을 부지하고 절의를 우뚝 세운 자는 비록 중도에 맞지 않더라도 퇴폐한 풍속을 진작시킬 만하니, 너무 심하게 냉대하여 중외(中外)의 의혹을 자라게 하지 마소서.

포로로 잡혀갔던 여자들은 본심이 아니었으니, 그들에게 목숨을 버려 죽지 않은 것을 책할 수는 없다 해도 남편의 집안에서 볼 때 이미 대의(大義)가 끊어진 것이니, 어찌 강제로 다시 결합하게 하여 사대부의 가풍을 더럽힐 수 있겠습니까. 국가에서 그렇게 하는 것이 비록 그들이 의지할 데 없음을 가엾게 여겨 제 살 곳을 찾게 하고자 한 것이지만 보고 듣는 이들이 의혹하여 원근이 떠들썩하니 풍속을 해침이 작지 않습니다. 비록 일제히 이혼하게 하는 것은 불가하더라도 재취(再娶)하거나 그대로 데리고 살거나 하는 것은 마음대로 하게 하는 것이 마땅할 것 같습니다.

신들이 삼가 여론을 듣건대, 전하께서 성절(聖節)과 천추(千秋) 및 동지(冬至)와 원단(元旦)에 궁정에 위차(位次)를 설치하여 예를 행하고 서쪽을 향하여 통곡하셨다니, 신들은 성덕에 감동하여 모르는 사이에 눈물이 흘러내렸습니다. 천지 신령과 조종(祖宗)의 영혼이 반드시 지하에서도 감동하였을 것이고 온 나라 신민들도 우러르고 의지하는 마음으로 굳게 뭉쳐 흩어지지 않을 것입니다. 그리하여 옛사람과 같은 공을 곧 세울 수 있을 것이니, 오늘날의 일이 어찌 흠이 되겠습니까." 하였다.

또 아뢰기를, "봉공(奉供)하는 외물을 염두에 두지 마시고 거처와 의복 및 거마는 어려웠던 시절을 잊지 마소서. 매우 공정하게 삼가 살피시어 상벌을 내리시되 사욕을 따르지 말고 한결같이 공의(公議)를 들어 덕 있는 이를 명하고 죄 있는 이는 벌주는 하늘의 뜻을 받들며, 마음에 안 드는 말이나 뜻에 맞는 말이 있으면 반드시 도(道)에 맞는지 어긋나는지를 헤아려보아 물 흐르듯 따르는 도량을 넓히고, 호오의 편벽된 마음에 얽매이지 말아서 충직한 이들이 권장되게 하소서. 용렬하고 구차하게 비위 맞추는 것을 후중(厚重)하다 하지 말고, 강개(慷慨)하게 나라를 근심하는 것을 지나치게 과격하다 하지 말고, 아첨하고 순종하는 것을 임금을 사랑하는 것이라 하지 말고, 직언으로 과감히 간하는 것을 정직을 파는 것이라 하지 말고, 대열을 뒤쫓아 가는 것을 안정된 것이라 하지 말고, 탁한 것을 배격하고 맑은 것을 앙양하는 것을 부박한 짓이라 하지 말고, 능력을 자랑하고 원망을 전가하는 것을 국사에 마음을 다한다고 하지 말고, 백성을 사랑하고 근본을 굳건히 하는 것을 명예를 구하는 것이라 하지 마소서. 그리하여 한 시대의 사대부(士大夫)로서 직분을 다하는 자들이 뜻을 펼 수 있는 자리를 얻어 제각기 몸과 마음을 다하여 국난을 극복해 나가게 한다면 인심이 결속되고 나라의 기강이 점차 확립되어 장차 반드시 천하에 대의를 펼치게 될 것입니다." 하였는데, 답하기를, "차자를 살펴보고 잘 알았다. 차자의 내용이 모두 나라를 근심하고 임금을 사랑하는 것이었다. 마땅히 유념하고 채택하여 시행하겠다." 하였다.[252)]

이 일이 있은 후, 6월 25일에는 수찬이 되었고, 8월 8일에는 부수찬이 되었고, 1639년 3월 11일에는 다시, 부수찬이 되었고, 3월 19일에는 수찬이 되었고, 4월 4일에는 장령이 되었고, 5월 22일에는 교리가 되었다. 6월 15일에는 교리로서 성이성 등은 군사 징집에 대해 임금께 다음과 같이 계하였다.

청대(請對)하니, 상이 하교하기를, "어제 더위의 증세를 얻어 기가 잠시 편치 못하므로 인견하지 못한다. 소회가 있으면 써서 아뢰라." 하자, 성이성 · 민응협 등이 아뢰기를, "지금 듣건대, 문서를 이제 발송한다 하는데, 한번 발송한 뒤에는 후회해도 소용이 없습니다. 국가가 불행하여 이미 오늘날에 이르렀으니, 진실로 터럭끝만큼의 이익이라도 된다면 설사 이보다 심한 것이 있더라도 신들이 또한 말하지 않을 것입니다. 반드시 도움되는 바가 없음을 알면서도 해서는 안 될 일을 하니, 신들은 의혹스럽습니다.저들의 풍속은 전쟁을 일삼아 군사 출동이 무상합니다. 만일 그들 스스로 자랑하는 말로 인하여 곧바로 치하를 보내면 '의리(義理)' 두 글자는 우선 놓아두고 논하지 않더라도 이 길을 한번 열어 놓으면 뒤에 장차 어떻게 계책하겠습니까. 군사를 징집

252) 『조선왕조실록』, 인조 16년(1638) 5월 1일.

하는 일과 도망해 돌아온 사람을 묶어 보내는 일은 모두 차마 말하지 못할 바가 있습니다만, 이는 모두 저들이 강제로 정한 데에서 나온 것이어서 우리가 어찌할 수 없는 것이니, 사람들도 이해할 것입니다. 그러나 지금 이 일은 어찌 우리측에서 먼저 해서야 되겠습니까." 하니, 답하기를, "아뢴 말이 옳다. 마땅히 묘당으로 하여금 의논하여 처리하게 하겠다." 하였다. 비국이 회계하기를, "이 일이 마음에 불안한 것은 어리석고 지혜로운 자를 가릴 것 없이 모두 그러합니다. 신들도 칠정(七情)이 있으니 어찌 이러한 마음이 없겠습니까. 또 처음 계책으로 말씀드리면, 이 일을 허락받느냐 허락받지 못하느냐 하는 것은 일신의 이해에 관계되는 바가 없습니다. 그리고 중론(衆論)을 힘써 따르면 일시의 아름다운 이름을 얻을 수 있고, 중론을 어기고 강행하면 일시의 비방뿐만 아니라 후일의 허물과 후회 또한 작지 않을 것입니다. 신들만 어찌 이에 생각이 미치지 않았겠습니까. 다만 세자께서 이역에 억류되어 있은 지 3년이나 되었습니다. 밤낮 목을 빼고 한번 천안(天顔)을 바라볼 수 있기를 생각하고 있으나 그 길이 없으니, 이는 온 나라 신민의 지극한 아픔입니다. 진실로 돌아오는 데에 조금이나마 도움이 될 수 있는 계책이 있다면 모든 방도를 다하지 않을 수 없습니다. 그런데 하물며 이 추가로 보내는 문서는 실지가 없는 빈말에 지나지 않는 데이겠습니까. 지금 이 유신(儒臣)의 계사는 이 일의 이해를 상량해 논하여 큰소리만 치는 데에서 나온 것만은 아닌 듯하니, 신들도 그 말을 따를 수도 있습니다. 그러나 청나라의 사정은 억측으로 알 수 있는 바가 아닙니다. 반드시 도움이 있다고는 감히 보장하지 못하겠으나, 반드시 도움이 없다고 하는 것은 또한 어떠한 견해에서 나온 것인지 모르겠습니다. 대저 묘당과 대각은 맡은바 직분이 각각 다릅니다. 정론을 지키고 의리를 밝히는 것은 대각의 임무이며, 경중을 저울질하고 이해를 참작하여 종묘 사직을 보전하는 것은 묘당의 책임입니다. 논한 바와 본 바가 비록 같지 않더라도 국사를 함께 이루어나가는 데에 해가 되지 않습니다. 지난해에 묘당이 지나치게 삼사(三司)에게 견제되어 이미 떠나보낸 사신을 중지하기에 이르러 드디어 큰

화를 불렀습니다. 이것은 지나간 일로서 거울삼을 만한 것으로, 신들은 감히 하지 못하겠습니다. 또 사신이 이미 문서를 추후에 발송한 것을 알고 있으니, 경유한 바의 일로(一路)에서 아마도 반드시 종종 들었을 것이므로 이 일이 마침내 반드시 관중(館中)의 귀에 들어갈 것입니다. 그러면 며칠 못 가서 반드시 청인의 귀에 들어갈 터이니 그 해가 됨이 도리어 처음에 하지 아니함만 못합니다. 저러나 이러나 결코 중지하기 어렵습니다." 하니, 상이 따랐다.[253)]

또, 6월 20일에는 사간이 되었다. 7월 9일에, 공무를 소홀히 한 장령 조중려와 사신 전송에 불참한 김수현 · 성이성 · 이상형 · 유철 · 박수문 · 조한영 등을 체차하다

장령 홍무적(洪茂績)이 아뢰기를, "장령 조중려(趙重呂)는 본부(本府)가 좌기(坐起)하던 날, 자리에 앉아 있으면서 담배를 피워 동료를 태만히 대하는 태도가 있었으며, 또 다시(茶時)에 남의 정장(呈狀)을 받아 법과 규례를 어겼는데, 이는 신이 동료에게 가볍게 보인 소치입니다. 또 신이 교외에서 칙사를 전송할 즈음에 길 왼쪽으로 나아가려 했는데, 눈물이 마구 흘러 저도 모르게 벌렁 넘어졌으니, 신을 파직하소서." 하니, 장령 조중려(趙重呂)가 인피하면서 변명하였다.

대사간 김수현, 사간 성이성(成以性) 등이 모두 칙사를 배송할 때 반열에 참여하지 않았다는 이유로 인피하였다. 옥당이 그들을 모두 체차하도록 청하니, 상이 따랐다.

1639년 7월 11일에 다음과 같이 성이성 등을 팔도에 암행어사로 파견하였다는 기록이 있다.

---

253) 『조선왕조실록』, 인조 16년(1639년) 6월 15일.

> 정치화 · 이시매(李時楳) · 유영(柳潁) · 성이성 · 이시해(李時楷) · 남노성(南老星) · 임전(林) · 박수문 · 홍무적 등을 암행 어사(暗行御史)로 명하여 행장을 꾸리게 하고, 이틀 지나서 팔도에 나누어 파견하였다. 살펴보건대, 음관(蔭官)이 암행 어사에 선발된 것은 국조(國朝) 이래로 드물었다. 진실로 적임자라면 문관과 음관을 어찌 구분하겠는가마는 무적은 적임자가 아니었으므로 당시에 음관 어사라는 비난이 있었다.[254)]

성이성은 1639년 9월 24일에는 사간이 되었고, 10월 25일에는 집의가 되었고, 12월 11일에는 교리가 되었다. 그는 중간에 파직되었다가 1644년 12월 30일에는 부수찬이 되어 청나라 사행에 서장관으로 인평대군을 모시고 북경에 다녀오게 되었다. 그해 가을부터 이듬해 여름까지에 교리, 수찬을 4차례, 사간, 사헌부 집의를 4차례, 시강원 보덕 1차례에 각각 임명되어 혹 취임하기도 하고, 고사하기도 했다.

1645년 윤 6월 13일에, 부교리가 되었고, 8월 11일에는 사간이 되었고, 10월 21일에는 다시 사간이 되었고, 12월 19일에는 부수찬이 되었다. 1646년 1월 28일에는 다시 사간이 되었고, 5월 6일에는 수찬이 되었다. 5월 16일에는 집의가 되었고, 6월 21일에는 부교리가 되었다. 9월 5일에는, 문과 별시의 일 · 이소의 방방를 파하고 해당 관원의 추고를 다음과 같이 명하였다.

> 상이 문과 별시(文科別試)의 초시(初試) 일소와 이소의 방방(放榜)을 파하도록 명하였다. 이때에 병자년의 중시(重試)와 별시 대거(別試對擧)에 역적 안익신(安益信)을 토벌한 경사(慶事)를 합하여 내외의 많은 선비를 모두 모아 시험보여 6백 명을 뽑았다. 상호군 이경증(李景曾), 부제학 여이징(呂爾徵), 형조 참의 유황(俞榥) 등이 일소의 공거(貢擧)를 맡아 '한나라 시랑 왕장이,

254) 『조선왕조실록』, 인조 16년(1639년) 7월 11일.

위현성을 후하게 양육하여 그 뜻을 굽히지 말도록 청하다.[漢侍郎王章請優養韋玄成勿枉其志]'로 표문(表文)의 제목을 삼고 '옛날의 임금과 이별하면서 눈물을 흘리다.[流涕別舊君]'로 논문(論文)의 제목을 삼았었다. 대제학 이식(李植), 병조 참판 윤순지(尹順之), 병조 참의 채유후(蔡裕後) 등은 이소의 공거를 맡아 '당 예부 시랑 왕호가 곽후를 경릉에 부장하도록 바라다.[唐禮部侍郎王皞請以郭后祔葬景陵]'로 표문의 제목을 삼고 '황보규가 당인에 참여하지 못한 것을 부끄럽게 여기다.[皇甫規恥不與黨人]'로 논문의 제목을 삼았었다. 그러자 상이 일소와 이소의 글 제목에 모두 기롱하고 풍자하는 뜻이 있다고 하여 하교하기를, "이 일소와 이소의 논문과 표문의 제목은 무엇을 의미하는가? 승지들은 고찰하여 아뢰라." 하였다.

승지 이시해(李時楷)·홍전(洪瑑)·김익희(金益熙)·이원진(李元鎭) 등이 아뢰기를, "무릇 시소(試所)에서 글 제목을 상고하여 낼 때에는 서책을 찾아 열람하여 그 만나는 곳에 따라 제목을 삼는 것이 전례입니다. 이번의 글 제목도 우연하게 나온 듯하며 신들은 무슨 뜻이 있는가를 모르겠습니다." 하니, 상이 답하기를, "이번의 글 제목이 옳은가, 그른가? 그대들은 공정하게 진계하고 사사로움을 따라 그른 것을 무마하려고 하지 말라." 하였다. 이에 이시해는 일을 핑계하여 먼저 나가고, 홍전 등이 또 아뢰기를, "양소(兩所)의 논문과 표문의 제목이 대체로 타당하지 않습니다만 이것은 전대(前代)의 일을 우연히 제출한 듯하였기 때문에 이와 같이 회계하였습니다. 지금 성상의 하교를 받고 황공함을 금할 수 없습니다." 하니, 상이 하교하기를, "파방하는 것이 옳을 듯하다. 해조로 하여금 대신에게 의논하여 아뢰도록 하라." 하고, 또 하교하기를, "일소와 이소의 시관(試官)이 옛것을 인용하여 지금과 비교하면서 위에 있는 사람을 비난하고 업신여기니 이는 참으로 무슨 마음에서인가? 그 방자하고 거리낌이 없는 죄는 징계하지 않을 수 없다. 상시관(上試官)은 관작을 삭탈하여 문외 출송하고, 차시관(次試官)은 모두 먼저 파직하고 뒤에 추고하도록 하라." 하였다.

승지 이래(李秾)가 아뢰기를, “참시관(參試官)과 감시관(監試官)은 어떻게 조처하여야 하겠습니까?” 하니, 같은 벌을 시행하라고 답하였다. 이에 이식 · 이경증 등은 관작을 삭탈하여 문외 출송하고, 여이징 · 윤순지 · 채유후 · 유황 · 양만용(梁曼容) · 성이성(成以性) · 이해창(李海昌) · 이석(李晳) · 서상리(徐祥履) · 김식(金鉽) · 홍처윤(洪處尹) · 권오(權悟) · 이척연(李惕然) · 권령(權坽) · 조형(趙珩) · 유거(柳椐) 등은 아울러 먼저 파직시킨 뒤에 추고하도록 하였다.

1647년 7월 22일에는 교리가 되었다. 1647년 11월 5일에는 성이성에게 조빈 등과 함께 다음과 같이 암행어사 차비를 하게 하였다.

군기시 정 심택(沈澤), 예빈시 정 조빈(趙贇), 정랑 유경창(柳慶昌), 교리 성이성(成以性) · 민광훈(閔光勳), 좌랑 이해창(李海昌), 수찬 이행원(李行源) · 김중일(金重鎰) · 이정영(李正英)에게 명하여 암행 어사로 나갈 채비를 하게 하였다.[255)]

11월 8일에, 암행 어사 성이성과 이해창을 떠나보냈다. 암행어사 직무를 마친 후에, 12월 26일에는 다시 교리가 되었다. 1648년 2월 25일에는 집의가 되었고, 3월 9일에는 성이성은 체직을 다음과 같이 청하였다.

집의 성이성(成以性)이 아뢰기를, “간원이 망령되이 논한 것에 대한 잘못을 옥당이 규계한 것은 당연한 것입니다. 이기조를 외직에 보임하라는 명에 대해 장관(長官)이 환수할 것을 청한 것도 당연합니다. 그러나 대각의 논계는 반드시 동료들과 의논해 정해야 하는데, 만일 등대(登對)할 시기가 급하여 회

255) 『조선왕조실록』, 인조 25(1647년) 11월 5일.

답이 오기를 기다릴 겨를이 없으면 한편으로 서간(書簡)을 보내어 알리는 것도 본래의 규례이니, 물러나온 뒤에 의계하는 것도 불가할 것이 없습니다. 그런데 지금 장관이 탑전에서 먼저 발론한 뒤에 간통했으니, 이는 상규에 어긋나는 것입니다만, 신이 시끄러운 단서를 야기시키고 싶지 않아서 상의하여 의계하자는 것으로 회답하여 보냈습니다. 장관이 이미 이것을 이유로 인피했으니, 신이 어떻게 감히 무릅쓰고 있을 수 있겠습니까. 신을 체직시켜 주소서." 하니, 사직하지 말라고 답하였다.[256)]

성이성은 1648년 3월 14일에는 응교가 되었고, 윤 3월 24일에는 부수찬이 되었다. 그는1590년 8월 1일에 춘추관이 교지를 받들어 찬수하여 1593년에 마친『인조실록』편수관이 되어, 실록 편찬에 통훈대부 행 사간원 사간 지제교 겸 춘추관 편수관의 자격으로 동참하였다.

효종 1년인 1650년 1월 9일에는 부교리가 되었고, 10월 18일에는 부응교가 되었고, 윤 11월 13일에는 다시 사간의 직책을 맡았다. 1650년 윤 11월 22일에, 다음과 같이 강화 유수 조계원의 상소에 경연에서 말한 내용이 누설되었다고 논의에 동참하였다.

강화 유수 조계원(趙啓遠)이 병을 일컫고 사직하자, 상이 하교하기를, "조계원이 사직한 장계 가운데 이른바 '경연에서의 말'이란 조보(朝報)에 나지도 않았는데 어떻게 알았단 말인가. 매번 인대할 때마다 상하가 주고받은 말이 그 시기를 넘기기도 전에 빠짐없이 전파된다고 하여 마음속으로 깜짝 놀라고 있었지만 그래도 다 믿지는 않았었다. 어찌 지금처럼 이와 같은 일이 있으리라고 예측이나 했겠는가. 더구나 편전에서 인접한 것은 평상시 인견하는 것과는 또한 차이가 있지 않은가. 참여하여 들은 자는 단지 승지와 사관뿐인데

256)『조선왕조실록』, 인조 26년(1648) 3월 9일.

이처럼 말이 전해지니, 근시(近侍)를 신임하는 뜻이 어디에 있는가. 크고 작은 군국의 일 또한 어찌 신중하고 은밀하게 할 리가 있겠는가. 관계된 바가 적지 않으니, 그 말을 전한 자를 승지는 물어서 아뢰라." 하였다.

동부승지 채유후(蔡裕後)가 아뢰기를, "가주서 이명익(李溟翼)에게 물어보니, 일을 기록한 초고를 설서 조귀석(趙龜錫)이 와서 보았다고 하였습니다." 하였다. 또 하교하기를, "반드시 어떤 대화가 있었는지를 먼저 안 뒤에야 초고를 구해 보았을 것이다. 조귀석이 어떤 사람에게 들었는지 불러다 물어서 아뢰라." 하니, 정원이 아뢰기를, "즉시 조귀석을 불러다 물어보니, 귀석이 말하기를 '사관 신최(申最)는 바로 나의 외종 동생이다. 내가 우연히 편지로 경연에서의 대화에 대해 물었는데, 신최가 우리 아버지가 비방을 받았다는 뜻으로 대략 통지해 주었다. 내가 이날 본원에서 입직하는데 가주서 이명익이 마침 와서 보고 또 그 말을 전해 주었다. 내가 그 자세한 내용을 알고 싶어 정원으로 가서 주서가 일을 기록한 초고를 구해 보았고, 그 내용을 아버지에게 서신으로 보고했다.' 하였습니다." 하였다.

또 하교하기를, "경연에서 한 말이 도처에 전파되었다. 나라의 기강이 비록 무너졌으나 사람들이 두려워하는 바가 없는 것이 또한 어찌하여 이 지경에까지 이르렀단 말인가. 이명익과 신최를 모두 잡아다 형추하라. 조귀석이 당초 편지로 남에게 물은 것은 또한 무슨 뜻인가. 먼저 파직시킨 뒤에 추고하라." 하였다. 금부가 신최와 이명익의 공사(供辭)로 형신을 청하자, 상이 따랐다. 신최는 의논해 처치하라고 명하여 금부가 의논해 아뢰자, 상이 파직을 명하였다. 영의정 이경여, 우의정 이시백이 상차하기를, "삼가 사관을 형추하라는 명이 있었다고 들었습니다. 이는 참으로 폐단을 우려하고 뒤를 경계하는 지극한 뜻에서 나온 것입니다마는 예로써 아랫사람을 대우하고 정상을 참작해 죄를 정하는 도에 아마도 방해가 될 듯합니다. 예에 '형은 대부(大夫)에게 시행하지 않는다.'고 하였습니다. 대부에게도 오히려 형을 더할 수 없는데, 하물며 붓을 잡고 법도에 따라 기록하는 신하이겠습니까. 아침에 위엄스런 옥안을 모시다가 저녁에 옥리에게 나아가는 것도 이미 듣는 사람들을 놀라게 하는데, 더구나 묶어 고문을 하여 하인들처럼 천하게 다룬단 말입니까.

선조조(宣祖朝) 40년간, 인조조(仁祖朝) 27년간에 일을 기록하던 신하로 죄과를 범하고 법에 저촉된 사람이 어찌 없었겠습니까마는 오늘과 같은 거조가 있었다고는 듣지 못했습니다. 성명께서 위에 계시면서 인후함으로 정치를 하시는데 쇠한 세상의 독책하는 정사가 순식간에 바로 나올 줄을 어찌 생각이나 했겠습니까. 이명익은 바로 영남 사람입니다. 신들이 평소 그 사람을 모릅니다만 어찌 감히 떠도는 말과 부질없는 말로 군부를 속이겠습니까. 삼가 우레와 같은 위엄을 조금 거두시고 헤아려 마땅히 시행해야 할 벌을 내리소서." 하니, 답하기를, "형법이란 바로 국가를 유지하는 것이다. 조종의 법률을 내 어찌 감히 사사로이 하겠으며, 경들도 또한 어찌 감히 소홀히 할 수 있겠는가. 유사에게 맡겨 법에 따라 다스리게 하는 것이 옳다." 하였다.

간원이【사간 성이성(成以性), 정언 이경억(李慶億).】아뢰기를, "지금 듣건대, 전 가주서 이명익을 형추하라는 명이 있었다고 하니, 지극히 놀라움을 금치 못하겠습니다. 경연에서 한 말도 진실로 군국의 기밀에 관계된 일이 아니면 묻고 싶은 것이 인정이고, 서로 고해주는 것도 인정입니다. 지금 잘못을 범한 것이 그 죄가 매우 미미한데 이토록 엄하게 다스려 조금도 용서해주지 않는다면, 한 사람 사관이 죄를 받는 것은 참으로 애석해 할 만한 것이 못되나 어찌 성명에게 허물되는 일이 되지 않겠습니까. 형추하라는 명을 도로 거두소서." 하였다. 상이 모두 따르지 않았다. 여러번 아뢰어서야 따랐다. 그 뒤에 영월군으로 유배하도록 명하였다.

또, 1658년 8월 10일에 교리로 되었고, 현종 즉위년인 1659년 6월 2일에는 사간이 되었다. 6월 15일에는 대사간 이정기, 정언 이익 · 여성제, 헌납 목내선 등과 함께 서로 이어 인피하고 물러가 대기하고 있었는데, 홍문관이 처치하여 이정기 등 8명은 출사하도록 하고 목내선 · 허목은 갈아 임명할 것을 청하니, 그대로 따랐다. 7월 9일에, 장령 김익렴, 지평 이합은, 특별히 체차하였다가 다시 제수한 것이 불안하다는 이유로 인혐하고 물러가 물론을 기다렸다. 응교 이경휘, 교리 성이성, 수찬 홍처윤 · 김우형이, 모두 출사하도록 하고 익렴 · 이합만 체차할 것을 청하니, 따랐다. 7월 11일에, 교리가 되었고, 9월 3일에는 부제학 유계, 교리 성이성 등이 상소하기를, "양사의 많은 관원들이 인피하였는데 이를 본관이 처치해야 합니다. 그런데 유후성 등의 정론건에 대해 신들도 '삼가 알았다.'고 썼으니, 어떻게 감히 편안한 마음으로 처치를 하겠습니까. 신들의 직을 갈아주소서." 하니, 사직하지 말라고 답하였다. 이때, 교리 남구만이, 후성 등을 그대로 두고 그들로 하여금 약을 논의하게 하는 것은 불가하다는 뜻으로 상소하여 그것이 잘못임을 극구 아뢰기를, "후성이 전일에 지은 죄가 그 얼마나 큰 죄이며 오늘 논의하는 일은 그 또 얼마나 중대한 일입니까. 그런데 겨우 극형을 면한 자를 금새 약을 논의하는 반열에 넣어, 백성이 국법에 대하여 불쾌하게 여기고, 듣는 사람들이 놀라워할 일을 해서야 되겠습니까? 하물며 임금과 어버이는 똑같은 것입니다. 충신이 임금 섬기는 일이나 효자가 어버이 섬기는 일이나 다를 바가 무엇이 있겠습니까. 그렇다면 효자가 자기 어버이를 위하여 의원을 맞이해 왔을 때, 만약 그 의원이 처방을 잘못 내려 결국 큰 일을 당했다고 한다면, 그의 의술이 비록 화타나 편작과 같다고 할지라도 차마 자기 집에 다시 데리고 오지 않을 것입니다." 하니, 상이 관대하게 답하고 즉시 후성 등을 정배지로 보내도록 명하였다.[257)]

『현종 개수실록』의 현존 원년인 1659년 12월 19일 기사를 보면, 성이성을 집의로 삼았다. 12월 27일에, 부교리로 삼았다. 1660년 1월 16일에, 응교로 삼았다. 1660년 12월 4일에, 만포 첨사 한휴가 김성원이 호의 경내에 건너가 삼을 캐다가 피살된 사건을 은폐하는 사건이 있었다. 만포 사람 김성원이

257) 『조선왕조실록』, 현종 1년(1660)년 9월 3일.

벌등포 사졸 13인과 폐군된 자성을 거쳐 몰래 경내에 건너가 삼을 캐다가 호인에게 발각되어 쫓기다가 서로 싸워 세 사람이 피살되고 성원은 화살 두 대를 맞고 집에 돌아와 역시 죽었다. 만포 첨사 한휴가 이를 덮어 두고 아뢰지 않다가 40일이 지난 뒤에야 비로소 '성원 등에게 우리 경내에서 삼을 캐도록 허락했더니 눈을 만나 얼어 죽었다.'고 병사에게 보고하였고, 병사 김휘는 조정에 아뢰었는데, 상이 한휴를 잡아다 심문하라 명하였다. 이때에 와서 한휴가 이르러 심문에 응하여 말하기를 '강계 부사 성이성이 나에게 지시하기를「변방에 관계된 일은 누설하지 않는 것이 마땅하다. 머지않아 사행이 있을 것이니 우선 버려두고 아뢰지 않는 것이 가하다.」고 했다.'고 하였다. 이에 상이 다시 이성을 잡아다 대질시키라고 명하였다. 간원이 탄핵하기를 "평안 병사 김휘는 한휴의 거짓 보고를 살피지 못하고 단지 벌등포 권관 김재형을 파출시키라고 청하였습니다. 일 처리가 매우 어그러졌으니 파직시키소서." 하였다.[258)]

1661년 4월 1일에, 좌의정 심지원이 '여러 죄인들을 의율하라'고 한 북경에서 보낸 자문에 대해 다음과 같이 품달하였다.

> 상이 흥정당(興政堂)에 나아가 대신 및 비국의 신하들을 인견하였다. 심지원이 아뢰기를, "성이성(成以性)과 한휴(韓休) 모두에게 혁직(革職) 정배(定配)의 율(律)을 적용하였는데, 이성의 죄는 한휴에 비해 조금 가벼운 만큼 정배시키기까지 하는 것은 너무 지나칩니다." 하니, 상이 이르기를, "원정(原情)을 살펴보건대 한휴가 성이성과 의논한 것이 분명하다. 보내온 자문 가운데엔 모두 나수(拿囚)하라고 했으니, 똑같이 벌을 주어야 할 것이다." 하였다. 지원이 다시 한휴는 혁직 정배하고 이성은 혁직 도배(徒配)할 것을 청하

258) 『조선왕조실록』, 현종 1년(1660)년 12월 4일.

니, 상이 따랐다.[259)]

성이성은 이러한 관직 생활 중에서 세 차례나 암행어사의 직책을 맡게 된 것이 특징이다. 그런데 세 번의 암행어사 중에는 1639년 7월 11일, 그리고 1647년 11월 5일에 명을 받은 두 번은 호남어사로 임명되었다.[260)] 이 두 차례의 호남 암행어사 때에는 두 번 모두 암행어사의 직무를 마감한 다음에는 남원에 있는 스승 성이성을 자택으로 방문을 하였다. 그런데 1647년에 방문했을 때에는 스승 조경남은 세상을 떠난 이후였다. 또, 성이성은 외직으로는 진주 · 강계 등 네 고을을 다스렸는데, 진주 때는 어사 민정중의 선치 보고로 속과 겉의 옷감을 받았다. 강계 때에는 인삼세를 모두 면제해주어 백성들로부터 '관서활불'[261)]이라는 칭호를 받았다.

이처럼 성이성이 청백리로서 올곧은 삶을 살아간 그는 빼어난 의표에 단정하고 장중하여, 아무리 불시에 급한 경우를 당해도 자약하여 급한 기색을 보이지 않았다. 특히, 남원에 책방도령으로 있을 때에 관아에 귀신의 괴변이 많았다 한다. 그러나 그는 조금도 개의함이 없이 밤이면 늘 혼자서 거처하며, 태연히 글을 읽으며 학문에 열중하였다 한다. 또 한 번은 그가 부친을 뵈러 제주도로 가는 도중에 험악한 풍랑을 만나서 배가 거의 전복이 될 지경에 이르니, 사공마저 놀라서 고함을 치며 당황해 하였다. 그러나,

---

259) 현종 2년(1661)년 4월 1일.

260) 인조의 결정은 성이성이 애초에 1차로 호남어사가 될 때에도 일반적인 규정에 의하면, 성이성의 부친 성안의가 남원부사로 4년간 있었기 때문에 상피제의 규정에 따라 호남어사가 될 수 없었지만, 인조는 특별 조치로 성이성을 굳이 호남어사 결정하였고, 그것도 2차례에 걸쳐서 같은 호남어사로 보낸 것이다. 이에 대하여, 신병주(『고전소설 속 역사여행』, 돌베개, 2005) 등의 역사학들과 국문학자 중에는 상피제의 문제를 들러 성이성이 호남어사가 된 것을 부정하였다.

261) 關西活佛.

그는 여유를 보이며 다른 사람들마저 안정을 찾게 하였다고 한다. 벼슬길에 나아가서는 교유가 적었으며, 권귀가에 가까이하지 않았다 한다. 인평대군이 여러 차례 내방하였지만, 그는 답례로 찾은 뒤에는 더 이상 찾지 않는 결백함을 보였다. 벼슬자리에 있을 때는 절용, 애민, 청렴을 내세웠고, 법을 잘 준수하며, 사사로운 청탁을 하지 않았다. 관청이 정숙하고, 안과 밖이 엄격히 격리되어 아문의 관속들도 그의 얼굴을 보지 못했다. 그리고 술 한잔, 국 한 그릇도 사사로이 쓰지 않았다. 그러나 간혹 비방이 있으면 그것에 개의하지 않았으며, 외직으로 담양, 창원목사를 거쳐서 진주 목사로 있을 때에는 진주의 장례 풍속을 바꿔 놓았다. 그 고장 서민들은 사람이 죽으면 산기슭에 이엉으로 덮고 오래도록 매장하지 않는 풍습이 있었다. 그는 상을 당한 이웃이나 친척이 힘을 모아 반드시 매장하도록 유도했다. 처지가 딱하면 관청에서 물자와 식량을 지원하여 점차 매장이 자리잡도록 했다. 암행어사 민정중이 진주에서 훈련 사열을 마친 뒤 향연을 베풀고 상벌을 줄 때, 병사들은 촉석루에서 크게 놀음놀이를 벌여 어사의 환심을 사려 한것을 제지하고 막아버렸다. 이에 민어사는 오히려 감복했고, 조정에 들어가 보고하여 포상으로 옷감 한 벌이 하사됐다. 진주성에는 지금도 성이성의 청덕비가 남아 있다. 강계부사로 있던 어느 날은 아전이 “감영에서 비장이 공문을 가지고 왔다”고 보고했다. 성이성은 인삼 때문일 것으로 짐작했다. 공무라면 군사편으로 공문을 보낼 텐데 비장이 공문을 옷소매에 지니고 와서 수령에게 부탁하는 것이 이상했으므로 그는 받지 않았다. 비장이 화를 내고 돌아가 감사에게 보고하자, 감사는 “그 사람이 그렇듯 엄정하니 비록 상사로도 어찌할 수 없구나”라며 감탄했다. 뒷날 한양에 올라가 “성모 같은 이는 지금 세상에 한 사람뿐”이라 칭찬했다. 그는 또 인삼세를 면제시켜 ‘관서활불’이라는 칭호를 얻기도 했다. 그래서 그는 간혹 엉뚱하게 비방을 들었지만 개의치 않았다. 손님이 오면 아무리 낮고 미천한 사람

이라도 한결같이 후하게 대접하였다.[262)]

그 후에도 성이성은 강계 등 부임하는 고을마다 밝게 다스려 칭송이 많을 정도로 어진 목민관으로서 백성을 보살폈고, 몇 차례에 걸쳐 암행어사로서 직책을 감당하였다. 그가 청백한 관리로서 일생을 보낸 점을 높이 평가하여 나라에서는 1695년 그를 청백리 명부에 올리고, 자손에게는 쌀과 콩을 하사하였다.

(나) 명나라 장수 조도사를 복합모델로 투영시킨 암행어사

작가 조경남은 『속잡록』에 실린 명나라 장군 조도사가 광해군 조정에 대고 읊은 〈금준미주〉 한시를 이어사가 암행어사 출도시에 읊은 것으로 설정하여, 광해군이 폐주가 되는 것으로 이면서사의 의미로 설정하였다.

조경남은 「춘향전」의 꽃이라 일컫는 암행어사 대목의 〈금준미주〉 한시를 최초로 자신의 『속잡록』에 기록한 인물이다. 그는 성이성의 학제 스승은 광해군 2년인 1610년보다 상당 기간이 지난 후인, 『속잡록』은 광해 14년인 1622년 2월 3일에 소위 조도사의 〈금준미주〉 한시를 기록하고 있다.[263)] 「광해군일기」에 명나라 사신은 조유격이 등장한다. 이는 조씨 성을 가진 유격이라는 관직명을 가진 사신으로 조유격[264)]을 「광해군일기」는 실명을 조우라고

---

262) 1695년(숙종 21) 성이성은 청백리로 녹선됐다. 조정은 자손들에게 녹봉으로 쌀과 콩을 하사했다. 〈전고대방(典故大方)〉에 217명, 경종 · 정조 · 순조대가 빠진 〈청선고(淸選考)〉에 186명이 실려 있다.

263) 1999년 12월 4일에 방영된 〈역사스페셜〉 의 〈이몽룡은 실존인물이었다〉에서는 자막에는 광해군 14년이라 하고, 해설에서는 광해군 2년이라 하였다. 이런 오류 때문에 성이성은 학제스승으로부터 이 〈금주미주〉 시를 배웠고, 성이성이 남원에서 암행어사로 출두를 할 때 읊었다고 잘못 해설하였다.

264) 총병관, 부총병, 참장, 유격장군, 수비, 파총 등 새로운 名目들이 더해졌다. 이들은 진영을 총지휘하는 진수와 소지역을 관리하는 분수, 그리고 진수를 도와 각 성과 요새를 수

기록하고 있다. 즉, 『광해군일기』에는 조유격의 실명이 조우라는 기록과 함께, 조유격의 외교 정황을 광해 13년인 1621년 9월 28일부터 다음 해 2월 17일까지 22차례에 기록하고 있다. 그 중에는 『속잡록』의 '청향지주'시가 1622년 2월 3일에 등장한다. 광해와 조정에서는 조유격에게 그의 직분보다 과한 접대와 예를 갖추어 여러 차례 연회를 베풀어 주었다. 조우가 조선으로 파견될 당시 광해의 외교정책은 명나라[265] 명마라 시대에 군정을 맡아 다스리는 중앙에는 중군, 좌군, 우군, 전군, 후군의 오군도독부가 있었고, 외지나 지방의 지역군사를 통치하던 도독부가 있었다.[266]

또 조우가 파견되었던 시점은 조선 조정에서 명나라의 입장을 명확히 파악하지 못한 상황 때문에 사신 조우를 만류하여 조선에 더 머물도록 하였다. 이러한 연유로 조우는 일년을 넘게 조선에 머물면서 무료한 시간을 보내고 있었다.[267]

〈금준미주〉 한시의 원류는 당나라 시인 이백의 『행로난』에는 '금준청주'[268] 라는 시어에서 등장한 이후, 고려 후기에서부터 조선전기까지 사대부 문인들 사이에서 '금준미주'라는 시어로 활용되고 있었다. 즉, 고려 후기 문신인

비하는 협수로 구분된다.

265) 『中國官制史』, 軍官: 五軍都督府, 即中軍, 左軍, 右軍, 前軍, 後軍都督府, 每府左右都督, 正一品, 都督同知, 從一品, 都督僉事, 正二品, 各一人。都督府掌軍旅之事, 各領其都司, 衞所, 以達於兵部。…. (중략) 總兵官, 副總兵, 參將, 遊擊將軍, 守備, 把總, 無品級, 無定員, 總鎮一方者為鎮守, 獨鎮一路者為分守, 各守一城一堡者為守備, 與主將同守一城者為協守。又有提督, 提調, 巡視, 備禦, 領班, 備等官名。

266) 이은식, 「조선시대관직등 품계표」, 『필수역사용어해설사전』, 2014, 62~69쪽.

267) 都司는 당초에 經歷司를 총 지휘하던 관직을 호칭하다가 후일 遊擊으로 불리웠고, 이에 반하여 고려와 조선에서는 都司나 遊擊에 해당되는 관직을 都事라는 호칭으로 사용하였음을 위에서 논하였다.

268) 金樽淸酒.

정도전의 만이밀직창로[269)]와 이색[270)]의 「강동가」 등에서, 이백의 「행로란」과 같이 서정적인 시어로 인용하였다. 이백의 한시 다음으로는 명나라 사람 중국 남방의 언어와 가곡으로 만들어진 구준[271)]이 지은 희곡인 「오륜전비기」에서 비롯된다.[272)]

『오륜전비기』는 중종 때 조선에 유입된 소설로 약칭 『오륜전비』[273)]로 당대 중상층에 이르기까지 널리 알려져 있었다. 『오륜전비』는 중종 당시 우언계 소설과 함께 유행하고 있었기에, 당대에 일부 소설 독자층은 이미 폭넓게 형성되어 있었음을 알 수 있다. 한문소설 『오륜전비기』가 유행하던 중종 때는 연산군의 폭정으로 인한 여파로 국정은 여전히 어지럽고, 기묘사림의 등장과 숙청으로 인해 혼란이 거듭되던 시기였다. 이에 지방 유생과 지방관들은 삼강과 오상으로 나라의 기강을 바로 세우고, 옳지 못한 풍속 행위를 교화하고자 『오륜전비기』를 교화서로 윤색 번역하여 간행하였다.[274)] 그 대표적인 예가 낙서거사의 국문 『오륜전전』이다.[275)]

『오륜전전』[276)] 서에서는 이 책은 도를 모르는 자가 지은 데서 비롯되어 어

---

269) 挽李密直彰路.

270) 민영규, 「春香傳 三則: 五倫全備와 娘子聲와 元 · 明의 才子佳人劇」, 『인문과학』 7집, 1962, 232쪽.

271) 구준은 1444년 향시에 장원급제하였고, 1454년 진사에 급제한 뒤 한림원 서길사에 임명되었다. 1456년에는 한림원 편수가 되어 《대명일통지(大明一統志)》의 편수에 참여하였고, 그 후 시강학사, 한림원학사, 예부상서, 호부상서 등을 역임하였다.

272) 민영규, 「春香傳 三則: 五倫全備와 娘子聲와 元 · 明의 才子佳人劇」, 『인문과학』 7집, 1962, 229~239쪽.

273) 五倫全備.

274) 『광해군 일기』, 권 158, 12월 11월 무자일.

275) 윤주필, 「16세기 사림의 분화와 낙서거사 이항의 오륜전전 번안의 의미」, 『국어국문학』, 131호 317쪽.

276) 川上宗家本.

휘가 거칠고 이야기 서술이 뒤죽박죽이다. 그래서 나는 거듭 궁리하여, 말뜻이 흐린 것은 윤색하고 말이 천하여 도리에 안 맞는것은 다듬었다. 중복되고 쓸데없는 말과 우스개 야비한 말은 모두 없앴다. 이로써 표현이 하나같이 바름을 얻어 이 책 보는 사람들은 공경하는 마음이 들도록 하였다.[277] 무릇 다섯 가지 떳떳한 도리는 사람마다 하늘에서 받지만 기품이 일정하지 않아 본연의 성품을 회복할 수 있는 자가 드물다. 그러므로 성인이 가르침을 배풀고, 학교를 만들어 그 이치를 밝혀서, 이 사람들로 하여금 부자를 만나면 친함을, 군신을 만나면 의를, 장유를 만나면 차례를, 붕우를 만나면 신의를 알게 했다. (중략) 삼대의 융성한 까닭이 어찌 다른 게 있겠는가?[278]

구준[279]의 『오륜전비기』 권3, 16단에 '빈짐미주'[280]시는 전시에서 장원에 급제한 오륜비가 관직에 부임하여 처음으로 백성의 송사를 다스릴 때, 당시어지러운 정사를 읊은 칠언의 정장시이다. 이 시는 당나라 시인 이백의 『행로란』[281]의 칠언고시 세 수 중에서 그 첫 수인 '금준청주'[282]에서 원형을 찾아볼 수 있다.[283]

---

277) 但此書出於不甚知道者所為. 故措周辭荒拙, 叙事舛錯. 余於是反覆窮究. 有意而不暢於語者潤色, 語俚而不合於道者釐正. 凡重複浮誕之辭, 淫戲俚野之說, 並斥削而不載. 其言一出於正, 使觀是書者, 有感激起敬之心.

278) 余觀閭巷無識之人, 習傳諺字, 謄書古老相傳之語, 日夜談論, 如'李石端翠翠之說, 淫褻妄誕, 固不足取觀, 獨五倫全兄弟事,' 爲子而克孝爲臣而克忠, 夫與婦有禮, 兄與弟甚順, 又能與朋友信而有恩, 讀之令人凜然惻怛, 非本然之性, 有所感歟! 是書, 時方爭相傳習, 家藏而人誦. (중략) 豈欲傳於衆也?.

279) 丘濬(1421~1495).

280) 頻斟美酒.

281) 行路難.

282) 金樽淸酒.

283) 『행로란』의 '금준청주'시어는 삶의 고달픔을 노래한 것에 비(59 「천상종가본」 『오륜전전』의 서문을 보면 천상종가본의 필사 시기는 알 수 없으나, 한희설이 1665년 목판간행한

수십년 전 언서 사이에서『오륜전전』을 우연히 보고 감탄하여 진서로 번역해 세상에 간포하려 했으나 뜻뿐이고 성취하지는 못하였다. 이 군에 있는 나이든 유자 책 하나를 지니고 와 보여주는데 곧『오륜전전』을 쓴 것이었다. 아주 다행이다 싶어 즉시 강 유후 관찰사에게 고하고 간행케 하니, 풍속 교화에 만에 하나라도 보탬이 있었으면 한다.[284] 금항아리 맑은 술 한 말 값이 만량이요, 옥쟁반 좋은 안주 일만량의 값이어라, 술잔을 멈추고 젓가락 내던져 먹지 못하고, 칼 뽑아 사방을 둘러보니 마음이 답답하다, 황하를 건너려니 얼음이 물길 막고, 태행산에 오르려니 눈이 산에 가득하다, 한가히 돌아와 푸른 개울에 낚싯대 드리우다,[285] 할 때, '빈짐미주'시는 지방관의 탐학을 비판한 시어로서 '금준청주'와 형식은 같은 칠언고시이나 시어는 확연히 달리 인용하고 있다.

袞袞諸公被錦袍　　한가한 고관들은 화려한 두루마기에 쌓여,
不知民瘼半分毫　　백성의 고초를 조금도 모르네.
頻斟美酒千人血　　빈번히 따르는 맛 좋은 술은 천 사람의 피요,
細切肥羊百姓膏　　기름진 양고기 안주는 만백성의 기름이라.
燭淚落時人淚落　　촛농이 떨어질 때 백성의 눈물 떨어지고,
歡聲高處怨聲高　　환성소리 높은 곳에 원성도 높구나.
爲官若不知民苦　　백성의 고통을 모르는 벼슬아치야!

사실은 확인할 수 있다. 또 한희설의 발문에서 국문본을 다시 한문본으로 번역한 경유를 볼 수 있다.

284) 민영규,「春香傳 三則: 五倫全備와 娘子聲와 元 · 明의 才子佳人劇」,『인문과학』, 7집, 1962, 229쪽.

285) 金樽淸酒斗十千, 玉盤珍羞直萬錢, 停杯投箸不能食, 拔劍四顧心茫然, 欲渡黃河氷塞川, 將登太行雪滿山, 閑來垂釣碧溪上, 忽復乘舟夢日邊, 行路難, 行路難! 多岐路, 今安在? 長風破浪會有時, 直掛雲帆濟滄海.

虛受朝廷爵祿功　　감히 조정의 녹을 먹느냐.

이에 대해 심경호는 "『오륜전비기』는 이미 중종 때 널리 읽혔고, 후일에는 사역원 제도 관계로 더욱 많이 읽혔으니 그 정장시가 '빈짐미주'가 인용되어 「춘향전」 속에 삽입 되었으리란 것은 쉽게 추측할 수 있다."라고 기술하고 있다.

작가 조경남은 이어사의 복합모델로 삼은 명나라 장군 조도사가 광해군 조젱에 대고 풍자한 〈금준미주〉 한시를 자신의 일기 『속잡록』에 기록하였다. 조경남은 이 금준미주시를 자신의 제자인 성이성을 작품 속에서 암행어사의 핵심모델로 삼으면서, 표면서사에서 이몽룡 암행어사가 변부사의 폭정을 폭로하며 암행어사로 출두하여 봉고파직하는 장면으로 설정함으로쏘, 결과적으로 이며서사에서는 한 가지 의미로 성이성이 금준미주 시로 출두한 것으로 전환시켜, 제자 성이성이 역사 현실에서는 암행어사 출두를 할 때 사용하지 않았지만, 작품의 표면서사에서는 〈금준미주〉 한시를 읊은 것으로 단순화시켰다. 이런 조경남의 창작 기술은 결국 스승 조경남 자신이 자기가 참으로 아끼는 제자에게 어사 출도 때에 〈금준미주〉 한시를 사용한 것으로 하는 멋진 문학을 통한 최상의 선물로 헌증한 것으로 평가된다.

조경남은 『속잡록』의 1622년 2월 3일 기사에, 명나라 장수 조도사가 서울에 와 잇을 때 지은 한시를 다음과 같이 소개하였다.

淸香旨酒千人血　　향내 나는 맛있는 술은 천 사람의 피이고
細切珍羞萬姓膏　　잘라 놓은 고기반찬 만백성의 고혈이라네
燭淚落時人淚落　　촛농이 떨어지자 사람 눈물 떨어지고
歌聲高處怨聲高　　노랫소리 드높은 곳에 원성도 드높구려

조경남은 조도사의 이 〈금준미주〉 한시가 지어진 상황에 대해서는, 대개 광해군 때에 정사가 어지럽고 백성이 곤궁함을 지적한 것이라고 사실로 함께 기술하였다.[286]

조경남은 이 한시를 「춘향전」을 창작할 때, 암행어사가 출도를 하여 변부사를 봉고파직시키는 근거로 삼았다. 이 한시를 춘향 한 개인을 무고하게 옥에 가두었는데 그 잘못을 지적하는 것으로는 과장된 것같이 보이지만, 변부사의 복합모델로 조도사가 지적한 광해군까지 포함시키고 있는 것이 이면사사의 확장된 논리이기에 이런 설정이 가능하였다. 그럼면서 조경남은『속잡록』에서 소개한 한시의 일부 바꾸어 자신의 시어로 사용하였다. 즉, '청향지주'시는 구준의『오륜전비기』'빈침미주' 칠언고시 중에서 4행만 차용된 시인데, 이를 조경남은 명나라 장수 조도사가 한양에 와 있으면서, 광해군의 정사가 어지러워 백성들이 곤궁하다는 것을 지적하였고, 이 시의 4행은 '빈짐미주'[287]를 '청향지주'[288]로, '기름진 양고기 안주는 만백성의 기름이다'[289]를 '잘라 놓은 고기반찬 만백성의 고혈이다'[290]로, 또 환성 소리 높은 곳[291] 을 노랫 소리 높은 곳[292] 로 설정하여 인용되었다.[293] 즉, 조경남이『속잡록』에서 명나라 장수 조도사가 서울에 와 있으면서, 시를 짓기를 "바다 잔잔하고 산 견고한 기자나라에, 남월왕 위타처럼 태평누리네. 문장은 한나라 사부같고,

286) 조경남,『속잡록』2권, 광해 14년 2월 3일.

287) 頻斟美酒.

288) 淸香旨酒.

289) 細切肥羊百姓膏.

290) 細切珍羞萬姓膏.

291) 歡聲高處.

292) 歌聲高處.

293) 민영규는『春香傳 三則』에서『속잡록』의 '청향지주' 시는 '칠언절구 시의 체재는 갖추고 있지 있으나, 대구를 능히 이룬 것을 보아 이는 이미 알려진 작품『오륜전비기』의 한 단락인 '빈짐미주' 시에서 차용한 것으로 해석할 수밖에 없다.' 하였다.

무략은 주나라 군사를 훈련하였네. 춤추는 소맷자락 밤새도록 달빛을 흔들고, 노랫가락 날마다 봄바람을 즐기네. 임금님 천년 살기 축수하니, 안일에 빠지면 좋은 이름 잃을 것이네." 하고, 또 시를 짓기를 "향내나는 맛 있는 술은 천 사람의 피, 오려 놓은 고기 반찬 만백성의 고혈, 촉루가 떨어지자 사람 눈물 떨어지고, 노랫소리 드높자 원성도 드높구려."[294] 하였다.

또, 성이성의 4대손 교와 성섭의 『교와문집』 후서에는, 그는 시문으로써 사람을 논하는 것은 본질적인 일이 아니지만 시문이 높을수록 사람은 더욱 기구하다고 하였다. 그는 도리를 아는 군자는 문사에만 급급하지 않고, 반드시 덕성을 높이고 문학을 말미암는 것으로써 궁극의 경지를 삼으니, 육경의 글을 말할 것도 없고, 송대의 여러 이학자들과 우리 동국의 유현들의 저술이 어찌 일찍이 문장을 꾸미는 것으로 일을 삼았겠는가? 우리 당의 선배에 교와 성공이 있는데 문학으로 이름이 있었으니, 유집이 모두 15권이었는데, 내가 이를 보고서 처음에는 크게 웃으며 우러러 볼만하다고 하였다. 그는 공부에 있어서 전후에 세 차례의 변화가 있었는데, 처음에 과거의 문장을 익혀서 과장에 이름을 떨칠 때는 동료들이 능히 대항하지 못할 정도여서 조정에 나가 청운의 뜻을 펼치는 것으로 자신의 본분을 삼았으며, 중년 이후 세상에 뜻을 펴지 못하고 불우하게 되어서 그 답답하게 맺힌 불평스러운 심기를 펼 수 없게 되자 시인 묵객들과 암혈의 사이에서 소일하며 시문에 침잠하기를 즐거워하였다. 만년에는 발분하여 의리의 학문에 종사해서, 천인성명과 도덕인의에 대한 논설로, 주자와 퇴계의 성리정신을 실천하는 데에서 벗어나지 않았고, 논변함에는 순정하였다.[295]고 하였다.

---

294) 海晏山牢箕子城 衛佗南越樂昇平 文源都似漢詞賦 武略克詰周戎兵 舞袖通宵搖月色 歌筵選日鬪春風 祝君寶曆綿千祀 不思懷安永令名 淸香旨酒千人血 細切珍羞萬姓膏 燭淚落時人淚落 歌聲高處怨聲高.

295) 『계서선생필지』, 『부용당 년보』. 성기운, 주교 대구대교구. 〈관덕정 순교기념관〉 자료.

나의 고조께서 수의어사가 되었을 때 암행하여 한 곳에 이르렀는데, 호남 열두 고을 수령들이 크게 연회를 베풀고 있었다. 술잔과 쟁반이 어지러웠고, 기녀와 악공을 벌여놓아 구경하는 사람들이 성처럼 둘러 있었다. 날이 바야흐로 정오가 될 무렵 수의어사께서 걸객의 모양을 하고서 음식을 청하니 여러 사또들이 바야흐로 취하여 잠시 자리를 허락하였다. 주섬주섬 음식을 차려주고는 여러 사또들이 말하기를, "손님께선 능히 시를 지을 줄 안다면, 곧 가이 종일토록 잔치자리에 참석하여 취하고 배부르게 음식을 먹을 수 있을 것이나, 만일 못한다면 빨리 돌아가는 것만 같지 못하지" 하였다. 수의어사께서 운자를 청하시니, 그들이 이르기를 '기름 고'자와 '높을 고'라고 하였다. 이에 어사께서 곧 종이 한장을 청하여 시를 쓰기를

樽中美酒千人血	"항아리 속 아름다운 술은 천 사람의 피요
盤上嘉肴萬姓膏	쟁반 위의 좋은 안주는 만백성의 기름이라
燭淚落時民淚落	촛 물이 떨어질 때 백성의 눈물 떨어지고
歌聲高處怨聲高	노래 소리 높은 곳에 원성소리도 높구나"

라고 하였다. 쓰기를 마치시고 즉시 내어놓으니 여러 사또들이 돌려보고서 의아하며 놀라워할 때에 서리들이 "암행어사"를 외치며 곧장 들어오니, 여러 사또들이 한꺼번에 모두 흩어졌다. 당일에 파출시킨자가 여섯이요, 그 나머지 여섯명은 서계 가운데 기입하였다. 여러 사또들은 모두 세도가의 자제들이었는데도 단 한 사람도 서계에 올리는 일에 고려해주지 않으니, 호남의 사람들이 일컬어 아름다운 이야기로 여겼다.

2004, 384~386쪽.

이 기록은 성이성의 4대손 성섭[296]이 문집 『교와문고』에 남겼다. 성섭은 1718년에 출생하여 1788년에 세상을 떠났다. 그는 경상도 성주 출신 남인으로, 누대에 걸쳐 관료를 배출한 명문가 후예였으나 정작 본인은 과거에 거듭 낙방했다. 그가 활동할 당시 정치 주도권은 노론에 있었고, 영남 남인은 상당히 위축된 상황이었다. 성섭은 중년이 되자 한시 창작과 유람에 몰두했고, 만년에는 성리학을 공부했다.

그는 시에 관한 비평 · 해설과 시인 일화를 기록한 시화집 『필원산어』를 남겼다. 『필원산어』는 모두 326칙을 수록했다. 저자는 서문에서 “상편에는 우리나라 사람의 글을 기록하고, 하편에는 기이한 이야기를 끼워 넣었다”고 밝혔다. 필원산어 특징으로는 성섭이 상당히 넓은 독서 범위를 바탕으로 저술했으며, 지에서 직접 보고 듣지 않으면 알기 어려운 영남 문인 일화를 풍부하게 실었다. 영남의 문인이기에, 노론의 영수 송시열을 상당히 비판하는 등 남인으로서 정체성을 드러냈다.[297]

성섭은 여기서 “우리 오대조 부용당은 어릴 때 총명하고 지혜로워”라 하여 부용당을 오대조로 서술하고 있고, 바로 다음의 암행어사 이야기에서는 계서 성이성의 이야기를 ‘우리 고조 할아버지’라 서술하고 있다. 이는 성씨 가문에서 전승되는 야담을 전한 것이며, 『필원산어』의 전반적인 서술 태도로 보아서 성섭의 창작 삽입으로 판단하기는 어렵다. 또, 『필원산어』의 내용을 일부 정리해 놓은 『교와문고』의 『기선세유사』 조에도 기록되어 있다. 여기서는 “우리 고조 상교공이 암행어사로 호남에 있을 때”로 첨삭 변이시키고 있다. 즉, ‘오고조’의 실체를 밝히는 듯하면서도, 실은 ‘성이성’이란 표현 대신에 ‘상교공’으로 구체화시키고 있다. 이 책의 3권에는 성이성의 호남에서의 암행어사 출두 장면을 전하고 있어 귀중한 문헌자료로 평가되고 있다.

---

296) 성섭(1718~1788).

297) 안대회 외, 『필원산어』, 시화총서 제4권, 성균관대출판부, 2019, 158쪽.

이 책에는 "우리 고조께서 암행어사로 호남의 한 곳에 이르니 호남 12읍의 수령들이 크게 잔치를 베풀어 술판이 낭자하고 기생의 노래가 한창이었다. 한낮에 암행어사가 걸인 모양으로 음식을 청하니 관리들이 말하기를 '객이 능히 시를 지을 줄 안다면 이 자리에 종일 있으면서 술과 음식을 마음껏 먹어도 좋겠지만 그렇지 못하면 속히 돌아감만 못하리라!' 곧 한 장의 종이를 청하였다.

이러한 성이성의 어사출도에 관한 것은 당시의 실화와 관련이 없는 〈금준미주〉 한시가 후손들에 의하여, 자신의 선조 성이성 어사의 출도 때 일이라는 기록은 실은 성이성이 「춘향전」의 남성 주역 이도령과 이어사의 모델임을 보여준다. 즉, 자신의 선조 성이성 어사가 춘향전 남성 주역의 모델이 되었다는 풍문이 「춘향전」의 유행과 함께 확대 전파되자, 남원 기생 춘향과 자신의 조상이 사귀었다는 것을 수긍하기 어려운 처지에서, 이도령 부분을 제거한 채, 이어사 출도 부분만을 선택하여, 성이성의 실화로 수용한 결과로 판단된다.

(5) 반정의 대상이 된 광해군을 모델로 투영시킨 이면서사의 변부사

변부사의 모델에 대하여 야사에서는 춘향을 주게 한 탁종립을 내세우기도 하였지만, 이런 인물은 남원부사가 된 적이 없다. 그러나, 역사 인물 중에서 이부사의 모델이 된 성안의 부사의 후임으로 남원부사가 된 유몽인은 변부사 모델로 파악할 여러 가지 조건들을 갖추고 있다. 그런데 「춘향전」의 변부사는 성안의 부사를 뒤이은 부사들이 대부분 임기도 체우지 못하고 파직한 것을 1차 모델로 삼았다고 판단된다.

그런데 성안의 부사를 뒤이은 부사들에는 변씨 성을 가진 부사는 없었지만, 조경남의 일기인 『속잡록』에는 변씨 성을 가진 한 사람이 주목을 끈다.

인조 1년인 1623년 3월 14일에 인조 반정이 일어난 직후에, 광해군 즉위 이후 죄를 받아 갇힌 사람을 석방하도록 명하였듯이, 작가 조경남은 「춘향전」에서 이몽룡 어사가 암행어사 출도 후에 춘향을 석방시킨다. 이러한 근거는 조경남이 비록 남원에 있어도 광해군을 몰아내는 인조반정의 은밀한 상황들도 『속잡록』에서 다음과 정확하게 기술하고 있었기 때문이다.

> 이날 광해가 북문(北門)으로 담을 넘어 도망쳤으나, 갈 곳을 알지 못하여 곧 자수궁(慈壽宮) 승방 으로 가다가 길에서 정몽필(鄭夢弼)을 만났는데, 몽필이 말을 주었으므로 총희(寵姬) 변씨(邊氏)와 함께 타고, 그(광해)가 총애하던 안국신(安國信)의 집으로 갔다. 이에 국신이 상중에 입던 흰 개가죽 남바위를 쓰고, 생포(生布)로 지은 천익(天翼)과 삼띠 · 짚신차림으로 다른 곳으로 옮겨가려 하였는데, 의원 정남수(鄭楠壽)의 밀고로 마침내 군사들에게 에워싸여 도총부에 들어와 있게 되었다. 인조가 서궁에 가 뵙고 옥새를 바치니, 대비가 이르기를, "광해를 보아야 너희들이 한 일을 알겠다." 하므로 드디어 광해가 입은 옷 그대로 작고 까만 가마를 타고 나아가 뜰에 엎드렸다. 대비가 36가지 죄를 들어 면전에서 꾸짖으며 꼭 죽이려고 하는 것을 인조가 극력 간하고 말렸다. 드디어 반정한 것을 사직에 고하였다.[298)]

위의 기록을 고려해보면, 조경남은 성이성 남원부사 이후에 남원부사로 부임하여 덕치를 하지 못한 유몽인 부사를 비롯한 여러 부사들, 그리고 조정 차원의 확장된 수준에서 군주로서 선치를 하지 못해 폐주가 된 광해군, 여기에 더하여 남원부사의 성씨로 하는 데에는 광해군의 총희 변씨 등을 융복합의 소재로 활용하여 악역인 남원부사 변학도로 설정한 것으로 파악된다. 이런 배경에는 광해군의 총애를 받는 여자 궁인인 변씨가 변부사 생일잔치 마

298) 조경남, 『속잡록』, 『연려실기술』 23권, 계해정사.

당에서 함께 어울려 한바탕 즐기던 옥중 춘향과는 대조되는 여러 기생들의 이미지를 광해군과 궁중에서의 총희 변씨 이미지까지 연계시킨 이면서사의 논리까지 포함시킨 해석이기 때문이다. 즉, 조경남은 자신의 『속잡록』에 기록해 놓았듯이 조도사로부터 〈금준미주〉 한시로 비판을 받은 광해군의 행동에 변씨성을 연계시켜 변사또로 설정하였고, 이본에 따라서는 변학도로 표현되기도 한다, 변부사 생일연에 참석했던 변부사와 인근 수령들 그리고 한데 어울려 즐기던 기생들은 이러한 궁중의 상황들을 염두에 둔 이면서사에 해당된다. 조경남의 창작기법에는 남성을 여성으로, 여성을 남성으로 전환시켜 서사화 하는 방법이 있는데, 조경남 자신은 여성 춘향으로, 광해군의 총희인 변씨는 여성인데 남성으로 바꾸어 표면서사를 설정하는 방법을 구사했다.

선조의 선위 교지를 받지 못하고 인목대비의 교지로 가까스로 왕위에 오른 광해군은 등극하자 곧 자신의 불안정한 입지를 강화하기 위해 일련의 왕권 강화책을 실시했다. 이 과정에서 임해군을 비롯하여 영창대군, 능찬군 등 왕위를 위협하는 인물들과 그들을 떠받치고 있던 소북파와 서인, 남인 세력을 차례로 제거하기 시작했다. 급기야 1618년 인목대비마저 존칭을 폐하고 서궁에 유폐시키자 그동안 광해군에게 불만을 품고 역모를 도모하고 있던 세력들은 이 사건을 명분으로 무력 정변을 일으켜 광해군을 폐위시킨다. 이것이 1623년 3월 12일 밤에 일어난 인조반정이다.

인조반정을 주도한 인물은 능양군은 광해군의 배다른 조카이자 1615년 '신경희의 옥사'가 일어났을 때 왕으로 추대되었다는 죄목으로 죽은 능창군의 친형이다. 여기서 그가 반정을 도모하게 된 직접적인 원인이 광해군에 의한 동생 능창군의 죽음이었다. 선조는 인빈 김씨와 그녀의 소생들을 총애했다. 그래서 한때 정철이 먼저 문제를 제기했을 때 선조는 광해군을 반대하고 인빈 소생인 신성군을 지목했다. 하지만 선조의 바람은 대신들의 반대로 무산되었다. 대신들은 신성군이 아직 어려서 국사를 논할 입장이 못 된다면서 인품과 학식이 뛰어난 광해군이 적임자라고 주장했다. 선조와 대신들의 이같은 견해 차이로 한동안 세자책봉이 미루어지다가 임진왜란을 당하자 선조는 할 수 없이 대신들의 주장에 따라 광해를 세자로 앉혔다. 인빈 김씨를 비롯한 그녀의 소생들은 이것이 불만이었다. 때문에 광해군이 등극한 이후에도 호시탐탐 왕위를 노리게 되었는데, 광해군으로서는 이들이 부담스러웠다. 특히 신성군의 동복 아우인 정원군의 아들 능창군은 그들 중에서도 가장 위협적인 존재였다. 세인들의 평은 임해군과 영창대군을 제거해 왕권 안정을 도모했던 광해군과 대북파의 신경을 곤두서게 했고, 신경희 사건이 일어나자 능창군을 그들과 연루시켜 유배시키고 죽였다.

능창군의 맏형 능양군은 광해군과 대북세력으로부터 피해를 입은 인물들과 접촉하면서 무력 정변을 추진하다가 1618년 인목대비 유폐사건이 일어나자 이를 명분으로 역모에 대한 구체적인 작업에 착수했다. 능양군과 함께 무력정변을 도모한 인물들은 대개 서인 세력으로 정치, 외교적 차원에서 철저하게 대북파와 대치했다. 대북파가 명과 후금 사이에서 중립 외교 노선을 걷고 있던 반면에 서인은 철저한 대명 사대주의 노선을 고수하고 있었다.

또 서인 세력은 정치적으로 선조의 유명을 받들어 영창대군을 지지하고 인목대비를 따르고 있었다. 이는 영창대군을 죽이고 인목대비를 유폐시킨 대북파와는 상반된 것이었다. 결국 대북파와서인의 대결은 불가피하였다. 대북파는 영창대군을 폐출했던 계축옥사 때 서인의 중심 인물들을 정계에서 내몰았고, 이후 인목대비 유폐사건 때에 남아있던 서인세력도 사형당하거나 유배되었다. 정계에서 밀려난 서인 세력은 역모를 계획해 이미 능창군의 죽음으로 역모를 꿈꾸고 있던 능양군을 왕으로 추대하기로 결정했다. 능양군과 함께 역모를 도모한 대표적인 인물은 이귀, 김자점, 김류, 최명길, 이괄 등이었다. 이들 모두는 이이, 성혼의 문하였다. 이들 중에서 이귀와 김류는 오래전부터 역모를 함께 도모해온 인물이었고, 이괄은 김류와 교분이 깊던 효성령 별장 신경진에 의해 거사에 합류된 상태였다. 반정을 일으키기 1

년 전인 1622년 이귀는 평산부사로 있었다.

이때 평산지방에 호랑이가 자주 출몰하여 백성들이 두려움에 떨자 이귀는 범 사냥을 하는 군사들이 도 경계에 구애받지 않고 무장한 채로 활동할 수 있도록 해달라는 상소를 하였다.이는 무장한 채로 바로 도성으로 밀고 올라갈 수 있다는 계산에 따른 것이었다. 하지만 이같은 모의는 사전에 누설되어 연기되었다. 그러나 이때문에 정변을 일으키려고 한다는 소문은 파다하게 퍼져버렸다. 상황이 이처럼 급변하자 능야군을 비롯한 역모세력은 이듬해인 1623년 3월 13일 새벽에 거사를 도모하기로 확정하고 12일 밤부터 홍제원에 모여 대오를 가다듬고 군사행동 지침을 마련하고 있었다. 그런데 계획에 차질이 생기고 말았다. 이미 조정에서 그들의 거사 계획을 눈치채고 훈련도감 이혹으로 하여금 역모 가담자들을 검거하라는 명령이 떨어졌다. 이 소식을 들은 이귀는 거사 시간을 앞당겨 출병을 서둘렀다. 출병 당시 반란군의 숫자는 겨우 7백 명 정도였다. 반란군 대장을 맡기로 했던 김류가 늑장을 부리는 바람에 반란군은 예상인원의 절반에도 채 미치지 못했다. 하지만 그대로 눌러앉아 있어봤자 결과는 진압군에게 당하는 것밖에 없었다. 이귀는 일단 이괄에게 대장직을 권유했다.

이괄은 대장직을 맡자 반란군으로 하여금 머리에 '의'자가 쓰여진 띠를 두르도록 하고 군사를 지휘했다. 한편 김류는 거사계획이 탄로났다는 소릴 듣고 주저하고 있다가 뒤늦게야 군사를 이끌고 반란군에 합류했다. 이때 이괄은 김류를 받아들이지 않으려고 했으나 이귀의 중재에 의해 합병하고 김류가 총지휘를 맡은 다음 궁궐을 향해 진격했다. 반란군이 창의문을 향해 진격했을 때 진압군은 문을 굳게 닫고 궁을 수비했지만 반란군은 곧 창의문을 뚫고 창덕궁에 도달하였다. 창의문 안에는 이미 능양군이 자신의 수하들을 거느리고 그들을 맞이하기 위해 나와 있었다. 이 장면을 목격한 훈련도감 이확은 군사를 이끌고 창의문 주위에 매복하고 있었으나 상황이 불리하게 돌아가고 있음을 알고 반란군을 공격하지 않았다.

한편 훈련대장 이홍립은 대궐 밖에 진을 치고 있었다. 그는 이미 반란군에 내응하기로 약속한 터였기에 간접적으로 반란군 진입을 돕고 있었다. 그래서 반란군은 순식간에 인정전을 지나 창덕궁 금호문에 이르렀다. 금호문 역시 수문장 박효립이 내응하기로 되어 있었기에 쉽게 통과한 반란군은 돈화문에 이르러 불을 질러 승리를 알렸다. 광해군은 그제서야 반란군이 대궐을 점거했음을 알고 몇명의 수하를 거느리고 재빨리 궁을 빠져나갔다.

이렇게 해서 반란군은 쉽게 궁궐을 접수했다. 반란에 성공한 능양군은 대궐을 장악하자 곧 광해군을 찾았으나 그는 이미 빠져나가고 난 다음이었다. 능야군은 먼저 서궁으로 달려가 유폐되어 있던 인목대비를 찾았다. 능양군을 맞이한 인목대비는 반란이 일어나 광해군이 폐주했다는 소식을 듣고 반색을 하며 기뻐하면서 광해군을 폐위하고 능양군으로 하여금 왕위를 잇게 한다는 교서를 내렸다. 인목대비는 광해군을 폐위시키는 이유로 세 가지를 내세웠다. 첫째는 선왕을 독살하고 형과 아우를 죽이고 어머니인 자신을 유폐시켰다는 것. 둘째는 과도한 토목공사를 벌여 민생을 도탄에 빠지게 하여 정사를 위태롭게 했다는 것. 마지막으로 두 마음을 품어 오랑캐에게 투항했다는 것 등이다. 이같은 폐유는 곧 반정세력들의 거사 명분이었다. 그들이 반정을 합리화하기 위해 광해군의 정사 운영을 악정으로 매도했다. 서인세력은 자신들을 정계에서 축출했다는 이유로 광해군이 다져놓은 안정 기반을 송두리째 흔들어버렸다. 이 사건이 바로 인조반정이다.

광해군 15년인 1623년 3월 13일의 『조선왕조실록』의 기사는 다음과 같다.

정담수가 왕이 숨어 있는 곳을 아뢰자, 상이 이중로 등을 보내어 대궐로 데려오게 하고 도총부 직방(直房)에 머물게 하였다. 【담수가 상중에 있었는데 왕이 상복 차림을 하여 사람들로 하여금 알지 못하게 하였다. 중로가 앞에 나아가 배알하니, 왕이 말하기를 "너는 누구냐." 하자, 대답하기를 "신은 이

천 부사 이중로입니다." 하고, 끌어 안아 말에 태우고 돌아왔는데, 상이 송영망 등으로 하여금 간호하게 하였다. 왕이 두려워하여 안정을 찾지 못하고 영망 등에게 묻기를 "오늘의 거사는 누가 한 것이며 어떠한 사람을 추대하였는가." 하자, 대답하기를 "추대한 분은 바로 왕실의 지친이신데 자전의 명을 받들어 반정한 것입니다." 하니, 왕이 말하기를 "혼매한 임금을 폐하고 현명한 사람을 세우는 것은 옛날에도 있었던 일이다. 하지만 어찌하여 나인 · 내시 · 급사들을 보내주지 아니하여 나를 대우하는 데 있어 이처럼 박하게 하는 것인가." 하였다. 이에 상이 궁인 한 사람을 보내고 또 소용 임씨(任氏)를 보내어 곁에서 모시게 하자, 왕이 편안하게 여겼다.】[299)]

다음날 광해군은 궁궐로 불려왔다. 사실상 체포되어 끌려온 광해군, 이런 말을 한다. "혼매한 임금을 폐하고 현명한 사람을 세우는 것은 옛날에도 있었던 일이다." 여기까지는 좋다. 그런데 이어지는 말은 예상외였다. "어찌하여 나인 · 내시 · 급사들을 보내주지 아니하여 나를 대우하는 데 있어 이처럼 박하게 하는 것인가." 예조판서 임취정이 아뢰기를, "구주를 폐하여 군으로 봉하는 것이 오늘날의 가장 큰 절목입니다. 속히 의논하여 조처하소서."라고 하였다.

대왕 대비가 왕을 폐하여 광해군으로 삼고 금상으로 왕위 계승케 하다

대왕 대비가 왕을 폐하여 광해군(光海君)으로 삼고 이지를 서인(庶人)으로 삼고, 금상을 책명하여 왕위를 계승하게 하였는데, 그 교지는 다음과 같다.

"소성정의 왕대비(昭聖貞懿王大妃)는 다음과 같이 이르노라. 하늘이 많은 백성을 내고 임금을 세우게 하신 것은 인륜을 펴고 법도를 세워 위로 종묘를

299) 『조선왕조실록』, 광해군 15년(1623) 3월 13일.

받들고 아래로 백성을 잘 다스리게 하려고 하신 것이다. 선조 대왕(宣祖大王)께서 불행하게도 적자(適子)가 없으시어 일시의 권도에 따라 나이의 순서를 뛰어넘어 광해(光海)를 세자로 삼았다. 그런데 그는 동궁에 있을 때부터 잘못하는 행위가 드러났으므로 선조께서 만년에 몹시 후회하고 한스럽게 여기셨고, 그가 왕위를 계승한 뒤에는 도리어 어긋나는 짓을 그지없이 하였다. 우선 그 중에서 큰 죄악만을 거론해 볼까 한다. 내가 아무리 덕이 부족하더라도 천자의 고명(誥命)을 받아 선왕의 배필이 되어 일국의 국모 노릇을 한 지 여러 해가 되었으니 선조의 아들이라면 나를 어머니로 여기지 않을 수 없을 것이다. 그런데 광해는 남을 참소하고 모해하는 자들의 말을 신임하고 스스로 시기하고 혐의하는 마음을 가져 우리 부모를 형벌하여 죽이고 우리 일가들을 몰살시켰으며 품속에 있는 어린 자식을 빼앗아 죽이고 나를 유폐하여 곤욕을 치르게 하였으니, 그는 인간의 도리가 조금도 없는 자이다. 그가 이러한 짓을 한 것은 선왕에게 품었던 유감을 풀려고 한 것인데 미망인에 대해서야 무슨 짓인들 못하겠는가. 그는 형과 아우를 살해하고 조카들을 모조리 죽였으며 서모(庶母)를 때려 죽이기까지 하였다.

그리고 여러 차례 큰 옥사를 일으켜 무고한 사람들을 가혹하게 죽였고, 민가 수천 호를 철거시키고 두 궁궐을 창건하는 데 있어 토목 공사의 일이 10년이 지나도록 끝나지 않았다. 그리고 선왕조의 원로 대신들을 모두 축출시키고 인아(姻婭) · 부시(婦寺)들로서 악한 짓을 하도록 권유하는 무리들만을 등용하고 신임하였으며, 정사를 하는 데 있어 뇌물을 바친 자들만을 기용했으므로 무식한 자들이 조정에 가득하였고 금을 싣고 와서 관직을 사는 자들이 마치 장사꾼이 물건을 흥정하듯이 하였다. 그리고 부역이 많고 수탈이 극심하여 백성들이 살 수가 없어서 고난 속에서 아우성을 치고 있으니, 국가의 위태로움은 말할 수 없었다. 어디 그뿐이겠는가. 우리 나라가 중국을 섬겨온 지 2백여 년이 지났으니 의리에 있어서는 군신의 사이지만 은혜에 있어서는 부자의 사이와 같았고, 임진년에 나라를 다시 일으켜준 은혜는 영원토록 잊을 수 없었던 것이다. 이리하여 선왕께서 40년 간 보위에 계시면서 지성으로 중국을 섬기시며 평생에 한 번도 서쪽으로 등을 돌리고 앉으신 적이 없었다. 그런데 광해는 은덕을 저버리고 천자의 명을 두려워하지 않았으며 배반하는 마음을 품고 오랑캐와 화친하였다.

이리하여 기미년에 중국이 오랑캐를 정벌할 때 장수에게 사태를 관망하여 향배(向背)를 결정하라고 은밀히 지시하여 끝내 우리 군사 모두를 오랑캐에게 투항하게 하여 추악한 명성이 온 천하에 전파되게 하였다. 그리고 우리 나라에 온 중국 사신을 구속 수금하는 데 있어 감옥의 죄수들보다 더하였고, 황제가 칙서를 여러 번 내렸으나 군사를 보낼 생각을 하지 아니하여 예의의 나라인 우리 삼한(三韓)으로 하여금 이적 금수의 나라가 되는 것을 모면하지 못하게 하였으니, 가슴 아픈 일을 어떻게 다 말할 수 있겠는가. 천리(天理)를 멸절시키고 인륜을 막아 위로 중국 조정에 죄를 짓고 아래로 백성들에게 원한을 사고 있는데 이러한 죄악을 저지른 자가 어떻게 나라의 임금으로서 백성의 부모가 될 수 있으며, 조종의 보위에 있으면서 종묘 · 사직의 신령을 받들 수 있겠는가. 이에 그를 폐위시키노라.

능양군 이종(綾陽君李倧)은 선조대왕의 손자이고 정원군 이부(定遠君李琈)의 첫째 아들인데 총명하고 효성스러우며 비상한 의표를 지니고 있으므로 선조께서 특별히 사랑하시어 궁중에서 키우게 하셨고 그에게 종(倧) 자의 이름을 지어주신 데에는 은미한 뜻이 있었던 것이며, 용상에 기대어 계실 때 그의 손을 잡고 탄식하시며 여러 손자들보다 특별한 관심을 가졌었다. 그런데 이번에 대의를 분발하여 혼란스러운 조정을 토평하고 유폐되어 곤욕을 치르고 있는 나를 구해냈으며 나의 위호(位號)를 회복시켜 주어 윤기(倫紀)가 바르게 되고 종묘 사직이 다시 편안하게 되었다. 공덕이 매우 성대하여 신명과 인민이 그에게 귀의하고 있으니 보위에 나아가 선조대왕의 후사를 잇게 하노라. 그리고 부인 한씨(韓氏)를 책봉하여 왕비로 삼노라. 이리하여 교시하노니, 모두 알라."[300]

광해군은 폐위되어 군이 되었다. 그런데 광해군을 폐위하라고 인조에게 권한 인물은 광해군이 신임해서 예조판서로 임명했던 임취정이었다.

상이 의병을 일으켜 왕대비(王大妃)를 받들어 복위시킨 다음 대비의 명으로 경운궁(慶運宮)에서 즉위하였다. 광해군(光海君)을 폐위시켜 강화(江華)로 내쫓고 이이첨(李爾瞻) 등을 처형한 다음 전국에 대사령을 내렸다.

상은 선조 대왕의 손자이며 원종 대왕(元宗大王)의【정원군(定遠君)으로 휘는 이부(李琈)인데, 추존되어 원종이 되었다.】장자이다. 모후는 인헌 왕후(仁獻王后) 구씨(具氏)로【연주 군부인(連珠郡夫人)이다. 추존되어 왕후가 되었다.】찬성 구사맹(具思孟)의 딸이다. 만력 을미년 11월 7일 해주부(海州府) 관사에서 탄생하였으니, 당시 왜변이 계속되어 왕자 제궁(王子諸宮)이 모두 해주에 머물러 있었기 때문이다. 탄강할 때 붉은 광채가 빛나고 이상한 향내가 진동하였으며, 그 외모가 비범하고 오른쪽 넓적다리에 검은 점이 무수히 많았다. 선묘(宣廟)께서는 이것이 한 고조(漢高祖)의 상이니 누설하지 말라고 하면서 크게 애중하여 궁중에서 길렀고, 친히 소자(小字)와 휘(諱)를 명하고 깊이 정을 붙였으므로 광해가 좋아하지 않았다. 장성하자 총명하고 어질고 효성스럽고 너그럽고 굳건하여 큰 도량이 있었다. 여러 번 자급이 올라가 능양군(綾陽君)에 봉해져서는 더욱 겸양하면서 덕을 길렀다.

처음 광해가 동궁(東宮)에 있을 때 선묘께서 바꾸려는 의사를 두었었는데, 결국 광해가 왕위를 계승하게 되자 영창 대군(永昌大君)을 몹시 시기하고 모후를 원수처럼 보아 그 시기와 의심이 날로 쌓였다. 적신 이이첨과 정인홍(鄭仁弘) 등이 또 그의 악행을 종용하여 임해군(臨海君)과 영창 대군을 해도(海

---

300) 『조선왕조실록』, 광해군 15년(1623) 3월 14일.

島)에 안치하여 죽이고 연흥 부원군(延興府院君) 김제남(金悌男)을【왕대비의 아버지이다.】 멸족하는 등 여러 차례 대옥(大獄)을 일으켜 무고한 사람들을 살육하였다. 상의 막내 아우인 능창군(綾昌君) 이전(李佺)도 무고를 입고 죽으니, 원종 대왕이 화병으로 돌아갔다. 대비를 서궁(西宮)에 유폐하고 대비의 존호를 삭제하는 등 그 화를 헤아릴 수 없었다.

선왕조의 구신들로서 이의를 두는 자는 모두 추방하여 당시 어진 선비가 죄에 걸리지 않으면 초야로 숨어버림으로써 사람들이 모두 불안해 하였다. 또 토목 공사를 크게 일으켜 해마다 쉴 새가 없었고, 간신배가 조정에 가득 차고 후궁이 정사를 어지럽히어 크고 작은 벼슬아치의 임명이 모두 뇌물로 거래되었으며, 법도가 없이 가혹하게 거두어들임으로써 백성들이 수화(水火) 속에 든 것 같았다.

상이 윤리와 기강이 이미 무너져 종묘 사직이 망해가는 것을 보고 개연히 난을 제거하고 반정(反正)할 뜻을 두었다. 무인 이서(李曙)와 신경진(申景禛)이 먼저 대계(大計)를 세웠으니, 경진 및 구굉(具宏) · 구인후(具仁垕)는 모두 상의 가까운 친속이었다. 이에 서로 은밀히 모의한 다음, 문사 중 위엄과 인망이 있는 자를 얻어 일을 같이 하고자 하였다. 곧 전 동지(同知) 김류(金瑬)를 방문한 결과 말 한 마디에 서로 의기투합하여 드디어 추대할 계책을 결정하였으니, 곧 경신년이었다. 그 후 경진이 전 부사(府使) 이귀(李貴)를 방문하고 사실을 말하자 이귀도 본래 이 뜻을 두었던 사람이라 크게 좋아하였다. 드디어 그 아들 이시백(李時白) · 이시방(李時昉) 및 문사 최명길(崔鳴吉) · 장유(張維), 유생 심기원(沈器遠) · 김자점(金自點) 등과 공모하였다. 이로부터 모의에 가담하고 협력하는 자가 날로 많아졌다.

임술년 가을에 마침 이귀가 평산 부사(平山府使)로 임명되자 신경진을 이끌어 중군(中軍)으로 삼아 중외에서 서로 호응할 계획을 세웠다. 그때 모의한 일이 누설되어 대간이 이귀를 잡아다 문초할 것을 청하였다. 그러나 김자점과 심기원 등이 후궁에 청탁을 넣음으로써 일이 무사하게 되었다. 신경진과 구인후 역시 당시에 의심을 받아 모두 외직에 보임되었다. 마침 이서가 장단 부사(長湍府使)가 되어 덕진(德津)에 산성 쌓을 것을 청하고 이것을 인연하여 그곳에 군졸을 모아 훈련시키다가 이때에 와서 날짜를 약속해 거사하게 된 것이다. 그런데 훈련 대장 이흥립(李興立)이 당시 정승 박승종(朴承宗)과 서로 인척이 되는 사이라 뭇 의논이 모두들 '도감군(都監軍)이 두려우니 반드시 이흥립을 설득시켜야 가능하다.'고 하였다. 이에 장유의 아우 장신(張紳)이 흥립의 사위였으므로 장유가 흥립을 보고 대의(大義)로 회유하자 흥립이 즉석에서 내응할 것을 허락하였다. 그리하여 이서는 장단에서 군사를 일으켜 달려오고 이천 부사(伊川府使) 이중로(李重老)도 편비(編裨)들을 거느리고 달려와 파주(坡州)에서 회합하였다.

그런데 이이반(李而攽)이란 자가 그 일을 이후배(李厚培) · 이후원(李厚源) 형제에게 듣고 그 숙부 이유성(李惟聖)에게 고하자, 유성이 이를 김신국(金藎國)에게 말하였다. 이에 신국이 즉시 박승종에게 달려가 이이반으로 하여금 고변(告變)하게 하고 또 승종에게 이흥립을 참수하도록 권하였다. 이반이 드디어 고변하였으니 이것이 바로 12일 저녁이었다. 그리하여 추국청(推鞫廳)을 설치하고 먼저 이후배를 궐하에 결박해놓고 고발된 모든 사람을 체포하려 하는데, 광해는 바야흐로 후궁과 곡연(曲宴)을 벌이던 참이라 그 일을 머물러 두고 재결하여 내리지 않았다. 승종이 이흥립을 불러서 '그대가 김류 · 이귀와 함께 모반하였는가?' 하므로 '제가 어찌 공을 배반하겠습니까?' 하자 곧 풀어주었다.

의병은 이날 밤 2경에 홍제원(弘濟院)에 모이기로 약속하였다. 김류가 대장이 되었는데 고변이 있었다는 말을 듣고 포자(捕者)가 도착하기를 기다려 그를 죽이고 가고자 하였다. 지체하며 출발하지 않고 있는데 심기원과 원두표(元斗杓) 등이 김류의 집으로 달려가 말하기를, '시기가 이미 임박했는데, 어찌 앉아서 붙잡아 오라는 명을 기다리는가.' 하자 김류가 드디어 갔다.

이귀 · 김자점 · 한교(韓嶠) 등이 먼저 홍제원으로 갔는데, 이때 모인 자들이 겨우 수백 명밖에 되지 않았고 김류와 장단의 군사도 모두 이르지 않은 데다 고변서(告變書)가 이미 들어갔다는 말을 듣고 군중이 흉흉하였다. 이에 이귀가 병사(兵使) 이괄(李适)을 추대하여 대장으로 삼은 다음 편대를 나누고 호령하니, 군중이 곧 안정되었다. 김류가 이르러 전령(傳令)하여 이괄을 부르자 괄이 크게 노하여 따르려 하지 않으므로 이귀가 화해시켰다.

상이 친병(親兵)을 거느리고 나아가 연서역(延曙驛)에 이르러서 이서(李曙)의 군사를 맞았는데, 사람들은 연서를 기이한 참지(讖地)로 여겼다. 장단의 군사가 7백여 명이며 김류 · 이귀 · 심기원 · 최명길 · 김자점 · 송영망(宋英望) · 신경유(申景裕) 등이 거느린 군사가 또한 6~7백여 명이었다. 밤 3경에 창의문(彰義門)에 이르러 빗장을 부수고 들어가다가, 선전관(宣傳官)으로서 성문을 감시하는 자를 만나 전군(前軍)이 그를 참수하고 드디어 북을 울리며 진입하여 곧바로 창덕궁(昌德宮)에 이르렀다. 이흥립은 궐문 입구에 포진하여 군사를 단속하여 움직이지 못하게 하였다. 초관(哨官) 이항(李沆)이 돈화문(敦化門)을 열어 의병이 바로 궐내로 들어가자 호위군은 모두 흩어지고 광해는 후원문(後苑門)을 통하여 달아났다. 군사들이 앞을 다투어 침전으로 들어가 횃불을 들고 수색하다가 그 횃불이 발[簾]에 옮겨 붙어 여러 궁전이 연소하였다.

상이 인정전(仁政殿) 계상(階上)의 호상(胡床)에 앉았다. 궁중의 직숙관(直宿官)이 모두 도망쳐 숨었다가 잡혀왔는데, 도승지 이덕형(李德泂)과 보덕(輔德) 윤지경(尹知敬) 두 사람은 처음엔 모두 배례를 드리지 않다가 의거임을 살펴 알고는 바로 배례를 드렸다. 명패(命牌)를 내어 이정구(李廷龜) 등을 불러들이니, 새벽에 백관들이 다 모였다. 박정길(朴鼎吉)이 병조 참판으로 먼저 이르렀는데, 판서 권진(權縉)이 뒤미처 이르러 '정길이 종실(宗室) 항산군(恒山君)과 함께 군사를 모았는데, 지금 들어왔으니 아마도 내응할 뜻을 둔 것 같다.'라고 하였으므로 곧 정길을 끌어내어 참수하였다. 항산군을 잡아다 문초하니, 혐의 사실이 없어 석방하였다. 그런데 정길은 당연히 참형을 받아야 할 자라 사람들이 모두 그의 참수를 통쾌하게 여기었다. 그리고 상궁(尙宮) 김씨(金氏)와 승지 박홍도(朴弘道)를 참수하였다. 김 상궁은 선묘(宣廟)의 궁인으로 광해가 총애하여 말하는 것을 모두 들어줌으로써 권세를 내외에 떨쳤다. 또 이이첨의 여러 아들 및 박홍도의 무리와 결탁하여 그 집에 거리낌 없이 무상으로 출입하였다. 이때에 와서 맨 먼저 참형을 받았다. 홍도는 흉패함이 흉당 중에서도 특별히 심한 자라 궐내에 잡아들여 참수하였다. 광해는 상제가 된 의관(醫官) 안국신(安國臣)의 집에 도망쳐 국신이 쓰던 흰 의관을 쓰고 있는 것을 국신이 와서 고하므로 장사들을 보내 떠메어 왔고, 폐세자(廢世子)는 도망쳐 숨었다가 군인들에게 잡혔다.

상이 처음 대궐에 들어가 즉시 김자점(金自點)과 이시방(李時昉)을 보내 왕대비(王大妃)에게 반정한 뜻을 계달하자, 대비가 하교하기를 '10년 동안의 유폐 중에 문안 오는 사람이 없었는데, 너희들은 어떤 사람이기에 이 밤중에 승지와 사관(史官)도 없이 이처럼 직접 계문하는가?' 하였다. 두 사람이 복명하여 아뢰자 상은 곧 대장 이귀(李貴)와 도승지 이덕형, 동부승지 민성징(閔聖徵) 등에게 명하여 의장을 갖추고 나아가 모셔오게 하였다. 이에 이귀 등이 경운궁(慶運宮)에 나아가 사실을 진계하며 누차 모셔갈 것을 청하였으나 대비는 허락하지 않았다. 상이 이에 친히 경운궁으로 나아갔다. 유사가 연(輦)을 등대하고 위의를 베풀었으나 상은 이를 모두 거두라 명하였다. 교자에 오르기를 청하였으나 역시 따르지 않고 말만 타고 가면서 광해를 떠메어 따르게 하였는데, 도성 백성들이 환호성을 울리면서 '오늘날 다시 성세를 볼 줄 생각지 못하였다.' 하고 눈물을 흘리는 자까지 있었다.

상이 경운궁에 이르러 말에서 내려 걸어서 서청문(西廳門) 밖에 들어가 재배하고 통곡하자 시위 장사 및 시신들이 모두 통곡하였다. 상이 곧 엎드려 대죄하자 자전(慈殿)이 하교하기를, "능양군(綾陽君)은 종자(宗子)이니 들어와 대통을 잇는 것이 마땅하다. 막대한 공을 이루었는데 무슨 대죄할 일이 있겠는가." 하였다. 상이 이에 대답하기를, "혼란 중에 일이 많고 겨를이 없어 지금에야 비로소 왔으니 황공하기 그지없습니다." 하니, 자전이 전국보(傳國寶)와 계자(啓字)를 바치라고 명하였다. 이에 이귀가 주달하기를, "자전께서 마땅히 정전(正殿)에 납시어 대신을 불러 국보를 전하소서. 어찌 성급하게 국보를 들여 사람들의 의심을 사겠습니까." 하니, 자전이 누차 재촉하였다. 상이 좌의정 박홍구(朴弘耈)를 명하여 국보를 받들어 들이게 하였으나 오랫동안 하명이 없었다. 상이 한참 동안 땅에 부복해 있다가 야심한 때에 이르러 군신들에게 이르기를, "내가 집에 물러가 대죄하겠다." 하자, 군신들이 극력 간하여 말렸다. 조금 후에 자전께서 사군(嗣君)을 인견하겠다고 명하였다. 이에 상이 내정(內庭)으로 들어갔고 여러 장수도 모두 따라 들어갔다. 자전이 선왕의 허좌(虛座)를 설치해 놓았는데, 상이 재배하고 통곡하니 시신들도 모두 통곡하였다. 이에 자전이 침전에 납시어 발을 드리우고 어보(御寶)를 상(床)에 놓은 다음 상을 인도해 들어갔다. 상이 엎드려 통곡하자 자전이 이르기를, "통곡하지 마시오. 종사의 큰 경사인데 어찌 통곡하시오." 하였다.

상이 자리를 피해 배례를 올리면서 아뢰기를, "대사가 아직 안정되지 않아 날이 저물어서야 비로소 왔으니 신의 죄가 막심합니다." 하니, 자전이 이르기를, "사양하지 마시오. 무슨 죄가 있단 말이오. 내가 기구한 운명으로 불행하게도 인륜의 대변을 만나, 역괴(逆魁)가 선왕에게 유감을 품고 나를 원수로 여겨 나의 부모를 도륙하고 나의 친족을 어육으로 만들고 나의 어린 자식을 살해하고 나를 별궁에다 유폐하였소. 이 몸이 오랫동안 깊은 별궁 속에 처하여 인간의 소식을 막연히 들을 수 없었는데 오늘날 이런 일이 있을 줄은 생각지도 못하였소." 하고, 또 군사들에게 이르기를, "역괴는 선왕에 대하여 실로 원수이다. 조정에 간신이 포진하여 나에게 대악의 누명을 씌우고 10여 년 동안 가둬 놓았는데, 어젯밤 꿈에 선왕께서 나에게 이 일이 있을 것을 말하시더니 경들이 다시 인륜을 밝히는 것을 힘입어 오늘을 볼 수 있었다. 경들의 공로를 어찌 다 말할 수 있겠는가." 하였다. 군신들이 속히 어보를 전할 것을 청하자, 자전이 이르기를, "미망인이 오늘에 이르게 된 것은 실로 상제(上帝)

의 영험이 있어서이다. 사군은 상제(上帝)께 배사(拜謝)하시오." 하였다. 이에 민성징(閔聖徵)이 아뢰기를, "이런 거조를 하는 것은 몹시 미안한 일이라 감히 명을 받들 수 없습니다. 어보를 전한 후 사군께서는 마땅히 밖으로 나가 흉당을 잡아 다스려서 민심을 안정시켜야 합니다." 하고, 군신들이 모두 아뢰기를, "사군이 즉위한 후 의당 종묘에 고유할 것이니, 어보를 전하는 것이 몹시 급합니다." 하니, 자전이 이르기를, "어보를 전하는 것은 큰일이니 초라하게 예를 행할 수 없다. 명일 서청(西廳)에서 예를 갖추어 행할 것이다.

또 중국 조정의 명이 없으니 어찌 정통성이 있겠는가. 우선 국사를 임시로 서리해야 한다." 하였다. 도승지 이덕형이 청대(請對)하여 아뢰기를, "국가가 위태하여 거의 망할 지경에 이르렀으므로 사군께서 종묘 사직의 대계를 위해 몸소 갑주를 입고 이 대사를 일으켰습니다. 그리하여 인심이 이미 귀부하고 천명이 이미 정해졌는데, 어보를 전하는 일을 밤이 깊도록 결단하지 않는 것은 왜입니까? 만약 속히 국보를 전하여 위호를 바루지 않는다면 어떻게 난국을 진정할 수 있겠습니까. 빨리 국보를 전하여 신민의 기대에 보답하소서." 하니, 자전이 이르기를, "어보를 받는 데는 절차가 있는 법이다. 어떻게 이처럼 늦은 밤에 급박히 전수하겠는가. 경들의 말이 이와 같으니 대신과 상의하리라. 그리고 어떤 어보를 전해야 하겠는가?" 하자, 이에 대신이 아뢰기를, "소신보(昭信寶)와 수명보(受命寶)를 전하심이 마땅하겠으며, 유서보(宥書寶) 역시 전수해야 합니다." 하였다.

상이 아뢰기를, "신은 재덕(才德)이 없어 감당하지 못하겠습니다." 하니, 자전이 이르기를, "왕실의 지친이며 신민이 추대하니 덕이 아니고 무엇이겠는가. 사군은 이로부터 성주(聖主)가 될 것이니 이는 실로 종사(宗社)의 큰 복이다." 하고, 곧 승전색(承傳色) 김천림(金天霖) 등에게 명하여 어보를 받들어 무릎꿇고 상에게 전하게 하였다. 상이 절하며 어보를 받자, 시신이 아뢰기를, "이미 어보를 전해 받았으니 속히 정전(正殿)으로 나아가 대위(大位)를 바룸이 마땅합니다." 하니, 자전이 이르기를, "처음에는 예를 갖추어 조용히 전수하려 하였으나, 경들의 말을 어길 수 없어 이와 같이 행하였다.” 하고, 이어 상에게 이르기를, “역괴의 죄를 아시오? 내 덕이 박하여 모자의 도리를 다하지 못함으로써 윤리와 기강이 무너지고 국가가 거의 망하게 되었었는데 사군의 효를 힘입어 위로는 종사를 안정시키고 아래로는 원한을 씻게 되었으니 그 감격스러움이 이 어찌 끝이 있겠소.” 하였다. 또 여러 신하들에게 이르기를, “역괴의 부자를 지금 어디에 두었는가?” 하니, 대답하기를, “모두 궐하에 있습니다.” 하였다. 자전이 이르기를, “한 하늘 아래 같이 살 수 없는 원수이다. 참아 온 지 이미 오랜 터라 내가 친히 그들의 목을 잘라 망령(亡靈)에게 제사하고 싶다. 10여 년 동안 유폐되어 살면서 지금까지 죽지 않은 것은 오직 오늘날을 기다린 것이다. 쾌히 원수를 갚고 싶다.” 하니, 여러 신하들이 아뢰기를, “예로부터 폐출된 임금은 신자가 감히 형륙(刑戮)으로 의논하지 못하였습니다. 무도한 임금으로는 걸주(桀紂) 만한 이가 없었으되 탕무(湯武)는 이를 추방하였을 뿐입니다. 지금 내리신 하교는 신들이 차마 들을 수 없는 말입니다.” 하고, 덕형은 아뢰기를, “자성(慈聖)께서 폐군에 대하여는 천륜이 이미 정해졌습니다. 아들이 비록 효도하지 않더라도 어머니로서는 사랑하지 않을 수 없는 것입니다. 이 하교는 차마 들을 수 없을 뿐 아니라 또한 감히 받들 수 없습니다.” 하였다. 자전이 이르기를, “내가 사군과 함께 정전으로 나아가면 나의 원한을 씻으리니, 지금 사군이 즉위하여 나의 마음을 본받아 나를 위해 복수하면 효라 이를 만하다.” 하였다.

상이 아뢰기를, “백관들이 있으니 신이 어찌 감히 마음대로 할 수 있겠습니까.” 하니, 자전이 이르기를, “사군은 이미 장성하였소. 어찌 백관들의 지휘를 받으려 하오.” 하였다. 덕형이 아뢰기를, “사군께서 궐내에 드시어 지금 날이 새어가는데, 아직까지 즉위하지 못하고 있으므로 장사(將士)와 군민이 모두 걱정하고 있습니다. 속히 밖으로 나가소서.” 하였다. 자전이 이르기를, “부모의 원수는 한 하늘 밑에 같이 살 수 없고 형제의 원수는 한 나라에 같이 살수 없다. 역괴가 스스로 모자의 도리를 끊었으니 나에게 있어서는 반드시 갚아야 할 원한이 있고 용서해야 할 도리는 없다." 하니, 덕형이 아뢰기를, "옛날에 중종께서 반정하시고 폐왕을 우대하여 천수를 마치게 하였으니 이것은 본받을 만한 일입니다." 하자, 자전이 이르기를, "경의 말이 실로 옳다. 그러나 역괴는 부왕을 시해하고 형을 죽였으며, 부왕의 첩을 간통하고 그 서모를 죽였으며, 그 적모(嫡母)를 유폐하여 온갖 악행을 구비하였다. 어찌 연산(燕山)에 비교할 수 있겠는가." 하니, 성징(聖徵)이 아뢰기를, "지금 하교하신 사실은 외간에서 일찍이 듣지 못한 일입니다. 시해하였다는 말은 더욱 듣지 못한 사실입니다." 하였다. 자전이 이르기를, "사람을 죽이는데 몽둥이로 하든 칼로 하든 무엇이 다르겠는가. 선왕께서 병들어 크게 위독하였는데 고의로 충격을 주어 끝내 돌아가시게 하였으니 이것이 시해한 것과 무엇이 다르겠는가." 하였다. 덕형이 아뢰기를, "간역(奸逆)의 무리가 외방에 흩어져 있으니 뜻밖의 변란이 없지 않을 것입니다. 속히 즉위하여 교서를 반포하고 제때에 체포하여 군정(群情)을 진무해야 합니다." 하니, 자전이 이르기를, "별당은 선왕께서 일을 보시던 곳이라 이미 궁인으로 하여금 청소를 하게 하였다." 하였다. 상이 일어나 절하고 물러나와 별당에서 즉위하여 일을 보며 밤을 새웠는데, 시신 및 장사들이 칼을 차고 숙위하였다.

광해는 약방(藥房)에, 폐세자는 도총부(都摠府)에 안치하고 군사로 지키며 사옹원으로 하여금 음식을 공급하게 하였다. 영건(營建) · 나례(儺禮) · 화기(火器) 등 12개의 도감(都監)을 폐지하고 의금부와 전옥서를 열어 죄인들을 모두 방면하였다. 당시 이이첨의 무리 중에 도망쳐 숨은 자가 많아 군인을 풀어 수색해 체포하였다. 또 그 죄를 면제받을 마음으로 앞을 다투어 진알(進謁)하였는데 모두 결박하여 구속하였다. 도원수(都元帥) 한준겸(韓浚謙)에게 하유하여 평안 감사 박엽(朴燁)과 의주 부윤(義州府尹) 정준(鄭遵)을 경상(境上)에서 처형하게 하였으며, 또 여러 도(道)의 조도사(調度使) 김순(金純) · 지응곤(池應鯤) · 김충보(金忠輔) · 왕명회(王明恢) · 권충남(權忠男) · 이문빈(李文賓) 등을 처형하라고 명하였다. 박엽은 성품이 혹독하고 처사가 패려하였다.

유덕신(柳德新)의 사위로서 궁중과 결탁하였다. 일찍이 수령이 되어 사사로이 헌상하여 아첨하였고, 평안 감사가 되어서는 영합하여 총애를 굳히기 위해 못 하는 짓이 없었다. 기이한 완호품을 날로 궁중으로 실어들였으며, 의복과 음식을 법도에 지나치게 사치하게 하고 징세를 혹독하게 하며 사람 죽이기를 초개처럼 쉽게 하여 한 도가 텅 비게 됨으로써 그 원한이 골수에 사무쳤다. 그가 효시되는 날에 이르러서는 한 도의 백성들로서 서로 경하하지 않는 자가 없었으며, 심지어 그의 관을 쪼개고 시신을 난도질하는 자가 있었다고 한다. 정준은 정조(鄭造)의 아우로서 그 위인이 흉험하고 간교하였다. 이이첨의 심복이 되어 흉역의 논의를 주장하지 않은 것이 없었다. 급기야 본주(本州)에 건너뛰어 제수되어서는 오로지 뇌물을 바쳐 아첨하는 것을 일삼고 탐욕을 부리며 토색질하니 온 경내가 원망하고 괴로워하였다. 그리고 노적(奴賊)과 사사로이 서로 내통함으로써 중국 조정의 의심을 샀었다. 이에 이르러 효시되자 백성들이 크게 기뻐하였다. 김순은 본래 미천한 서얼인데 윤휘(尹暉)와 임취정(任就正)의 심복으로 궁중과 결탁하여 동지중추에 제수되기까지 하였다. 취정 등이 김순을 해서 조도(海西調度)에 차임하자, 그는 백성들의 고혈을 착취하고 사족을 능욕하는 등 못하는 짓이 없으므로 온 도내가 구란(寇亂)을 만난 것보다 더 쓸쓸하였다. 당시 감사였던 정립(鄭岦)이 사유를 갖추어 치계(馳啓)하였고, 영건 도청(營建都廳) 권첩(權怗)이 상소하여 극력 개진하였으나 광해가 받아들이지 아니하므로 조야가 모두 분개하였다. 급기야 금부(禁府)가 처형을 청하자 상이 본도에서 참할 것을 명하여 한 도내의 민심을 통쾌하게 하였다. 응곤 등의 죄악도 김순과 같으므로 함께 참형을 명하였다.

당시 제주 목사 양호(梁濩)가 흉당을 아첨하여 섬기면서 탐욕과 학정이 특히 심하여 한 섬의 백성들이 물과 불 속에 든 것 같았으므로 역시 잡아다가 처형할 것을 명하였다.[301)]

---

301) 『조선왕조실록』, 인조 1년(1623) 3월 13일.

1623년 3월 14일에, 인조의 즉위와 광해군의 폐위에 대한 왕대비의 교서는 다음과 같다.

왕대비가 교서를 내려 중외에 선유하였는데, 내용은 다음과 같다.

"하늘이 만백성을 내고 그 중에다 임금을 세운 것은, 대개 인륜을 펴고 기강을 세워 위로는 종묘를 받들고 아래로는 온 백성을 안정시키기 위해서이다. 선조 대왕께서 불행히도 적사(嫡嗣)가 없어 임시 방편으로 장유(長幼)의 차례를 어기고 광해로 세자를 삼았었는데, 동궁으로 있을 때 이미 실덕(失德)이 드러나 선묘(宣廟) 말년에 자못 후회하여 마지않았다. 즉위한 처음부터 못하는 짓이 없이 도리를 어겼는데, 우선 그 중 큰 것만을 거론하겠다. 내 비록 부덕하나 천자의 고명(誥命)을 받아 선왕의 배우자가 된 사람으로 일국의 국모가 된 지 여러 해가 되었으니, 선묘의 아들이 된 자는 나를 어미로 삼지 않을 수 없는 것이다. 그럼에도 광해는 참소하는 간신의 말을 믿고 스스로 시기하여 나의 부모를 형살하고 나의 종족을 어육으로 만들고 품안의 어린 자식을 빼앗아 죽이고 나를 유폐하여 곤욕을 주는 등 인륜의 도리라곤 다시 없었다. 이는 대개 선왕에게 품은 감정을 펴는 것이라 미망인에게야 그 무엇인들 하지 못하랴. 심지어는 형을 해치고 아우를 죽이며 여러 조카를 도륙하고 서모를 쳐 죽였고, 여러 차례 큰 옥사를 일으켜 무고한 사람들을 해쳤다. 그리고 민가 수천 채를 철거하고 두 채의 궁궐을 건축하는 등 토목 공사를 10년 동안 그치지 않았으며, 선왕조의 구신들은 하나도 남김없이 다 내쫓고 오직 악행을 조장하며 아첨하는 인아(姻婭)와 부시(婦寺)들만을 높이고 신임하였다. 인사는 뇌물만으로 이루어져서 혼암한 자들이 조정에 차있고, 돈을 실어 날라 벼슬을 사고 파는 것이 마치 장사꾼 같았다. 부역이 번다하고 가렴 주구는 한이 없어 백성들은 그 학정을 견디지 못하여 도탄에서 울부짖으므로 종묘 사직의 위태로움은 마치 가느다란 실끈과 같았다. 이것뿐이 아니다. 우리나라가 중국 조정을 섬겨온 것이 2백여 년이라, 의리로는 곧 군신이며 은혜로는 부자와 같다. 그리고 임진년에 재조(再造)해 준 그 은혜는 만세토록 잊을 수 없는 것이다. 선왕께서 40년 동안 재위하시면서 지성으로 섬기어 평생에 서쪽을 등지고 앉지도 않았다. 광해는 배은 망덕하여 천명을 두려워하지 않고 속으로 다른 뜻을 품고 오랑캐에게 성의를 베풀었으며, 기미년 오랑캐를 정벌할 때에는 은밀히 수신(帥臣)을 시켜 동태를 보아 행동하게 하여 끝내 전군이 오랑캐에게 투항함으로써 추한 소문이 사해에 펼쳐지게 하였다. 중국 사신이 본국에 왔을 때 그를 구속하여 옥에 가두듯이 했을 뿐 아니라 황제가 자주 칙서를 내려도 구원병을 파견할 생각을 하지 않아 예의의 나라인 삼한(三韓)으로 하여금 오랑캐와 금수가 됨을 면치 못하게 하였으니, 그 통분함을 어찌 이루 다 말할 수 있겠는가. 천리를 거역하고 인륜을 무너뜨려 위로는 종묘 사직에 득죄하고 아래로는 만백성에게 원한을 맺었다. 죄악이 이에 이르렀으니 그 어떻게 나라를 통치하고 백성에게 군림하면서 조종조의 천위(天位)를 누리고 종묘 사직의 신령을 받들겠는가. 그러므로 이에 폐위하고 적당한 데 살게 한다.

능양군(綾陽君)은 선조 대왕의 손자이며 정원군(定遠君)【이부(李琈)】의 맏아들이다. 총명하고 어질며 비상한 위의가 있어 선조께서 몹시 사랑하여 궁중에서 길렀다. 그 소자(小字)를 천윤(天胤)이라 하였으니 그 이름을 지어준 의미가 깊다. 궤에 기대어 계실 때 손을 잡고 한숨을 지으시면서 정을 붙임이 다른 손자들과 달리 깊었다. 지금 대의를 분발하여 혼암한 자를 토평하고 나의 수욕(囚辱)을 벗겨주며 나의 위호(位號)를 회복해 주어 윤리와 기강이 바로 서고 종묘 사직이 다시 안정되었다. 그 공덕이 대단히 성대하여 신인 모두 귀부하는 바라, 대위(大位)에 나아가 선조의 뒤를 계승할 만하다. 부인 한씨(韓氏)를 책봉하여 왕비를 삼는다. 그러므로 이와 같이 교시하니 잘 알기를 바란다."[302)]

---

302) 『조선왕조실록』, 인조1년(1623) 3월 14일.

조경남은 조도사가 읊은 〈금준미주〉 한시를 암행어사가 된 이몽룡의 암행어사 출두를 하기 전에 변부사 생일잔치 판에 들어가서 시은 출두 예고시로 설정하였다. 즉, 조도사가 광해군에게 고한 방식을 약간 변용하여, 남원에서 이몽룡 암행어사 앞에 지어 보여준 시로 설정한 것이다. 즉, 조경남은 이 조정에서의 역사적 사실, 자신이 이미 1622년 2월 3일에 『속잡록』에 기록한 조도사가 광해군 시대의 난정을 이 한시로 풍자하였다고 기록하였다. 그리고 1년 남짓 후인 1623년 3월 12일에 왕위에서 쫓겨나 폐군주가 되었다.; 그런데 조경남은 이런 사실들을 복합 소재화하여서, 1640년에 「춘향전」을 창작하면서, 이몽룡 암행어사의 출도 예고 내지 고발의 주제시로 활용하였다.

5

「춘향전」의 서사 골격을 보여 주는 18세기의 한시 「춘향가」

5-1. 현전하는 가장 오랜 1754년「춘향가」인 유진한의 한시 200구

현재 전하는「춘향전」중에서 가장 오래된 유진한의「만화본 춘향가」[303] 창작 시기가 1754년이다. 200구로 된 이 한시「춘향전」는 조경남의「원춘향전」이 판소리로 양식적인 확장을 이룬 후에, 그 판소리 연행을 본 작가 유진한이 장편 한시로 개작시킨 작품으로, 조경남의「원춘향전」의 서사를 유추할 수 있는 가장 오래되고 현재까지 전하는「춘향전」이다. 1640년 추정의 원초「춘향전」이후, 거의 120년의 거리를 가진 이본이다.

만화 유진한[304]은 숙종 38년인 1712년에 충청도 목천군 이동면 만화동에서 태어났다, 그는 어릴 때부터 워낙 총명하여서 한번 들으면 잊지 않는 것이 남들보다 출중하였다. 충청감영 백일장에 우수하게 합격된 것이 무릇 16번이나 되었다. 돌아오는 길에 금강을 건널 때에 배 위에 사람들이 다투어 말하기를, 아무개 아무개는 첫 귀는 이렇고, 넷째 귀는 이렇고 어떤 글귀는 가작이고, 어떤 글귀는 경구였다고 말했다. 만화가 그때 배에 오를 때부터 내릴 때까지 들은 것을 기록한 것이 백여 귀나 되었다. 집에 돌아와서 사람들에게 배 안에서 들은 이야기를 하나도 빼놓지 않고 다 이야기 하였으니, 그 총명함을 가히 짐작할 수 있었다고 했다.

유몽인 이처럼 충청도의 문장으로 평가받으며 감시에서 장원을 세 번이나 했지만 선조인 유몽인이 이괄의 모반에 내통할 우려가 있다 하여 억울하게 투옥되었다가 아들 윤과 함께 사형되었기 매문에, 비록 사후인 1794년에 신

303) 유진한의 한시「춘향가」는 유진한의 문집『만화집』에 실려 있다. 원제목은「가사 춘향가 이백구」이고, 칠언장시의 내외 구를 1구로 한 200구, 총 400구, 2,800자로 되어 있다. 현재 전하는『만화집』은 서울대학교 중앙도서관에 소장되어 있는『만화집』이다.

304) 유진한(1712~1792).

원 되었지만 그 훈손인 유몽인은 충청도의 문장으로 평가받으면서도 제대로 벼슬길에는 나아가지 못하였다.

유진한은 성품도 온화하여 평생에 남의 잘못을 말하지 않았다. 그 한 예로, 어떤 사람이 전갈을 잘못 듣고 오해하여 팔뚝을 걷어 부치고 말에 올라서 크게 화를 내고 갔다. 그러나 유진한의 안색이 화평하고, 언어가 공손한 것을 보고는 뉘우쳐 깨닫고 부끄러워하였다. 또 마을 사람 중에 이득전이라는 자가 있었는데, 젊은 놈이 아주 고약한 사람이라, 마을 회의에서 결정하기를 그를 잡아다 볼기를 치자고 하니 유진한이 말리며 말하기를, 득전이 그 일 이래로 공손하고 조심하는 사람이 되었다는 것이다. 마을 사람들 중에 완악한 사람이 있어 그가 밭골의 흙을 넘겨 가는 것을 보고 유진한의 종이 와서 말하기를 '못갈게 하라'하니, 만화는 웃으며 응대하였다. 또 이웃 사람이 삽으로 경계를 파 들어가 도랑을 내어, 이 쪽은 줄고, 저 쪽은 늘어나니 좌우 사람들이 금하라고 하였다. 만화가 이르기를 '상관 있으랴. 내 주추 밑에까지 오면 반드시 그치겠지.'라 하였다.

그런 상황 속에서 칩거 생활을 하고 지내던 중에 조상인 유탁[305]이 합포만호로 부임하여 고흥백으로 작위가 내려졌었기 때문에 전라도 남쪽 바닷가에 위치한 고흥 지역을 가끔 찾았다.

이런 것이 계기가 되어 그는 호남 지역을 유람하면서 광대들이 판소리 「춘향가」를 연창하는 것을 듣고, 남다른 감동으로 그 사설의 줄거리를 한시 「춘향가」 200구로 지었음을 결미에서 소옹이 「타령사」를 지어 세상에 전하는 것으로 확인할 수 있다. 여기서 그가 표현한 소옹은 시를 짓는 늙은이라는 뜻도 있지만, 근심 많은 늙은이 라는 뜻도 담겨 있음은 「이소경」의 굴원의 이미지에서 유추할 수 있기 때문이다. 즉, 유진한의 개인사와 그 당대의 사회 비리 특히, 국가 흥망의 최대 기반인 인재선발의 비리와 부정을 목도했기 때문

---

305) 유탁(1311~1371).

에 비분한 충의를 제시한 이소경의 의미를 가지고 있기 때문이다.[306)]

유진한의 한시 「춘향가」는 다음과 같다.

광한루 앞 오작교에 나는 견우 너는 직녀/ 인간의 쾌사로다 암행어사 수의랑은 월노승의 인연으로 홍분기와 맺음이네. / 용성객사 동대청에 이날 다시 만났구나 한량 없는 이 기쁨을(1−3구)

또, 만남 대목의 서사는 이렇게 전개된다.

남원 책방 이도령이 세상 나고 처음이라 춘향 같은 절대 미색/ 삼랑의 애물인들 그대도곤 더할손가 이선의 요지연 숙향이가 바로 널세./ 내 나이 이팔이요 너는 삼오라 어여쁠사 봄빛에 도리같은 방심이여./ 맑은 잔디 파랗게 돋으려나 모란 조차 빨갛게 터지구나./ 물색도 헌사로운 대방국인데 때는 좋다 단오날 봄을 찾아 노니도다./ 붉은 비단 수치마 풀밭에 살랑 흰모시 얇은 적삼 꽃결에 펄럭./ 맑은 시내 저녁 햇살 물찬 제비/ 벽도화 그늘 속에 팔짝 뛰는 개구리라./ 고역산 처자런가 향택이 몽실몽실 옥경의 선녀런가 옥매소리 쟁글쟁글/ 난초 기름 분 땀의 목욕 만북사 앞 봄물은 넘실넘실./ 유리같은 물가에서 돌아보며 웃음짓고 눈결같은 살 꽃 같은 얼굴 맑고도 고울시고./ 허리아래 남볼세라 은근히 조심하니 물에 뜬 예쁜 모습 연꽃 같구나./ 향기로운 바람 버들 뚝에 불어오자 또다시 그네타고 묘한 재주 자랑하네./ 난새무늬 붉은 비단 수를 날아 움직이니 백척이라 긴 그네줄 빨가니 능청능청./ 강비가 물결 밟네 몸도 가벼워라 항아가 구름 탄다 발돋움하고./ 뾰족하고 보배로운 외씨 버선 휘청이는 나무 끝에 떨어지는 꽃잎./ 복숭아처럼 둥근 달 치마 밑에 둥실 춘성의 온갖 사람 다 쳐다보더라./ 홍루 십년만에 못볼

306) 김동욱, 『증보 춘향전 연구』, 연세대출판부, 1965, 164쪽.

것 보았으니 남아의 정욕 슬며시 끓어 일더라.

위의 내용은 제 4구에서 제 20구까지로 이도령과 춘향의 만남의 즐거움을 서술한다. 이도령은 16세요, 춘향은 15세라고 하였다. 춘향이 삼짓날 놀이에 나와 만북사 앞에서 시냇물에서 목욕도 하고, 그네를 타는 모습을 묘사하고 있다. 그러나 여기서는 향단의 존재는 보이지 않는다.

> 청조새 펄펄 날아 오락가락 하더니 옷차림 정돈하고 단정하게 꿇어앉네/ 앵도꽃 만발한 데 주렴 거둔 집 멀지 않다 말하니 알았다 하네./ 꾀꼬리 성낸 듯 제비도 시기하는 길 시냇가 청백지를 살살 밟고 인도하네./ 열린 창밖 붉은 살구꽃 푸른 오동잎 병풍에 청산과 녹수를 그렸더라./ 푸른 장막 붉은 촛불 방 가운데 밝고 경대와 화장대는 어찌 그처럼 즐비한가./ 가물치 안주는 소반에 받치고 술은 걸러 병체로 내놓더라./ 유릿잔 호박잔대 받쳐 올리며 생강 안주 약과 권하고 또 권하네./ 화선지에 불망기를 써 놓고는 좋은 언약 분명코나 절하고 꿇어 앉네."

이 대목은 제 21구에서 제 28구까지로, 춘향이 이도령을 자기 집으로 인도한다. 이도령이 춘향방의 꾸밈을 본다. 주안상이 나온 후, 이도령은 춘향에게 화선지에 불망기를 써 준다.

> "묻노라 인간세상 오늘저녁 어느 땐고 하우씨가 도산으로 장가든 그날이라/ 원앙금 펼치고 잣베개 내려놓네 수띠 꽃휘장은 명주와 삼이 섞였구나./ 삼경쯤 등촉 끄고 니벼 풀고 다리 꼬이니 초왕의 陽臺雲雨인양 꿈 속에 둥실 떴다./ 내마음은 호접이라 봄꽃을 휘감는듯 네 뜻은 원앙이라 녹수를 만났구나./ 어린 나이 짓거리라도 좋을시고 깊은 정을 표하려네 무엇이면 좋겠느냐./ 타발쇠 능화거울 둘로 깨어 간직하고 왜관장의 대빗과 은비녀 구했더

라./ 통영의 오동박이 자루 치래칼과 붉은 명주 구름머리 평양신발들이라./ 온갖 것을 다주어도 아깝잖아 어찌타 돈 없는 것만이 한이로다./ 남아의 입버릇 장가전에 정첩이라 집안의 맞누이께 때때로 자랑하더라/ 장장춘야 두 몸이 동여져서 헛말로 교림에 넝쿨처럼 얽혔구나."

이 대목은 제 29구에서 제 38구까지로, 기생 춘향이 자유의사로 도령과 결연한다. 춘향방에서 운우의 정을 나눈다. 이도령은 활수를 보이려고 옥경이며 은차며, 통영도며 평양리를 아낌없이 선사한다.

춘향의 결연에 월매나 방자의 존재는 없다. 이도령과 춘향의 결연에 월매의 존재는 어느 때는 양인의 결연을 바라면서 흥정함은 후래적이다. 「춘향전」의 계통론에서 불망기 계열이 원형임을 보여준다. 그네뛰기를 하고 노는 습속을 다룬 것으로 춘향을 기생으로 정립시키는 대목이다. 내아에 가서 때때로 누이에게 자랑을 한다. 이는 다른 본에 없는 말이다.[307)]

"임기 차매 서울로 돌아갈 기약기 괴롭거든 갑자기 이 날을 당하매 이별의 서러움 소매 적시네./ 붉은 술독 맑은 술잔 조금도 즐겁 잖아 한 곡조 슬픈 노래 가락만 날리더라./ 장성에 사는 갈희 차마 잊을 수 없고 제주에서는 상기 배비장이 머물네라./ 애간장 끊어지듯 이도령이 말을 하니 깊은 은혜 골수에 새기겠다 말하네./ 이별의 술자리에 서로 위로와 재회를 다짐하니 네 낭낭한 말이 내 귓가에 쟁쟁/ 낙양에 돌아가면 부디 부디 글 잘 읽어 명조에 입신하고 종당에 출사하소./ 이 고울 태수거나 혹 아니라도 본도의 감사는 비겨볼 수 있으리니./ 분명코 다른 날 좋은 바람 불면 묵은 밭을 다시 갈고 봄풀이나 베십시다./ 석별의 정 나눠자니 다시 새롭나니 남방이속 옛말 우스갯소리 거듭한다./ 방호 대해 다 말라 먼지가 펄펄 나면 백두산 높은 봉이 숫

307) 김동욱, 『증보 춘향전 연구』, 연세대학교 출판부, 1965, 170쪽.

돌처럼 반반./ 병풍에 그린 닭이 날개 쳐 울면 님 타고 오는 배 문 밖에 닿는다오./ 화루춘일에 등극소식 더디나니 고개 돌려 바라보니 교룡산도 첩첩./ 한양땅 가는 길 채찍질로 재촉 않고 석양에 탄식하며 슬치령을 넘어간다."

이 대목은 제 39구에서 51구까지로, 남원부사의 과만으로 한양 북귀가 되자 이별한다. 「황계사」의 존재를 추측할 수 있다. 어떤 관직에 제수되었는지 여부는 불명하나, 이별 마당에 있어서의 이별가의 존재는 있다. 이별 시 부른 노래가 '병풍화계백익명'으로 되어 있어

12가사의 「황계사」 사설과 같고, 「배비장전」의 존재를 측도할 수 있다. 이도령이 춘향에게 정표를 주는 것과는 달리 춘향에게 여러 가지 선물을 주는 것은 만화본에만 있다.[308)]

망연히 서울 집에 돌아가 앉아서는 남녘 하늘 쏘아 보다 창을 열곤 하는구나./ 음용은 암담하다 말고개의 구름이여 서신조차 망망쿠나 한강의 잉어야./ 연인과 맺은 기약 혹여나 늦을세라 날마다 장안에서 묵첩을 여는구나./ 풍소구 속에서 송옥을 묻고 사기편 속에서 이화를 말하더라.

이 대목은 52구에서 55구까지로, 이도령이 본댁에 돌아가서 춘향을 사모한다.

"춘당 이월에 알성과를 보았는데 몸이 용문 아홉단에 오른 고기 되었더라./ 소동파의 문체요 왕우군의 필적이라 과장에서 제일 먼저 시지를 받쳤더라./ 문과급제로 장원랑은 어사주 어사화는 비길데 없는 영화로다./ 향명도 자자해라 한림으로 부르니 교방의 기생들이 한림학사 노래하네./ 운대의 좋

---

308) 김석배, 「만화본 춘향가 연구」, 『문학과 언어』, 12집, 1991.

은 직책 정자를 받자옵고 옥서의 맑은 반열 교리에 올랐구나./ 평생에 원하던 바 뜻대로 되겠거니 호남의 신어사로 특별히 제수하네 ”

이 대목은 56구에서 61구까지로, 이도령은 춘당대에 열리는 2월 알성과에 장원으로 급제한다. 그리고 한림, 정자, 교리를 거쳐서 호남의 어사에 제수된다. 이런 벼슬을 하고 호남의 새 어사가 사리에 맞다. 이보다 후대 설정인 이러한 승체 10년의 세월이 걸릴 것임에도 불구하고 신관이 내려가서 춘향의 수청을 강요하고 다시 춘향을 치죄한다는 시간적인 맥락 관계는 역시 희곡적인 극적 상황을 위한 설정이지만, 객관적 사실과는 거리가 먼 것이다.

“대궐 아래 숙배하는 영광이라 돈화문 앞에서 행장을 차리누나./ 말이 가자 승두배를 뛰쳐나와 예써부터 남원까지 몇 백리런가./ 양성 직산 단장정 초포와 은진의 물길 건너./ 완산 객사에 하룻밤 잠 잘적에 뜻밖에 미녀로다 비단 치마 몇이런가./ 공무로 보려니와 사사일도 보고지고 남녘땅 가까우면 그린님도 가까울사./ 배 불러 오원계를 급히 건너 술 불러 마시고는 오수를 바삐 넘다/ 남누한 차림으로 잠행하니 포숙과 같네 육로서도 수레 없고 산에선 썰매탄다./ 저기 오는 사람에게 관아소식 물어보자 밭에증이는 늙인인가 쟁기 지고 한가쿠나./ 신관 성주 미쳐서 날뛴다니 우리 춘향 움츠러져 만번이나 죽었다오./ 곧은 마음 수절한 걸 죄가 된다고 한달 동안 관청에서 세번이나 매 맞았소./ 뉘로하여 옥중 귀신 돼야하나 가중하다 그때의 이도령 그때의 그 총각./ 하나를 봄에 가히 열가지를 알수 있고 온 고을 백성이 고통을 받고 있다네.”

이 대목은 62구에서 73구로서, 이도령이 호남어사로서 연영전에 숙배하고 돈화문 앞에 행리를 열고 파루가 치자 청파역졸을 거느리고 나온다. 어사 언행은 농부의 입을 통한 간접 서술된다. 신관 성주가 광망하여 춘향의 수절을 죄로 몰아 관정에서 매를 맞는다. 이것을 구관 자제 도령의 죄로 돌리려는 농부의 이야기는 순박한 표현을 넘어 가증스럽다는 욕설까지 한다.

> "뛰는 내 가슴을 스스로 억제하니 곁눈질 하는 월매 속으로 헐뜯것다./ 꽃사이 버들 길이 눈에 익숙하여 춘향 방을 먼저 찾네./ 분결인양 곱던 규방 개변 같은데 아랑이 늙은 어미 불러내네./ 초라한 이내 행색 수모당키 십상이라 월매 입이 삐죽 새주둥인양 나오더라./ 사랑하는 딸 옥문에 가쳤지만 이 지경까지 누구 하나 돌보지 않소./ 쓸쓸히 남은 식구 풀칠도 어려워서 인가를 돌면서 겨를 쓸어 연명했소./ 기이한 인연으로 훼사몽에 얻은 딸 어미 송아지 핥듯 기른 자식 이모양 되었는가./ 듣고 보면 코 구멍이 실룩해질지니 이 지경을 누가 만들었는가 바로 내로세."

이 대목은 제74구에서 제81구로, 이도령이 각읍을 암행한 뒤 춘향의 수절을 알고 월매를 찾는다. 월매는 이어사를 무시한다.

> "무정이야 유정이야 옥문 밖에서 서로 만나려면 오늘 밤으로 가세./ 누더기 옷 찌르거진 갓 영락없는 걸인 오금에 손을 모으고 긴 허리 굽신굽신./ 옥문을 배회타가 문틈으로 춘향아 불러보니 꿈결에 옥지환 깨워 주던 서방님이 마주섰네./ 처량한 너의 신세 이 무슨 까닭이냐 넋 빠진 이 차림 나도 또한 부끄럽다./ 곱고도 여린 맵시 살갗만 남았구나 옥결 같은 살결 꽃 같은 얼굴 이다지 상했는가./ 천 만번을 한탄하나 가슴만 답답 무엇으로 다시 말하랴 시운이 그런 것을./ 병든 몸이 흔들리고 나무 칼에 의지하여 울면서 간간히 자초지종 말하더라."

이 대목은 제82구에서 제88구까지로 이어사가 옥중으로 간다. 남루한 차림의 이어사가 옥중의 춘향을 만난다. 이어사는 고초 겪은 춘향 보고 애탄다. 춘향이 삼목칼에 의지하여 그간의 사정을 울면서 이야기한다.

"낭군이 떠난 뒤로 소첩이 바라기는 귀한 몸 되시어 돌아오길 날마다 기다렸다오./ 정승 집 대문 안에 붉고 밝은 달인 양 종신토록 고기밥 먹기를 나도 또한 믿어왔소./ 전생에 무슨 죄로 이승의 중죄인은 온갖 재앙 몸에 얽어 복점하나 없네그려./ 세상에서 낭군님 만한 큰 그릇이 남루한 차림으로 남원 올 줄 내 몰랐오./ 사모관대 연분 없어 누덕누덕 꼬맨 적삼 반은 흙이 묻어 있네./ 무죄한 이 몸 어느 뉘 사지에서 구할건가 지금의 관원 탐욕스럽고 비루하다./ 온 백성 시달려서 살가죽 벗겨지고 염치도 없누나 온갖 음식 장만하네./ 장탕의 후신인가 고집불통 저 인간 단련된 그 규범 쇠붙이 와도 같더라./ 옥사를 대할 때면 인정은 전혀 없고 잔인한 그 심술 승냥이나 들소더라./ 임자 있는 부인에게 욕정을 품고서 대낮에 풍릉에서 간음도 서슴치 않소./ 지엄일지언정 필부의 절개를 빼앗으랴 노기 탱천하여 손바닥으로 상만 치더라./ 추상같은 호령 범새끼 울부짖듯 장님이 똥을 밟은 것 같더라./ 벌떼같이 덤벼드는 거칠은 나졸들 뜰 가운데 기러기떼처럼 뻗쳤구나./ 세 모서리 둥근 곤장 산더미 같이 쌓아두고 곤장치며 세는 소리 혼백을 잃었더라./ 보드라운 살결 뼈마저 부서지듯 종아리에 터진 상처 검은 멍이 들었구나./ 닷말들이 술단지의 매화주 매양 마시고는 문득문득 말하기를 형벌만 더하라 하네./ 곤장 맞아 흘린 피 비단 치마 다 젖었고 때는 유월이라 허벅지에 벌레마저 나왔소./ 노래하는 기생 미천한 신분이나 치마 걷고 영천수 건널만큼 어리석지 않소./ 열녀는 불경이부를 알진대 임에게 허락할제 죽음으로 맹서하였소./ 끓은 솥에 몸을 던질지라도 일편단심은 버드나무나 구기자처럼 본성을 돌릴손가."

이 대목은 제89구에서 제108구까지로 춘향이 울면서 호소하는 내용이다. 이도령이 올라간 다음 성주에게 수청을 아니든다고 하여 매맞은 이야기다.

"어젯밤 장님와서 꿈풀이 하였는데 천명이란 무상하니 굽어 살피라 하더이다./ 화장대의 거울이 깨어지니 어찌 소리가 없으랴 정원에 핀 꽃 떨어지면 응당 열매 맺을 것을./ 조선통보 엽전 던져 쳐본 점은 신명님께 빌면서 소상히 가르쳐 주옵소서./ 하늘의 건괘는 청용이 동한다 하니 귀인을 서로 만날 것이라 하더이다./ 뜬구름 천리 밖 낭군님을 오늘은 지척에서 뜻밖에 만나리라 하였오./ 이제 눈 감아도 어찌 한이 있으랴 좋은 약을 먹고 병이 나은듯 편하옵니다./ 고을 고을 지나면서 배는 고프지 않았소 우리집에 머물면서 쉬히 돌아가지 마소서./ 꽃인양 곱고 값진 치마 상자안에 두었으며 소합양 주머니 궤 속에 숨겨 놓았나이다./ 나의 어미 불러 장에 가서 팔아다가 아궁이에 불 지펴서 밥 지어 달라하소./ 내일이면 본관사또 생일잔치 열릴지면 취기가 오르면 응당 그냥 두지 않으리다./ 상처난 부위에 다시 곤장 맞게 되면 이몸은 비로소 진토에 버려질 것입니다./ 끌려가는 시신 뒤따라 형틀을 풀고서 생전에 못거둔 머리채나 한번 거두어 주오./ 낭군님 손으로 염습하여 초종상을 마쳐주면 황야에 뼈를 묻고 뇌사나 지어 주옵소서."

이 대목은 제109구에서 제121구까지로 춘향이 입설 중의 시골 맹인을 불러 해몽을 하였더니, 화장대가 깨어지니 어찌 소리가 없으며, 마당에 꽃이 떨어지니 어찌 소리가 없을 쏘냐?'라는 풀이를 해준다. 다시 엽전으로 점을 치더니 '귀인을 상봉할 테니 무엇을 기도하랴?"고 한다. 이제 낭군을 만나니 북은들 무슨 한이 있으리오, 얼마동안 우리집에 유숙하여 노모를 시켜 경화비단이나 소합향 주머니를 시장에서 팔아다가 한 끼라도 초라하지 않게 잡수시고 내일 본부 수연상석에 취광이 나서 매질을 하여 죽게 되면 초동 염습을 낭군의 손으로 하여 뼈를 초원에 묻어주고 뇌사를 지어달라는 한다.

"제라서 심장이 강한 장부라 여겼더니 이말 듣고 흉중에서 불길이 일더라./ 속으로 이를 갈면서 죄상 낱낱이 꼽으며 내일은 봉고파직하여 저 놈을 잡으리라./ 이 밤 춘향 집에서 등촉을 벗삼아 눈을 부치니 소슬한 벌레소리 벽틈에서 울더라./ 동이 트자 남원부정엔 잔치판이 벌어지고 붉은 명주 노란 적삼 온갖 춤판 벌어졌다./ 비린 비늘 흰 회는 요천의 고기런가 재비실의 감 붉은 과일 탐스럽기도 하이./ 종이 꽃 죽죽 뻗어 어덟줄기 연꽃되어 수란은 동글동글 치자 열맨냥 쌓여있네./ 술독의 남은 술 취토록 마시고 싶어 냄새 맡은 모든 사람 침만 질질 흘리더라./ 난간에는 임실현감 앉아 있고 기둥 옆엔 순창군수 기대어 있네./ 어찌 부엌의 불이 타오르고 있을 줄 알며 제비는 중당에서 하례하듯 기뻐하듯 나네/ 공청문 밖 걸식객이 기웃기웃 누덕옷에 수건 쓴 사람 무너진 담을 넘어 오더라/ 무명실 한타레를 갓끈 하여 매고서 짚신 두컬레를 반허리에 매었구나./ 낮은 자리 말석에서 턱을 괴고 앉았으니 가을 하늘 날라도는 새매가 꿩 잡을 형상이라./ 문밑 마당에 다리 저는 계집종 우습기도 하여 다시 보니 술 나르는 계집종일세./ 찌꺼기 술과 안주로 걸인을 푸대접 하니 마을 사람이 차린 제삿상 보다 나을 것이 없더라./ 융숭한 대접 받고 사례인사 없을쏘냐, 시 한 수를 읊어내니 깊은 뜻을 감추었네/ 천 사람의 눈물은 타는 밀랍의 촛물이요, 만 백성의 여윈 모습은 술단지에 구물대는 개미떼 같네./ 운몽영장만이 시를 보는 눈이 있어, 물줄기를 보고 모랫둑이 터질 것을 알았네."

이 대목은 제122구에서 제138구까지로, 이어사가 옥중의 춘향의 읍설을 듣고, 울분을 삼키며 이도령 춘향집에서 자다, 걸인 행색으로 사도의 잔치연에 참석한다. 이어사는 걸객 모양 말석에 앉다. 이어사에 대한 푸대접을 받으면서 일련의 어사시를 짓다. 운봉영장이 보고 기미를 알다.

"한 바탕 장한 바람 잔치판에 불어오니 뜻밖에도 마패를 앞세우고 현문에 나타났네./ 청파역졸 소리 지르며 들어오고 암행어사 이미 임석해 있었더라./ 마른 하늘에 벽력에 진동하니 사방에 앉은 손님 바람결에 쓰러진다./ 갓은 거꾸로 쓰고 창틈에 몸을 박고 혹 술잔을 차고 혹 수저 놓고 실색하네./ 위풍도 당당하여 토끼잡은 호랑이라 본관사도 우리 안의 돼지처럼 끌어낸다./ 닭무리 가운데 선학이 내려선듯 중헌의 높은 교자 걸터 앉았더라./ 약주 삼배 차례대로 올리는데 팔폭 은병이 죽 둘러 처 있도다./ 누덕옷 헌 갓은 흔적도 없고 사모관대 그 사이에 갖추었네./ 영주산 열 누각에 선관이 앉았는듯 위엄고 늠늠한 어사대의 의관일세./ 군노와 사령들은 날으는듯 분주하니 평지에 바람일듯 위풍은 더 하더라./ 좌우의 관원은 지름길로 도망치고 동서쪽 뜰에는 기생들이 엎드렸네./ 넋 잃은 양과 개가 사지를 떨며 오줌 싸니 곤양땅에 거센비 내리듯 하다./ 남원 고을 위해 편안한 일처리 봉장 써서 임금님께 올리더라./ 장강의 곧은 소리 낙양을 움직이고 마복파의 위엄은 교지땅에 떨쳤더라./ 본관사도의 죄 아태부의 구율로 다스리니 진의 갓끈읕로 목을 맴과 다름 없다./ 무죄한 사람 오래도록 왜 가두었나. 지금 당장 그들을 풀어줘여 하나니라./ 간옥의 옥랑이 관계 앞에 대죄하라 작은뜰 꽃그늘로 비틀비틀 들어온다./ 형틀의 칼을 이로 물어 풀라 하니 뭇 기생들이 입을 모아 삐죽이고 수군댄다./ 꿈결인양 까무러지듯 기쁨 감추지 못하여 층계에 오르면서 신발 거꾸로 신은 줄 모르네./ 천만번 좋은 벼슬 네별인양 특별하니 죽다가 살아 남은 아릿다운 기생 너여라./ 쌍용화첩의 반달 빗으로 치렁치렁 타래머리 빗질을 재촉한다./ 어제저녁 걸인 행색 어찌 알았으며 공청에 앉아 관작을 다스릴 줄 누가 알았겠다./ 한양 땅 떠날때의 한 총각이 아름다운 눈섭 옥빛으로 빛나더라./ 동헌의 계집종이 입을 삐죽하더라도 양반 서방 만나니 그것이 다만 낙이로다."

이 대목은 제139구에서 제162구까지로, 암행어사 출도하여 사또의 죄를 다스린다. 춘향의 삼목칼의 매듭을 여러 기생들로 하여금 입으로 물어뜯게 하다.

"기생 집이 일시에 광체 나니 그날의 탄성 소리 남원을 진동한다./ 유연히 웃는 자태 깊고 얕은 정담 청컨데 동해바다 물결을 헤아리소서./ 이제사 기적에 너의 이름 없애고 평생을 우리집 받들게 하리라./ 값지고 좋은 비단 찢어서 띠 만들고 날개인양 가벼운 비단 누비 이불 만들었네./ 구슬발과 주란을 거실에 쳐 놓고 서교에 다시 나가 밭이나 갈며 사세./ 관청 지청 번가라 만든 반찬 들노루 찐고기 무릎 꿇어 올리더라./ 맑은 술독에 포도를 띠워 놓고 벌꿀 탄 술잔에는 율무를 넣었네./ 잘디잘게 썰어 놓은 진안 담배 관노에게 분부하여 잘 바치라 하더라./ 삼문 밖 거리 국 끓듯한 행폐 육방들의 딴 주머니 탱자같이 말랐구나./ 하늘같은 역노에게 소문만 날라들니 여자함께 수레타고 돌아가더라./ 쌍가마 푸른 장막 하늘에 휘날리고 두귀에 바람이 일 듯 말은 달리네./ 육기의 나팔소리 앞뒤에 요란하고 행차길 알리는 사람 구름처럼 모였세라./ 관아의 색리들이 공물을 차려놓고 좌수의 장졸 채찍을 잡았는다./ 긴 재갈 짧은 고삐 좁은 길 달리고 어사또 행차 보고 고을 사람 서로가 비유하네./ 꽃 같은 아낙 옥결 같은 낭자 신선이 비강을 건너듯이 함께 가네./ 경국지색 월매 딸 오만가지 떠들어도 뉘 하나 험담 없다."

이 대목은 제163구에서 제178구까지로 「기생의 명부에서 이름을 빼니 백년 우리 집안에 받들게 하라」 하다의 내용을 담고 있다.

"정열부인보다 더 좋은 가자(加資) 첩지 교지가 내렸는데 금박도장 찍혔구나./ 부부가 화락하니 집안의 경사요 묘당에 배알하고 조부모 사당 분향일세./ 은대 옥당 벼슬 지낸 귀한 문벌녀를 동성 동문에서 동서로 맞는구나./ 문턱 또한 높구려 늙은 할미집 범새끼의 우애런가 효성을 칭송하네./ 옥결 같은 손 일 없고 무사하여 채전에서 상치 캐기를 즐기더라./ 흰 쌀밥 소반차려 함께 먹으며 종 불러 농기구 쌓아두게 분부하네./ 안방에 두른 병풍 홍옥을 세워둔 듯 남산따라 문 내고 돌산을 마주하리./ 글 잘하기는 여류 시인 설도와 동등이고 본래가 인물 아닌데 달기와는 버금이라./ 봄 꽃 가을 달 합환주로 즐기려나 옥단지 금단지에 기장 술 빚었구나./ 기수의 근원 생각지 아니하고 때로는 호남을 바라보며 언덕에 오르더라./ 너의 고태 웃는 가운데 향기 있고 나의 귀격은 눈섭위의 사마귈세./ 아미는 곱고 모래 빼어난 봉우리 사람들은 선산을 잘 모셨다 경하하네./ 의당히 春進士가 女僧歌를 부르는데 가약 맺은 두미를 어느 해 만나려나./ 호색한의 광심 혹 세인이 조롱할까 뜻밖의 참소 백비처럼 지키더라./ 장차의 높은 벼슬 영의정인데 구차하게 초나라의 벼슬을 부러워 하랴./ 성산과 옥춘 다 곱지 않으니 앵도같은 입술 단술같은 맛일세./ 맑은 날엔 동각에서 음악 즐기고 해긴날엔 뜰에서 질경이를 캐더라./ 조운모우가 서로 따라 돌아오고 맹광의 단심? 함께 밭을 가네./ 의아와 면비가 부끄러워 죽겠다하니 당나무 상에 낀 성애 춤추듯 삿분히 가네./ 먼저 붉은 복숭아 꽃이 피지 않는다 말하면/ 시경에 사수강이 있다고 다시 노래하리라.

이 대목은 제179구에서 제198구까지로 '어사와 춘향이 함께 상경하여 부귀영화를 누리다'까지의 내용이다. 즉, 이어사 춘향을 데리고 서울로 올라온 후에 교지로써 정렬부인을 삼고, 이어사는 동성동문의 귀벌녀로 정실을 맞이한 다음, 영의정으로 두 부인을 거느리고 부귀영화를 누린다.[309]

"기인한 이야기 삼가 노래함이 옳을까 하여 이적을 책으로 꾸미지 않고는 견딜 수 없어./ 내(騷翁) 위해 타령사를 지었느니, 천세에 이 좋은 이야기 서로 즐기며 전해보세.)

이 대목은 제199구에서 제200구까지로 결미에 해당하며 창작의 변으로

309) 김동욱, 『증보 춘향전 연구』, 연세대학교 출판부, 1965, 75~81쪽.

구성되어 있다. 소옹의 「타령사」로 지어, 후천년에 전한다는 것이다. 소옹으로 표현된 유진한 자신이 기이한 춘향이야기를 타령사로 읊어 세상에 전하고자 한다는 요지이다.

이 한시 중에는 「춘향전」의 눈이라 일컬어지는 「금준미주」 한시의 존재를 보여주는 중요한 단서가 있어서 주목을 끌게 한다. 즉, 제136구에서, "융숭한 대접 받고 사례인사 없을쏘냐, 시 한 수를 읊어내니 깊은 뜻을 감추었네"라는 표현이 있다. 제137구에는 "천 사람의 눈물은 타는 밀랍의 촛물이요, 만 백성의 여윈 모습은 술단지에 구물대는 개미떼 같네" 표현이 있어, 조경남의 「춘향전」에 있던 '금준미주 천인혈'의 한시를 자신의 개작 한시로 대체했음을 알 수 있다. 그 뿐만이 아니라, 제138구의 "운몽영장만이 시를 보는 눈이 있어, 물줄기를 보고 모랫둑이 터질 것을 알았네."라는 표현은 19세기 소설 춘향전 텍스트와 판소리 「춘향가」 사설에서 확인되는 운봉영장이 거지 행색을 한 암행어사를 우호적으로 대하는 개성적인 행동을 보여주는 내용과 일맥상통한다.[310)]

이 한시 「춘향가」의 특징은 이도령과 춘향은 광한루에서 처음 만나는 것이 아니고, 두번 째로 만나 춘향집으로 인도된다.

다른 「춘향전」에서는 만나는 당일에 초야까지 급진행되는 데 비해 훨씬 순리적이다. 그리고 장원급제하자마자 남원에 암행어사로 제수되는 것이 아니라, 정자, 교리의 벼슬을 거친 다음에 호남의 암행어사로 출도한다. 남원에 들러 암행 임무수행중에 춘향의 투옥 사실을 알았다. 다른 「춘향전」처럼 온통 남원땅이 떠들석하도록 춘향의 정절 사실이 농민으로부터 춘향의 형벌 사실을 여론화시킨 것보다 훨씬 암행어사 출도의 극적 효과에 있어 자연스럽다. 동시에 암행어사 제수도 다른 벼슬을 거친 다음에 호남어사로 남행하는 것이 더 합리적이다. 그리고 춘향의 신분도 처음부터 기적에 있는 기생으

310) 설성경, 『춘향전』, 서울대학교 출판부, 2016, 5쪽.

로 나온다. 당시 기생신분으로서 수청을 거절한 정절이 높이 평가되는 것이다. 상경 후에도 본처가 되는 춘향이 아니라, 측실 신분으로서 사랑을 받는 춘향으로 부각시켰다. 그러므로 춘향이 기적에서 속양되는 것은 조선 시대에 정절녀에게 면천제도가 있었듯이 양반들이 함부로 신분을 해방시키지 않았고 상당한 이유가 있을 때만이 속양되는 국법에 따른 것으로 해석하는 것이 좋을 것 같다. (중략) 춘향을 정실부인으로 상승시키지 않는 것은 당시의 혼속관행으로 보아 파격적인 행동으로 오히려 독자나 청자에게 빈축을 사기 쉬웠을 것이다. 속양시킨 다음에 정경부인인 본처와 동등한 인격의 신분자로서 자리에 앉힌 것이 훨씬 합리적이다.[311)]

한시 「춘향가」의 작가 유진한은 공요롭게도 변부사 모델인 유몽인의 후손이다. 유진한은 자기 선대의 유몽인이 정조대에 신원되었으므로, 이 한시는 유몽인이 신원되기 이전에, 더구나 유몽인과 「춘향전」과의 사연을 모르는 상태에서 한시로 지은 것이다.[312)] 유진한은 「만화본 춘향가」를 지은 것 때문에 당시 양반들로부터 기롱을 당하기도 했다. 유진한의 둘째 아들인 유금이 쓴 행록에 "선고께서 계유년 봄에 남쪽으로 여행하시어 그 산천과 문물을 두루 보시고, 그 다음 해 봄에 집으로 돌아와 「춘향가」 일편을 지으셨기에, 당시의 유자들에게 기롱을 당하셨다."[313)]고 하였다.

---

311) 이수봉, 『만화본춘향가와 용담록』, 경인문화사, 1994, 33쪽.

312) 이 유진한 한시 200구는 기미 독립운동 당시에 천안에서 독립운동을 앞장을 섰던 유관순의 4촌으로 같은 마을에 살고 있던 한글학회 직원이었던 유제한씨 집안에서 소장하고 있다가, 1960년대에 세상에 공개되었다.

313) 先考癸酉春南遊湖南 歷觀其山川文物 其翌年春還家 作春香歌一篇 而卒被時儒之譏.

5-2. 조경남의 「춘향전」을 개작한 한문 「춘향전」의 등장

(1) 남원 진사 양주익이 1756년에 한문으로 개작한 「춘몽연」

산서 조경남의 「원춘향전」을 읽고 남원에 살던 진사 출신 양주익은 벼슬을 하다가 벼슬길에서 물러난 이후 고향 남원에 살면서 한문으로 「춘몽연」이라는 개작품을 남겼다.

무극재 양주익의 문집인 『무극집』 연보에는 「춘몽연」을 지었다는 기록되어 있다.[314)]

> 南原에 梁進士란 사람이 있어 科擧에 及第하고 돌아와서는 倡侏를 다리고 놀았는데 집이 가난하여 그 費用을 報償하지 못하니 이에 春香傳을 지어서 함께 唱하였는데 이것이 春香傳의 古本이라고.[315)]
>
> 梁進士 說話는 「신생」에서 曺雲이란 분이 考證한 것으로, 이러한 古本 「春香傳」이 高敞郡 申在孝라는 才藝가 歌唱을 잘하여 敷衍 潤色하여 男唱調 女唱조 童唱調들을 만들어 今俗春香歌를 만들었다고 하였다.[316)]

---

314) "무극재 양주익은 1722년생이다. 그가 문장이 완숙하려면 적어도 三十歲 이상은 되었어야 할 것이다. 따라서 1752년경 춘몽록을 저작했다면 춘향이 옥사후 백여년후가 되며 춘향이 죽은 후 제일 가까운 저자가 되는 셈이다. 그외 양진사(무극재)가 저자라는 것은 정노식의 조선창극사에도 명시되어 있고, 현재 남원태생으로 남원에서 후진을 양성하고 있는 老名唱 姜道根씨도 옛부터 名唱에게 구전으로 전해 듣기를, 남원 양진사가 춘향가의 저자라는 것을 필자에게 말한 적이 있다."

315) 김사엽, 「춘향전」, 1952, 209-211쪽.

316) 박성의, 한국고대소설사, 1958, 일신사, 414~415쪽.

양주익은 우계 성혼의 제자로 임진왜란 때에 의병을 모집해 왜군에 대항하고, 전라도를 방어하는 데 혁혁한 공을 세운 양대박의 5대손이다. 양대박은 임진왜란에 의병을 일으켜 고경명과 함께 활약하다가 순국하였다. 양대박은 박순 · 정철 · 백광훈 · 임제 · 이달 등 당대의 명사들과 친분을 가졌고, 1572년에는 원접사 정유길의 제술관이 되어 명나라 사신 한세능 · 학사 등달과 창화하기도 하였다. 그는 당시풍을 추구하며, 중당과 만당 시기의 한시 격식을 취하고 서곤체를 터득하여 스스로 일가를 이루었다. 그래서 그의 한시가 나올 때마다 사람들이 서로 다투어 전송하였다. 이러한 시에 대한 명성으로, 1599년에는 명나라 유격의 접반관으로, 1606년에는 유근의 종사관으로, 1609년에는 유근의 제술관으로, 1626년에는 김류의 종사관으로 차출되었다.

양대박이 1592년 임진왜란에 의병을 일으키자, 그의 아들 양경우는 함께 종군하여, 병기 제작을 감독하고 군사를 훈련시키는 한편 절도사에게 격서를 전달하는 임무를 맡았다. 또한 상장으로 추대된 고경명의 명을 받아 의병들의 문서를 맡고 군자금과 군수품을 관리하였다.

그는 1595년에는 명나라 군대의 군량을 조달하기 위해 「고 도내모속문」을 지어 도내에서 군량미를 모았는데, 10일 만에 7천여 석을 모아 명나라 장수 양원의 감탄을 자아냈다. 임진왜란에 활약한 그의 공로가 인정되어 서얼의 신분임에도 30세인 1597년에 참봉으로 문과 별시에 급제하였고, 1616년에는 문과 중시에 뽑혔다. 외직으로는 결성 · 해미 · 장성 현감을 지냈고, 내직으로는 교서관 교리와 봉상시 정을 지냈으나, 벼슬길은 순탄치 못했다.

양경우는 1599년 4월에 명나라 유격의 접반관으로 차출되었으나 낙마하는 바람에 나가지 못하여 추고를 받았다. 같은 해 11월에는 경험이 미숙하다는 이유로 사헌부의 탄핵을 받아 죽산 현감에서 체차되었다. 42세인 1609년에는 차천로와 함께 유근의 제술관이 되어 의주로 갔으나, 폐단을 일으켰다고 사헌부의 탄핵을 받았다. 또 46세인 1613년에는 박응서의 고변으로 조희

일 · 최기남 · 조위한 · 김상준 등과 함께 조사를 받고 풀려나기도 하였다. 그리고 57세인 1624년 3월에 이괄의 난이 일어났을 때에는 요사한 말을 하여 인심을 저해하였다는 이유로 사헌부의 탄핵을 받아 교서관 교리에서 파직되었다. 그러나 능숙한 시문을 인정받아 여러 차례 사신을 접반하는 일에 차출되었다. 1618년에 인목대비를 서궁에 유폐시킨 사건에 대해 아우 양형우가 항소했다가 회령에 유배되자, 그는 벼슬을 버리고 고향으로 돌아왔다. 그 이후로는 출사하지 않고 고향에서 은둔하다가 1638년에 71세로 세상을 떠났다.

양주익은 1799년에 올린 「만기일요소」[317]는 정조의 칭찬을 받았다. 그는 역학과 성리에 밝았으며, 천문 · 지리 · 음양 · 산수 · 병법 등에도 능통하였다. 글씨에도 능하여 「하도」 · 「낙서」를 추리 부연하였고, 서법의 비결을 설명한 「서결」[318]을 지었다.

양주익의 활동에 대하여, 『조선왕조실록』을 통하여 살펴보면, 그는 영조 39년인 1763년 12월 18일의 〈정언 이우철을 파직시키다. 군덕과 시정에 대한 이우철의 상소 〉는 다음과 같은 사실을 전하고 있다.

> 논하기를, "만녕전(萬寧殿) 별검(別檢) 양주익(梁周翊)은 문지(門地)가 한미하고 충원 현감(忠原縣監) 홍헌보(洪獻輔)는 정치가 전도되었으니, 청컨대 모두 파개(罷改)시키소서." 하니, 임금이 진노하여 삭직(削職)시켰다.

영조 42년인 1766년 11월 8일에는 병조 좌랑으로 "처지가 비천한데 외람되이 현직에 있으니, 청컨대 태거하소서." 하니, 임금은 아뢴 대로 하라"고 하였다. 영조 50년인 1774년 1월 23일에는 대사헌 송문재가 김중일 · 양주익

317) 萬機一要疏.

318) 『書訣』.

의 정배를 청하였다는 대목에, "양주익의 대책에 대한 글은 공경하고 근신하는 뜻이 전혀 없고, 공을 엿보는 마음만 현저하게 있으니, 청컨대 변방의 먼 곳에 정배하도록 하소서." 하니, 임금이 모두 그대로 따랐다.는 기록도 있다. 정조 19년인 1975년 11월 24일에서는 〈첨지 양주익이 국가의 대계로서 통일해야 할 열두 가지 조목을 상소하다〉는 대목에는 다음과 같은 기록이 있다.

> 첨지 양주익(梁周翊)이 상소하기를, "전하께서 하늘로부터 책임을 부여받고 스스로 마음 속에 다짐하고 있는 것이 어떠하다 하겠습니까. 그런데도 정치는 실효를 거두지 못하고 교화는 뜻대로 펼쳐지지를 않고 있습니다. 그리고 급기야는 순음(純陰)이 작동하는 10월에 밤새도록 우르릉 쾅쾅 하는 천둥소리가 울리고 번쩍번쩍 번개가 치다가 날이 밝아서야 그치는 현상이 벌어졌습니다. 우레라는 것은 상제(上帝)의 호령이요 정치라는 것은 전하의 호령입니다. 정치의 호령이 잘못되면 우레의 호령이 곧바로 응하는 것이니, 이것이 바로 하늘과 사람이 서로 어울리는 하나의 이치라 할 것입니다.
>
> 옛날에 소옹(邵雍)은 말하기를 '우레는 일어날 곳에서 일어나고 그칠 곳에서 그친다.'고 하였는데, 신의 생각에, 일어날 곳이란 바로 전하의 마음이요 그칠 곳도 전하의 마음이라고 여겨집니다. 전하께서 간이(簡易)한 태극(太極)을 몸받고 탕평(蕩平)한 황극(皇極)을 세우신다면, 천지(天地)가 스스로 자리를 정하고 만물이 자연 신실해질 것이니, 겨울 우레를 걱정할 것이 뭐가 있겠습니까.
>
> 아, 하늘이 성인(聖人)을 내는 것이 결코 흔한 일이 아니어서 태평시대를 갈구하는 백성들의 소망이 이미 극에 달해 있습니다. 전하께서 이러한 때에 한 번 좋은 정치를 열어놓지 않으신다면 앞으로 어느 세월에 이 동방에 그 누구가 이 일극(一極)의 정치를 펼칠 수 있겠습니까. 신이 삼가 생각건대 하늘과 땅 사이에는 일극(一極)이 있으니 그것은 바로 하늘의 태극(太極)과 임금의 황극(皇極)이라고 여겨집니다. 수천 리 둘러싸인 우리 동토(東土)에서 만

물(萬物)과 만사(萬事)를 그 누가 하나로 통일할 수 있겠습니까. 오직 전하만이 그 일을 하실 수가 있습니다.

현재 국가의 대계로 보나 백성의 걱정거리로 보나 하나로 통일해야 할 것이 열두 가지가 있습니다. 첫째는 빈부(貧富)를 균등하게 하는 것이고, 둘째는 병농(兵農)을 합일시키는 것이며, 셋째는 양천(良賤)을 동일하게 대우하는 것이고, 넷째는 문무(文武)를 동일시하는 것이며, 다섯째는 과천(科薦)을 귀일시키는 것이고, 여섯째는 중외(中外)를 하나로 대하는 것이며, 일곱째는 원근(遠近)을 똑같이 여겨주는 것이고, 여덟째는 부역(賦役)을 균일하게 하는 것이며, 아홉째는 붕당(朋黨)을 하나로 통일시키는 것이고, 열번째는 기강(紀綱)을 한결같이 하는 것이며, 열한번째는 예악(禮樂)을 하나로 만드는 것이고, 열두번째는 성경(誠敬)으로 귀일시키는 것입니다.

하나로 통일시키는 요체는 먼저 태극(太極)으로 바로잡은 뒤에 황극(皇極)을 세우는 데에 있습니다. 그런데 세상 사람들은 황극이 무편무당(無偏無黨)하여 탕평(蕩平)한 일극이라는 것만을 알고 있을 뿐, 태극이 무사무려(無思無慮)하여 간이(簡易)하기만 한 일극이라는 것은 알지를 못하고 있습니다. 황극이라는 것은 전하의 몸에 있는 것이고 태극이라는 것은 전하의 마음에 있는 것이니, 마음을 우선하고 몸을 뒤로 해야 하는 것처럼 태극을 먼저 하고 황극을 뒤로 해야 한다는 것이 분명합니다. 이 12조(條)에 대한 내용은 따로 책자를 마련하였으니 조금이나마 굽어 살펴주소서.

이번에 우리 전하께서는 《주역(周易)》 열 다섯 가지 괘(卦)에 나오는 우레의 상(象)을 가지고 몸을 돌이켜 성찰하는 요체로 삼으셨으니 누구보다도 전하께서 먼저 터득하셨다고 할 것입니다. 열 다섯 가지 괘를 추연(推演)한 것 모두가 우뢰(雨雷)로 경륜(經綸)하고 천뢰(天雷)로 길러주는 뜻 가운데에서 나온 것이고 보면, 정성스럽게 하늘을 두려워하며 재이(災異)를 해소시킬 방책이 이미 우리 전하의 마음속에 깃들어 있다고 할 것입니다. 삼가 외경(畏敬)하는 마음으로 위태롭게 여기면서 여러 가지 괘의 뜻을 체득하여 실질적인 내용으로 하늘에 응답한다면 천둥과 번개가 온화하게 변화하여 경운(慶雲)과 화풍(和風)이 될 것입니다.

주자(朱子)가 말한 바 요순(堯舜)의 시대처럼 확연(廓然)한 청명 세계(淸明世界)라고 하는 것도 단지 일극(一極)을 어떻게 운용하느냐에 달려 있는 것일 뿐인데, 예로부터 일극으로 정치를 해야 한다는 것으로 그 임금에게 말한 자가 있었다는 것은 듣지 못하였습니다. 기자(箕子)가 처음으로 황극을 세워 무왕(武王)을 가르쳤기 때문에 간혹 황극을 세워 정치를 잘 하도록 임금을 권면한 자가 있었을 따름입니다. 그러다가 태극이라는 두 글자가 공자(孔子)로부터 나오게 되었는데, 이것이야말로 천지를 생성하고 간이(簡易)한 덕을 갖춘 것으로서 위대한 사업을 이룩하며 천하의 이치로 삼을 수 있는 것이었고 보면 성인이 해야 할 일이 여기에서 끝났다고 할 것입니다. 그런데도 예로부터 지금까지 태극을 가지고 임금을 섬기는 큰 방편으로 활용하려고 시도해 본 인신(人臣)은 하나도 없었습니다.

생각건대 우리 전하께서는 성스럽고 신령스러우며 문덕(文德)과 무덕(武德)을 갖추신 가운데 하나의 태극을 우뚝 마음속에 수립하고 계시기 때문에 바야흐로 이런 말씀을 진달드릴 수가 있습니다. 그래서 감히 일극(一極)의 정치를 하시라고 줄기차게 전하에게 아뢰는 것입니다. 이렇게 하면 무서운 속도로 합치되고 삽시간에 반응이 올 것이니 천지를 경륜하고 만물을 교화시키는 가운데 우리의 대동(大東) 지역을 이 일극의 범위 안에 포용할 수 있게 될 것입니다." 하니, 비답하기를, "그대가 멀리 떨어져 소외된 몸으로 나이가 70이나 되었는데도 험한 길을 마다하지 않고 와서 상소를 올리며 이 12개 조목의 경륜을 진달하였는데, 말한 것 가운데 쓸 만한 내용이 많을 뿐더러 정성이 또한 가상하다.

첫째, 빈부(貧富)를 균등하게 하자는 것으로 말하건대, 한전(限田)과 명전(名田)의 내용이 물론 좋기는 하다. 그러나 오늘날의 토지 사정을 보면 옛날 정전법(井田法)을 시행하던 그것과는 다른 점이 있다. 그래서 장횡거(張橫渠)

의 주장이 단지 종이로만 전해져 오게 된 것이다. 나는 늘 말하기를 '우리 나라의 직전제(職田制)를 사서(士庶)에까지 확대 적용한다면 삼대(三代)를 회복할 수 있다.'고 하곤 한다. 정치가 뜻대로 되지 않는 것은 적임자를 임명하지 못하고 있기 때문인데 그래서 중조(中朝)의 탄식만 자아내고 있을 따름이다. 말하고 싶었어도 미처 하지 못했던 말을 그대가 제대로 이야기해 주었으니, 인재란 서울에 살든 지방에 있든 관계가 없다는 것을 더욱 깨닫겠다. 그러나 백성을 동요시키면서 실효를 거두지 못할 바에는 차라리 동요시키지 않는 것이 더 낫지 않겠는가.

그 아래에서 거론한 바 환곡(還穀)의 모곡(耗穀)을 견감(蠲減)하도록 청한 한 가지 일로 말하면 바로 내가 마음속으로 헤아리고 있던 일인데 그대가 또 말해 주었다. 그대는 식견이 있고 글을 읽은 선비임이 분명하니 한 번 불러서 물어보고 싶다.

둘째, 병농(兵農)을 합일시키자고 청한 조목으로 말하면, 어찌 말로 다 할 수가 있겠는가. 매번 여기에 생각이 미치면 밤에도 벌떡 일어나곤 한다. 근일 장용영(壯勇營)을 설치한 것으로 말하면, 먼저 한 쪽부터 해보라는 자양(紫陽)의 말을 내 나름대로 행해 보려 한 것인데, 일이 아직 이루어지지도 않은 상황에서 어떻게 경솔하게 말해서야 되겠는가. 그러나 그대가 먼 지방에 사는 사람으로서 단지 옛날에 군영을 설치한 데 따른 폐단만 알고 있기 때문에 대략 그 폐단을 바로잡는 방법을 제기하지 않을 수가 없었을 것이다.

셋째, 양천(良賤)을 동일하게 대우하자고 청한 것으로 말하면, 한 번 크게 바로잡으려고 고심하고 있는 것이다. 연전에 만언(萬言)의 유시(諭示)를 내렸던 것이야말로 군병에게 호령을 내린 것과 같다고 할 것이니 응당 규정으로 확정하는 일이 있게 될 것이다. 그대가 혹 노인이라서 미처 보지 못한 것이 아닌가.

넷째, 문무(文武)를 동일시 하자고 청하였는데, 한마디로 결론을 내린다면 3백 60개 고을의 수령을 교대해서 차임하고 돌려가면서 제수하는 것보다 좋은 방법은 없을 것이다. 그러면 백성의 입장에서나 국가의 입장에서나 다 편해지고 공사(公私) 간에도 편해질 것인데, 그대가 또 제대로 말해 주었다. 이 말은 정말 옳다고 하겠다.

다섯째, 과천(科薦)을 귀일시키자고 청하였는데, 어떤 좋은 법이 있다한들 사유(師儒) 한 사람을 얻는 데에 어찌 비교할 수 있겠는가. 그러나 과거 제도를 통해 사람을 임용하고 있는 실정이니 어떻게 하겠는가. 그런데 인재가 예전과 같지 않아 폐를 끼치는 일만 더욱 고질화되고 있다. 처음 즉위하여 윤음(綸音)을 내리면서 주관(周官)에 나오는 향거(鄕擧) 제도의 유의(遺義)를 모방해 보려고 하였다마는 지금 와서 생각하면 오활하기 그지없는 일이었다. 지금 내 입장에서 말하라면 '쓸데없는 이야기는 다 집어치우고 집집마다 사람마다 경전을 외우고 익히게 해서 의리와 윤강(倫綱)이 있다는 것을 알도록 한 다음에야 가능한 일이다.'라고 할 것이다. 이밖에 이러쿵 저러쿵 제도를 만들고 법문을 제정한다 한들 이는 모두 지엽말단적인 것이라 할 것이니, 족히 말할 게 뭐가 있겠는가.

여섯째, 중외(中外)를 하나로 대하자고 청하였는데, 중궁과 조정이 하나인 만큼 원래 거기에 부응하는 하나의 규모가 있어야 할 것이다. 그런데 지금 그만 여기에서 폐단이 생겨나고 있으니 어찌 사람으로 하여금 크게 탄식하는 일이 없게 하겠는가. 덧붙여 진달한 상참(常參)과 윤대(輪對)의 규식(規式)이 물론 좋은 말이긴 하다. 그러나 실제로 있는 규정에 따라서 실제 효과가 나도록 힘쓴다면 조사(朝士)의 현부(賢否)나 생민(生民)의 이해(利害) 같은 것을 분별하기 어렵지 않을텐데, 어찌 꼭 매월 초하루에 모임을 가져야 하겠는가. 이에 대해서는 그대의 말이 꼭 옳다고 할 수는 없다.

일곱째, 원근(遠近)을 똑같이 여겨주어야 한다고 하였는데, 나 역시 못내 마음속으로 잊지 못하고 있는 것이다. 원신(遠臣)이니 근신(近臣)이니 하는 칭호로 말하면, 전국 시대(戰國時代)의 노(魯)나라나 제(齊)나라와 같은 경우엔 가능할지 모르겠지만, 우리 나라와 같은 경우는 방역(邦域) 안에 사는 사람들이 모두 한 집안의 가족이나 마찬가지인데 원근을 어떻게 따질 수 있겠는가. 그런데 2백여 년에 걸쳐 과거 시험을 통해 벼슬한 사람들을 보면 점차 향외(鄕外)에는 해당되지 않았고, 심지어 근일에 와서는 성밖에 사는 사람들마저 미치지 못하고 있는 실정이다. 내가 단속하며 신칙했건만 내 뜻을 제대로 받드는 실효를 거두지 못하고 있으니 그대가 이렇게 말하는 것이 당연하다.

여덟째, 부역(賦役)을 균일하게 하자고 청한 조목으로 말하면 섣불리 이야기할 성격의 일이 아니다. 그러나 삼(蔘)과 관계된 폐단에 대해서는 먼저 유사(有司)에게 물어보려고 한다.

아홉째, 붕당을 하나로 통일시키자고 청하였는데, 이는 참으로 이른바 '일이 성사되면 같이 즐길 수 있지만 처음부터 함께 도모할 수는 없다.'고 하는 일이라 하겠다. 처음에야 서로 용납하지 않을지라도 시간이 지나면 효과를 거두게 될 것이다.

열번째, 기강을 한결같이 하자고 청하였는데, 우선 사치 풍조부터 없애 의장(衣章)이 문란하게 되지 않도록 하고 상하 모두 참람되지 않게 하는 것이야말로 시폐(時弊)를 바로잡는 현재의 긴요하고도 급한 일이라 하겠다. 나 먼저 솔선수범해야 한다는 가르침은 밤낮으로 유의하고 있는데, 그대가 말한 몇 가지 일로 말하면 사실이 그렇지 않은 듯하다.

열한번째, 예악(禮樂)을 하나로 만들어야 한다고 하였는데, 예란 시대에 맞게 써야 하는 것으로써 사람의 정리(情理)에 따라야 한다는 의미를 지니고 있다. '성인(聖人)은 인정(人情)의 밭이다'라는 말도 있지 않던가. 악의 경우도 마찬가지이니, 쇠북이나 옥방울이나 한 치 되는 방패나 한 자 되는 피리에만 얽매일 문제가 아닌 것이다.

열두번째, 성경(誠敬)으로 귀일시켜야 한다고 하였는데, 사람이 사람으로 되는 소이연은 오직 이 두 글자 때문이다. 내가 거두어 쓰고 있는 것도 오직 이 점에 있다."

하고, 이어 하교하기를, "전 첨지 양주익의 소를 보니 말한 것 모두가 가상하다. 더구나 그는 충신(忠臣)의 후예인데다 문양(文襄:양성지)의 방손(傍孫)이니 더 말해 무엇하겠는가. 외방에 있는 병조 참의를 예조 참의로 옮겨 제수하고 그를 그 자리에 대신 임명한 뒤 패초(牌招)하여 입직(入直)케 하라." 하였다.

또, 정조 19년인 1795년 11월 27일의 〈병조참의 양주익의 상소에 따라 인재 등용, 수령의 차임, 인삼의 폐해 등에 관해 하교하다〉라는 대목에는 다음과 같은 기록이 있다.

일전에 병조 참의 양주익(梁周翊)이 상소를 한 일과 관련하여 조목별로 비답을 내려줌으로써 인가한다는 뜻을 보여주었다. 일단 말하도록 요구해 놓고서 말을 했는데도 채용해 주지 않는다면 말하도록 요구한 뜻이 어디에 있다 하겠는가. 그 가운데 공물(貢物)로 바치는 삼(蔘)이 민폐를 끼치고 있다는 일과 환곡(還穀)의 모곡(耗穀)을 받을 때 됫수[升數]를 감해 주도록 청한 일과 원근(遠近)의 사람들을 동일하게 대해 주어야 한다는 일과 수령을 엇바꾸어 차임해야 한다는 일 등은 참으로 헤아려 볼 점이 있다.

초야에 구해 보면 관인(官人)을 얻을 수가 있는데 어찌 방소(方所)를 두어 지역에 국한시키고 때에 얽매이게 해서야 되겠는가. 궁벽한 곳에서 가난하게 사는 선비는 스스로 청운(青雲)의 뜻을 펴볼 길이 없는 가운데 조정에서 등용하는 자들을 보면 모두가 도성 안의 화려하고 성대한 벌족(閥族) 서너 집에 지나지 않는 실정이다. 간곡하게 부르며 역마(驛馬)를 타고 오게 한 경우가 언제 한강 밖 10리 되는 지점의 사람에게 미친 적이 있기라도 했었던가. 그러고 보면 옛날과 지금 시대를 통틀어 지금처럼 규모가 협착했던 때는 찾아볼 수 없었다. 낚싯배보다도 좁고 연뿌리 구멍보다도 좁으니 정말 이웃 나라에서 듣게 할 수 없는 점이 있다고 하겠다. 심지어 문관(文官) · 음관(蔭官) · 무관(武官) 출신을 목사(牧使)나 수령으로 구별해서 파견한 뒤에는 그 기한 동안 그 자리에 꼼짝 못하게 못박아두고 있으니, 비록 산도(山濤)에게 전형(銓衡)하는 권한을 맡긴다 하더라도 감히 이를 어기는 말을 한 마디도 하지 못하게 될 것이니, 이런 것을 과연 이전 삼모(二典三謨)에 입각한 규칙이라 하겠는가. 이 때문에 백성들이 고통을 받고 수령들이 법을 무서워하지 않고 있기에 내가 늘 깨뜨려 부수고 싶었지만 그럴 겨를이 없었다. 이번에 멀리서 상소를 올린 사람의 말을 일단 거두어 쓰려고 한다면 먼저 사적(仕籍)에 오른 자부터 시작해서 차차 나머지 사람들에게 미쳐 가는 것이 좋을 것이다. 양전(兩銓)의 신하로 하여금 도와 읍의 인사들을 분류해서 모아 들이게 하되, 성명(聲名)이나 지처(地處)나 구차(久次)를 참작해서 하나하나 거두어 쓰고 달수를 계산하거나 햇수를 계산할 때 여유있게 하여 감히 서울의 화려한 벌족 출신들보다 혹시라도 뒤처지는 일이 없게 할 것이며, 정망(政望)을 올릴 때에는 반드시 주(註)를 달도록 해야 할 것이다. 그리고 초야에 묻혀 성명이 알려지지 않은 사람들에 대해서는 각 해당 지방관이 명심하고 찾아내어 도백에게 천거하고, 도백은 천거된 사람들을 더 자세히 살핀 다음 뛰어난 자를 뽑아내어 보고하게 하되, 으레 책임이나 때우듯 하지 말도록 할 것이다. 도백이 만약 성심껏 나의 뜻에 응답하여 선양하지 않을 경우에는 중한 처벌을 내릴 것이니 묘당에서는 이를 제도(諸道)에 두루 신칙하도록 하라. 그런데 수령들을 융통성있게 엇바꾸어 차임해야 한다고 하였는데, 막혀서 서로 방해가 되는 경우에 속하는 자를 제외한다면 어떻게 경장(更將)해야 좋을지 선불리 결정하기 어려운 점이 있으니, 이에 대해서는 전조(銓曹)의 신하가 대신에게 의논하여 아뢰도록 하라."[319]

조정에서 이런 활동을 하였던 양주익이 개작한 「춘향전」으로 판단되는 춘

319) 『조선왕조실록』, 정조 19년(1795), 11월 27일.

몽연은 그 내용이 전하지 않는다. 양주익의 6세손 앵창욱은「춘몽연」을 보여 줄 것을 간청한 연구자에게 머뭇거리다가 이런 것이 없었다는 말을 내세웠다.『무극집』에 실려 있는「행록」중에는 '저춘몽연'이라는 넉 자를 칼로 긁은 흔적이 완연히 남아 있지만, 다음의 인용에서처럼 그 실체는 알 수 없다.[320]

> 그는 대체 영조 때 直言策을 올려 시정을 논하다가 당국자의 미움을 받아서 기장으로 정배될 것을 임금의 특명으로 간명에 그치고 말았다. 그러므로 그는 戰兢裏에 여생을 마쳤으며,「춘몽록」이외에도 많은 소설가류의 저서를 남겼으나 후손의 영채로 말미암아 많이 없어졌는데 가다금 그 일가 집에서 한 두 권씩 나오기도 한다는 것이다. 그리고 현존「무극집」8책은 무극의 손자 용남 호광의 手寫本인데 광복 이전 조선사편찬회의 홍희가 빌려 간 뒤 찾아다 보니 가다금 제목과 원문에 삭거된 부분이 있었다 한다. 내가「무극집」을 내어 보는 도중에 암암히 칭기한 곳이 있다. 더우기 권7, 8을 걸친 60장의 거작 '金剛記'는 여태까지 읽어본「金剛游錄」중에서의 백미였고, 권14의 '龍城世家名行錄'은 비록 석장에 불과한 짧은 글이지마는 역시 기문이 아닐 수 없었다.[321]
>
> 양상욱이 말하는 중추원의 학제는 곧 칼로 도려낸 부분을 말하였음에 불과한 것이다. 하나의 예를 들면「무극집」진책 권7 장8의 후엽으로부터 장13의 전엽까지 5장 반을 도려버렸는데, 이는 곧 서권의 말단 先庚後甲錄序의 다음이다. 목록을 상고하여 보면 그 편제의 두 줄이 역시 삭제되었다. 이로 미루어서 이 시가 만일 양씨의「춘몽연」을 표절한 나머지에 증거의 인멸을 위하여 이「著춘몽」의 네 글자를 긁었다면 어째서 위에서 말한 바와 같이 도려내는 수법을 일관적으로 쓰지 않고, 이런 흔적을 남겨 두었으며, 또「춘몽연」

320) 한국일보, 1965년 5월 4일자. 이가원,『한문학연구』, 304~305쪽 재수록.

321) 한국일보, 1965년 5월 4일자. 이가원,『한문학연구』, 304~305쪽 재수록.

의 원전을 소각하지 않은 채 돌려주어서 내일의 시비를 자아내게 하였을까. 도대체 이해가 가지 않는 법이다."[322)]

양상욱과 만났을 때 나는 대뜸 「无極行錄」을 찾았었다. 이 책은 이미 대한일보사에서 빌려 갔다는 것이다. 刀痕迹과 「著春夢錄」이라 쓰여있는 「无極行錄」 張三을 찍은 사진 만을 보고는 梁氏에게 서울에 돌아가서 대한일보에 빌린 책을 轉借할 것을 요청하였을 때 그는 흔연히 승낙했으므로 나는 그 이튿날 회사에 전화를 걸어서 「无極行錄」을 보여달라 하였다. 이종석 기자는 월탄 박종화 선생이 이 책을 보시는 중이므로 찾아서 들리겠으니 이를 읽고서 글을 써 달라는 것이었다. 그리고 오후에 신문과 「无極行錄」을 갖고 이기자가 다방으로 달려왔다. 月灘은 과연 梁氏를 「춘향전」의 原作家로 단정하였다. 그러면 만화본에 비해서 어떤 것이 원작인가가 약간의 문제이다. 그러나 「春夢錄」을 「春夢緣」으로 바로잡은 것은 비단 이를 발견한 월탄 혼자서가 무릎을 탁 쳤을 뿐아니라 이 글을 읽는 나도 다탁을 치면서 기재를 부르지 않을 수 없었다.[323)]

이러한 사실로 본다면, 조경남의 「원춘향전」 창작 이후에 같은 같은 남원에서 살았던 무극재 양주익이 앞선 시대에 전해지던 「춘향전」을 토대로 「춘몽록」을 개작한 것[324)]으로 판단된다. 즉, "남원서 살던 양진사라는 사람이 과거에 급제하고 돌아와서는 광대들을 다리고 놀았는데 집이 가난하여 그 비용을 보상하지 못하자. 「춘향전」을 지어서 함께 창였는데 이것이 「춘향전」 고본[325)]이라고 전한다는 것이, 최종의 창작이 개작으로서의 「춘향전」이라는 뜻

322) 대한일보, 제6140호, 1965년 5월 11일. 이가원, 『한문학연구』, 309~310쪽 재수록.

323) 이가원, 『한문학연구』, 탐구당, 1969, 306-307쪽.

324) 진봉규, 『판소리의 이론과 실제』, 수서원, 1984, 28쪽.

325) 김사엽, 『춘향전』, 1952, 209-211쪽.

으로 해석된다. 이 외에도 이가원이 제시하는 안동 권진사 창작설도 이 시기에는 창우들이 판소리 판에서 인기있는 새 「춘향전」 판을 짜기 위하여 진사급의 향반들에게 의지하거나 부탁하는 분위기를 갖고 있었음을 보여준다.[326)]

(2) 수산이 1840년경 개작한 한문소설 「광한루기」

「춘향전」은 조경남의 「원춘향전」 이후에도 양반 작가들에 의하여 거듭 개작이 이루어졌다. 이는 「춘향전」은 한글 소설의 중심을 이루면서도 한편으로는 광대 창우들의 판소리로 양식적인 확장을 이루었고, 다른 한편으로는 양반들의 개작으로 한문 「춘향전」으로 춘향현상의 외연을 확장하였다.[327)]

한문 개작 「춘향전」으로는 양주익의 「춘몽연」 이후에도, 1845년 이전에 수산 소엄에 의해 「광한루기」라는 개작품이 출현하였다. 「광한루기」에는 운림초객의 서와 소엄주인의 후서가 실려 있다.[328)]

이 「광한루기」의 첫 번째의 서문은 다음과 같다.

> 나의 벗 水山先生이 문장법에 대하여 거론한 적이 있다.
>
> “문장은 그림과 같네. 금강산을 그릴 경우, 막바로 1만 2천 봉을 그린다면, 그건 그림이 아닐세. 맨 먼저 동해를 그리고, 바다 위로 들쭉날쭉 솟아 있는 여러 봉우리들을 그린 다음, 차례로 계곡, 물, 돌, 숲 속의 절, 구름 속의 암자를 그려 넣고, 맨 나중에 온갖 바위와 골짜기 사이로 우뚝 솟은 비로봉을 그려 넣는다면, 이것이 진정한 名畵일세. 근세의 소설 가운데 이러한 묘법을

326) 김동욱, 『한국가요의 연구』, 369~371쪽.

327) 정병욱, 「춘향전」이란 어떤 것인가, 1966년, 『한국고전의 재인식』, 홍성사, 1979, 221쪽.

328) 성현경 등, 『광한루기 역주 연구』, 박이정, 1997, 163쪽.

간직한 것은 오직 〈광한루기〉 뿐이라네.”

내가 듣고 기뻐하면서 진정으로 한번 보기를 원했지만 그 책을 얻어 보지 못했다. 하루는 수산이 술병을 차고 白雲山에 있는 나를 방문해서는 소매 속에서 책 한 권을 꺼내 놓고 말했다.

“이것이 〈광한루기〉일세.” 내가 바쁘게 손을 놀려 책을 펼쳐 보니 바로 倡優들의 판에서 자자한 「춘향전」일 따름이었다. 나는 안타까워하며 말했다. “이런 이야기를 어떻게 눈에 댈 수 있겠는가?” 수산이 말했다.

“그렇지 않네. 춘향의 옥같은 용모와 얼음 같은 마음. 松竹같은 절개는 千古의 佳人이요, 열녀라고 할 만하네. 만일 施耐庵(11쪽)과 金聖嘆 같은 사람들이 우리나라에서 태어났다면 반드시 문학의 장을 펼쳐 우리들의 감상거리를 만들되, 〈西廂記〉와 같은 傳奇에 그치지는 않았을 걸세. 그러니 어찌 창우 무리들이 촌 구석의 무지렁이들 틈에서 음란한 소리와 어지러운 곡조를 전담하도록 내버려 두었겠는가? 그리고 내 소매 속에 있는 책은 俗本이 아닐세. 그런데도 자네는 보지도 않고 폄하부터 하니, 이 또한 이름만 중히 여기고 내용은 무시하는 죄를 면하지 못할 걸세.”

나는 이때 “그래. 그래.” 했지만, 마음 속으로는 수긍하지 않았다.

10여 년 뒤에 영호남 지역에 일이 있어, 동쪽으로는 낙동강에 배를 띄우고, 남쪽으로는 가야산에 올랐으며, 지리산 북쪽 기슭을 경유하여 서쪽의 帶方으로 나왔다. 1천 여리의 강산을 죽 유람하고 돌아오니 자연히 문장에 대한 작은 깨달음이 있었다. 그래서 수산의 말을 상기하고는 간직하고 있던 〈광한루기〉를 꺼내어 읽어 보았더니, 과연 창우들이 상스러운 말로 전하는 것이 아닌, 정말이지 절세의 특별한 사건이며 기묘한 문장이었다.

어느 봄날 낮, 술기운이 무르익었을 때 그 책을 감상하면서 살펴보았는데, 그 책에서 남원의 빼어난 경치를 서술한 것은 동해를 그린 것이요, 李桃 의 풍류와 文彩를 서술한 것은 바다 위의 여러 봉우리를 그린 것이요, 情을 서술하고 이별을 서술한 것은 물을 그리고 돌을 그린 것이요, 元崇 등 여러 인물을 서술한 것은 숲 속의 절을 그린 것이요, 부용 등의(12쪽) 여러 기생을 서술한 것은 구름 속의 암자를 그린 것이었다.

8회로 구성된 이 한 편 가운데는 正敍도 있고 夾敍도 있으며, 한 번은 숨어 있고 한 번은 드러나 있으며, 절반이 空이라면 절반은 色이었다. 갑자기 호랑이가 울부짖고 용이 소리치는 듯하다가, 갑자기 제비가 재재거리고 꾀꼬리가 노래하는 것 같기도 하였다. 한 사람의 훌륭한 글 재주로 급속한 변화를 통해 천태만상을 표출해 낸 것이 흡사 금강산 1만 2천 봉이 주위 500리 사이에 펼쳐 있는 것과 같아서, 부분 부분마다 특별히 빼어나고, 하나 하나가 신기하고 오묘하였다.

이 작품에서 춘향의 아름다운 자태와 곧은 정절을 서술한 부분은, 앞에서는 맞이하고 뒤에는 배웅하며, 외쪽에서는 수작하고 오른쪽에서는 대꾸하는 것이 마치 비로봉이 아득하게 우뚝 솟아 있는 것과 같았다. 이는 매우 특별한 사건이 아닌가? 이는 매우 기묘한 문장이 아닌가? 나는 비로소 수산의 논의가 과연 正法眼藏이라는 사실에 탄복하여, 〈광한루기〉를 읽지 않을 수 없었다. 아! 근세의 소설들이 나름대로 聱闇酸支의 결과에서 비롯된 것이지만, 수산선생의 〈광한루기〉만큼은 금강산의 진면목을 그린 것이다.[329)]

이 작품의 이본인 남원군 소장본은 을사년 단오날에 일단 작가의 친구로 여겨지는 운림초객이 한 서문을 쓰고, 그 이튿날 또 하나의 서문을 쓴 것으로 되어 있다. 또, 숭실대 소장본은 서문은 신해년 단오에 운림초객이 쓰고, 서는 그 이튿날 소엄주인이 쓴 것으로 되어 있어, 이에 대하여, 김동욱은 남원군청 소장본의 청사를 1845년[330)]으로 보았고, 소재영은 숭실대 소장본을

329) 青蛇(乙巳年) 端午에 雲林樵客이 쓰다.

330) 김동욱, 『증보「춘향전」 연구』, 연세대학교 출판부, 1965, 83~87쪽.

근거로 1851년으로 달리 추정[331]하였다. 이와 달리 성현경은 서문을 쓴 시기를 1905년과 1911년일 가능성을 재기하였다."[332]

「광한루기」의 두 번 째의 서문은 다음과 같다.

> 나는 〈서상기〉를 읽고, 천하 후세에 이와 같은 才子가 다시 없고, 이와 같은 佳人이 다시 없고, 이와 같은 기이한 문장이 다시 없다고 생각했다. 근래에 또한 〈광한루기〉를 읽고, 천하 후세에 없을 기이한 문장을 오늘날 얻었다는 것과 그 책에 실린 인물과 관련된 사건도 모두 천하 후세에 없을 재자 가인에 관한 것이라는 점에 대하여, 은근히 기뻐했다. 비로소 두세 사람과 자주 評訂을 가하여 아직 전파되지 않은 이 책을 널리 퍼뜨리고자 하였는데, 어떤 사람이 이에 대하여 비난하며 말했다.
>
> "당신은 일개 〈광한루기〉를 가지고 이미 성공을 거둔 〈서상기〉와 앞을 다투고자 하는데, 가당치 않소."

이는 개작이 가진 양면적 가치를 중세적 가치 쪽에서 전해주는 하나의 사례다.

「광한루기」의 체제는 8회로 이루어져 있는데, 각 회의 앞뒤에는 평자의 회평이 붙어 있다. 그리고 소설 본문의 행간에도 해당 대목에 대한 느낌이나 의견이 삽입되어 있다. 작품의 앞에는 두 편의 '광한루기 서'와 「광한루기」 독법 등이 있다. 「광한루기」에는 작자, 평비자, 편자, 주석자의 관점이 있다.

수산 소엄이 개작한 「광한루기」의 플로트는 다음과 같다.

---

331) 자료해제 『수산광한루기』, 『숭실어문』 4, 1987, 199~205쪽.

332) 성현경 등, 『광한루기 역주연구』, 박이정, 164~165쪽.

〈1〉

공민왕(숙종 시, 활자본) 때 李弘의 子 桃隣. 字는 花卿, 년 16, 방자 金漢과 광한루에 오르다. 춘향 秋千(鞦韆)(行首 月梅女)

花卿 방자시켜 불러오게 하다

〈2〉

이도령 춘향 相面

李花卿 紅露酒를 권하다.

춘향 사양하다 執盃

춘향 辭去

桃隣 서실에 돌아오다

退令 玉林地 춘향 집게 가다

凝香閣에 다다르다

〈3〉

춘향 吟詩

桃隣이 오다. 攜手 入室

飮酒 彈琴

通情

월매 桃隣과 金漢이 돌아가는 것 보다

金漢이 彩箱을 가지고 오다

춘향 唱, 桃隣 舞

〈4〉

倏忽 一年이 지나다

李弘이 豊海道 관찰사도 赴任하다

춘향이 册房으로 李桃隣을 찾아 夜明 나오다

桃隣登程 三里許 五里亭에 춘향 桃隣 이별

〈5〉

代言 元崇 남원부사로 오다

衙客 張喆 춘향을 府使에 일르다

妓生點考

춘향이 불러오다

춘향 府使에 抗拒

춘향 刑杖 맛고 下獄

〈6〉

張喆의 情妓 芙蓉 춘향의 毁節을 권하다

춘향 듣지 않다

金漢의 妹 牧丹 사월십오일 回甲宴에서 춘향을 다짐할 것을 金漢에게 알리다

金漢이 서울로 올라가다

〈7〉

李桃隣 上京후 紅賊 已平, 庭試를 보아 壯元하다

寶文閣 直學士

湖南御史 睦淳 同道

임실 村舍에서 金漢과 상봉, 乞人服色

四月十五日 南原府에 닿기로 급히 내려오다

〈8〉

옥림동 응향각을 찾다. 월매 냉대. 이어사 憮然히 나오다.

衙門에 들다. 회갑연 倡樂(순창군수 韓穆, 운봉현감 申周藩)

申, 韓 李學士 소문을 부사에 고하다. 童妓 小玉이 詩箋을 가지고 오다.

암행어사 出道 封庫罷職

明日 어사 춘향을 부르다. 어사 춘향 相面

金漢 어사를 찾고 월매 집에 가다

어사 大宴을 열다. 춘향, 월매, 김한 上京[333]

수산이 상기 소엄으로 대표할 수 있는 서리 출신 문인들과 친교가 있는 사람이라 하면 이 작자를 중인 서리으로 판단하여 어긋남이 없을 듯하다.[334] 「광한루기」는 작자가 개작 당시에 참조한 속본이 「춘향전」 등임을 알려주는 작가의 언급을 싣고 있다. 이는 창우들의 실제 공연과 관련이 있고, 국문으로 기록되어 있으며, 사건과 인물들이 장황하게 서술, 묘사되어 있고, 시골 무지렁이들의 음란한 소리와 가락들 내지 비속한 표현들이 많으며, 춘향과 이몽룡의 묘사가 지나치게 요야하고 방탕스럽게 되어 있고, 주인공들의 신물의 교환 및 제시 확인 대목이 존재하며, 이어사가 남원 신임부사의 생일연에 참여하고, 춘향의 옥중몽으로 이성계의 등극몽이 수용되어 있는 본임이 드러난다.[335] 이 조건을 충족시키는 작품으로는 소설본에는 이고본과 고대본이 있고, 창본에는 장자백본이 있다.

또, "이도령과 춘향의 성격 묘사의 경우는 하나의 모양을 지니고 있는데 반해 속본 「춘향전」의 경우는 다양성을 지니고 있다. 「광한루기」는 속본에 비

333) 김동욱, 『춘향전』 연구, 82~83쪽.

334) 김동욱, 『춘향전 연구』, 연세대학교 출판부, 1965, 84쪽.

335) 성현경 등, 『광한루기 역주 연구』, 박이정, 165~166쪽.

하여 전아성을 바탕으로 펼쳐지고 있는데, 이는 작가의 세계관의 차이에서 비롯된 것이다. 즉, 「광한루기」에서는 이도령은 문장과 서예에 뛰어난 재주를 지니고, 빼어난 풍채와 호방한 성격을 지닌 존재로서, 풍류를 즐길 줄 알면서도 춘향 이외의 다른 여인들에 대해서는 정을 주지 않는 인물이다. 시종일관 일양성을 지닌, 의젓하고 점잖은, 품위있는 재자로서만 서술되어 있다. 한편 춘향은 남원의 행수 기생 월매의 딸로서 '물에 어린 달과 거울에 비친 꽃'처럼 형상화되어 있다. 이 춘향 역시 '은근하면서도 간접적인 표현방법을 통해 심오하게 그려져 있는' 다소곳한 정렬의 미인이다.

이도린은 방자 김한이나 춘향 또는 월매, 그 밖의 어느 인물들에 의해서도 골계의 대상이 되거나 격하의 대상이 되는 법이 없다. 철두철미 점잖은 사대부의 자제답게 의젓한 재자로서 그려지고 있다. 춘향 역시 이도린과 동일하다. 춘향이 자신의 언어나 그 밖의 어느 다른 인물들의 언어에 의해서 골계의 대상이 되거나 격하의 대상이 되지 않는다.

「광한루기」에는 「춘향전」과 「서상기」에 대한 직접적 언급이 나타난다.

> 수산이 운림초객에게 〈광한루기〉를 건네주자, 운림초객은 이를 언뜻 펼쳐보고는 '창우들의 판에서 자자한 「춘향전」일 뿐이라고 실망해 한다. 이에 수산이 말하길) 그렇지 않네. 춘향의 옥 같은 용모, 얼음 같은 마음, 송죽 같은 절개는 천고의 가인이요, 열녀라고 할 만하네. 만일 시내암과 김성탄 같은 사람들이 우리나라에서 태어났다면, 반드시 문학의 장을 펼쳐 우리들의 감상거리를 만들되, 〈서상기〉와 같은 전기(傳奇)에 그치지는 않았을 걸세. 그러니 어찌 창우 무리들이 촌무 지렁이들 틈에서 음란한 소리와 어지러운 곡조를 전담하도록 내버려 두었겠는가? 그리고 내 소매 속에 있는 책은 속본이 아닐세.[336)]

---

336) 「廣寒樓記」 敍一.

창우들의 판에서 자자한 「춘향전」과 속본은 동일한 대상을 지칭하고 있는데, 이들에 대한 시각은 천고의 가인이자 열녀인 춘향을 그리는 데에는 적합하지 않음을 전하고 있다.

속본 「춘향가」에 대해서도 국견곡론[337]으로 다음과 같이 비판하고 있다.

> 어떤 사람이 수산 선생에게 물었다. "구본 「춘향전」에는 화경이 금거울을 내어 정을 남기고, 춘향이 옥가락지를 받들어 이별의 선물을 함으로써 나중에 서로를 확인하는 징표로 삼습니다. …(중략)… 지금 〈광한루기〉에는 이러한 구절이 없는데 이것은 무엇 때문입니까?" 이에 수산 선생이 대답했다. "화경은 천하의 위인(偉人)이며, 춘향은 천하의 묘인(妙人)입니다. 묘인이 위인을 전송하고, 위인이 묘인과 이별할 때에는 서로 마음이 통하여 영원토록 변함이 없는 것이 당연하거늘, 어떻게 거울 하나 가락지 하나로 신물을 삼겠습니까? 그리고 화경이 자취를 드러내는 날에 춘향이 거울을 바치지 않는다면, 화경은 거울이 없다는 이유로 그녀가 춘향이라는 것을 믿지 않겠습니까? 또, 춘향이 감옥에서 나왔을 때 화경이 가락지를 보여 주지 않는다면, 춘향은 가락지가 없다는 이유로 그 사람이 화경이라는 것을 믿지 않겠습니까? '구본 「춘향전」'이라고 하는 것은 창부들의 좁은 견해(局見曲論)가 아닌 것이 없는데, 그대는 어찌하여 이것을 취하십니까? 하물며 그 거울과 가락지의 있고 없음이 문리(文理)와 인정(人情)에 아무런 영향을 끼치지 못하는데, 그대는 또 무엇 때문에 〈광한루기〉에 대하여 유감스럽게 생각하십니까?"[338]

이들은 평자가 수산의 견해를 기록한 것으로, 수산이 신물 교환은 화경 같은 위인, 춘향 같은 묘인에게는 어울리지 않는 하찮은 것이라고 보고, 이 대

337) 局見曲論.

338) 「廣寒樓記」, 第四回 回尾評.

목은 제거해 버렸음을 보여준다. 신물 교환 대목이 있는 속본「춘향가」를 국견곡론으로 보고, 신물 교환이 바로 그 국견곡론 중의 하나라고 보고, 신물 교환의 제거가 인정과 문리상 합당한 것으로 보았다.

운림초객의 시각은 창우 마당의「춘향가」에 대한 부정적 시각을 나타내었다.

> (운림초객이 일찍이 수산 선생으로부터 〈광한루기〉에 대한 자랑을 듣고, 그 책을 한번 보기를 원하다가, 수산 선생에게서 그것을 받는다. 이에 운림초객은 언뜻 펼쳐보고 생각하는데) '창우 마당에서 소란스럽게 떠들어대는「춘향전」'일 뿐이었다. 나는 실망스러워하며 말했다. "이런 이야기를 어떻게 눈에 댈 수 있겠는가?" (이에 대한 수산 선생의 해명을 들었지만 마음으로부터 호응하지 못하였으나 십여년 후에 깨달은 바가 있어, 운림초객은 〈광한루기〉를 읽게 되었는데), 실제로 '창우 마당에서 언문으로 전하는 것이 아닌, 정말이지 절세의 특별한 사건이며 기묘한 문장임을 깨닫게 되었다.[339]

운림초객은 창우 마당에서 자자한 속본「춘향가」에 대한 달갑지 않은 시각을 보여준다. 그 예로, "광한루의 밝은 달이 오래도록 창우들의 마당에서 더러운 먼지에 오염된 것을 안타까워한 다. 운림초객은 춘향의 높은 절개가 창우 마당의 더러운 먼지로 오랫동안 오염된 것을 안타깝게 판단하고 있다.

회수 평자의 시각은 속본「춘향가」의 문승지폐[340]를 다음과 같이 비판하고 있다.

> 대체로 말이 많을수록 뜻은 더욱 엷어지고, 일이 번잡할수록 마음은 더더

---

339)「廣寒樓記」敍一.

340) 文勝之弊.

욱 노출된다. 아! 천하의 참된 이치〔實理〕가 남녀 사이에서만큼 잘 나타나는 곳이 없는 것은 분명하지만, 이처럼 천박한 비유에서는 역시 지나친 수식이 지니는 폐단〔文勝之弊〕을 벗어 버리지 못하고 있는 것이다. 속본 「춘향전」에는 이러한 문승지폐가 여러 군데서 발견되는데, 「광한루기」는 이들을 모두 제거해 버렸다.[341)]

이처럼 속본 「춘향가」는 말이 많고 일이 번잡하다는 점을 비판하고 있다. 그 까닭은 은미한 정감의 함축적 표출을 지향하고 있음을 의미한다. 이는 춘화도 화법에서 분명히 드러난다. 즉, 속본이 따를 수 없는 화경 묘사를 다음과 같이 제시하였다.

화경의 마음이라고 어찌 하루인들 춘향을 생각하지 않았겠는가? 결국 잘 울지 않기 때문에 좀처럼 눈물을 흘리지 않았고, 마음이 강해서 흔들리지 않았으며, 여색과 관련된 말은 듣지도 보지도 않았다. 어찌 좀스럽고 가련한 사람들처럼 분이나 바느질 도구를 사서 아침, 저녁으로 부쳐주면서 스스로 정 많은 사람이라고 하겠는가? 이러한 것은 화경이 할 짓도 못되고, 춘향이 원하는 바도 아니다. 만마관(萬馬關)입구에서 화경이 김한을 만났을 때 춘향의 소식 때문에 갑자기 마음에 분노가 치솟았으므로, 이 때 화경이 본 모습을 드러내지 않을 수 없었을 것이라고 생각할 수 있다. 그러나 화경은 그러지 않고 처량한 몇 마디 말로 이러한 가슴 속의 괴로움과 분노를 감추었다. 김한처럼 영리한 사람도 밤낮으로 곁에 있었으면서 감히 그 속내를 엿보지 못했으니, 화경은 정말 대장부라고 할 만하다. 이러한 것을 어찌 속본이 따를 수 있겠는가?[342)]

---

341) 「廣寒樓記」 第三回, 凝情 回首評.

342) 「廣寒樓記」, 第七回 回首評.

이처럼 평자는 「광한루기」에서 화경을 거의 완벽한 제자로 보고 있다. 속마음을 함부로 드러내지 않는 화경에게 대장부라는 찬사를 보낸다.

또, 협주자의 시각은 기발한 표현이 없는 속본에 대하여 다음과 같이 비판하였다.

> 도린이 김한을 깨우고 춘향 집을 찾아가는 상황에서 시, 곧 '주막이 있는 곳을 물으니, 목동이 멀리 살구꽃 핀 마을을 가리키네.'가 나오고 "이것은 좋은 품질의 아교로 끊어진 활시위를 매끈하게 잇는 훌륭한 솜씨데, 속본에는 애시당초 이처럼 기발한 것이 없다."는 협주를 달고 있다.[343)]
>
> 도린이 춘향 집 담을 넘어 춘향이 묵고 있는 각(閣)에 이르러 곧바로 춘향 바응로 들어가지 않고 난간 모퉁이에 숨어서 방쪽을 쳐다보는 대목에 대한 협주)속본이라면 분명 화경이 곧바로 들어갔다고 했을 것이다. [344)]

이처럼 협주자는 속본이 은근하지 못하고, 촉급하며 직설적인 표현으로 나타난다고 비판하였다. 은은하고 깊이 있게 묘사하고 있음을 드러내는 것이다.

> 대체로 정이란 것에는 정 속의 정(情中之情)과 정 밖의 정(情外之情)이 있는데, 정 속의 정과 정 밖의 정이란 무엇을 말하는가? 구름처럼 떠도는 사람들은 일시적으로 객사(客舍)에서 만나 잠시 남녀간의 애틋한 정을 맺었다가 해가 뜨면 각자 모르는 사람처럼 헤어지는데, 이것이 정 밖의 정이다. 화경과 춘향의 관계는 그렇지 않다. 두 청춘 남녀는 신혼 부분와 마찬가지라 자기들 스스로 두 사람 이외에는 다른 사람이 없다고들 생각한다. 잠자리를 함께 한

343) 「廣寒樓記」, 第二回 探香 夾註.

344) 「廣寒樓記」, 第二回 探香 夾註.

것을 가지고 정이라고 하지 않고, 함께 웃고 말한 것을 가지고 정이라고 하지 않으며, 자연스럽게 자기들도 모르게 정을 갖게 되니, 이것이 정 속의 정이다. 그러므로 이 회의 글도 드러나지 않고 은은하며, 진하지 않고 담박하여, 창부 무리들은 읽더라도 그 오묘함을 느끼지 못할 것이다.[345)]

창부 무리들이 은근하고 오묘한 「광한루기」의 문장 표현을 제대로 이해하지 못하고 있다고 비판하고 있다. 겉 표현에만 치우쳐, 깊이 감추어지고 함축된 「광한루기」 곳곳서는 「춘향전」에 대한 직접적 언급이 나타난다는 점이 특징이다.

345) 「廣寒樓記」, 第三回 回尾評.

6

소설 「춘향전」의 큰 계통과 개별 판본과 사본의 변이

6-1. 별춘향전계「춘향전」의 분화와 완판본의 변이 양상

(1) 소설「춘향전」의 유동성과 텍스트의 계통

「춘향전」 연구에서는 처음부터 이본이 중요한 문제였고,[346] 여기에 대한 본격적인 연구는 조윤제로부터 시작하여 김동욱에 의하여 더욱 심화되었다.[347] 이런 선행 연구를 통해서 이본 문제를 박사학위 논문으로 다른 성과가 1980년에 나온 필자의 『춘향전 계통수 연구』였다.[348] 그 뒤에도 전상욱 등의 연구가 뒤를 「춘향전」 연구의 영역별 연구의 한 축을 이루었다.[349] 여기서는 소설「춘향전」의 대표적인 세 계통으로 19세기까지는「별춘향전」 계통과「남원고사」 계통본을, 그리고 20세기에 들어와서는 새로운 계통본으로 활판본인「옥중화」 계통이 등장하였음을 밝혔다.

「춘향전」은 조경남같은 원작자가 있는 작품이지만, 작품의 극적인 서사구조가 지닌 개방적인 특징으로 인하여 다양한 개작품이 지곡적으로 출현하여 춘향현상을 일으키는 적층문학 적인 장점도 가진 독특한 작품이다. 이런 현상은 소설「춘향전」 안에서도 일찌부터 한문「춘향전」이 개작으로 나타났고, 특히 판소리 양식이 개발되어 연행 현장 예술적인 쪽으로 확산되어 대성공을 이루게 되면서 사설의 변이가 심해지면서, 새롭게 개발된 세부 장변이나 그 장면에서의 언행이나 묘사 등에서 구어체의 다채로운 표현들은 물론이고, 때로는 상층 양반들의 취향을 맞춘 한문 구절이나 한시문 등이 삽입되기

346) 김태준,「춘향전의 현대적 해석」,『동아일보』 1935년 1월 1일, 2일, 3일, 4일, 5일, 6일, 8일, 9일, 10일의 총 9회 연재.

347) 김동욱,『춘향전 연구』, 연세대학교 출판부, 1965.

348) 설성경,『춘향전 계통 연구』, 연세대학교 박사학위논문, 1980.

349) 전상욱,『방각본 춘향전의 성립과 변모에 대한 연구』, 연세대학교 박사논문, 2006.

도 하였다.

이런 여러 요인들에 의하여 개작자의 의도나 향수자들의 취향에 따에 성립된 수많은 이본 중에서 소설 쪽에서만 계산해도 「춘향전」 목판본과 필사본, 그리고 활자본은 100종을 능가하는 이본이 있다. 그런데 조선조에 형성된 이본들은 절대다수가 형성 시기를 알 수가 없을 뿐만 아니라, 플롯상의 차이는 거의 없지만 행문 상의 세부적인 차이와 장면 사이의 전위도 나타나기 때문에 실상에서의 계통수를 파악하기는 쉽지가 않다. 이런 점을 고려하여 파악된 것이, 상대적인 변별력을 높여주는 핵심 화소인 불망기 삽화 · 신물 삽화 · 과거시제 · 암행어사시를 큰 기준으로 삼아서 분석해낸 세 계열의 계통본이다.

세 계통본 중에서 가장 먼저 성립된 것으로 판단되는 제1기의 계통본인 「별춘향전」 계열에 속하는 이본들은 필사본과 완판 목판으로 출판된 것들이다. 이에 비하여 제2기의 계통본에 해당하는 것들은 「남원고사」 계열본이다, 여기에 해당하는 필사본과 경판 목판으로, 이 중에 필사본은 세책용 필사본으로 많이 유포되었다. 20세기에 등장한 제3기의 「옥중화」 계열은 활자 출판 시대에 시작했기 때문에, 다양한 서두 변형, 경쟁 출판 시대, 탈호남 시대, 판소리 중심권의 서울 이동 시대의 모습을 보여준다. 또, 이 때에는 「별춘향전」 계열의 최선 텍스트인 완판 84장본 「열녀춘향수절가」와, 「남원고사」 계의 최후 방각본으로 최대 축약판인 경판 16장본, 「춘향전」 복고조 전통본인 활자본 「고본춘향전」이 개화기 이후의 독자를 대상으로 세 계통본간의 경쟁 시대를 맞기도 하였다. 이러한 「별춘향전」 계통의 「춘향전」은 판소리 사설의 성격을 강하게 지니고 있다. 이 계통을 대표하는 신학균본 「별춘향전」의 서두는 "슉종대왕 즉위쵸의 셰화연풍하고 국태민안호데 츙신은 만됴졍이요 열읍의 열여로다. 요지일월이요 슌지건곤이라 태평천지 이 인가"의 서두가 있고, "잇때 셔울 삼청동 니할림을….."의 본화가 시작된다. 대부분의 이 계통의 이본들은 서두가 이와 유사하게 시작되고 있다. 이 계통에 속하는 대표적

이본으로는 완판 30장 「별춘향전」, 완판 33장본 「열녀춘향수절가」, 완판 84장본 「열녀춘향수절가」가 있다. 이들 중에서 완판본은 30장본 「별춘향전」이 확장되어 33장본과 84장본 「열녀춘향수절가」로 나타났다. 가람의 소장본이었던 30장본 「별춘향전」은 마지막 장에 "광대목도 쉬니 쿵쿵쿵쿵"이란 대목이 있었다고 하지만 현재는 이 판본은 남아 있지 않다.

이 계통본에 속하는 개별 이본 사이에도 변이의 양상을 나타내는데, 그 예를 춘향의 신분 쪽에서 보면, 기생의 딸 춘향에서부터 퇴기 월매의 딸로, 다시 퇴기와 성참판의 소생으로 변이 되면서 큰 범주의 신분은 기생이지만, 사회적 계층이 상대적으로 상승하는 것으로 나타난다. 또, 춘향의 부모의 상황을 비교해보면, 모친 월매가 기생이었다는 사실은 변하지 않지만, 후기의 텍스트로 올수록 춘향의 부친은 신재효의 「남창 춘향가」에서는 성천총으로, 완판 84장본 「열녀춘향수절가」에서는 성참판으로까지 올라가게 된다[350)]

(2) 목판본 「별춘향전」과 「열녀춘향수절가」

「별춘향전」 계통[351)]의 이본으로는 완판인 30장본 「별춘향전」, 33장본 「열녀춘향수절가」, 84장본 「열녀춘향수절가」는 모두 '슉종ᄃᆡ왕 즉위쵸'라는 시간배경을 먼저 내세우고 있다. 곧, 숙종대왕 초기라는 시간 배경은 완판에 있어서는 19세기 전반에서 후반으로 온전한 수용을 전면적으로 보여주는 전승력 강한 표현이다. 그러나 서울권의 새 계통본인 필사본 「남원고사」에 이러

---

350) 설성경, 『춘향전의 통시적 연구』, 박이정, 1994, 310쪽.

351) 첫 번째 계통인 별춘향전계 「춘향전」은 판소리 사설의 성격을 강하게 지니고 있는 계통으로서, 「춘향전」 계통 중에서 가장 초기에 형성된 것으로 보인다. 이 계통은 서울의 독자를 중심으로 보급된 친소설적 남원고사와 쌍벽을 이루며, 전라도를 비롯한 지방 독자를 중심으로 보급된 친판소리적 「춘향전」이란 특징을 가지고 있다.

한 시간 설정을 배제하고 시간적 배경이 없이 사건을 시작한다. 그러나 이 「남원고사」를 토대로 한 축약본인 경판 35장본 「춘향전」에서는 '슉종죠 시졀'로 완판의 시간배경을 다시 복구시키되 숙종 초를 숙종 때로 변개시켜 시간적 길이를 확대시켰고, 「남원고사」의 또 다른 축약본인 경판 30장본 「춘향전」에서는 '인됴됴'로 대체시켰는데, 이는 그 축약본들인 경판 23장본 「춘향전」, 안성판 20장본 「춘향전」, 경판 16장본 「춘향전」에서도 그대로 수용하고 있다.[352]

19세기에 접어들면서 전주 지역에서는 목판본 소설의 출판이 활기를 띠게 되었다. 그 출판 대상으로서 인기가 높았던 작품이 「춘향전」이다. 그런데 「춘향전」을 비롯한 판소리계 소설들은 여타의 작품보다는 거듭 새로운 판본이 나오게 되고, 나올 때마다 그 장수가 늘어나는 현상을 보이는 것이 특징이다. 이런 동일한 작품이지만 내용이 늘어나고, 여기에 따른 장수가 증가되는 것은 전국적으로 동일하게 나타나는 현상이 아니다. 예컨대, 서울지역의 경우는 거듭 새로운 판본이 나오는 점에서는 전주 지역의 출판과 동일한 현상을 보이지만, 그 내용에 따른 장수의 측면에서는 후기로 오면서 더욱 줄어들었다. 전주에서 출간되는 목판본 소설 소위, 완판 84장본 「열녀춘향수절가」는 여러 이판 들이 나올 정도로 대단한 인기를 누렸다. 이런 인기의 이면에는 개작자를 비롯한 완판 출간 관계자들이 독자들의 심리적 추이를 주시하면서, 독자 반응을 철저히 수용한 결과로 판단할 수 있다.

또, 작품의 순수성 못지않게, 표지나 내지의 디자인, 그리고 판각하는 활

352) 시간적 배경은 초기 완판의 '숙종대'로 시작되던 것이 '화설'로 교체되는 것은 「홍길동전」의 '됴션국 셰종ᄃᆡ왕 즉위 십오년의 홍희문 밧긔 ᄒᆞᆫ 직상이 잇스되'〈완판 36장본〉이나, 「조웅전」의 '송문졔 즉위 이십삼년이라 이ᄯᆡ 시졀이 ᄐᆡ평ᄒᆞ야 사방의 일이 업고 ᄇᆡᆨ셩이 평안ᄒᆞ야 격양가을 일ᄉᆞᆷ더니 월명년 추 구월 병인일의 문졔 충렬묘의 거동ᄒᆞ실ᄉᆡ'〈완판 88장본〉과 같은 서술 형식이다.

자체의 디자인 등에까지 구매자로서의 독자를 향한 세심한 배려를 하고 있다. 독자들이 의식하였거나, 의식하지 못한 무의식적인 상태에서거나, 당시 독자들인 지역 공동체의 일체감이 인기의 상승 효과를 올려주고 있었을 것이 분명하다.

방각된 「춘향전」 중에서 현전하는 최초의 판본은 「춘향전」이란 표제로 출간되었을 것으로 추정되는 전주에서 나온 목판본인 완판 30장본 「별춘향전」[353]은 앞에서 다룬 장수 미확인 완판 텍스트와는 성격을 달리하는 텍스트로, 판소리 「춘향가」의 사설을 토대로 이루어진 텍스트로 보인다. 이 텍스트는 현재 완질로 남아있는 목판본 소설 「춘향전」 중에는 가장 초기본에 해당한다. 전체적인 내용은 이도령 중심의 서사를 비롯해서, 「별춘향전」이란 표제로 된 필사본 텍스트와 거의 같다. 춘향의 신분은 기생 월매의 딸이고, 춘향의 부친에 대한 거론은 없다. 춘향모 월매의 역할도 크지 아니하고, 향단은 극히 제한된 부분에서만 모습을 드러낸다. 또, 이 판본은 이미 그간 알려진 완판 30장본 「별춘향전」보다 덜 세련되고, 분량도 더 간략한 내용을 지니고 있으나, 경판일 가능성은 거의 없다. 그 이유는 현존하는 경판 30장본 「춘향전」, 경판 35장본 「춘향전」을 비롯해 가장 많이 축약된 형태인 경판 16장본 「춘향전」에 이르기까지, 경판본은 「남원고사」의 내용을 토대로 축약되고 있는데, 가장 축약된 경판 16장본 「춘향전」과 비교해 볼 때 이 텍스트의 전개가 더 빠르고 스토리의 방향도 이질적이기 때문이다. 또한 경판 16장본 「춘향전」보다 더 축약된 텍스트라고 가정할 경우, 경판 16장본 「춘향전」 이후본이 되기 때문에 이렇게 희귀한 자료로 남아 있을 수가 없다. 그 근거는 완판본의 변모 상에서 확인된 후기본들이 완판 30장본 「춘향전」으로, 다시 완판 33장본 「열녀춘양수절가」로, 다시 완판 84장본 「열녀춘양수절가」로 분량의 확

353) 박순호 교수 소장 별 「춘향전」에는 '광대목도 쉬니 쿵쿵쿵쿵'란 대목이 있어 판소리 사설과의 관련성이 있다.

대와 함께 표현 기법과 내용의 성숙미를 더해왔기 때문이다.

새로 발굴된 목판 텍스트의 내용은 다음과 같다.

1행: □□□□□□□□□□□□□□□□□□

2행: 버레쥴을총〃ᄆᆡ여눌녀쓰고□강을얼는지

3행: ᄂᆡ여산의슉소ᄒᆞ고젼쥬의드러와셔잠힝을

4행: 헌연후의노구바위얼는지ᄂᆡ오수역의숙소ᄒᆞ

5행: 고박셕틔을당도ᄒᆞ이ᄡᅵᄂᆞᆫ방농시라농부

6행: 들리소□을취케먹고농부가로논일져긔어여

7행: 루상ᄉᆞ뒤요네다리ᄡᅢ라ᄂᆡ다리박ᄌᆞ어여루

8행: 상ᄉᆞ뒤요이농ᄉᆞ을어셔지여부모봉양ᄒᆞ여

9행: 보ᄉᆡ어여루사ᄉᆞ뒤요투텅둥둥텅〃ᄶᅪᆼ미ᄶᅪᆼ여

10행: 바라동무더라쥭어가ᄂᆞᆫ춘향이을살여볼

11행: 가어ᄉᆞ가멀이셔〃귀경ᄒᆞ다가여보소농부임

12행: ᄂᆡ글ᄂᆡ춘향이잘□□고헌듸농부허□웃

위의 텍스트가 현재까지 학계에 소개된 가장 앞선 시기의 텍스트보다 더 먼저 성립된 텍스트임을 증명하기 위해서 이 텍스트의 해당 쪽수와 이에 상응하는 현재 최고본으로 논의되고 있는 완판 30장본 「별춘향전」의 20장 앞면의 내용을 제시하면 다음과 같다.

1행: 니집퍼ᄉᆞᄒᆡ가막막ᄒᆞ온니ᄇᆡᆨ셩셜온정을낫〃치져

2행: 거다가 젼하게알외리다 젼하어ᄉᆞ졔슈ᄒᆞ시니평

3행: ᄉᆡᆼ의원니라슈의을안의닙고어ᄉᆞ화을슉여쉽

4행: 고장단ᄃᆡ도상의완〃이나온니그이의거동이비할

5행: ᄃᆡ업더라집의도문ᄒᆞ야부모게ᄒᆞ직ᄒᆞ고니날의발

6행: 힝할식어사의거동보쇼슛ᄉ름을쇽키랴고쳘씩

7행: 업난헌파립의죠식각ᄉᆞᆫ다라쓰고편ᄌ만나문헌망근의

8행: 갑풀관ᄌ다라쓰고 짓만나문현벼도포삼동니은

9행: 헌복씌을흉복통을쫄나믹고목만나문헌

10행: 질목뒤칙업난질셕니〃령져령거려믹고청픽

11행: □너분부ᄒ고 남ᄃ문밧썩닉다라칠픽청

12행: 픽비다리건네밥젼거리와밥ᄒᆞᆫ그릇ᄉ셔먹고모릭

13행: 틈지닉여동작이건네여승방뜰지닉여남타령넘어

14행: 과천의즁화ᄒ고ᄉ근닉지닉여슈원드러슉슈ᄒ고웃

이로 보면, 완판 30장본 「별춘향전」이 14행 19자 내지 22자로 총 284자로 되어 있어, 앞의 새로 발견된 낱장 텍스트에 비해 확장본임을 알 수 있다.

다음으로, 이 새로 발견된 낱장 텍스트의 해당 서사 내용에 해당되는 완판 30장본 「별춘향전」의 해당 서사 부분을 제시하면 다음과 같다.

쳘씩업난헌파립의죠식각ᄉᆞᆫ다라쓰고편ᄌ만나문헌망근의갑풀관ᄌ다라쓰고 짓만나문현벼도포삼동니은헌복씌을흉복통을쫄나믹고목만나문헌질목뒤칙업난질셕니〃령져령거려믹고청픽너분부ᄒ고 남ᄃ문밧썩닉다라칠픽청픽비다리건네밥젼거리와밥ᄒᆞᆫ그릇ᄉ셔먹고모릭틈지닉여동작이건네여승방뜰지닉여남타령넘어과천의즁화ᄒ고ᄉ근닉지닉여슈원드러슉슈ᄒ고웃버드닉아릭버드닉ᄃ함교지닉여썩젼거리진기울쥭산ᄌ고쳔안김게억말가라타고억쫄불네분부ᄒ고 금강이얼픗건네여놉픈ᄒᆞᆫ질여그로다쇼기널티무넘니벼졍쳔즁하ᄒ고닉셩픗기ᄉ다리닥더리황화졍지닉여〃산슉쇼ᄒ고 역쫄불너분부ᄒ고 젼주로달여들려한벅누구경ᄒ고 남쳔교로반슈역의군호ᄒ고 쇼부목기마동노구바우로님실슉쇼ᄒ고 오슈즁화ᄒ야긴게읍을향할식닛씩방농시졀리라범지닉을다〃른니농부가을ᄒ난고나 어이여〃여루상ᄉ뒤요 역산의밧츨간니

여그져그농쳐로다 닙아농부네들려보쇼 풍연니라조와말고흉연니라실허 마쇼 어니여〃여루상ᄉᆞᄃᆡ요 은왕셩탕어진임군칠연ᄃᆡᄒᆞᆫ만나ᄯᅩ다 어니여〃여루상ᄉᆞ뒤요 하우씨어진님굼구연지슈만나ᄯᅩ다 이농ᄉᆞ을지여ᄂᆡᆯᄯᆡ벼리밥찰밥만니짓고도미국을만니쓸리고 어니여〃여루상ᄉᆞ듸요 양쥬붓쳐마죠안져만니〃〃먹여ᄂᆡ고 어니여〃여루상ᄉᆞ듸요 어ᄉᆞ의겨동보쇼담우의밧작올나셔며ᄒᆞ나말리여허그농부제밥그릇식쫑누다ᄒᆞ고져농부네말좀무러보식 그즁의졀분농부썩나셔〃어ᄉᆞ의맥쏠을잡고니놈〃〃고약ᄒᆞᆫ놈니리ᄒᆞᆯᄯᆡ늘근농부젓ᄐᆡ셧ᄶᅡ가마쇼〃〃그리마쇼걸린쥬그면살린업나여보니양반져보져양반무삼말린지날다러하오즙치쎠별여손으로쥬여ᄂᆡ여손바닥의츔밧타쓰적〃〃〃〃닐ᄉᆡ귀의히르난쥬말니리저리훔처곰방ᄃᆡ쑥잡어쎅여삭〃뭉□화로불ᄉᆞᆫ잡여당거숀을녀니리뒤젹리뒤젹ᄒᆞ며곰방ᄃᆡ쿡쳐너두볼ᄐᆡ긔가오목〃〃쌜러ᄂᆡᆯ제두코ᄋᆡ셔ᄂᆡ가홀〃나며어허그담ᄇᆡ멋닛고 어ᄉᆞ의일른말리이골ᄉᆞᄯᅩ졍체엇써ᄒᆞᆫ고농부ᄃᆡ답ᄒᆞ되우리ᄉᆞᄯᅩ졍체엇써할것닛쇼 원임은노망이요 좌슈은쥬망니요 아전는도망이요 ᄇᆡᆨ셩은원망인니 사망니물미듯ᄒᆞ지요 어ᄉᆞ다시무르되들른니츈향이가ᄉᆞᄯᅩ슈쳥들시분명헌가

이를 토대로 새로 발굴된 텍스트와 완판 30장본 「별춘향전」 텍스트의 내용을 항목별로 비교하면 차이가 확인된다. 그 차이는 보통 「춘향전」의 거지 어사 복색 차림은 헌 파립, 헌 망건, 헌 도포 등으로 위에서 아래로 내려오면서 묘사하는 것이 상례이다. 그런데 이 텍스트에서의 어사 차림은 '버레쥴을 총〃ᄆᆡ여 눌녀쓰고'로 갓과 관련된 것이 제시되어 있으므로 이 부분이 복색치레의 전부일 가능성이 높다. 그렇다면 이 텍스트의 이러한 간략함에 비하여 완판 30장본 「별춘향전」에서는 헌 파립, 헌 망건, 헌 도포, 헌 허리띠 등 훨씬 확대된 복색을 보여준다. 노정기에 있어서는 '금강 → 여산 → 젼쥬 → 노구바위 → 오수역 → 박셕틔'로 제시되고, 중간 지점에서의 이동 행위 및 숙식에 관한 내용이 간략하다. 완판 30장본 「별춘향전」에서는 노정기가 '남대문

→ 칠패 → 청패 → 배다리 → 밥전거리 → 모래틈 → 동작 → 승방뜰 → 남태령 → 과천 → 사그네 → 수원 → 웃버들 → 아랫버들 → 대함교 → 떡전거리 → 진개울 → 죽산 → 천안' 등으로 이어져 자세한 노정의 지명이 제시된다. 그 뿐만이 아니라 각 지점에서의 행위가 '밥젼거리 와 밥ᄒᆞᆫ그릇 ᄉᆞ셔 먹고'와 같이 구체적으로 제시되는 부분이 있다. 노정기 이후 농부와의 상면대목에서도 농부들이 술을 먹었다는 내용이 전부이다. 이 부분은 완판 30장본 「별춘향전」도 아주 간략하게 '빔지ᄂᆡ을 다〃른니'라는 내용으로만 서술되고 있다.

새로 발견된 낱장 텍스트는 후렴을 제외하면, '네다리 ᄲᅢ라 ᄂᆡ다리 박ᄌᆞ이 농ᄉᆞ을 어셔 지여 부모봉양 ᄒᆞ여보ᄉᆡ 여바라 동무더라 쥭어가ᄂᆞᆫ 춘향이을 살여볼가'라는 내용이 전부이다. 이에 비해 완판 30장본 「별춘향전」에서는 '역산의 밧츨간니 여그져그 농쳐로다 닙아 농부네 들려보쇼 풍연니라 조와 말고 흉연니라 실허 마쇼 은왕셩탕 어진 임군 칠연ᄃᆡᄒᆞᆫ 만나쏘다 하우씨 어진 님굼 구연지슈 만나쏘다 이 농ᄉᆞ을 지여닐 ᄯᅢ 벼리밥 찰밥 만니 짓고 도미국을 만니 쓸리고 양쥬붓쳐 마죠 안져 만니만니 먹여ᄂᆡ고'와 같이 훨씬 더 풍부한 내용을 가지고 있다. 또, 새로 발견된 낱장 텍스트에서는 어사가 농부에게 하는 첫 대화가 춘향에 관한 물음으로 직접 들어간다. 이에 비해 완판 30장본 「별춘향전」에서는 어사가 농부에게 말을 걸 때에 농부와 재담적인 대화를 한다. 이어서 사또의 정치에 관해 물은 후에 춘향의 소식을 묻는 순서로 되어 있다.[354)]

전주에서 목판본으로 출간된 완판 33장본 「열녀춘향수절가」가 인기를 얻자, 다시 전주에서 목판본으로 거듭 출간되면서 「열녀춘향수절가」로 표제를 개칭하였다. 완판 33장본 「열녀춘양수절가」는 다시 완판 84장본 「열녀춘향수절가」로 목판으로 출간될 때, 판소리 「춘향가」의 내용을 일부 수용하기도 하

---

354) 설성경, 『춘향전의 통시적 연구』, 박이정, 1994, 185쪽.

면서, 분량이 대폭 확장될 뿐만 아니라, 그 문장의 표현에서도 한문투나 감각적인 묘사 대목이 적절히 균형을 잡았다. 또 작품의 완성도도 훨씬 높으면서, 춘향의 신분은 퇴기의 딸로 바뀌고, 성참판의 서녀로 상승을 보였다. 이런 변화는 19세기 「춘향전」으로서 작품성을 올리기 위한 개작의 의도가 순수성에만 의존하지 않고, 시대상과 사회상까지 반영하려는 의도까지 가지고 있었음을 보여 준다.

완판 33장본 「춘향전」은 표제가 「열녀춘향수절가」로 되어 있고, 간기는 '병오맹하완산 개간'으로 되어 있어 병오판으로 부르고 있다. 이 텍스트를 김동욱은 1846년에 형성된 것으로 보았다.[355] 그러나 류탁일은 완판 33장본 「열녀춘향수절가」에 나타나는 해서체의 서체에 주목하여 이 판본이 1906년에 성립한 것으로 보았다.[356] 「별춘향전」은 전체가 16,720여 자 정도 분량인데, 이 가운데 70% 정도에 해당하는 11,600여 자는 거의 그대로 완판 33장본 「열녀춘향수절가」에 나타난다. 완판 33장본 「별춘향전」 입장에서 보면, 전체 24,710여 자 가운데 47% 정도의 행문을 완판 30장본 「열녀춘향수절가」에서 그대로 가져온 것이 된다.[357] 여기에 비하여 "완판 33장본 「열녀춘향수절가」는 1장에서 25장까지는 완판 30장본 「별춘전」을 수용한 비중이 굉장히 높다. 완판 30본 「별춘향전」과 완판 33장본 「열녀춘향수절가」는 비록 공유하는 행문의 비중이 완판 「춘향전」 내에서는 가장 높지만, 각각의 텍스트가 지향하는 의미에 있어서는 차이를 보이는 판본이다. 완판 33장본 「열녀춘향수절가」은 신분은 기생으로 설정되어 있지만 춘향의 생각이나 행동 방식, 그리고 서

355) 김동욱, 「춘향전」 이본고(속) 『춘향전 사본전집』 1, 명지대출판부, 1977.

356) 류탁일, 『완판방각소설의 문헌학적 연구』, 학문사, 1981, 176쪽. 전상욱, 『방각본 춘향전의 성립과 변모에 대한 연구』, 연세대학교 박사학위논문, 2006, 102쪽.

357) 전상욱, 『방각본 춘향전의 성립과 변모에 대한 연구』, 연세대학교 박사학위논문, 2006, 133쪽.

사를 구성하는 화소 등은 기생이 아닌 춘향을 지향하는 면모가 발견되기 때문이다. 그런데 완판 33장본 「열녀춘향수절가」에서 완판 30장본 「별춘향전」을 수용하는 양상은 행문을 완전히 그대로 가져온 것이 아니라 번잡하게 열거되거나 반복되는 표현을 탈락 축약의 방법으로 간략하게 하였다."[358]

또, 완판 84장본 「열녀춘향수절가」는 완판 30장본 「별춘향전」이 완판 33장본 「열녀춘향수절가」로 확대 변이 된 다음에, 다시 84장본으로 재확대되면서 이루어진 텍스트다. 완판 33장본이 완판 84장본으로 확대됨에는 전반에서 변화가 많이 일어나므로, 완판의 극적 서사성의 균형미를 더욱 획득하게 된다. 장면 이행은 없으나, 장면의 확장에 의한 생성적 삽입이 많다. 완판 84장본은 전반적인 성격이 춘향 중심으로 되어 있기 때문에, 월매의 기능이 강조된다. 곧, 완판 33장본 「열녀춘향수절가」에서는 방자가 도령에게 춘향을 설명하는 대목에서 최초로 월매의 이름이 나타나지만, 완판 84장본 「열녀춘향수절가」에서는 월매를 중심으로 한 춘향과 향단의 관계를 중심으로 춘향 집안에 관한 내용이 골격을 이룬다.[359] 특히, 월매의 춘향 출생에 관한 서술은 완판 33장본 「열녀춘향수절가」에서 완판 84장본 「열녀춘향수절가」로 변이되면서 나타난 전형적인 생성 확대로 판단된다.

완판 84장본 「열녀춘향수절가」에서는 월매 이야기로부터 시작되는 본 이야기의 앞 부분에는 영웅소설의 주인공 출생담을 차용한 춘향의 출생에 얽힌 사연이 크게 확대되면서 주인공의 사회계층이 크게 변모되었다. 춘향을 남원부사였던 성참판과 퇴기인 월매의 사이에서 출생한 인물로 설정했을 뿐만 아니라, 월매의 기자 치성의 결과로 천상계의 점지로 태어난 존귀한 존재임을 강조하고 있다. 이러한 춘향의 출생담은 신재효가 「남창 춘향가」에서

358) 전상욱, 『방각본 춘향전의 성립과 변모에 대한 연구』, 연세대학교 박사학위논문, 2006, 134쪽.

359) 설성경, 『춘향전의 통시적 연구』, 박이정, 1994, 188쪽.

춘향을 성천총의 서녀로 설정하기 시작한 사회계층의 상승 의도를 더욱 심화시키면서 치밀한 출생담을 깔라 뒷받침하게 된 결과로 판단된다. 이러한 굴절은 결과적으로 비기생계 춘향전의 한 전형으로 완판 84장본 열녀춘향수절가가 자리잡게 하였고, 「옥중화」를 위시한 20세기 「춘향전」이 대부분 춘향을 성천총 또는 성참판의 서녀로 고정시키는 데 결정적인 영향을 미치게 되었다.[360]

춘향을 성참판의 서녀로 설정한 것은 춘향과 도령의 광한루에서의 만남을 자유연애적 분위기로 크게 변화시키게 되었다. 곧, 춘향은 자신을 기생으로 생각하지 않기 때문에 이도령이 광한루에서 불러도 이를 따르지 않고 거역한다. 이로 인하여 이도령의 춘향을 향한 호기심과 그리움은 더욱 고조되고, 춘향집을 방문한 도령은 춘향을 성참판의 딸이며, 여염 집안에서 성장한 규수란 실제 논리로 인식하게 된다. 여기에 반하여 변부사는 춘향을 기생의 딸이므로 기생일 수 밖에 없다는 형식논리로 인식하기 때문에 춘향은 더욱 적극적인 항거를 하게 된다. 그 결과 춘향이 보여주는 도령과 변부사에 대한 태도는 같은 양반과의 관계라는 측면으로만 보면 치열한 분열과 모순으로만 이해되지만, 기생 춘향과 기생 아닌 춘향의 갈등이라는 면에서는 이 갈등의 논리를 첨예화시키는 긍정적 의미가 된다. 또 월매의 이야기 속에 춘향의 이야기를 서술하는 이중적 시각으로 작품을 시작했기 때문에 춘향과 도령의 결연 장면에서는 월매의 소망이 한껏 부풀어 오르고, 반면 그들의 이별 장면에서는 월매는 기생으로서의 한을 되씹어야 하는 엄청난 통한을 느끼게 되었다. 이는 상경한 도령이 출세하기를 밤낮으로 축수하던 중에 걸인으로 나타난 이어사를 보았을 때 충격적인 좌절감을 드러내며 치성상을 뒤엎고 이어사를 박대하는 장면에서도 지속된다. 이러한 월매의 지극한 한이 작품의 마지막 반전에서 걸인 사위가 암행어사임을 확인하는 순간에 얻어지는 충격

360) 설성경, 『춘향전의 통시적 연구』, 박이정, 1994, 189쪽.

적인 환희감으로 뒤바뀜으로써, 춘향 중심의 서술 이상으로 정감의 긴장과 이완을 드러내고 있다. 이처럼 월매는 월매대로 춘향을 통한 자신의 꿈을 실현시키려고 노력하고, 또 그 좌절에서 당하는 인간적인 한을 고조시키고 있다.[361)]

완판 84장본 「열녀춘향수절가」의 서두는 '슉종ᄃᆡ왕 직위초의 셩덕이 너부시사 셩자셩손은 계계승승ᄒᆞ사 금고옥족은 요순시졀이요 으관문물은 우탕의 버금이라'로 시작되어, 태평성대의 모습을 드러내고 이를 칭송함을 특징으로 삼고 있다. 이는 결미에서 이어사가 남원의 공사를 닦은 후에 춘향모녀와 향단을 서울로 올려보내고, 자신은 전라좌우도를 순읍하고 민정을 살펴서 왕에게 보고하자 왕이 이어사를 이조참의 대사성으로 봉하고 춘향을 정렬부인으로 봉함으로써 백년동락하였다는 사실과 호응을 보인다.

완판 84장본 「열녀춘향수절가」에서는 월매의 이야기로부터 시작되는 부분에서 영웅소설의 주인공 출생담을 차용한 춘향의 출생에 얽힌 사연이 크게 확대되어 서술된다. 즉, '잇ᄯᆡ 졀나도 남원부의 월ᄆᆡ라 하난 기ᄉᆡᆼ이 잇스되 삼남의 명기로 일직 퇴기ᄒᆞ야 셩가라 ᄒᆞ는 양반을 다리고 셰월을 보ᄂᆡ되'로 시작하여, 춘향을 남원부사였던 성참판과 퇴기인 월매의 사이에서 출생한 인물로 설정했을 뿐만 아니라 월매의 기자치성의 결과로 천상계의 점지로 태어난 존귀한 존재임을 강조하고 있다. 이러한 춘향의 출생담은 신재효가 남창 춘향가에서 춘향을 성천총의 서녀로 설정하기 시작한 사회계층의 상승의도를 더욱 심화시키면서, 치밀한 출생담을 깔아 뒷받침하게 된 결과로 판단된다. 이러한 굴절은 결과적으로 비기생계 「춘향전」의 한 전형으로 완판 84장본 「열녀춘향수절가」가 자리잡게 하였고, 「옥중화」를 위시한 20세기 「춘향전」이 대부분 춘향을 성천총의 서녀로 고정시키는 데 결정적 영향을 미치게 되었다.

361) 최삼룡, 『고대소설론』, 새문사, 1990, 70쪽.

춘향을 성참판의 서녀로 설정한 것은, 춘향과 도령의 광한루에서의 만남을 자유연애적 분위기로 크게 변화시키게 되었다. 곧, 춘향은 자신을 기생으로 생각하지 않기 때문에 이도령이 광한루에서 불러도 이를 따르지 않고 거역한다. 이로 인하여 이도령의 춘향을 향한 호기심과 그리움은 더욱 고조되고, 춘향집을 방문한 도령은 춘향을 성참판의 딸이며, 여염 집안에서 성장한 규수란 실제 논리로 인식하게 된다. 여기에 반하여 변부사는 춘향은 기생의 딸이므로 기생일 수밖에 없다는 형식논리로 인식하기 때문에 춘향은 더욱 적극적인 항거를 하게 된다. 그 결과 춘향이 보여주는 도령과 변부사에 대한 태도는 같은 양반과의 관계라는 측면으로만 보면 치열한 분열과 모순으로만 이해되지만, 기생 춘향과 기생 아닌 춘향의 갈등이라는 면에서는 이 갈등의 논리를 첨예화시키는 긍정적 의미가 된다. 또 월매의 이야기 속에 춘향의 이야기를 서술하는 이중적 시각으로 작품을 시작했기 때문에 춘향과 도령의 결연 장면에서는, 월매의 소망이 한껏 부풀어 오르고, 반면 그들의 이별 장면에서는 월매는 기생으로서의 자신의 한을 되씹어야 하는 엄청난 통한을 느끼게 되었다. 이는 상경한 도령이 출세하기를 밤낮으로 축수하던 중에 걸인으로 나타난 이어사를 보았을 때 충격적인 좌절감을 드러내며 치성상을 뒤엎고 이어사를 박대하는 장면에서도 지속된다. 이러한 월매의 지극한 한이 작품의 마지막 반전에서 걸인 사위가 암행어사임을 확인하는 순간에 얻어지는 충격적인 환희감으로 뒤바뀜으로써 춘향 중심의 서술 이상으로 정감의 긴장과 이완을 드러내고 있다. 이처럼 월매는 월매대로 춘향을 통한 자신의 꿈을 실현시키려고 노력하고, 또 그 좌절에서 당하는 인간적 한을 고조시키고 있다.

이처럼 완판 84장본 「열녀춘향수절가」는 기본 플롯은 완판 33장본 「열녀춘향수절가」에서 다듬어진 내용을 토대로 수용하고, 여기에다 춘향집안의 내력을 중심으로 한 춘향의 출생 · 성장을 생성 · 첨가시켰다. 그 결과 춘향은 성참판의 서녀로 계층적 상승을 획득했고, 월매는 월매대로 춘향을 통해 자신의 꿈을 실현하고 있으며, 순조 · 헌종 · 고종 3대에 걸친 유명 광대들에 의하여 다듬어진 판소리 사설을 효과적으로 수용하여 근대판 「춘향전」의 모습을 효과적으로 드러내고 있다. 이는 풍부한 삽입가요를 완판 33장본 「열녀춘향수절가」에서의 확대 변이에 삽입시킴으로써 서사체계와 서정성을 조화시켜 판소리계 소설로서의 특징을 최대한 형상시켰기 때문이다.[362)]

만남 대목 에서, 서두와 서사의 성숙화 과정을 파악하기 위해, 완판 30장본 「열녀춘향수절가」, 완판 33장본 「열녀춘향수절가」, 완판 84장본 「열녀춘향수절가」, 「옥중화」의 본문을 제시하면 다음과 같다.

> 완판 30장본: 슉죵ᄃᆡ왕 즉위 쵸의 시화연풍ᄒᆞ고 국틱민안ᄒᆞ야 만물리 변셩ᄒᆞ고 빅셩이 효도ᄒᆞ야 츙신은 만죠졍이요 녀렴의 녈녀로다
>
> 완판 33장본: 숙종ᄃᆡ왕 직위 초의 성덕이 너부시사 성자성손은 계〃승〃ᄒᆞᄉᆞ 금고옥족은 요슌시절이요 의관문물은 우탕의 버금이라 좌우보필은 주석지신이요 용왕호위 간성지장이라 조정의 흐르난 덕화 힝곡의 페여 잇고 사히의 구든 기운 원근의 어리엿다 츙신은 만조정이요 효가열녀 가〃직라 미직〃〃여 우순풍조ᄒᆞ니 일ᄃᆡ건곤셩명셰라
>
> 완판 84장본: 슉종ᄃᆡ왕 직위 초의 셩덕이 너부시사 셩자셩손은 계〃승〃ᄒᆞ사 금고옥족은 요슌시졀이요 으관문물은 우탕의 버금이라 좌우보필은 쥬셕지신이요 용양호위난 간셩지장이라 조졍의 흐르난 덕화 힝곡의 펴엿시니 사히 구든 기운이 원근의 어리잇다 츙신은 만조ᄒᆞ고 회자열여 가〃직라. 미직〃〃라 우슌풍조ᄒᆞ니 함포고복 빅셩덜은 쳐〃의 격량가라

위의 인용에서 보면, 완판 30장본 「별춘향전」에서 완판 33장본 「열녀춘향수절가」로의 변이를 비교해 보면, 완판 30장본 「별춘향전」의 '슉죵ᄃᆡ왕 즉위

362) 설성경, 『「춘향전」의 통시적 연구』, 박이정, 1994, 191쪽.

쵸의'는 완판 33장본 「열녀춘향수절가」에서도 '숙종ᄃᆡ왕 직위 초의 '로 그대로 수용된다. 그러나 완판 30장본 「별춘향전」의 '시화연풍ᄒᆞ고 국틱민안ᄒᆞ야 만물리 변셩ᄒᆞ고'는 완판 33장본 「열녀춘향수절가」에서는 '성덕이 너부시사 성자성손은 게〃승〃ᄒᆞᄉᆞ 금고옥족은 요슌시절이요 의관문물은 우탕의 버금이라 좌우보필은 주석지신이요 용왕호위 간성지장이라 조정의 흐르난 덕화 힝곡의 페여 잇고 사ᄒᆡ의 구든 기운 원근의 어리엿다' 로 대폭 확장된다. 그리고 다시 완판 30장본 「별춘향전」의 '빅셩이 효도ᄒᆞ야 츙신은 만죠졍이요 녀렴의 녈녀로다'는 완판 33장본 「열녀춘향수절가」에서도 '츙신은 만조정이요 효가열녀 가〃지라 미지〃〃여 우순풍조ᄒᆞ니 일ᄃᆡ건곤셩명셰라'로 소폭 확장된다.

완판 30장본 「별춘향전」에서 완판 33장본 「열녀춘향수절가」의 이러한 변이에 비하여, 완판 33장본 「열녀춘향수절가」에서 완판 84장본 「열녀춘향수절가」로의 변이는 30장본 「별춘향전」의 '숙종ᄃᆡ왕 직위 초의 성덕이 너부시사 성자성손은 게〃승〃ᄒᆞᄉᆞ 금고옥족은 요슌시절이요 의관문물은 우탕의 버금이라 좌우보필은 주석지신이요 용왕호위 간성지장이라 조정의 흐르난 덕화 힝곡의 페여 잇고 사ᄒᆡ의 구든 기운 원근의 어리엿다 츙신은 만조정이요 효가열녀 가〃지라 미지〃〃여 우순풍조ᄒᆞ니'까지는 완판 84장본 「열녀춘향수절가」의 '슉종ᄃᆡ왕 직위 초의 셩덕이 너부시사 셩자셩손은 계〃승〃ᄒᆞ사 금고옥족은 요슌시졀이요 으관문물은 우탕의 버금이라 좌우보필은 쥬셕지신이요 용양호위난 간셩지장이라 조졍의 흐르난 덕화 힝곡의 펴엿시니 사ᄒᆡ 구든 기운이 원근의 어리잇다 츙신은 만조ᄒᆞ고 회자열여 가〃지라. 미지〃〃라 우슌풍조ᄒᆞ니〉으로 그대로 수용된다, 그러나 그 다음의 서술인 30장본 「별춘향전」의 '일ᄃᆡ건곤셩명셰라'는 완판 84장본 「열녀춘향수절가」에서 '함포고복 빅셩덜은 쳐〃의 격량가라'로 대체 확장된다.

또, 완판 84장본 「열녀춘향수절가」와 「옥중화」를 비교해 보면, 「옥중화」에서는 완판 84장본 「열녀춘향수절가」에서 '슉종ᄃᆡ왕 직위 초의 셩덕이 너부시사 셩자셩손은 계〃승〃ᄒᆞ사 금고옥족은 요슌시졀이요 으관문물은 우탕의 버금이라… 우순풍조ᄒᆞ니 함포고복 빅셩덜은 쳐〃의 격량가라'으로 시작되는 서두가 「옥중화」에서는 「남창 춘향가」에서 영향을 받아 '졀ᄃᆡ가인 삼겨날 제 강산뎡긔 타셔난ᄃᆞ 저라산하약야계에 서시가 종츌ᄒᆞ고 군산만학부형문에왕소군이 싱장ᄒᆞ고 쌍각산이 슈려ᄒᆞ야 록주가 삼겻스며 검강활이아미수에 설도문군환츌이라…'로 대폭 전환 확장되었다. 즉, 시대적 배경으로 시작되던 서두가 '호남좌도 남원부ᄂᆞᆫ 동으로 지이손 셔으로 젹셩강 슨수정신 어리어셔 츈향이가 삼겨 잇다'와 같은 춘향의 고향인 남원의 지리적 배경을 제시하고 있다. 이 외에도 「옥중화」에서는 '츈향모 퇴기로셔 삼십이 넘은 후에 츈향을 쳐음빌 졔 꿈 가온ᄃᆡ 엇던 션녀 리화도화 두 가지를 량손에 갈나쥐고 하늘노 ᄂᆞ려 와셔 도화를 ᄂᆡ여주며 이 쏫을 잘 갓구어 리화졉을 붓쳣스면 오ᄂᆞᆫ 힝락 조흐리ᄅᆞ'와 같은 월매의 꿈을 통해 이화 와 도화가 각각 춘향과 도령의 상징물로서 두 사람이 인연이 될 것이라는 점을 복선으로 깔고 있다.[363)]

만남 대목 중에서 이도령 출타 결정 대목의 성숙화 과정을 비교해보기 위하여, 완판 30장본 「별춘향전」, 완판 33장본 「열녀춘향수절가」, 완판 84장본 「열녀춘향수절가」, 「옥중화」의 해당 본문을 제시하면 다음과 같다.

> 완판 30장본 「별춘향전」: 사또 ᄌᆞ제 니도령이 연광은 니팔리요 풍채난 두목지라 문장은 니빅이요 필법은 왕의지라 닛 씌은 언의 씌야 씌마진 삼춘이라 안니 놀고 어니 혀리 일〃른 불승츈흥ᄒᆞ야 방지 불너 일른 마리 니 곳 경쳐 어ᄃᆡ미야 방자놈 엿ᄌᆞ오되 글공부 셰우ᄂᆞᆫ 도령님이 경쳐 아라 무엇ᄒᆞ시

363) 완판 84장본 「열녀춘향수절가」와 「옥중화」의 이러한 내용이나 문장상의 차이는 「옥중화」의 개작자 이해조가 앞 선 84장본 「열녀춘향수절가」를 모본으로 개작한 것은 아니고, 장자백 창본 「춘향가」 등을 모본으로 결과이다.

라오 니도령 ᄒᆞᄂᆞᆫ 말이 어허 니 놈 네 모른다 시즁쳔ᄌᆞ 니ᄐᆡ빅은 ᄎᆡ셕강의 놀라 잇고 젹벽강 츄야월의 쇼ᄌᆞ쳠 노라쓰니 안니 노든 못ᄒᆞ리라 방ᄌᆡ 다시 엿ᄌᆞ오되 쉬울노 일를진ᄃᆡ ᄌᆞ문 밧 ᄂᆡ다라 칠셩암 쳥연암 셰금졍이 엇더ᄒᆞ온지 몰나와도 젼나도 오십삼관 즁의 남원나라 ᄒᆞ옵난 곳의 광ᄒᆞᆫ누라 ᄒᆞᄂᆞᆫ 곳지 놀람즉ᄒᆞ다 ᄒᆞ옵ᄂᆡ다 니도령 일른 마리 광ᄒᆞᆫ누 구경가게 힝장을 ᄎᆡ리라

도령님 칠레 볼작시면 신슈 죠흔 고은 얼골 분셰슈 졍이ᄒᆞ고 감ᄐᆡ갓튼 ᄎᆡ머리 ᄒᆡ남을 만이 발너 반달갓튼 용어레로 셜〃리 흘녀 빗겨 궁초당긔 셔광물여 ᄆᆡᆸ시잇게 잡어 ᄆᆡ고 보ᄅᆡ슈쥬 잔누비돌지 육ᄌᆞ단 졉비ᄌᆞ 밀화단초 다라 입고 분쥬바지 셰포보선 통힝젼 물르바ᄅᆡ 넌짓 고 영초단 허리ᄯᅴ 모초단 두루낭ᄌᆞ ᄃᆡ고팔ᄉᆞ 가진 ᄆᆡ답 고을 ᄂᆡ여 넌짓 ᄆᆡ고 쳥ᄉᆞ도포 몸의 맛계 지여 닙고 궁초ᄯᅴ을 흉즁의 너짓 ᄆᆡ고 ᄆᆡᆼ호연의 본을 바다 가진 안쥬 국화쥬을 왜화병의 가득 너허 나구 등의 넌즛 실코 은쥭산 부산ᄃᆡ에 별낙쥭 길게 맛쳐 삼동초 ᄭᅮᆯ물을 맛게 추겨 쳔은셜합의 가득 너허 ᄌᆞ지녹피 ᄉᆞᆫ을 다라 방ᄌᆡ놈게 ᄎᆡ운 후의 나구 등의 셥젹 올나 홍션으로 일광을 ᄯᅥᆨ 가리오고 ᄆᆡᆼ호연의 본을 바다 호호달낭 〃〃〃〃 옥작교 다리가의 광ᄒᆞᆫ누 셥젹 올나 좌우을 둘너본니 산쳔물ᄉᆡᆨ ᄉᆡ로옵다 악양누 고쇼ᄃᆡ와 오초동남슈ᄂᆞᆫ 동졍호로 흘너지고 연지셔북의 ᄑᆡᆼᄐᆡᆨ이 완연ᄒᆞ고 ᄯᅩ ᄒᆞᆫ 곳 바ᄅᆡ본니 빅〃홍〃 난만즁 ᄋᆡᆼ무 공작 나라들고 산쳔경ᄀᆡ 둘너본니 반송솔 ᄯᅥᆨ가랑닙은 츈풍의 너울〃〃 폭표유슈 셰ᄂᆡ가의 계변화는 벙긋〃〃 낙〃장송 울〃ᄒᆞ고 녹음방초승화시라 벽도화지 만발ᄒᆞᆫᄃᆡ 별루건곤 여긔로다

완판 33장본「열녀춘향수절가」: 사도자제 이도령이 연광은 이팔이요 풍ᄎᆡ는 두목지라 문장은 이ᄐᆡ빅이요 필법은 왕히지라 이 ᄯᆡ의 도련임이 방자 불너 이른 말리 이곳 경쳐 어ᄃᆡᄆᆡ냐 방자놈 엿자오ᄃᆡ 글공부 세우난 도련임이 경쳐 알어 무엇ᄒᆞ시랴오 이도령 하시난 말리 어허 이놈 네 모른다 시즁천자

이ᄐᆡᄇᆡᆨ은 ᄎᆡ셕강의 노라잇고 적벽강 추야월의 소자쳠 노라ᄡᅳ니 안이 노든 못ᄒᆞ리라 방자 다시 엿자오ᄃᆡ 서울노 일을진ᄃᆡ 자문 밧 ᄂᆡ다라 칠성암 청연암 세금정이 엇더ᄒᆞᆫ지 몰나와도 젼라도 오십삼관 즁의 남원이라 ᄒᆞ난 고을 광ᄒᆞᆫ누라 ᄒᆞᄂᆞᆫ 고지 노람직ᄒᆞ난이다 이도령이 이른 말리 광ᄒᆞᆫ누 구경가게 ᄒᆡᆼ장을 차리여라

도련임 치레 보소 신수 고흔 얼골 분세수 졍이ᄒᆞ고 감ᄐᆡ갓탄 ᄎᆡ머리 ᄒᆡ남을 만이 발나 반달갓탄 용려리로 셜〃 흘여빗겨 궁초 당긔 셕황 물여 ᄆᆡᆸ시 잇게 자ᄇᆡ ᄆᆡ고 보ᄅᆡ수주 잔누비 돌지 육사단 접비자 밀화단초 달아 입고 분주바지 세포보션 통ᄒᆡᆼ젼 무릅 아ᄅᆡ 넌짓 ᄆᆡ고 영초단 허리ᄯᅴ 모초단 도리줌치 ᄃᆡ구팔사 가진 ᄆᆡ답 고를 ᄂᆡ여 넌짓 ᄆᆡ고 청사도포 몸의 맛계 지여 입고 궁초ᄯᅴ를 흉즁의 넌짓 ᄆᆡ고 ᄇᆡᆨ호연 본을 바ᄃᆞ 가진 안주 국화주를 왜화병의 가득 너허 나구 등의 넌짓 실코 은죽산 부산ᄃᆡ 별낙죽 길게 맛쳐 삼동초 ᄡᅮᆯ물 맛게 추겨 천은 설흡의 가득 너허 자주녹피 ᄭᅳᆫ을 달아 방자놈게 ᄎᆡ운 후의 나구 등의 섭적 올나 홍션으로 일광을 ᄯᅥᆨ 가리고 ᄇᆡᆨ호연 본을 바다 호〃달낭〃〃〃〃 달낭 오작교 다리 가의 광활누 섭적 올나 좌우를 둘너보니 산쳔물ᄉᆡᆨ ᄉᆡ로옵다 악양누 고소ᄃᆡ와 오초동남수난 동정호로 흘너지고 연지셔북의 ᄑᆡᆼᄐᆡᆨ이 완연ᄒᆞ고 ᄯᅩ ᄒᆞᆫ 곳 바ᄅᆡ보니 ᄇᆡᆨ〃홍〃 난만즁의 ᄋᆡᆼ무 공작 나라든다 산쳔경ᄀᆡ 둘너보니 반송솔덕 가라 입은 츈풍의 너울〃〃 폭포유수 셰ᄂᆡ가의 게번화넌 벙긋〃〃 낙〃장송은 울〃ᄒᆞ고 녹음방초승화시라 벽도화지 만발ᄒᆞᆫ듸 별유건곤 여그로다

완판 84장본 「열녀춘향수절가」: 잇ᄯᅢ 사ᄯᅩ자제 이도령이 년광은 이팔이요 풍ᄎᆡ는 두목지라 도량은 창ᄒᆡ 갓고 지혜 활달ᄒᆞ고 문장은 이ᄇᆡᆨ이요 필법은 왕히지라 일〃은 방자 불너 말삼하되 이골 경쳐 어ᄃᆡᄆᆡ냐 시흥 춘흥 도〃하니 절승경쳐 말하여라 방자놈 엿자오되 글공부하시난 도령임이 경쳐 차져 부질업소 이도령 이른 마리 너 무식한 마리로다 자고로 문장ᄌᆡ사도 절승강산

귀경키난 풍월장문 근본이라 신션도 두로 도라 방납하니 어이 하야 부당하랴 사마장경이 남으로 강호의 썻다 ᄃᆡ강을 거살일 제 광낭셩파으 음풍이 노호하야 예로부터 가르치니 쳔지간 만물지변이 놀납고 질겁고도 고흔 거시 글안인계 업난이라 시즁천자 이ᄐᆡᆨᄇᆡᆨ은 ᄎᆡ셕강의 노라잇고 젹벽강 츄야월의 소동파 노라잇고 심양강 명월야의 ᄇᆡᆨ낙쳔 노라잇고 보은 송이 운장ᄃᆡ의 셰조ᄃᆡ왕 노셔스니 안이 노든 못ᄒᆞ리라 잇ᄯᆡ 방자 도령임 뜻슬 바다 사방 경ᄀᆡ 말삼ᄒᆞ되 셔울노 이를진ᄃᆡ 자문 밧 ᄂᆡ다라 칠셩암 쳥연암 셰금졍과 평양 영광졍 ᄃᆡ동누 모란봉 령양 낙션ᄃᆡ 보은 송이 운장ᄃᆡ 안으 슈셩ᄃᆡ 진쥬 촉셕누 밀량 영남누가 엇더ᄒᆞᆫ지 몰나와도 젼나도로 일을진ᄃᆡ ᄐᆡ인 핑양졍 무쥬 한풍누 젼쥬 한벽누 조싸오나 남원 경쳐 듯조시요 동문 밧 나가오면 장임 숩 쳔은사 조쌉고 셔문 밧 나가오면 관황묘난 쳔고영웅 엄한 위풍 어제 오날 갓삽고 남문 밧 나가오면 광한누 오작교 영주각 좃삽고 북문 밧 나가오면 쳥쳔삭출 금부룡 기벽ᄒᆞ야 웃둑 셔스니 기암둥실 교룡산셩 좃사오니 쳐분ᄃᆡ로 가사이다 도령임 일은 말삼 이ᄋᆡ 말노 듯써ᄅᆡ도 광한누 오작괴가 경ᄀᆡ로다 귀경 가자

도령임 거동보소 사ᄯᅩ젼 드러가셔 공순이 엿자오되 금일 〃기 화란ᄒᆞ오니 잠간 나가 풍월음영 시운목도 ᄉᆡᆼ각ᄒᆞ고자 시푸오니 순셩이나 ᄒᆞ여이다 사ᄯᅩ ᄃᆡ히ᄒᆞ야 히락ᄒᆞ시고 말삼ᄒᆞ시되 남쥬 풍물을 귀경ᄒᆞ고 도라오되 시제을 ᄉᆡᆼ각ᄒᆞ라 도령 ᄃᆡ답 부교ᄃᆡ로 ᄒᆞ오리다 물너나와 방자야 나구 안장 지어라

도령임 거동보소 옥안션풍 고흔 얼골 젼반갓탄 ᄎᆡ머리 곱게 비셔 밀기름의 잠ᄌᆡ와 궁초 당기 셕황 물여 ᄆᆡᆸ시 잇계 잡바 쌋코 셩쳔 슈쥬 졉동ᄇᆡ 셰ᄇᆡᆨ져 상침바지 극상셰목 졉보션의 남갑사 단임 치고 육사단 졉ᄇᆡ자 밀화단초 다라 입고 통힝건을 무릅 아ᄅᆡ 는짓 ᄆᆡ고 영초단 허리ᄯᅴ 모초단 도리낭을 당팔사 가진 ᄆᆡ답 고를 ᄂᆡ여 는짓 ᄆᆡ고 쌍문초 진동청 즁츄막의 도포 밧쳐 흑사ᄯᅴ를 흉즁의 눌너ᄆᆡ고 육분당혜 ᄭᅳ으면셔 나구를 붓드러라 등자 딧고 션듯 올나 뒤를 싸고 나오실 제 통인 한나 뒤을 ᄯᅡ라 삼문 밧 나올 젹그 쇄금부

> 칙 호당션으로 일광을 가리우고 관도셩남 너룬 길의 싱기 잇게 나갈 졔 취릭 양유ᄒᆞ던 두목지의 풍칠넌가 시〃요부하던 주관의 고음이라 상가자믹춘셩 닉요 만셩겐자슈불ᄋᆡ라 광한누 셥젹 올나 사면을 살펴보니 경기가 장니 조타 젹셩 아침 날의 느진 안기 씌여잇고 녹슈의 져문 봄은 화류동풍 둘너잇다 자각달노분조회요 벽방금젼싱영농은 임고ᄃᆡ를 일너잇고 요헌기구하쳐외는 광한누을 일의미라 악양누 고소ᄃᆡ와 오초동남슈는 동정호로 흘너지고 연지 셔북의 핑틱이 완연한ᄃᆡ 쏘 한곳 ᄇᆞ릭보니 빅〃홍〃 난만즁의 잉무 공작 나라들고 산쳔경기 둘너보니 예구분 반송솔 썩갈입은 아쥬춘풍 못이기어 흔늘ㄷㄷ 폭포유슈 셰닉가의 계변화는 썡긋ㄷㄷ 낙 ㄷ장송 울 ㄷᄒᆞ고 녹음방초승화시라 계슈 자단 모란 벽도의 취한 산식 장강 요쳔의 풍등슬 잠계 잇고

위의 본문을 통해 완판 30장본「별춘향전」에서 완판 33장본「열녀춘향수절가」로의 변이를 비교해 보면, 완판 30장본「별춘향전」의 '사또 ᄌᆞ제 니도령이 연광은 니팔리요 풍채난 두목지라 문장은 니빅이요 필법은 왕의지라'는 완판 33장본「열녀춘향수절가」에서도 '사도 자제 이도령이 연광은 이팔이요 풍치는 두목지라 문장은 이틱빅이요 필법은 왕히지라'로 그대로 수용된다. 그러나 완판 30장본「별춘향전」의 '닛씌은 언의 씌야 씌마진 삼춘이라 안니 놀고 어니 혀리 일〃른 불승춘흥ᄒᆞ야 방ᄌᆞ 불너 일른 마리'이 완판 33장본「열녀춘향수절가」에서는 '이씌의 도련임이 방자 불너 이른 말리'로 오히려 축약된다. 그리고 이 이후의 내용에서는 30장본「별춘향전」의 '남원나라 ᄒᆞ옵난 곳의'이 완판 33장본「열녀춘향수절가」에서는 '남원이라 ᄒᆞ난 고을'로 변이되는 정도를 제외하고는 그대로 수용되고 있다.

또, 완판 33장본「열녀춘향수절가」에서 완판 84장본「열녀춘향수절가」로의 변이에서는 완판 33장본「열녀춘향수절가」의 '문장은 이틱빅이요'가 84장본「열녀춘향수절가」에서는 '도량은 창히 갓고 지혜 활달ᄒᆞ고 문장은 이빅이요'로 확장되고, '이곳 경쳐 어ᄃᆡ미냐'는 '이골 경쳐 어ᄃᆡ미냐 시흥 춘흥 도〃하

니 절승경쳐 말하여라'로 확장되고, 완판 33장본 「열녀춘향수절가」의 '이도령 하시난 말리 어허 이놈 네 모른다 시즁천자 이틱빅은 취셕강의 노라잇고 적벽강 추야월의 소자쳠 노라쓰니 안이 노든 못ᄒᆞ리라'는 완판 84장본 「열녀춘향수절가」에서 '이도령 이른 마리 너 무식한 마리로다 자고로 문장직사도 절승강산 귀경키난 풍월장문 근본이라 신션도 두로 도라 방납하니 어이 하야 부당하랴 사마장경이 남으로 강호의 쎳다 딕강을 거살일 졔 광낭셩파으 음풍이 노호하야 예로부터 가르치니 쳔지간 만물지변이 놀납고 질겁고도 고흔 거시 글 안인계 업난이라 시즁쳔자 이틱빅은 취셕강의 노라잇고 젹벽강 츄야월의 소동파 노라잇고 심양강 명월야의 빅낙쳔 노라잇고 보은 송이 운장딕의 셰조딕왕 노셔스니 안이 노든 못ᄒᆞ리라'로 확장된다..

완판 33장본 「열녀춘향수절가」의 '서울노 일을진딕 자문 밧 닉다라 칠성암 청연암 세금정이 엇더ᄒᆞᆫ지 몰나와도 젼라도 오십삼관 즁의 남원이라 ᄒᆞ난 고을 광ᄒᆞᆫ누라 ᄒᆞᄂᆞᆫ 고지 노람직ᄒᆞ난이다'는 완판 84장본 「열녀춘향수절가」에서 '셔울노 이를진딕 자문 밧 닉다라 칠셩암 청연암 셰금졍과 평양 영광졍 딕동누 모란봉 령양 낙션딕 보은 송이 운장딕 안으 슈셩딕 진쥬 촉셕누 밀량 영남누가 엇더ᄒᆞᆫ지 몰나와도 젼나도로 일을진딕 틱인 핑양졍 무쥬 한풍누 젼쥬 한벽누 조싸오나 남원 경쳐 듯조시요 동문 밧 나가오면 장임 숩 쳔은사 조쌉고 셔문 밧 나가오면 관황묘난 쳔고영웅 엄한 위풍 어졔 오날 갓삽고 남문 밧 나가오면 광한누 오작교 영주각 좃삽고 북문 밧 나가오면 청쳔삭출 금부룡 기벽ᄒᆞ야 웃둑 셔스니 기암둥실 교룡산셩 좃사오니 쳐분딕로 가사이다'로 변이 된다, 특히, 완판 33장본 「열녀춘향수절가」에서는 '도령임 일은 말삼 이이 말노 듯써리도 광한누 오작괴가 경기로다 귀경 가자'로 진행되지만, 완판 84장본 「열녀춘향수절가」에서는 '도령임 거동보소 사또젼 드러가셔 공순이 엿자오되 금일〃기 화란ᄒᆞ오니 잠간 나가 풍월음영 시운목도 싱각ᄒᆞ고자 시푸오니 순셩이나 ᄒᆞ여이다 사또 딕히ᄒᆞ야 히락ᄒᆞ시고 말삼ᄒᆞ시되 남쥬 풍물을 귀경ᄒᆞ고 도라오되 시졔을 싱각ᄒᆞ라 도령 딕답 부교딕로 ᄒᆞ

오리다 물너나와 방자야 나구 안장 지어라'로 진행되어 도령이 부친의 승낙을 받고 광한루로 가는 것으로 도령의 예의 바름을 드러내는 쪽으로 심화 확장되고 있다.

이 대목에서는 완판 84장본 「열녀춘향수절가」의 '사또 자제 이도령'에 비하여 「옥중화」는 '삿도ᄌ졔 도령님이 계시되 일홈은 몽룡이오'라 하여 이도령의 이름이 몽룡으로 구체화 된다. 도령의 태도에 대해서는 완판 84장본 「열녀춘향수절가」에서는 '년광은 이팔이요 풍치는 두목지라 도량은 창희 갓고 지혜 활달ᄒ고 문장은 이빅이요 필법은 왕히지라'라 하였으나, 「옥중화」에서는 '년광은 십뉵셰라 풍채ᄂ 두목지오 얼골은 관옥이라 위인이 조달ᄒ야 시률풍류와 ᄋ주탐화 ᄒ야 밤이면 동령명월을 완샹ᄒ고 낫이면 화류풍국에 놀기를 됴화ᄒ니 가위 호협ᄒ 긔남ᄌ라'로 풍류객임을 강조하는 쪽으로 확장 수용하고 있다.

또, 남원의 승지를 묻는 대목에서 완판 84본 「열녀춘향수절가」에서는 '자고로 문장직사도 절승강산 귀경키난 풍월장문 근본이라 신션도 두로 도라 방납하니 어이 하야 부당하랴 사마장경이 남으로 강호의 썻다 딕강을 거살일 졔 광낭셩파의 음풍이 노호하야 예로부터 가르치니 천지간 만물지변이 놀납고 질겁고도 고흔 거시 글 안인계 업난이라 시즁천자 이틱빅은 치셕강의 노라잇고 젹벽강 츄야월의 소동파 노라잇고 심양강 명월야의 빅낙천 노라잇고 보은 송이 운장딕의 셰조딕왕 노셔스니 안이 노든 못ᄒ리라'하였으나, 「옥중화」에서는 '도령님 ᄒ시ᄂ 말솜 텬하 뎨일 승디 도쳐마다 글구로다 내 이를쎄 드러보라 긔ᄉ영수 별건곤에 소부 허유 노라잇고 젹벽강츄야월에 소자쳠이 노라 잇고 황학루 고소딕 등왕각 봉황딕에 문쟝명필 ᄌ최로다 닉 쏘ᄒ 호협ᄉ라 동원도리 편시츈을 내 어이 허송ᄒ랴 잔말 말고 아뢰여라'로 허송 세월을 할 수 없다고 것으로 확장 수용하고 있다.

또, 완판 84장본 「열녀춘향수절가」에서는 도령이 부친인 이부사의 승낙을 얻고 광한루 구경을 나간다. 완판 84장본 「열녀춘향수절가」에서는 도령이 광한루에서 풍월을 읊지만 「옥중화」에서는 풍광을 살펴본 다음에 방자 및 후배사령과 술을 마시는 것으로 서술된다. 특히, 도령은 '파탈ᄒᆞ고 놀ᄯᆡᄂᆞᆫ 상하를 넘오 ᄎᆞ리면 정도 업고 록록ᄒᆞ고 ᄯᆡ가 뭇어 못쓰ᄂᆞ니라 향당에 막여치로 년치ᄎᆞ려 슐을 먹엇스니 담ᄇᆡ들도 먹어라'하여, 술만이 아니라 담배까지 권하는 인정을 보인다.

도령의 춘향 발견 대목의 비교로 본 성숙의 과정을 살펴보면, 만남 대목 중에서, 완판 30장본 「별춘향전」, 완판 33장본 「열녀춘향수절가」, 완판 84장본 「열녀춘향수절가」의 본문을 제시하면 다음과 같다.

> 완판 30장본 「별춘향전」: ᄒᆞᆫ 곳슬 바ᄅᆡ본니 엇ᄯᅥ헌 일미힌니 봄ᄉᆡ 우름 ᄒᆞᆫ 가지로 온갓 츈졍 못 다 니겨 두견화 즉ᄭᅳᆫ 썩거 머리여도 ᄭᅩᄌᆞ 보며 함박곳도 즉ᄭᅳᆫ 썩거 입의 함숙 무려 보고 옥슈나삼 반만 것고 청산유슈 흐르ᄂᆞᆫ 물의 손도 싯고 발도 싯고 물도 먹음어 양슈ᄒᆞ고 죠약돌도 뎝셕 쥐여 버들가지 ᄭᅬᄭᅩ리도 희롱ᄒᆞ고 버들입도 쥬류〃 훌 ᄯᅥ나여 물의도 훨〃 흘녀 보고 ᄇᆡᆨ셜갓튼 흰나부ᄂᆞᆫ 쏫〃마닥 희롱ᄒᆞ고 황금갓튼 ᄭᅬᄭᅩ리ᄂᆞᆫ 숩〃이 나라드러 온갓 쇼ᄅᆡ 다 ᄒᆞᆯ 젹의 츈향니 거동 보쇼 츈흥을 못 니긔여 츄천을 ᄒᆞ야 ᄒᆞ고 편슉마 츄천쥴 슈양버들 상〃지여 친〃 얼거 감어 ᄆᆡ고 셰유갓튼 고은 몸을 단졍이 논일 젹긔 청운갓튼 고흔 멀이 반달갓튼 용얼레로 어셜〃 흘녀 비셔 젼반갓치 넌짓 다아 뒤단장 민쥭졀과 압치례 볼작시면 밀화장도 옥장도 광원ᄉᆞ 겹져고리 ᄇᆡᆨ방ᄉᆞ쥬지속것싀 슈화유문 쵸록장옥 남방ᄉᆞ쥬 홋단쵸ᄆᆡ 훨〃 버셔 거려두고 자지비단 슈당혜을 셕셕 버셔 ᄯᅥᆯ쳐두고 황건 ᄇᆡᆨ건 지우ᄌᆞ을 뒤단장 썩 부고 셤〃옥슈 늬지 들어 츄천쥴을 갈너 잡고 ᄇᆡᆨ능보신 두 발길노 셥젹 올나 발 구를 졔 ᄒᆞᆫ 변 굴너 힘을 쥬어 두 변 굴너 통〃 ᄎᆞ니 반공의 훨젹 쇼ᄉᆞ 가지〃〃 벼들닙흘 쇼리쳐 툭〃 ᄎᆞ니 슝이〃〃 피ᄂᆞᆫ 곳치 반공즁의 쑥 더러져 흔날닐 져 뒤여 ᄶᅵᆯ은 금봉치며 압프 ᄶᅵᆯ은 옥빈히ᄂᆞᆫ 시ᄂᆡ가 반셕상의 ᄯᅥ러지ᄂᆞᆫ 쇼ᄅᆡ 징〃ᄒᆞ고 가지가지 노넌 ᄉᆡᄂᆞᆫ 평님으로 날아들고 비거

비ᄂᆡ ᄒᆞ는 냥은 지황연이 난봉 타고 옥경으로 향ᄒᆞ든 듯 무ᄉᆞᆫ션녀 구름 타고 양ᄃᆡᄉᆞᆼ의 나리는 듯 그 ᄐᆡ도 그 형용은 세ᄉᆞᆼ 인믈 안이로다 이도령 정신니 어즐ᄒᆞ며 안경니 희미ᄒᆞ야 방지 불너 이른 말이 져 건네 화유간의 알은〃〃 ᄒᆞ는 거이 무엇신지 알것는야 방ᄌᆞ놈 엿ᄌᆞ오ᄃᆡ 과연 분명 모로노이다

이도령 일은 말리 금이야 옥이야 방ᄌᆞ 엿ᄌᆞ오ᄃᆡ 금ᄉᆡᆼ여슈 안니녀든 금이 어이 논다 ᄒᆞ며 옥츌곤강 안이여든 옥이 어이 잇ᄌᆞ릿가 네 말리 글헐진ᄃᆡ 신션이야 귀신인다 방ᄌᆞ 엿ᄌᆞ오ᄃᆡ 영쥬 봉ᄂᆡ 안이여든 신션 오기 만무ᄒᆞ고 션음우습 안이여든 귀신 잇기 고이ᄒᆞ여이다 네 말이 그러ᄒᆞᆯ진ᄃᆡ 네 정녕 무어인다 방ᄌᆞ 다시 엿ᄌᆞ오ᄃᆡ 이 고을 기ᄉᆡᆼ 월ᄆᆡ ᄯᆞᆯ 춘향이란 계집아희 나지면 츄천ᄒᆞ고 밤이면 풍월공부ᄒᆞ와 돌ᄒᆞ기로 일읍의 낭ᄌᆞᄒᆞ어이다

완판 33장본「열녀춘향수절가」: ᄒᆞᆫ곳슬 바라보니 엇더ᄒᆞᆫ 일미인이 봄ᄉᆡ 우름 ᄒᆞᆫ가지로 왼갖 츈정 못다 이기여 두견화도 질근 썩거 머리여도 ᄭᅩ자보며 함박솟도 질근 썩거 이부 흠속 물여보고 옥수 나삼 반만 것고 청산유수 흐르난 물의 손도 싯고 발도 싯고 물도 머금어 양수ᄒᆞ고 조약돌 덥석 주여 버들가지 ᄭᅬᄭᅩ리도 희롱ᄒᆞ고 버들입도 주루룩 훌터ᄂᆡ여 물의도 훨〃 흘여보고 ᄇᆡᆨ설갓튼 힌 나부난 곳〃마닥 춤을 츄고 황금갓탄 ᄭᅬᄭᅩ리난 숩〃이 나라들어 왼갓 소ᄅᆡ 다 ᄒᆞᆯ 적의 춘ᄒᆡᆼ이 거동보소 츈흥을 못 이기여 추천을 하랴 ᄒᆞ고 면슉마 추천줄을 수양버들 상〃지의 친〃 얼거 가마ᄆᆡ고 셰류갓탄 고은 몸을 단졍이 놀일 적의 청운갓탄 고은 머리 반달갓탄 용어리로 어리 설〃 흘여 빗겨 젼반 갓치 넌짓 ᄡᅡ아 뒤단장 은죽절과 압치레 볼작시면 밀화장도 옥장도며 광원사 접저고리 ᄇᆡᆨ방사주 진속것 셔수 화뉴문 초록장옷 남방사주 홋단초ᄆᆡ 휠〃 버셔 거러두고 자주 비단 수당혀를 셕〃 버셔 던져두고 황건 ᄇᆡᆨ건지우자를 뒤 단장의 썩 부치고 섬〃옥수 넌짓 들어 추천줄을 갈너 잡고 ᄇᆡᆨ능보션 두 발질노 섭적 올나 발 구를 제 ᄒᆞᆫ 번 굴너 심을 주며 두 번 굴너 통〃 ᄎᆞ니 반공의 훨적 소사 가지가지 노든 ᄉᆡ는 평임으로 날아들고 비거비ᄅᆡᄒᆞ

난 양은 지황건이 난봉 타고 옥경으로 ᄒᆡᆼᄒᆞ난 듯 무산션녀 구름 타고 양ᄃᆡ상의 나리난 듯 그 ᄐᆡ도 그 형용은 세상 인물 안이로다

이도령이 정신이 어질ᄒᆞ며 안경이 희미ᄒᆞ야 방자 불너 이른 말리 져 건네 화류간의 알는〃〃 ᄒᆞ난 게 무어신지 알건난야 방자놈 엿자오ᄃᆡ 과연 분명 몰로난이다 이도령 이른 말리 금인야 옥인야 방자 엿자오ᄃᆡ 금ᄉᆡᆼ여수 안이여든 금이 엇지 논다 ᄒᆞ며 옥출곤강 안이여든 옥이 어이 잇스릿가 네 그리ᄒᆞᆯ진ᄃᆡᆫ 신션이며 귀신인다 방자 엿자오ᄃᆡ 영주 봉ᄂᆡ 안이여든 신션 오기 만무ᄒᆞ고 천읍우습 안이여든 귀신 잇기 괴이ᄒᆞ여이다 네 말리 그러ᄒᆞᆯ진ᄃᆡ 네 정영 무엇인다 방자 다시 엿자오ᄃᆡ 이 고을 기ᄉᆡᆼ 월ᄆᆡ ᄯᆞᆯ 츈ᄒᆡᆼ이란 기ᄉᆡᆼ아히 나지면 추쳔ᄒᆞ고 밤이면 풍월 공부ᄒᆞ와 돌ᄒᆞ긔로 일읍의 낭자ᄒᆞ여이다

완판 84장본 「열녀춘향수절가」: ᄯᅩ 한곳 바라보니 엇덧한 일미인이 봄ᄉᆡ우름 한ᄀᆞ지로 온갓 춘졍 못이기여 두견화 질ᄭᅳᆫ 썩거 머리여도 ᄭᅩᆺ자보며 함박ᄭᅩᆺ도 질근 썩거 입으 함숙 물러보고 옥슈 나삼 반만 것고 청산유슈 말근 물의 손도 싯고 발도 싯고 물 머금어 양슈ᄒᆞ며 조약돌 덥셕 쥐여 버들가지 ᄭᅬᄭᅩ리을 히롱하니 타기황ᄋᆡᆼ 이 안인야 버들입도 주루룩 훌터 물의 휠ㄷ 씌여보고 ᄇᆡᆨ셜갓튼 흰나부 웅봉 ᄌᆞ졉은 화수 물고 너울ㄷㄷ 춤을 춘다 황금 갓튼 ᄭᅬᄭᅬ리는 숩ㄷ이 나라든다 광한 진경 조컨이와 오작교가 더욱 좃타 방가위지 호남으 졔일셩이로다 오작교 분명ᄒᆞ면 견우직녀 어ᄃᆡ잇ᄂᆞ 일언 승지의 풍월이 업실소냐 도련임이 글 두 귀를 지여스되 고명오작션이요 광한옥계누라 차문쳔상수직여요 지흥금일아거누라 잇ᄯᆡ ᄂᆡ아으셔 잡술상이 ᄂᆞ오거늘 일ᄇᆡ주 먹은 후의 통인 방자 물여주고 취흥이 도〃하야 담부 푸여 입으다 물고 일이져리 거닐 졔 경쳐의 흥을 계워 츙청도 고마 수명 보련암을 일너슨들 이곳 경쳐 당할손야 불글 단 푸릴 청 힌 ᄇᆡᆨ 불글 홍 고몰〃〃리 단청 유막황ᄋᆡᆼ 환우셩은 ᄂᆡ의 춘흥 도와ᄂᆡᆫ다 황봉 ᄇᆡᆨ졉 왕나부는 ᄒᆡᆼ기 찻난 거동이라 비거비ᄅᆡ 춘셩ᄂᆡ요 영쥬 방장 봉ᄂᆡ산이 안하의 갓차오니 물은 본이 은하수요

경기는 잠깐 옥경이라 옥경이 분명하면 월중 항아 업슬손야 잇씨은 삼월이라 일너스되 오월 단오일리엿다 쳔즁지가졀이라

잇씨 월믹 짤 춘향이도 또한 시셔음율이 능통하니 쳔즁졀을 몰을소냐 추쳔을 ᄒᆞ랴 ᄒᆞ고 상단이 압세우고 나려올 졔 난초 갓치 고흔 머리 두 귀를 눌너 곱게 짜아 금봉치를 정제ᄒᆞ고 나운을 둘운 허리 미양의 간는 버들 심이 업시 듸운듯 아름답고 〃은 틱도 아장거려 흔늘거려 가만가만 나올져그 장임 속으로 드러가니 녹음방초 우기져 금잔듸 좌르륵 짤인 고딕 황금 갓튼 씌꼬리는 쌍거쌍닉 나라들 제 무셩한 버들 빅쳑장고 놉픠 믹고 추천을 하려할 제 슈화유문 초록 장옷 남방사 홋단 초믹 훨〃 버셔 거려두고 자쥬 영초 슈당혀을 셕〃 버셔 던져두고 빅방사 진솔 속것 틱미틱 훨신 추고 연숙마 츄쳔줄을 셤〃옥수 넌짓드러 양슈의 갈나 잡고 빅능 보션 두 발길노 셥젹 올나 발 구를 제 셰류 갓튼 고흔 몸을 단졍이 논이난듸 뒤 단장 옥비닉 은죽졀과 압치레 볼작시면 밀화장도 옥장도며 광원사 졉져고리 제 식 고름의 틱가 난다 상단아 미러라 한번 굴너 심을 쥬며 두번 굴너 심을 쥬니 발미틱 가는 씌걸 바람 좃차 펄〃 압뒤 졈〃 머러가니 머리 우의 나무입은 몸을 짜라 흔를〃〃 오고 갈 졔 살폐보니 녹음 속의 홍상자락이 바람결의 닉빗치니 구만장쳔 빅운간의 번기불리 쐬이난 듯 쳔지지젼호현후라 압푸 얼는 하는 양은 가부야운 져졔비가 도화 일졈 써러질 졔 차려 ᄒᆞ고 쏫치난듯 뒤로 번듯 ᄒᆞ는 양은 광풍의 놀닌 호졉 짝을 일코 가다가 돌치난듯 무산션여 구름 타고 양딕상의 나리난듯 나무입도 무러보고 꼿도 질쓴 썩거 머리에다 실근〃〃 이익 상단야 근듸 바람이 독ᄒᆞ기로 정신이 어질ᄒᆞᆫ다 근듸줄 붓들러라 붓들랴고 무수이 진퇴ᄒᆞ며

한창 이리 논일 젹의 셰닉짜 반셕상의 옥비닉 써러져 징〃ᄒᆞ고 비닉〃〃ᄒᆞ난 소릭 산호치을 드러 옥반을 씨치난듯 그 틱도 그 형용은 셰상 인물 안이로다 연자삼춘 비거틱라 이도령 마음이 울젹ᄒᆞ고 정신 어질하야 별 싱각이 다 나것다 혼ᄌᆞ말노 셤어하되 오호으 편쥬 타고 범소빅을 좃ᄎᆞ스니 셔시

도 올 이 업고 ᄒᆡ셩 월야의 옥창비가로 초ᄑᆡ왕을 이별하던 우미인도 올 이 업고 ᄂᆞᆫ봉궐 하직하고 ᄇᆡᆨ용퇴 간 연후의 독이청총 하여쓴이 왕소군도 올 이 업고 장신궁 지피 닷고 ᄇᆡᆨ두름을 〃퍼슨이 반쳡여도 올 이 업고 소양궁 아침 날으 지치하고 도라온이 조비련도 올 이 업고 낙포션연가 무산션년가 도련임 혼비즁천ᄒᆞ야 일신이 고단이라 진실노 미혼지인이로다 통인아 예 져 건네 화류즁의 오락가락 힛뜩〃〃 얼는〃〃 ᄒᆞ는 겨 무어신지 자셔이 보와라 통인니 살피보고 엿자오되 다른 무엇 안이오라 이 골 기ᄉᆡᆼ 월ᄆᆡ ᄯᆞᆯ 춘향이란 게집아히로소이다

이와 같은 행문 차원에서의 몇몇 대목에서의 비교에서 보면, 완판 84장본「열녀춘향수절가」에서는 도령이 춘향을 발견하는 서술이 '엇덧한 일미인이 봄ᄉᆡ 우름 한ᄀᆞ지로 온갓 춘정 못이기여 두견화 질ᄭᅳᆫ 썩거 머리여도 ᄭᅩ자보며 함박ᄭᅩᆺ도 질근 썩거 입으 함숙 물러보고 옥슈 나삼 반만 것고 청산유슈 말근 물의 손도 싯고 발도 싯고 물 머금어 양슈ᄒᆞ며 조약돌 덥셕 쥐여 버들가지 ᄭᅬᄭᅩ리을 히롱하니 타기황ᄋᆡᆼ 이 안인야 버들입도 주루룩 훌터 물의 훨ㄷ 씌여보고 ᄇᆡᆨ셜갓튼 힌나부 웅봉 ᄌᆞ졉은 화수 물고 너울ㄷㄷ 춤을 춘다 황금 갓튼 ᄭᅬᄭᅬ리는 숩ㄷ이 나라든다 광한 진경 조컨이와 오작교가 더욱 좃타 방가위지 호남으 제일셩이로다"처럼, 긴 묘사로 진행되고,「옥중화에서는 "남방을 바라보니 주렴취각은 벽공에 어리여 수호문창 뎡실쇼사 압흐로 영주 뒤으로 무릉도원 흰ᄇᆡᆨ자 붉은 홍ᄌᆞ 숑이〃〃이 ᄭᅩᆺ이 퓌고 붉을 단 푸를 청 고물고물 단청이라 류막에 ᄋᆡᆼ제셩은 나의 취흥 도도ᄂᆞᆫ듯 화지ᄇᆡᆨ졉 쌍쌍비 향긔찻ᄂᆞᆫ이라 ᄇᆡᆨᄇᆡᆨ홍홍 란만중에 션녀미ᄉᆡᆨ이 노ᄂᆞᆫ구나"와 같이 상이한 묘사로 진행된다.

또, 만남 대목 중에서 도령과 방자 수작 대목의 성숙화 과정을 비교해보기 위하여, 완판 30장본「별춘향전」, 완판 33장본「열녀춘향수절가」, 완판 84장본「열녀춘향수절가」의 본문을 제시하면 다음과 같다.

완판 30장본 「춘향전」: 이도령 ᄃᆡ희ᄒᆞ야 분부ᄒᆞ야 일은 말리 그러ᄒᆞᆯ 시 분명ᄒᆞ면 잔말 〃고 불너오라 방ᄌᆞ놈 분부 뫼와 춘향 쵸릐ᄒᆞ러 갈 제 논틀이며 밧틀이며 두쪽을 놉피 지고 겅츙거려 건네가셔

완판 33장본 「열녀춘향수절가」: 이도령 ᄃᆡ히ᄒᆞ고 일은 말리 글어ᄒᆞᆯ 시 분명ᄒᆞ면 잔말 〃고 불너 오라 방자놈 거동보소 도련임 분부 뫼와 츈힝 초릐ᄒᆞ러 갈 제 논틀이며 밧틀이며 뒤쪽을 놉피 씨고 겅층 거러 건네 가셔

완판 84장본 「열녀춘향수절가」: 도련임이 엉겁졀의 한는 말이 장이 좃타 흘융하다 퇴인이 알외되 졔 어미는 기싱이오나 춘향이는 도〃하야 기싱구실마다 하고 빅화초엽의 글ᄌᆞ도 싱각하고 여공지질이며 문장을 겸젼하야 여렴쳐자와 다름이 업는이다 도령 허〃 웃고 방자을 불너 분부하되 들은즉 기싱의 ᄯᆞᆯ이란이 급피 가 불너올라 방ᄌᆞ놈 엿자오되 셜부화용이 남방의 유명키로 방쳠ᄉᆞ 병부ᄉᆞ 군슈 현감 관장임네 엄지발가락이 두 뼘 가옷식 되난 양반 외입징이덜도 무슈이 보러 하되 장강의 ᄉᆡᆨ과 임ᄉᆞ의 덕힝이며 이두의 문필이며 틱ᄉᆞ의 화순심과 이비의 경절를 품어스니 금천하지졀ᄉᆡᆨ이요 만고여즁군자오니 황공하온 말삼으로 초릐하기 어렵ᄂᆡ다

도령 ᄃᆡ소하고 방지야 네가 물각유주를 몰르난또다 형산빅옥과 여슈황금이 님지 각〃 잇난이라 잔말 〃고 불너오라 방자 분부 듯고 춘향 초릐 건네 갈 제 밉시 잇난 방지 열셕 셔황모 요지연의 편지 젼턴 졍조 갓치 이리져리 건네가셔

위의 본문을 통해 변이를 비교해 보면, 완판 30장본 「별춘향전」은 '이도령 ᄃᆡ희ᄒᆞ야 분부ᄒᆞ야 일은 말리'가 완판 33장본 「열녀춘향수절가」에서는 '이도령 ᄃᆡ히ᄒᆞ고 일은 말리'로 축약되어 수용된다. 그러나 완판 30장본 「별춘향전」의 '방ᄌᆞ놈 분부 뫼와'는 완판 33장본 「열녀춘향수절가」에서는 '방자놈 거

동보소 도련임 분부 뫼와'로 확장되어 수용된다.

완판 33장본 「열녀춘양수절가」에서 완판 84장본 「열녀춘양수절가」로의 성숙에서는 완판 33장본 「열녀춘향수절가」의 '이도령 ᄃᆡ히ᄒᆞ고 일은 말리 글어홀시 분명ᄒᆞ면 잔말 〃고 불너 오라'가 완판 84장본 「열녀춘향수절가」에서는 '도련임이 엉겁결의 한는 말이 장이 좃타 흘융하다'한 다음에 이어서 통인이 '졔 어미는 기ᄉᆡᆼ이오나 춘향이는 도〃하야 기ᄉᆡᆼ구실 마다 하고 ᄇᆡᆨ화초엽의 글ᄌᆞ도 ᄉᆡᆼ각하고 여공ᄌᆡ질이며 문장을 겸젼하야 여렴쳐자와 다름이 업ᄂᆞᆫ이다'로 이어지고, 다시 도령이 웃고난 다음 방자를 불러서 '기ᄉᆡᆼ의 ᄯᆞᆯ이란이 급피 가 불너올라 방ᄌᆞ놈 엿자오되 셜부화용이 남방의 유명키로 방쳠ᄉᆞ 병부ᄉᆞ 군슈 현감 관장임네 엄지발가락이 두 뼘 가옷식 되난 양반 외입징이덜도 무슈이 보러 하되 장강의 ᄉᆡᆨ과 임ᄉᆞ의 덕ᄒᆡᆼ이며 이두의 문필이며 ᄐᆡᄉᆞ의 화순심과 이비의 졍졀를 품어스니 금쳔하지졀ᄉᆡᆨ이요 만고여즁군자오니 황공하온 말삼으로 초ᄅᆡ하기 어렵ᄂᆡ다 도령 ᄃᆡ소하고 방ᄌᆡ야 네가 물각유주를 몰르난또다 형산ᄇᆡᆨ옥과 여슈황금이 님ᄌᆡ 각〃 잇난이라 잔말 〃고 불너 오라'고 하는 것으로 대폭 확장 수용된다.

또 완판 33장본 「열녀춘향수절가」의 '방자놈 거동보소 도련임 분부 뫼와 춘ᄒᆡᆼ 초ᄅᆡᄒᆞ러 갈 제 논틀이며 밧틀이며 뒤쪽을 놉피 씨고 정층 거러 건네 가셔'는 완판 84장본 「열녀춘향수절가」에 ' 방자 분부 듯고 춘향 초ᄅᆡ 건네갈 졔 ᄆᆡᆸ시 잇난 방ᄌᆡ 열셕 셔황모 요지연의 편지 젼턴 정조 갓치 이리져리 건네가셔'로 일부 대체 확장 수용된다.

또 완판 84장본 「열녀춘향수절가」에서는 도령이 웃으며 방자에게 기생의 딸이라니 급피 불러오라는 명에 방자가 '셜부화용이 남방의 유명키로 방쳠ᄉᆞ 병부ᄉᆞ 군슈 현감 관장임네 엄지발가락이 두 뼘 가옷식 되난 양반 외입징이덜도 무슈이 보러하되 장강의 ᄉᆡᆨ과 임ᄉᆞ의 덕ᄒᆡᆼ이며 이두의 문필이며 ᄐᆡᄉᆞ의 화순심과 이비의 졍졀를 품어스니 금쳔하지졀ᄉᆡᆨ이요 만고여즁군자오니 황공하온 말삼으로 초ᄅᆡ하기 어렵ᄂᆡ다'라 하지만, 「옥중화」에서는 '이

이 뎡녕 츈향이냐 젼불날지를 견요만쳔이로ᄃᆡ 져반가희랑은 한증견이라아 안화료란구난언이라 혼령의 비거반면이로다 눈에 수은을 넌듯이 뵈이는구나 잔말 말고 어셔 오란다고 즉시 불러오너라”로 대체 수용되고 있다.

또 완판 84장본「열녀춘향수절가」의 ‘방ᄌᆞ야 네가 물각유주를 몰르난또다 형산빅옥과 여슈황금이 님ᄌᆡ 각〃 잇난이라 잔말 〃고 불너오라’고 한 것은「옥중화」에서는 방자가 “츈향의 셜부화용 남방에 유명ᄒᆞ야 감ᄉᆞ 병ᄉᆞ 목부ᄉᆞ 군수 현감 관장들이 무슈히 보랴ᄒᆞ되 록쥬의 ᄉᆡᆨ과 셜도의 문장과 목란의 레절을 흉즁에 품엇스니 만고녀즁 군ᄌᆞ옵고 어미는 기ᄉᆡᆼ이나 근본이 잇는 고로 임의로 호ᄅᆡ치 못ᄒᆞᄂᆞ니다’로 거절하지만, 도령이 ‘네 말이 무식ᄒᆞ다 형산빅옥과 려수황금이 물각유쥬라 임자가 각각 잇ᄂᆞ니라” 하며 불러오라고 하는 것으로 확장 수용되고 있다.

완판 84장본「열녀춘향수절가」는 방자가 춘향에게 건너가는 모습을 ‘밉시 잇난 방ᄌᆡ 열셕 셔황모 요지연의 편지 젼턴 졍조 갓치 이리져리 건네가셔’로 서술하였다.

만남 대목 중에서 방자와 춘향 수작 대목의 성숙화 과정을 비교해보기 위하여, 완판 30장본「별춘향전」, 완판 33장본「열녀춘향춘향가」, 완판 84본「열녀춘향수절가」의 해당 본문을 제시하면 다음과 같다.

> 완판 30장본「별춘향전」: 츈향 초ᄅᆡᄒᆞ는 말리 ᄎᆡᆨ방 도령 분부 ᄂᆡ에 너를 급피 불납신다 츈향이 깜작 놀ᄂᆡ 일은 말이 너더려 츈향인니 온향인니 고향인니 잘양인니 너다려 종지리ᄉᆡ 열시 싸듯 다 외와 밧치라던야 방ᄌᆞ 일은 말리 츄천을 ᄒᆞ량이면 네 집 후원의셔 ᄒᆞᆯ 거시제 탄〃ᄃᆡ로 나아와셔 에구분 늘근 버들 장〃ᄎᆡᆨ승 근의쥴을 양슈의 갈너 쥐고 빅능버신 두 발길노 빅운간의 논닐 져긔 물명쥬 쇽것갈ᄅᆡ도 남풍의 펄넝〃〃 박쇽갓튼 네 술거리 빅운간의 힛득〃〃ᄒᆞ이 도령님이 네 ᄐᆡ도 잠간 보고 졍신이 혼미ᄒᆞ야 너를 급피 불너시니 네 어이 거역ᄒᆞ리

춘향이 거동이야 츄천ᄒᆞ던 그 ᄐᆡ도로 한번 거러 쥬져ᄒᆞ고 두 번 거러 ᄉᆡ양ᄒᆞ니 방ᄌᆞ놈 일은 말리 네 교ᄐᆡ 한 번의 ᄂᆡ의 슈로 갈 ᄃᆡ 잇냐 ᄉᆡ양 말고 밧비 가ᄌᆞ 춘향이 거동 보소 옥ᄐᆡ화용 고은 ᄐᆡ도 ᄇᆡᆨ모ᄅᆡ 밧탕의 금ᄌᆞᄅᆡ 기듯 ᄃᆡ명젼 ᄃᆡ들보의 명마기 거름으로 양지 마당의 씨암닥 거름으로 앙금살작 건네와셔

완판 33장본 「열녀춘향수절가」: 츈항 초ᄅᆡ ᄒᆞ난 말리 ᄎᆡᆨ방 도련임 분부ᄂᆡ의 너를 급피 부르신다 츈힝이 ᄭᆞᆷ작 놀ᄂᆡ여 이른 말리 너다려 츈향인이 오냥인이 고양인이 잘양인이 종조리ᄉᆡ 열씨 ᄭᆞ듯 다 외야 바치라던야 방자 이른 말리 추천을 ᄒᆞ 양이면 네 집 후원의셔 ᄒᆞᆯ 거시졔 탄〃ᄃᆡ로의 나와 에구분 늘근 버들 장〃ᄎᆡ승 근듸줄을 양수의 갈너 쥐고 ᄇᆡᆨ능보션 두 발질노 ᄇᆡᆨ운간의 논일 적의 믈명주 속것가ᄅᆡ 동남풍의 펄넝〃 〃 박속갓탄 네 살거리 ᄇᆡᆨ운간의 힛득〃 〃ᄒᆞ니 도련임 네 ᄐᆡ도 잠간 보고 정신이 히미ᄒᆞ야 너를 급피 부르시니 네 어이 거역ᄒᆞ리

춘향이 거동 보소

추천ᄒᆞ든 그 ᄐᆡ도로 ᄒᆞᆫ 번 거러 주져ᄒᆞ고 두번 거러 ᄉᆡ양ᄒᆞ니 방자놈 이른 말리 네 괴ᄐᆡ ᄒᆞᆫ 번의 ᄂᆡ의 수로 갈 ᄃᆡ 잇야 ᄉᆡ양 말고 밧비 가자 츈향이 거동보소 옥ᄐᆡ화용 고흔 얼골 ᄇᆡᆨ모ᄅᆡ 밧ᄐᆡ의 금자ᄅᆡ 걸둣 ᄃᆡ명젼 ᄃᆡ들보 명막이 거름으로 앙금살작 거러와셔

완판 84장본 「열녀춘향수절가」: 여바라 이ᄋᆡ 춘향아 부르난 소ᄅᆡ 춘향이 깜쪽 놀ᄂᆡ여 무슨 소리를 그ᄯᅡ우로 질너 사람의 졍신을 놀ᄂᆡ난야 이ᄋᆡ야 말마라 이리 낫다 이리란이 무슨 일 사ᄯᅩ자졔 도령임이 광한누의 오셧ᄯᅡ가 너 노난 모양 보고 불너오란 영이 낫다 춘향이 홰를 ᄂᆡ어 네가 밋친 사식일다 도령임이 엇지 나를 알어셔 부른단 마리냐 이 자식 네가 ᄂᆡ 마를 종지리ᄉᆡ 열씨 ᄭᆞ듯 하여나부다 안이다 ᄂᆡ가 네 마를 할 이가 업시되 네가 글체 ᄂᆡ가 글

야 너 글은 ᄂᆡ력을 드러보와라 계집아히 힝실노 추천을 하량이면 네 집 후원 단장 안의 줄을 ᄆᆡ고 남이 알가 몰을가 은근이 ᄆᆡ고 추천하난 게 도레의 당연하미라 광한누 머잔하고 또한 이고셜 논지할진ᄃᆡ 녹음방초승화시라 방초난 푸려난ᄃᆡ 압ᄂᆡ 버들은 초록장 두르고 뒤ᄂᆡ 버들은 유록장 둘너 한 가지 느러지고 또 한 가지 펑퍼져 광풍을 계워 흔늘〃〃 춤을 추난ᄃᆡ 광한누 귀경쳐의 근ᄃᆡ을 ᄆᆡ고 네가 쒤 제 외씨 갓탄 두 발길노 ᄇᆡᆨ운간의 논일 적기 홍상자락이 펄〃 ᄇᆡᆨ방사 속것가ᄅᆡ 동남풍의 펄넝〃〃 박속 갓탄 네 살거리 ᄇᆡᆨ운간의 힛득〃〃 도령임이 보시고 너을 불으시제 ᄂᆡ가 무삼 말을 한단 말가 잔말 〃고 건네가자 춘향이 ᄃᆡ답ᄒᆞ되 네 마리 당연ᄒᆞ나 오나리 단오이리라 비단 나쁜이랴 다른 집 처자들도 예와 함기 추천하여쓰되 글얼 섄 안이라 셜혹 ᄂᆡ 말을 할지라도 ᄂᆡ가 지금 시사가 아니여든 여렴사람을 호ᄅᆡ칙거로 부를 이도 업고 부른 ᄃᆡ도 갈 이도 업다 당초의 네가 말을 잘못 드른 ᄇᆡ라 방자 이면의 복기여 광힌누로 도라와 도령임계 엿자오니 도련임 그 말 듯고 기특한 사람일다 언즉시야로되 다시 가 말을 하되 이러〃〃 하여라

방자 젼갈 모와 춘향으계 건네가니 그 ᄉᆡ의 제 집의로 도라갓거늘 졔의 집을 차져가니 모여간 마조 안져 겸심밥이 방장이라 방자 드러가니 너 웨 또 오나냐 황송타 도련임이 다시 젼갈 ᄒᆞ시더라 ᄂᆡ가 너를 기ᄉᆡᆼ으로 알미 아니라 드른니 네가 글을 잘 한다기로 청하노라 여가의 잇는 쳐자 불러보기 청문의 고히하나 험의로 아지 말고 잠깐 와 단여가라 하시더라 춘향의 도량한 뜻시 연분되랴고 그러한지 호련이 ᄉᆡᆼ각하니 갈 마음이 나되 모친의 뜨슬 몰나 침음양구의 말안코 안져더니 춘향모 썩 나안자 정실업계 말을 하되 꿈이라 하는 거시 젼수이 허사가 안이로다 간밤의 꿈을 꾸니 난ᄃᆡ업는 청용 한나 벽도지의 잠겨 보이거날 무슨 조흔 이리 잇슬가 하여던니 우연한 일안이로다 또한 드른이 사또자제 도련임 일홈이 몽용이라 ᄒᆞ니 꿈 몽짜 용〃짜 신통ᄒᆞ게 맛치 여짜 그러나 져러나 양반이 부르시난ᄃᆡ 안이 갈 슈 잇거난야 잠간 가셔 단여오라

춘향이가 그제야 못이기난 쳬로 계우 이러나 광한누 건너갈 졔 듸명젼 듸들보의 명믹기 거름으로 양지마당의 씨암닥 거름으로 빅모릭 밧탕 금자릭 거름으로 월틱화용 고은 틱도 완보로 건네갈식 흐늘〃〃 월 셔시 토셩십보 하던 거름으로 흐늘거려 건네올 졔 도련임 난간의 졀반만 비겨셔〃 완〃니 바릭보니 춘향이가 건네 오난듸

위에서 보면, 완판 30장본 「별춘향전」에서, 완판 33장본 「열녀춘향수절가」로의 전환에서는 앞의 내용을 그대로 수용하고 있다. 그러나 완판 33장본 「열녀춘향수절가」에서 완판 84장본 「열녀춘향수절가 『로의 전환에서는 완판 33장본 「열녀춘향수절가」의 '츈항 초릭 ᄒ난 말리 칙방 도련임 분부닉의 너를 급피 부르신다'는 서술 다음에 '츈힝이 섬작 놀닉여 이른 말리 너다려 츈향인이 오냥인이 고양인이 잘양인이 종조리식 열씨 싯듯 다 외야 바치라던 야 방자 이른 말리 추천을 ᄒ 양이면 네 집 후원의셔 ᄒ 거시졔 탄〃듸로의 나와 에구분 늘근 버들 장〃칙승 근듸줄을 양수의 갈너 쥐고 빅능보션 두 발질노 빅운간의 논일 적의 믈명주 속것가릭 동남풍의 펄넝〃〃 박속갓탄 네 살거리 빅운간의 힛득〃〃ᄒ니 도련임 네 틱도 잠간 보고 정신이 히미ᄒ야 너를 급피 부르시니 네 어이 거역ᄒ리' 로 춘향의 응답이 나온다. 그러나 완판 84장본 「열녀춘향수절가」에서는 "여바라 이익 춘향아 부르난 소릭"로 대화체로 제시된 다음에 "춘향이 깜쪽 놀닉여 무슨 소리를 그ᄶ우로 질너 사람의 졍신을 놀닉난야 이익야 말 마라 이리 낫다 이리란이 무슨 일 사또자졔 도령임이 광한누의 오셧ᄶ가 너 노난 모양 보고 불너오란 영이 낫다 춘향이 홰를 닉어 네가 밋친 사식일다 도령임이 엇지 나를 알어셔 부른단 마리냐 이 자식 네가 닉 마를 종지리식 열씨 ᄶ듯 하여나부다 안이다 닉가 네 마를 할 이가 업시되 네가 글쳬 닉가 글야 너 글은 닉력을 드러보와라"로 춘향의 응답이 나오는 것으로 확장 수용되고 있다.

또, 완판 33장본 「열녀춘향수절가」에는 춘향의 거동에 대해서는 "추천ᄒ든

그 틱도로 훈 번 거러 주져ᄒ고 두번 거러 식양" 하자 방자가 "네 괴틱 훈 번의 닉의 수로 갈 듸 잇야 식양 말고 밧비 가자"고 하지만, 완판 84장본「열녀춘향수절가」에서는 방자가 "계집아히 힝실노 추천을 하량이면 네 집 후원 단장 안의 줄을 믹고 남이 알가 몰을가 은근이 믹고 추천하난 게 도레의 당연하미라 광한누 머잔하고 쏘한 이고셜 논지할진듸 녹음방초승화시라 방초난 푸려난듸 압닉 버들은 초록장 두르고 뒤닉 버들은 유록장 둘너 한 가지 느러지고 쏘 한 가지 펑퍼져 광풍을 계워 흔늘〃〃 춤을 추난듸 광한누 귀경쳐의 근듸을 믹고 네가 쒸 졔 외씨 갓탄 두 발길노 빅운간의 논일 젹기 홍상 자락이 펄〃 빅방사 속것가릭 동남풍의 펄넝〃〃 박속 갓탄 네 살거리 빅운간의 힛득〃〃 도령임이 보시고 너을 불으시졔 닉가 무삼 말을 한단 말가 잔말 〃고 건네가자" 하며, 춘향은 방자에게 "네 마리 당연ᄒ나 오나리 단오이리라 비단 나쁜이랴 다른 집 처자들도 예와 함기 추천하여쓰되 글얼 쁜 안이라 셜혹 닉 말을 할지라도 닉가 지금 시사가 아니여든 여렴사람을 호릭칙거로 부를 이도 업고 부른 듸도 갈 이도 업다 당초의 네가 말을 잘못 드른 빅라"로 응대하는 대폭 확장 수용을 보인다.

또 완판 33장본「열녀춘향수절가」에서는 춘향이 "옥틱화용 고흔 얼골 빅모릭 밧틱의 금자릭 걸듯 듸명젼 듸들보 명막이 거름으로 앙금살작 거러"오는 것으로 서술하였으나, 완판 84장본「열녀춘향수절가」에서는 "방자 이면의 복기여 광힌누로 도라와 도령임게 엿자오니 도련임 그 말 듯고 기특한 사람일다 언즉시야로되 다시 가 말을 하되 이러〃〃 하여라" 하고, 이어서 방자가 전갈을 가지고 광한루로 건너가니 춘향은 이미 자기 집으로 가고 없으므로 방자는 춘향집까지 찾아간다. 그때 춘향집에서는 모녀가 점심을 먹다가 방자를 맞는다. 방자는 춘향에게 "도련임이 다시 젼갈 ᄒ시더라 닉가 너를 기싱으로 알미 아니라 드른니 네가 글을 잘 한다기로 청하노라 여가의 잇ᄂ 쳐자 불러보기 청문의 고히하나 험의로 아지 말고 잠깐 와 단여가라 하시더라" 하니, 월매가 "춘향의 도랑한 뜻시 연분되랴고 그러한지 호련이 싱각하니 갈 마음이 나되 모친의 쓰슬 몰나 침음양구의 말안코 안져더니 춘향모 썩 나안자 정실업계 말을 하되 쑴이라 하는 거시 젼수이 혀사가 안이로다 간밤의 쑴을 꾸니 난디업는 청용 한나 벽도지의 잠겨 보이거날 무슨 조흔 이리 잇슬가 하여던니 우연한 일안이로다 쏘한 드른이 사또자졔 도련임 일홈이 몽용이라 ᄒᆞ니 쑴 몽짜 용〃짜 신통ᄒᆞ게 맛치 여짜 그러나 져러나 양반이 부르시난듸 안이 갈 슈 잇거난야 잠간 가셔 단여오라"고 한다. 그제야 춘향이 광한누 건너갈 때의 모습은 "ᄃᆡ명젼 ᄃᆡ들보의 명ᄆᆡ기 거름으로 양지마당의 씨암닥 거름으로 ᄇᆡᆨ모ᄅᆡ 밧탕 금자ᄅᆡ 거름으로 월틔화용 고은 ᄐᆡ도 완보로 건네갈ᄉᆡ 흐늘〃〃 월 셔시 토셩십보하던 거름으로 흐늘거려 건네올 졔 도련임 난간의 졀반만 비겨셔〃 완〃니 바ᄅᆡ보니 춘향이가 건네 오난듸"로 확대 수용하고 있다.

또, 사랑 대목의 성숙화 과정을 사랑 대목 중에서 보고지고 사설 대목을 통하여 비교해보면 다음과 같다.

> 완판 30장본 별춘향전: ᄎᆡᆨ방의 도라와 춘향을 ᄉᆡᆼ각ᄒᆞ니 말쇼ᄅᆡ 귀예 ᄌᆡᆼ〃 고흔 ᄐᆡ도 눈의 암〃ᄒᆞ야 ᄒᆡ지기를 기달닐 ᄉᆡ 방ᄌᆞ 불너 일은 말이 오날 ᄒᆡ가 어ᄂᆡ ᄃᆡ요 방ᄌᆞ 엿ᄌᆞ오ᄃᆡ 동의셔 아귀 트나이다 이도령 이른 말이 어허 이 놈 괘심ᄒᆞ다 셔의로 지는 ᄒᆡ가 동으로 도로 가랴 ᄒᆞ고 다시금 살피라 ᄒᆞ이 〃읏ᄒᆞ야 방ᄌᆞ 알의되 일낙황혼이로쇼이다 셕반이 마시 업셔 젼젼반측 어이 ᄒᆞ리 방ᄌᆞ 불너 분부ᄒᆞ되 퇴령을 기다리라 ᄒᆞ고 셔ᄎᆡᆨ을 보려ᄒᆞᆯ 졔 ᄆᆡᆼᄌᆞ을 ᄂᆡ여 녹코 닐을 ᄉᆡ ᄆᆡᆼᄌᆞ건양혜왕ᄒᆞ신ᄃᆡ 왕왈쉬불원쳔니이ᄅᆡᄒᆞ신니 역장유이리오국호잇가 아셔라 그 글 못 닐것다 ᄒᆞ고 시젼을 드려라 관〃져구 ᄌᆡ하지쥬로다 요죠슉녀 군ᄌᆞ호구로다 아셔라 그 글도 못 닐것다 ᄃᆡ학을 드려라 ᄃᆡ학지도는 ᄌᆡ명〃덕ᄒᆞ며 ᄌᆡ신민ᄒᆞ며 ᄌᆡ지어지션인니라 아셔라 그 굴도 못 일것다 쥬역을 드리라 원은 형코 졍코 츈향이 코 ᄂᆡ 코 딱 ᄃᆡ인이 조코ᄒᆞ니라 아셔라 그 글도 못 닐것다 쳔ᄌᆞ을 드려라 방ᄌᆞ놈 엿ᄌᆞ오ᄃᆡ 아ᄅᆡ는

강아기 품은 듯ᄒᆞᆫ 도령님 쳔ᄌᆞ을 닐클릿가

이도령 닐은 말니 쳔ᄌᆞ라 ᄒᆞ는 거이 음양지도를 ᄌᆞ셰니 닐을게 드러보라 ᄒᆞ고 ᄌᆞ시예 ᄉᆡᆼ쳔ᄒᆞ니 광ᄃᆡ무ᄉᆞ부 호호탕탕 하늘 쳔 축시예 ᄉᆡᆼ지ᄒᆞ니 만물장ᄉᆡᆼ의 ᄯᆞ 지 츈풍셰우호시절의 현죠남〃 감물 현 금목슈화 오ᄒᆡᆼ즁의 즁앙을 맛터시니 토지졍ᄉᆡᆨ 누로 황 금풍ᄉᆞ비셔긔ᄒᆞ니 옥우ᄌᆡᆼ영 집 우 안득광하쳔만간의 ᄉᆞᆯ기 죠흔 집 쥬 구년지슈 어이 ᄒᆞ리 하우쳔지 너블 홍 셰상만ᄉᆞ 밋지 마라 황당ᄒᆞ다 것츨 황 소간부상 삼ᄇᆡᆨ쳑 번듯 쇼사날 날 일낙함지 황혼되고 월출동령 달 월 츄야공산 져문 날의 낙화분〃 찰 녕 춘향 블너 슐 부어라 넘쳐간다 지울 칙 하도낙셔 잠간 보니 일월셩신 별 진 원앙침 비취금의 휠〃 볏고 잘 슉 양각을 츄여드니 ᄉᆞ양 말고 벼일 녈 등 맛츄고 ᄇᆡ 맛츄고 왼갓 만ᄉᆞ 벼풀 장 아ᄉᆞ라 그 글도 못 닐것다 방ᄌᆞ 불너 닐른 마리 하마 거의 야심이라 초롱의 불 발키라 츈항의 집 차ᄌᆞ 가ᄌᆞ

완판 33장본「열녀춘향수절가」: ᄎᆡᆨ실노 도라와 츈향을 ᄉᆡᆼ각ᄒᆞ니 말쇠ᄅᆡ 귀여 ᄌᆡᆼ〃고은 ᄐᆡ도 눈의 암〃ᄒᆡ 지긔를 지다리사 방자 불너 일은 말리 오날 ᄒᆡ가 언의 ᄶᆡ뇨 방자 엿ᄌᆞ오ᄃᆡ 동의서 ᄋᆞ구트난이다 이도령 일은 말리 어허 이놈 괘심ᄒᆞᆫ 놈 셔의로 지난 ᄒᆡ가 동으로 도로 가랴 다시금 살피여라 이윽고 방자 알외되 일낙ᄒᆞᆷ지 황혼ᄒᆞ고 월출동영 달이 발갓소 석반이 맛시 업셔 젼〃반칙 어이ᄒᆞ리 방자 불너 분부ᄒᆞ되 퇴령을 기다리라 ᄒᆞ고

셔칙을 보려ᄒᆞᆯ 제 ᄆᆡᆼ자를 ᄂᆡ여노코 일글 ᄉᆡ ᄆᆡᆼ자견양혜왕ᄒᆞ신ᄃᆡ 왕왈 수불원천리이ᄂᆡᄒᆞ시니 역장유이〃오국호잇가 아셔라 그 글도 못 일것다 시젼을 드려라 관〃제구ᄌᆡᄒᆞ지주로다 요조숙녀난 군자호구로다 아셔라 그 글도 못 일것다 ᄃᆡ혹을 드려라 ᄃᆡ학지도난 ᄌᆡ명〃덕ᄒᆞ며 ᄌᆡ신민ᄒᆞ며 ᄌᆡ츈향인이라 아셔라 그 글도 못 일것다 주역을 드려라 원은 형코 정코 츈향이코 ᄂᆡ코 ᄶᆞᆨ ᄃᆡ이니 조코 ᄒᆞ니라 아셔라 그 글도 못 일것다 쳔자를 드려라 ᄒᆞ날 쳔 ᄯᆞ 지 가믈 현 츈향이 누루 황 집 우 집 주 너불 홍 츈향아 거칠 황 방자 엿자오

ᄃᆡ 천자가 도련임게 당치 안소 도련임 ᄃᆡᄎᆡᆨᄒᆞ여 네 무식ᄒᆞ다.천자라 ᄒᆞ난 게 칠서의 분문이라 천자를 ᄉᆡᆨ여 일을 게 드러 보와라 쳔ᄀᆡ자시ᄉᆡᆼ쳔ᄒᆞ니 ᄐᆡ극이 광ᄃᆡ ᄒᆞ날 쳔 지벽어축시ᄉᆡᆼ후ᄒᆞ니 오ᄒᆡᆼ팔괘로 ᄯᅡ 지 삼십삼쳔공부공ᄒᆞ니 인슴지시 가물 현 이십팔숙 금목수화 토지정ᄉᆡᆨ의 누루 황 일월이 ᄉᆡᆼᄒᆞ야 천지가 명ᄒᆞ니 만물을 원ᄒᆞ여 집 우 토지가 두터 초목이 ᄉᆡᆼᄒᆞ니 살기를 취ᄒᆞ여 집 주 인유이쥬ᄒᆞ야 천ᄒᆞ이광ᄒᆞ니 십이제국의 너불 홍 삼황오제 붕ᄒᆞ신 후의 난신적자 거칠 황 동방이 게명 일월이 ᄉᆡᆼᄒᆞ니 소관부상의 날 일 셔산낙조일모궁ᄒᆞ니 월출동영의 달 월 한심미월시〃붓터 삼오일야의 찰 영 ᄐᆡᄇᆡᆨ이 ᄋᆡ월을 낙ᄃᆡ로 달 건지랴 점〃 수그려 지울 ᄎᆡᆨ 하도낙셔 버린 법 일월셩신의 별 진 무월동방 월앙금의 츈향 동침의 잘 숙 츈향과 날과 동침ᄒᆞᆯ 졔 ᄉᆡ양 말고 버릴 열 일야동침의 ᄇᆡᆨ연을 기약 윈갓 정담의 베풀 장 금일 ᄒᆞᆫ풍이 소〃ᄅᆡᄒᆞ니 침실의 들거라 찰 ᄒᆞᆫ 베ᄀᆡ가 놉거든 ᄂᆡ 팔을 베여라 이만금 올 ᄂᆡ 침실이 온ᄒᆞ면 셔열을 취ᄒᆞ여 이리져리 갈 왕 불한불열이 언의 ᄯᆡ냐 엽낙 오동가을 추 ᄇᆡᆨ발이 장차 우거지니 소년풍도를 거둘 수 추절ᄒᆞᆫ풍 사렴타ᄀᆞ는 셜ᄒᆞᆫ풍의 져의 동 소한 ᄃᆡ한 염예 마소 우리 임 의복의 갈물 장 부용작야세우즁의 광윤유ᄐᆡ 부루 윤 이 ᄒᆡ가 어이 그리 진고 인제도 ᄉᆞ오시 나물 여 외로이 정담을 일우지 못ᄒᆞ여 츈향 만나 일울 셩 나는 일각이 여삼추라 일연사시의 송구영신의 ᄒᆡᆺ 셰 군ᄌᆞ호구 이 안이냐 츈향과 날과 셔를 물고 쏙〃 ᄲᆡ여도 나물 여ᄌᆞ 이 안이냐 아셔라 그 글도 못 일것다 방자 불너 이른 말리 ᄒᆞ마거의 야심이라 초롱의 불 발킈여라 츈향집 차저가자

완판 84장본 열녀춘향수절가: 도련임이 춘향을 ᄋᆡ연이 보ᄂᆡᆫ 후의 미망이 둘 ᄃᆡ 업셔 ᄎᆡᆨ실노 도라와 만사의 뜻시업고 다만 ᄉᆡᆼ각이 춘향이라 말소ᄅᆡ 귀에 징〃 고흔 ᄐᆡ도 눈의 삼〃 ᄒᆡ지기를 기달일ᄉᆡ 방ᄌᆞ 불너 ᄒᆡ가 언으 ᄯᆡ나 되여난야 동으셔 아구 트난이다 도련임 ᄃᆡ로하야 이놈 괘심한 놈 셔으로 지난 ᄒᆡ가 동으로 도로 가랴 다시금 살펴보라 이윽고 방ᄌᆞ 엿자오ᄃᆡ 일낙함지

황혼되고 월출동영하옵ᄂᆡ다 셕반이 마시업셔 젼〃반칙 어이허리 퇴령을 기달이라 하고 셔칙을 보려할 졔 칙상을 압푸노코 셔칙을 상고하난듸 중용 ᄃᆡ학 논어 ᄆᆡᆼ자 시젼 셔젼 쥬력이며 고문진보 통사략과 이ᄇᆡᆨ 두시 쳔자ᄭᅡ지 ᄂᆡ여놋코 글을 일글ᄉᆡ

시젼이라 관〃져구 ᄌᆡ하지주로다 요조숙여난 군자호귀로다 아셔라 그 글도 못일으것다 ᄃᆡ학을 일글ᄉᆡ ᄃᆡ학지도난 ᄌᆡ명〃덕ᄒᆞ며 ᄌᆡ신민하며 ᄌᆡ춘향이로다 그 글도 못일것다 주역을 익난듸 원은 형코 졍코 춘향이코 싹 ᄃᆡᆫ코 조코 한이라 그 글도 못일것다 등왕각이라 남창은 고군이요 홍도난 신부로다 올타 그 글되얏다 ᄆᆡᆼ자을 일글ᄉᆡ ᄆᆡᆼᄌᆞ견양혜왕하신ᄃᆡ 왕왈 쉬불원쳔리이ᄂᆡ하신이 춘향이보시려 오신잇가 사략을 익ᄂᆞᆫ듸 ᄐᆡ고라 쳔왕씨난 이쑥ᄯᅥᆨ으로 왕하야 셰기셥졔ᄒᆞ니 무위이화의라하야 형졔 십일인이 각일만팔쳔셰하다 방지 엿ᄌᆞ오되 여보 도련임 쳔황씨가 목ᄯᅥᆨ으로 왕이란 말은 들어스되 쑥ᄯᅥᆨ으로 왕이란 말을 금시초문이요 이자식 네 모른다 쳔왕씨 일만팔쳔셰를 살던 양반이라 이가 단〃ᄒᆞ여 목덕을 잘 자셔건이와 시속션 부더른 목ᄯᅥᆨ을 먹건는야 공자임 계옵셔 후ᄉᆡᆼ을 ᄉᆡᆼ각하사 명윤당의 현몽ᄒᆞ고 시속 션부드른 이가 부족하야 목ᄯᅥᆨ을 못먹기로 물신〃〃한 쑥ᄯᅥᆨ으로 히라ᄒᆞ야 삼ᄇᆡᆨ 육십 주힝교의 통문ᄒᆞ고 쑥ᄯᅥᆨ으로 곳쳐난이라 방ᄌᆡ 듯다가 말을 하되 여보 하날임이 드르시면 ᄭᅡᆷ짝 놀ᄂᆡ실 거진말도 듯거소 ᄯᅩ 젹벽부를 드려놋코 임술지추칠월 기망에 소자여ᄀᆡᆨ으로 범쥬유어젹벽지하할ᄉᆡ 청풍은 셔ᄅᆡᄒᆞ고 수파는 불흥이라 아셔라 그글도 못일것다 쳔자을 일글ᄉᆡ 하날쳔 ᄯᅡ 지 방ᄌᆡ 듯고 여보 도련임 졈잔이 쳔자는 웬이리요 쳔자라 하난 글리 칠셔의 본문이라 양나라 쥬짓빈 쥬흥사가 하로밤의 이 글을 짓고 머리가 히엿기로 ᄎᆡᆨ일홈을 ᄇᆡᆨ수문이라 낫〃치 ᄉᆡ겨보면 쎄ᄯᅩᆼ 쌀 일리 만하지야

소인놈도 쳔자속은 아옵ᄂᆡ다 네가 알 드란 마리야 알기을 일르것소 안다하니 일거바라 예 드르시요 놉고 놉픈 하날 쳔 집 고 집픈 ᄯᅡ 지 홰〃친〃 가물 현 불타졋다 누루 황 에 이놈 상놈은 젹슬하다 이놈 어 ᄃᆡ셔 장타령 하난

놈의 말을 드럿구나 닉 일글계 드러라

천ㄱ자시싱쳔하니 틱극이 광딕 하날 쳔 지벽어축시하니 오힝팔괘로 싸지 삼십 삼쳔 공부공의 인심지시 가물 현 이십팔숙 금목수화토 지졍식 누루황 우쥬일월 즁화하니 옥우징영 집 우 연딕국도 홍셩쇠왕고닉금의 집 쥬 우치홍수기자초의 홍범귀쥬 너불 홍 삼왕오졔 붕하신 후 난신젹자 것칠 황 동방이 장차 게명키로 고〃쳔변 일윤 홍 번뜻소사 날 일 억조창싱 격양가의 강구연월으 달 월 한심미월 시〃부터 삼오일야의 차 령 셰상만사 싱각ᄒᆞ니 달빗과 갓탄지라 십오야 발근 다리 기망부터 기울 칙 이십팔숙 하도낙셔 버린법 일월셩신 별 진 가련금야 숙창가라 원낭금침으 잘 숙 졀딕가인 조흔 풍유 나열춘츄으 버릴 열 의〃월식 야삼경의 만단졍회 베풀 장 금일한풍 소〃틱하니 침슬의 들거라 찰 한 볘ㄱ가 놉거든 닉팔을 볘여라 이마만금 오너라 올 닉 에후리쳐 질근 안고 임각의 든이 셜한풍으도 더울 셔 침실리 덥거든 음풍을 취하여 이리져리 갈 왕 불한불열 언으 써냐 엽낙오동의 가을 츄 빅발리 장차 우거진이 소년풍도을 거들 슈 낙목한풍 찬바람빅운강산의 져으 동 오민불망 우리 사랑 귀즁심쳐의 갈물 장 부용작야 셰우즁의 광윤유틱 부루 윤리려한 고흔 틱도 평싱을 보고도 나무 려 빅연기약 집픈밍셰 만경창파 일울셩 이리져리 논일 젹의 부지셰월 힛 셰 조강지쳐 불하당안히 박딕못하난이 딕동통편 법즁율 군자호귀 이안니야 춘향 입 닉 입을 한틔다딕고 쪽ㄷ 쌘이 법즁 여 짜 이 아닌야 익고ㄷㄷ 보거지거 소릭을 크계 질너노니

잇딕 사또 젼역진지를 잡수시고 식곤징이나 계옵셔 평상의 취침하시다 익고 보고지거 소릭에 깜짝 놀닉여 이로너라 예 칙방으셔 뉘가 싱침을 맛년야 신다리을 쥬물넛야 아라드리라 통인 드리가 도련임 웬목통이요 고함 소릭에 사또 놀닉시사 염문하라 하옵시니 엇지 아뢰잇가 딱한 이리로다 나무 집늘근이는 리롱징도 잇난이라마는 귀 너무 발근것도 예상일 안이로다 글러한다 하졔마는 글헐이가 웨 잇슬고 도련임 딕경하야 이딕로 엿ᄌᆞ와라 닉가 논어라 하난 글을 보다가 차회라 외도의 구의라 공블근쥬공이란 딕문을보다가

나도 쥬공을 보면 그리하여 볼가하여 홍치로 소ᄅᆡ가 놉파슨이 그ᄃᆡ로만 엿자와라

통인이 드러가 그ᄃᆡ로 엿자오니 사ᄯᅩ 도련임 승벽 잇스물 크게 짓거ᄒᆞ야 이리오너라 칙방으 가 목낭청을 가만이 오시ᄅᆡ라 낭쳥이 드러 오난듸 이 양반이 엇지 고리계 ᄉᆡᆼ기던지 만지거름 속한지 근심이 담숙드러던 거시엿다 사ᄯᅩ 그ᄉᆡᆨ 심ㄷᄒᆞ지요 아 계 안소 할 말 잇네 우리 피차 고우로셔 동문수업 하엿건과 아시의 글익기 가치 실은 거시 업건마는 우리 아시 흥보니 어이 안이 길결손가 인양반은 지어부지간의 ᄃᆡ답하것다 아히 ᄊᆡᆨ 글 익기갓치 실은 게 어ᄃᆡ 잇슬이요 익기가 실으면 잠도 오고 쇠가 무슈하졔 이 아히난 글익기을 시작하면 익고 쓰고 불쳘주야 ᄒᆞ세 예 그럽듸다 ᄇᆡ운 바 업셔도 필ᄌᆡ 졀등하졔 그러치요 졈 하나만 툭씨거도 고봉투셕갓고 한 일을 ᄡᅳ어노면 쳘리지운이요 갓머리난 작두쳠이요 필법 논지하면 풍낭뇌션이요 ᄂᆡ리그어 ᄎᆡ난 획은 노송도 괘절벽이라 창과로 일를진듼 마른 등 넌출깃치 쌔더갓다 도로 ᄎᆡᆫ는 ᄃᆡ는 셩닌 손우 삿 갓고 기운이 부족하면 발길노 툭 차올여도 획은 획ᄃᆡ로 되나니 글시을 가만니 보면 획은 획ᄃᆡ로 되옵듸다 글시 듯계 져 아히 아홉살 먹어 쓸 졔 셔울 집 뜰의 늘근 ᄆᆡ화 잇난고로 ᄆᆡ화 남글 두고 글을 지으라 하여던이 잠시 지어스되 정셩듸린 것과 용사비등하니 일남쳡기라 묘당의 당〃한 명사될 것 거시니 남명이 북고하고 부춘추어 일슈허엿쎄 장ᄂᆡ 졍승 하오리다

사ᄯᅩ 너머 감격하야라고 졍승이야 엇지 바ᄅᆡ것나마는 ᄂᆡ ᄉᆡᆼ젼으 급졔는 쉬하리마는 급졔만 쉽계 하면 출육이야 베면이 지ᄂᆡ것나 안이요 그리할 말삼이 안이라 졍승을 못하오면 장승이라도 되지요 사ᄯᅩ이 호령하되 자ᄂᆡ 뉘 말도 알고 ᄃᆡ답을 그리하나 ᄃᆡ답은 하여사오나 뉘 말린지 몰나요 글런다고 하여스되 그계 ᄯᅩ 다 거짓마리엿다 잇ᄊᆡᆨ 이도령은 퇴령 노키을 지달일 졔 방ᄌᆡ야 예 퇴령노와나 보와라 아직 안이 노와소 족금 잇더니 하인 물이라 퇴령 소ᄅᆡ 질게 나니 조타〃〃 올타〃〃 방ᄌᆡ야 등농의불발켜라

「춘향전」 여러 이본에 걸쳐 두루 발견되는 흥미대목 중의 하나가 기생점고 대목이다. 이본 사이에 두루 발견되며 골격상 변함없는 이런 대목은 원래 「원춘향전」부터 있었으리라 추정된다. 이 기생점고 대목은 그 자체로 변부사의 호색과 탐학에 대한 일종의 '미리 보여주기'기법이 사용되었다. 「춘향전」을 애초에 구성하였을 작가는 변부사 성격묘사의 일환으로 특이한 '점고'를 설정한다. 즉, 남원 도임 부사의 첫 업무파악이 관내 행정이나 군사 또는 민생에 관한 것이 아닌 '기생'의 명단을 사실과 대조하는 작업이었던 것이다. 그렇다면 이러한 독창적인 점고는 실제 역사적 사실을 바탕으로 묘사한 것 같지는 않다. 그렇다면, 이런 발상을 해낸 사람은 숱한 다른 소재들 중에서 하필 '점고'를 생각해 내었을까 하는 의문이 든다. 적어도 그는 '점고'라는 형태의 행사에 아주 익숙했던 사람임을 짐작할 수 있다. 「춘향전」의 원작가 조경남이 의병을 일으킨 군인으로서의 면모를 지니고 있었기 때문에 「원춘향전」에서의 기생점고 대목의 '점고'소재는 변부사와 춘향의 상반된 인물 성격을 암시하고 풍자하는 주요 소재로서의 의미를 드러내기도 한다.

소설 「춘향전」이나 판소리 「춘향가」를 한 사례로, 기생점고 대목의 표현에서 얼마나 기교상의 차이를 보이는가를 살펴보자.

완판 30장본 「별춘향전」의 기생점고 대목은 다음과 같이 진행된다.

• 우후동산의 명월이	예	등ᄃᆡ ᄒᆞ왓소
• 젹막츄강의 홍년이	예	등ᄃᆡ ᄒᆞ왓소
• ᄇᆡᆨ운공산의 강션이	예	등ᄃᆡ하왓소
• 영산호산 진장단의 춤 잘 츄는 무션이	예	등ᄃᆡ ᄒᆞ왓소
• ᄎᆞ문쥬가하처ᄌᆡ요 목동요지힝화	예	등ᄃᆡ하왓소
• 비거ᄇᆡ리 ᄎᆡ봉니	예	등ᄃᆡ ᄒᆞ왓소
• ᄯᅩᆼ 질쌈 분덕이	예	등ᄃᆡ ᄒᆞ여소

완판 33장본의 「열녀춘향수절가」 기생점고 대목은 다음과 같이 진행된다.

- 우후동산 명월이 (드러올 제 자지 당헤 슬면셔 얌젼ᄒᆞ게 드러오더니 공수ᄒᆞ고)
- 나오
- 남산 봉황이 죽실을 물고 벽오동의 질드리니 사수지영의 빅츙지장이라 긔불탁수 구든 절ᄀᆡ 만수문젼의 ᄎᆡ봉이
- 나오 (ᄎᆡ봉이가 드러오난듸 홍상자락을 거더다가 세류 흉당의 딱 붓치고 아장아장 이주거러 가만가만 드러오더니 짐고 맛고 좌우진퇴로 나어간다)
- 운담풍경은 근오천의 양유편금의 잉잉이 예 등ᄃᆡᄒᆞ왔소
- 죽실 찬난 져 봉황 소상강변 나라드니 훨훨 혓처 즁엽이 예 등ᄃᆡᄒᆞ왓소
- 송ᄒᆞ의 저 동자 문노라 션싱 소식 수십청산의 운심이 예 등ᄃᆡᄒᆞ왓소
- 월궁의 놉피 올나 게화를 썩거ᄂᆡ니 ᄋᆡ절이 예 등ᄃᆡᄒᆞ왓소
- 차문주가 ᄒᆞ쳐지오 목동요지힝화 예 등ᄃᆡᄒᆞ왓소
- ᄋᆡ미산 월반륜추에 영입평강 션션이 예 등ᄃᆡᄒᆞ왓소
- 오동 복판 거문고 타고 나니 탄금이 예 등ᄃᆡᄒᆞ왓소
- 팔월부용 준ᄌᆞ용 만당추수 홍연이 예 등ᄃᆡᄒᆞ왓소
- 주홍당사 가진 ᄆᆡ답 차고 나니 금낭이 예 등ᄃᆡᄒᆞ왓소
- 이 산 명월 져 산 명월 양산 명월이 다 드러왓난야 예 등ᄃᆡᄒᆞ왓소
- 양ᄃᆡ선이 월즁션이 화즁션이 예 등ᄃᆡᄒᆞ왓소
- 금션이 금옥이 금연이 예 등ᄃᆡᄒᆞ왓소
- 농옥이 난옥이 홍옥이 예 등ᄃᆡᄒᆞ왓소

완판 84장본 「열녀춘향수절가」의 기생점고 대목은 다음과 같이 진행된다.

• 우후동산 명월이

명월이가 드러을 오난듸 나군자락을 거듬거듬 거더다가 셰료흉당의 딱 붓치고 아장아장 들러을 오더니

졈고 맛고

나오

• 어쥬축수 ᄋᆡ산춘의 양편난만 고은 춘ᄉᆡᆨ이 이 안인야 도홍이

도홍이가 드러를 오난듸 홍상자락을 거더안고 아장아장 조촘거러 드러을 오더니

졈고 맛고

나오

• 단산의 져 봉이 짜을 일코 벽오동의 깃듸린니 산수지영이요 비충지졍이라 기불탁속 구든 졀ᄀᆡ 만수문젼 ᄎᆡ봉이

ᄎᆡ봉이가 드러오난듸 나운을 두른 허리 ᄆᆡᆸ시 잇게 거더안고 연보를 졍이 옴겨 아장 거 러 드러와

졈고 맛고 좌부진퇴로

나오

• 청졍지연 부ᄀᆡ졀의 뭇노라 져 연화 어여ᄲᅮ고 고흔 ᄐᆡ도 화즁군자 연심이

연심이가 드러오난듸 ᄂᆞ상을 거더안고 나말 수헤 ᄉᆞᆯ면서 아장거러 가만가만 드러오더니

좌부진퇴로

나오

• 화씨갓치 발근 달 ᄇᆡᆨᄒᆡ의 드럿난니 형산ᄇᆡᆨ옥 명옥이

명옥이가 드러오난듸 기하상 고흔 ᄐᆡ도 이ᄒᆡᆼ이 진즁한듸 아장거러 가만가만 드러을 오더니

졈고 맛고 좌부진퇴로

나오

• 운담풍경 근오천의 양유편금의 잉잉이

잉잉이가 드러오난듸 홍상자락을 에후리쳐 세류흉당의 싹 붓치고 아장거러 가만가만 드러오더니

졈고 맛고 좌부진퇴로

나오

• 광한젼 놉픈 집의 현도하던 고흔 션빅 반기보니 계힝이 예 등딕하여소

• 송하의 져 동자야 뭇노라 션싱 소식 수쳡 청산의 운심이 예 등딕하여소

• 월궁의 놉피 올나 계화을 썩거 익져리이 예 등딕하와소

• 차문주가 하쳐직오 목동요지 힝화 예 등딕하와소

• 익미산월 발윤추영 입평강의 강션이 예 등딕하엿소

• 오동복판 거문고 타고나니 탄금이 예 등딕하와소

• 팔월부용군자용은 만당추수 홍연이 예 등딕하엿소

• 주홍당사 가진 믹답 차고나니 금낭이 예 등딕하와소

• 양딕션 월즁션 화즁션이 예 등딕하와소

• 금션이 금옥이 금연이 예 등딕하엿소

• 능옥이 난옥이 홍옥이 예 등딕하엿소

• 바람마진 낙춘이 예 등딕 드러을 가오

낙춘이가 드러을 오난듸 졔가 잔득 맵시잇게 드러오난 쳬하고 드러오난듸 시면한단 말은 듯고 이마싹의셔 시작ᄒᆞ야 귀뒤까지 파직치고 분셩젹 한단 말은 드러던가 긔분셩양 일곱돈엇치을 무지금하고 사다가 셩갓트 회칠하듯 반죽하 야 온 낫스다 믹질하고, 드러오난듸 키난 사그넉 장승만헌 연이 초믹자락을 훨신 추워다 텩 밋트 싹 붓치고 무논의 곤이 거름으로 씔눅 셩중셩중 엉금 셥젹 드러오더니

졈고 맛고

나오

필사본 「남원고사」의 기생점고 대목은 다음과 같이 진행된다.

• 즁츄 팔월 십오야의 광명 조타	츄월이
• 분벽ᄉᆞ창 요적ᄒᆞᆫᄃᆡ 한가ᄒᆞ다	향심이
• 도원심쳐 ᄎᆞᄌᆞ가니 무릉춘ᄉᆡᆨ 담도로다 녹양이월 삼월춘ᄒᆞ니 만화방창	츈단이
• 반야삼경옥인ᄂᆡᄒᆞ니 합니춘광	ᄆᆡ홰(로다)
• 쳡쳥산 뼉 드러가니 어뷔업다	범덕이
• 안고름의	향난이
• 것고름의	부젼이
• 비에	털녜
• 비에	쌩녜

사도: 조긔 조 ᄃᆡ강이 일곱ᄌᆡ 셧ᄂᆞᆫ 조년 나히 몃 ᄉᆞᆯ이니

기생: 셜흔 한ᄉᆞᆯ이올시다

사도: 아셔라 계집이 삼십이 넘으면 단물이 다 나ᄂᆞ니라 너도 져만치 밧쥴노 셔 잇거라 져긔 얼골 허연 져년은 일홈이 무어시니

기생: 영ᄋᆡ올시다

사도: 나흔 몃ᄉᆞᆯ이니

기생: 영ᄋᆡ ᄉᆡᆼ각ᄒᆞᄃᆡ 셜흔 ᄒᆞᆫ ᄉᆞᆯ을 단물이 낫다고 퇴ᄒᆞ여시니 날낭은 밧삭 쥬려보리라 ᄒᆞ고 ᄉᆞ십이나 다의 된 년이 염치업시 열 셰살이올시다

사도: (ᄉᆞᄯᅩ 호령ᄒᆞᄃᆡ) 조년 쌈 치라

기생: (영ᄋᆡ 겁ᄂᆡ여 ᄯᅩ 알외오ᄃᆡ) 쇼인이 ᄃᆡ강 몬져 알윈 나히올시다

사도: 그리면 왼통 나흔 언마나 되ᄂᆞ니

기생: (겁결의 과히 늘ᄎᆡ와 알외오ᄃᆡ) 쉰 셰살이올시다

사도: (ᄉᆞᄯᅩ 골을 ᄂᆡ여 ᄒᆞᄂᆞᆫ 말이) ᄒᆞᆫ셔붓터 쥬리ᄅᆞᆯ ᄒᆞᆯ 년들 더벙머리 당긔

치레ᄒᆞ듯 파려ᄒᆞᆫ 강아지 ᄭᅩᆼ지 치레ᄒᆞ듯 ᄭᅪᆯ 어즈러온 것드리 일홈은 무어시니 무어시니 나오너라 나오너라 거 원 무엇들이니 하나토 쁠 거시 업고나 앗가 영ᄋᆡ 긴 영ᄌᆞ ᄉᆞ랑 ᄋᆡᄌᆞ 어허 구어 다힐 년 ᄀᆞᆺᄐᆞ니 니마 압짓ᄂᆞᆫ다고 뒤ᄭᅩᆨ쥐가지 뒤버스러지게 머리ᄅᆞᆯ ᄉᆡᆼ으로 다 ᄉᆡᆨ히고 밀기름 바ᄅᆞᆫ다고 쳥어 굽ᄂᆞᆫ ᄃᆡ 된장 칠ᄒᆞ듯 ᄒᆞ고 연지ᄅᆞᆯ 뒤벌거케 왼ᄲᅡᆷ의 다 칠ᄒᆞ고 분칠은 회시ᄒᆞᄂᆞᆫ 놈의 회칠ᄒᆞ듯 ᄒᆞ고 눈셥 지엇다고 냥편의 쪽 셋식만 남기고 어허 쥬리알 머리ᄅᆞᆯ 쌥을 년 ᄀᆞᆺ트니 뉘 쇠ᄅᆞᆯ 먹으랴고 열 세살이오 눈 ᄭᅩ알ᄒᆞ고 닭도젹년 ᄀᆞᆺ트니 이년 목을 휘여 다힐 년들 모도 다 모라 ᄂᆡ치라

완판 84장본「열녀춘향수절가」는 춘향이 옥중에서 꿈을 꾸는 대목에 나타나는 정서를 살피고, 그 배후에 자리한 사유체계를 논하는 데 목표를 두었다. 춘향은 몽룡과의 사랑을 지켜내고자 반생반사의 몸이 되어서도 끝까지 변학도에게 저항한다. 하지만 죽음의 분위기가 엄습하는 옥방에 갇힌 뒤부터 심한 내적 동요를 겪는데, 그것은 '육체적 죽음'에 근접한 데서 느끼는 체념과 절망, 그리고 '정신적 삶'을 추구하는 데서 다지는 의지와 희망이라는 두 이질적 정서 사이를 오가는 모습으로 나타난다. 그런데 이러한 뒤엉킨 정서가 이후 춘향이 연이어 꾸는 두개의 옥중 꿈을 통해 일정한 방향성 지니며 해소되는 양상을 보이기에 주목된다. 먼저, 꿈 속 황릉묘에 당도해 이비에게 열녀로 인정받는 장면에서 춘향은 고난 속 '정절'이라는 유교적 이상을 되새긴다. 그러나 피할 수 없는 죽음의 현실은 척부인의 흉측한 형용과 거울이 깨지는 등의 불길한 형상을 목격하는 꿈으로 인지된다. 이에 춘향은 귀신쫓는 주문과 봉사의 해몽, 점술을 빌려 공포와 불안감을 해소하고자 한다. 이러한 춘향의 옥중 꿈 대목에는 두 가지 이질적인 사유체계가 간여하고 있다. 그것은 유교적 사유와 무속적 사유로, 이 둘은 상호보완적으로 기능하기도 하고 심층 사유상의 공통기반을 매개로 혼합되기도 한다. 우선 춘향이 정신

적 문제인 정절을 유교적 사유에, 육체적 문제인 죽음을 무속적 사유에 의지해 해결하려 하는 경향이 있다. 한편, 봉사가 해몽에서 행하는 반대해석법은 '순환적 사고'라는 공통기반을 매개로 한 두 사유체계 간의 혼합 현상을 보여준다. 이 같은 두 이질적인 사유체계의 만남은 완판본 「열녀춘향수절가」가 유통되던 당시, 판소리 소설의 담당층이 천민 광대, 서민에서부터 중인층과 양반에 이르기까지 폭넓게 확대되면서 생겨난 사유접변 현상으로 파악 가능하다. 그리고 이는 다소 투박할지라도 이 작품을 향유하던 담당층의 위기 대응방식, 나아가 문제 상황에 대처하는 한국인의 전통적 심성구조의 모습을 유추해볼 수 있게 한다는 점에서 의의를 갖는다.[364)]

6-2. 남원고사계 세책 필사본의 변이

(1) 세책 필사본 「춘향전」의 출현

「남원고사」 계통은 1830년 경에 나타난 것으로 추정된다. 이 계통은 판소리의 사설이 지닌 구성원리를 유지하면서 본격적 소설화가 이루어진 작품군이다. 이 계열의 작품들은 서두가 "텬하 명산 오악지중의 형산이 놉고.당 시졀의 절문 중이 경문이 능통하므로 룡궁의 봉명하고 석?상..."과 유사한 행문이거나, 아니면 이런 형태의 긴 허두가 있다. 그 다음에 "이 세상의 미오이상하고 신통하고 거룩하고 그특하고 뒤틀리고 맹랑하고 희한한 이리 잇것다. 젼라도 마원부소 니등소도 ?잇시의..." 등으로 이어지는 본화가 시작된다.

364) 이해진, 「춘향전의 옥중 꿈 대목의 정서와 그 배경적 사유체계」, 『고소설연구』, 40권, 2015, 203~228쪽.

이러한 「남원고사」 계통의 첫 이본은 창작의식이 뚜렷한 작가에 의하여 창작된 소설이다. 이 작가는 고급문예인 한문학과 대중문예인 국문문학, 구비문학의 폭넓은 지식을 갖춘 인물로 추정된다. 이러한 창작의식은 광대들에 의하여 불리워지던 전통 판소리의 사설과 달리 일관성을 강하게 나타내고 있다. 특히 서사구조상 대립의 원리가 보다 분명히 드러나 전반부는 기녀의 행동이, 후반에는 열녀의 행동이 각기 주축을 이루어 연결되고 있다. 이로 인하여 사랑의 문제도 전반부에서는 뜨거운 육체적 사랑이, 후반부에서는 순수한 정신적 사랑으로 변이되고 발전된다. 이런 방법으로 사랑의 두 가지 속성을 결합한 높은 차원의 사랑의 본질을 구체화 시키게 된다.

여기에 속하는 초기 필사본으로는 파리의 동양어학교본 「남원고사」, 동경의 동양문고본 「춘향전」, 이재수본 「춘향전」 등이 있다. 이들의 축약본으로 추정되는 경판 35장본 「춘향전」, 경판 30장본 「춘향전」, 경판 17장본 「춘향전」, 경판 16장본 「춘향전」, 안성판 20장본 「춘향전」 등이 목판으로 인쇄된 것들이다. 또 20세기에 와서도 1913년 신문관에서 최남선의 개작인 「고본춘향전」이 나왔고, 1936년에는 신명균의 「춘향전, 1943년에는 신태정의 「신역춘향전」, 1953년에는 신태화의 「춘향전」이 출판되었는데 모두 이계통에 속하는 이본들이다.

이들 중에서 경판 「춘향전」은 19세기 서울, 경기 지역의 독자들에게 대량 보급되었다는 점에서 주목을 받고 있다.

경판 「춘향전」 중에서 가장 긴 내용을 지니며, 가장 초기의 판으로 판단되는 35장본 「춘향전」은 경판의 대표적 이본이다. 이 35장본 「춘향전」은 남원고사계의 오기본을 바탕으로 하여 이를 축약한 이본이다. 이는 「남원고사」, 동양문고본 「춘향전」, 이재수본의 어느 한 이본 또는 두 이본의 본문들과 일치하는 부분이 많다. 독자적인 한 이본으로는 「남원고사」와 가장 가깝지만, 「남원고사」보다 선행한 원래의 「남원고사」의 이본을 대본으로 하고 있다. 또 35장본 「춘향전」과 이재수본의 관계를 보면, 이재수본은 춘향의 옥중에서 꿈이 서술된 다음에 허봉사의 해몽장면이 연결되어 「남원고사」와는 플롯의 이행을 보인다. 특히 「춘향전」을 가르치는 대목은 35장본 「춘향전」이 이재수본과 가장 가깝다. 춘향집 사설의 일부는 「남원고사」, 동양문고본 「춘향전」에는 없으나 35장본 「춘향전」과 이재수본에만 있다. 또 35장본 「춘향전」은 서울의 이도령 대목 이후에 춘향의 꿈 대목이 있으나, 30장본 「춘향전」은 춘향의 꿈 이후에 서울의 이도령 대목이 있다. 과거장면에서도 35장본 「춘향전」은 이도령이 태평과에 급제하나, 30장본 「춘향전」은 알성과에 급제한다. 이러한 30장본 「춘향전」은 다시 20장본 「춘향전」으로 축약되고, 이는 다시 17장본 「춘향전」, 16장본 「춘향전」으로까지 축약된다. 이로 인하여 「남원고사」계 「춘향전」은 가장 긴 「춘향전」인 「남원고사」와 가장 짧은 「춘향전」인 16장본 「춘향전」을 갖고 있는 독특한 계통이 되었다.

「춘향전」의 서두 대목은 텍스트의 개성은 「남원고사」가 가장 현저히 다르다는 점에 있다. 완판 30장본 「별춘향전」의 본문인, '슉종ᄃᆡ왕 즉위쵸의 시화연풍ᄒᆞ고 국ᄐᆡ민안ᄒᆞ야 만물리 번셩ᄒᆞ고 ᄇᆡᆨ셩이 효도ᄒᆞ야 츙신은 만됴졍이요 여령의 렬녀로다'에 비하여, 완판 33장본 「열녀춘향수절가」는 '슉종ᄃᆡ왕직위초의성덕이너부시사성자성손은게〃승〃ᄒᆞᄉᆞ금고옥족은요슌시절이요의관문물은우탕의버금이라좌우보필은주석지신이요용왕호위간성지장이라조정의흐르난덕화힝곡의페여잇고사ᄒᆡ의구든기운원근의어리엿다츙신은만조정이요효자열녀가〃ᄌᆡ라 미ᄌᆡ〃〃여우순풍조ᄒᆞ니일ᄃᆡ건곤셩명셰라'으로 일부 행문이 보완되었다. 이런 두 텍스트의 차이에 비하여, 「남원고사」는 다음과 같이 엄청난 증가를 보여준다.

① 텬하명산오악지즁에형산이놉고놉다당시절의절문즁이경문이능통 ᄒᆞ므로뇽궁의봉명ᄒᆞ고셕교상느즌봄바람의팔션녀희롱ᄒᆞᆫ죄로환ᄉᆡᆼ인간ᄒᆞ여츌댱입상타가ᄐᆡᄉᆞ당도라들제뇨됴절ᄃᆡ드리좌우의버러시니난양공쥬영양공쥬딘ᄎᆡ봉가츈운계셤월젹경홍심요연백능파와슬커정노니다가산종일셩의ᄌᆞ

든숢씌거다아마도세샹명니와비우희락이〃러홀가ᄒᆞ노ᄆᆡ라

② 청ᄋᆡ조흔남니샹의니화방초고든길의청녀완보드러가니산여옥셕층〃닙의
만학군봉쇼ᄉᆞ잇고청ᄉᆞ쥬분졈〃비의ᄇᆡᆨ도뉴쳔기러잇다층암졍슈졀벽간의
져골ᄭᅬᄭᅩ리종달ᄉᆡᄂᆞᆫ셕양청풍 플〃날고만학젹요깁흔골의귀촉도불여귀라
두견ᄉᆡ슬피울고무심ᄒᆞᆫ져구름은봉〃이걸녀ᄂᆞᆫᄃᆡᄇᆡᆨ당뉴ᄉᆞ징요쉬라(중략)
셰상영욕다바리고물외강산오며가며일ᄃᆡ계산젹막ᄒᆞᆫᄃᆡ셕조강어ᄲᅮᆫ이로다
범〃창파이ᄂᆡ흥을녹〃셰인졔뉘알니쳔ᄌᆡ만ᄌᆡ억만ᄌᆡᄅᆞᆯ여ᄎᆞ〃〃늙으리라

③ 이셰상의ᄆᆡ오이상ᄒᆞ고신통ᄒᆞ고거록ᄒᆞ고긔특ᄒᆞ고ᄑᆡ려ᄒᆞ고ᄆᆡᆼ낭ᄒᆞ고희한
ᄒᆞᆫ일이잇것다

「남원고사」의 서사는 이러한 허두와 그 다음에 이어지는 본화로서의 서사로 이루어진다. 「남원고사」의 작가가 창작한 제1 서사 부분인 이러한 허두의 구성은 선행하던 가사를 재편성한 것이다. 가요의 편집을 통한 서정성을 확산하는 기법이 강하게 작용한 본문이다. 이 허두는 네 개의 단위로 상이한 소재나 서술로 이루어져 있다. 곧, 첫째인 '텬하 명산 오악지즁에', 둘째인 '청ᄋᆡ 조흔 남니상의', 셋째인 '이런 경ᄀᆡ 다 본 후에', 넷째인 '이 셰상의 ᄆᆡ오 이상ᄒᆞ고'로 구성된다.[365] 이러한 대목들은 분위기의 변화 교체로 새로움을 자아낸다. 곧, 시조, 가사, 잡가 등의 분방한 율격을 중심으로, 문체의 다채로움과 활력에 의한 참신함을 자아낸다. 첫 대목의 이런 문체에 의한 분위기는 선행하던 계통본의 낯설기의 한 계기가 된다.

첫째 대목은 사설시조를 차용하여, 서정적인 분위기를 자아내면서 인생의 무상함과 그 극복을 위한 본능적인 대응인 취락 지향을 내세움이 특징으로 나타난다. 「구운몽」을 소재로 만들어진 사설시조를 부분 변개하여 새 계통본의 첫 머리를 장식하였다. 이는 가사의 시적 흥취를 통해 독자가 이미 친근

365) 설성경, 『춘향전의 통시적 연구』, 박이정, 1994, 297쪽.

한「구운몽」소설이나 시조를 통해 새 맛을 내고 있다. 또, 판소리의 허두가 기능을 하게 하여 인생이 덧없음을 제시하면서 전반적으로 전통「춘향전」의 주제적 분위기를 뒤흔들어 놓는 상반적 효과에 의한 참신성 확보라는 기능도 하게 한다.

둘째 대목은, '쳥ᄋᆡ 조흔 남니상의 니화방초 고든 길의 쳥녀완보 드러가니 산여옥셕층층닙의 만학군봉 소ᄉᆞ잇고 쳥ᄉᆞ쥬분졈졈의 빅도뉴쳔 기러잇다 (중략) ᄌᆞ미동남션아유ᄂᆞᆫ 날과 몬져 노랏노라'로, 한시를 근간으로 한 시적인 표현을 보여준다. 아름다운 산과 물에서 느끼는 강호에서의 삶이 안겨다 주는 선계 지향적 가치를 펼쳐 보인다. 한시구의 우아하고 심오한 시세계를 접목시켜, 세속과는 구분되는 자연 풍경과 선계 속의 인간심리를 형상하려는 노력이 드러난다. 특히, '오초ᄂᆞᆫ 어이ᄒᆞ여 동남으로 터져잇고, 건곤은 무삼일노 일야의 ᄯᅥ 잇ᄂᆞ니'와 같이 두보의「등악양루」의 일절을 번역하여 활용하기도 하고, 두목의「산행시」의 '원상한산석경사[366] 백운생처유인가[367] 정거좌애풍림만[368] 상엽홍어이월화'[369]의 한 귀를 따와서 '원상한산셕경ᄉᆞ[370]ᄂᆞᆫ 니젹션의 일흥이오'로 활용하기도 한다. 그러나 여기서 보더라도, 두목의 시구와 이태백의 흥을 연결시키고 있는 점은 시의 원래 작가와의 연결이 아닌, 시구와 흥의 대상으로 삼는 인물을 각기 상이한 소재에서 얻어와 하나의 문장으로 결합시키는 원리를 보게 되어, 이러한 결합은 단순한 오류의 차원에서만 이해할 수 없음을 확인시켜 준다. 곧, 소재의 원전이 지닌 사실의 이치보다는, 예술적 감흥을 높일 수 있는 소설 속의 예술적 표현으로서의 아름다

366) 遠上寒山石徑斜.

367) 白雲生處有人家.

368) 停車坐愛楓林晩.

369) 霜葉紅於二月花.

370) 遠上寒山石徑斜.

움과, 그 기능의 증대에 초점을 두고 있음을 뜻한다. 셋째 대목은 우리말의 어휘가 지닌 맛을 토대로 한 본격적인 강호 가사의 분위기를 끌어들여 표현의 빛과 맛을 자아내고 있다. 곧, '이런 경기 다 본 후의 어듸메로 가잣말고 산은첩첩 쳔봉이오 슈는 잔잔 벽계로다 긔암층층 절벽간의 폭포청파 써러지고 (중략) 범범창파 이닉 흥을 녹녹셰인 졔 뉘 알니 쳔지만지 억만지를 여ᄎᆞ여ᄎᆞ 늙으리라'는 가사를 비롯하여, 당시에 유행하던 대표적 가사들을 소재로 하여 재편집하고 있다.[371]

(2) 남원고사계 「춘향전」의 장편화에 따른 변이

「남원고사」 계통본을 대표하는 「남원고사」는 일반 「춘향전」의 기본 줄거리는 유지하면서도, 선행한 단위 이야기를 확대나 축약을 통해 유지, 도태, 창작함으로써 새롭게 변모되었다. 판소리에 근거한 상품 소설로 등장한 목판본과 함께, 소수의 독자에게만 읽혔던 필사본인 고려대본을 공통의 선행 원텍스트로 삼고, 이들의 장점과 자신의 창의력을 덧보태어 이루어낸 남원고사는 다른 「춘향전」 텍스트보다는 이야기를 대폭 확장하면서, 전통 「춘향전」의 분위기는 최대한 살리려고 노력한 흔적이 다수 나타난다. 특히, 기본 플롯의 설정에서도 단순한 도태나 생성만이 아닌, 작품 개성의 추구를 위해 기본 플롯의 전개의 위치도 문예성을 고양시킬 수 있는 새로운 위치로 이행시키기고, 간략한 단위 이야기를 확장된 단위 이야기로 재생산하는 등의 노력을 보여준다. 특히, '사또 육방 엄명'의 경우는 전통 「춘향전」을 비롯하여 완판 33장본 「별춘향가」에는 없던 것이 고려대학교 소장 「춘향전」에서는 도령과 방자의 남원 경치를 묻는 대화 가운데 방자가 사또의 명령을 도령에게 옮

---

371) 설성경, 『춘향전의 통시적 연구』, 박이정, 1994, 298쪽.

기는 말 속에 설명하는 간략한 내용으로 나타나는데, 「남원고사」에서는 하나의 독립 단위 이야기로 창작되어 새 화소로서 장면화의 중요한 기능을 하게 되고, 이는 나아가 '도령의 신세 타령을 함'이라는 후속 장면화가 이루어지는 원인으로 작용하게 된다.

이러한 선행 두 텍스트와 「남원고사」의 관계를 본문의 직접 대비를 통해 다시 한번 구체적으로 비교해보면, 완판 33장본 「열녀춘향수절가」는 '잇ᄯᆡ의 삼천동 거ᄒᆞ시난 이할임이라 ᄒᆞᄂᆞᆫ 양ᄇᆞᆫ이 이쁘되 세ᄃᆡ지명지족으로 국가츙신지후예라. 일일은 젼ᄒᆞ게옵셔 츙효록을 올여 보시고 츙효자로 ᄐᆡᆨ출ᄒᆞᄉᆞ 자목지관 임용ᄒᆞ실ᄉᆡ 이할임으로 과천현감의 금산군수 이ᄇᆡᆨᄒᆞ야 남원부사 제수ᄒᆞ시니 이ᄒᆞᆯ님이 사은숙ᄇᆡ ᄒᆞ직ᄒᆞ고 직시 치ᄒᆡᆼᄒᆞ여 남원부의 도임ᄒᆞ고 션치민졍ᄒᆞ니 사방의 일이 업고 ᄇᆡᆨ셩덜은 더듸오믈 칭송ᄒᆞ고 강구연월의 문동요라 시화연풍ᄒᆞ고 ᄇᆡᆨ셩이 효도ᄒᆞ니 요순시절이라'로 되어 있다. 이러한 완판 33장본 「열녀춘향수절가」에 비하여, 「남원고사」에서는 본화의 발단 초앞 표현을 상당히 압축 처리하여 아래와 같이 간단히 제시하고 있다.

「남원고사」는 앞 대목에서 밝혀진 확대 및 재창조와는 달리 완판 33장본 「열녀춘향수절가」의 (1), (2)를 완전히 생략하고 있다. 그 대신에 '잇ᄯᆡ는 ᄯᆡ 마침 츈삼월이라 츈조은 비거비ᄅᆡ 쌍쌍ᄒᆞ여 츈졍을 도읍난ᄃᆡ ②사도자졔 이 도령이 연광은 이팔이요 풍ᄎᆡ는 두목지라 문장은 이ᄐᆡᄇᆡᆨ이요 필법은 왕히지라 ③이ᄯᆡ의 도련임이 방자불러 이른 말리 이곳 경쳐 어ᄃᆡᄆᆡ냐'에 이어서 다음과 같이 확대 재생산하였다.

> ① ᄌᆞ졔 니도령이 년광이 십뉵셰라 얼골은 딘유ᄌᆞ오 풍ᄎᆡᄂᆞᆫ 두목지라 문댱은 니태ᄇᆡᆨ이오 필법은 왕희지라 ② ᄉᆞ또 ᄉᆞ랑이 ᄐᆞ과ᄒᆞ여 도임초의 ᄎᆡᆨ방의 기ᄉᆡᆼ슈쳥 드리ᄌᆞ ᄒᆞ니 ᄎᆡᆨ의 상ᄒᆞᆯ가 념녀ᄒᆞ고 통인슈쳥 너ᄎᆞᄒᆞ니 용의 골가 념녀ᄒᆞ여 관속의게 분부ᄒᆞ되 ᄎᆡᆨ방의 만일 기ᄉᆡᆼ슈쳥을 드리거나 반반ᄒᆞᆫ 통인슈쳥을 드리ᄂᆞᆫ 폐가 잇시면 너희ᄅᆞᆯ 잡ᄋᆞ드려 뉴월도 ᄊᆡᄅᆞᆯ 뚤고 왼 호쵸

ᄅᆞᆯ 박으면 웃고 죽으리라 이러틋 분부를 지엄극악키ᄒᆞ니 엇던 녁젹의 아들 놈이 술씬 암캉아지 ᄒᆞ나히나 ᄎᆡᆨ방 근쳐의 보ᄂᆡ리오 ᄎᆡᆨ방슈쳥을 드리되 귀신 다 된 아희놈을 드리거다 상모ᄅᆞᆯ 녁녁히 쓰더보니 ᄃᆡ고리ᄂᆞᆫ 북통 ᄀᆞᆺ고 얼골은 밀ᄆᆡ판 ᄀᆞᆺ고 코ᄂᆞᆫ 어러죽은 초빙 쥴기만 ᄒᆞ고 닙은 귀가지 도라지고 눈구멍은 총구멍 갓ᄒᆞ니 깁던지 마던지 이 달의 울 일이 이시면 ᄂᆡ월 초ᄉᆡᆼ의 눈물이 ᄆᆡᆺ쳣다가 스므날정게 되여야 낙누ᄒᆞ고 얽던지 마던지 얽은 구멍에 탁쥬 두푼어치 부어도 잘 ᄎᆞ지 아니ᄒᆞ고 몸집은 동ᄃᆡ문안 인졍만ᄒᆞ고 두다리ᄂᆞᆫ 휘경원 정ᄌᆞ각 기동만ᄒᆞ고 킈ᄂᆞᆫ 팔쳑당신이오 발은 계요 ᄀᆡ 발만ᄒᆞᆫᄃᆡ 종아리ᄂᆞᆫ 비상 먹은 쥐다리 ᄀᆞᆺᄒᆞ니 바람부ᄂᆞᆫ 날이면 간드렝 간드렝ᄒᆞ다가 된통 바람이 부ᄂᆞᆫ 날이면 각금 낙셩ᄒᆞᄂᆞᆫ 아희놈을 명ᄉᆡᆨ으로 슈쳥을 드리니 니도령이 ᄎᆡᆨ방의 홀노 안ᄌᆞ 탄식ᄒᆞᄂᆞᆫ 말이 셰사ᄅᆞᆯ 곰곰 헤ᄋᆞ리니 묘창ᄒᆡ지일속이라 남기라도 은힝목은 ᄌᆞ웅으로 마조 셔고 물이라도 음양슈ᄂᆞᆫ 격을 ᄎᆞᄌᆞ 도라들고 ᄉᆡ라도 원앙조ᄂᆞᆫ 웅비ᄌᆞ종 나라들고 풀이라도 화반초ᄂᆞᆫ ᄉᆞ시장츈 마조나고 돌이라도 망쥬셕은 둘이 셔셔 마조보고 원앙지샹냥냥비오 봉황누하쌍쌍되라 날짐ᄉᆡᆼ도 빵이 잇고 길버러지도 짝이 잇고 헌고리도 짝이 잇고 헌집신도 짝이 잇네 나ᄂᆞᆫ 어인 팔ᄌᆡ완ᄃᆡ 어제밤도 ᄉᆡ오잠 ᄌᆞ고 오늘밤도 ᄉᆡ오잠 ᄌᆞ고 ᄆᆡ양 장상 ᄉᆡ오잠만 ᄌᆞ노 엇던 부모ᄂᆞᆫ ᄌᆞ부 어더 아들 낫코 쌀을 나하 닙장츌가시킨 후의 아들의 손ᄌᆞ 쌀의 손ᄌᆞ 안고자고 ᄌᆡ롱보고 엇던 부모ᄂᆞᆫ 쥬변이 업고 마련이 업고 된 데가 업셔 다만 ᄌᆞ식 나 ᄒᆞ나 두고 청츈이십 당ᄒᆞ도록 독슉공방 시기ᄂᆞᆫ고 츰아 셜워 못살깃다 이러ᄐᆞ시 탄식ᄒᆞ며 시절을 도라보니 ④ᄊᆡ맛츰 삼춘이라 초목군ᄉᆡᆼ지물이 ᄀᆡ유이ᄌᆞ락이라 썩갈남긔 속닙 나고 노고질이 놉히 썻다 건넌 산의 아ᄌᆞ랑이 찌이고 잔씌잔씌 속닙 나고 달바조 씽씽 울고 삼년 묵은 말가족은 외용죄용 소ᄅᆡᄒᆞ고 션동아 군복ᄒᆞ고 거동츰네ᄒᆞ라 가고 청ᄀᆡ고리 신샹토 ᄶᅩ고 동ᄂᆡ 얼운 ᄎᆞᄌᆞ보고 괴양이 셩젹ᄒᆞ고 ᄉᆡ집가고 암ᄉᆡ 셔답ᄎᆞ고 월후ᄒᆞ고 너구리 넛손ᄌᆞ보고 둑겁이 외손ᄌᆞ 보고 다람이 용ᄀᆡ치고 과부 기지ᄀᆡ 켤 제 니도령의 ᄆᆞ음이 흥글항글

ᄒᆞ여 불승탕정이라 산천경ᄀᆡ 보려 ᄒᆞ고 방ᄌᆞ불너 분부ᄒᆞᄃᆡ 이 고을 구경쳐 가 어ᄃᆡ 유명ᄒᆞᆫ다

남성 주인공 이도령의 인물소개와 봄을 맞은 이도령의 기분을 묘사한 부분이다. 완판 33장본 「열녀춘향수절가」의 ①, ②, ③이 고려대학교 소장 「춘향전」에 와서는 ①, ②, ③, ④로 확대 변형되고, 또, 「남원고사」에 와서는 고려대 소장 「춘향전」의 ①, ②, ③, ④가 다시 재창작되는 확대 변형을 보인다. 특히 「남원고사」에서는 이도령의 인물묘사가 과장된 열거를 보임으로써 수사적 기교가 마음껏 발휘되어 있음을 볼 수 있다. 또 고려대학교 소장 「춘향전」에서 새로 창작된 ②를 「남원고사」에서는 같은 ②의 내용으로 받아 들이면서도, 고려대학교 소장 「춘향전」에서는 이도령과 방자의 대화를 이부사가 관원들에게 명령하는 것으로 재창작하고 있다.

이처럼 「남원고사」로의 개작가는 완판 33장본 「열녀춘향수절가」를 토대로 판소리 사설의 분위기를 재담적인 요소로 대폭 확장시켰다. 소설 「춘향전」의 독자성을 드러낸 고려대본 「춘향전」을 함께 토대로 삼아 완판 33장본 「열녀춘향수절가」는 이한림의 소개, 시간적 배경, 이도령 소개에 이어, 도령과 방자의 대화를, 이한림의 자제가 남원부사로 옴과, 사또 자제의 소개에 이어 도령과 방자의 대화로 단위 이야기 위치를 이행시키기도 하고, 내용을 변형시키기도 하고 있다. 이 경우에도, 완판 33장본 「열녀춘향수절가」는 이한림의 소개를 명문의 자제임과, 남원부사가 된 경위, 남원에서 선정을 배풂의 순서로 서술하고 있다. 시간적 배경에서는 새를 묘사하여 봄기운을 고조시켜 주인공들의 사랑 사건의 분위기를 자아내게 하는 복선적인 기능를 보여준다.

이도령의 소개는 나이, 풍채, 문장, 필법을 제시한다. 도령과 방자의 대화에서는 도령이 방자에게 경치를 물음, 방자의 반문, 이도령이 이태백, 소자첨 등을 이끌어들여 자신의 춘흥을 정당화킴으로 구성되고 있다. 그러나, 완

판 33장본 「열녀춘향수절가」에서는 시작에서부터 좋은 가문에서 태어난 충효자 이한림이 남원부사로 오는 것으로 서술하던 것을 「남원고사」에서는 남원부사의 도임, 부사 자제의 소개, 이도령에 대한 사또의 태도, 부사에 대한 아들인 도령의 태도, 봄기운에 취한 동물, 도령과 방자의 대화로 이어진다.

또 부사의 도임은 아주 간략함에 반하여, 도령의 나이, 얼굴, 풍채, 문장, 필법을 두루 소개하는 확장의 상황을 보여주고, 사또의 태도에 가서는 완판에서는 없던 부분이 고려대본에서 생성되었던 '도령에게 대답하는 방자의 말 속에서 나왔던 이부사의 명령 부분이 완전히 독립된 하나의 단위 장면으로 심화 확충된다. 이는 부친인 이부사가 아들에 대한 지나친 기대 심리로 인하여 이도령 주변에 기생이나 통인을 얼씬거리지 못하게 하고, 통인을 가까이 있게 하더라도 천하에 유명할 정도로 못생긴 인물들을 주변에 있게 하니 도령은 부친의 이런 과잉 보호에 자연 반감을 가지며 자신의 신세를 한탄하게 되는 심리적인 갈등의 당위성을 높여주게 된다.

사회적으로는 덕치로 이름이 난 사또이지만, 가정적으로는 지나친 엄함과 자식에 대한 과욕으로 공사를 가리지 못하는 이부사와 평범한 아버지의 인간상을 기대하는 그 아들 도령은 각기 상이한 의식과 그에 다른 현실에의 대응을 보인다. 이는 아버지와 자식 사이의 심리적인 갈등을 노골화시키면서 서사의 전개에 있어서 극적인 긴장의 촉발을 유도함과 함께 사건 진전에 대한 독자들의 관심을 촉발시키는 효과를 만들어내게 된다. 게다가 봄이 되니 자연은 때를 알아 짝짓기에 바쁨을 묘사하여 닫힌 공간인 책방에서의 한 젊은이의 이성에 대한 목마름과, 열려진 공간인 바깥 세계인 자연에서의 동물과 식물들의 자연스런 세계의 대비를 통하여 강압적인 이성화와 자연스런 욕망을 효율적으로 대비시키며 독자들이 앞으로 일어날 젊은 남녀의 만남과 사랑을 더욱 진솔한 것으로 수용할 수 있도록 장치를 마련시키고 있다.

이는 「춘향전」의 단순한 소재적 차원의 변개가 아닌 작가가 작품의 기본 구도를 어떻게 잡고 있는가를 보여주는 한 기준치가 된다. 곧, 도령의 광한루로의 외출이 어떠한 계기로 이루어지고, 도령과 춘향의 극히 예외적인 만남의 발단이 그 이전의 어떤 심리적인 상황하에서 이루어진 결과인가를 작가가 얼마나 의식하면서 작품의 서술을 진행시키며, 인물의 성격을 부각시키느냐는 점과 맞닿아 있기 때문이다. 이러한 시각에서 보면, 「남원고사」로의 개작가는 서사에서 보여주었던 수준 높은 소재의 창의적인 조직력과 작품 전개 능력의 참신성이 이 대목의 창작에서 다시 한번 확인되고 있다. 또한 「남원고사」로의 개작가는 이러한 창작 장면화를 통하여, 「원춘향전」의 이야기의 줄거리를 구체화하는 과정에서 더욱 흥미 있고 예술성이 높은 작품으로 올려놓는 탁월성을 확인시켜준다. 이러한 작품성을 올려놓기 위한 작가의 의도는 내용에서만 일어나는 것이 아니다. 표현 양식의 개발이라는 측면에서 그 예를 들면, 사또의 엄명 대목과 도령의 신세 타령 대목이 호응 관계를 유지하며 이도령이 겪는 갈등은 심각성을 띠고 있지만, 서술이나 묘사의 분위기는 희극적인 골계미를 자아내는 내용과 표현 형식의 대립을 통한 제삼의 미적인 정감을 느끼게 하고 있음이 이 작가가 창출해내고 있는 장면에서 형상되는 독자적인 성격이 되고 있다.[372)]

또, 표현의 풍부성이 높은 「남원고사」는 분량이 다른 이본에 비해 크게 늘어났다. 이런 데에는 서사 중간에 삽입된 시가가 역할을 하였다. 판소리 창본인 이선유본 「춘향가」보다도 근 두 배나 많은 63편의 삽입가요가 수록되어 있다. 이는 당대에 유행하던 가요를 춘향 서사에 적극 활용하여 장형화를 이룬 가집형 소설과 같은 작품 정도로 당대 서울에서 불리던 가요를 적극 활용한 것이다.[373)]

---

372) 설성경, 『춘향전의 통시적 연구』, 박이정, 1994, 304쪽.

373) 정병설, 「경판 30장본 춘향전의 표준본적 성격」, 『판소리 연구』, 51집, 2021.

(3) 남원고사계 세책 필사본의 변이

19세기 초에 서울의 독자를 중심으로 필사본의 형태로 보급된 「남원고사」는 창작의식이 강한 개작가에 의해서 조경남의 「원춘향전」 이래로 그당시에 여러 「춘향전」의 이본들을 종합하여 본격적인 개작 내지 재창작하면서 제목도 「남원고사」라는 특이한 표제를 보여주고 있다. 「남원고사」는 완판 33장본 「열녀춘향수절가」 이후에 성립[374]된 점과 필사 시기로 보아, 1830년대 경에 이루어진 것으로 추정된다. 이 「남원고사」는 남아있는 텍스트가 주로 세책의 형태를 보여주고 있으므로, 책을 빌려주는 세책점 주변에서 나온 것으로 추정된다.[375] 곧, 서울에서는 세책업이 성행했고, 세책 상인은 독자들이 더 재미있는 소설책을 요구함에 호응하여 상행위에 적절한 재미있는 장편 「춘향전」의 필요성을 느꼈기 때문에 약 9만 5천 여자에 가까운 장편 「춘향전」인 「남원고사」가 출현하게 된 것이다.

「남원고사」의 성립 원리를 선행본으로 판단되는 완판 33장 「열녀춘향수절가」와, 고려대본 「춘향전」의 사랑대목과 이별 대목의 플롯 비교를 통해 살펴보자.

사랑 대목은 첫째, '도령이 방자를 앞세워 춘향집에 찾아감'과 '도령이 춘향과 첫날밤의 사랑놀이를 즐김'으로 구성 된다. 이를 하위 플롯으로 나누어, 「남원고사」가 선행 텍스트의 내용을 어떻게 수용하고 변개하는지를 분석하면 다음과 같다.

---

374) 플롯상으로 볼 때, 완판 33장본 「열녀춘향수절가」와 고려대본 「춘향전」을 교합한 개작본이다.

375) 현재 전하는 세 종류의 「남원고사」 계통의 이본들이 세책점에서 전하던 텍스트다.

① 도령이 방자를 앞세워 춘향집에 찾아감

㉠ 도령이 동헌에 불이 꺼진 후 방자와 춘향을 찾아감

㉡ 방자가 춘향방 앞에서 월매에게 들킴

㉢ 도령이 춘향을 따라 들어가며 뜰과 담을 살펴봄

㉣ 도령이 춘향방의 세간들을 살펴봄

㉠의 '도령이 동헌에 불이 꺼진 후 방자와 춘향을 찾아감'은 다시 텍스트에 따라 그 세부 내용이 상이하게 나타난다.

첫째, 완판 33장본 「열녀춘향수절가」와 고려대본에서는 동에서 아귀 튼다고 대답하는데, 완판 33장본 「열녀춘향수절가」에서는 방자의 이런 엉뚱한 대답에 도령이 "어허 이놈 괘씸한 놈. 서으로 지는 해가 동으로 도로 가랴. 다시금 살피어라"라고 꾸짖으며, 고려대본에서는 "지난 해를 보았나 보다. 광한루에서 춘향 제 집으로 돌려보내고 책방으로 돌아온 제 오후가 넘었거든 인제 아귀 튼단 말이냐"라고 방자의 대답이 그릇됨을 지적한다. 그러나 「남원고사」에서는 이를 토대로 하여, 도령이 방자에게 해를 물으니 방자는 아직 아귀도 트지 않았다고 거짓말을 하는 것으로 변개하였다. 곧, "조반 아침 전폐하고 점심도 전궐하고 묻는 것이 해뿐이라"고 하여 이미 오후인데도 방자는 도령의 성화에 이런 어거지 대답을 하고, 도령은 방자의 이런 엉뚱한 대답에 아무 대거리도 못한다. 그 대신에 혼자서 성화만 부리며 나름대로 해가 더딘 이유를 추정해 본다. 그 이유로 내세워지는 것도 해의 발바닥에 종기가 났는가, 가래톳이 곪았나 등등이다. 이러한 점은 「남원고사」에서의 방자의 성격이 실리에 강하여 춘향에게 접근하고자 하는 도령의 욕망을 미끼로 도령에게 우월한 위치를 확보하여 형의 칭호까지 얻어낸다는 점과도 관련되며 도령의 성격 또한 그만큼 희화되고 있다.

둘째, 도령이 다시 해를 묻자 방자는 해가 꼼짝도 하지 않는다고 대답하는 내용이 있다. 이 대목은 완판 33장본 「열녀춘향수절가」에는 없고 고려대본에 있다. 고려대본에서는 방자의 이러한 대답에 도령이 무슨 트집이 있나보다 고 대꾸하는 것으로 되어 있어나, 「남원고사」에서는 "무정세월약유파라 하더니 허황한 글"이라며, 붙인 듯이 박힌 해를 어이 다 보낼까 한탄하는 것으로 변개시켰다.

셋째, 도령은 방자에게 서산에 기름칠해 두라고 한다는 내용이 있다. 이 대목도 완판 33장본 「열녀춘향수절가」에는 없고 고려대본에만 있다. 고려대본에서는 방자가 도령에게 "아마도 도령님과 시비를 차리나 보다"고 대꾸하자 도령이 방자에게 서편 기와골에 기름칠을 하라고 한다. 그러자 방자는 하늘의 해가 기와골에 기름 바른다고 넘어갈 듯 하냐고 비양이자, 도령은 양반이 저 해를 쫓으려고만 하면 왜 못하겠느냐며 몽치로 덜미를 우려 쫓으라고 하여 되지 않을 일에 양반의 위세를 내세운다. 그러나, 이를 「남원고사」에서는 도령이 다시 방자에게 해를 묻고 방자가 "서산에 비껴 종시 아니 넘어 간다"고 하자 서산 뫼봉에 기름을 발라두어 미끄러워 넘어가게 하라고 하며, 해 지거든 알리라고 하는 것으로 변개시켰다.

넷째, 도령이 해를 묻자 방자는 해가 졌다고 알리는 내용이 있다. 완판 33장본 「열녀춘향수절가」에서는 첫째 내용 다음에 서책풀이가 있고, 그 다음에 이 부분으로 이어진다. 고려대본에서는 '보고지고', '이부사의 대응', '서책풀이'가 있고, 이 부분으로 이어진다. 이 두 텍스트에서는 방자는 해가 졌음만 알리는 데 비해, 「남원고사」에서는 황혼의 모습을 좀더 길게 묘사하고는 도령에게 "가랴 하오, 말랴 하오"라고 도령을 비양이는 어조를 더 강화하는 쪽으로 변개 시켰다.

다섯째, 도령과 방자가 채비 차려 책방을 나서는 내용이 있다. 완판 33장본 「열녀춘향수절가」에서는 이 부분이 가장 짧게 설명되고, 고려대본에서는 방자의 행색치레가 나올 뿐 다시 방자와 도령의 실랑이는 없다. 이러한 선행 텍스트를 「남원고사」에서는 그 둘의 실랑이가 계속되는 것으로 확대하였다. 「남원고사」에서는 도령이 허둥거리며 초조해 하는데 방자는 거드럭거리며,

그것이 사또의 분부냐고 하면서 도령의 약점을 들먹인다. 다른 텍스트에서와 달리 부사가 추물로 도령 시중들게 하는 등 엄한 태도가 두드러진 이 텍스트에서 방자가 사또의 분부를 들먹이는 행동은 그의 영악스러움을 드러내는 것이다. 특히, 사또 취침한 뒤에나 가거나 말거나 하자는 방자에게, 도령은 초조한 나머지 "그러하면 돈관이나 내어다가 문 닫는 놈 인정 주고 폐문선하 하여보자"고 한다. 방자는 그것도 막고 나서 도령이 동헌에 퇴등한 낌새를 보라고 하자 밤이 늦었다고 대꾸한다. 그리고 이어서 "가랴 하오, 말랴하오"라고 비양거림을 덧붙인다. 이러한 대화를 통해 「남원고사」에서 방자는 항상 도령에게 우위를 차지하려 한다는 것을 알 수 있다. 이 부분에서 방자는 도령을 자네라고 부른다. 「남원고사」에서는 도령은, 춘향과의 대면 이후 방자와의 관계에 있어 항상 어리석음을 노출시키는 쪽으로 변개하였다. 그러나 도령은 방자가 자기를 놀리려고 한다고 의심하기도 하므로 도령은 방자의 속셈을 몰라서 속고 있는 것이 아니라 그 비위를 거슬리면 춘향과의 만남이 어그러질까봐 방자의 방자함을 그대로 견디게 도령의 성격을 변개시켰다. 춘향집 앞에 이르러서 그 집이 기생집으로서는 너무 장대하기에, 방자가 자기를 세가에 속여 들여 보내놓고 망신시키려는 게 아니냐고 의심하면서 방자에게 앞서서 들어가라고 하는 데에서 방자를 경계함이 나타난다. 방자가 그렇다면 들어가 수쇄한 후에 나오겠다고 하자 방자에게 "수상하고 맹랑한 놈"이라며 같이 들어감도 이러한 의도에서 비롯된 것이다.

㉡의 '방자가 춘향방 앞에서 월매에게 들킴' 대목에서는 완판 33장본 「열녀춘향수절가」에는 네 명이 다 등장하지만, 고려대본에는 월매가 술취하여 건넌방에 잠든 것으로 되어 있어 등장하지 않는다. 「남원고사」에서는 완판 33장본 「열녀춘향수절가」를 수용하고 있다. 완판 33장본 「열녀춘향수절가」에는 이런 월매의 성격이 나타나지 않는다. 심지어 도령을 안으로 들이는 최소한의 역할도 담당하지 못하고 있다. 월매는 상황에 따라 재빠르게 변화하여 대처하는 모습이 두드러지는데 할미 집에 술이 있다기로 왔노라는 도령의 능

청에 월매는 여기는 주가가 아니니 행화촌을 찾아가라고 대꾸한다. 그러자 방자가 나서서 “이 골 자제 도령님이 춘향 구경 와 계시니 잔말 말고 들어 가소”라고 하고 바로 이 말 듣고 바삐 나와 도령의 소매를 잡고 들어가자고 청하는 것으로 이어진다. 고려대본 「춘향전」에서는 방자가 도령의 분부로 춘향에게 연통하러 춘향방을 엿보는 거동과 춘향이 바느질하는 모습이 묘사되며 방자가 춘향에게 직접 도령이 왔음을 알린다. 이들을 토대로 하여, 「남원고사」에서 방자는 닫은 문을 발로 차고 왈칵 뛰어 들어가며 춘향을 부르는데, 이 때 춘향은 거문고를 타며 자탄가를 부르고 있다. 그러자 월매가 나와 방자를 보고 꾸짖으며 욕하고 “관속 녀석은 꼴보기 싫더라”고 한다. 이 말을 듣고 방자는 춘향에게 “그 말을 어머니에게 아니하였나 보구나” 하면서 월매에게 “저 아이가 그네를 뛰다가 도령에게 들켜 둘이 만나 보고 백년 기약 언약하고 오늘 저녁 오마고 약속한 일이다.”라며 전후 사정을 설명한다. 월매는 방자의 설명을 듣고는 별안간 딴전을 부리며 방자에게 자기와 그의 어머니가 동갑이라며 눙치고 나서 춘향에게 바삐 나와 도령을 잘 모시라고 하는 것으로 변개시켰다.

㉢의 ‘도령이 춘향을 따라 들어가며 뜰과 담을 살펴봄’대목에서는 완판 33장본 「열녀춘향수절가」에서는 방자가 나서서 도령을 안으로 들라고 하자 이어서 춘향이가 나와 도령의 소매를 잡고 안으로 들이고 방안 치레가 이어진다. 고려대본에서는 춘향이 방자에게서 도령이 왔다는 소식을 듣고 도령을 맞이하러 나온다. 이 때 도령은 춘향의 모습이 마치 귀신과도 같이 아름답다고 치켜세운다. 춘향도 전에 뵌 듯하나 미처 생각나지 않는다고 딴청부리면서, 누추하지만 집안으로 들어가 담배나 잡숫고 놀다 가라고 청한다. 이들을 토대로 「남원고사」에서는 춘향이 도령을 맞아들일 때 월매가 교태를 부려 별안간 깜짝 놀라 “사또 아시면 모두 상하게 하려고 이런 일을 하느냐”면서 도령에게 어서 바삐 돌아가라고 한다. 도령이 염려 말고 가만 있으라고 하자, 월매는 이미 오셨으니 말없이 다녀가라고 하면서 춘향이 친구왕래 없이 지

냈었는데 도령이 오셨으니 잠깐 놀다 가라고 하고 춘향집 치레가 이어지도록 하였다.

② 도령이 춘향과 첫날밤의 사랑놀이를 즐김

㉠ 춘향이 도령을 맞아 담배를 권함

㉡ 춘향이 도령에게 술상을 내어 놓음

㉢ 춘향이 도령에게 권주가를 부름

㉣ 춘향이 도령에게 거문고를 타며 노래함

㉤ 도령이 춘향에게 천자풀이를 함

㉥ 도령이 춘향에게 바리가를 함

㉦ 도령이 춘향에게 덕운가를 함

㉧ 도령이 춘향과 춘정을 즐기며 비점가를 함

㉨ 도령과 춘향이 인자타령과 연자타령으로 비점가를 함

㉠의 '춘향이 도령을 맞아 담배를 권함'은 완판 33장본 「열녀춘향수절가」에는 없다. 고려대학교 소장본에서는 춘향이 도령에게 병풍을 구경시키는 장면으로 이어지던 것을, 「남원고사」에서는 도령이 술까지 청하는 장면으로 연결시켰다. 당시의 각 지방의 명물 담배의 종류와 담배를 손질하여 권하는 방식까지 세밀하게 나타난다. ㉡의 '춘향이 도령에게 술상을 내어 놓음'에서는 완판 33장본 「열녀춘향수절가」와 고려대학교 소장본 「춘향전」에서는 춘향의 거동으로 이 부분이 묘사된다. 그러나 그 정도가 「남원고사」에서 가장 강조되어, 월매가 술상 차리는 대목에서 이 부분이 묘사되고 「남원고사」에서 월매가 차지하는 비중을 크게 확대시켜, 소반, 그릇, 술병, 술, 안주 등을 나열하여 화려한 분위기를 낸다. ㉢의 '춘향이 도령에게 권주가를 부름'대목은 도령이 차려진 술상을 받아 춘향과 술을 마신다는 것으로 요약된다. 이 대목은 완판 33장본 「열녀춘향수절가」와 고려대학교 소장 「춘향전」에 이미 있었다.

고려대학교 소장 「춘향전」에서는 "차례로 벌여 놓고 장진주로 권하니 양인이 서로 먹고 대취하여"로 가장 간략하다. 「남원고사「에서는 이를 토대로 도령이 춘향에게 권주가를 청하여 듣고 또 가사를 청하여 듣고 주정까지 하는 식으로 길게 묘사하였다. ㉣의 '춘향이 도령에게 거문고를 타며 노래함'은 완판 33장본 「열녀춘향수절가」에는 없고, 고려대학교 소장본에는 춘향이 거문고 타는 장면으로 있었다. 고려대학교 소장 「춘향전」에는 거문고 타는 소리를 '대현은 농농하야 조용의 소리같고 소현은 영영하야 청학의 울음이라 둥덩지 두덩'으로 간단히 묘사된다. 곧, 도령이 거문고를 보고 동음이의어로 말장난하는 것만 있었다. 그러나 「남원고사」에서는 여기에 이어서 춘향이 거문고 타며 부르는 노래의 대목을 첨가했다. 또, 「남원고사」에서는 이에 앞서 도령의 술주정이 있고 삼강오륜이 무엇이냐는 춘향의 질문에 삼강이란 한강, 대동강, 금강이며 오륜은 한성부 판윤, 좌윤, 우윤, 경주 부윤 등이라고 엉뚱한 대답을 함으로써 희극적 분위기를 더하게 하였다. ㉤의 '도령이 춘향에게 천자풀이를 함' 대목은 완판 33장본 「열녀춘향수절가」와 고려대학교 소장 「춘향전」에는 없었다. 그러나 「남원고사」에서는 춘향과의 첫날밤에 춘향을 상대로 서책풀이를 하는 장면을 삽입시켜 분위기를 돋구고 있다. ㉥의 '도령이 춘향에게 바리가를 함'은 완판 33장본 「열녀춘향수절가」에는 없으나, 고려대학교 소장 「춘향전」에는 있던 대목이다. 「남원고사」에서 도령의 천자풀이를 듣고 춘향이가 그것은 듣지 못하던 노래라고 하자 도령은 노래 말고 아주 이상한 소리를 하겠다고 한다. 춘향이가 그것이 무슨 소리냐고 묻자 도령은 옛적 문장 영웅호걸, 충신열사, 일색들을 모두 모아 바리가 하는 소리라고 한다. 「남원고사」에서 이 장면의 바리가는, 도령이 스스로 자신이 부를 소리를 아주 이상한 소리라고 소개하고 있으며 노래를 들은 춘향도 참으로 별 소리라고 한다. 고려대본에서는 춘향이 도령에게 거문고를 타며 노래함에서 이 장면으로 이어지는데, 춘향이 거문고 타는 소리의 묘사에 바로 이어져 있어 춘향이 「바리가」를 부르는 것으로 되어 있다. 「남원고사」의 「바리가」는 횟수의 증가와 수식어의 확대로 화려하고 풍요롭게 개작되었다. 특히, "장래 귀히 되실 도련임으로 짝을 짓고, 남원 일등 명기 춘향으로 짝을 지어, 거문고로 웃짐쳐서 상단으로 말 몰여라"고 하여 순서상 도령이 우위에 놓이고 보조인물 중에서 향단만 언급된다. 도령이 바리가를 부르는 「남원고사」에서는 "동정추월같고 녹파부용같은 춘향으로 한 짝 치고, 락양과객 풍류호사 이도령으로 한 짝 치고, 종기를 기우하니 주류수이하참하던 거문고로 웃짐 쳐서 화란춘성에 만화방창할 때 월하승되던 방자놈으로 말 물녀라"로 주인공 중에서 순서상 춘향이 먼저이고, 보조인물 향단과 방자 중에서 방자만 언급된다. ㉦의 '도령이 춘향에게 〈덕운가〉를 함', ㉧의 '도령이 춘향과 춘정을 즐기며 〈비점가〉를 함'과, ㉨의 '도령과 춘향이 인짜타령과 연짜타령으로 〈비점가〉를 함'은 완판 33장본 「열녀춘향수절가」나 고려대학교 소장본에는 없던 것을 「남원고사」에서 생성 삽입한 대목이다. 「남원고사」에서 덕운가를 맹랑한 노래라고 서술하고 있다. 바리가는 두 주인공의 대사를 통해 이상하고 별난 노래임이 암시되었는데 이 장면에서의 〈덕운가〉는 서술자가 맹랑한 노래라고 설명하고 있어 「남원고사」 작자가 사랑대목에 나오는 도령의 이 두 노래가 이상하고 맹랑한 것임을 강조하고 있듯이, 흥미성을 높이기 위해 당대 유행하던 낯익은 가요를 이렇게 수용한 것이다.[376)]

작가들의 시가 수용의 실제상으로 탄생한 독서물인 「남원고사」에서는, 시가형 내용을 대폭 수용하여 작품의 사설을 장편화하고, 이야기를 풍요롭게 한다. 그 실례를 제시하면, 초앞의 〈서사〉에서 시작하여, 〈산천 경개풀이〉, 〈유산가〉, 〈새타령〉, 〈춘향치레〉, 〈불망기〉, 〈춘향집 사설〉, 〈사벽도〉, 〈방중사설〉, 〈기명사설〉, 〈음식사설〉, 〈권주가〉, 〈백구사〉, 〈가사〉, 〈천자풀이〉, 〈바리가〉, 〈덕운가〉, 〈비점가〉, 〈인자타령〉, 〈연자타령〉, 〈이별가〉, 〈이별가 화답〉, 〈잘있거라〉, 〈춘향자탄〉, 〈행렬도 사설〉, 〈기생호명 사설〉, 〈사령복색〉,

376) 설성경, 『춘향전의 통시적 연구』, 박이정, 1994, 203쪽.

〈자탄가〉, 〈춘향백활〉, 〈십장가〉, 〈춘면곡〉, 〈처사가〉, 〈언문책〉, 〈수호지〉, 〈서유기〉, 〈자탄가〉, 〈수심가〉, 〈월매자탄가〉, 〈과거사설〉, 〈농부가〉, 〈한시〉, 〈농부가〉, 〈꿈 사설〉, 〈점복사〉, 〈당부 사설, 〈금준미주〉 한시에 이르기까지 다채로운 내용들을 포함시켜서, 소설 속에서 시가집을 함께 감상하는 느낌이 들어 전후 장면들 사이에 노래를 즐기는 음악극에 가까운 특징을 보여준다. 이러한 현상은 「남원고사」 계통본 안에서도 「남원고사」에서, 동경대본 「춘향전」으로 변이하고, 다시 동양문고본 「춘향전」을 거쳐서 도남본 「춘향전」으로 변이하면서 증감이 되는 현상이 나타내기도 하였다.

남원고사(1)	동경대본(2)	동양문고본(3)	도남본(4)
권주가	권주가	권주가	
–	소리(태산)	–	
백구사	백구사	백구사(확대)	
거문고가사	거문고가사	가사(변이)	
천자풀이	천자풀이	천자풀이	
바리가	바리가	바리가	바리가
			호남가
			귀거래사
			계유사
			선유별곡
			낙빈가
			대승가
			승가(춘향)
			승가(도령)

			춘면곡
			어부사
			양양가
			처사가
			상사별곡
			장진주사(춘향)
			장진주사(도령)
			매화타령
			황계타령
			성주풀이
덕운가	덕운가	덕운가	덕운가
–	사랑사설	사랑사설	사랑사설
비점가	비점가	비점가	비점가
인자타령	인자타령	수수께기	수수께기
연자타령	연자타령	수수께끼	수수께끼
–	사랑사설	사랑사설	사랑사설
사랑사설	사랑사설	사랑사설	

시가 수용이 가장 확대된 것이 도남본 「춘향전」이다. 여기에서는 경기잡가와 같은 잡가의 성행한 시기보 판단되며, 당시의 이런 분위기를 적극 수용한 결과로 보인다. 또, 남원고사계의 작품처럼, 이 텍스트는 세책점, 상업성, 대중성 등이 강화된 이후의 작품이다. 그 결과로 사랑장면은 놀이화가 강화되어 가요를 비롯한 다양한 사랑놀이를 통한 '흥'의 정감이 고조되는 효과를 얻어내게 된다. 그러나, 춘향이 이별 후에 부르는 '사미인곡'은 동양문고본 「춘향전」, 도남본 「춘향전」에서 생략된다. 그러므로 동양문고본 「춘향전」, 도남

본「춘향전」에서는 무조건 시가를 확대시키는 것만은 아니다. 환경에 따른 적절한 취사가 된다.

「남원고사」의 재담적 표현으로는 다음과 같은 표현이 있다.

> 이 셰상의 ᄆᆡ오 이상ᄒᆞ고 신통ᄒᆞ고 거룩ᄒᆞ고 긔특ᄒᆞ고 ᄑᆡ려ᄒᆞ고 ᄆᆡᆼ낭ᄒᆞ고 희한ᄒᆞᆫ 일이 잇것다

춘향 이야기에서 실질적 사건으로 도입되는 부분으로,「춘향전」에 대한 서술자의 총괄적 평가 대목이다. 비일상성을 나타내는 처음과 끝의 '이상ᄒᆞ고'와 '희한ᄒᆞᆫ'을 외연으로 하고, 그 안에 긍정적 의미의 '신통ᄒᆞ고', '거룩ᄒᆞ고', '긔특ᄒᆞ고'와 부정적 의미인 'ᄑᆡ려ᄒᆞ고', 'ᄆᆡᆼ낭ᄒᆞ고'를 연속적으로 열거하고 있다. 이처럼 비일상성을 드러내는 말로 시작하여 긍정적 가치 판단과 부정적 가치 판단을 규정하는 말을 거쳐 다시 비일상적 예외성을 강조하는 말로 끝나고 있다. 이는 한 문장 내에 쌍관적으로 단어를 배치하여 작품 내용의 재미와 제시 방법의 재미를 강조하는 열거가 중심이 된 복합적 수사법이다.

'이상하고 신통하고 희한한'은 이 작품이 재미 있는 이야기임을 부각시키는 수식어로서, 독자의 관심을 집중시키고 독서에의 몰입을 유도하는 기능을 한다. '거룩하고 기특하고'는 이 소설의 주제에 관련된 총평으로서, 결과적으로 춘향이 실현하는 주제에 관한 지적이다. 거룩하고 기특하지 않은 위치의 인물이 거룩하고 기특한 주제를 실현한다는 의미가 내포된다. '패려하고 맹랑하고'는 이야기를 이끌어가는 사건의 정황 및 서술자나 인물의 태도에 관한 전제를 드러내는 평가로서 냉소적 인물이나 풍자성을 지닌 대화 및 서술자의 개입의 흐름에 관한 지적이다.

이처럼 소설을 시작하면서 독자의 관심을 끌만한 소설의 흥미소로 '이상하고 신통하고 거룩하고 기특하고 패려하고 맹랑하고 희안하다'는 개념어를

끌어들임으로써 소설의 흥미성과 주제에 관한 평가적 관점에서의 암시를 보여주고 있다.[377)]

ᄉᆞ또 ᄉᆞ랑이 ᄐᆡ과ᄒᆞ여 도임초의 ᄎᆡᆨ방의 기ᄉᆡᆼ슈쳥 드리ᄌᆞ ᄒᆞ니 ᄉᆡᆨ의 상홀가 념녀ᄒᆞ고 통인슈쳥 너ᄎᆞᄒᆞ니 용의 골가 념녀ᄒᆞ여 관속의게 분부ᄒᆞ되 ᄎᆡᆨ방의 만일 기ᄉᆡᆼ슈쳥을 드리거나 반반ᄒᆞᆫ 통인슈쳥을 드리ᄂᆞᆫ 폐가 잇시면 너희ᄅᆞᆯ 잡ᄋᆞ드려 뉴월도 쌔ᄅᆞᆯ 쏠고 왼 호쵸ᄅᆞᆯ 박으면 웃고 쥭으리라 이러틋 분부ᄅᆞᆯ 지엄극악키ᄒᆞ니 엇던 녁젹의 아들놈이 슐찐 암캉아지 ᄒᆞ나히나 ᄎᆡᆨ방 근쳐의 보ᄂᆡ리오 ᄎᆡᆨ방슈쳥을 드리되 귀신 다 된 아ᄒᆡ놈을 드리거다 상모ᄅᆞᆯ 녁〃히 쓰더보니 ᄃᆡ고리ᄂᆞᆫ 북통 ᄀᆞᆺ고 얼골은 밀ᄆᆡ판 ᄀᆞᆺ고 코ᄂᆞᆫ 어러쥭은 초빙 쥴기만ᄒᆞ고 넙은 귀가지 도라지고 눈구멍은 총구멍 갓ᄒᆞ니 깁던지 마던지 이 달의 울 일이 이시면 ᄂᆡ월 초ᄉᆡᆼ의 눈물이 밋쳣다가 스므날졍게 되여야 낙누ᄒᆞ고 얽던지 마던지 얽은 구멍에 탁쥬 두푼어치 부어도 잘 ᄎᆞ지 아니ᄒᆞ고 몸집은 동ᄃᆡ문 안 인경 만ᄒᆞ고 두 다리ᄂᆞᆫ 휘경원 정ᄌᆞ각 기동만ᄒᆞ고 킈ᄂᆞᆫ 팔쳑댱신이오 발은 계요 ᄀᆡ발만ᄒᆞᆫᄃᆡ 종아리ᄂᆞᆫ 비상 먹은 쥐다리 ᄀᆞᆺᄒᆞ니 바람부ᄂᆞᆫ 날이면 간드렝 간드렝ᄒᆞ다가 된통 바람이 부ᄂᆞᆫ 날이면 각금 낙셩ᄒᆞᄂᆞᆫ 아희놈을 명ᄉᆡᆨ으로 슈쳥을 드리니 니도령이 ᄎᆡᆨ방의 홀노 안ᄌᆞ 탄식ᄒᆞᄂᆞᆫ 말이 셰사ᄅᆞᆯ 솜솜 헤ᄋᆞ리니 묘창히지일쇽이라 남기라도 은힝목은 ᄌᆞ웅으로 마조 셔고 물이라도 음양슈ᄂᆞᆫ 격을 ᄎᆞᄌᆞ 도라들고 ᄉᆡ라도 원앙조ᄂᆞᆫ 웅비ᄌᆞ종 나라들고 풀이라도 화반초ᄂᆞᆫ ᄉᆞ시장츈 마조 나고 돌이라도 망쥬셕은 둘이 셔셔 마조 보고 원앙지상냥냥비오 봉황누하쌍쌍되라 날즘ᄉᆡᆼ도 빵이 잇고 길버러지도 짝이 잇고 헌고리도 짝이 잇고 헌집신도 짝이 잇네 나ᄂᆞᆫ 어인 팔ᄌᆡ완ᄃᆡ 어졔밤도 ᄉᆡ오잠 ᄌᆞ고 오날밤도 ᄉᆡ오잠 ᄌᆞ고 ᄆᆡ양 장상 ᄉᆡ오잠만 ᄌᆞ노

---

377) 설성경, 「춘향전의 개성적 표현에 관한 연구」, 『연세교육과학』, 42집, 1993, 84쪽.

지나친 자식 사랑에 대한 염려를 이렇게 극단적으로 표현하여, 과도한 자식사랑의 문제를 풍자적 사회문제로 부각시키고 있다. 부친인 이부사에게는 자식의 과거의 급제에 가장 심각한 방해요인은 여색일 수 있기에 이러한 예비적 행동을 취하고 있는 것이다. 이도령의 경우 상당한 세도가의 자식이기 때문에 그 문제는 주로 이도령의 곁에서 시중드는 사람을 선택하는 문제로 집중된다. 아버지는 아들이 여색에 빠져 용모가 상할가 염려하여, '칙방의 만일 기싱슈쳥을 드리거나 반반ᄒᆞᆫ 통인슈쳥을 드리ᄂᆞᆫ 폐가 잇시면 너희를 잡ᄋᆞ드려 뉴월도 ᄲᅢ를 쭐고 왼 호쵸를 박으면 웃고 쥭으리라'는 엄명을 내린다. 그러나 미색을 금지하는 이부사의 표현은 희화적인 방식으로 전달됨으로써, 이부사의 성품이 풍자의 대상이 되고 있다. 이는 곧 지나친 자식사랑으로 말미암아 통치자, 혹은 상전으로서의 점잖은 태도를 유지하지 못하고 '지나친 세심함'을 보이는 상전을 비판적으로 바라보려는 작가의 의도로 볼 수 있다. 이러한 것은 '이러틋 분부를 지엄극악키ᄒᆞ니 엇던 녁젹의 아들놈이 술씬 암캉아지 ᄒᆞ나히나 칙방 근쳐의 보ᄂᆡ리오'라는 서술자의 직접개입 문장을 통해 통렬하게 드러난다. 이부사의 말을 받아 되치는 서술자는 이부사의 명에 반하는 이가 있을 경우, 이들을 '역적'이라고까지 과장되게 평가함으로써, 이부사의 명령 자체가 우스꽝스러운 것이라는 의미를 전달하고 있다. 이어 선택된 통인의 용모가 제시되는데, 이 통인의 용모는 놀랄만한 추함을 보여준다. 이러한 것은 곧 사람을 택함에 있어서 성품이나 성격, 사람됨을 고려하지 않고 오직 용모로만 평가하려는 이부사에 대한 반발의 왜곡된 표현으로 읽힌다. 통인은 '귀신 다 된 아이놈'으로 압축되고 있는데, 그 용모 묘사는 독특한 꾸밈 표현으로 이루어진다. 곧, '북통'과 머리, '밀믹판'과 얼굴을 비롯한 코, 입 등의 비유가 열거되다가 다시 '깁던지 마던지 이 달의 울 일이 이시면 ᄂᆡ월 초싱의 눈물이 밋쳣다가 스므날졍게 되여야 낙누ᄒᆞ고'형의 유사 내용의 열거로 전환된다. 또다시 '동ᄃᆡ문 안 인졍'만한 몸집 등과 같이 다리, 키, 발 등으로 이어지는 엄청난 과장이 열거와 비유와 함께 복합적으로 교체되면서 특유의 골계미를 나타낸다.

오ᄆᆡ지상이오 초병 막ᄀᆡ오 말게 ᄎᆞ인 엉덩이오 돌의 ᄎᆞ인 복셩화 쌔오 산ᄀᆡ얌이 밋궁이오 경계쥬머니 아들일너라. 네 만일 향기로온 말노 ᄆᆡᆸ시 잇게 ᄉᆡ를 부려 초친 무럼을 ᄆᆡᆫ든 후의 항나 쇽것 가ᄅᆡ를 싱슝상슝 ᄲᆡ혀ᄂᆡ여 아조 ᄯᅩᆯᄯᅩᆯ 마라ᄃᆞ가 왼편 볼기짝의 붓쳐시면 긔 아니 묘리가 잇것ᄂᆞ냐

오매, 산병 마개, 말에게 차인 엉덩이, 돌에 차인 복숭아뼈, 산 개미 밋궁은 모두 신맛이 나는 것으로, 바람끼 심한 오입장이의 근본을 뜻한다. 그 배열은 오매, 초병마개, 산 개미 밋궁은 실제의 신 맛을 나타냄에 반하여, 말에게 차인 엉덩이, 돌에 차인 복숭아뼈는 육체적으로 찌릿한 통증을 나타낸 것으로, 이렇게 엇물리게 제시하며 성적 관계의 기묘한 맛을 연상시키게 한다. 이어서 '잡동산이를 넣고 다니는 경계주머니의 아들'은 이런 저런 여인들과 마구잡이로 관계를 맺음을 비유하고, '초를 친 무렴을 만든 후에 항나 속것 가랭이를 싱숭상숭 빼어내어 아조 똘똘 마라다가 왼편 볼기짝의 붙인다'는 것으로 성적인 유혹을 형상화시키고 있다. 이처럼 두 종류의 대조적인 비유로 열거법의 효과를 내고 있다.

도령: 방ᄌᆞ야 져긔 져 건너 운무즁의 울긋불긋ᄒᆞ고 들낙날낙ᄒᆞᄂᆞᆫ 거시 ᄉᆞ람이냐 신션이냐

방자: 방ᄌᆞ놈 엿ᄌᆞ오ᄃᆡ 어ᄃᆡ 무어시 뵈ᄂᆞ잇가 쇼인의 눈의ᄂᆞᆫ 아모것도 아니 뵈ᄂᆞ이다

(니도령 말이)

도령: 아니 뵈단 말이 언인 말이니 원시를 못ᄒᆞᄂᆞ냐 청홍을 모로ᄂᆞ냐 나 보ᄂᆞᆫ ᄃᆡ로 ᄌᆞ셰히 보아라. 션녀가 하강ᄒᆞ엿ᄂᆞ보다

방자: 무산십이봉이 아니여든 션녀가 어이 이시리잇가

도령: 그리면 슉낭ᄌᆡ냐

방자: 이화졍이 아니여든 슉낭ᄌᆡ가 웬 말이오

도령: 그리면 셔시로다

방자: 오왕궁즁 아니여든 셔시라 ᄒᆞ오릿가

도령: 그리면 옥딘이로다

방자: 장ᄉᆡᆼ뎐이 아니여든 양귀비가 웨 잇ᄉᆞ오잇가

도령: 그리면 옥이냐 금이냐

방자: 영창녀슈 아니여든 금이 어이 예 이시며 형산 곤강 아니여든 옥이 어이 이곳의 이시리잇가

도령: 그리면 도홰로다

방자: 무릉도원 아니여든 도화가 웬 말이오

도령: 그리면 ᄒᆡ당홰냐

방자: 명ᄉᆞ십니 아니여든 ᄒᆡ당홰라 ᄒᆞ오릿가

도령: 그리면 귀신인냐

방자: 텬음우습 아니여든 귀신이 어이 이시릿가

도령: 그리면 혼ᄇᆡᆨ이냐

방자: 북망산쳔 아니여든 혼ᄇᆡᆨ이 웬 일이오

도령: 그리면 일월이냐

방자: 부상ᄃᆡ틱 아니여든 일월이 어이 이시리잇가

(니도령이 역정ᄂᆡ여 ᄒᆞᄂᆞᆫ 말이)

도령: 그리면 네 어미냐 네 할미냐 모도 휘모라 아니라 ᄒᆞ니 눈망울이 소ᄉᆞᄂᆞ냐 동ᄌᆞ가 갓고로 셧ᄂᆞ냐 왼통 뵈ᄂᆞᆫ 거시 업다 ᄒᆞ니 허로증을 들녀ᄂᆞ냐 나 보기의ᄂᆞᆫ 아마도 ᄉᆞ람은 아니로다 천년 묵은 불여호가 날 호리랴고 왓ᄂᆞ보다

(방ᄌᆞ놈 엿ᄌᆞ오ᄃᆡ)

방자: 도련님 여러 말숨 그만하오 져긔 져 그늬 쒸ᄂᆞᆫ 져 쳐녀를 무ᄅᆞ시나 보

마ᄂᆞᆫ ᄎᆞ시 녹음방초승화시라 ᄉᆞ부가 규슈가 츄쳔ᄒᆞ라 왓ᄂᆞ 보외다

도령: 이 아희야 그러치 아니ᄒᆞ다 그 쳐녀ᄅᆞᆯ 보와ᄒᆞ니 쳥텬의 쎳ᄂᆞᆫ 송골ᄆᆡ
도 갓고 셕양의 나ᄂᆞᆫ 물찬 져비도 갓고 녹슈파란의 비오리도 ᄀᆞᆺ고 말
잘ᄒᆞᄂᆞᆫ ᄋᆡᆼ무ᄉᆡ도 갓고 회양횟쑥 별진 잘슉ᄒᆞ니 녀항 쳐녀가 그러키ᄂᆞᆫ
만무기리ᄒᆞ니 너ᄂᆞᆫ 이곳의셔 ᄉᆡᆼ어ᄉᆞ 장어ᄉᆞ 유어ᄉᆞ 공어ᄉᆞᄒᆞ여 묘리
당단 난든 집을 녁녁히 알듯ᄒᆞ니 ᄉᆞ람 죽깃다 바로 닐러라

(방ᄌᆞ놈 엿ᄌᆞ오ᄃᆡ)

방자: 진졍 그리 알고져 ᄒᆞ시면 바른ᄃᆡ로 고ᄒᆞ리니 공식시가 잇셔야 ᄒᆞ지 그
러치 아니면 북극텬문의 발괄ᄒᆞ고 옥뎨금불이 명ᄒᆞ셔도 바로 고치 못
ᄒᆞ기소

이도령의 눈에는 신선으로까지 여겨질 정도로 아름다운 사람이 방자의 눈에는 '아무것'으로도 보이지 않는다. 이도령의 눈으로는 방자의 '아니 뵈단 말'을 이해할 수 없다. 그로서는 그네 뛰는 여인을, 원시가 아니고 청홍을 구분할 줄만 안다면 당연히 눈에 띄는 아름다움으로 생각되어지기 때문에, 방자의 대답에 수긍할 수가 없는 것이다. 여기서 도령이 '나 보ᄂᆞᆫ ᄃᆡ로 ᄌᆞ셔히 보아라'는 것은 자기에게 비춰보이는 대로 상대 역시 같은 생각을 가져주었으면 좋겠다는 바램의 표현이다. 이도령은 정황의 객관성을 상실한 채, 제 눈에 보이는 대로 춘향이를 읊어대지만, 춘향을 사랑하지 않는 방자는 객관적인 입장에서, 그리고 그보다는 이도령의 상태를 풍자하고 싶어하는 심리상태에서 이도령의 눈에 비추인 모습이 사실과 다르다는 주장으로 대꾸한다. 이도령은 춘향을 '하강한 선녀'와 같은 천상계 인물의 하강으로 착시 하거나, '숙낭자'와 같은 소설 속의 아름다운 인물로 보며, 혹은 '서시, 양귀비' 등의 세계적인 미인으로 착각하다가, 급기야는 '옥, 금'과 같은 광물질의 보석류에서 '도화, 해당화'와 같은 미의 상징 식물인 꽃으로까지 잘못 보게 된다. 이는 나아가 저와 같은 미인이라면 사람이 아니라 '귀신'이나 '혼백', '일

월’류의 아주 다른 세계의 대상물로 생각하기에 이른다. 이러한 이도령의 착각은 객관적 정황에 서 있는 방자에 의해서 언제나 반론에 부딪친다. 방자는 ‘무산십이봉이 아니여든 션녀가 어이 이시리잇가’, ‘이화졍이 아니여든 슉낭ᄌᆞ가 웬 말이오’ ‘오왕궁즁 아니여든 셔시라 ᄒᆞ오릿가’, ‘장ᄉᆡᆼ뎐이 아니여든 양귀비가 웨 잇ᄉᆞ오잇가’영창녀슈 아니여든 금이 어이 예 이시며 형산 곤강 아니여든 옥이 어이 이곳의 이시리잇가’ ‘무릉도원 아니여든 도화가 웬 말이오’, ‘명ᄉᆞ십니 아니여든 ᄒᆡ당홰라 ᄒᆞ오릿가’ ‘텬음우습 아니여든 귀신이 어이 이시릿가’, ‘북망산쳔 아니여든 혼ᄇᆡᆨ이 웬 일이오’ ‘부상ᄃᆡ틱 아니여든 일월이 어이 이시리잇가’란 상황의 객관적 인식에서 판단된 말로 이도령의 발언에 번번히 맞선다. 이때의 방자는 상황의 객관적 판단이라는 측면에서 이도령 보다 우위에 서 있다. 이도령 역시 방자의 말에 번번히 다른 대안을 내놓는 것으로 방자의 말에 수긍하는 태도를 보여주며, 이는 곧 상민이 양반보다 하위에 있다는 신분적 서열을 전복시키면서 역설적인 유우머를 발생시킨다. 이러한 사태는 이도령이 역정을 내며 ‘그리면 네 어미냐 네 할미냐 모도 휘모라 아니라 ᄒᆞ니 눈망울이 소ᄉᆞᄂᆞ냐 동ᄌᆞ가 갓고로 셧ᄂᆞ냐 왼통 뵈ᄂᆞᆫ 거시 업다 ᄒᆞ니 허로증을 들녀ᄂᆞ냐 나 보기의ᄂᆞᆫ 아마도 ᄉᆞ람은 아니로다 천년 묵은 불여호가 날 호리랴고 왓ᄂᆞ보다’와 같은 불만을 표시하자, 지나치게 상전을 놀려먹은 것에 대해 짐짓 겁을 먹은 방자가 사실을 털어놓는 데서 역전된다. 방자의 대답은 이도령의 눈에 그토록 대단한 존재로 비췄던 것이 사실은, 추천하러 나온 규수에 지나지 않는다는 평범한 진술로 제시된다. 이에 대해 이도령은 ‘이 아희야 그러치 아니ᄒᆞ다 그 쳐녀ᄅᆞᆯ 보와ᄒᆞ니 쳥텬의 쎳ᄂᆞᆫ 송골ᄆᆡ도 갓고 셕양의 나ᄂᆞᆫ 물찬 져비도 갓고 녹슈파란의 비오리도 ᄀᆞᆺ고 말 잘ᄒᆞᄂᆞᆫ 잉무ᄉᆡ도 갓고 회양횟쑥 별진 잘슉ᄒᆞ니 녀항 쳐녀가 그러키ᄂᆞᆫ 만무기리ᄒᆞ니 너ᄂᆞᆫ 이곳의셔 ᄉᆡᆼ어ᄉᆞ 장어ᄉᆞ 유어ᄉᆞ 공어ᄉᆞᄒᆞ여 묘리당단 난든 집을 녁〃히 알듯ᄒᆞ니 ᄉᆞ람 죽깃다 바로 닐러라’로 반발한다. 이도령에게 선녀나 소설의 여주인공, 천하의 역대 미녀, 꽃, 별, 귀신으로 비추어졌던 희대의 미인인 춘향은 그녀가 한 평범한 지상 존재인 여인으로 비춰지기 시작하면서부터 이도령은 그녀를 자신이 마음대로 불러볼 수 있는 대상으로 내려보려는 심리의 기묘한 전환을 보여준다. 그는 저렇듯 여러 사람 앞에서 그네를 뛸 수 있는 사람이라면 규중의 정숙한 숙녀일리 만무하다는 만만한 심정에 사로잡히고, 이는 그로 하여금 빨리 그 대상과 만나려는 조급한 마음을 이끌어댄다. 이에 대한 방자는 결코 호락호락하지 않는데, 방자는 갑자기 격식을 강조하며 '진졍 그리 알고져 ᄒᆞ시면 바른ᄃᆡ로 고ᄒᆞ리니 공식시가 잇셔야 ᄒᆞ지 그러치 아니면 북극텬문의 발괄ᄒᆞ고 옥뎨금불이 명ᄒᆞ셔도 바로 고치 못ᄒᆞᄀᆡ소'고 응대하는 것이다.

> 큰일 낫다 ᄎᆡᆨ방 도령님이 광한누의 구경 와 겨시다가 너ᄅᆞᆯ 보고 두 눈의 부쳬가 발등거리ᄒᆞ고 왼몸의 힘쥴이 용ᄃᆡ긔 뒤쥴이 되엿시니 어셔 급히 가ᄌᆞ 잠간이나 지체ᄒᆞ면 모닥이 판 날 거시니 얼ᄂᆞᆫ 밧비 가ᄌᆞ셰라 저 겨집아희 거동 보쇼 ᄇᆡᆨ만교ᄐᆡ 찡그리고 독을 ᄂᆡ여 ᄒᆞᄂᆞᆫ 말이 요 방졍맛고 요망스런 아희년셕아 ᄉᆞ롬을 그ᄃᆡ지 놀ᄂᆡᄂᆞᆫ냐 ᄂᆡ 츄쳔을 ᄒᆞ던지 마던지 너ᄃᆞ려 ᄃᆡ슈리 말 만코 익슬스레 분쥬다ᄉᆞᄒᆞ게 뒤숭뒤숭스레 츈향이니 ᄉᆞ향이니 침향이니 계향이니 강진향이니 곽향이니 회향이니 정향이니 목향이니 네 어미니 네 할미니 갓초갓초 경신년 글강외듯 다 일거 밧치라드냐 방ᄌᆞ놈 ᄒᆞᄂᆞᆫ 말이 요년의 아희년아 ᄂᆡ 말 듯거라 무슴 일노 욕은 더럭더럭ᄒᆞ여 가ᄂᆞ냐 엇던 실업댱의 아들놈이 남의 친환의 단지ᄒᆞᄂᆞᆫ 셈으로 그런 말 ᄒᆞ엿단 말이냐 도련님이 원악 아ᄂᆞᆫ 법이 모진 바람벽 뚤고 나오ᄂᆞᆫ 즁방밋 귓도람의 ᄌᆞ셕이오 ᄯᅩᄂᆞᆫ 네가 잘못ᄒᆞᆫ 거시 그뉜지 고뉜지 츄천인지 투천인지 쒸려거든 네 집 뒤동산도 조코 조용이 쒸려ᄒᆞ면 네 집 ᄃᆡ쳥 들보도 조코 졍 은근이 쒸려ᄒᆞ면 네 집 방안히 횃ᄃᆡ목의나 ᄆᆡ고 쒸지 요로틋 쪽 ᄇᆡ야진 언덕의셔 졈지 아닌 아희년이 들낙날낙ᄒᆞ며 별별 발겨갈 즛시 무슈ᄒᆞ니 미댱가젼 아희놈이 눈ᄭᅩᆯ이 아니 상ᄒᆞᆯ소냐

방자가 '큰일 낫다'며 아무리 호들갑스럽게 서둘러도 춘향은 거기에 휩싸이지 않고 자신의 점잖은 태도를 지킨다. 그러면서도 방자를 자기의 하위에 놓고 말함으로써, 방자에게 매이지 않으려는 영악함을 보여준다. 방자는 상전인 도령의 정황을 표현하는데 있어서 상민의 언어로 전달하기 때문에, 상층민인 도령과 그것이 전달되어지는 언어의 하급한 표현의 괴리에서 웃음이 발생하고 있다. 방자는 'ᄎᆡᆨ방 도령님이 광한누의 구경 와 겨시다가 너를 보고 두 눈의 부쳬가 발등거리ᄒᆞ고 왼몸의 힘쥴이 용ᄃᆡ긔 뒤쥴이 되엿시니 어셔 급히 가ᄌᆞ 잠간이나 지체ᄒᆞ면 모닥이 판 날 거시니 얼ᄂᆞᆫ 밧비 가ᄌᆞ셰라'고 말하는데, 여기서 '책방 도령님'이라는 근엄한 주체와 '너를 보고 두 눈에 부체가 발등거리하고 온 몸에 힘줄이 용대기 뒷줄이 되었다'는 우스꽝스러운 정황은 서로 어울리지 않음으로써 역설적 유머가 발생되는 것이다.

> 춘향이 옥슈를 번듯 드러 ᄒᆞᆫ곳을 ᄀᆞᄅᆞ치되 져 건너 셕교상의 ᄒᆞᆫ 골목 두 골목 지나 홍젼문 드리ᄃᆞ라 조방청 압으로셔 ᄃᆡ로쳔변 올나가셔 향교를 ᄇᆞ라보고 종단길 도라드러 모퉁이집 ᄃᆡ얌집 엽당이집 구셕집 건넌편 군청골 셔편골 남편작 둘ᄌᆡ집 ᄇᆡᄎᆞ밧 압흐로셔 가라간 김니방집 압흐로셔 정좌슈집 지나 박호장집 바라보고 최급당이 누의집 ᄉᆞ이골 드러 ᄉᆞ거리 지나셔 북작골 막다란 집이올시다 니도령 니ᄅᆞᆫ 말이 네 말이 하 뒤숭뒤숭ᄒᆞ니 나ᄂᆞᆫ ᄉᆡ로이너도 ᄎᆞᄌᆞ가기 어렵고 집 일키 쉽깃다 춘향이 답ᄒᆞᄃᆡ 그리 아니ᄒᆞ여도 왕ᄂᆡ의 각금 무러단니ᄂᆞᆫ 거시올시다

도령이 춘향집을 묻자, 춘향이 자기 집에 오는 길을 설명하는 과정에서, 조급하게 알고 싶어하는 이도령의 마음을 짐짓 모른 체하고 복잡하게 설명하는 춘향의 대답이 독자의 웃음을 유발시킨다. 자기 혼자서만 알고 상대방에게 잘 전달하지 못하는 경우는 일상대화에서 흔히 경험하는 일인데, 「춘향전」의 작가는 이 점을 문학적 화제로 삼아 하나의 재미거리로 활용하고 있

다. 또한 이러한 화법은 다분히 수다스러운 부녀자의 음성이어서, 춘향과 같은 미인에게는 어울리지 않은 화법이다. 이러한 부조화의 관념이 깨어지는데서 역시 웃음이 발생하고 있다.

도령: 방ᄌᆞ야 ᄒᆡ가 언마나 갓ᄂᆞ니

방자: ᄒᆡ가 아직 아귀도 아니 터소

도령: ᄋᆡ고 그 ᄒᆡ가 어졔ᄂᆞᆫ 뉘 부음편지ᄅᆞᆯ 가지고 가ᄂᆞᆫ ᄃᆞ시 쥴다름질ᄒᆞ여 가더니 오날은 어이 그리 완보장텬 ᄒᆞᄂᆞᆫ고 발바당의 종긔가 낫ᄂᆞ 가ᄅᆡ토시가 곰기ᄂᆞᆫ가 삼버리 쥴 ᄌᆞᆸ아 ᄆᆡ고 ᄉᆞ면말독을 박아ᄂᆞᆫ가 ᄃᆡ신지가ᄅᆞᆯ 잡히엿나 장승거름을 부러ᄒᆞ나 어이 그리 더ᄃᆡ 가노 방ᄌᆞ야 ᄒᆡ가 어ᄃᆡ로 갓나 보아라

방자: ᄇᆡᆨ일이 도텬즁ᄒᆞ여 오도가도 아니ᄒᆞ오

도령: 무정셰월약뉴ᄑᆡ라 ᄒᆞ더니 허황ᄒᆞᆫ 글도 잇거고나 붓친ᄃᆞ시 박힌 ᄒᆡᄅᆞᆯ 어이ᄒᆞ여 다 보ᄂᆡᆯ고 방ᄌᆞ야 ᄒᆡ가 엇지 되엿ᄂᆞ니 셔산의 빗겨 종시 아니 넘어가오 관청빗 불너다가 기름을 만히 가져 셔산 뫼봉의 발나 두라 밋그러워 넘어가게 ᄒᆞ여다고 그리ᄒᆞ여 ᄒᆡ 지거든 즉시 거ᄅᆡᄒᆞ라

(방ᄌᆞ놈 엿ᄌᆞ오ᄃᆡ)

방자: 셔산의 지ᄂᆞᆫ ᄒᆡᄂᆞᆫ 보븜ᄌᆞ리 치노라고 눈을 ᄭᅳ믈〃〃ᄒᆞ고 동녕의 돗ᄂᆞᆫ 달은 놉히 써셔 오노라고 바스락바스락 소ᄅᆡᄒᆞ니 황혼일시 졍녕ᄒᆞ다 가랴 ᄒᆞ오 말냐 ᄒᆞ오

이 대목은 춘향을 만나고 온 이도령이 부모님 몰래 춘향집에 가기 위해 밤되기를 기다리는 대목이다. 춘향과 만나고 싶은 욕망이 양반의 체면에 앞서 작용하기 때문에, 일반독자들이 양반에게서 기대하는 모습이 무너지고 있는 대목이다. 여기서 이도령의 대사로 되어 있는 '관청빗 불너다가 기름을 만히 가져 셔산 뫼봉의 발나 두라 밋그러워 넘어가게 ᄒᆞ여다고 그리ᄒᆞ여 ᄒᆡ 지거

든 즉시 거ᄅᆡᄒᆞ라'와 같은 부분은, 명목은 이도령의 것으로 되어 있지만, 사실상 주어진 대사는 일반적으로 기대되는 점잖은 양반 자제의 것으로는 볼 수 없는 희화적 내용으로 제시되고 있다. 이도령은 방자의 대화 수준으로 내려와서 방자와 동렬에서 대화를 나누고 있는 것이 그 원인이 되고 있다. 이도령은 줄곧 '방ᄌᆞ야 ᄒᆡ가 어ᄃᆡ로 갓나 보아라'와 같은 단순한 질문을 반복적으로 되물음으로써, 책상을 앞에 놓은 채 다른 생각에 골몰하는 희화적 모습을 보여주고 있다.

7

소설 「춘향전」과 판소리 「춘향가」의 상대성

7-1. 서두로 본 소설 「춘향전」과 판소리 「춘향가」의 개성

「춘향전」의 서두 대목을 중심으로 소설 「춘향전」과 판소리 「춘향가」의 상대성을 비교해보면 다음과 같다.

- 완판 33장본 「열녀춘향수절가」: ①숙종ᄃᆡ왕 즉위초의 ②성덕이 너부시사 성자성손은 게게승승ᄒᆞᄉᆞ 금고옥족은 요순시졀이요 의관문물은 우탕의 버금이라 좌우보필은 주석지신이요 용왕호위 간성지장이라 조정의 흐르난 덕화 힝곡의 페여잇고 사ᄒᆡ의 그든 기운 원근의 어리엿다 ③충신은 만조정이요 효자열녀 가가ᄌᆡ라 ④미ᄌᆡ미ᄌᆡ여 우순풍조ᄒᆞ니 일ᄃᆡ건곤 셩명셰라

- 고려대본 「춘향전」: ①숙종ᄃᆡ왕 즉위초의 ②국ᄐᆡ민안ᄒᆞ고 시화셰풍ᄒᆞ야 ③츙신은 만조정이요 효ᄌᆞ녈녀 가가ᄌᆡ라

- 필사본 「남원고사」: ㉮텬하명산 오악지중에 형산이 놉고 놉다 당시졀의 졀문 즁이 경문이 능통하므로 뇽궁의 봉명ᄒᆞ고 셕교상 느즌 봄바람의 팔선녀 희롱ᄒᆞᆫ 죄로 환싱인간ᄒᆞ여(중략) ㉯청ᄋᆡ조흔 남니상으 니화방초 고든 길의 청녀완보 드러가니 산여옥셕 층층닙의 만학군봉 소ᄉᆞ잇고 청ᄉᆞ쥬분졈졈비의 빅도뉴쳔 기러잇다 층암졀슈 졀벽간의 져 골 쇠소리 종달ᄉᆡ는 셕양청풍 플플날고(중략) ㉰이런 경ᄀᆡ 다 본 후에 어ᄃᆡ메로 가즛말고 산은 쳡쳡 천봉이오 슈는 잔잔벽계로다 긔암층층 졀벽간의 폭포청파 ᄶᅥ러지고 힝심일경 빗긴 길에 창송은 울울 벽도화 난만즁의 ᄭᅩᆺ 속의 잠든 나뷔 ᄌᆞ최 소ᄅᆡ의 펄펄 날고(중략) ㉱이 셰상의 ᄆᆡ오 이상ᄒᆞ고 신통ᄒᆞ고 거록ᄒᆞ고 긔특ᄒᆞ고 ᄑᆡ려ᄒᆞ고 ᄆᆡᆼ낭ᄒᆞ고 희한ᄒᆞᆫ 일이 잇것다

완판 33장본 「열녀춘향수절가」의 본문을 고려대본 「춘향전」에서는 ①은 그

대로 수용하고, ②는 변형 축약시켰고, ③은 단순 축약시키고 있다. 그러나 필시본 「남원고사」에서는 위의 두 텍스트와는 전혀 상이한 새로운 창작 문장들로 대체시키고 있다. 새로운 형상화의 방법으로는 본 이야기에 들어가기 전에, 가사체의 허두를 여러 종류의 표현기법과 장르를 교합하여 엮어내고 있다. 곧, '사설시조'의 원형을 그대로 옮겨 놓기도 하고, '가사'를 변형시켜 옮겨 놓기도 하고, 판소리 담화체의 독특한 기법의 사설로 표현하기도 하는 등 다채로운 언어표현의 아름다움을 최대한 살리고 있다. 이런 표현 끝에, "이 셰상의 미오 이상ᄒᆞ고 신통ᄒᆞ고 거록ᄒᆞ고 긔특ᄒᆞ고 픠려ᄒᆞ고 밍낭ᄒᆞ고 희한ᄒᆞᆫ 일이 잇것다"는 말을 통해 춘향이야기의 흥미를 유발한 후, 본격적 춘향이야기를 시작한다. 이처럼, 서정적인 분위기를 자아내는 가사류의 문장 표현을 통해, 시적인 감흥을 자아내어 자아와 세계의 갈등을 전제로 한 소설 세계로 들어가기 전에 현실적인 독자들의 삶에서는 만나볼 수 없는 정말로 예외적인 사건이요, 꿈같은 사랑과 출세의 이야기인 허구의 세계와의 만남을 위한 전환의 독서공간으로 세계의 자아화라 할 시의 세계를 통한 부드러운 분위기를 제공하는 구실을 하기도 한다. 특히, 서사의 끝에서 '이 셰상의 미오 이상ᄒᆞ고 신통ᄒᆞ고 거록ᄒᆞ고 기특ᄒᆞ고 픠려ᄒᆞ고 밍낭ᄒᆞ고 희한ᄒᆞᆫ 일이 잇것다'는 표현을 극히 강조한 것은 출세와 현달, 상이한 신분 출신의 젊은이 간의 사랑, 그것은 쉽게 이루어질 수 없는 하나의 이상적 꿈의 현실화임을 암시하여 독자들의 호기심을 자극하는 효과를 얻는다. 또한, 그 표현은 과장, 열거의 확대 서술 방법을 더욱 강화함으로써 춘향이야기의 의외성과 사실성을 강조하면서 독서 욕구를 자극하는 상업성과 연결된 세책방의 소설이 지닌 특징을 보여준다.

「남원고사」 계통의 개작가는 완판본과 필사본을 병렬적인 토대로 삼으면서 부분적으로는 새로운 장면까지 창작해 넣는 적극적인 재창작의 결과로 「남원고사」를 창작해 내었다. 즉, 「남원고사」의 작가는 선행한 당시의 춘향전의 여러 이본들을 거듭 재생산해가는 과정에서 장면을 제거하기보다는 과감히 새 장면을 생성 삽입하고, 동일 장면도 대체적으로 부연 확대한 결과 새로운 이종본을 만들어 내어 새 「춘향전」 계통이 생겨나게 하였다. 특히, 이런 확대 재생산에 의해 창작된 「남원고사」의 상위 플롯은 「춘향전」의 기본 구성인 만남, 사랑, 이별, 시련, 보상의 대목은 그대로 유지하고 있지만, 만남, 사랑, 보상 대목에서 맛볼 수 있는 흥과 환희에 따른 신명의 정서와 함께 이별, 시련 대목에서의 절망과 슬픔에 따른 한의 정서가 「별춘향전」 계통의 「춘향전」에 비하여 심화되면서, 그 예술성을 높이고 있다. 이러한 예로는 사랑 대목의 절정에서 춘향과 도령의 사랑놀이를 엮어 내면서, 기생집에서의 사랑 분위기를 위하여 '춘향 뜰사설' '방안 그림사설' '그릇사설' '음식사설'과 함께 '권주가' '백구사' '천자뒤풀이' '짝타령' '덕운가' '비점가' '인짜타령' '연짜타령' 등의 가요를 대폭 수용하여 흥을 돋구어 주고 있다. 이러한 현상은 이 텍스트의 일반적 체계로서 산문과 운문 양식들의 독특한 섞임의 구조를 통해 문예성이 확대되는 보기를 보여 준다.

「남원고사」의 결미는 행복한 결말을 대폭적으로 확대한다. 곧, 어사가 변부사를 봉고파출한 후 감영에 보고하고 나서, 춘향과 월매, 향단을 먼저 서울로 올려보낸다. 그 후에 이어사가 서울에 올라와 왕에게 사실을 고하니, 왕은 춘향에게 정렬부인 직첩을 내린다. 이어사는 양친에게 뜻을 물은 다음 춘향과 육례를 갖춘 혼사를 치른다. 그 후 육경의 벼슬을 하고 다섯 자녀를 두며 춘향과 화목한 평생을 보낸다.

또, 춘향이 이 도령과 이별하고 빈 방을 지키는 공방사설 대목에서는 '이 몸이 숨기실 제 님을 조ᄎᆞ 숨겨시니 삼싱의 연분이며 하늘 마츨 일이로다. 나 ᄒᆞ나 소년이오 님 하나 날 괴실 제'로 이어지는 자탄에서, 정철의 사미인곡 한편을 완전히 삽입 활용하고 있다. 또 이어사가 춘향을 광한루로 오게 하는 장면에서는, 삽입가요가 아닌 삽입 서술 부분이 많이 확대되어, 작품의 표현상의 아름다움과 흥미성의 강화를 실현시키고 있다. 곧, 도령의 미인 정체 확인 요청에 방자가 멀리서 그네를 뛰고 노는 춘향을 양반집 규수가 그네를 뛰러 온 것 같다고 답하자, 도령은 바로 대답하라면서 방자에게 서울에 돌아가면 오백냥 어치의 선물을 주겠다고 한다. 방자는 초조한 도령을 이처럼 골려준 다음에야 비로소 본읍 기생 월매의 딸 춘향이라고 바로 말해준다. 이에 도령은 춘향을 만나고 싶은 욕망에 방자와 의형제를 하자면서, '방자동생 방자형님'으로 부르며 애걸하는 상황으로까지 이야기를 부연시키고 있다.

이러한 확장은 도령이 춘향과 이별하는 장면에서도 나타난다. 춘향은 도령에게 자신을 데려가지 못한다면 차라리 자기를 죽이고 떠나라고 한다. 그렇지 못하면 도령이 자기를 버리지 않기로 약속한 사실을 문서로 써 준 불망기를 가지고 남원 원님에게 알리겠다고 한다. 그래도 자신의 뜻이 이루어지지 않으면 전라감영에 가서 원정을 할 것이고, 그 재판에서 지게 되면 서울로 올라가서 모든 사람에게 자신의 억울한 사연을 알리면서 돈을 한푼 씩 얻고 그 구걸한 돈으로 종이를 사서 자신의 사연을 자세히 적어 그 글을 왕이 능행할 때 진정할 것이고, 왕도 남성이므로 도령의 편을 들면 자결한 후에 원한 어린 새가 되어 도령의 신방 앞에서 한스럽게 울 수도 있겠지만, 자신이 그렇게 하지 않을 터이니 서울에 가서 열심히 공부하여 과거에 급제한 후에 자신을 잊지 않고 찾아주기를 바란다고 하였다.

이처럼 전반적인 장면의 확장 및 서술의 심화는 판소리 사설과 소극적 변이를 보이는 「별춘향전」 계통의 이종본들을 참고로 하여 새로운 모습으로 재편성하고 재창조한 결과이다.

7-2. 결미로 본 소설 「춘향전」과 판소리 「춘향가」의 개성

판소리 「춘향가」의 결미를 분석해보면, 여러 갈래의 표현이면서, 그 속에는 몇 가지 유형이 있는 사설로 판소리는 마무리 된다는 현상을 확인할 수 있다.

더질더질형으로 마무리되는 「춘향가」로는 백성환, 정광수, 박봉술, 성우향 등의 사설이 있다.

- 백성환의 사설: 호기 잇게 ᄃᆞ려ᄃᆞ가 칭ᄒᆞ업시 일문의 갓치ᄒᆞ여 아들낫코 ᄯᆞᆯ을 나니 오복수복 ᄂᆡ 안이 불러ᄒᆞ며 ᄂᆡ 안 칭찬할 아마도 충열지인언 후록이 ᄂᆡᆺ난이라 상ᄒᆞ인 분여덜도 춘향갓튼 본을 밧지 안이ᄒᆞ면 평ᄉᆡᆼ앙화 ᄂᆡᆺ시리라 그 뒤야 ᄂᆡ 알니

- 정광수의 사설: 서울로 환조하여 서계별단 올린 끝에 부모님전 내력을 고하신 후 호기있게 춘향을 데려다가 아들낳고 딸을 낳고 오복겸비 백년해로 뉘 아니 부뤄하리 성상이 대희하여 이조참의 대사성을 불차용지 하옵시니 아마도 충렬지인 후록이 있사오니 이 가사 내옵기는 후생 여러 사람 본받고저 하심인저. 그만 이만 더질더질

- 박봉술의 사설: 남원읍중 여러분네 나의 한 말 들어보오 아들낳기 힘쓰지 말고 사위로 삼소 얼씨구나 절씨구. 동문 안 양이방이 춘향이가 불쌍타고 돈 백냥 내여노며 부대 구안 잘허라데. 그런 은혜 갚어야지. 신연이방 도서원에 대동비를 겹쳐주소. 얼씨구나 절씨구. 막걸잔이나 먹었더니 궁둥이춤이 절로 나고 주먹춤이 절로 난다. 얼씨구나 절씨구. 얼씨구나 장관 절씨구나 장관 어제 저녁 걸인사위 어사되기도 장관, 하마터면 죽을 춘향 살려내기 장관, 전장관 후장관 만고 없는 장관이로다. 얼씨구나 절씨구. 이 궁둥이를 두었다가 논을 살까 밭을 살까 흔들대로 흔들어보자. 얼씨구나 절시구, 어사또 좋아라 여보소 장모 실컷 노소 실컷 많이 노소. 그 연유로 나라에 장문 올려 춘향은 정절부인 가자를 사하시고 어사또는 승품을 도두와 자손만대에 태평으로 누리더라. 그 뒤야 뉘가 알리 더질더질.

• 성우향의 사설: 어와 여러 부녀네들 이 노래를 허망히 듣지 말고 열여 춘향 본을 받어 우리나라 미풍양속 천추유전 허옵시다 그 뒤야

• 이선유의 사설: 이 ᄯᅢ의 어사ᄯᅩ가 춘향과 상단이 춘향모 다리고 경성으로 올나가 전일을 언약하고 만세 만세를 호화롭게 지내간다 그 뒤야 뉘가 일리

• 성창순의 사설: 그때에 어사또는 이 고을 저 고을 다니시며 출도노문 돈 연후에 서울로 올라가서 서계별단 올린 후의 우에서 칭찬허사 나라에 깊은 걱정 경이 가서 막고 오니 국가의 충신이라. 한림이 복지주왈 남원의 춘향내력 종두지미를 품고허니 춘향을 올려다가 열녀로 표창허여 정열 부인을 봉하시고 운봉은 승직허여 좌수사로 보내시고 남원골 백성들은 일시 세역을 없앴으니 천천만만세를 누리더라. 어화 여러 부녀 내들 이 노래를 허망이 듯지 말고 열녀 춘향 본을 바다 천추유전 하옵시다. 그 뒤야 뉘 알소냐. 더질더질

• 김연수의 사설: 춘향에게 교지를 내려 정렬부인 봉허시니 대사헌이 좋아라고 즉시 대연을 배설허고 왼 종족을 다 모시어 남원집 사연을 아뢴 후에 부인으로 승좌허고 보국까지 허시면서 팔남이녀 거느리고 해로백년 허울 적에 정렬부인 영귀함이 일세에 진동허더니라 그 뒤야 뉘 알리요 언재무궁이나 어질더질

• 장자백의 사설: 츈향은 싱열녀문 셰우고 졍졀부인 가직을 닉류신이 숑덕층찬ᄒᆞ여 만죡녹을 누루시더라 그 뒤야 뉘 알니요 더질더질

• 조상현의 사설: 춘향을 올려다가 열녀로 표창을 허고, 운봉은 승직허여 좌수사로 보내시고, 남원골 백성들은 세역을 없앴으니, 천천만세를 누리더라.

그 뒤야 뉘 알소냐. 더질더질

- 박순호 68장 춘향가의 사설: 春힝과 春힝慈親과 上단이은 京셩으로 올나가 긔生列女로 포行ᄒᆞ여 光ᄃᆡ등의 有젼ᄒᆞ여 至今갓지 有名ᄒᆞ이 훗사람도 들어 春힝 졀ᄀᆡ을 아옵소셔 光ᄃᆡ목도 쉬고 그만져만 더질더질 북코코

- 남창 춘향가의 사설: 父母임前 春香의 前後來歷 낫낫시 告ᄒᆞᆫ 後의 셔울노 달여다가 호강의로 지ᄂᆡᆯ 젹의 아달 낫코 딸을 나어 五福兼備 百年偕老 위안이 부러ᄒᆞ리 아ᄆᆡ도 忠烈之人은 後錄리 잇싸온이 後人은 본받고져 ᄒᆞ노라

또, 아들 낳기형와 얼씨구형이 복합된 사설로는 김여란, 박동진, 박기홍 김소희 등의 사설이 있다.

- 김여란의 사설: 어디가야 여기있다. 도사령아 큰문 잡어라 어사장모님 행차하신다 요새도 삼문깐이 이리 억세냐 우르르 들어갈 테이니 어제 저녁에 어사또전에 괄세를 너무하여 노니 예의염치 없어라고 동원 마당에서 발명한다 얼시구나 우리 사위 풍신이 저렇거든 만고충신이 안될까 여보시오 어사 사위 남원에 월매 월매 내 눈치 뉘 눈치라고 어사인줄을 내 모를까 천기누설을 안하려고 너무 괄세를 하였더니 속모르고 노여웠지 얼시구나 내 딸이야 위에서 부른 물이 발치까지 내린다고 내 속에서 너 낳았거든 만고열녀가 안될까 빙설옥결 열녀춘향 천인되기가 장관 나에 장관 겁처 장관 아주 장관 영 장관 절로 늙은 고목 끝에 시절연화가 피였네 얼시구 절시구 지화자 좋네 어느 바람이 불었는가 수수위 광풍 적벽강 동남풍인가 좋은 바람이 불었으니 설치풀이도 하여보고 남의 신세도 갚어보세 지금 이방 양이방 인심도 거룩하지 내 딸 춘향 옥에 갇혀 거의 죽게 되었을 때 쌀 한 섬 돈 단 양 고

기 닷 근을 보내주고 인정 많은 수형방 내 딸 춘향 갇혔을 때 칼씌우지를 말라고 누가 사정하여도 대방 사령 도사령놈 매질도 몹시하고 칼씐 적도 야속터니 너 이놈 먼저 죽어봐라 남원읍내 사람들 아들낳기 원치 말고 딸낳기를 힘을 써서 서울 사위를 삼어두고 얼시구 절시구 지화자 좋네 예방 고인 삼현 잡혀라 이런 때 춤 안추고 어느 때 춤추랴 이 궁둥이를 두었다가 논을 살까 밭을 살까 흔들대로만 흔들어 보세 얼시구 절시구 지화자 좋네

• 박동진의 사설: 여보시오 세상 사람들 아들낳기 원치 말고 춘향같은 딸을 나서 곱게곱게 길러내어 서울사람 오거들랑 묻지 말고 사위를 삼게 얼씨구 절씨구 지화자 좋네. 어사사위 둔 사람이 이럴 때 춤 못출소냐 이 궁둥이를 두었다가 논을 살까 밭을 살까 흔들대로 흔들어보자. 얼시구 좋구나 지화자 좋네. 얼씨구나 절시구.

• 박기홍의 사설: 츈향의 장ᄒᆞᆫ 절힝 ᄌᆞ상으로 동촉ᄒᆞ사 츙열부인 봉ᄒᆞ시니 츙열부인 영귀ᄒᆞᆷ이 일세에 지동터라

• 민속악보 수록본의 사설: 그 때에 춘향어미는 늦게야 이 소문을 듣고 삼문간을 들어와 궁덩춤을 흔들면서 들어온다. 얼씨구나 절씨구나 지화자 좋네. 도사령아 큰문 잡아라 으사장모님 행차허신다 요새도 삼문간이 억씨냐 얼씨구나 내 사위야 풍신이 저렇거든 만고충신이 안될까 어제 저녁 오셨을 제 어산 줄을 알았으나 남이 알까 염려가 되어 천기누설을 안헐라고 너무 괄시하였더니 속모르고 노여웠지. 내 눈치가 뉘 눈치라 고만일을 모를까. 얼씨구나 내 딸이야 우에서 부신 물을 발치까지 내린다고 내 속에서 너 낳거든 만고열녀가 아니될까 얼씨구 절씨구 지화자 좋네. 얼씨구 절씨구.

• 김소희의 사설: 이런 경사에 춤 못출까? 이 궁둥이를 두었다가 논을 살까, 밭을 살까? 흔들대로 흔들어 보세. 얼씨구나 절시구! 어어어얼씨구, 절시구, 절시구!

이처럼, 〈더질더질〉형의 유무, 〈아들 낳기〉형의 유무, 〈얼씨구〉형의 유무로 구분되면서, 다채로운 선택 내지는 새로운 표현을 개발해낼 수 있는 역량과 길을 자유스럽게 열어놓고 있다.

이 점은 한편으로는 전통이라는 구속으로, 다른 한편으로는 혁신과 자유라는 두 가지 면을 함께 가지고 있다는 음양의 대대라는 역리철의 이치를 그 이로서의 이치의 실현에서는 음양으로 닫힘과 열림으로 작용 의 기로서의 현실에서의 자유로운 실현을 통한 역동성 내지 발전성을 보여준다.

이는 곧 일정한 규칙성과 제약성을 있다고 볼 수도 있고, 일정한 규칙성과 제약성이 없다고 볼 수도 있는 것으로, 단지 태극의 통합의 근본에서 보느냐, 아니면 음양과 사상과 팔괘라는 분화의 현상에서 보느냐의 차이일 뿐이지, 옳고 그름의 문제가 아닌 것이다. 그러나, 이를 어느 한편이 옳고 그르다는 판단을 내려야 한다는 편견에 빠지면, 분쟁과 당파성을 가져오게되고, 자아의 자체나 자아와 세계의 관계에서 갈등과 분열을 가져오므로, 결국은 내우외환의 비극을 초래하는 원천이될 수밖에 없는 것이다.

성리학이 지향하는 올바른 이치와, 그에 따른 올바르지 못한 실천으로 역사 발전을 저해하여 평화가 아닌 불행을 가져왔기에, 원작가 조경남은 당대의 내우외환의 국가적 위기상황을 원천에서 해결하고자 하는 애국심과 그런 애국심을 현장에서 실천 성리학으로 보여준 제자의 모범적인 태도를 대 문장가 특유의 성리철학에 기반한 독창적인 서사의 이치로 풀어내어 미학을 갖춘 성리소설 「춘향전」을 창작하게 된 것이다.

8

대중적 통속서사 양식에서 꽃 피운
18세기 판소리로 확장된 성리소설의 감성미

8-1. 18세기 광대의 연행예술인 판소리 「춘향가」에 덧보탠 감성미

(1) 광한루에서의 만남 대목과 춘향방 사랑 대목의 흥의 정감

의병장 출신 산서 조경남이 창작한 「춘향전」의 주무대는 전라도 남원, 그 중에서도 광한루이다. 이 광한루는 남원부 읍성과 마주하고 있다. 전라도 남원의 군사 요충지로서의 중요성은 세종 때의 부교리 양성지가 올린 비변에 대한 열 가지 방책에서 "전라도에서 전주는 남도의 요충이고, 남원은 운봉의 요충"이라고 하였다.

또, 『만기요람』의 군정편, 〈관방〉에서는 남원을 다음과 같이 소개하고 있다.

> 【남원】 읍성 석축. 둘레 8,199척, 높이 13척. ○ 유인궤성(劉仁軌城)이 부내(府內)에 있다. 당(唐)이 백제를 멸하고 인궤(仁軌)를 대방주 자사(帶方州刺史)로 삼아서 웅주(熊州)에 유진(留鎭)하고 또 여기에 성을 쌓고 인하여 대방성(帶方城)이라 하엿다. 부(府)를 대방이라 한 것이 이때부터 시작되었는데 지금도 옛터가 있다. 또 읍내의 시가를 정전법(井田法)을 모방하여 9개 구로 나누었는데, 그 터[址]가 아직도 남아 있어서 모두들 정전(井田)의 유제(遺制)라고 전한다.교룡산성(蛟龍山城). 석축. 둘레 5,717척. ○ 왜란 때에 중수하였다. 영로: 복성치(福星峙)·유치(柳峙)·여원치(女院峙)모두 운봉(雲峰)과의 경계[界].수성치(宿星峙)·남율치(南栗峙) 모두 구례(求禮)와의 경계.둔령(屯嶺)남쪽 통로.비홍치(飛鴻峙)순창과의 경계.견치(犬峙) 임실과의 경계.수분치(水分峙). 장수(長水)와의 경계이다.,

이러한 남원의 역사적, 군사적, 지리적 배경을 고려하면서 의병장 출신 작가 창작한 「춘향전」을 표면서사와 병행하여, 표면서사의 내면에 은밀히 담긴 이면서사를 향수하면, 작품의 지닌 깊고 심층적인 의미망까지 이해할 수 있다.

「춘향전」이 민족 최고의 고전소설로 자리하게 된 바탕은 탁월한 서사구조와 함께,원초의 춘향전이 지닌 사랑대목의 흥과 이별 대목의 슬픔이 주요한 몫을 하고 있었다. 물론, 「춘향전」의 서사구조는 초기에 이미 탁월한 작가에 의해 기본이 마련되고 전승과 재창조의 과정에서 개작 내지 재창작자들이 공력을 들여 가꿈으로써, 더욱 다양하고 세련된 작품으로 성숙하게 되었다. 게다가 역사적 전개상에서 판소리 양식으로 연행된 「춘향가」는 「춘향전」 재창조에서 큰 흐름을 개척하였다.

애초에는 소설 양식이었던 원초 「춘향전」은 광대들에 의해 소리극 양식으로 거쳐서 판소리 양식으로 연창되면서 극적 서사성이 보강하며 발전하였다.[378] 양식적인 완성을 이룬 다음 시기에는 창법에 따른 소리의 개성이 드러나면서 동편제, 서편제, 중고제 등의 특성이 강한 소리제가 성립되었다, 18세기 이후로는 판소리의 성행과 인기에 따라서 몇몇 명창들이 배출되면서 더늠이라 일컬어지는 고유한 소리와 사설을 갖춘 대목들을 만들어내었다. 판소리의 사설은 극적 구성의 기본을 이루는 서사적인 이야기와 서정적인 가요가 조화로운 결합을 더욱 세련되고 풍성하게 이루면서 감성미를 높이는 데에 기여하게 되었다.

「춘향전」의 배경은 전라도 남원 중애서 광한루를 핵심 공간으로 삼고 전개된다. 호남의 제일룰하는 아름다운 풍광을 자랑하는 광한루라는 누각의 이름의 광한은 천상계의 북방 신선의 궁의 이름이다. 동지 때의 일월은 광한궁에 숨는다도 하듯이, 이때에 광한의 땅에서 달의 혼령을 기르고 양육한다.

378) 설성경, 『춘향전의 형성과 계통』, 정음사, 1986, 23쪽.

도가에서는 천인은 일월의 빛을 분별하여서 정화의 문채를 채집한다. 주야를 자지 않고 수련하면 진인이 될 수 있으니, 부지런히 수련하고 고요함을을 바르게 하면 진인이 된다. 뇌성이 울고 벼락이 쳐도 놀라지 말고 정신을 차릴지니라. 신을 잘 조절하여 이를 다스리면 정을 다스리는 혼이 편안하고 기뻐한다. 뇌성이 울고 벼락이 치면 이빨을 툭툭 지면서 생각이 존재한다. 이것은 정신은 사용하지만, 놀라서 말을 하지 못한다.[379)]

또, 다른 측면에서 보면, 광한루라는 이름은 옥황상제가 살던 궁전인 광한청허부를 지칭한다. 늘나라 월궁의 옥경에 들어서면 광한 청허부가 있다는 신화에 근거를 둔 이름이다. 전라남도 관찰사였던 정철은 요천에서 끌어들인 물이 누 앞을 흐르고 있던 개울을 넓혀서 평호로 만들어 은하수를 상징하게 했으며, 주위를 석축으로 하고 호중에 세 개의 섬을 만들어 하나는 녹죽을 심고, 하나는 백일홍을 심었으며, 다른 하나에는 연정을 세우는 등, 호중에 여러 종류의 꽃을 가득 심었다.[380)] 광한루 앞의 오작교는 1582년 남원부사 장의국이 광한루를 중수하면서 삼신도와 더불어 조성했고, 신화적 신선사상으로 조성한 것이다. 월궁 청허부를 상징하는 광한루 앞의 호수를 은하수라 하고, 은하수가 있으면 견우와 직녀가 있고, 견우 직녀가 칠월 칠석날, 일년에 한 번씩 만나는데, 은하수를 건널 수 있는 다리가 있어야 한다는 것이 광한루 호수 앞에 오작교를 설치한 까닭이다.

「춘향전」의 구체적인 내용은 양식에 따라, 텍스트에 따라 달리 표현되고 있는 경우가 많지만, 대부분의 경우는 극적인 서사구조의 큰 골격에서는 크게 다르지 않다. 전반부는 만남, 사랑, 이별 대목으로 이루어진다. 이 중에서 만남 대목은 자연적인 흥을 기초로 하고 있으며, 사랑과 이별 대목은 인위적이고 개인적인 흥과 한을 제공하며, 현실 지향적이다. 이에 반하여, 후반

379) 양구자 찬, 『황정경』, 黃庭內景玉經 註.

380) 『광한루 예찬 시선』, 남원시, 1999, 33쪽.

부는 시련, 출세, 보상대목으로 이루어지며, 이 중에서 시련 대목은 집단적인 한이, 출세 대목은 집단적인 흥이, 보상 대목은 사회적인 흥을 제공하며, 이념 지향적이면서 상승적인 삶을 보여준다. 극적인 서사구조를 작품화하는 데에는 주인공 춘향이 보여주는 강력한 개성의 인간상의 형상이 주요한 기능을 하고 있다. 춘향의 삶은 지속적인 성숙을 추구하고 있다는 점에서 여타의 평면적인 인물들과는 구분된다. 단군신화의 웅녀가 시련을 이기고 여인이 되고, 단군의 어머니로 상승하는 신화적 상징성을 지니듯이 춘향 또한 내적 성숙의 전형적인 과정을 보여준다. 기생으로 출발하지만 결국 그녀는 열녀로 변신한다. 기생과 열녀의 거리만큼 그녀는 작품 속에서 성장하고 성숙한다. 춘향의 자기 변신의 질적인 거리는 우리가 따르지 못할 정신세계를 보여준다. 철석같은 약속을 버리고 가는 도령, 뜻 밖에 들이닥친 변부사의 협박과 가학행위, 모친 월매의 회유는 겨우 이겨냈지만, 기다리던 님이 거지로 찾아왔다. 믿고 믿었던 마지막 소망마저 사라진 상황에서 우리는 춘향의 휴머니티의 지향을 바라 보아야 한다.

옥중의 춘향은 변부사의 모진 압박에도 굴하지 않고, 끝내 자신의 지조를 지켰다. 춘향은 자신의 신분상승을 위해 이도령에 대한 집착을 보인 것이라면 그 사랑은 순수한 것이 아니다. 옥중 상봉대목에서, 거지 모습으로 돌아온 이도령에게도 춘향의 사랑은 개의치 않는다. 춘향은 모친에게 자신이 죽더라도 거지가 된 이도령을 괄세 말고, 자신의 세간들을 다 팔아다 먹이고 입힐 것을 부탁하는 점에서 춘향은 현재적 지위와 처지를 사랑한 것이 아님이 분명해진다.

춘향의 옥중 대목에서 가장 중요한 한 장면은 황릉묘를 찾아가는 춘향의 꿈속 사건이다. 이 황릉묘에서 춘향은 역대 가장 훌륭한 여성들을 만나보고 자신은 비록 천한 신분이지만 충분히 그 자리에 참석할 수 있음을 인정받는다. 요컨대 춘향은 황릉묘 사건이후, 세상의 인정을 기대하는 단계를 넘어서게 된다. 이미 춘향은 스스로 충분한 정신적 경지가 주는 만족을 느꼈다. 이른바 '스스로 만족함의 경지'인 것이다. 이미 춘향은 그 희생에 대한 보상을 받건 못 받건 개의하지 않는다. 진심을 다해 사랑했고, 목숨을 걸고 사랑을 지킨 것이다. 그것으로 이미 춘향은 만족을 얻은 것이다. 육신의 고통도 심정의 서러움도 모두 살라버리고 맑게 정화된 춘향은 자신의 운명을 받아들인다. 춘향은 떳떳치 못하게 돌아온 거지 이도령에게 이승에서의 마지막 정성을 다하고도, 이도령의 마음을 헤아려 비석 하나만 세워주면 여한이 없으니 미안해하지 말라고 위로한 것이다. 이 얼마나 감동적인 한국 여인의 휴머니티가 보여주는 극치의 경지인가? 춘향의 영원한 사랑의 화신이 된 연유는 여기에 있다. 아무런 원망도 없이, 원한과는 거리가 먼 한을 초월하며 거룩한 신성성을 확보하는 성스러운 여인의 모습이다. 노모에게는 가련한 낭군을, 거지 낭군에게는 외딸 잃고 설움 당할 노모를 진정으로 부탁한다. 넋이라도 혼이라도 그들에게 못 다한 정을 주고자 한다. 죽음이란 삶의 마지막 벼랑에서 찾아진 절대적이고, 헌신적 사랑의 종교적 승화가 아닌가? 춘향 사랑의 절정감이 자아내는 춘향정신의 위대한 빛이다. 대쪽같은 애정, 정숙한 여인의 귀한 사랑은 이 칠흑 같은 어둠 속에서 제 빛을 발하게 된 것이다. 광한루에서 만나 시작한 첫째 사랑보다, 이별한 뒤에 찾은 둘째 사랑이, 나아가 옥중에서 죽음을 맞으며 깨우친 셋째 사랑이 더욱 더 깊어지며, 영원으로 통하는 사랑의 길을 열어준다.[381)]

「춘향전」의 사랑 사설은 혼전의 사랑이요, 퇴기 월매가 에서의 사랑이다. 당시는 남성 위주의 유교사회였지만, 사설에서는 당대의 사회윤리와는 사뭇 상황이 다르게 전개된다.

> 춘향과 도련임과 마조 안져 노와스니 그 이리 엇지 되것난야. 빗기는 태양을 바드면셔 삼각산 제일봉 봉학안자 춤츄난듯 두 활한자를 조금 휘우든하게

381) 설성경, 「춘향전의 형성 배경과 미적 기반」, 『휘경』 23집, 경원대학교 학생회, 2000.

돌고 춘향의 셤셤옥슈 바드드시 검쳐잡고 의복을 교묘하게 벽기난듸, 두 손길 셕 놋턴이 춘향 가은 허리을 담숙안고 "치마와 저고리를 버셔라." 춘향이가 쳐음 이릴 한자 안이라 북그러워 고한자을 슈겨 몸을 틀졔 이리곰슬 져리곰실 푸른 물에 붉은 연꽂 미풍 맛나 굼이난듯 도련임 초한자벽겨 졔쳐노코 바지속옷 벽길 튁의 무한이 실난된다. 이리굼실 져리굼실 동한자 청용이 구부를 치난 듯 "아이고 노와요. 좀 노와요." "에라 안 될 마리로다." 실난 옷한자 한자너 발가락으 한자 걸고셔 한자여 안고 진드시 눌으며 지지한자 쓰니 발길 아한자 한자러진다. 오시 활한자 버셔지니 형산의 한자옥한자니 우에 비할 소냐.

오시 버셔지니 도련임 거동을 보려하고 실금이 노으면셔 아차아차 손한자 졌다."

춘향이가 금침 속으로 달여든다. 도련임 왈칵 조차들어 누어 져고리을 벽겨한자여 도련임 옷과 모도 한듸다 둘둘뭉쳐 한편 구셕의 던져두고 두리 안고 마조 누워슨니 그한자로 잘이가 잇나. 골집(骨汁) 한 자 졔 삼승 이불 춤을 추고 한자별 요강은 장단을 마추워 청그릉 한자한자 문고루난 달낭달낭 등잔불은 가물가물 마시 잇게 잘 자고 낫구나.

이팔청춘도 안 되는 것들의 사랑놀음이 참말로 제법이다. 더하여 이몽룡은 춘향이 여인으로 처음은 아니지만, 춘향의 몸가짐 또한 여염집 여인으로서는 있을 수 없는 요염한 행동이다. 남녀의 원초적 본능을 자극하는 이러한 행위야, 고금을 불문하고 사람된 자라면 누구나 욕망을 느끼겠지만 「춘향전」의 매력이 여기서 끝나는 것은 아니다. 그것은 표현이 예사롭지 않다는 데 있다. 이 뒤에도 몽룡과 춘향이 옷을 활씬 벗고 업음질하는 장면이 나오는데 그 표현이 자못 뛰어나다.

이궁 져궁 다 바리고 네 양한자 한자 슈룡궁의 한자의 심쥴 방망치로 질을 한자자구나. 춘향이 반만 웃고 그런 잡담은 마르시요." "그계 잡담 안이로다. 춘향아 우리 두리 어붐지리나 하여 보자." "한자고 참 잡셩시러워라. 어붐질을 엇한자케 하여요." 어붐질 여러 번 한셩 부르계 말하던 거시엿다. "어붐질 쳔하 쉽이라. 너와 나와 활신 벗고 업고 놀고 안고도 놀면 그계 어붐질이졔야." "한자고 나는 북그러워 못 벗것소." "에라 요 겨집 아히야 안될 마리로다. 한자 먼져 버스마." 보션 단임 허리듸 바지 져고리 훨신 버셔 한편 구셕의 밀쳐 놋코 웃둑셔니 춘향이 그 거동을 보고 한자긋 웃고 도라셔다 하는 마리 "영낙업난 낫돗한자비 갓소." "오냐 네말 조타 천지만물이 한자업난계 업난이라. 두 돗차비 노라보자." "그러면 불이나 한자고 노사이다." "불리 업시면 무슨 한자미잇것는야. 어셔 버셔라 어셔 버셔라." "한자고 나는 실어요." 도련임 춘향 오슬 벽기려 할 졔 넘놀면셔 어룬다.

만쳡청산 늘근 범이 살진 암한자를 무러다 노코 이는 업셔 먹든 못하고 흐르릉 흐르릉 아웅 어룬난듯, 북한자 흑용이 여의쥬를 입으다 물고 한자운간의 늠노난듯, 단산 봉황이 죽실 물고 오동 속으 늠노난듯, 구구 청학이 난초을 물고셔 오송간의 늠노난듯, 춘향의 가는 허리를 후리쳐다 담숙안고 지지한자 아드득 한자며 귀한자도 한자한자 한자며 입셔리도 한자한자 한자면셔 주홍 갓턴 셔을 물고 오한자 단청 순금장(純金欌)안의 쌍거쌍한자 비들키갓치 한자한자 한자한자 으흥거려 뒤로 돌여 담쑥 안고 져셜 쥐고 발발한자며 져고리 초한자 바지 속것한자지 활신 벅겨노니, 춘향이 북그려워 한편으로 잡치고 안져슬 졔 도련임 답답하여 가만이 살펴보니 얼골이 복짐한자야 구실한자 이 송실송실 안자구나.

위에 인용한 표현은 그림으로 그려서 대상을 묘사하는 것에 해당한다. 표현이 그림을 보듯이 사실적일 때 쓰는 말로 「광한루기」[382] 제 3회 협비평에서

382) 〈광한루기〉는 〈춘향전〉을 한문으로 개작한 이본이다.

는 "춤은 끝났지만 향기로운 숨결은 멎질 않고 구슬 같은 땀방울이 한껏 맺혀 있는 채로 웃으면서 말했다. 낭군께서는 이 춤이 어떤 춤인지 아시는지요"[383]라고 하였다.

어붐질을 하자는 몽룡의 말에 "애고 참 잡스러워라. 어붐질을 어떻게 하여요"라던 춘향이 빵긋 웃고는 돌아서서 "영락없이 낮도깨비 같소"라는 것은 분명 옷을 홀딱 벗은 몽룡을 빤히 보며 교태를 떠는 장면이야 말로 '천연미인도'요, '화출정태' 그대로다. 이어지는 "안산 늙은 범이 살진 암캐를 물어다 놓고 이는 없어 먹지는 못하고 흐르릉 흐르릉 아웅 어루난 듯"이나 춘향의 가는 허리를 후리쳐 담쏙 안고는 진저리를 치며 "귓밥도 쪽쪽 빨며 입술도 쪽쪽 빨면서 붉은 혀를 물고서 오색으로 단청한 순금으로 만든 장롱 안에 쌍으로 들고 나는 비둘기같이 꾹궁 끙긍 으흥"거린다거나, 춘향이 부끄러워 "얼굴이 복찜한 듯 구슬땀이 송골송골 앉았구나"라는 데서는 적절하게 의성어와 의태 부사를 동원해 사실적이면서도 실감나는 장면 묘사다.

「춘향전」은 이본에 따라 이도령이 불망기를 써 주는 경우가 있고, 어떤 약속도 없는 경우도 있지만, 춘향의 사랑은 예비 시부모 몰래 일을 벌인 혼전관계이다. 도령과 춘향이 주고받는 노출된 성애 묘사는 문학적으로 다듬어진 문체로 처리되는 경우가 많다. 첫 만남에서부터 춘향은 이도령이 권세가의 사또의 아들이기 때문에 흔히 여자가 그럴 수 있듯이 그냥 따르는 것이 아니다. 사랑의 시작은 남성이 주도적으로 마련하지만, 그 결과에 대해서는 주도적 시작만큼의 온전한 사태 해결을 하지 않기에, 몰입한 감상자에게서 거의 "죽일 놈"이 되려고 작정한 것 같다. 도령의 냉엄함과 잔인함에 비해 춘향은 향수자로 부터 연민의 정을 유발하고, 이렇게 함으로써, 춘향의 편에 서도록 한다. 이별 장면 이후의 내용은 춘향이 이도령 쪽보다 더 지배적 상황이라고만 할 수는 없지만, 「춘향전」의 주인공으로 춘향을 내세우는 것은

383) 舞訖香喘未息 珠汗已凝(天然美人圖) 笑曰 郎君知此舞 何舞麽(畫出情態).

이별 장면이 중요한 몫을 차지한다.

(2) 「춘향전」의 선악 삼각구도와 흥과 한의 거시적 감성구조

「춘향전」에서는 정감의 측면에서 구현되는 감성미가 돋보인다. 한을 극대화시키고 흥을 극대화시키는 극대점의 위치를 상향 조정해 나가는 극대화의 과정에서 발견할 수 있다. 예를 들면, 이별이라는 동일한 장면에서도 슬픔의 감정을 드러내는 인물 간의 행위와 대화, 배경 및 언어표현 등이 한을 어떤 수준의 미감으로 형상화해 내는가, 사랑가 대목에서 성희의 즐거움은 어떤 수준에서 어떤 표현으로 증대시킬 수 있는가, 애이불비의 고급문화의 미감마저 수용하여 조화 혹은 탈조화를 통해 독특한 미감을 형상한다.

도령과 춘향이 반윤리성을 극복하고, 심각성 보다는 골계성, 압축성을 우위에 둠으로써 일상적 서사와의 일탈성에서 낯설게 함으로써, 행위 내용의 음란성만으로 독자의 시각이 집중화됨을 극복시키는 무의식적 기법이다. 이는 그들 행위의 정당성을 담보해 준다. 결국 비점가는 행위로 이끌어 가는 것이 아닌 비점으로 이끌어 감으로써, 더 숨기면서 더 짙은 경지로 이끌어가는 표현의 다층적 심화를 성공적으로 형상해내고 있다. 그래서 섹스화의 완충, 생략의 확산으로 길게 지속할 것을 줄이고 강화하여 그 독특한 표현미를 자아낸다. '정자 사설'은 동일 주제를 놓고 다른 측면, 다른 각도에서 서술한다. 감을 형상하고 서술한다. 직접묘사 보다 비약과 여백이 많다. 이는 상상력을 자극한다. 비점가는 동태적이라면, '정자타령'은 정태적이다. 또 '십장가'가 너무 길어지면 긴장감이 약해진다. 판소리는 창의 지속량의 한정으로 인해 길게 끌 수가 없으나, 소설은 분량의 제한성이 상대적으로 줄어들기 때문에 매 수도 늘어 나고 그 수식적 표현도 확대되고 심화 된다.

판소리 「춘향가」는 전 · 후반부의 상반된 구성을 보인다. 전 · 후반부는 흥과 한이라는 감성구조를 대비적으로 드러낸다. 「춘향가」에서는 장면 중심의 플롯과 극적 상황의 독자성을 보이면서도 독특한 감성미를 자아낸다. 허두로서의 초압, 춘향의 출생담, 남원부사의 도임, 이도령의 사설, 이도령과 방자의 산천 경개풀이, 순성 허락, 나귀 안장 짓는 대목, 적성가, 이도령의 거동풀이와 춘향의 출현의 미인시설 등을 비롯하여, 후반의 암행어사 출도, 춘향 대령에서의 어사또, 춘향과 수작, 동헌 상봉에서의 춘향, 어사 상면, 춘향의 춤, 월매의 춤, 그리고 마지막의 후일담이 뒤풀이로 마무리되는 정감의 강약과 기복은 플롯 및 이와 연계된 삽입가요의 조화를 극대화시키며 전개되면서 향수자들의 감성미를 높여준다.

이러한 사실을 「춘향가」 전반부에서 드러나는 사랑과 이별의 대중적 감성미를 구체적인 사설을 통해 살펴보자.

- 〈아니리〉: 이렇타시 도령님은 서울로 떠나고 춘향이가 하릴없이 자기방으로 들어가는듸,
- 〈진양조(계면조)〉: 향단이게 붙들리어 자던 침방 들어올제, 만사가 정황이 없고 촉목상심 허는구나. "여보아라, 향단아! 발걷고 문닫어라. 춘몽이나 이루어서 알뜰한 도령님을 몽중에나 다시보자. 예로부터 이르기를 꿈에 와 보이난 임 신의 없다. 일렀으되 답답히 그럴진데 꿈 아니며는 어히 보리. 천지생겨 사람나고 사람생겨 글자낼 제 뜻 '정'자 이별 '별'자는 어느 누가 내엇던고. 이별 '별'자를 내엇거던 뜻 '정'자 내잔커나 뜻 '정'자 내었거든 만날 '봉'자를 내잔커나. 공방적적 대고동허니 바랠 '망'자가 염려로구나."
- 〈중머리(계면조)〉: "행군견월 상심색허니 달만 비쳐도 임의 생각, 야우문령 단장성에 비 죽죽 내려도 임의 생각, 추우오동 엽낙시의 잎만 떨어져도 임의 생각, 안암산 노송정에 쌍비쌍쌍 저 빼국새 이리로 가면서 빼국 빽빽국 저리로 가면서 빽국 빽빽국 빽국 울어도 임의 생각이 절로나네. 식불감미 밥 못 먹고 침불안석 잠 못자니 이게 모두 다 임 그리운 탓이로구나. 앉어

생각, 누워 생각, 생각 그칠날이 전혀 없이, 모진 간장 불이 탄들 어느 물로 이불을 끌거나."이리 앉어 울음을 울며 세월을 보내는고나.[384)]

이처럼 「춘향가」의 정감의 빛깔은 소위 명창들의 눈대목에서 절정을 보여주는데, 이는 사설만으로도, 음악만으로도 이루어지지 않는다. 적절한 사설과 음악이 결합되어 형상해낼 때, 비로소 눈대목의 진면목이 나오고, 이것은 곧 명창의 더늠 대목이 된다. 이처럼 감성미는 사설이 소리의 힘을 빌려 극적으로 연행됨으로써, 수용자의 정서적 미감을 통해, 흥과 한의 미적 정감을 만나게 해준다. 이를 음악과 사설의 이면에서의 만남이라 일컫는다. 여기에 덧보태어 「춘향가」의 감성적 미감이 최종적으로 실천되는 지점은, 같은 소리라도 향수자의 입장과 처지에 따라 달리 향수되고, 창자의 능력에 따라 그 감동력이나 미감의 상이한 빛깔로 형상되므로, 창자의 연행 상의 전문성과 향수자의 체험적인 경험이 융합과 조화에 따라 실현된다.

이러한 사례는 춘향의 옥중 유언, 춘향과 도령의 결연과 만남 사랑 대목에서 그 흥의 정감의 성숙화가 극적으로 '보여주기' 방식으로 나타남을 볼 수 있다.

서두와 결미는 일반적인 우리 고소설과 같이 3인칭 전지적 시점을 취함으로써, 서술자의 비평적 개입이나 요약 서술에 의한 직접 서술 방식을 적극 활용하는 주관적 시점[385)]의 장점을 활용하고 있다. 그러나 서두와 결미 부분

---

384) 진봉규 판소리 사설.

385) Norman Friedman은 『Form and Meaning in Fiction』(Georgia Univ. Press, 1975, p.145)에서 시점의 선택이 작품과 독자 사이의 거리에 영향을 미치고 있다고 생각하여, 작가가 모방에 의해 서술하는 객관적 시점에서는 독자가 작품이 작가에 의해 말해지고 있지 않다는 환상을 받을 수 있으므로 독자와 작품과의 거리를 좁힐 수 있고, 작가의 직접 서술에 의한 주관적 시점은 작가의 직접 서술에 의해 말해지고 있다는 사실 때문에 독자를 이야기로부터 분리시키는 결과가 되어 결국 작품과 독자간의 거리를 넓히게 된

을 제외한 주요 인물의 등장에 따른 본격 사건에서는 대화와 '거동보소'로 유도되는 '보여주기' 형식이 주요 기능으로 작용함으로써 객관적 시점을 지향하는 쪽이 중심을 이룬다. 이는 '지체하여 보여주기'[386]의 실현으로 나타나는 '극적으로 보여주기'[387]의 기능이 작품 전개의 중심을 이룬다는 판소리극계 소설의 특수성에 기인한다. 곧, 이러한 '극적으로 보여주기'의 기능을 강화시키기 위해 서술자는 작품의 뒷면으로 물러나고, 등장 인물의 행위와 대화를 직접 독자에게 제시하는 객관적 시점 쪽으로 전환한다. 그러나 본격 사건의 전개 부분에 있어서도 단순히 '극적으로 보여주기'만으로 진행되는 것이 아니라, 부분적으로는 다시 3인칭 전지적 시점으로 되돌아 오는 것을 반복한다. 다시 말하면 본격 사건에서는 주요 장면과 장면 사이를 이어주는 부분에서는 3인칭 전지적 시점이 중심이 되고, 극적 상황이 강조되는 장면 제시의 심화에 따른 '극적 보여주기'의 기능 증대 부분에서는 객관적 시점을 지향하는 쪽으로 전환한다. 그러나 이러한 객관적 시점을 지향하는 가운데에서도 부분적으로는 서술자의 주관적인 시점이 개입되어 더욱 복합적인 양상을 지니게 된다. 이와 같이 작품 전개의 부분과 시점 교체의 자유로운 반복이 서술 원리로써 허용된다는 점에서 「춘향전」의 시점은 규범적인 단순 복합시점과는 구분되는 자유스런 복합 양식이라 할 개방적 복합성을 지녔다고 할 수 있다. 즉 이 작품에서는 확실한 주관적 시점과 함께 부분적인 객관적 시점의 장점을 포용하는 편차적인 이중시점의 결합 양상을 보여준다.

또 소설의 경우도 「춘향전」을 이끌어가는 구체적인 표현들은 사건을 서사

다고 보았다.

386) 이 개념은 서술자가 스토리 중심의 급속한 사건 진행에서 벗어나, 한 장면 내지 상황을 좀더 심도 있게 집중적으로 제시하는 부분을 뜻한다.

387) 이 개념은 '지체하여 보여주기'를 구체적으로 실현시키는 대표적 기법의 하나로서, 한 장면이나 사건을 대화나 가요, 재담 등의 활용으로 극적인 상황으로 제시함으로써 독자의 작품에의 몰입도를 높이는 수사적 기법을 뜻한다.

적인 이야기로 엮어나가는 단순 서술보다는 장면 중심의 서술과 묘사가 주류를 이루고 있다. 또, 이야기의 수평적 진행의 차단이라 할 수 있는 장면 제시 형식은 이야기의 수직적 진행이라 할 수 있다. 이런 수직적 진행은 극적인 상황을 사실적으로 형상하기도 하고, 또는 다채로운 장식적 꾸밈 표현을 특별히 강화 · 심화시키는 장면 제시형의 진술이나 표현으로 나타나고, 시제는 현재형이 중심을 이루고 있다. 이런 '지체하여 보여주기'의 출현을 예고하여 독자의 분위기를 환기시키는 표현들을 빈도순으로 살펴보면, '거동보소' '치레보소' '호사보소' '볼작시면' '살펴보니' '바라보니' '둘러보니'등으로 나타난다.

우선 완판 30장본 「별춘향전」의 경우 이도령의 광한루 행에 나타난 장면 제시형의 환기 표현을 살펴보자.

> 방ᄌᆡ놈 거동보쇼, 나구 솔질 살〃하야 가진 안장 지을 젹의 홍연(자각 산) ᄒᆞᆫ편[388]의 옥안금편황금늑이라 청홍ᄉᆞ 고은(굴레 쥬)먹상무 덥벅 다라 압뒤거리 진ᄉᆞᆯ ᄆᆡ고 청〃다ᄅᆡ 은입등ᄌᆞ 호피도듬 ᄉᆡ가ᄂᆞᆫ다

이 단락에서는 방자가 나귀 안장을 짓는 상황을 나귀치레를 중심으로 서술한 부분과, 그 모양새가 보기 좋음을 평하고 있다.

> 도련님 치ᄅᆡ 볼작시면, 신슈 죠흔 고은 얼골 분세슈 졍이ᄒᆞ고 감ᄐᆡ갓튼 ᄒᆡ머리예 ᄎᆡ남을 만이 발너 반달 갓튼 용어레로 셜〃흘니 빗겨 궁초당긔 서광 물여 ᄆᆡᆸ시 잇게 잡어ᄆᆡ고 보ᄅᆡ 슈쥬 잔누비 돌지 육ᄌᆞ 단졉비ᄌᆞ 말화단

388) 괄호 속의 것은 현전 판본에는 낙자가 되어 판독이 불가능하나, 다른 텍스트의 교합에 의해 필자가 재구성한 것임. 또 판본 자체의 표기가 잘못된 것은 오류로 판정이 될지라도 판본의 표기대로 인용함. 이러한 원칙은 다른 인용 부분에서도 그대로 통용함.

초 다라 입고 분쥬 바지 세포 보선 통힝진 물릅 ᄋᆡ리 넌즛 ᄆᆡ고 영초단 허리 ᄊᆡ 모초단 두루쥼치며 고팔ᄉᆞ 벌ᄆᆡ짐 고을 ᄂᆡ어 넌짓ᄆᆡ고 쳥ᄉᆞ도포 몸의 맛게 지여닙고 궁초ᄊᆡ을 흉즁의 너짓ᄆᆡ고 ᄆᆡᆼ호연의 본을 바다 가진 안쥬 국화쥬을 왜화병의 가득 너허 나구등의 넌즛 실고 은쥭산 부산ᄃᆡ예 별낙 쥭 날게 맛쳐 삼등초 셜물을 맛게 추거 쳔은 셜합의 가득 너허 ᄌᆞ지 녹피 싄을 다라 방ᄌᆡ놈게 ᄎᆡ운 후의 나구등의 셥젹 올나 홍션으로 일광을 싹 갈우고 ᄆᆡᆼ호연의 쌘을 바다 호〃달낭 호〃달낭 오작교 다리 가의 광ᄒᆞᆯ누 셥젹 올나

이 단락에서는 도령의 꾸밈새를 보여준다. 곧, 세수하고, 머리를 빗고, 당기를 매고, 저고리 바지 버선을 신고, 주머니를 매고, 도포를 입고, 띠를 매고까지는 도령의 치레이다. 여기에 이어, 술을 나귀 등에 실고, 담배를 설합에 넣어 방자에게 채운 후에, 나귀를 타고 광한루로 출발하여 그곳에 이르는 상황까지가 서술되고 있다. 그 중에서 '청ᄉᆞ도포 몸의 맛게 지어 입고'는 입고 있는 옷의 묘사라기 보다는 옷을 지어 입는 과정을 함께 압축하고 있는 인상을 주어 시간 논리의 중첩과 비약을 보여주나, 광한루로 공간 이동을 하는 과정의 묘사를 '호호 달랑, 호호 달랑'으로 나귀의 방울 소리만으로 상징화시킨 것은 독특한 미감을 주는 세련된 기법으로 판단된다.

좌우을 둘너본니, 산쳔묵ᄉᆡᆨ ᄉᆡ로옵다 아양노 고쇼ᄃᆡ와 오초동남슈ᄂᆞᆫ 동졍호로 흘너지고 연지셔북의 ᄑᆡᆼᄐᆡᆨ이 완연ᄒᆞ고

여기에서는 산천 물색에 대한 서술자의 감상적 느낌을 한시문으로 표현한 부분이 중심이 되고 있다. 그러나 악양루, 동정호 등 중국의 명승지를 빌어와 사용하고 있기 때문에 남원의 실제 풍경과는 어긋남이 쉽게 노출되고 있다.

또 ᄒᆞᆫ 곳 바ᄅᆡ본니, ᄇᆡᆨ〃홍〃난만즁 잉무 공작 나라들고

산쳔경긔 둘너본니, 반송솔 떡가랑닙은 츈퓽의 너울〃〃 폭표유슈 시ᄂᆡ가의 계변화는 벙긋〃〃 낙〃장송 울〃ᄒᆞ고 녹음방초승화시라 벽도지 만발ᄒᆞᆫᄃᆡ 별루건곤 여긔로다

여기에서는 아름다운 수목 화초가 천상 선계의 경지와 같음을 우리말 표현과 한시문 표현을 섞어가며 묘사하고 있다.

난간의 비겨 안저 ᄒᆞᆫ 곳즐 바ᄅᆡ본니, 엇떠헌 일미인니 봄ᄉᆡ 우름 ᄒᆞᆫ가지로 온갓 츈정 못다니겨 두견화 ᄌᆞᆨ은 썩거 머리 예도 ᄭᅩᄌᆞ보며 함박곳도 ᄌᆞᆨ은 썩거 입의 함숙 무러보고 옥슈 나삼 반만 것고 청산 유슈 흐르ᄂᆞᆫ 물의 손도 싯고 발도 싯고 물도 먹음어 양슈ᄒᆞ고 죠약돌도 덥셕 쥐며 버들가지 ᄭᅬᄭᅩ리도 희롱ᄒᆞ고 버들입도 쥬륵〃〃 훑터내며 믈의도 휘〃흘니보고 ᄇᆡᆨ셜갓튼 흰나부ᄂᆞᆫ 쏫〃마당 희돗ᄒᆞ의 황금갓튼 ᄭᅬᄭᅩ리ᄂᆞᆫ 슙〃이 나라드러 온갓 소ᄅᆡ 다홀 젹의

한 미인이 춘흥에 겨워하는 상황을 묘사한 부분과 나비와 꾀꼬리가 숲 속을 날아드는 모양을 함께 묘사하고 있다. 그러나 주체가 다른 춘향과 나비 등의 움직임을 한 문장으로 연결시킨 것은 문법적 논리의 측면만으로 보면, 미숙함으로 판단될 수도 있다.

츈향이 거동보소, 츈흥을 못니긔여 츄쳔을 ᄒᆞ랴ᄒᆞ고 연숙아 츄쳔쥴 슈양버들 상〃지의 친〃얼거 감어ᄆᆡ고 세유갓ᄒᆞᆫ 고은 몸을 단졍이 근일 젹긔 청운갓튼 고흔 머리 반달갓튼 용어리로 셜〃 흘녀 비기 젼반갓치 넙기 땋아 뒤예난 근쥭졀과

이 단락에서는 춘향이가 그네를 뛰려고 움직이는 모습과, 그녀의 뒷 머리의 치레를 묘사하고 있다. 그러나 '반달갓튼 용어리로 셜셜 흘녀 비서 젼반 갓치 넙기 쌍하'는 현장에서 일어나는 일이 아니라, 지나간 상황을 묘사한 것이기 때문에 객관적 서술의 논리에 의거한 묘사는 아니다. 또, 앞의 미인이 바로 춘향이라는 서술은 생략하고 있어, 판단하기에 따라서는 연결성이 부족하다고 평가할 수도 있다.

> 압치ᄅᆡ 볼자시면,[389] 밀화장도 옥강도 광원ᄉᆞ 겹져고리 ᄇᆡᆨ방ᄉᆞ쥬지 속것 ᄉᆡ슈화유문 쵸록 자ᄋᆞᆨ 남방ᄉᆞ 쥬 홋단초ᄆᆡ 훨〃 버셔 거러두고 자지 비단 슈당혜을 셕〃 버셔 거러두고 황견ᄇᆡᆨ 건 자우ᄌᆞ을 뒤당장 쩍부고 셤〃옥슈 ᄂᆡ지들어 츄천쥴을 갈너잡고 ᄇᆡᆨ능보신 두 발 길노 셥젹 올나 발구를 제 ᄒᆞᆫ변 글너 힘믈 쥬며 두변 굴너 통통ᄎᆞ니 반공의 훨셕 쇼ᄉᆞ 가지〃〃 변들 닙흘 소리쳐 틀룩ᄎᆞ니 슝이〃〃 피ᄂᆞᆫ 곳친 반공즁의 쑥더러져 흔날날 져 뒤예 씰은 금봉치며 압픠 씰은 옥빈ᄂᆡ며 시ᄂᆡ가 반셕상의 써러지ᄂᆞᆫ 소ᄅᆡ 쟁〃ᄒᆞ고 가지〃〃 노던 ᄉᆡᄂᆞᆫ 평님으로 날아들고 비겨비리 ᄒᆞᄂᆞᆫ 냥은 지ᄒᆞ 션 여 난봉 타고 옥경으로 향ᄒᆞ든듯 무ᄉᆞᆫ션녀 구름 타고 양ᄃᆡ숭의 나라ᄂᆞᆫ듯 그 ᄐᆡ도 그 힝용은 세ᄉᆞᆼ인믈 안이로다

여기에서는 춘향의 앞 치레를 의상을 중심으로 묘사한 다음, 그러한 옷을 벗어 걸어두고, 신발을 벗고, 그네를 타는 장면을 묘사하고 있다. 또 그 다음에 춘향의 그네 뛰는 태도와 미모가 비범함을 감상적 비평으로 서술하고 있다.

이러한 9차에 걸친 장면 환기형의 유도어 사용을 앞세운 '보여주기'는 결국 다음과 같은 이치를 지니고 있다.

---

389) '볼자시면'은 '볼작시면' 등은 판각 오류다.

가. 1. 방자의 거동을 보다 ······························ 거동보소

2. 도령의 치레를 보다 ······························ 볼작시면

나. 3. 좌우를 보다 ······························ 둘러보니

4. 한 곳을 보다 ······························ 바라보니

5. 산천경개를 보다 ······························ 둘러보니

6. 한 곳을 보다 ······························ 바라보니

다. 7. 춘향의 거동을 보다 ······························ 거동보소

8. 춘향의 앞치레를 보다 ······························ 볼작시면

'거동보소'와 '볼작시면'을 한 묶음으로 하여, 도령 쪽의 (가)와 춘향 쪽의 (다)를 서로 반복 대응시켜 보여준다. 그 중간에 '둘러보니'와 '바라보니'의 한 묶음을 반복하는 (나)에서 좌우와 한 곳, 산천경개와 한 곳으로 반복 교체하며 도령이 자연 속의 춘향을 찾아내게 한다. 이런 진행을 통하여, 서술자는 독자에게 먼저 (가)로 도령을 보여주고, 도령이 대상을 보는 상황을 통해 (다)의 춘향 발견이라는 독자에게는 '이중의 보여주기'로 핵심적 장면의 초점을 독자에게 맞추어가게 하고 있다. 더구나 (가)에서는 근접 거리로서의 대상을 보여준다면, (나)에서는 원경으로서의 자연과 그 자연 속에 있는 춘향을 보여주고, (다)에서 다시 근접 거리로서 춘향을 보여주는데, 이런 이중의 보여줌도 춘향의 전체를 보여줌에서 시작하여 더욱 근접되고 확대된 상황으로서의 제시가 '압치레 볼작시면'으로 된 이후의 치레로서의 그네뛰기이다.

> 방자 분부 듯고 나구 안장 짓는다, 나구 안장 지을 제 홍연 자ᄀᆡ 산호편 옥안 금편 황금늑 청홍사 고흔 굴네 쥬먹상무 덥벅 다라 청〃다릐 은입등자 호피 도듬의 젼후거리 줄방울을 염불법사 염쥬 메듯 나구 등ᄃᆡ ᄒᆞ엿소

완판 30장본 「별춘향전」에서 '거동보소' 형태를 취하였던 곳을, '나구 안장

짓는다'는 현재형의 제시로 대체하였다. 또, 완판 30장본 「별춘향전」의 '호피 도듬'에 관한 보여주기에서는 'ᄉᆡ가 ᄂᆞᆫ다'로 되어 있던 것을 '젼후거리 줄방울을 염불법사 염쥬 메듯 나구 등ᄃᆡ ᄒᆞ엿소'로 비유를 통한 미화와 대화를 통한 사실화로 확대하며 심화시키는 변형을 실현하였다. 그러나 '염주 메듯'에서는 '달고'라는 표현이 생략되어 무리한 축약이 되고 있기도 하다

> 도령임 거동보소
>
> 옥안션풍 고흔 얼골 젼반갓탄 ᄎᆡ머리 곱게 비셔 밀기름의 잠ᄌᆡ와 궁초 당기 셕 황 물여 ᄆᆡᆸ시 잇게 잡바 쌋코 셩쳔 슈쥬 졉동ᄇᆡ 셰ᄇᆡᆨ져 상침바지 극상셰목 졉보션의 남갑사 단임 치고 육사단 졉ᄇᆡ자 밀화단초 다라 입고 통힝건을 무릅 아ᄅᆡ 는짓 ᄆᆡ고 영초단 허리씌 모초단 도리낭을 당팔사 가진 ᄆᆡ답고를 ᄂᆡ여 는짓 ᄆᆡ고 쌍문초 진동쳥 즁츄막의 도포 밧쳐 흑사씌를 흉즁의 눌너ᄆᆡ고 육분당혜 ᄉᆞᆫ으면셔 나구를 붓드러라 등자 딋고 션듯 올나 뒤를 싸고 나오실 제 통인 한나 뒤을 ᄯᅡ라 삼문 밧 나올젹그 쇄금부치 호당션으로 일광을 가리우고 관도셩남 너룬 길의 ᄉᆡᆼ기 잇게 나갈 졔 취ᄅᆡ양유ᄒᆞ던 두목지의 풍칠넌가 시〃요부하던 주관의 고음이라 상가자ᄆᆡᆨ춘셩ᄂᆡ요 만셩졘자슈불의라[390]

이 단락에서 보면 완판 84장본 「열녀춘향수절가」는 얼굴, 머리, 댕기, 배자, 바지, 버선, 대님, 단추, 통행건, 허리띠, 도포, 띠, 당혜 등 이도령의 치레를 완판 30장본 「별춘향전」에서보다 자세하게 제시하고 있으며, 술과 안주를 차리는 내용은 생략된다. 또한 완판 84장본 「열녀춘향수절가」에서는 이러한 장면에 대한 서술자의 개입이 완판 30장본 「별춘향전」에 비해 적극적인 양상을 보인다. 곧 이도령의 거동을 '취래양유하던 두목지의 풍채'에 설의형

---

390) 「열녀춘향수절가」, 설성경(편), 『춘향예술사 자료총서』 1, 국학자료원, 1998. 163쪽.

으로 비유하고, 한시구의 삽입을 통해 취흥을 고양시키는 방식을 택하고 있다. 이 부분에서 보여주기에 있어서 서술자의 거리 조정을 살펴 보면, 여기서는 '거동보소', '나오실 제', '나갈 제'라는 세 가지 형태의 도입 표현어가 나오는데, 이는 각각 정적인 한 상황으로부터 다른 상황의 보여주기로 넘어가면서 그 이동을 '나오실 제', '나갈 제'라는 서술어의 제시를 통해 설명하고 있다. 곧, 처음에 제시된 '거동보소' 이후로 이도령의 복색 치레라는 정태적인 상황을 보여주다가, '나구를 붓드러라'라는 대화를 삽입하여 묘사로 일관해 오던 상황을 전환시킴과 아울러 '나오실 제'를 기점으로 이도령의 동태적인 행동을 보여주는 것으로 이동한다. 이에 이어 '나갈 제'라는 서술어의 제시를 통해 서술자의 비평적 개입으로 이동함으로써 서술 시점을 전환시킨다. 이러한 서술자의 시점과 거리의 이동에 의해 독자의 독서 상황과 독서 심리가 조정되게 된다. 곧, 독자의 독서 과정은 작중 서술자가 제시하는 작품 내적 시점과 거리에 의해 조정되고 재구성된다.

> 광한누 셥젹 올나 사면을 살펴보니
>
> 경ᄀᆡ가 장니 조타 젹셩 아침 날의 느진 안ᄀᆡ 씌여잇고 녹슈의 져문 봄은 화류동풍 둘너잇다 자각달노분조회요 벽방금젼ᄉᆡᆼ영농은 임고ᄃᆡ를 일너잇고 요헌기구하쳐 외는 광한누을 일의미라 악양누 고소ᄃᆡ와 오초동남슈는 동졍호로 흘너지고 연지 셔북의 ᄑᆡᆼ ᄐᆡᆨ이 완연한ᄃᆡ

이 단락에서는 '광한루 셥젹 올나 사면을 살펴보니'라는 도입 표현에 의해 작품 내적 공간 배경이 비약적인 이동을 하고 있다. '광한루 셥젹 올나'라는 표현에 의해 이도령이 장소를 이동하는 시간적인 과정들은 생략되고, 곧바로 광한루라는 첫 만남의 중심 공간 배경이 제시된다. 광한루는 이 작품의 전개상 의미 있는 공간 배경으로 자리하며, 이러한 공간에서 작가는 다시 '지체하여 보여주기'의 방법을 활용한다. 이때 이 완판 84장본 「열녀춘향수절가」가 완판 30장본 「별춘향전」에 비해 특이한 것은 적성가가 삽입되고 있다는 점이다. 이 부분은 내용과 문체면에서 완판 30장본 「별춘향전」의 대부분이 완판 84장본 「열녀춘향수절가」에 그대로 수용되고 있는데, 완판 84장 「열녀춘향수절가」는 이를 바탕으로 적성가라는 노래를 삽입하여 확대 생성시키고 있다. 완판 84장본 「열녀춘향수절가」에서 이러한 적성가의 삽입은 완판 84장본 「열녀춘향수절가」는 판소리 춘향가의 사설을 수용하고 있다는 것을 의미한다. 〈적성가〉의 삽입은 광한루 경치에 대한 서정적 정감의 표출을 가능케 함으로써, 소설로서의 정감 표출 기능을 확대하고 있다는 점을 보여 준다. 완판 33장본 「열녀춘향수절가」를 선행 텍스트로 삼을 수 있을 뿐만 아니라, 당시에 불려지던 판소리를 직접적이고 적극적으로 향수할 수 있었던 완판 84장본 「열녀춘향수절가」의 개작가는 발전적 개작이라는 목표를 새 가요의 삽입이라는 방식을 통해 효과적으로 수행하고 있다.

또, 「춘향전」의 세 완판본이 지닌 서두의 서술문을 분석해보면, 서술자의 거리를 가장 잘 보여주는 종지법의 처리 기준이 대체로 다음과 같이 나타나고 있다.

1. 슉종ᄃᆡ왕 즉위쵸의 시화연풍ᄒᆞ고 국ᄐᆡ민안ᄒᆞ야 (중략) 여령의 렬녀로다
2. 삼쳔동 이(한님을) 젼하의 낙졈ᄒᆞᄉᆞ 남원부ᄉᆞ 졔슈ᄒᆞᆫ니 (중략)거리〃〃 목비로다
3. 사또ᄌᆞ제 니도령이 연광은 니팔리요 풍채난 두목지라
4. 문장은 니ᄇᆡᆨ이요 필법은 왕의지라
5. 닛ᄊᆡ은 언의ᄊᆡ야 ᄊᆡ마자 삼춘이라

위와 같은 완판 30장본 「별춘향전」의 서두 문단을 이루는 개별 문장들은 종지법의 서술형에 두루쓰이는 '-이라'와 느낌에만 쓰이는 ' -로다' 형의 어미로 되어 있다.

1. 숙종ᄃᆡ왕 직위초의 성덕이 너부시사 (중략) 의관문물은 우탕의 버금이라
2. 좌우보필은 주석지신이요 용왕호위 간성지장이라
3. 조정의 흐르난 덕화 힝곡의 페여잇고 사ᄒᆡ의 구든 기운 원근의 어리엿다
4. 츙신 은 만조정이요 효자열녀 가〃ᄌᆡ라
5. 미ᄌᆡ〃〃여

위와 같은 완판 33장본 「열녀춘향수절가」도 서두 문단을 이루는 개별 문장들이 '－(이)라' '－다' '－여'와 같은 종지법의 서술형 어미로 되어 있다.

1. 슉종ᄃᆡ왕 직위초의 셩덕이 너부시사 (중략) 으관문물은 우탕의 버금이라
2. 좌우보필은 쥬셕지신이요 용양호위난 간셩지장이라
3. 조졍의 흐르난 덕화 힝곡의 펴엿시니 사ᄒᆡ 구든 기운이 원근의 어리잇다
4. 츙신은 만조ᄒᆞ고 회자열여 가〃ᄌᆡ라 미ᄌᆡ〃〃라
5. 우슌풍조ᄒᆞ니 함포고복 ᄇᆡᆨ셩덜은 쳐〃의 격량가라

위와 같은 완판 84장본 「열녀춘향수절가」 또한 서두 단락을 이루는 개별 문장들이 '－다', '－이라'와 같은 종지법의 서술형 어미로만 구성되어 있다.

이처럼 완판 30장본 「별춘향가」에서는 '－로다'로, 완판 33장본 「열녀춘향수절가」에서는 '－여'와 같은 형태로서 부분적으로 서술자의 느낌을 드러내기도 하지만, 전반적으로는 현재 시점에서 담담하게 서술함으로써, 독자와의 거리를 일정한 상태의 근접 거리로 유지하고 있다. 이 경우도 세 판본의 텍스트 사이의 차이는 완판 30장본 「별춘향전」과 완판 33장본 「열녀춘향수절가」의 사이보다는 완판 84장본 「열녀춘향수절가」에서 더욱 현재 시점에서 사건을 담담하게 서술하여 독자와의 근접된 거리감을 유지하려는 의도가 더욱 일관되게 나타나고 있음을 보여준다.

「춘향전」의 서두 단락과는 달리, 작품의 종결 단락은 서로 상이한 종지형

을 보이고 있음이 주목된다. 그 차이를 우선 세 텍스트의 문장 단위로 제시하면 다음과 같다.

1. 츈향어무 불너 쳔금ᄋᆞᆫ그 삼ᄉᆞᄒᆞ니 츈향엄우 거동보소
2. 궁둥이을 흔들면셔
    2-1. 니 궁둥이 두엇다가 근을 삼아 밧츨 ᄉᆞᆯ가 흔들ᄃᆡ로 흔들어보ᄉᆡ
    2-2. 남원읍ᄂᆡ ᄉᆞ룸더라 아들 나키노 심셔 말고 딸낫키만 힘을 ᄉᆞᆯᄂᆡ
    2-3. 을시곤나 조을시고 지아ᄌᆞ 조을시고
    2-4. 어ᄉᆞ 사위 조흘시고
3. 츈향니을 거나리고 경셩으로 올나가다

위와 같은 완판 30장본 「별춘향전」의 종결 문단을 이루는 개별 문장들은 모두 다음과 같이 '-소', '-다'와 같은 종지법의 서술형 어미로 끝나고 있다.

1. 어사ᄯᅩ 반만 웃고 (중략) 어사를 송덕ᄒᆞ며 만세를 부르더라
2. 젼ᄒᆞ게옵셔 남원부사 죄목 보압시고 (중략) 모를 셔울노 올여 ᄐᆡ평으로 지ᄂᆡ더라

또, 위와 같은 완판 33장본 「열녀춘향수절가」의 종결 문단을 이루는 개별 문장들은 '-더'형의 선어말 어미를 지닌 '-더라'형의 서술형을 보여주고 있다.

1. 잇ᄯᅢ 어사ᄯᅩ는 좌우도 순읍하야 민졍을 살핀 후의 — 셩은을 축사하시더라
2. 잇ᄯᅢ 이판 호판 좌우 영상 다 지ᄂᆡ고 — 직거일품으로 만세유젼하더라

또, 위와 같은 완판 84장본 「열녀추향수절가」의 종결 문단을 이루는 개별 문장들도 완판 33장본 「열녀춘향수절가」과 같은 '-더'형의 선어말 어미를 지닌 서술형을 일관되게 보여주어, 완판 30장본 「별춘향전」과 구분되는 완판 33장본 「열녀춘향수절가」, 완판 84장본 「열녀추향수절가」 두 텍스트간의 동질성을 보여준다.

이와 같이 서두 단락과 종결 단락을 이루는 문장들의 어미 형태에 대한 분석을 통해, 완판 30장본 「별춘향전」에 비하여 완판 33장본 「열녀춘향수절가」과 완판 84장본 「열녀춘향수절가」은 '-더라'로 종결처리를 하고 있다는 점을 확인할 수 있다.

이러한 회상, 보고, 단절의 문법적 기능을 지닌 '-더'는 화자가 지닌 과거의 지각행위를 나타내는 것[391)]이다. 그러므로 '-더라'형의 종결은 서술자가 종결부로 오면서 작품 자체를 현재적 시점이나 현재적 상황에서 지녔던 독자와의 근접된 거리를 벗어나도록 하여, 상대적으로 더 먼 정서적 거리감을 유지하게 함으로써, 서술자 자신이 과거 지각행위로서의 위치로 돌아가 작품을 안정 되게 마무리하도록 유도한다. 이와 같이, 「춘향전」은 서두와 종결 대목에서 거리의 조정[392)]을 통해 서술자와 독자의 거리감을 교체시킴으로써, 수미의 상보적 대응도를 높이고 있다. 또, 서술자의 비평적 개입이 있다. 곧, 「춘향전」에서는 서술자가 주로 3인칭 전지적 시점을 유지하면서, 개방적 복합 시점을 활용하기 때문에 비평적인 개입을하는 경우가 있다. 그러므로 서술자의 비평적 개입이 어떻게 이루어지고, 그 효과는 어떤 것인지를 살펴

---

391) 김차균은 「국어시제 형태소의 의미」(『한글』 169호, 1980, 114~115쪽)에서, 종지법의 '더'는 과거 어느 때에 기준을 두고, 그 때에 말 할이 가 새로 알게 된 것을 회상하여 말하는 것으로 보았다.

392) 판소리계 소설과 쌍벽 계통인 군담계 영웅소설은 〈-더라〉형이 작품 전편에서 골고루 사용되고 있어, 「춘향전」과는 구분된다.

보면 다음과 같다.

1. 호ᄉᆞ의 다마라 조물니 ᄉᆡ긔로다
2. 자학골 막바지 변학도라 ᄒᆞ난 양반이 이쁘ᄃᆡ 셩졍이 혹독ᄒᆞ여 음졍이라 ᄒᆞ면 범연치 안이ᄒᆞ더니

위와 같은 완판 30장본 「별춘향전」의 1은 춘향과 도령의 사랑놀이가 오래 지속될 수 없다는 것이지만, 그 숨겨진 의도는 그 오락적 사랑놀이가 윤리적인 비판의 대상이 된다는 것이다. 2는 부정적 인물 변학도의 첫 등장을 맞아 그의 성격을 비판하는 예시적 기능을 하는 서술이다.

1. 밤나지로 세월 가는 줄 모로고 이 지경으로 노라노니 형용이 원젼ᄒᆞ리 홍진비ᄅᆡ는 고진감ᄂᆡ로다
2. 자학골 막바지 변학도라 ᄒᆞ난 양반이 이쁘되 셩졍이 혹독ᄒᆞ여 음졍이라 ᄒᆞ면 범연치 안이ᄒᆞ더니
3. 벽상을 둘너보니 왼갓 기림 다 부치엿다 엇더ᄒᆞᆫ 기림 부치엿난고
4. ᄃᆡ체 귀신 단이난 법은 ᄃᆡ풍여긔ᄒᆞ고 승천입지ᄒᆞ야 침상판시의 일장춘몽의 말이 강가로 갸든ᄀᆞᆸ우 더라
5. 평사낙안 기력이 격으로 그져 쑥쑥 찌근 거슨 모도 ᄋᆡ고로다
6. 어ᄉᆞ도 엇지 우러던지 눈이 붓고 목이 쉬여 사ᄅᆞᆷ의 정상을 못 볼네라

위와 같은 완판 33장본 「열녀춘향수절가」의 1은 완판 30장본 「별춘향전」에서는 윤리적 평가가 이면에 숨어 있던 것이 서술자의 직접적 표현으로 노출된 결과이고, 2는 완판 30장본 「별춘향전」을 그대로 수용한 것이다. 그런데 완판 33장본 「열녀춘향수절가」에 와서는 서술자의 비평적 개입 부분이 3, 4, 5, 6으로 늘어나고 있다.

1. 잇ᄯᆡ은 삼월이라 일너스되 오월 단오일리엿다
2. 글러한다 하졔마는 글헐이가 웨 잇슬고
3. 글런다고 하여스되 그계 ᄯᅩ 다 거짓마리엿다
4. 이 마리 참마리 안이라 이도련임 춘향을 엇는 다하니 ᄂᆡ 뒤사을 몰나 뒤을 늘너 하난 말리엿다
5. 이 양반이 엇지 고리계 ᄉᆡᆼ기던지 만지거름의 속한지 근심이 담숙드러던 거시엿다
6. 도련임을 업고 툭 츄워노니 ᄃᆡ종이 틀여구나
7. 온갓 작난을 다 ᄒᆞ고 보니 이런 장관이 ᄯᅩ 잇시랴 이팔ㄷㄷ 두리 맛나 밋친 마음 셰월 가는 줄 모르던가부더라
8. 도련임 기가막켜 우룸이란 계 말이 난 사람이 잇시면 다 우던 거시엿다
9. 업써지며 잡바질 졔 셔운찬케 가량이면 몃날 몃칠 될 줄 모를네라 도련임 타신 말은 준마가편 이 안인야 도련임 낙누하고 훗기약을 당부하고 말을 ᄎᆡ쳐가는 양은 광풍의 편운일네라
10. 춘향이 옥방의셔 장탄가로 우든 거시엿다
11. 농부더리 농부가 ᄒᆞ며 이러할 졔 야단이엿다
12. 엇지 밥 업실고마는 홰짐의 ᄒᆞ는 말이엿다
13. 좌중이 다 못하야 글 두귀를 지어쓰되 민졍을 ᄉᆡᆼ각ᄒᆞ고 본관 졍체를 ᄉᆡᆼ각하야 지어것다
14. 한참 이리 질길 젹의 춘향모 드러와셔 갓업시 질거하난 마를 엇지 다 셜화하랴
15. 지야자 둥덩실 하난 소ᄅᆡ 어사ᄯᅩ 마음이 심난ᄒᆞ구나
16. 고힝을 이별하니 일히일비가 안니되랴

위와 같은 완판 84장본 「열녀춘향수절가」의 1, 2, 3은 서술자가 독자에게 다른 텍스트와의 내용 차이를 비평적 시각으로 제시하는 대목이다. 즉, 1은

춘향의 추천놀이 대목에 어울리는 시기는 우리의 민속 상 5월 단오의 그네뛰기가 논리에 맞다는 것이다. 2는 도령이 '남의 집 늙은이는 이롱증도 있느니라마는 귀 너무 밝은 것도 예사일이 아니라'며 자기 부친을 욕한다는 다른 텍스트의 내용은 이치에 맞지 않다는 것을 비평하는 내용이다. 3은 낭청이 사또를 골려주기 위해 계속 어긋나는 대답을 하다가 끝내는 '자신이 대답은 하였으나 그 대답을 자신이 한 말인지도 모르겠다'는 표현은 너무 지나친 과장이라는 비평이다. 이와는 달리, 4는 이 텍스트 안에서의 작중 인물의 표현 내용인 월매가 도령의 속마음을 들추어보려는 내용의 말을 비평하는 것이다. 5에서 12까지는 일반적인 서술자의 개입에 해당되는 사례들로서, 완판 84장본 「열녀춘향수절가」에서는 완판 33장본 「열녀춘향수절가」보다 월등히 늘어나고 있음이 확인된다.

재담적 요소가 강한 대화를 중심으로 한 장면구성의 양식과 그 정감화의 특성이 완판 30장본 「별춘향전」에서 완판 33장본 「열녀춘향수절가」, 완판 84장본 「열녀춘향수절가」로 옮아가며 어떻게 적층되며 심화되는가를 서책 풀이를 대상으로 하여 판본간의 적층 현상을 몇 묶음으로 나누어 분석해보면 다음과 같다.

1. ᄃᆡ학지도난 ᄌᆡ명〃덕ᄒᆞ며 ᄌᆡ신민하며 ᄌᆡ춘향이로다 그 글도 못일것다
   2-1. 원은 형코 정코 춘향이코 싹 ᄃᆡᆫ코 조코 한이라. 그 글도 못일것다
   2-2. 등왕각이라 남창은 고군이요 홍도난 신부로다 올타 그 글되얏다
   2-3. ᄆᆡᆼᄌᆞ견양혜왕하신ᄃᆡ 왕왈 쉬불원쳔리이ᄂᆡ하신이 춘향이보시려 오신잇가?
   2-4. ᄐᆡ고라 쳔왕씨난 이쑥떡으로 왕하야 세기섭제ᄒᆞ니 무위이화의라하야 형제 십일인이 각일만 팔쳔세하다
   2-5. 여보 도련임, 쳔황씨가 목떡으로 왕이란 말은 들어스되 쑥떡으로 왕이란 말을 금시초 문이요

2-6. 이자식 네 모른다 천왕씨 일만팔천세를 살던 양반이라 이가 단〃ᄒᆞ여 목 덕을 잘 자 셔건이와 시속션 부더른 목썩을 먹건는야 공자임 계옵셔 후ᄉᆡᆼ을 ᄉᆡᆼ각하사 명윤당의 현 몽ᄒᆞ고 시속 션부드른 이가 부족하야 목썩을 못먹기로 물신〃〃 한 쑥썩으로 히라ᄒᆞ야 삼 ᄇᆡᆨ 육십주힝교의 통문ᄒᆞ고 쑥썩으로 곳쳐난이라

2-7. 여보 하날임이 드르시면 깜짝 놀ᄂᆡ실 거진말도 듯거소

2-8. 임술지추칠월 기망에 소자여ᄀᆡᆨ으로 범쥬유어젹벽지하할ᄉᆡ 청풍은 셔ᄅᆡᄒᆞ고 수파는 불흥이 라 아셔라 그글도 못 일것다

첫째, 위의 인용까지를 놓고 볼 때, 완판 30장본 「별춘향전」, 완판 33장본 「열녀춘향수절가」 1과 완판 30장본 「별춘향전」, 완판 33장본 「열녀춘향수절가」 2 '는' 드리라'로 시작하여, '아셔라'로 이어지는 문장으로 끝맺고 있음에 반하여, 완판 84장본 「열녀춘향수절가」 1과, 완판 84장본 「열녀춘향수절가」 2는 '두리라', '아셔라'를 생략하고 있다. 그 대신에 완판 84장본 「열녀춘향수절가」는 완판 30장본 「별춘향전」, 완판 33장본 「열녀춘향수절가」의 종결과 달리 이를 병렬적으로 반복하여 부연하는 형태를 보여, 완판 84장본 「열녀춘향수절가」 2-2에서 완판 84장본 「열녀춘향수절가」 2-8까지로 이어지는 새로운 표현들을 담고 있다. 또 부연의 과정에는 완판 84장본 「열녀춘향수절가」 4-5와 2-7과 같은 방자가 도령을 상대로 하는 재담 섞인 대화도 삽입시키고 있음이 특징이 된다.

3. 하날천 짜 지

4. 여보 도련임 졈잔이 쳔자는 웬이리요

5-1. 쳔자라 하난 글리 칠셔의 본문이라. 양나라 쥬짓빈 쥬흥사가 하로밤의 이 글을 짓고 머리가 히엿기로 ᄎᆡᆨ일홈을 ᄇᆡᆨ수문이라 낫〃치 ᄉᆡ겨 보면 쎄똥 쌀 일리 만하지야

5-2. 소인놈도 쳔자속은 아옵니다

5-3. 네가 알 드란 마리야

5-4. 알기을 일르것소

5-5. 안다하니 일거바라

5-6. 예. 드르시요 놉고 놉푼 하날 쳔 집 고 집푼 싸 지 홰〃친〃가물 현 불타졋다 누루 황

5-7. 에 이놈 상놈은 젹슬하다 이놈 어 듸셔 장타령 하난 놈의 말을 드럿구나 닉 일글계 드러라

둘째, 윗 인용 부분에서도 완판 30장본「별춘향전」3에 비하여, 완판 33장본「열녀춘향수절가」3은 천자풀이가 확장되고 있다가, 다시 완판 84장본「열녀춘향수절가」3에서는 '천자를 드리라'는 생략하고 천자풀이 중에서는 '천'과 '지'만을 읊게 하는 것으로 축약시켜 본격적인 천자풀이는 뒤로 미루고 있다. 이와 함께, 완판 84장본「열녀춘향수절가」5에서는 방자의 재담이 토대가 된 장타령 형식의 천자풀이를 읊게 하고 있다.

6. 졀듸가인 조흔 풍유 나열춘츄으 버릴 열

7. 의〃월식 야삼경의 만단졍회 베풀 장

8. 금일한풍 소〃틔하니 침슬의 들거라 찰 한

9. 에후리쳐 질근 안고 임각의 든이 셜한풍으도 더울 셔

10. 베기가 놉거든 닉팔을 베여라 이마만금 오너라 올 닉

11. 빅연기약 집푼밍셰 만경창파 일울 셩

12. 이리져리 논일 젹의 부지셰월 힛 세

13. 조강지쳐 불하당안히 박듸못하난이 듸동통편 법즁 율

14. 군자호귀 이안니야 춘향 입 닉 입을 한틔다듸고 쪽ㄷ 쌘이 법즁 여 짜 이 아닌야

셋째, 위와 같은 본격적인 천자풀이는 완판 30장본 「별춘향전」 30-7의 '장' 자까지 이어짐에 비해, 완판 33장본 「열녀춘향수절가」는 12인 '세' 자까지로 확대되었고, 완판 84장본 「열녀춘향수절가」은 글자풀이의 구체적 내용도 새롭게 대체될 뿐만 아니라 완판 「열녀춘향수절가」 13에서처럼 '율'자를 보완하면서, '여'자까지로 이어져 완판 33장본 「열녀춘향수절가」는 보다 더 확대되고 있다.

15. ᄋᆡ고〃〃보거지거

넷째, 이러한 천자풀이의 종결문은 완판 30장본 「별춘향전」에서 완판 33장본 「열녀춘향수절가」으로의 변화인 '앗라'가 '아셔라'로의 동질적 내용의 변화와는 달리, 완판 33장본 「열녀춘향수절가」에서 완판 84장본 「열녀춘향수절가」로의 전환은 이 서책풀이를 있게 한 근본 주제가 되는 춘향에의 사랑 내지는 그리움의 감정을 드러내는 'ᄋᆡ고 ᄋᆡ고 보고지거'형으로 발전적인 변화를 보이고 있다. 즉, 완판 84장본 「열녀춘향수절가」의 마지막 표현은 도령이 춘향을 그리는 심정을 좀더 구체적이면서도 명쾌하게 처리하고 있어 적층화의 성공적인 변모상을 단적으로 보여 준다.

이러한 변화의 실제적인 내용을 종합해 보면, 완판 30장본 「별춘향전」에서 완판 33장본 「열녀춘향수절가」로 다시 완판 33장본 「열녀춘향수절가」에서, 완판 84장본으로 변화 적층됨에 있어서는 그 재담적 표현에 근거한 골계성의 형상에 있어 완판 84장본 「열녀춘향수절가」이 미적 표현의 수준을 높이기를 성공적으로 하고 있는 가장 상위의 텍스트임을 알 수 있다.

또, 어붐질 놀이의 재담을 통하여 변이의 상황을 살펴보면, 도령과 춘향의 어붐질 놀이는 완판 30장본 「별춘향전」에는 없던 내용이 완판 33장본 「열녀춘향수절가」에서부터 출현하고 있다. 완판 33장본 「열녀춘향수절가」에서는 비교적 단순한 형태를 보이던 것이 완판 84장본 「열녀춘향수절가」로 가면서 재담화의 수준을 높이고 있다. 이를 실제의 본문을 들어 분석 비교해보면 다음과 같다.

1. 춘향이 북그려ᄒᆞ니 북그렵기는 무어시 북그러워 이왕의 다 아난 ᄇᆡ니 어셔와 업피거라
2. 춘향을 업고 취기시며 업다 그 계집아히 ᄶᅩᆼ집 장이 무겁다 네가 ᄂᆡ 등의 업피 인ᄂᆞᆫ 마음 이 엇더ᄒᆞ냐

첫째, 위의 첫 대목은 대화의 주체에 대한 상황이나 행동을 서술하거나 묘사하는 지문형 유도문장이 있고, 대화의 내용이 나오는 부분이다. 이 경우도 완판 33장본「열녀춘향수절가」는 완판 33장본「열녀춘향수절가」2에서부터 대화의 내용만으로 전환되고 있으나, 완판 84장본「열녀춘향수절가」는 완판 84본「열녀춘향수절가」2까지 지문형 유도 서술문이 있는 대화로 유지하는 대신에 '그 계집아히 ᄶᅩᆼ집 장이 무겁다'와 같은 골계적 대화문을 삽입시키고 있다.

3-1. 한숫나계 좃소이다
3-2. 존야
3-3. 조와요
4. 나도 조타 조흔 말을 할 거시니 네가 ᄃᆡ답만하라
5. 말삼 ᄃᆡ답 하올터니 하여 보옵소셔

둘째, 위의 분석 본문은 완판 33장본「열녀춘향수절가」, 완판 84장본「열녀춘향수절가」이 모두 대화 도입 부분이 없이 곧 바로 대화 내용이 나오는 부분으로, 극적인 긴장감이 상대적으로 고조되는 부분의 전반부이다. 이 부분에서는 완판 33본「열녀춘향수절가」3에 비해, 완판 84본「열녀춘향수절가」3

은 도령과 춘향 사이의 대화를 한번 더 확대시키고 있고, 그 구체적인 표현도 부분적으로 변이시키고 있다.

6. 네가 금이지야
7. 금이란이 당치안소
팔연풍진 초한시졀의 육츌기계 진평이가 범아부를 자부랴고 황금 사만을 헛터쓰니
금이 어이 나물잇가
8. 그러면 진옥이냐
9. 옥이란이 당치안소
만고영웅 진씨황이 형산의 옥을 어더 이사의 명필노 슈명우쳔 기슈영창이라 옥쇄를 만드러셔 만셰유젼을 하여쓰니 옥이 어이 되올잇가
10. 그러면 네가 무어시냐 히당화냐
11-1 히당화란이 당치안소
명사십이 안이녀든 히당화가 되오릿가
11-2 그러면 네가 무어시냐 밀화금픽 호박 준쥬냐
11-3 안이 그거도 당치안소
삼틱육경 딕신지상 팔도방빅 슈령임 네 갓끈 풍잠 다하고셔 나문 거슨 경힝으 일등 명기 지환벌 허다이 다 만든니 호박준쥬 부당하오
11-4 네가 그러면 딕모산호냐
11-5 아니 그것도 닉 안니요
딕모간 큰 병풍 산호로 난간하야 광히왕 상양문의 수궁보물 되야슨니 딕모산호ㄱ 부당이요

셋째, 위의 본문을 보면, 완판 33장본 「열녀춘향수절가」 6에서 완판 84장본 6으로 옮아가면서, '옛날 초한적의 진평이가'에서 '팔연풍진 초한시졀의

육출기계 진평이가'로 확대되기도 하고, 완판 33장본 「열녀춘향수절가」 5에서 '사랑이로구나. 사랑이야. 어화둥〃 닉 사랑이야. 네가 금인야'가 완판 84장본 「열녀춘향수절가」 5에서는 '네가 금이지야'로 축약되기도 한다. 그런데, 완판 84장본 「열녀춘향수절가」 10-2부터는 '밀화금픽 호박 준쥬', '딕모산호'를 비유 대상으로한 두 차례의 대화가 본격적으로 보태어지기도 한다.

12. 네가 그러면 반달인야
13. 반달이란이 당치안소
    금야초싱 안이여든 벽공의 도든 명월 닉가 엇지 기올잇가
14. 네가 그러면 무어시냐 날 홀여 먹난 불여수냐
    너 어만이 너을 나셔 곰도 곱계 질너닉여 날만 홀여먹그랴고 싱겨는야
    사랑 〃 〃 사 랑이야 닉간〃 닉사랑이야
15. 네가 무어슬 먹으랴는야 싱율 숙율을 먹으랴는야
    둥글둥글 수박 웃봉지 딕모장도 드난 칼노 쑥 쎄고 강능빅청 두루 부어 은수졔 반간지 로 불근 졈 한 졈을 먹으랸야
16. 안이 그것도 닉사 실소
17. 그러면 무어슬 먹으랴는야 시금털털 기살구를 먹으랸야
18. 안이 그것도 닉시 실소
19. 그러면 무어슬 먹으랸야 돗 자바쥬랴 기자바쥬랴 닉 몸통 차 먹으랴는야
20. 여보 도련임 닉가 사람 자바먹는 것 보와소
21. 예라 요것 안될 마리로다
    어화둥둥 닉 사랑이지

넷째, 위의 본문을 보면, 완판 33장본 「열녀춘향수절가」 14에 비하여 완판 84장본 「열녀춘향수절가」 14는 '네가 무신야 닉 사랑 닉 간간아'를 완판 84장본 「열녀춘향수절가」 13에서는 '네가 그러면 무어시냐 날 홀여 먹난 불여수냐

너어만이 너을 나셔 곰도 곱계 질너ᄂᆡ여 날만 홀여먹그랴고 ᄉᆡᆼ겨는야 사랑 사랑 사랑이야 ᄂᆡ간간 ᄂᆡ사랑이야'로 확대되고 있다. 특히, 완판 33장본「열녀춘향수절가」에서는 그 바로 앞에서 '반달'에 비유되던 것이, 그 바로 뒤에는 'ᄉᆡᆼ율 숙율'과 같이 먹는 것으로 급작스럽게 전환되기 때문에, 이런 급작스런 전환을 좀더 유연하게 넘어가기 위하여 완판 84장본「열녀춘향수절가」에서는 '사랑사랑 사랑이야 ᄂᆡ간간 ᄂᆡ사랑이야' 다음에, '날 홀여먹난 불여수냐'는 표현으로 변개하여 그 다음에 올 먹는 것으로의 재치있는 전환을 통해 극적인 효과를 높이고 있다.

이런 방법 이외에도, 위의 26개의 '대화 중심 서술 단위'는 완판 84장본「열녀춘향수절가」1, 완판 84장본「열녀춘향수절가」2와 같이 대화 도입 서술 부분이 있는 대화도 있고, 완판 84장본「열녀춘향수절가」3에서 완판 84장본「열녀춘향수절가」26으로 이어지는 대화 도입 서술어 부분이 없이 대화 내용만으로 짧게 계속 이어져 극적인 긴장감을 자아내거나, 재담적 흥미를 높이는 곳도 있다. 또, 완판 84장본「열녀춘향수절가」3에서 완판 84장본「열녀춘향수절가」26까지의 24개의 '단위 대화문' 중에서도 완판 84장본「열녀춘향수절가」3에서 완판 84장「열녀춘향수절가」7까지는 5개의 '단위 대화문'은 춘향과 도령의 단순 대화로 특수한 유형적 기법이 개입되지 않은 경우이다. 그러나 완판 84장본「열녀춘향수절가」8부터 완판 84장본「열녀춘향수절가」26까지의 19개의 '단위 대화문'은 고도의 기법을 활용하여 문체적 특성을 세련화시키는 특수한 부분이다.

완판 84장본「열녀춘향수절가」의 재담적 표현으로는 다음과 같은 것이 있다.

1. 주역을 익난듸 원은 형코 정코 춘향이코 싹 딘코 조코 한이라
2. 등왕각이라 남창은 고군이요 홍도난 신부로다 올타 그 글되얏다
3. ᄆᆡᆼ자을 일글ᄉᆡ ᄆᆡᆼᄌᆞ견양혜왕하신듸 왕왈 쉬불원천리이ᄂᆡ하신이 춘향이 보시려 오신잇가

4. 사략을 익는듸 틱고라 텬왕씨난 이쑥썩으로 왕하야 세기셥제ᄒᆞ니 무위이화의라하야 형제 십일인 이 각일만팔쳔세하다
5. 여보 도련임 쳔황씨가 목썩으로 왕이란 말은 들어스되 쑥썩으로 왕이란 말을 금시초문이요 이자 식 네 모른다 쳔왕씨 일만팔쳔세를 살던 양반이라 이가 단단ᄒᆞ여 목덕을 잘 자셔건이와 시속 션 비드른 부더른 목썩을 먹건는야 공자임 계옵셔 후싱을 싱각하사 명윤당의 현몽ᄒᆞ고 시속션 비드른 이가 부족하야 목썩을 못먹기로 물신물신한 쑥썩으로 히라ᄒᆞ야 삼빅육십주 힝교의 통문ᄒᆞ고 쑥썩으 로 곳쳐난이라

이도령이 책방에서 책 읽는 대목에서 글줄 사이사이에, 춘향이가 끼어듦으로써, 책 읽기의 진지함이라는 일반 상식적 인식이 무너지고, 유머가 발생한다. 이는 공부하는 학생에게서 기대되는 독서인으로서의 자아를, 연애하는 자아가 압도함으로써, 권위 있는 경서의 가치보다 우위에 있는 춘향의 존재와 위상을 과시하는 의미를 동시에 발생시킨다. 여기서 양반 문화와 기생 문화의 우열적 상관관계라는 일반적 순위가 전복된다.

이 대목은 춘향에게 사로잡힌 이도령의 사실적 모습을 통해, 점잖고 위엄 있는 명분론적 양반 문화의 내면에 잠재된 자연인으로서의 이도령의 모습이 유머러스하게 폭로됨으로써, 양반의 이중성을 웃음으로 포용하려는 태도를 보여 준다. 이러한 이도령의 태도는 그 역시 사랑이라는 감정에는 자기 제어력을 잃는 평범한 사람에 불과하다는 확인을 환기시키는 동시에, 양반과 기생, 혹은 상층과 하층이라는 신분적 차별성 이전의 인간적 동질성을 확인케 해준다. 이도령은 권위 있는 경서의 문장을 자의적으로 바꾸어 읽는다. '원형이정'의 주역의 원리가 지닌 진지함은 '원은 형코 정코 춘향이코 짝된코 조코 한이라'와 같이 춘향이란 대상에 대한 언어적 유희로 전환된다. '밍ᄌᆞ견양혜왕하신듸 왕왈 쉬불원쳔리이늬하신이'라는 맹자의 정치적 담론은 '춘향이 보시려 오신잇가' 라는 '애정담론'으로 돌연 변환한다. 사략의 텍

스트는 'ᄐᆡ고라 쳔왕씨난 이쑥썩으로 왕하야 세기셥졔ᄒᆞ니 무위이화의라하야 형졔 십일인이 각일만팔쳔세하다'로 희화적으로 잘못 읽음으로써, 진지함은 무너지고 사랑의 감정을 향한 열정과, 그 순열의 의외성에서 오는 웃음이 남는다. 이러한 이도령의 모습을 본 방자가 오히려 경서의 본래 의미를 뒤엎은 이도령의 태도에 대해 '여보 도련임 쳔황씨가 목썩으로 왕이란 말은 들어스되 쑥썩으로 왕이란 말을 금시초문이요'와 같은 반론을 내건다. 이 질문은 이도령과 방자의 본래적 위상을 뒤엎는다. 곧, 이도령은 경서를 존숭해야 할 양반 자제임에도 불구하고, 경서를 희화적으로 오독하며, 이에 비해 경서에 무지해야 할 방자가 오히려 이도령에 의한 경서의 오독을 지적하는 데서 지식인과 하층민의 기대 서열이 무너지고, 이 무너짐이 독자의 웃음을 유발시키는 것이다. 이어서 이도령의 '이자식 네 모른다 쳔왕씨 일만팔쳔세를 살던 양반이라 이가 단단ᄒᆞ여 목덕을 잘 자셔건이와 시속 션비드른 부더른 목썩을 먹건는야 공자임계옵셔 후ᄉᆡᆼ을 ᄉᆡᆼ각하사 명윤당의 현몽ᄒᆞ고 시속션 비드른 이가 부족하야 목썩을 못먹기로 물신물신한 쑥썩으로 히라ᄒᆞ야 삼ᄇᆡᆨ 육십주 ᄒᆡᆼ교의 통문ᄒᆞ고 쑥썩으로 곳쳐난이라'와 같이 경서의 위엄과 아울러, 부친인 사또, 시속선비, 공자 등의 권위를 함께 무너뜨리고 있다.

6. 조강지쳐 불하당 안ᄒᆡ 박ᄃᆡ 못하난이 ᄃᆡ동통편 법즁 율 군자호귀 이 안니야 춘향 입 ᄂᆡ 입을 한틔다 ᄃᆡ고 쪽쪽 싼이 법즁 여 짜 이 아닌야 ᄋᆡ고ᄋᆡ고 보거지거

위의 예문은 천자문 읽기이다. 기존의 공부 텍스트로서의 천자 읽기는 연애하는 사람의 사랑읽기, 춘향읽기로 뒤바뀐다. 천지자연의 이치를 논하는 학문의 세계가 사랑놀이의 갖은 유희적 형태로 뒤바뀌는 데서, 유머가 생겨난다. 여기서의 천자문은 일방적인 교육의 텍스트가 아니라 이도령에 의해서 재의미화하는 창조적 텍스트로 제시되고 있다.

7. ᄋᆡ고 저것들 ᄯᅩ 사랑쌈이 낫구나 어 참 안이숩다 눈구셕 쌍가ᄅᆡ톳 셜 일만이 볼네 하고 아모리 드러도 우름이 장차 질구나

당사자들에게는 심각하게 여겨지는 문제가 월매에게서는 사소한 사랑싸움으로 비춰지고 있다. 늙은 월매는 이미 젊었을 때에 자신이 다 거쳐간 일에 심각하게 매달리는 춘향과 이도령이 '아니꼬운' 일로 비춰진다.

8. 낙춘이가 드러을 오난듸 졔가 잔득 ᄆᆡᆸ시잇게 드러오난 쳬하고 드러오난듸 시면 한단 말은 듯고 이마ᄲᆡᆨ의셔 시작ᄒᆞ야 귀뒤ᄭᅡ지 파 ᄌᆡ치고 분 셩젹 한단 말은 드러던가 ᄀᆡ분셩양 일곱돈엇치을 무지금하고 사다가 셩갓트 회칠하듯 반죽하야 온 낫스다 ᄆᆡᆨ질하고 드러오난듸 키난 사그ᄂᆡ 장승만헌 연이 초ᄆᆡ자락을 휠신 추워다 틱 밋트 ᄯᅡᆨ 븟치고 무논의 곤이 거름으로 찔눅 썽중썽중 엉금 셥젹 드러오더니 졈고 맛고 나오

여기 등장하는 '낙춘'이란 기생의 이름에서 '이미 떨어져버린 봄'을 읽을 수 있고, 이는 곧 '실추된 미'를 상징하는 것으로 볼 수 있다. 그러나 그 낙춘이는 이미 자기에게서 봄이 떠나갔음에도 불구하고 자신을 춘, 곧 '봄'으로 착각하고 행동하는 데서 웃음이 발생한다. 그는 맵시를 내기 위해 치장은 하였으나, 그것은 자기의 현재 조건, 상태와 괴리됨으로써, 희화적 상황을 구성한다. 미를 욕망하는 추한 자의 움직임, 그 불화, 부조화에서 웃음이 생겨나고 있다. 그 자신은 '맵시 있게 들어'온다고 생각하지만, 객관적으로 그것은 '맵시있게 들어오는 체 하는'것에 지나지 않는다. '착각하는 자아'는 객관적 정황에서 '판단하는 자아'로 하여금 웃음을 유발하게 한다.[393]

---

393) 설성경, 「춘향전」 문체의 변이양상 연구」, 『동방학지』 74집, 1992, 220쪽.

8-2. 19세기의 신재효 「남창 춘향가」와 「동창 춘향가」 사설의 개성

(1) 「춘향가」의 판을 분화시킨 신재효의 전향적 자세

조경남의 「원춘향전」은 광대들에 의하여 18세기에는 이미 판소리로 연행되면서, 작품성이 증폭되었다. 판소리는 가창이 주축을 이루기 때문에 현장감과 사실적인 표현을 통하여 이야기의 내용에 정감을 더욱 높이면서 유파와 창작의 개성을 드러내는 데 성공하였다.

초기의 판소리 「춘향가」의 모습은 당시의 사설이 남아 있지 않아, 그 실상을 파악할 수 없지만, 만화 유진한이 200구의 한시로 지은 「춘향가」가 영조 30년에는 지어졌기 때문에, 그 극적인 서사의 큰 골격은 현전하는 것과 큰 차이가 없다. 그 후 송만재의 관우희 등에서 판소리 작품의 수와 그 측면적 모습은 구전하는 초기의 명창들로 추정되는 하은담, 최선달, 우춘대 등의 이름만을 알 수 있다.[394)]

광대는 그 기반이 민중적인 것이기에, 사설이 포괄하는 내용도 민중적일 수밖에 없다. 이때 광대들이 선택한 음악 어법은 감정 표현을 솔직하고 직설적으로 토로하는 것으로, 계면조야말로 대표적인 민중 취향의 미의식이다. 마당에서 질러대는 소리는 질박한 아름다움이 있다. 그렇지만 양반들이 판소리의 주요한 청중으로 등장하게 되면서부터 상황이 바뀌게 된다. 광대가 청창옷을 입고 양반 좌상객 앞에서 소리를 할 때, 이미 그들은 격상된 지위를 실감하면서 그것이 주는 풍요로움에 만족하고 있다. 사대부를 대상으로 하는 방안에서의 공연은, 한 번 소리하면 1년 먹을 것이 생긴다는 증언이 있

394) 설성경, 『춘향전』, 시인사, 1986, 6~8쪽.

듯이, 광대의 격이 이전과는 현저히 다른 것이 되게 하는 것이다. 이제 판소리는 안방으로 들어가게 되었고, 이 같은 상황 변화에 걸맞게 사설도 일정하게 변모되었다.[395)]

판소리의 유파는 동편제 · 서편제 · 중고제 · 호걸제의 네 가지가 있으며, 유파별로 기법과 미의식이 현저하게 차이가 난다. 판소리 유파와 기법에 대하여 해명한 작업은 대체로 정노식이 기술한 이 대목의 확대 부연이라 생각되어, 그간의 소리학의 성과를 정리하기로 한다.[396)]

김세종제 춘향가는 김세종에서 김찬업을 거쳐서 정응민으로 다시 같은 제자들인 정권진과 성우향과 조상현으로 전승되고 있는데, 성우향이 부르는 「춘향가」는 대략 82개의 소리 대목으로 짜여 있다. 〈춘향모 탄식〉, 〈그때 향단이〉, 〈이 돈이 웬 돈인가〉, 〈돈타령〉, 〈춘향이 다짐 받는데〉, 〈어사또 밥 먹는데〉와 같이 다른 바디에 없는 6개 소리 대목이 있으며, 〈이 도령 동헌에 들리는데〉, 〈도련님 먼저 오르시오〉, 〈음식차림〉, 〈백구타령〉, 〈어사술상〉 같이 다른 바디에 있는 소리 대목 5개가 없다. 대목 수로 볼 때 전체의 1/7 정도가 다르지만 이 대목들이 중요한 것이 아니므로 구성상 다른 점이 거의 없다고 할 수 있다. 김창환제 춘향가는 김창환이 정창업에게 배운 뒤 신재효 문하에서 지침을 받아 완성한 것으로 신재효의 『동창춘향가』와 『남창춘향가』의 영향을 크게 받았다. 김창환→김봉학→정광수로 전승된 이 춘향가는 대략 83개의 소리 대목으로 짜여 있다. 〈금출지내력〉, 〈방자 이 도령의 내력을 말하다〉, 〈방자야 상방에 불 껐나 봐라〉, 〈쑥대머리〉, 〈이 도령 유가〉, 〈촛불 꺼지는데〉, 〈춘향이 정신 차리다〉와 같이 다른 바디에 없는 소리 대목이 7개 들어 있고, 〈궁자타령〉, 〈돈타령〉과 같이 다른 바디에 있는 소리 대목 2개가 없다. 대목 수로 볼 때 전체의 1/9 정도가 다르다.

---

395) 유영대, 「판소리의 유파와 기법적 특징」, 『판소리 유파의 성립』, 태학사, 2000.

396) 유영대, 「판소리의 유파와 기법적 특징」, 『판소리 유파의 성립』, 태학사, 2000.

정정렬제 「춘향가」는 정정렬이 기존의 춘향가를 바탕으로 새롭게 만든 신식 「춘향가」로 '정정렬 나고 춘향가 새로 났다.'라는 절찬을 받았을 정도로 인기가 있었다. 정정렬에서김여란으로, 다시 박초선 · 최승희로 이어지는 이 춘향가는 대략 79개의 소리 대목으로 짜여 있다. 다른 바디에 없는 소리 대목은 〈춘향몽사〉, 〈춘향 사라지다〉, 〈도련님 그 시부터〉, 〈도련님 듣조시요〉, 〈방자 나가는데〉, 〈하나는 남중 문장재사〉, 〈맷돌타령〉, 〈건장한 두 패조군〉, 〈춘홍이 산홍이〉, 〈말씀 여쭙기는 황송하오나〉, 〈난향이 달래는데〉, 〈춘향이 이 말 듣고〉, 〈본관사또 주인이라〉, 〈고인 불러 삼현 치고〉, 〈운봉이 무변이라〉 등 대략 15개 정도이다. 다른 바디에 있으나 이 바디에 없는 소리 대목은 〈기산영수〉, 〈앉었다 일어서〉, 〈백백홍홍〉, 〈춘향 설부화용〉, 〈방자 춘향 부르러 가다〉, 〈네 그른 내력〉, 〈산세타령〉, 〈성참판〉, 〈궁자타령〉, 〈정자타령〉, 〈갈까보다〉, 〈돈타령〉, 〈사령 뒤 따라가다〉, 〈한탄문안〉, 〈어사또 밥 먹는데〉, 〈어사술상〉, 〈뒤풀이〉 등 17개에 이른다. 79개의 소리 대목 가운데 32개 대목이 다른 소리 대목으로 짜여 있어 다른 바디와 다른 점이 가장 많다.

김연수제 춘향가는 정정렬제 「춘향가」를 바탕으로 유파에 구애받지 않고 여러 바디를 수용하여, 새롭게 짠 춘향가이다. 흔히 동초제 춘향가라고 한다. 김연수는 정정렬이 신식 춘향가를 만들면서 삭제했던 〈기산영수〉, 〈앉았다 일어서서〉, 〈백백홍홍〉, 〈춘향의 화용〉, 〈네 그른 내력〉, 〈산세타령〉, 〈적성가〉 등 옛 더늠을 다시 수용하였고, 〈춘향탄생〉, 〈만복사불공〉, 〈옥중상봉〉 등 신재효의 춘향가 및 『옥중화』를 수용하였다. 김연수에 오정숙으로 다시 이일주로 이어지는 이 춘향가는 전판을 부르는 데 무려 8시간 정도 걸리는 가장 긴 「춘향가」이다.

김소희제 「춘향가」는 만정 김소희가 새롭게 짠 춘향가이다. 흔히 만정제 「춘향가」 또는 만정판 「춘향가」라고 한다. 처음부터 〈사랑가〉까지는 동편제인 김세종제 춘향가를 근간으로 하여 구성하였고, 〈이별가〉부터 끝까지는 서편제인 정정렬제 「춘향가」를 근간으로 구성하였는데, 〈사랑가〉와 〈천자뒤풀이〉는 김세종제를 이어받은 정응민제의 것으로 바꾸었다. 이 「춘향가」는 김소희에서 신영희와 안숙선으로 이어지고 있다.

한편 김창룡 · 이동백 등이 불렀던 중고제 「춘향가」는 전승이 끊어졌고, 일제강점기에 취입된 유성기 음반에 중고제 「춘향가」의 일부가 전하고 있다. 이 외에 장자백이나 박기홍 등이 부른 「춘향가」와 같이 오래전에 불리던 춘향가가 일부 필사본으로 전하고 있다. 특징 및 의의, 춘향가는 지금까지 전해지는 판소리 다섯 마당 중에서 예술성이 가장 뛰어난 작품으로 평가받고 있는 판소리의 대표작이다. 「춘향가」는 화평한 대목 · 슬픈 대목 · 위풍당당한 대목 · 우스운 대목 등이 조화롭게 구성되어 있고, 사설의 내용에 맞게 장단과 조가 적절하게 짜여 있으며, 역대 명창들의 다양한 더늠으로 짜여 있다. 「춘향가」가 청중의 사랑을 지속적으로 받아온 것은 인간의 삶과 민족 정서에 맞는 절실한 문제를 다루고 있기 때문이다. 인간의 영원한 관심의 대상인 청춘 남녀 사이의 사랑을 작품의 기본 바탕으로 삼고, 신분의 차이로 인한 갈등, 선과 악의 대립, 당대의 사회적인 문제 등을 다루고 있어 서민층은 물론 양반층의 관심을 끌었고, 또한 진한 감동도 줄 수 있었다.

판소리 「춘향가」 중에서, 김세종제 「춘향가」는 당시 양반들이 애호하고 향유했을 정도로 음악적 예술성 뿐만 아니라 문학적 예술성 또한 훌륭하다. 보성소리와 동편제의 장점을 고루 수용하고 이면에 맞는 흐름이나 음고의 높이에 따른 선율적 표현을 통해 판소리를 사실적으로 표현한 동편제 김세종 「춘향가」는 김세종에서 김찬업으로 다시 정응민으로 이어졌다. 정응민은 동서편이 소리가 고루 어우러진 '보성소리' 라는 독특한 유파로 발전하면서 우아하고 기품 있는 소리로 조의 성음이 분명하고 붙임새와 시김새가 교묘할 뿐 아니라 사설도 잘 다듬어졌다.[397)]

---

397) 사진실, 『춘향가 눈대목』 2, 뮤직앤뉴기획사레이블, 2020.

완판 84장본 「열녀춘향수절가」가 인기를 얻던 시기는 노사 기정진이 조경남의 『산서잡록』을 읽고 서문을 써서 산서 문집이 재인식되던 시기다. 판소리 이론가인 신재효는 인간의 존엄 문제, 특히 평등의식, 신분 혁파 등을 사설 속에 포함시켰다. 완판 84장본 「열녀춘향수절가」의 경우, 시천주 조화정 영세불망 만사지[398]에서 '세상만물 조화정'은 「원춘향전」이 1884년 동학 정신으로 발전하는 변곡점이 된다. 84장본 「열녀춘향수절가」는 1차 신재효의 지리산 성천총의 서녀에서, 의 『난중잡록』 서문의 정신처럼, 조경남의 창작 정신을 살려서, 지리산 반야봉 정기로 광한전 옥제의 기운을 받아 적강한 존재인 성참판의 서녀로 설정되었다.

신재효는 판소리 「춘향가」를 「남창 춘향가」와 「동창 춘향가」로 성격이 판이하게 다른 두 판으로 분화를 하였다. 「동창 춘향가」는 춘향이 자신의 뜻에 의하여 이도령과 결연하고, 월매 또한 춘향의 배필 정하는 것은 춘향에게 맡기고 있다. 여기에 반하여 「남창 춘향가」는 월매가 중간에 매개 역할을 하므로 춘향과 이도령의 연결은 모녀의 합의에 의하게 된다. 또 「동창 춘향가」가 도령의 외면적 표현과 내면적 심리의 갈등을 강조함에 반하여, 「남창 춘향가」는 춘향만의 이어사가 아닌 모든 민중의 구원자로서의 이어사의 기능을 강화한다. 이처럼 「남창 춘향가」는 「동창 춘향가」에 비하여, 동자에서 장부로, 기녀에서 서녀로, 개인에서 집단으로 성격이 변이된다. 이러한 변이는 남성적 윤리와 여성적 윤리, 상층 지식인의 윤리와 하층 서민층의 윤리를 조화시킴에 그 의도가 있다. 이도령이 춘향과의 사랑의 약속을 지키기 위해서는, 그들의 결연을 방해하는 요인들을 극복할 수 있도록 가정이나 사회에서의 힘이 요구된다. 이는 이어사의 힘을 바탕으로 해서만 가능하고, 남성을 통한 여성 윤리의 승리만이 가능함을 보여준다. 동시에 양반의 윤리의식과 서민의 윤리의식의 공존에서 형상되는 사랑의 윤리와 그 실현을 제시하게 된다.

---

398) 侍天主造化定永世不忘萬事知.

또 이도령도 애정만을 강조하는 순수 애정 일변도의 현실 외면보다는, 새로운 질서의 힘을 보유하며, 현실에 적응하며 사랑의 약속을 버리지 않는 신의에 바탕을 둔 인간으로 나타난다. 이는 이념적 권력자의 윤리로서, 타락한 수령들의 반윤리를 보이는 변부사와 대립되는 새 시대의 발전적 인간상이다. 이는 또 이도령의 부친 이한림이 보여주는, 덕치에만 몰두하여 젊은 자식의 순수한 애정을 외면하는 보수적 세대와도 구별되는 새 세대로, 권력과 신의와 애정을 함께 갖춘 이어사의 윤리적 인간상을 강조하고 있다. 이들 두 인간상의 바탕 위에서 생성되는 서민의식의 사실적 반영과 상층 지식인의 의식을 통한 이념성의 결합은 신재효가 그의 판소리 사설을 통하여 상하층의 의식을 최대한 융화시키려 함에 있다. 이러한 특징은 신재효 사설이 당대의 시대상에 어울리는 합리성을 통한「춘향가」의 새로운 해석임을 보여준다.

이 시기를 전후하여, 20세기 초반까지의 명창들의「춘향가」더늠으로 알려진 부분은 이러하다. 〈광한루 경치〉는 장자백, 〈천자뒤풀이〉의 김세종, 〈춘향방 사벽도〉의 이석순, 〈팔도 담배노래〉의 김찬업, 〈사랑가〉의 고수관, 송광록, 박만순, 이화중선, 〈이별가〉의 모흥갑, 박유전, 성민주, 유공렬, 〈신연맞이〉의 정정렬, 〈기생점고〉의 진채선, 〈군노사령 나간다〉의 정정렬, 〈기생점고〉의 이날치, 〈십장가〉의 염계달, 조기홍, 〈옥중가〉의 송흥록, 박만순, 송재현, 유공열, 전상국, 한경석, 허금파, 임방울, 〈장원급제〉의 성창렬, 〈어사분발〉의 송봉업, 〈만복사 불공〉의 황호통, 〈농부가〉의 송만갑, 〈춘향편지〉의 강재만, 〈옥중 몽유가〉의 박만순, 〈옥중 해몽〉의 오끗준, 〈춘향모 상봉〉의 백점택, 김녹주, 〈어사출도〉의 임창학 등이다.

판소리 전성기에 이러한 명창들이 서로 자신의 더늠을 개발하여, 경쟁적 열창을 벌임으로써, 춘향가의 음악과 사설과 그 연기력은 더욱 발전을 가속화할 수 있었다. 또한, 이 시기는 송흥록의 창제를 표준으로 삼아 장단의 운행과 템포가 빠르고 비기교적인 〈동편제〉와, 박유전의 창제를 표준 삼아 기교와 소리의 수식을 강조한 〈서편제〉의 분화가 나타나「춘향가」의 소리와 사설의 개성적인 발전에 크게 기여 하게 되었다.

신재효 사설은 단형으로, 다른 사설에 비하여 대화문의 빈도는 훨씬 높은 편이고, 그에 따른 비율문화 경향도 다소 높은 편이다. 방자와 이도령, 춘향이와 방자, 이도령과 춘향, 이사또와 통인, 방자와 월매, 월매와 이도령 등등 사이의 짧은 대화부분은 어디서나 쉽게 찾아볼 수 있다. 사실 이 경우, 10음절 안팎의 단 문장으로 끝나면 연속적 율문을 구사하기는 어차피 어려운 일이다. 이에 해당하는 예를 들어보면 다음과 같다.

> 방자를 돌아보며 팔씨름이나 하여보자 춘향이 하고 두꺼비씨름이나 하시오 말도 아직 안하고야 어서 말씀하옵시오 제가 먼저 물으래라 계집아이 사내보고 먼저 묻는 법이 있소 나는 차마 부그러워 먼저 말을 못하겠다 계집아이 더 부그러워하여 말할 수 없을테니 도로 건너 보냅시다 보내지는 못하지야 그러하면 말하시오 내 대신 너 말해라
>
> 손님 먼저 들옵소서 주인 먼저 들어가지 손님 먼저 오르시오 왕십리 미나리가 만장이로 하나라도 손수없어 못 쓰나니 주인 먼저 올라가지 매사는 간주인 주인 먼저 올라가지

위의 인용에서 볼 수 있듯이, 부분적으로 율문으로 전개되기는 하지만, 워낙 짧은 토막말에는 유장한 율문을 구사할 수 없으므로, 자연스럽게 일상구어체로 전이된다. 그런데 실제로 「동창 춘향가」에서는 이런 대목이 숱하게 드러나며, 그 결과 신재효본 특유의 장중한 분위기는 많이 수그러들게 된다. 이런 요소들은 사실 판소리를 실제 공연할 때 창자가 아무 부담 없이 일상적인 대화를 하듯이 말을 할 때 생겨나는 것이다.

신재효 사설은 다른 판소리에 비해 관념적인 표현이 강화되고 경험적인 표현이 약화 되는 경향이 있다. 「동창 춘향가」에서는 '사또 자제 도령님이 연광이 십륙센데 얼굴은 반악이요 풍채는 두목지요 이태백의 문장이요 왕우군

의 명필이며 외도 알고 손수 있어 풍류 기남자라'라 서술하고, '춘향의 설부 화용 남방의 유명하여 설도의 문장이요 탁문군의 음률이며 침선 재질 열행 정절 조선의 제일이요 당세에 무쌍이라'라 서술하고 있다.

또, 신재효의 「춘향가」 사설 중에서 본격적 골계미를 보여주는 재담 대목의 표현은 단순한 웃음 이상의 풍자적 의미를 숨기는 재치 있는 표현이 자주 등장함으로써 기층민들의 고통스런 삶에 건강한 활력소를 제공하였다.

> "이 자식아 잔소리 듣기싫다. 주역을 드려라. 건(乾)은 원(元)코 형(亨)코 이(利)코 정(貞)코 춘향코 내코 한테데면 좋코좋코." "도련님 거게 무슨 책이요." "이제 주역(周易)이다." "그 어디 주역이요 코책이제. 그책 속에 코 많소. 그 흔한 코 밑에 소인놈 코도 좀 넣어주시 오."
>
> "네 코는 상놈의 코라 이 코에 범치 못한다."

이 대목은 광한루에서 춘향의 요염한 자태를 보고 책방에 돌아온 이도령이 그녀를 잊지 못해 손에 잡히는 대로 책을 펴 노루글로 읽어가는 장면이다. 전통사회의 상전과 종들과의 관계에서는 생각할 수 없는 파격의 관계를 재담이란 문학적 공간을 통하여 부담없이 형성해내고 있다. 이는 그만큼 닫힌 사회에서의 벗어남을 희구하는 근대적 의식의 발로로 성숙할 여지를 보여 준다.

이처럼 「춘향가」 사설이 지닌 사회적 의미는, 판소리의 본질이 연행성에 있음과 긴밀한 관련을 보여 준다. 문학성으로서의 사설은 일정한 작가에 의해 창작된 희곡이 배우의 연기력에 의해 그대로 재현만 되는 형식과는 구분된다. 고정 불변한 개인적 작가의 걸작품 이상의 힘을 발휘할 수 있는 현장적이고 집단적인 창의적 개방성을 그 생명의 원천으로 삼고 있다.

이런 원리가 「춘향가」 사설을 낡은 시대의 감각에 머물지 않는 항상 새롭고 참신한 언어 표현미를 창출해내는 살아있는 문예로 성숙시킨 비결이다.

「춘향가」의 언어표현 방식은 생기 넘치는 말과 아름답고 소박한 말의 적절한 균형 속에서 그 빛을 발휘한다. 이러한 독특한 표현양식은 오랜 세월을 거치면서, 조경남의 「원춘향전」 이래로 수많은 광대들과 개작 문인들에 의하여 다듬어진 것이기 때문에, 전체 한국인이 공감할 수 있는 고급 문어체와 대중 구어체의 예술적 결합을 통하여 골계미와 비장미를 자아낸다.

> "아니리는 대사 또는 해설 부분을 말한다. 춘향과 이도령이 단둘이 앉았으니 그 일이 어찌될 것이냐. 하루 가고 이틀 가고 오육 일이 지나가니 나이 어린 사람들이 부끄럼은 멀리 가고 정만 담쑥 들어 하루는 안고 누워 뒹굴면서 사랑가로 즐겨 노는데"와 같이 다음에 노래가 나오도록 유도하기도 하고, 노래가 끝난 뒤에 다음의 이야기를 말로 엮어나가기도 하는 부분을 말한다.[399]

서정성이나 극적인 양식의 원리를 강조하고 있지는 않으나, 그 기본 서술의 방식에서 감칠맛 있게 드러내는 일반적 표현 양식으로는 다음과 같은 것이 있다. 이러한 표현을 일반 서사적 표현에 특별히 꾸밈의 기법을 강화시킨 표현으로 보고, 그 기법을 본문을 통해 살펴보면 다음과 같다.

> 요샛년들 우스더구, 열 다섯 안팎 되면 젖통이가 똥또로름 장기 궁짝이 되어가고, 궁둥이가 너부데데 소쿠리 엎어 논 듯, 복숭아꽃 벌어지면 머리 긁고 딴 화 내고, 잔대기에 속잎 나면 먼 산 보고 선하품, 동네 고살 개 짖으면 울구멍으로 내다보고, 뒷동산 두견 울면 한숨 짓고 잠 안자기, 우리 집 딸아기도 요새 아마 암내냈지.[400]

---

399) 김명곤, 『비가비 광대』, 포도원, 1994, 91쪽.

400) 신재효의 「동창 춘향가」.

위의 인용은 월매가 사춘기에 접어든 춘향의 행동을 표현한 것이다. '젖통이가 똥또도름', '궁둥이가 너부데데'의 감각적인 모양 표현이 주는 발랄성과, '장기 궁짝', '소쿠리 엎어 논 듯'의 대응적 비유의 수준은 수사적인 차원에서의 아름다움 이상이라 할 수 있는 정감이 짙게 실린 세련된 형상어이다. 특히, 다음과 같은 열거와 교체의 방식은 수준 높은 수사적 표현으로 평가될 수 있다.

> 복숭아꼳 벌어지면 머리 긁고 딴 화 내고
> 잔대기에 속잎 나면 먼산 보고 선하품
> 동네 고샅 개 짖으면 울구멍으로 내다보고
> 뒷동산 두견 울면 한숨 짓고 잠 안 자기

위의 인용에서는 '~면 ~고' '~면 ~'과 '~면 ~고', '~면~'로 진행되면서 유사성의 반복과 그 제한적 변형이라는, 형식적인 측면에서의 짝을 보여준다. 또, 그 내용에 있어서도 '복숭아꽃'과 '속잎' '동네 고샅'과 '뒷 동산' '개 짖으면'과 '두견 울면' 등을 통해, 정태적인 상황과 동태적인 상황의 대응을 세련되게 엮어내어 표현의 아름다움을 자아내고 있다. 이러한 창의적 표현 얼개를 근거로 하여, 자기 딸이 봄바람이 났음을 '요새 아마 암내냈지'라는 우회적 표현으로 그 감칠맛 넘치는 표현미를 엮어 내고 있다.

> 아비없는 무남독녀 너 하나뿐이기로
> 진자리에 내가 눕고 마른자리 너를 뉘어
> 배 고플가 추워할가 다칠세라 병 날세라
> 손톱으로 퇸 일 없고 가시 아니 긁혔으니
> 딸 낳으면 농와 문자 나에게는 부당이라.

손바닥의 진주같이 밤낮 사랑 길렀더니
새 종아리 같은 다리 삼모장이 웬일인가.

아무리 생각하되 죽을 밖에 수 없으니
너 죽는 데 보지 말고 내가 먼저 죽으련다.

위의 본문은 월매가 눈물을 씻으며 춘향의 손을 잡고 사정하는 대목이다. 탄식조의 사정은 자신과 딸의 관계를 중심으로 자신의 내력과 처지, 딸의 현실적 상황을 변화를 허용하는 4음보 율격 속의 규칙성을 가지고 월매가 지닌 속마음의 정감을 드러낸다. 결국은 외동딸을 키워 오며 부풀어 올렸던 월매의 꿈은 사라지고 생애의 미련을 스스로 포기할 수 밖에 없는 한계 상황에까지 도달한 극한의 상황에서, 자신이 먼저 죽어 딸이 한을 품고 죽는 그 비극적 모습을 보게 되는 처절함만이라도 면해 보려는 것이다. 이러한 절박한 감정을 비유, 열거, 반복을 섞어가며 점진적으로 상승시켜 나가는 기법은 판소리 특유의 정감 표출법으로 우리발의 세련미를 보여 준다.

두 눈에 끼인 눈곱 목화씨 뿐이 나고, 온 낯은 푸른 심줄 박 덩굴 뻗어난 듯, 콧구멍에 긴 터럭이 뱀혀 나오듯이 윗입술을 거의 덮고, 송곳 모자 둘레 넓은 갓 작은 낯을 무릅쓰고, 그 중에 조 빼노라 갓끈은 턱 풀어서 두 손에 다 잡고, 먹적골 흑다리목 노 생원님 걸음으로[401)]

위의 본문은 이 도령의 선생인 박생원의 모습을 우습게 표현하여, 골계미를 높이려는 표현이다. 특히 '눈곱'과 '심줄'을 각기 '목화씨 뿐'과 '뻗어난 박 넝쿨'로 비유한 것과, '콧구멍의 긴 털'이 '뱀혀가 나오듯'으로 비유한 것은 사

401) 신재효의 「동창 춘향가」.

실감이 있으면서도 단순한 사실성 이상의 예술적 형상미를 높여주는 표현들이다.

> 점심을 먹자 하니 침체국에 목이 멘다. 도적하다 잡혔는지 가슴은 우둔우둔, 약주 과히 먹었는지 정신은 어질어질, 두 팔에 맥이 없고 두 다리 힘이 없어 이마에는 식은 땀과 입으로는 선아이 염참것 맛을 못보아서 노점을 잡는구나.[402)]

위의 본문은 이 도령이 춘향을 보낸 후에 책실로 돌아와서도 춘향 생각에 넋을 잃고 있는 상태를 묘사한 것이다. 특히, 다음과 같은 율문의 개성과 비유는 성공적인 표현으로 부족함이 없을 것이다.

> 도적하다 잡혔는지 가슴은 우둔우둔
> 약주 과히 먹었는지 정신은 어질어질
> 두 팔에 맥이 없고
> 두 다리 힘이 없어
> 이마에는 식은 땀과
> 입으로는 선아이 염참것 맛을 못보아서 노점을 잡는 구나.

위에서 볼 수 있듯이 넉 자 4음보 율격을 유지하다가, 석 자와 넉 자에 근거한 2음보 율격으로 변형을 보이고, 다시 아예 대응성을 피하고, 넉 자 2음보를 거치면서, 율문을 벗어난 단순 서술로 진행된다. 이처럼 형식을 갖춘 듯하면서도 탄력성 있는 예외성을 강화시키고, 형식이 없는 듯하면서도 제한적인 규칙성을 보여 주고 있음에서 생동감에 근거한 발랄성이 생겨나고

402) 신재효의 「동창 춘향가」.

있음을 알 수 있다.

> 맵씨 있게 생긴 아이, 태도 있게 생긴 아이, 귀염 있게 생긴 아이, 훨씬 벗게 생긴 아이, 눈물 나게 생긴 아이, 정신 놓게 생긴 아이, 장장채승 그넷줄을 휘어진 벽도 가지 휘휘 친친 감아미고, 선뜻 올라 발 구를 제, 한 번 굴러 앞이 높고, 두 번 굴러 뒤가 높아, 앞뒤 점점 절로 높아, 회회약마고수제, 오락가락 노는 거동[403)]

위의 본문은 꽃이 화려하게 피어 있는 숲 속에서 그네를 뛰고 있는 춘향의 모습을 표현한 것이다. 여기에서는 다음과 같은 반복과 열거를 통한 점층의 기법으로 표현의 효과를 높이고 있다.

> 맵씨 있게 생긴 아이
> 태도 있게 생긴 아이
> 귀염 있게 생긴 아이
> 훨씬 벗게 생긴 아이
> 눈물 나게 생긴 아이
> 정신 놓게 생긴 아이

이처럼 연속적인 표현으로 진행되는 '맵씨 있게', '태도 있게' 등의 6차의 열거와 '생긴 아이'의 6차의 반복을 통해 점층적으로 자아내는 춘향의 빼어난 아름다움의 형상을 전제로 한 다음에 그네 뛰는 모습을 제시하고 있다. 이러한 분위기 위에서 형상되는 춘향의 그네 뛰기 모습이기에 그 모습은 하늘로 날아오르는 선녀의 아름다움에 상징될 수 있는 것이다.

---

403) 신재효의 「동창 춘향가」.

(2) 「남창 춘향가」 사설에 나타난 이도령의 개성

신재효의 「남창 춘향가」 사설은, 춘향을 전형적 민중상으로, 이도령을 고통받는 민중의 구원자로 형상화하여 민중을 구원하는 기능을 강화 시키려 하였다.

> 네 고을 옥 죄인이 몇 명이나 갇혔느냐 열 한 명이오이다 일병 이리 올리라 쇄장이가 옥쇄 들고 급급히 내려가서 죄인 모두 올릴 적에 춘향이는 아픈 다리 큰 칼 쓰고 올 수가 없어 향단의 어깨 짚고 십보일게 올라올 제 문간에 재촉 소리 벽력이 진동한다 열한 죄인 한가지로 관정에 늘엎디니 어사또 분부하되 그 중에 계집 죄인 한편으로 내앉히라 수도안을 펴놓고 각기 죄목 따라가며 차차 사실하여 가니 본관이 돈 꾸래서 아니 드린 부민이며 임출을 뺏으려다 아니 들은 아전이며 출패 대접 잘못하여 사혐 있는 상백성들 다 원통한 죄인이라 일병 백방하신 후에 춘향을 해칼시켜 정면으로 엎지르고

위의 인용처럼, 신재효의 「남창 춘향가」에서는 당대의 시대적 분위기와 고창지방 권역의 지역적 분위기를 적극 수용하여 사또의 탐학스런 착취상과 이로 인해 야기되는 농민의 분노를 함축적으로 제시하는 기능이 강화된다. 특히 다른 소설 「춘향전」이나 판소리 「춘향가」 사설에서는, 사또의 횡포를 춘향에 대한 육체적 가혹 행위만이 아니라, 농민들로부터 재물을 착취하는 탐욕스러움으로 형상하여 부당한 형벌과 재물 착취에 허덕이는 호남권 민중들의 고통을 더욱 강력하게 노출시켰다.

> "원님 정체 어떠하다 하던가?" "우리 고을 사망이지. 공사 매우 잘 하는가? 이를께 들어보오. 부자는 패망, 아전은 도망, 백성은 원망, 출패는 양망,

그게 사망 아니오. 농시를 아니 잃고 백성들이 즐겨하니 본관이 아마 명관이제." 한 사람이 대답하되, "돈은 매우 밝게 보제? 어사또 반겨 물어, 어찌하여 그리하오? 굶지 않은 백성들을 나날마다 청하여서 대고 돈을 꿔라타가 쉬허락 아니하면 엄형엄수 빼어가고. 송사는 어떨는지? 돈을 주면 이겨주고 감영에서 환상 한 섬에 말 가웃씩 작전 오면, 고을서는 작전 놓기 한 섬에 칠팔 두씩. 세곡 한 섬에 열 양 하면 관수 값은 열두 양. 향교 소임 값 받으니 옳은 사람 할 수 없고, 하기 깎고 소임을 파니 아전도 살 수 없어. 출패 보고 노형하고, 간활 향리 수족 삼아, 우리 남원 사십팔방에 돈이라고 생긴 것이 아이 고름에 채인 것도 씨가 없이 다 긁었으니, 일후에 낳은 아이 돈 얼굴 모르지요 어사또 깜작 놀라 어허, 민세 말 아니고."

위의 인용에서 확인되듯이, 백성들이 겪던 분노는 이들 작중 인물 이상의 현실적 고통을 당하고 있는 농민군들에게 현실적 분노의 강화제로 작용하면서, 그들의 저항과 투쟁의 의지나 행동을 자극하는 촉매작용을 할 수 있었을 것이다. 이런 동학군 속에는 분명 신재효의 판소리 음악당에서 배출된 판소리 창자들이나, 그들과 관련이 깊은 하층 신분의 인물들이 다수 있었다고 보아진다. 물론 그의 제자들 중에는 김세종, 진채선, 허금파와 같이 전국적으로 이름을 떨치던 명창들도 있었지만, 그들처럼 성공하지 못했거나 도중에 학업을 포기한 다수의 또랑 광대들이 고창, 고부 지역에 상대적으로 다수 분포되어 있었을 가능성은 충분히 짐작할 수 있다.

신재효는 소리판의 분화를 통해 상대적인 개성을 사설로 드러내는 방식을 개발하였다. 그는 배우의 재능과 역할이 판소리의 총체적 운용에 가장 지대한 영향을 미치는 것을 논리적으로 역설하였다. 그 과정에서 광대들 한명 한명이 표현하는 성음의 개성을 강조하고, 그 개성은 위대한 한시 작가들의 시세계의 차이가 주는 맛이나 품격과 같은 것임을 제시한다.

① 송흥록 ……… 타셩쥬옥 박약무인 화란츈셩 만화방ᄎᆞᆼ

② 모흥갑 ……… 관ᄉᆞᆫ월ᄉᆡᆨ 쵸목춍셩 청쳔말니 학으울음

③ 권삼득 ……… 쳔칭절벽 불ᄉᆞᆫ쑈ᄉᆞ 만ᄌᆞᆼ폭포 월렁술쉘 팔대문장

④ 신만엽 ……… 구쳔은하 쎨러진다 명월빅노 말근기운 취과양쥬

⑤ 황해천 ……… 젹막공ᄉᆞᆫ 발근달에 다정하게 웅챵쟈화 두우졔월

⑥ 고수관 ……… 동아부ᄌᆞ 엽피남묘 은근문답 ᄒᆞ는거동 권과농샹

⑦ 김계철 ……… 담탐한 ᄉᆞᆫ현영기 영난한 ᄉᆞᆫ하영ᄌᆞ 쳔운영월

⑧ 송광록 ……… 망망한 장쳔벽히 걸일씌가 업셧스니 말니풍범

⑨ 주덕기 ……… 둔갑ᄌᆞᆼ신 무슈변화 녹낙ᄒᆞ는 그슈단니 신츌귀몰

신재효는 송흥록에서 주덕기까지 제시한 이들의 소리를 익숙히 알고, 그 소리를 심미적 입장에서 평가하였다. 그는 판소리 명창들의 음악적 개성을 그들이 표현하는 성악적 소리의 수준으로 평가하면서, 당대의 우리 명창들의 특징을 당송의 시인들의 작품세계에 나타난 개성과 대비시켜 제시하고 있다. 이와 같이 명창들이 도달했던 독자적인 예술세계를 양반사대부들이 최고의 가치를 부여했던 한문학 대가들의 문학 세계와 나란히 견주어서 품평을 했다는 점은 그가 판소리의 예술성을 주체적이고도 자랑스럽게 바라보고 있음을 알려준다.[404)]

신재효는 이처럼 격조 높은 지적 수준에서 판소리의 사설, 창곡, 창자의 인물, 연기력이 어우러져 빚어내는 예술성을 평가하고 있다. 이러한 민족문화에 대한 주체적 지향성은, 그가 판소리 예술성을 세계 문인들의 문학예술 품평의 기준과 동등한 수준에서 평가하는 것을 가능하게 했고, 또한 그가 정착시킨 판소리에 대한 기본 인식의 태도를 그대로 반영했다는 것이다. 그가 판소리를 한문학의 예술성과 동등한 위치에 설정했음은, 양반사

404) 강한영, 「신재효와 판소리」, 『판소리』 전북신서, 전북애향운동본부, 1988, 43쪽.

대부 문학이나 문화를 일부 접목하고 수용하는 결과를 가져오기도 했지만, 이는 단순히 그의 양반 지향적 의도 때문에 판소리극의 근본 흐름을 부정적으로 굴절시켰다고 판단하기에는 무리가 있는 해석이라 하겠다. 그러므로 그는 두 문화를 접합시킬 수 있는 중간자적인 위치와 기능을 갖추고 있었다[405]고 할 수 있다. 동시에 그는 그 위치에서의 역할을 최대한 살려서 판소리를 탈계층적 민족문학으로, 또는 근대로의 사회 역사적 전환을 지향하는 문화운동으로 적극적으로 펼쳐나갔다. 이러한 지향성은 그의 사설은 이론적 체계 위에서, 자기 특유의 소리를 작곡하고, 자기 나름의 사설을 창작하였음을 보여준다. 특히 그의 사설 창작은 소리바탕의 개성 못지 않게, 같은 바탕의 소리라 할지라도 「춘향가」와 같은 작품에서는, 그 개성을 달리하는 사설을 각기 창작하여, 「동창 춘향가」와 「남창 춘향가」로 달리 표현하였다. 이는 같은 소리라도 소릿제에 따라 맛을 달리하고, 창자에 따라 빛깔을 달리하게 된다는 고도의 심미안과 비평에 기인한 작곡과 창작의 실현이자 그 반증이다.

(3) 「동창 춘향가」에서 증강된 세속적 현실 지향

(가) 일반적 표현의 기법에 나타난 「동창 춘향가」의 특징

신재효가 어차피 여섯 마당을 다 개작하려한 바에야 이 작품의 비중을 무시했을 리가 없으니, 「춘향전」의 개작 양상은 신재효의 작가적 개성을 드러내는 척도가 될 수도 있다.[406] 신재효는 이 「춘향전」에서만은 남창과 동창이라는 서로 다른 방향으로의 분화를 꾀하였다. 「동창 춘향가」는 단형 대화문의 빈도수는 높은 편이고, 그에 따른 율문화를 벗어나는 경향도 증가된다.

---

405) 강한영, 앞의 책, 44~45쪽.

406) 강한영, 『신재효판소리전집, 해설 33쪽.

특히, 방자와 이도령, 춘향이와 방자, 이도령과 춘향, 이사또와 통인, 방자와 월매, 월매와 이도령 등등 사이의 짧은 대화 부분은 어디서나 쉽게 찾아볼 수 있다.

> 방자를 돌아보며 "팔씨름이나 하여보자.", "춘향이하고 두꺼비씨름이나 하시오.", "말도 아직 안하고야." "어서 말씀하옵시오.", "제가 먼저 물으래라.", "계집아이 사내보고 먼저 묻는 법이 있소.", "나는 차마 부그러워 먼저 말을 못하겠다.", "계집아이 더 부그러워하여 말할 수 없을테니,도로 건너 보냅시다.". "보내지는 못하지야." "그러하면 말하시오", "내 대신 너 말해라." "손님 먼저 들옵소서.", "주인 먼저 들어가지.", "손님 먼저 오르시오.", "왕십리 미나리가 만장이로 하나라도 손수없어 못 쓰나니 주인 먼저 올라가지.", "매사는 간주인,주인 먼저 올라가지."

물론, 이러한 예에서도 부분적으로 율문시행을 할 수 있는 곳이 없지는 않지만, 워낙 짧은 토막말이기 때문에 유장한 율문으로 흐를 수는 없으므로, 자연스럽게 일상구어체로 전이된다. 그런데 실제로 「동창 춘향가」에서는 이런 대목이 숱하게 드러나며, 그 결과 신재효본 특유의 장중한 분위기는 많이 수그러들게 된다. 이런 요소들은 사실 판소리를 실제 공연할 때 창자가 아무 부담 없이 일상 대화하듯이 말을 할 때 생겨나는 것인데, 이것만으로 단언하기는 힘들겠지만, 일단 판소리 본래의 구비성을 어느 정도 유지한 것으로 판단할 수 있다.

둘째로는 표현기법에 관한 것인데, 앞서 신재효본은 일반적인 판소리에 비해 볼 때 관념적인 표현이 강화가 되고 경험적인 표현이 약화된다. 그렇다면 「동창 춘향가」에서는 이런 신재효본의 특징이 그대로 통용되는지, 아니면 약간의 변개가 있는지 살펴보자. 우선 관념적인 표현 부분이 어떤 식으로 드러나는지 알기 위해 다음 대목을 보자. 판소리를 포함한 고전 서사물에서 관념적인 표현의 대표격으로 꼽을 수 있는 것은 역시 중심인물을 묘사하는 대목이다.

> 사또 자제 도령님이 연광이 십륙센데 얼굴은 반악이요 풍채는 두목지요 이태백의 문장이요 왕우군의 명필이며 외도알고 손수 있어 풍류 기남자라
>
> 춘향의 설부화용 남방의 유명하여 설도의 문장이요 탁문군의 음률이며 침선 재질 열행정절 조선의 제일이요 당세에 무쌍이라)

「춘향가」의 중심인물은 춘향이와 이몽룡이니, 관념적 표현을 하자면 이들에게 집중되는 것이 당연하지만, 여기에서 보이는 예는 그런 기대를 완전히 어긋나게 한다. 「남창 춘향가」처럼 꿈에 무엇을 보아서 어떤 태교를 거쳐서 어떻게 낳았다는 장황한 묘사는 보이지 않고, 직접 인물묘사를 하는 대목조차도 무척이나 미약하게 되어 있다. 그런데 「동창 춘향가」는 다른 본에 비해 볼 때 이처럼 인물의 품성이나 상투적인 표현을 늘어놓는 데는 인색하지만, 반대로 구체적인 행동을 묘사하는 데에는 훨씬 앞서가는 경향이 있다.

> 추천을 하려할 제 장장채승 그넷줄을 휘어진 벽도가지 휘휘친친 감아매고 선뜻 올라 발 구를 제 한 번 굴러 앞이 높고 두 번 굴러 뒤가 높아 앞뒤 점점 절로 높아 회약마고수제 오락가락 노는 거동 사람 창자 다 녹인다. 진루의 농옥이 봉을 타고 옥경으로 오르는 듯 무산신녀 구름되어 양대상에 내리는 듯, 그 얼굴 그 태도는 세상 인물 아니로다 도령님 한 번 보고 정신이 캄캄 가슴이 답답 퇴육에 쥐가 나고 눈동자는 봇짐 싸고 콧구멍이 빽빽 어깨로만 헐떡헐떡 송아지같이 음매하고 자빠지니

이 대목은 춘향이가 그네를 타고 이도령이 그 모습에 넋이 나간 상황을 아주 실감나게 묘사하고 있다. 춘향이가 그네를 타는 모습이나 이 도령이 정신

을 못차리는 모습에서 핵심적인 묘사 방법은 절묘한 비유적 표현이나 적절한 흉내어의 사용에 있다. 가령, 눈동자가 봇짐을 쌌다거나 송아지같이 음매하고 자빠졌다고 하는 표현은, 우선 언어적인 재미를 한껏 높이려는 의도가 강하기도 하겠지만, 실제 우리가 경험할 수 있는 상황을 재현하는 데 적절히 기여한다. 우리가 앞에서 경험적 표현의 단서로 든 것은 일상적 대화문과 흉내어의 사용이었는데, 적어도 이 두 부분에 의한다면 「동창 춘향가」는 어떤 판소리에 비해서도 뒤쳐지지 않을만큼 풍부한 자료를 가지고 있다.

신재효의 「춘향가」 사설은 분량에 있어서도 「남창 춘향가」는 춘향이야기 전체를 대상으로 하고 있기에 그 길이가 「동창 춘향가」에 비하여 훨씬 길다. 또 문제의 측면에서는 「동창 춘향가」는 흉내어의 사용이 「남창 춘향가」보다 훨씬 많다는 것이 특징이다. 게다가 「동창 춘향가」에는 대대 직유로 이어지는 많은 비유들이 동원되어서, 「남창 춘향가」에서 고사성어를 끌어대어 표현하는 데 의지하던 것과는 아주 좋은 대조를 이룬다. 실제로 이처럼 관념적인 표현을 극대화하고 경험적인 표현을 극소화하여 다른 신재효본이 가지고 있던 일반성과는 많이 다른 양상을 보인다. 이 외에도 「동창 춘향가」는 기본 율격의 파괴와, 사실적인 표현의 확대, 극적인 대화 양식의 강화, 그리고 재담을 즐겨 시용하였다. 그뿐만이 아니라. 창 부분이 약화되고, 상대적으로 아니리 부분, 특히 재담에 속하는 짧은 대화체가 늘어났다. 이를 인물을 중심 으로 보면, 핵심 인물에 비하여 주변 인물의 기능이 강화되는 대신에, 핵심 인물은 전형성을 파괴하고 세속화 현상을 보여준다. 이는 상대적으로 주변 인물과 핵심 인물의 역할이 약화되어, 핵심 인물인 이도령은 사춘기 소년의 모습으로 욕정을 억제하지 못하고 그에 따라 휩쓸리는 인간으로 그려지며, 또 춘향은 이도령의 그런 욕정을 채워주는 애인으로 형상화하였다.

〈사랑가〉의 경우는 「남창 춘향가」에서는 상대적으로 점잖은 표현으로 변개되었다. 〈사랑가〉와 〈이별가〉 같은 가요 소재나 사설이 주축을 이루는 사랑과 이별 대목에서 판소리적인 유형화에 의한 관습적 가요 소재가 현저하게 줄어들었다. 그 사례로, 곤장을 맞는 춘향이 비록 열녀라 하더라도 그렇게 노래를 길게 할 수 없다는 해석 때문에 〈십장가〉를 축약시키고, 춘향이 옥중에서 꿈을 꾸고, 그 꿈 속에 황릉묘로 가지 않고 견우 직녀가 만나는 은하수로 간다는 설정하였다.[407] 특히, 춘향이 옥중에서 부르는 〈자탄가〉에는 명창 임방울의 쑥대머리의 초기 형태를 보여주는 내용이 있다.[408]

이도령과 춘향의 인간상을 살펴보면, 춘향과 이도령 두 사람 모두 16세로 설정하였다. 「동창 춘향가」에서는 그저 사춘기 정도의 어린아이로 사랑을 보채는 데에나 힘쓰는 인물로 형상화되어 있어서 「남창 춘향가」의 장부형 인물과는 구별된다.

> 유막에 우는 황조 벗부르는 소리하며 화방에 나는 백접 향기 찾아 춤을 춘다. 봉래 방장 아니 가도 몸이 신선된 듯 내 몸은 선관이요 이곳은 옥경이니 월궁항아 어디 있나 배회고면 하노라니 홍홍백맥 난만중에 어떤 계집아이 진멋지게 노난다 맵시 있게 생긴 아이 태도 있게 생긴 아이 훨씬 벗게 생긴 아이 눈물나게 생긴 아이(강.107)

이 대목은 단순하게 보자면 이도령이 취흥에 겨워 춘향을 보는 대목으로 「남창 춘향가」와 비교하든 다른 본과 비교하든 다를 바가 없다. 그러나 밑줄 그은 부분을 세심히 살펴보면 춘향이가 등장하는 대목부터 다른 본과는 다르다. 춘향이가 눈에 띄니까 그에 대해서 관심을 가지는 것이 아니라 술기운에 신선된 기분으로 제 짝이 되어줄 선녀를 찾다보니 앞에 눈에 띄는 것이 바로 춘향이었다. 사실 「동창 춘향가」는 그 시작부터 춘향이 서술을 먼저 하

407) 이 대목은 판소리 창자가 사설의 전면에 나와서 개성을 제시하고 있다.

408) 설성경, 『춘향전의 통시적 연구』, 박이정, 1994, 93쪽.

는 것이 아니라 이도령에 대한 서술을 하고 있어서 이야기의 중심을 춘향 쪽보다는 이도령 쪽으로 몰아가는 듯한 인상을 지울 수 없다. 그런데 이 인용대목에서 보듯이 이도령의 형상은 술에 취해서 그 나이에 누구나 갖는 육욕을 느끼고, 그 대상을 찾던 중에 한 여자를 발견하는 매우 직정적인 인물로 그려진다.

또, 사랑 대목의 경우는 전체 분량의 배분에서 살펴보면, 「동창 춘향가」는 오리정 이별대목까지 약 14,200자 정도로 늘어지지만, 「남창 춘향가」는 똑같은 이별 장면까지 8,200자에 그치고 만다. 이는 상대적으로 살펴볼 때, 「동창 춘향가」는 전반부의 사랑대목에 중점을 두었다면, 「남창 춘향가」는 후반부에 더 큰 비중을 둔 결과라고 파악된다. 물론 「동창 춘향가」에서는 후반부라고 할만한 것이 아예 드러나지 않으니 비교 가능성이 적어지지만 「동창 춘향가」가 오히려 적은 분량을 가지고 다른 이본이나 사설에 비해서 사랑부분을 늘여놓았다는 것이 붐명해진다.

이런 특성을 보다 더 극명히 드러낼 수 있는 부분 중의 하나로 이도령이 춘향이와 수작하는 대목이다. 「동창 춘향가」에서의 수작은 상당히 장난스럽게 시작한다. 우선 술잔을 기울이다 취흥에 따라 춘향이를 불러올 것을 명하는데,이 과정에서 정신을 거의 잃을 듯이 빠져들어 춘향이가 기생의 딸이라는 말을 듣고는 '물각유주'운운하며 좋아한다. 반면, 「남창 춘향가」에서는 이도령이 선비다운 풍류로 광한루 구경갔다가 춘향을 불러내는데 이 때에는 자색뿐만 아니라 행실까지를 다 듣고서 마음에 흡족해한다. 이런 점에서 볼 때 「동창 춘향가」에서의 이도령은 확실히 우리가 알고 있는 전형적인 선비의 태도와는 다르다.

이도령이 이와 같이 「남창 춘향가」과 동창에서의 입장이 달랐던 것과 마찬가지로 춘향 역시 그 둘에서의 입장은 사뭇 다르다.

"도령님이 누구라고 불러오라 하시더냐.", "월매딸 동기 춘향 불러오라 하시더라." 춘향이 화를 내어, "못쓸 놈아, 흉한 놈아, 서울사는 도령님이 내려온 지 오래잖고 화림 추천하는 사람 광한루서 바라보고 춘향인지 추향인지 기생인지 네 어민지 네 할민지 어찌 그리 잔속 알아 방자야 동자야 불러오라 데려오라 분주히 서둘더냐 (중략) 만일 서방 얻자 하면 도령민 위 참 없지야. 양반이 삼한갑족, 얼굴이 남중일색, 이윤 여상 같은 재조, 이백 두보 같은 문장 풍류의 멋이 들고 외도에 수가 터져 백모로 다 보아도 오복이 갖출테니 그네 뛰는 네 맵시로 도령님을 후렸으면 네 호강은 말도 말고 중매장이 이내 팔자 소년수노 한번 하자. 미륵이 살찌기는 석수에게 매였다. 만일 아니 가다가서 네게 화는 고사하고 너의 노모 죄 당하면 자식도리가 되었느냐." 춘향이 들어보니 아니 가고 할 수 없다.[409]

「동창 춘향가」에서의 춘향은 이도령의 부름을 받고 멈칫대기는 하지만 방자가 이도령 집안의 힘을 은근히 과시하자 곧 따라나서는 나약한 모습을 보여준다. 이런 점은 남창에서는 이도령의 명을 부당한 것으로 일축하고 자신의 본 뜻을 관철시키는 것과는 대조적이다. 이로만 보더라도 「동창 춘향가」에서의 춘향은 스스로 기생 신분을 완전히 탈피하지 못했다고 느끼고 있으며 「남창 춘향가」에서는 이미 자신의 신분이 절대로 기생이 아님을 확신하고 있는 것이다. 이런 차이는 이도령과 춘향의 첫 수작 장면뿐만 아니라 첫날밤의 태도에서 확실히 드러난다. 남창에서는 첫날 밤의 성에 장면을 최대한 삭제시키면서, 춘향이가 여염집 규수임을 강조하려 한 데 반해서, 「동창 춘향가」에서는 고의적으로 확대하여 16살 먹은 숫처녀의 모습을 이미 퇴락시켜 놓고 있다.

이런 차이는 결과적으로 이도령에 대한 춘향의 위치 설정에도 상당히 깊이 있게 관여한다. 「동창 춘향가」에서의 춘향은 이도령의 애인 역할에 충실

409) 강한영, 『신재효사설집』, 연세대출판부, 1974, 111~113쪽.

한 데에 그치는 감이 없지 않다. 전통적인 예법에서 어차피 혼례라고 이름하려면 양가부모의 허락은 당연한 일이고, 특수한 사정을 감안하여 볼 때, 이 도령 집에서야 바랄 일이 아니라고 해도, 춘향집에서는 어느 정도의 허락이 있어야 하는데 「동창 춘향가」에서의 월매의 입장은 상당히 혁신적이다. "딸자식 배필 정하기 제게 허락하였으니, 저더러 물어보지 내게는 관계없소"라고 하여 월매 스스로 자신의 입장은 아예 무시하고 시작한다. 이때 월매는 오히려 창가집에서 태어나 딸 손수 제 배필을 구하게 된 것이 다행이라고까지 했는데, 이는 「남창 춘향가」에서 월매가 〈불망기〉를 요구하며 관여한 것과는 역시 좋은 대조를 이룬다.

> 두 손으로 붙들고서 한사 자락 안 놓으니 도령님이 연해 빌어 얘 이것 웬일이냐 규중의 처녀들도 성혼하는 첫날밤에 평생 못본 남지 손에 옷들을 벗겼는데 하물며 우리 둘이 광한루서 수작하고 너의 집 와 분배하고 온갖 사정 다 했으니 무엇이 부끄러워 이 짓이 웬 짓인가[410)]

이런 대목은 이도령이 춘향이를 대하는 기본적인 태도가 어떤 것인지를 잘 보여준다. 어차피 춘향이는 규중처녀도 아니고 그 둘은 정식 혼례를 치른 사이도 아니니 좀 난잡하게 놀아도 사리에 크게 어그러지지 않는다는 발상이다.

중심 인물인 주인공 외에도 많은 주변 인물도 중요한 의미가 있어, 인물의 성격 부여 방법이 중요한 과제였다. 「춘향전」에는 월매의 역할이 중요하다.

> 방자 곁에 섰다 도령님 이게 웬일이오 호랑이를 보셨소 차일귀신을 보시니까 도령님이 손헤치여 얘야 큰일 났다 기침도 크게 마라 손들어 가리키며

---

410) 강한영 필사 「남창 춘향가」.

저것 무엇이냐 양 이방 당나귀요 그 곁에 또 보아라 버드나무요 이 녀석 네 어미 씹이다 우리 압시 좆이요 그 좆 갖다 개 씹에 박아라

방자가 상전인 이도령과 대등하게 상소리를 주고 받는다. 이도령이 상전이기는 해도 방자는 뻔한 사실을 바로 고하지 않고 능청을 떨어대고, 이 도령이 "네 어미"로 욕을 해대자 방자는 전혀 굴하지 않고 "우리 아씨"로 대꾸하는 데에서 이런 성향은 확실히 드러난다. 이처럼 방자가 이 도령을 골려먹는 대목은 판소리 「춘향가」에 흔히 등장하기는 하지만 「동창 춘향가」에서 특히 두드러진다. 방자의 이런 성격은 여기에만 국한되지 않고 곧바로 중심 인물의 성격에 연관된다. 즉, 「동창 춘향가」에서 방자가 이도령과 대등하게 수작하게 되면 결과적으로 이 도령의 권위는 그만큼 실추하게 되니 작품 후반에서 춘향을 구원할 수 있는 힘은 약화되게 마련이며, 실제 「동창 춘향가」에서는 이 부분이 아예 빠져버렸다. 기 이후에 전개할 후반의 어려운 과업을 제대로 떠맡기기는 어려운 것만은 사실이다.

이도령 쪽에서 방자가 맡았던 역할을 수행하는 사람으로 춘향 쪽에서는 월매가 있다. 향단이는 언제나 충실한 종복 이상으로는 기능하지 않는다. 월매의 첫 등장은 역시 이도령과 춘향의 첫날밤 대목이며, 그 뒤로 다시 중요하게 등장하는 때는 바로 춘향이가 옥중에 있을 때이다. 뒷부분은 「남창 춘향가」에만 존재하므로 비교하기 어려우니 앞의 부분을 중심으로 살펴보자.

젊어서는 밉지 않아 남원의 월매 월매 이름있게 지내더니 늙어가며 형변하여 행동거지 볼작시면 한푼 돈이 안싸구나 (중략) 달도 밝고 달도 밝다 야속하게 달도 밝다 나 젊은 과수댁들 문고리 벗겨놓고 과혼처녀들은 일없이 마을 돈다 재전 일 생각하면 즉금 것들 우습더구 우리 처녀시절에는 이십 먹은 계집애도 서방생각 안하더니 요샛년들 우습더구 열 다섯 안팎 되면 젖통익 똥또드름 장기 궁짝 되어가고 (중략) 우리집 딸 아기도 요새 아마 암내 났

지 그네 뛰는 핑계하고 바깥출입 팔딱팔딱 (중략) 우리 딸 어여쁜 줄 도령님 이 어찌 알고 밤에 찾아 와 계시냐[411)]

「동창 춘향가」 부분에서의 월매는 인간의 욕정에 충실한 인물로 그려진다. 제 딸이 이제 이성에 눈을 뜨고 있는 것을 표면상으로는 못마땅하게 여기는 듯하면서도 내심으로는 흡족해하는 눈치이다. 이런 까닭으로 이 도령이 왔다는 소리에 대뜸 "우리 딸 어여쁜 줄 도령님이 어찌 알고"로 받는다. 월매는 남녀간의 육욕을 이해하는 인물이고 이 도령이 자기딸을 찾아온 이유로 앞뒤 가리지 않고 미모를 꼽을만치 그녀가 내세우는 것은 철저한 현실논리이다.

월매에게는 이렇게 해야한다거나 저렇게 해야한다는 방침이 서있는 것도 아니고 자기 딸의 장래를 위한 확실한 구도를 가지고 있는 것도 아니다. 대단히 막연하게나마 어차피 일반적인 혼사가 불가능한 바에야 이도령처럼 좋은 집안 자제의 후실 정도면 만족하겠다는 입장이고, 또 그런 사윗감을 끌어들인 딸의 처사를 기꺼이 받아들인다. 이는 이런 결연에 앞서서 치밀하게 따지고 드는 「남창 춘향가」의 월매와 확실히 구분되는 부분이다.

이런 월매의 성격 역시 춘향의 역할에 직접 간접으로 작용한다. 「동창 춘향가」에서는 상대적으로 가정적인 기대까지는 짊어지지 않아도 되므로 춘향의 행동은 대단히 자유로울 수 있었다. 때로는 교태롭고 때로는 앙탈을 부리며 또 때로는 현숙한 여자로 자유롭게 활동하는 것이 허용된다. 하지만 남창에서는 춘향의 일거일동이 곧바로 월매의 한까지를 포함한 일 가정의 중대사가 얽혀있는 것이므로 함부로 처신해서도 안되고 또 그럴 수도 없었다. 기생을 거쳐 인생풍파를 다 겪은 월매에게는 이미 당위적 윤리관이 문제되는 것이 아니라 당장의 생활이 문제가 되었던 것이다.

---

411) 설성경, 「춘향가에 나타난 우리말의 아름다움」, 『문학 한글』 2호, 한글학회, 1992, 13쪽.

이도령 아버지 이부사의 경우 역시 이런 맥락에서 살펴볼 수 있다. 이도령 아버지는 현직 남원 수령으로 등장하니 그에 걸맞는 위신을 지니고 있으면 될 것인데 「동창 춘향가」에서는 그런 기대 여지없이 무너뜨리는 대목이 즐비하다. 이 도령이 춘향이에게 흠뻑 빠져서 서책을 읽는다는 것이 맨 춘향이 타령으로 소리를 치는데 이 때 보인 그의 반응은 대단히 파격적이다.

> 춘향입이 내 입하고 두 입 한데 붙었으면 법중 려 자 이 아니냐 고함을 질러놓으니 이 때 사또님이 대청에서 걸으시다 어떻게 놀라셨던지 뒷궁둥을 하셨구나 이리 오너라 통인들아 예 여봐라 책방에서 어떠한 계집년이 해산을 빠치느냐 어떠한 미친 놈이 술주정을 하느냐 어 그 소리가 웬 소린지 바삐 알아 오라 (중략) 책방에 가 알아본즉 도령님이 혼자 앉아 논어를 읽어가다 욕호기하고 풍호무우하며 영이귀하리라 그 대문에 흥치가 왈칵 나서 부지불각 지른 소리 높았다 하더라고 가기기방 여쭈어라 통인이 올라와서 그대로 여짜오니 사또 듣고 좋아하셔 허허 이 자식이 어느 새에 이 속 들어 책방의 박생원께 여쭈어라[412]

집안이 시끄럽다고 해서 대뜸 어떤 계집년이 해산하느냐고 묻는 것은 양반의 체모와는 정반대되는 행동이다. 더욱이 아랫 사람들이 뻔한 거짓말로 속여넘기는 것도 모른 채 제 자식 자랑할 요량으로 박생원을 부르는 대목에 이르면 그를 아주 우둔한 노인네 정도로 취급하고 있다. 이런 사실들은 동창에서의 이 사또 역시 그의 지위와는 어긋나는 골계적 인물로 형상화되고 있음을 알려준다. 반면 「남창 춘향가」에서는 「동창 춘향가」보다 더 많은 분량을 할애하면서도 이처럼 고의적으로 희화화시키는 대목은 보이지 않으니, 결국 「동창 춘향가」에서는 상대적으로 양반의 체모를 많이 손상시키고 있다.

412) 강한영, 『신재효사설집』, 연세대출판부, 1974, 121쪽.

(나) 의성 의태어로 본 「동창 춘향가」의 특징

문체의 측면 중에서도 「동창 춘향가」는 일상적 대화에서 흉내어의 사용을 다른 판소리 사설보다 풍부하게 사용하고 있다.

의성어와 의태어의 사용이 확대된 경우를 살펴보면 다음과 같다.

① 좌르르 피어

② 지르르르르르르르 끌며

③ 피르르르르르르르 동틀 밑에 가 떨어지고

④ 바드드드드드득 일어서는

⑤ 스르르르르르르 놓고

⑥ 셔브렁 섭적 걸어

⑦ 어칠 비칠 툭툭거려

⑧ 벌벌벌벌 떠는 듸

⑨ 와당땅 때려서

⑩ 휘휘 칭칭 그네 매고

⑪ 움쑥움쑥 허는 걸

⑫ 벌렁 벌렁 떨더니

⑬ 와그르르르르르르 탕탕

⑭ 퉁 쾡 지르르르르 나노나 지루나

⑮ 아드드드득 깨틀어

⑯ 끌끌 울 제

이런 표현들은 극적인 상황을 효과적으로 형상하는 기능을 하고 있다. 예를 들어, 새소리는 '푸푸'로, 물소리는 '주루루루루루루'로, 바람소리는 '우루루루루루루루루루루루'로, 범소리는 '으르르르르르르 어헝'으로, 도깨비 소리는 '홋홋'으로, 귀신소리는 '이히 이히 이히 이히 이히'로, 나팔소리는 '흥앵 흥앵'으로, 고동소리는 '뛰 뛰'로 하는 등이다. 이처럼 의성어도 자연의 소리에서, 귀신의 소리, 악기의 소리까지 자유자재로 흉내어를 만들어 적절한 정감을 드러낼 뿐만 아니라, 그 소리 흉내의 폭을 그만큼 넓게 형상해낸다는 개성이 있다.[413)]

신재효는 「동창 춘향가」에서 지방언어인 전라도 지반의 사투리를 다채롭고 빈번하게 구사하여 향수자들과 언어적 동질감을 높이고 있다. 이는 지역주민의 정감이 무르녹은 향토성이 깊은 지방 언어를 인물들이 사용함으로써 생동감과 친근감을 느끼게 하며, 감성미를 높이고자 하는 언어 전략에 해당한다.

> ① 건드러지고 맵수 있고 태도 고운 저 방자 새소없고 팔랑거리고 우뭉스런 저 방자 서황모 요지연에 편지전턴 청조처럼 말 잘하고 눈치 있고 영리한 저 방자
>
> ② 너의 노모를 잡아다가 책방 단장 앞에 난장 형벌에 주룻대 방망이 굵은뼈 부러지고 잔뼈 으스러져 얼게미 체궁기 진가리 새 듯 그저 살살 샐 터이니 올테며는 오고 말테면 말어라
>
> ③ 혼은 발써 춘향으 집으로 가고 등신만 앉아 글을 읽는듸 노루글로 뛰어 읽든가 보다
>
> ④ 알심있는 춘향 모가 도련님 말 궁기를 열려 주는듸
>
> ⑤ 니가 무엇을 먹으랴느냐 당동지지루지허니 외 가지 당참외 먹으랴느냐
>
> ⑥ 춘향 어머니 나온다 허든일 밀쳐놔 상초머리 행자초마 모냥이가 없이 나온다
>
> ⑦ 태과한 맘 먹지 말고 여염을 시알려 지체도 너와 같고 인물도 너와 같은

413) 설성경, 「춘향가에 나타난 우리말의 아름다움」, 『문학 한글』 2호, 한글학회, 1992, 13쪽.

봉황 짝을 지어

⑧ 저러숩다 마부야 니 말이 좋다 말고 정마 손에다 힘을 주어 양 옆이 지우지 않게 마상을 우러러보며 고로 저었거라

⑨ 애구부야 숨은 돌이 종종 내문 돌에 걷잡히어 무삼에 실족 험로가 나니

⑩ 척척 바우여 하마포 이삼승 일읍 잡고 흔드난 듯

⑪ 육각 삼현을 떡궁 치니 장상 쏘매를 떠들어 매고 저정거리든 벽도가 왔느냐

⑫ 재촉 청령 사령들이 동동이 늘어서서 신도재초라 오즉 떠벌렷것나

⑬ 초 벌 두 벌 세 벌 맨 후 잠우라기 결실 되어 황황히 익은 후으 우걱지걱 걷어들여

⑭ 동냥은 못 주나마 박작조차 깨란 격으로

⑮ 뭇두두루미 춘향이 일희일비로 두 눈에 눈물이 듣거니 맺거니 대상을 뭇두두루미 바라보더니

이러한 사례 중에서, '새소 없고'는 인격이나 체신이 없고의 뜻으로 '체수 없고'라고도 한다. '쫄쫄이 문자'는 엉터리 글귀란 뜻이고, '선웃임'은 '선웃음'의 방언으로 남을 호리려고 짓는 웃음이다. '떨떠리고'는 '떨뜨리고'의 방언으로 '거드럭거리고'란 말이고, '노루글'은 '노루가 뛰듯이 뛰어 읽는 글'을 뜻한다. '알심있는'은 '실속 있고 눈치 있는'의 뜻이고, '당동 지지루지허니'는 '짤막뭉뚱하며 길쭉하게 생긴' 것을 뜻한다. '지지루지허니'는 길쭉하게 생긴 모양을, '상초머리'는 '헝클어진 머리'를 뜻한다. '시알려'는 '헤아려'의 방언이고, '저러숩다'는 '두려워하다'의 옛말인 '저어하다'에서 파생된 방언이다. '무삼에'는 물꼬'의 옛 말인 '무살미'의 와전으로 '가끔씩 울퉁불퉁한 돌이 불쑥불쑥 나타나서, 말을 탄 사람이 떨어져 물꼬에 가 빠질 만큼 길이 험하니'의 뜻으로 쓰이고 있다. '바우어'는 '피하다', '피하게 하다'의 방언이고, '저정거리던'은 '아장거리던'의 방언으로 춤추는 모습을 나타낸다. '동동이'는 열명씩 열명씩의 뜻이고, '잠우라기'는 '벼', '박작'은 '바가지'의 방언이다. '두두루미'

는 '물끄러미'란 뜻의 방언이다. 이처럼, 고유어나 지방어에 속하는 방언 어휘들이 적절하고도 빈번히 사용되고 있음이 신재효 사설의 개성이다.

또, 수식적 표현의 개성이 강하게 나타난다. 이러한 표현은 전통적 장식 표현에 일반적 표현의 수식법까지를 포괄한 것이다.

① 종지리새 열씨 까듯 쇠양쥐 씨나리 까듯 똑똑 까 바쳤구나

② 사람을 부르면 조용히 못 부르고 화젓가락 끝마디 떨듯 앙땅 떨어 부르는가

③ 먼 산 호랭이 지리산 넘듯 두께비 파리 차듯 중 목탁치듯 마파람에 게 눈 감추 듯 고수 북 치듯 후딱후딱

④ 만첩청산 늙은 범이 살진 암캐 물어다 놓고 이는 다 덥쑥 빠져 먹든 못하고 으르르르르르 어헝 넘노난듯

⑤ 황학의 날개 같은 쇄금당선

⑥ 따랑 따랑 따랑 따랑 따랑 따랑 따랑 따랑 춘향 문전 당도

⑦ 앞 내 버들은 청포장 두르고 뒷내 버들은 유록장 둘러 한 가지는 찢어지고 또 한 가지는 늘어져 춘비춘흥을 못 이기어 흔들흔들 너울거리고 춤을 출 제 외씨같은 늬 발 맵씨는 백운간으 해뜩 홍상자락은 펄렁 선웃임 빵긋 입속은 해뜩

⑧ 한 모퉁이 두 모퉁이 이 골목 저 골목 종용완보 차차전진 물 찾는 기러기 꽃 찾는 제비로다

이들 사례를 보면, 극적인 상황 묘사를 위해 다채로운 수사법들을 활용하고 있음을 알 수 있다. 특히, 구어체와 문어체의 교체와 반복, 생략과 부연 등의 방식을 구사하면서도, 행위와 동작 표현에 있어서 의태어를 다양하게 사용하는 것은 행위자의 움직임을 보다 구체적으로 드러내기 위한 것이다.

① 셔부렁 섭적 걸어

② 두루두루 거닐며

③ 바드드득 들어서

④ 아장아장 들어오더니

⑤ 우루루루 달려들어

⑥ 우루루루루 들어가더니

⑦ 수루루루루 떠들어가

⑧ 충 충 충충거리고 건너간다.

⑨ 뚜루루루루 낄룩 징검징검

위의 사례처럼 의성어, 의태어를 다양한 표현으로 사용하여 행동을 실감 있게 드러냄으로써 극적인 분위기를 높여준다.

① 건드러지고 맵수 있고 태도 고운 저 방자 새소 없고 팔랑거리고 우멍스런 저 방자 서황모 요지연에 편지 전턴 청조처럼 말 잘 하고 눈치 있는 영리한 저 방자 쇠털벙거지 궁초 갓끈 맵수 있게 달아 써 성천 통우주 접저고리 삼승 고의 육날 신에 수지 빌어 곱돌 매고 청창옷 앞 자락을 뒤로 잦혀 잡아 매고 한 발은 여기 놓고 또 한 발은 저기 놓고 충충 거리고 건너간다 장송 가지 뚝 꺽어 죽장 삼아서 자르르 끌어 이리저리 건너갈 제 조약돌 덥벅 집어 버들에 앉인 꾀꼬리 탁 쳐 후여어 날려보고 무수히 장난허다가[414]

② 가는 임을 바라보니 이만끔 보이다 저만끔 보이다가 달만끔 보이다 별만끔 보이다 나비만큼 보이다가 십오야 둥근 달이 떼구름 속으 잠긴듯이 아주 깜박 박석고개를 넘어서니[415]

③ 남대문 밖 썩 내달라 칠패 팔패 청패 배다리 애고개 얼른 넘어 동작강 월

---

414) 앞의 책, 35쪽.

415) 앞의 책, 49쪽.

강하야 과천에 중화허고 사그내 미륵댕이골 사그네를 지나야 상류천 하류천 대행교 떡전거리 오무 장터를 지나여 칠원 소사 광전 화란 모롱 공주 금강을 월강허여[416)]

④ 밟히는 게 음식이오 깨지는 게 화기로다 장고통이 요절하고 북통이 등 터지고 해금 줄이 끊어지고 젓대 밟혀 깨어지고 기생들은 비녀 잃고 화젓가락 찔렀으며 하노들은 벙거지 잃고 전골판을 쓰고 나며 취수는 나팔 잃고 주먹대고 뙤뙤하고 대포수는 총을 잃고 입으로만 텡텡한다(중략) 이마가 서로 다쳐 피가 쭉쭉 흐르는 놈 발등 밟혀 뒤처져서 애고 애고 우는 놈 아무 일도 없는 놈도 손 헤치며 급한 소리 공중 구경하는 놈도 우루루 달음박질(중략) 아주 발끈 뒤집힐 제 본관도 원 급하니 술주정이 간 데 없고 버선발로 달음박질 아상으로 들어가니 두 다리가 뻿뻿하여 앉을 수가 없었구나 행전 대님 풀고 보니 똥 섬이나 싸 놓았다[417)]

이러한 움직임의 표현에서 의성어와 의태어를 즐겨 사용하는 것은 소설 「춘향전」에서 나타나는 단순한 서술과는 달리 반복과 열거, 과장과 변형과 축약 등의 수사적 표현 기법을 복합적으로 활용하여 창자 연행에서 획득할 수 있는 향수자의 사실적인 언어에서 오는 정서적인 반응의 질을 높이고자 함에 있다. 이런 사설 개작가인 신재효의 의도는 감각적 표현을 통한 발자화들의 심리적 진정성을 높이고자 하 경우가 많다.

① 춘향이 부끄러워 옷고름을 꽉 잡으니 도령님이 개유하여 애 이게 웬 일이냐

② 신랑 신부 첫날밤에 옷고름이 떨어지면 좋잖다 하더라 벗자 벗자 어서 벗자 중동에서 야단났다 상하의복 훨썩 벗어 이불 속에 안아 뉘고 촉대의 불

416) 앞의 책, 50쪽.

417) 신재효의 「남창 춘향가」.

끈 후에 도령님이 훨훨 벗고 꼭 끼고 드러누워 속옷을 벗기려니 춘향이가 두 손으로 속옷 끈을 꽉 잡고서 양반 행세 안 되겠소 염치없이 첫날밤에 속옷조차 벗기려네

③ 애야 이 판 되어 양반이 왜 있으며 염치가 왜 있으리 두 손을 한 데 쥐고 속옷 끈을 끌러내어 두 발로 미적미적 속옷 벗겨 밀친 후에

④ 알몸으로 둘이 누워 온갖 장난 다 한 후에 웬 좋은 그 노릇이 몇 번이나 되었던지[418)]

⑤ 요샛년들 우스더구 열 다섯 안팎 되면 젖통이가 똥또도름 장기 궁짝 되어 가고 궁둥이가 너부데데 소쿠리 엎어 논 듯 복숭아꽃 벌어지면 머리 긁고 딴 화 내고 잔대기에 속잎 나면 먼 산 보고 선하품 동네 고샅 개 짖으면 울구멍으로 내다보고 뒷동산 두견 울면 한숨 짓고 잠 안자기 우리 집 딸아기도 요새 아마 암내났지[419)]

⑥ 한 못통이 두 못통이 니 골목 져 골목 종용완보 차차젼진 물 찻는 기력이요 솟찻는 나부로다[420)]

⑦ 정신이 캄캄 가슴이 답답 퇴육에 쥐가 나고 눈동자는 봇짐싸고 콧구멍이 빽빽 어깨로만 헐떡헐떡 송아지 같이 엄매 하고 자빠지니

이러한 사례들은 시점의 자유로운 이동을 가능하게 함으로써 극적인 분위기를 만들 뿐만 아니라 때로는 사실적으로 때로는 낭만적 방법으로 생동감을 자아내게 해준다. 곧, 이러한 시점의 자유로운 변화는 화자가 상황에 따라 서술자, 감상자, 작중 인물을 두루 포괄하므로, 한 사람이 여러 배역의 기능을 감당해야 하는 판소리의 기본 원리에서 유래한 것이다. ⑤와 같은 표현

418) 「남창 춘향가」.

419) 「동창 춘향가」.

420) 신재효, 「남창 춘향가」.

은 월매가 사춘기에 접어든 춘향의 행동을 표현한 것이다. '젖통이가 똥또도름', '궁둥이가 너부데데'의 감각적인 모양 표현이 주는 발랄성과 '장기 궁짝', '소쿠리 엎어 논 듯'의 대응적 비유에 사용된 언어는 수사적인 차원에서의 아름다움 이상이라 할 수 있는 정감이 짙게 실린 세련된 형상어이다. ⑥에서는 '한 못통이 두 못통이 니 골목 져 골목'으로 대조 반복을 한 다음, 다시 한자어인 '종용완보', '차차전진'을 사용하여 조용히 나아감을 보여준다. ⑦의 본문은 춘향이 그네를 뛰고 있는 모양을 본 도령의 심신을 표현한 것이다. 여기에서는 '정신이 캄캄', 가슴이 답답을 통한 반복적 열거에 '눈동자에 봇짐을 싸고'와 같은 감각적인 비유를 덧보탬으써 달아오르는 도령의 심리를 행위 묘사로 대체시키고 있다.

또, 열거와 교체의 방식을 통해 수준 높은 정제미를 지닌 수사적 표현을 구사하고 있다.

㉠ 봉숭아꽃	벌어지면	머리 긁고	딴 화 내고
㉡ 잔대기에	속잎 나면	먼산 보고	선하품
㉢ 동내 고샅	개 짖으면	울 구멍으로	내다보고
㉣ 뒷동산	두견 울면	한숨 짓고	잠 안자기

위에서 보면, 종결어미의 사용에 있어 ㉠과 ㉡, ㉢과 ㉣간의 변화를 통해 유사성의 반복과 그 제한적 변형이라는 형식적인 측면에서의 짝을 보여준다. 또 그 내용에 있어서도 '복숭아꽃'과 '속잎', '동내 고샅'과 '뒷 동산', '개 짖으면'과 '두견 울면' 등을 통해 정태적인 상황과 동태적인 상황의 대응을 세련되게 엮어내어 표현의 아름다움을 자아내고 있다. 이러한 창의적 표현 방식을 근거로 하여, 자기 딸이 봄바람이 났음을 '요새 아마 암내냈지'라는 우회적 표현으로 그 감칠맛 넘치는 표현미를 살려내고 있다.

① 아비없는 무남독녀 너 하나 뿐이기로 진 자리에 내가 눕고 마른 자리 너를 뉘어 배 고플가 추워할가 다칠세라 병날세라 손톱으로 뛴일 없고 가시 아니 긁혔으니 딸 낳으면 농와문자 나에게는 부당이라

위에 제시된 ①은 월매가 눈물을 씻으며 춘향의 손을 잡고 사정하는 대목으로 율문의 성격이 짙게 나타난다. 탄식조의 사정은 자신과 딸의 관계를 중심으로 자신의 내력, 처지와 딸의 현실적 상황을 변화 속의 규칙성을 가지고 속 마음의 깊은 정감을 드러낸다. 외딸을 키워오며 부풀어 올렸던 꿈은 사라지고 생에의 미련을 스스로 포기할 수밖에 없는 한계 상황에까지 도달한 극한의 상황에서 자신이 먼저 죽어 딸이 한을 품고 죽는 그 비극적 모습을 보게 되는 처절함만이라도 면해 보려는 것이다. 이러한 절박한 감정을 비유, 열거, 반복을 섞어가며 점진적으로 상승시켜 나가는 기법은 판소리 특유의 정감 표출법으로 우리말의 세련미를 보여준다.

② 두 눈에 끼인 눈곱 목화씨 뿐이 나고, 온 낯은 푸른 심줄 박 덩굴 뻗어난 듯, 콧구멍에 긴 터럭이 뱀 혀 나오듯이 웃 입술을 거의 덮고, 송곳 모자 둘레 넓은 갓 작은 낯을 무릅쓰고, 그 중에 조 빼노라 갓 끈은 턱 풀어서 두 손에 가잡고, 먹적골 흑다리목 노생원님 걸음으로[421]

③ 점심을 먹자 하니 침체국에 목이 멘다. 도적하다 잡혔는지 가슴은 우둔우둔, 약주 과히 먹었는지 정신은 어질어질, 두팔에 맥이 없고 두 다리 힘이 없어 이마에는 식은 땀과 입으로는 선 아이 염참것 맛을 못보아서 노점을 잡는구나.[422]

421) 신재효의 「동창 춘향가」.

422) 신재효의 「동창 춘향가」.

윗 ②의 표현은 이도령의 선생인 박생원의 모습을 우습게 표현하여, 골계미를 높이려는 표현이다. 특히 '눈곱'과 '심줄'을 각기 '목화씨 뽄'과 '뻗어난 박 덩쿨'에 비유한 것과 '콧구멍의 긴 털'이 '뱀 혀가 나오듯'으로 비유한 것은 사실감을 보여준다.

③은 이도령이 춘향을 보낸 후에 책실로 돌아와서 춘향 생각에 넋을 잃고 있는 상태를 묘사한 율문적의 특성의 수용 사례에 속한다.

㉠ 도적하다　　잡혔는지　　가슴은 우둔우둔
㉡ 약주 과히　　먹었는지　　정신은 어질어질
㉢ 두 팔에　　맥이 없고
㉣ 두 다리에　　힘이 없어
㉤ 이마에는　　식은 땀과
㉥ 입으로는　　선아이 염참것 맛을 못보아서 점을 잡는구나

위의 예처럼, ㉠, ㉡은 넉자 4음보 율격을 유지하다가 ㉢, ㉣에 와서는 석자와 넉자에 근거한 2음보 율격으로 변형을 보이고, ㉤과 ㉥에 와서는 아예 대응성을 피하고 ㉤은 넉자 2음보를, ㉥은 율문을 벗어난 단순 서술로 진행된다. 이처럼 형식을 갖춘 듯 하면서도 탄력성 있는 예외성을 강화시키고, 형식이 없는 듯하면서도 제한적인 규식성에서 생동감과 발랄성을 보여준다.

④ 맵씨 있게 생긴 아이 태도 있게 생긴 아이 귀염 있게 생긴 아이 훨씬 벗게 생긴 아이 눈물나게 생긴 아이 정신 놓게 생긴 아이 장장채승 그넷줄을 휘어진 벽도가지 휘휘 친친 감아매고 선뜻 올라 발 구를 제 한번 굴러 앞이 높고 두번 굴러 뒤가 높아 앞뒤 점점 절로 높아 회회약마고수제 오락가락

노는 거동[423)]

위의 ④의 사례는 꽃이 화려하게 피어 있는 숲 속에서 그네를 뛰고 있는 춘향의 모습을 표현한 대목이다. 재치있는 반복과 열거로 점층의 기법이 지닌 표현 효과를 제대로 살려내고 있다.

㉠ 맵씨 있게 생긴 아이
㉡ 태도 있게 생긴 아이
㉢ 귀염 있게 생긴 아이
㉣ 훨씬 벗게 생긴 아이
㉤ 눈물나게 생긴 아이
㉥ 정신 놓게 생긴 아이

이처럼 그네를 뛰러 나온 춘향의 형용 묘사에서도 독특한 표현미를 찾아볼 수 있다. '맵씨 있게', '태도 있게' 등의 6차의 열거와 '생긴 아이'의 6차의 반복을 통해 점층적으로 자아내는 춘향의 빼어난 아름다움의 형상을 전제로 한 다음에 그네 뛰는 모습을 제시하고 있다. 이러한 분위기 위에서 형상되는 춘향의 그네뛰기 모습이기에 그 모습은 하늘로 날아오르는 선녀의 아름다움에 비견될 수 있는 것이다. 이도령의 눈에 비친 춘향의 모습은 외양에서부터 내면적인 미적 자질을 발하는 것으로, 더 나아가 성적 대상으로서 인식하는 데에까지 점진적인 심리 변화를 가져온다.

⑤ 장장채승 그넷줄을 휘어진 벽도가지 휘휘 친친 감아매고 선뜻 올라 발 구를 제 한번 굴러 앞이 높고 두번 굴러 뒤가 높아 앞뒤 점점 절로 높아 회회

---

423) 신재효의 「동창 춘향가」.

약마고수제 오락가락 노는 거동 ᄉᆞ람 창ᄌᆞ 다 녹인다 진루 농옥 봉을 타고 옥경으로 올의난듯 무산신녀 굴음되여 양ᄃᆡ상의 ᄂᆡ리난듯 그 얼골 그 태도난 셰상인물 안이로다[424)]

그네 뛰는 모습을 하늘로 날아오르는 선녀의 아름다움에 비유한다. 구어체와 문어체의 대응을 통한 표현의 개성적 기법을 보여주고 있다. 그네를 뛰는 중에 위로 날아오르는 모습에서 절정에 이르기까지 변화를 지속시키고 있다. 곧, 단순 열거에 의한 반복을, 변형 열거에 의한 반복과 교체를 각기 보여준다. 이 중에서도 맨끝서는 우리말로 표현하던 앞의 표현들에 대응되는 한문구를 가져와 '높은 나무 가지런히 선 사이를 휘감아 돌며 뛰는 말'에 비유하는 압축된 의미를 통해 춘향의 우아한 비상의 모습을 형상시킨다. '한번 굴러 앞이 높고', '두번 굴러 뒤가 높아', '앞뒤 점점 절로 높아', '회회약마고수제'처럼 춘향이 그네를 뛰는 중에 위로 날아오르는 모습을 거듭 변화시켜 열거하고 있다. 단순 열거에 의한 반복에서, 변형 열거에 의한 반복과 교체로 전환된다.

⑥ 난ᄃᆡ 업ᄂᆞᆫ 일륜명월 록운간에 오락가락 정신을 졔우 수습ᄒᆞ고 유심이 다시 보니 명월은 미인이요 록운은 록음이라 츌몰고져 오락가락 추천ᄒᆞᄂᆞᆫ 거동이라 심즁에 의혹부졍 보고보고 또 보와도 ᄉᆞ름은 ᄉᆞ름이ᄂᆞ 분명ᄒᆞᆫ 선녀로다 봉을 타고 올라가니 진루의 농옥인가 구름타고 나려오니 양ᄃᆡ의 무ᄉᆞᆫ신녀 엇디 보면 훨신 멀고 얼넌 보면 곳 가ᄶᅡ와 드러갓다 나오ᄂᆞᆫ 양 잉쳑금ᄉᆞ직류ᄉᆞ요 올나갓다 나리ᄂᆞᆫ 양 앵츅비화낙무연[425)]

424) 신재효의「동창 춘향가」.

425) 신재효의「남창 춘향가」.

여기서 나타나는 수사적 기법은 다음과 같은 독특한 반복을 보여준다.

난데없는 일륜明月 綠雲간에 오락가락 정신을 겨우 수습하고 유심히 다시 보
　　니 明月은 미인이요
　　綠雲은 綠隂이라 출몰고저 오락가락 추천하는 거동이라
심중에 의혹불정 보고 보고 또
　　　　　보아도
　　사람은
　　사람이나 분명한 仙女로다
봉을 타고 올라가니 진루의 弄玉인가
구름 타고 내려오니 양대의 巫山仙女 어찌 보면 훨씬 멀고 얼른 보면 곧 가까
와 들어갔다
　　나오는 양은　鶯擲金梭織柳絲요
　　올라갔다
　　내리는 양　　燕蹴飛花落舞筵이라

여기서는 춘향을 처음 본 순간 그녀의 아름다움에 압도되어 눈앞이 깜깜해지는 경험을 하고, 그러한 심리적 충격 가운데에서 춘향의 아름다움만이 어두운 밤중의 환한 달처럼 시각상으로 부각되는 절대미의 목도 순간을, 일륜 명월이 녹운간에 드러난 것으로 표현하고 있다. 정신을 수습한 가운데 다시 바라본 춘향의 모습은 달이 아니라 미인인 것으로 인식되고, 달을 감싸고 있는 녹운이라 생각했던 것이 실상은 녹음 우거진 숲임을 알게 된다. 달의 출몰로 생각되는 것은 오락가락 하는 추천의 형체였음을 인식하지만, 마음 속으로는 아직까지 정확한 판단을 내리지 못하여 '눈을 의심한다'고 하여 시각을 통해 판단이 명료해 질 때까지 추천하는 춘향의 모습을 인식하는 과정을 '보고 보고 또 보는' 것으로 표현하였다.

8-3. 조경남의 「춘향전」 창작의 목적과 성리소설의 지향

(1) 주제는 불의에 맞서는 의리정신과 춘향과 이도령의 도심에 근거한 사랑

「춘향전」의 주제에 대한 선행 연구의 결론은 「춘향전」의 주제를 단일한 주제로 보려는 견해와 이원적 주제로 보려는 견해로 구분된다. 전자는 애정이나 열의 윤리를 내세우는 경우가 일반적이다. 특히 애정의 문제는 순수한 사랑, 신분상승의 의도를 지닌 세속적 애정 에서 순수한 사랑으로의 변모 등으로 결론을 내리고 있다. 후자는 다원적 주제를 추구하는 경우로 표면적 주제와 이면적 주제로의 이원화와 다층적 의미의 주제로 이해함이 대표적인 경우이다. 조동일에 의한 표면적 주제와 이면적 주제로의 인식방법은 표면적 주제로서의 열녀와, 이면적 주제로서의 인간적 해방이 공존함으로 보고, 신분적 제약과 인간적 해방의 갈등이 신분적 제약을 벗어나 인간적 해방을 이룰 것을 고취한 것으로 보고 있다.

한편 필자는 이원적 주제설을 제기하였는데, 「춘향전」의 주제는 보편적이고 추상적인 춘향전이 제시하는 보편적 주제와 구체적인 이류본이나 그 하위의 이본인 이종본의 개별성에 의한, 개별적 주제라는 다원적 인식이 요구된다는 것이다.

춘향의 신분은 이종본에 따라 맹인의 벗인 하천한 인물의 딸로 나타나기도 하고, 지방관리인 성천총의 서녀로 나타나기도 하고,양반인 성참판의 서녀로 나타나기도 한다. 이러한 신분의 변이는 춘향이 지닌 사회적 계층의 변화에 호응되는 행위의 변화를 가져옴으로써, 작품의 전개에 상당한 영향을 미치게 된다. 특히, 「춘향전」의 갈등이 기생인 춘향과 기생 아닌 춘향의 갈등이 중심이 되고, 여기에서 「춘향전」의 주제가 표면적 주제와 이면적 주제로 형상된다면 이러한 신분의 구체적 실상은 더욱 구체적으로 분석되어야 한다. 이 보다는 더 피상적 변화이지만, 제목에 있어서도 「춘향전」, 「별춘향전」, 「열녀춘향수절가」, 「옥중화」, 「대춘향전」, 「방자전」, 「탈선춘향전」, 「박색춘향전」 등으로 변이되고, 춘향의 성도, 성을 알 수 없는 춘향으로부터 김춘향, 성춘향, 서춘향 등으로 변이됨은 이러한 사실을 반영해 주는 구체적 증거가 된다. 이처럼 「춘향전」의 개별적 주제는 보편적 주제와 상보적 관계에 있으면서, 보편적 주제를 이루는 사랑, 상승욕구, 탈계층의식 등의 제 요소간의 관계구조를 변형시킴으로써 어떤 작품은 사랑이 중심구조를 이루고, 또 어떤 작품은 상승욕구나 계층의식이 중심구조를 이룰 수 있게 되는 것이다.[426)]

「춘향전」의 연수사에서 관심을 끌러온 주제를 둘러싼 해석의 대립도 그 실상은 텍스트에 대해 엄밀하면서도 객관적인 자세로 접근하지 않았기 때문에 비롯된 경우가 많다.[427)] 「원춘향전」의 생각 지도가 제대로 그려지려면, 모든 「춘향전」이 정밀하게 분석되어야 한다. 그러나 이본이 매우 한정적 이어서, 「춘향전」의 구성 양상이 정밀하게 파악되지 못했다.[428)]

김태준부터 80년대까지의 「춘향전」 주제 연구를 정리한 바 있다.[429)] 주제 파악의 방법을 일원적 주제론과 다원적 주제론으로 나누고, 일원적 주제론에는 춘향의 정절, 신분이 다른 남녀 간의 애정, 서민적 저항 등이 있다고 정리했다. 다원적 주제론은 일원적 주제론의 요소들을 복합적으로 고려한다고 보았다.[430)]

---

426) 설성경, 「춘향전」, 시인사, 1986, 20~22쪽.

427) 주제적 해석을 둘러싼 대립에 대해서는 2장에서 상론할 것이다.

428) 본고에서 주요 분석 대상으로 삼은 이본은 〈남원고사〉 〈동양문고본〉 〈동경대본〉 〈도남본〉 〈경판 35장본〉 〈남창 춘향가〉(이하 〈남창〉) 〈동창 춘향가〉(이하 〈동창〉) 〈장자백창본〉 〈이명선본〉 〈완판 84장본〉 〈옥중화〉 〈홍윤표본〉 〈경판 30장본〉 〈완판 33장본〉 〈완판 26장본〉 등이다.

429) 정하영, 「춘향전의 주제」, 『한국문학사의 쟁점』, 집문당, 1990.

430) 윤용식, 「춘향전-〈남원고사〉본을 중심으로」, 김진세 편, 『한국고전소설작품론』, 집문당,

논쟁적인 부분은 「춘향전」의 주제가 '애정 · 사랑'인가, 아니면 '저항 · 항거'인가의 문제다. 저항 · 항거라는 주장은 1930년대의 대표적인 성과인 김태준의 「춘향전의 현대적 해석」에서 역사주의적, 특히 사회주의적 관점에서 접근한 결과였다. 그는 「춘향전」이 '민중의 유순과 굴종을 강요'하던 작품에서 시작되었다고 파악하였다. 그러나 신재효 같은 전문 광대들의 손을 거치면서 '특권층의 생활의 폭로와 그에 대한 반항의 구호를 제한 없이 담아서, 도리어 역선적의 기염을 토하는 도구'가 되었으며 더 나아가 '신흥계급의 승리를 대변' 하게 되었다고 판단하였다.[431] 이러한 김태준의 해석은 오늘날의 관점에서 보기에 그 방법론적인 측면에서 완판 84장본 「열녀춘향수절가」를 가장 오래된 이본으로 연구의 대본[432]으로 삼은 데서 오는 결과였다. 그런데 김태준이 민중들의 각성과 지배층에 대한 비판 의식으로 해석한 화소들인 민중들의 변학도의 공사를 사망, 즉 내 가지 패망 요인이라고 비판하는 내용이나 민간 소요를 기획하기 위해 사발통문을 돌리는 화소 등은 완판 84장본 「열녀춘향수절가」에는 없다. 이는 「고본 춘향전」이나 「옥중화」 등에 있는 특정 화

1990.

431) 김태준, 「증보 조선소설사」(1939), 박희병 교주, 『교주 증보조선소설사』, 한길사, 1990. 201~202쪽. 김태준의 「춘향전의 현대적 해석」은 1935년 1월 1일부터 8일까지 『동아일보』에 연재되었다가 「증보 조선소설사」의 한 장으로 수용되었다. 「증보 조선소설사」는 「춘향전의 현대적 해석」에서 '춘향전 저작시대의 사회계급'이라는 한 절을 생략하고 몇몇 문헌에 고증을 보강한 것으로 본고에서는 「증보 조선소설사」의 인용으로 대신한다.

432) 여기서 한 가지 지적해 두어야 할 점은 김태준이 춘향전의 연구 대본을 선정하는 데 있어서 변화를 보이고 있다는 점이다. 김태준은 1934년에 『조선문학전집-소설집(1)』(신명균 편, 김태준 교열, 중앙인서관)를 발간하면서, 「고본 춘향전」을 실은 바 있다. 다음 해인 1935년에 『동아일보』(1.1-8일자)에 「춘향전의 현대적 해석」을 연재할 때에도 최남선의 『고본 춘향전』을 그 대본으로 한다고 밝히고 있다. 그러다가 1938년에 학예사에서 『원본 춘향전』을 출판할 때에는 〈완판 84장본〉 중 완서계서포본을 활자화하여 출판하였고, 이 책의 해제로 「춘향전의 현대적 해석」을 다시 실었다. 이 때에는 연구의 주 대본을 〈완판 84장본〉으로 바꾸었으며, 이 내용이 『증보 조선소설사』로 흡수된다.

소를 「춘향전」 전체의 의미로 일반화시킨 것으로, 논리의 비약이 있지만, 탈봉건적 성격에 대한 주목은 긍정적 기여를 하였다.

「춘향전」의 주제를 저항 · 항거로 파악한 연구 중에서, 조동일은 「갈등에서 본 춘향전의 주제」[433]에서, 춘향전 전체의 갈등 구조가 '기생 춘향'과 '기생 아닌 춘향'의 갈등에서 비롯된다고 보며, 이것은 당대의 사회적 갈등을 반영하는 것으로 파악한다. 이러한 갈등의 발전과 해결의 과정에서 춘향전의 주제는 찾아질 수 있는데, 그것을 '인간적 해방'으로 정리한다. 「춘향전」에서 변하지 않는 또 다른 의미인 '열녀의 교훈'은 표면적 주제이며, 이면적 주제인 '인간적 해방'이 보다 우월한 주제로 파악되어야 한다고 주장한다. 조동일의 논의는 판소리계 소설이 지닌 다성적 의미에 대한 이해를 돕고 있다는 점에서 의의가 있다. 또한 계층을 초월한 「춘향전」 향유층의 문제를 설명할 수 있는 단초를 제공한다. 그러나 이미 이상택이나 박희병이 지적한 것처럼 서로 다른, 때로는 모순적이기까지 한 의미들이 한 텍스트내에서 양립할 수 있을지는 의심스럽다.[434] 이는 판소리의 부분의 독자성을 지나치게 강조한 나머지 한 텍스트가 지닌 통일적 의미 체계를 간과했다는 혐의를 피하기 어렵다.

「춘향전」의 주제를 애정 · 사랑으로 파악한 황패강은 「춘향전 연구」[435]에서 다음과 같은 방법론을 통하여 작품에 접근한다. 유기적으로 통합된 작품은 사회적 메시지와 내면적 메시지를 함께 보낸다고 전제한다. 사회적 메시지는 표층적 의미가 되며, 내면적 메시지는 심층적 의미가 된다. 「춘향전」의 기본적 대립구조는 이도령과 춘향의 대립이며, 변학도는 춘향과 이몽룡의 기본적 대립관계에 간섭함으로써, 대립 해소의 역동적 작용을 하고 있는 인물

433) 조동일, 「갈등에서 본 춘향전의 주제」, 『계명논총』 6, 계명대, 1969.

434) 이상택, 「고대소설의 사회와 인간」, 『한국사상대계』 Ⅰ, 성균관대 대동문화연구원, 1973.
박희병, 「판소리에 나타난 현실인식」, 『한국문학사의 쟁점』, 집문당, 1986.

435) 황패강, 「춘향전 연구」, 한국고소설학회편, 『춘향전의 종합적 고찰』, 1991.

이라고 설명한다. 따라서 「춘향전」에서 계급적 대립 내지 신분적 반항의 요소는 심층적 의미 추구를 위한 표면적 장치일 뿐이다. 「춘향전」의 심층적 의미는 이도령과 춘향의 대립과 화해이며, 방해받은 사랑의 절대적 실현이 작품의 주제가 된다고 보았다. 황패강은 작품이 지니는 역사적 · 사회적 의미를 부정하지 않지만, 작품이 지닌 의미를 작품의 내적 구조에서 살펴야 한다는 논지를 전개하고 있다. 방법론적인 측면, 즉 작품이 서로 다른 의미를 전달할 수 있는 가능성을 내포하고 있다는 점을 인정한 측면에서는 조동일과 같은 관점을 보여준다. 그러나 기본적인 스토리 라인을 형성하는 '이도령과 춘향의 연애 과정'을 작품의 심층적 의미로 파악하여 조동일과는 다른 결론에 도달하고 있다.

황패강의 논의는 김태준 이후 지속되어 오면서, 다소 과도한 이념적 해석을 작품에 부과하던 종래의 경향을 논리적인 방법론을 통해 극복해 보고자 한 시도였다고 할 수 있다. 작품 내적인 측면을 부각시켜 춘향전 텍스트 내적 구성에서 주제를 찾고자 한 점은 평가받아 마땅하다. 그러나 쉽게 수긍하기 어려운 점이 있다. 황패강은 「춘향전」을 시종 봉건적인 작품이라고 전제하였다. 춘향의 항거의 논리가 유교적 이념을 바탕으로 했으며, 현실비판은 일부 위정자에 국한된 것으로 근대적 의미를 부여하기는 어렵다는 것이다. 그러나 춘향의 항거의 논리를 단순히 유교적 이념의 고수로만 파악할 수 있을지는 의문이다. 또한 춘향과 이도령의 애정의 성취 과정이 지니는 의미, 인물이 지닌 전형성 등을 지나치게 협소화시킨 것이 아닌가 한다. 황패강과 같은 방법론적 접근은 아니지만, 「춘향전」의 핵심적인 의미를 애정 · 사랑으로 보는 견해는 이후 몇몇 연구자들의 동의를 얻는다.[436)]

「춘향전」의 주제에 대하여는 저항이나 사랑, 혹은 그 둘의 종합이라는 견

---

436) 윤용식, 앞의 논문. 임성래, 「춘향전의 구성과 주제」, 『열상고전연구』 4, 열상고전연구회, 1991.

해와, 열(烈)과 인간 해방이라는 두 주제가 표리를 이룬다는 견해가 있다. 실제 작품은 판소리 광대의 창본인 「춘향가」와 소설책으로 정착된 「춘향전」의 두 형태로 전한다. 현재까지 90여 종보다 많은 이본들이 확인되었다. 이 작품군 전부를 편의상 「춘향전」이라고 부른다. 「춘향전」은 신재효의 사설 개작 이후 주제 및 표현이 양반층 취향에 맞게 변모했다고 하지만, 주제사상은 이본들 사이에 그리 차이가 없다. 「춘향전」의 갈등구조는 춘향이 주체이고, 춘향 · 이도령 · 변학도가 삼각구도를 이룬다는 점이 특이하다. 이본에 따른 조금씩 다르기는 하지만, 춘향은 기생, 이도령은 책방도령, 변학도는 수령으로 설정되어 있다. 이도령과 춘향의 결연담은 예교의 구속에서 벗어나 자유로이 연애하고자 하는 청춘남녀의 갈망을 담고 있다. 그 소재는 중국소설이나 희곡의 기녀인 연애담과 유사하다. 하지만 그 소설 구조가 중국문학으로부터 영향을 받아 나왔다고는 할 수 없다. 사랑은 인간의 감정 가운데서 가장 사회적인 것으로서, 사랑 속에 역사 발전의 특성이 완전하게 나타나기 마련이다. 「춘향전」은 우리 역사의 특정 시대를 배경으로 생성되었다. 중국 작품들은 기녀의 지향의식을 주제로 하면서도, 기녀가 지배계급의 가치관을 수용하여 열녀가 됨으로써만 행복할 수 있다고 보는 소극적인 의식을 담아내었다.[437)]

「춘향전」은 춘향과 몽룡의 사랑과 춘향의 정절로, 신분을 초월한 사랑과 여인의 정절을 제재로 삼은 작품이다. 주제는 이 외에도 신분을 초월한 사랑, 고진감래, 흥진비래, 불의에의 항거, 인간 평등, 인간 해방 정신, 계급 철폐 등 복합적이고 다층적이다. 특히, 주제의 저항성으로, 당시는 봉건 시대의 엄격한 사회 계급 제도에 얽매였던 시대임에도 불구하고, 계급을 초월한 자유연애 사상의 고취와 인권 평등을 주제로 부각 시킨 명작이다. 등장인물들의 성격이 전형적으로 살아 있음이 특징이다. 춘향은 사랑에 대하여 적극

---

437) 심경호, 『고전다시읽기』, 춘향의 '말'의 마력, 2006.

적이며 순순한 의지를 보이는 인물이고, 이몽룡은 위엄을 갖춘 대장부로서 신분의 귀천을 떠나 순수한 사랑으로 인간을 동등하게 대하는 인물이다, 변학도는 부패관료의 전형으로 탐관오리이며, 조선사회의 위정자의 부패상을 나타낸 인물, 방자는 예속형이지만, 상전을 풍자하고 야유하는 인물, 향단은 따뜻한 인정과 순수한 마음을 지닌 인물, 월매는 현실적이고 이기적이며 타산적인 인물, 운봉영장은 눈치 빠르고 학식이 높은 하급관리로서의 특성을 보여주고 있다.[438] 이러한 등장인물들은 한국의 향토성 짙은 정서를 바탕으로 하고 있다.

또, 「춘향전」은 주인공들이 성리학적 윤리 이념이 통하는 사회로 개혁하려는 논리를 담았는지의 여부와 함께, 그들의 언행에 당대 현실이 얼마나 잘 투영되었는지를 판단해 보아도 「춘향전」에는 통념을 훨씬 능가하는 행동, 즉 사또의 수청 거부라는 아젠다 수준의 큰 주제가 있다. 즉, 수령이 기생을 포함한 고을 노비와 동침하는 것은 불법이므로, 춘향이 거절할 명분이 존재했다고 보는 것이다. 이는 기생 춘향 이상의 천민의 충 · 효 · 열을 표창한 상식 수준을 넘어서는 법률 집행이며, 이렇듯 「춘향전」에서 다루고 있는 이상적이고 이념적인 춘향의 정조 지키기는 새 시대를 지향하는 새로운 정조의 개념이지, 낡은 윤리 수준에서의 정조 지키기의 개념은 아니다.

변부사에 비하여 이미 사랑의 결실을 약속한 춘향의 정절과 수절은 철저히 자기 주도하에 전개된 행동이며, 이도령을 사랑하는 인격적 존재로서의 자주성에 기반한 것이다. 금전과 성적 쾌락으로 회유하는 변부사를 단호히 거부한 것은 이러한 실제적인 사례이다. 거창하게 시대 변혁을 바라지는 않지만, 권력자에게 저항하는 모습을 보여주고, '사랑'과 '저항'이라는 코드가 독자를 열광케 한다. 그래서 평자에 따라서는 「춘향전」에서 직접 표출된 이념과 논리는 조선시대 통치 질서를 벗어나지 않는다"고 하면서도 "춘향전은

438) 문흥구, 「문학교육의 현장론적 방안 연구」, 성신여대대학원 박사논문, 1999.

춘향을 비롯한 민중이 영위하는 삶의 현장을 통해 '논리'가 아닌 '장면'으로 조선 체제의 종말을 고했다"고 평가한다.[439)]

「춘향전」 속의 변학도는 이몽룡과 춘향의 사랑에 대한 방해자로서 작품의 주요 갈등을 일으키는 역할을 담당하는 미적 기능을 지닌 인물이다. 그는 당시의 부패관료의 전형으로서, 권력을 이용하여 사리사욕을 채우려는 과정에서 춘향에게 수청을 요구하는 인물이다. 춘향은 끝까지 이를 거부하고, 이런 반응에 대해 그는 잔인하고 혹독한 고문을 가한다. 그는 명예를 존중하고 체면을 중시하는 전형적인 관료로 잔인하고 이기적인 이면을 지닌 이중인격자로 볼 수 있다. 요컨대, 강자에게 약하고, 약자에게 강한 변학도는 부패관장으로 낙인이 찍혀, 봉고 파직되는 과정에서 허세성을 노출한, 조선사회의 위정자의 부패성을 나타낸다.

완판 84장본 「열녀춘향수절가」를 기본 텍스트로 보면, 작품 안에서 두 가지의 성향이 상호경쟁함을 발견할 수 있다. 이 두 가지 경향은 각각 추구하는 감동이 다르다.

춘향의 성향은 기생으로서의 속성과 열녀로서의 속성이라는 양면성, 즉 상반된 성향이 하나의 성향으로 융합되어 나타난다. 하나는 '육감적이며 현실적인 감동'의 추구이고, 또 다른 하나는 '이념적이고 이상적인 감동'의 추구이다. 이 두 가지 성향은, 처음 산서조경남이 「춘향전」을 썼을 때부터 이미 마련되어 있었던 것으로 보인다. 다만 '육감적이며 현실적인 감동'은 간략하게 서술하여 작품의 이면에 잠재하도록 하고, 이념적이고 이상적인 감동을 가장 주된 주제로 형상하였던 것으로 보인다.

이러한 초기 「춘향전」의 구조는 「춘향전」이 긴 세월을 지나오는 동안에도 주제와 의미가 강력한 추동력을 갖고 있는 것과, 또 한편으로는 광대들의 개입이 비교적 용이한 국민문학적 확대가능성을 처음부터 가지고 있었다는 것

---

439) 오수창, 『춘향전』, 〈역사학자의 토론과 해석〉, 그물, 2020.

을 알 수 있다. 즉, 강력한 추동력은 「춘향전」의 목적 의식과 성향이 '이념적이고 이상적인 감동' 에 튼튼하게 기반하고 있음을 말해준다. 이러한 이념적이고 이상주의적인 감동력은, 식자층은 물론 상하의 모든 계층에 두루 주제적인 아름다움으로 확산 되었을 것이고, 이러한 대중적 확산은 상업적 차원에서 소리예술을 추구하는 광대들을 자극하였을 것이다.

「춘향전」이 본래 가지고 있었던 잠재된 애정탐닉은 양반사대부의 교양적 기휘였던 탓에 오히려 당시 하급 계층이었던 광대들의 발랄한 대중적 정서와 상업적 흥미추구라는 요소가 적극적으로 개입될 수 있는 여지를 제공해 주었다. 이러한 「춘향전」의 대중적 확산과 확대는 사랑을 후반 스토리의 부수적 속성으로 다룬 「원춘향전」이 변화와 혁신 속에서도 그 생명력을 유지해 온 것으로 본다.

「춘향전」의 주제는 크게는 전통 주제와 주제의 패러디화로 나타난다. 또 전통적 주제 또한 사랑의 주제를 주축으로 삼기도 하고, 저항의 주제를 주축으로 삼기도 하며, 이들 간의 적절한 조화에 의한 중용의 길을 추구하기도 한다.

춘향의 지조는 조선조 선비정신의 여성적 표현에 해당한다. 그러면서도 춘향은 우리를 닮은 여인이다. 우리의 가장 깊은 내면에 닿아있는 여인이다. "오늘날 현대인의 입장으로 보았을 때, 춘향은 봉건적인 논리에 맹종하는 무기력한 여성이 아니요, 남성을 음탕하게 호리는 탕녀도 아니요, 더구나 사회개혁을 꿈꾸는 신여성의 이미지도 아니다. 춘향은 오늘날 한 사람의 인간으로서 스스로의 권리를 주장하고 어쩔 수 없는 애정에 스스로를 불사른 진지한 여성으로 되살아나고 있다."[440]

「춘향전」이 가진 흥과 한의 정서적이고 극적인 기복에 따라 반응하고 형상되는 정감의 아름다움은, 주제의 기저에 있거나, 주제에 얹혀서 주제의 감동

---

440) 정병욱, 「춘향전이란 어떤 것인가」, 재출간 『한국고전의 재인식』, 홍성사, 1979, 224쪽.

력과 흥미성을 증폭시키는, 여백과 상징의 미학을 지니고 있으며, 인물의 경제성과 응집 확산의 효과성까지도 함께 나타낸다. 여기에 천상과 지상이라는 2원적 세계와 그 중심축에 있는 옥제의 조정 기능이 '적선지가 필유여경' 내지 '권선징악'의 윤리적인 주제, 또는 역사철학으로 자리하고 있다.

즉, 여백 형식의 기저 구조에 깔린 도교적 우주관과 유가적인 윤리 내지 도덕 의식이 공존하고 있다. 도령과 춘향은 출사한 선비와 은둔 내지 산림에 은일하고 있는 유가적 선비 처신의 대대적인 2원성의 의미를 은유적으로 깔고 있다. 출사했지만, 사욕과 부덕한 목민관으로서의 탐욕과 악행을 일삼는 변부사와 합당한 윤리의식을 지닌 향반 및 사림, 유생의 삶과 행동 양식을 춘향과 도령, 춘향와 변부사, 변부사와 이어사간의 2인 대대 및 대립과 춘향, 도령, 변부사라는 3인의 관계상이 개인적인 애정 및 애욕의 갈등에서 3인의 공적인 관민 및 지방관과 그 감찰관인 이어사간의 공사적 관계라는 복합적인 관계와 이미지 또는 의미로 자리하고 있다. 이렇게 형성된 입체적인 주제성 위에 정감을 증폭시키는 판소리의 소리나 사설이 개입되어서, 주제미와 감성미의 상승적 효과를 드러내는 것이 「춘향전」이 지닌 감동의 본질이요, 근원이다.

인물 설정에서 기생 춘향과 책방 도령은 젊은 세대를, 이부사와 변부사는 늙은 세대를 대표하면서도, 각각은 귀천의 신분적 차이와 선정과 악정이라는 선악의 차이를 가진다. 이부사는 늙은 세대이기 때문에 기생과 양반 자제의 사랑을 허락하지 못하지만, 이부사는 선정의 수령이라는 덕치의 장점 때문에 부정적인 인물이라는 인상은 주지 않는다. 그러나 같은 늙은 세대이면서, 변부사는 악정의 수령이라는 악치의 약점 때문에, 철저히 부정적 인물이 된다. 이런 조건 속에서 「춘향전」의 주역인 춘향과 도령은 남원부사와 갈등의 삼각 구도를 유지하게 된다. 춘향과 도령이 전반부에서는 이부사때문에 이별을 하게 되고, 후반부에서는 춘향이 변부사 때문에 갖은 고통을 당하게 된다. 전반부의 이부사는 덕치를 하지만, 제도적 관습을 지키려는 상층 인물이기 때문에 기생 춘향과 자제 이도령의 혼사 방해자로서 그들의 이별을 있게 하는 인물이다. 도덕적 기준으로는 기생 춘향과 책방 도령의 밀애는 사회적 공인을 획득 할 수 없는 부정적 사랑 행위이기 때문에 춘향과 도령의 이별은 극히 개인적인 사랑의 비극성이 된다. 그러나 후반부에서 덕치의 이부사 뒤에 부임한 변부사는 덕치와는 거리가 먼 악덕 부사의 전형이다. 그러나 여기에 반하여 후반부에서 젊은 세대인 춘향은 기생 춘향에서 열녀 춘향으로 변질되고, 책방 도량은 암행어사로 질적인 변화를 획득하게 됨으로써, 악덕한 변부사와의 갈등에서 춘향과 어사는 승리를 얻게 된다. 젊은 세대인 춘향과 도령이 늙은 세대인 변부사와의 갈등을 극적으로 이겨내고, 극적인 승리를 한다는 것은 후반부가 지향한 사회성의 강화라는 의미가 있다. 즉, 전반부에서는 남원부사가 가진 정당성이 덕치와 일상적 도덕의 유지라는 축면에서 춘향과 도령에 비하여 일방적 우세를 보이고 있지만, 후반부에서는 남원부사가 악치의 전형이기 때문에 부사로서의 권위와 정당성을 획득하지 못할 뿐만 아니라 변부사와의 갈등에서 춘향은 열녀의 정체성을 확보하고, 국왕과의 화합에서 도령은 어사의 정체성을 확보한다. 젊은 세대 춘향과 도령의 상승적 변질과 남원부사의 하강적 변질은 전반부에서 남원부사에게 패배하였던 춘향과 도령을 승리로 반전시킨다.

국가적 차원에서의 의미로 보면, 변부사로부터 당하는 춘향의 육체적, 정신적인 고난은 국내 정치 상황으로부터 겪는 충신과 정의로운 유자들의 정치적 고난으로 그 의미가 확장된다. 춘향은 의병장과 같이 나라의 위기를 온몸으로 막아내는 충렬의 인간상을 느끼게 한다. 그러기에 춘향의 기다림은 남원성 밖에서 구원병이 오기를 기다리던 백성이나 장졸들의 기다림에 비유되며, 특히 변부사는 남원성을 공략하는 남원인을 무자비하게 살육하는 침략자요, 침탈자인 왜장들을 연상하게 한다. 춘향의 의미 자체가 이러한 전란을 넘어서 피어나는 평화와 이상적 세월의 도래를 암시한다. 국제적, 우주적, 신화적 차원에 위치한 의미로 보면, 이 차원에서의 춘향의 고난은, 왜와 청의 외침으로부터 당하는 민족의 고난이며, 천상 존재가 하강하여, 지상의 영웅이 되어 지상의 질서를 회복시키는 신화적 구원자로서의 영웅이 되는 입사식적 통과의례로서의 고통이요, 시련의 상징이다. 이때 춘향의 기다림은 이상적 유가사회의 도래를 기다리는 유자들이나 백성들의 간절한 기도이며 염원이다. 이상적 성리학적 통치 질서의 회복을 가능하게 해줄 우주적 천상 존재를 향한 기도이며, 특히, 존명의리의 문제에 기반을 두고 있다. 역사적 실체로서의 명나라의 의미도 있지만, '춘추대의'의 실현이라는 중세적 가치관에 더 큰 비중이 있다. 역사적 실체로서의 명나라의 의미도 조경남에게는 추상적인 것이 아니었다. 그는 임란 참전 당시에 명나라 장수들과도 각별했고, 나아가 바람 앞에 등불 같던 당시 조선의 위기를 건져준 소위 '다시 나라를 만들어준 은혜'를 생각해서라도, 그는 물론 당대의 선비들에게 명나라는 은혜의 나라였다. 광해조를 거치면서 청나라와의 위태로운 국제관계에 대한 반대의 여론에 대한 부분도 있다. 특히, "사또는 행여 나라가 불운한 때를 맞으면 두 임금을 섬기랴오"라는 화두는 시대를 따라 역사적 조건에 따라 다양한 의미를 각성시키는 독설 아닌 독설로 작용하였다. 멀리는 임병양란을 겪어낸 시기에 존명의리로서의 의미부터, 가깝게는 일제강점 시기에 항일 반일의 의미까지 시대적 화두로써 작용해 왔다.

「춘향전」 주제의 특성[441]은 이본군에 두루 통하는 보편적 주제와 구체적 이종본에 적용되는 개별적 주제로 나누었다. 보편적 의미도 그 구체적 양상이나 새로운 의미가 각 이종본에서 달리 나타날 수 있으므로, 변이되고 굴절되는 의미를 개별적 주제를 통하여 밝혀내어, 이본군의 유동의 따른 통시적 고찰 방식에 따른 주제 파악이 필요함을 방법론으로 제시하였다.[442] 즉, 한

441) 설성경, 「춘향전 주제의 특성」, 『한국문학 연구방법론』, 민족문화사, 1983.

442) 설성경, 「춘향전 주제 이해의 방법」, 설성경 · 박태상, 『고소설의 구조와 의미』, 새문사, 1986. 설성경, 「19세기형 개작장편 남원고사에 나타난 생활문화의 형상화」, 『한국고소설

이본을 통해 「춘향전」 전체의 의미를 추출하고자 하는 기존의 연구 관행에 대해서 반성을 촉구하고, 통시적 변화에 따른 작품의 의미 변화 과정을 주목해야 함을 중시하였다. 김흥규는 「신재효 개작 「춘향가」의 판소리사적 위치」[443)]에서 신재효가 개작했다고 하는 「남창 춘향가」와 「동창 춘향가」를 이명선본과 「남원고사」와 비교하면서, 신재효 「남창 춘향가」가 전대 광대들이 이룩한 '민중적 발랄함과 반중세적 성격 및 현실적 세계 이해의 성과를 소거'시키는 결과를 초래했다고 지적한다. 이전 연구자들이 평가하는 신재효의 '합리주의' 는 '보수적 지향을 강하게 지닌 유가적 합리주의'라고 규정한다. 결국, 김흥규는 19세기 후반에 이르러 판소리가 양반층의 요구를 수용하면서 변질되는 것으로 19세기 판소리사를 파악하고 있는 것이다. 특히 주목되는 점은 김흥규가 이러한 결론에 도달하는 과정이다. 김흥규는 48개의 서사 단락을 나누고 각 이본들에서의 출입을 비교한다. 이어 세부 문맥까지 비교 검토함으로써 이본들의 변별적 차이를 드러냈다. 기존의 연구보다 체계적이며 과학적인 접근 방법으로 「남창 춘향가」의 성격을 설득력 있게 분석해 냈다. 그러나 비교 대본을 설정하는 데 있어서 타당성을 확보하고 있는가는 고민되어야 할 것이다. 김흥규는 대본 선정의 기준을 신재효본보다 앞선 시기의 작품, 판소리의 문헌적 정착으로서의 신뢰도가 높은 작품으로 설정하고 있다. 그래서 선택되어진 것이 「남원고사」와 이명선본 「춘향전」이다. 그러나 이 두 본은 「춘향전」 이본군 내에서 골계적 표현이나 방자형 인물의 풍자적 역할이 극대화된 이본들이다. 이들과의 비교를 통한다면 「나마창 춘향가」 뿐만 아니라, 대부분의 춘향전 이본들이 '보수적 지향'을 갖는 것으로 이해될 수 있다. 또한 「남원고사」나 이명선본 「춘향전」은 세책본이나 필사의 형태로 「남

의 본질』, 국학자료원, 1991. 설성경, 『춘향전의 통시적 연구』, 서광학술자료사, 1994.

443) 김흥규, 「신재효 개작 춘향가의 판소리사적 위치」, 『한국학보』 10, 1978, 『춘향전의 종합적 고찰』, 1991.

창 춘향가」 이후까지 계속 유전되고 향유되었다. 이는 「남창 춘향가」가 「춘향전」의 의미를 결정적으로 변화시켰고, 판소리사의 구도를 바꾸어 놓았는가에 대한 의문을 품기에 충분한 것이다. 또한 '양반과 민중'의 이분법적 구도에서 신재효가 '양반문화'를 지향했다는 김흥규의 견해에 대해서도 이후 연구자들이 만만치 않은 반론을 제기하고 있다.

김흥규의 주장에 대해서, 박희병은 「춘향전의 역사적 성격분석」[444]에서 19세기 「춘향전」 이본들이 대부분 기생계 이본으로 춘향의 신분을 상승시키는 이본은 상대적으로 적다는 점을 지적하고, 「춘향전」의 갈등의 기본축은 민중을 대표하는 춘향과 친민중적인 인물로 변모하는 이도령, 탐관오리의 전형인 변학도의 갈등으로 파악한다. 춘향이 지키고자 하는 열 의미는 자유의지에 입각한 것으로 통치 질서를 부정하는 성격을 지닌다고 하였다.[445] 이는 앞서 언급한 윤세평의 논의와 상당히 유사한 것인데, 이도령의 성격을 분석하는 데 있어서는 차이를 보인다. 박희병은 이도령은 초기에 탕아적인 인물이었으나 춘향과의 사랑을 통하여 친민중적인 인물로 변모해 간다고 지적하였다. 이는 윤세평이 완판 84장본 「열녀춘향수절가」를 대상 텍스트로 한 반면, 박희병이 비기생계 이본들을 대상 텍스트로 선정하면서 발생한 해석상의 차이라 할 수 있다. 어쨌든 박희병은 19세기 춘향전이 여전히 민중적 계층에 기반하고 있었다는 주장을 상당히 설득력 있게 전달하고 있다. 그러나 박희병의 논의는 또하나의 역편향을 지니고 있는 듯하다. 그것은 상대적으로 보수적인 이념을 지닌다는 비기생계 이본인 「남창 춘향가」나 그 밖의 창본, 완판 84장본 「열녀춘향수절가」, 한문본 「춘향전」등-의 출현의 의미를 너

444) 박희병, 「춘향전의 역사적 성격분석-봉건사회 해체기적 특징을 중심으로」, 최원식 · 임형택, 『전환기의 동아시아 문학』, 창작과 비평사, 1985.

445) 성현경, 「남원고사본 춘향전의 구조와 의미」, 한국고전문학연구회 편, 『고전소설 연구의 방향』, 새문사, 1985.

무 협소하게 이해하여 양반층의 「춘향전」 수용을 '엽기적 관심'에서 비롯된 것이라 규정하고 말았다. 이러한 시각으로는 20세기의 판소리 연행이나 「옥중화」 이후 구활자본 등에서 비기생계 이본이 대부분을 차지하고 있다는 점을 설명하기 어렵다. 비기생계 이본의 출현의 통시적 의의는 보다 정당하게 평가될 필요가 있다.

(2) 개인적 상대의 〈십장가〉와 집단적 상대의 〈어사시〉의 호응

소설 「춘향전」에도 서정적 요소의 핵심이 되는 〈사랑가〉, 〈십장가〉, 어사시인 〈금준미주〉 한시가 서술 구조상 중요한 기능을 감당하고 있다. 이 중 〈십장가〉는 「춘향전」의 서술상 중간에 위치하면서, 춘향의 수난과 그 수난을 통해 열녀로의 의미를 지향 시키는 전환적 기능을 보여주고 있다. 춘향이 사또의 명에 따라 동헌에 대령하니 사또는 춘향에게 대상에 오르라 한다. 완판 33장 「열녀춘향수절가」에서는 사또는 낭청 앞에서 춘향을 추켜 세우고는 수청을 들라고 한다. 춘향은 '충불사이군이요, 열불경이부절'을 내세워 죽더라도 정절을 지키겠다고 한다. 다시 사또가 수청을 들라고 하자, 춘향은 사또에게 세상이 변하면 두 무릎을 꿇어 두 임금을 섬기겠느냐고 따진다. 이에 사또는 분노하며, 형장을 치게 한다. 이 때 매를 맞으면서 춘향은 〈십장가〉를 부른다.

〈십장가〉는 「춘향전」의 뭉치 표현 중에서, 관습적 표현의 하나인 삽입가요로서 서정적인 측면 강한 표현이다. 양식론적인 측면에서도 변부사와 춘향의 관계를 정서적으로 깊은 몰입을 보여줌으로써, 단순 서정적인 표현보다는 우수한 기능을 한다.

① 집장가가 길어서는 집장하고 치는 매에 어느 틈에 할 수 있나. 한 귀로 뭉

글리되 안 짝은 제 글짜요, 밖 짝은 육담이라.[446)]

② 일채 낱 딱 붙이니　　　일정지심 있사오니 이러하면 변하리오.
매우 쳐라. 예이. 딱.　　　이부 아니 섬긴다고 이 거조는 당치않소.
셋째 낱 딱 붙이니　　　삼강이 중하기로 삼가히 본받았소
넷째 낱 딱 붙이니　　　사지를 찢더라도 사또의 처분이오.
오채 낱 딱 붙이니　　　오장을 갈라 주면 오죽이나 좋소리까?
육채 낱 딱 붙이니　　　육방 하인 물어보오 육시하면 될터인가?
칠채 낱 딱 붙이니　　　칠사중의 없는 공사 칠 대로만 쳐 보시오.
팔채 낱 딱 붙이니　　　팔면부당 못될 일을 팔짝팔짝 뛰어보오.
구채 낱 딱 붙이니　　　구중분우 관장 되어 구즌 짓을 그만하오.
십채 낱 딱 붙이니　　　십벌지목 믿지 마오 십은 아니 줄 터이니.

③ 가뜩이나 분 난 속을 풀쑥풀쑥 질러 놓으니 오죽 화가 나시겠다.

위의 표현 ①, ②, ③은 신재효의 판소리 사설인 「남창 춘향가」의 〈십장가〉 대목은, 춘향이가 겪는 육체적인 시련을 열녀로 표상되는 정신적인 의지로써 형상해 내는 대목이다. ①과 ③은 서술자의 목소리를 보여 주고, ②는 서술자의 서술과 춘향의 표현이 안팎으로 짝을 이루고 있다. 춘향의 정신이 강력하다는 상징적인 의미를 극단적인 고통의 순간인 형벌의 매를 맞는 처절한 장면에서 질서 정연한 숫자 사설[447)]로 표현함으로 형상한다. 그 결과,

446) 십장가 자체의 관습은 거부하지 않지만, 사실적 문맥으로는 이해될 수 없는 십장가의 독특한 문학적 형상화의 원리를 부분적으로 비판함으로써 낭만성과 사실성의 양면적 수용이라는 독특한 효과를 얻어내려는 의도가 깔려있다.

447) 사설에 따라서는 비록 십장가이지만 춘향이 형벌을 많이 받았다는 점미나 심한 매를 많이 견디어 내었다는 점을 강조하기 위하여, 열 이상이 이십, 삼십 대까지 맞은 것으로 서술한다. 이런 경우에는 매의 횟수가 많아질수록 이렇게 질서 있는 표현이 아니 발악, 내지 지쳐서 제대로 감정을 표현하지 못하고 자지러지는 것으로 형상한다.

춘향의 지조와 정절 표시는 의롭지 못하고 폭력적인 관장에 대항하는 노래로 대응되어, 비극적인 상황의 제시보다는 이를 회화화하는 기능이 강조되고 있다. 그러므로 이 대목의 표현은 단순한 수사적인 차원에서의 아름다움이 아니라, 정신적인 차원에서의 아름다움을 표상하고 있다는 데에 그 의미가 주어질 수 있는 대목으로 평가된다.[448)]

① (ㄱ) 일채 낱 딱 붙이니,
(ㄴ) 일정지심 있사오니 이러하면 변하리오.
② (ㄱ) 매우 쳐라.
(ㄴ) 예이
(ㄷ) 딱.
(ㄹ) 이부 아니 섬긴다고 이 거조는 당치 않소
③ (ㄱ) 셋째 낱 딱 붙이니
(ㄴ) 삼강이 중하기로 삼가히 본받았소.
(생략)
④ 가뜩이나 분 난 속을 풀쑥풀쑥 질러 놓으니 오직 화가 나시겠나.

위의 표현에서 보면, ①의 (ㄱ), (ㄴ)과 ③의 (ㄱ), (ㄴ) 이후는 모두 동일한 표현인 "(일채) 낱 딱 붙이니, (일)……"의 형식을 보이고, ②의 (ㄱ)~(ㄹ)만은 "매우 쳐라, 예이, 딱, 이……"의 형식을 예외적으로 보여, 파격이 주는 변화의 아름다움을 창조해 내고 있다. 특히 ②의 경우, (ㄱ)은 변 부사의 직설적인 목소리요, (ㄴ)은 사령의 직설적인 목소리요, (ㄷ)은 사령이 때린 매

448) 물론 작가의 의도에 따라, 이 대목이 춘향의 시련이라는 슬픈 상황을 드러내는 정감 중심으로 구성되어 비장미를 자아내는 대목으로 형상될 수도 있지만, 신재효는 이와는 달리 춘향에게 이러한 시련을 가하는 존재인 변 부사의 횡포에 촛점을 맞추고 있다.

가 춘향의 몸에 부딪히며 생겨나는 소리에 대한 흉내말이며, (ㄹ)은 매를 맞으며 그에 대응하는 매서운 결심의 마음을 춘향의 직설적인 목소리로 표현한 것이다. 그렇게 됨으로써, ①은 (ㄱ)이 서술자의 서술이고, (ㄴ)은 춘향의 직설적인 목소리인 데 반하여 ②는 ①보다 훨씬 그 형장의 상황을 다각적이고 실감 있게 표현한 것이다. 이렇게 하여, ②는 형장을 비교적 폭 넓게 보여주면서도 구체적인 표현으로 제시함에 반하여, ①을 비롯한 ③ 이후 끝까지는 형장을 더 좁게 제시함으로써 변 부사와 형방의 모습이 생략되어 상대적으로 좁게 그리고 덜 구체적인 표현이 되어 극적인 분위기 제시의 변화를 자아내게 한다.

춘향이 사또로부터 받는 육체적 고난의 절정을 이루는 〈십장가〉는 극단적 대립 상황을 제시한다. 장형이란 형벌이 주는 육체적 고통을 견디어 내는 인고의 정신과, 장형을 당하는 자가 자기의 지조를 노래로 표현하는 '열녀의 의지'는 첨예화된 대립의 평면적 결합이라는 의미보다는, 상위 차원으로의 지향적 해소라는 의미가 더욱 강조되고 있다. 그 결과 〈십장가〉의 대립과 극복의 방법은, 관념 논리의 당위적 결합과, 현실 논리의 과장된 형상이라는 양면성을 지닌다.

또 〈십장가〉는 가의 형식을 빌린 포악의 말, 읍소의 말이라는 이면적 의미를 지닌 십원가요, 십읍가요, 십곡가로서의 적층적 의미를 지닌다. 그러므로 〈십장가〉는 이러한 비원가로서의 사실추구의 의미망과 수절가로서의 관념추구의 의미망이 갈등과 화합을 보이며, 그 의미의 폭을 확장시킴으로써, 완판 33장본「열녀춘향수절가」에서 완판 84장본「열녀춘향수절가」 텍스트의 주제가에 해당하는 삽입가요로 부상하였다.

또 〈십장가〉는 육체적 고통을 당하는 작품의 주인공인 춘향의 절박한 상황과 이에 일정한 거리를 두고 춘향의 상황을 이념화하고 희화하는 광대들의 예술적 의식의 결정체다. 이는 〈십장가〉의 구성이 장형의 수에 맞추어 부르는 일, 이, 삼자로 이어지는 정형적인 서두 형식의 기교라는 점에서 더욱 그 가치를 부각 시킨다. 춘향의 급박한 고통의 상황과 광대나 작강의 희화의 상황이 지닌 여유가 대립을 이루는 판소리 문예의 본질을 보여준다. 이러한 대립적 통합의 정신은 춘향과 사또의 관계에서도, 춘향의 행위는 가학자에 대한 항거와 함께, 피학자로서의 자신에 대한 자학과 방어의 두 기능을 함께 지닌다.

이로 보면, 완판 84장본 「열녀춘향수절가」의 출현은, 복류하던 춘향정신, 즉,단심이 표면으로 용출되는 시기에 〈십장가〉와 성리학의 의리정신에 기반한 신랄한 현실비판과 춘향의 신분과 사회적 계층에 대한 부분도, 그때 그때의 상황에 따라 융합시켜 형상하였다고 판단된다. 즉, 완판 84장본 「열녀춘향수절가」에서는 춘향은 대비속신한 처지로서, 기생 신분을 벗어난 상태에서 변부사의 수청 강요에 맞서서 '충신은 불사이군이요, 열부는 불경이부'를 주장하며 저항한다. 이러한 분노와 저항에는, 1680년대 당시에 유행하던 동학에 의한 '인내천'사상의 평등의식이 반영된 것으로, 이런 상황은 '시천주조화정'이라는 동학의 구호가 본문에 등장하는 것으로 논리적 타당성이 확보된다.

> 좌우에 나졸들이 늘어서서 능장(稜杖), 곤장(棍杖), 형장(刑杖)이며 주장(朱杖)을 집고, "아뢰라! 형리(刑吏)를 대령하라!" "예, 머리 숙여라! 형리요." 사또는 어찌나 분이 났던지 벌벌 떨며 기가 막혀 '허푸허푸'하며, "여봐라! 그 년에게 무슨 다짐이 필요하리. 묻지도 말고 형틀에 올려 매고 골통을 부수고 물곳장(物故狀)을 올려라!" 춘향을 형틀에 올려 매고 쇄장의 거동 봐라. 형장이며 태장(笞杖)이며 곤장이며 한 아름 담쑥 안아다가 형틀 아래 좌르륵 부딪치는 소리에 춘향의 정신이 혼미하다.[449]

449) 완판 84장본 『열녀춘향수절가』.

이 대목은 변사또의 수청을 거절하는 춘향에게 매질을 하는 장면으로, 감동력을 증폭시키고, 확산시키는 역할을 한다. 춘향 개인에게 가해지는 고통의 증폭과 이에 대응하는 항거의 증폭을 담아낸 이 〈십장가〉는 이어지는 〈금준미주〉 한시를 통해, 고통과 항거의 분수령적 확산을 이루어내고, 고통과 항거를 생일잔치에 모인 부패관료 전체에 대한 고통과 항거로 확산시킨다. 이러한 폭발의 절정에서 바로 어사출도 장면이 이어진다. 남원 백성들이 겪어낸 시대적 사회적 고통의 한 가운데서 살아서 버티는 춘향, 그의 절의의 질량감은, 육체의 극한적 고통의 현장이지만, 이에 맞서는 춘향의 '수절의 의미' 또한, 〈십장가〉의 표현을 통하여, 그녀의 고통이 개인적인 고통으로 끝나는 것이 아닌, 남원을 넘어 전라도 일대에 넘실대는 백성들의 고통의 상징적인 정점으로 증폭될 수 있도록 설정되어 있다.

"충신불사이군 열녀불경이부라, 충신은 두 임금을 섬기지 않으며, 열녀는 두 지아비를 섬기지 않는다."고 한 〈십장가〉는 독특한 기교가 적용된 삽입가요다. 이 가요는 「춘향전」의 여러 이본에서 다양한 변이를 보여주지만, 그 기능인 춘향이가 매를 맞으면서, 매 한 대마다 1부터 10까지 숫자를 풀이하는 〈십장가〉는 숫자로 된 두운 반복의 서술 기법은 유사하다.[450]

현존하는 춘향전 텍스트의 중심에 놓인 완판 84장본 「열녀춘향수절가」와 서울 세책본 텍스트인 「남원고사」를 통하여 원문을 보면, 완판 84장본 「열녀춘향수절가」에서는 "일편단심 구든 마음 일부종사 쓰시오니 일기형벌 치옵신들 일연이 다못가서 일각인들 변하릿가"라 하였고, 「남원고사」에서는 "일광노 갓튼 우리 도련님을 일조의 니별ᄒᆞ고 일신의 미친이한 일구월심 ᄉᆞ라지니 일쳑단검 명을밧쳐 일빅번 죽ᄉᆞ와도 일심의 졍ᄒᆞᆫ마음 일졍변치 아니리이다."라 하였다.

완판 84장본 「열녀춘향수절가」에서는 "일편단심 굳은 마음 일부종사 뜻이

450) 전경욱, 앞의 책, 140쪽.

오니 일개 형벌 치옵신들 일 년이 다 못가서 일각인들 변하리잇가?"라 하였다." 또, 「남원고사」에서는 "일광로 같은 우리 도련님을 하루아침에 이별하고 일신에 맺힌 슬픔 날이 가고 달이 갈수록 깊어지니, 일척 단검에 목숨을 바쳐 일백 번 죽사와도 일심에 정한 마음 결단코 변치 아니하리라."고 하였다. 이렇게 전개되는 〈십장가〉 가운데서 열 대의 매인 '십장'에 대응되는 춘향의 소리를 서술한 각 텍스트의 본문을 제시하면 다음과 같다.

> 완판 84장본「열녀춘향수절가」: 십ᄉᆡᆼ구사 할지라도 팔십연 정한 쓰셜 십만 번 죽인ᄃᆡ도 가망업고 무가ᄂᆡ지 십육세 어린 춘양 장하원귀 가련하오
>
> 「남원고사」: 십악ᄃᆡ죄ᄅᆞᆯ 범ᄒᆞ엿나 십니 강산에 십면ᄆᆡ복을 만나고나 십월 광풍 낙엽ᄀᆞᆺ고 십니댱졍 뉴ᄉᆞᄀᆞᆺ튼 이 인ᄉᆡᆼ 십년셩취 월왕ᄀᆞᆺ치 십ᄉᆡᆼ구ᄉᆞ ᄒᆞᆯ 지라도 십지 셤슈로 곱아가면 십왕젼의 ᄇᆡᆨ활이나 ᄒᆞ오리라 십삼ᄉᆡᆼ에 쥬류ᄒᆞ고 십팔관에 회시ᄒᆞ나 십칠년을 기른 쓧이 십방으로 도라간들 변ᄒᆞᆯ 길이 바히 업ᄂᆡ

위에 인용한 내용을 다시 정리해 보면, 완판 84장본「열녀춘향수절가」에서는 "십생구사 할지라도 팔십년 정한 뜻을 십만 번 죽인데도 가망 없고 무가내지 십육 세의 어린 춘향 장하의 원귀 가련하오"라 하였다. 또, 「남원고사」에서는 "십악 대죄 범하였나? 십리 강산의 십년 매복을 만났구나. 시월 광풍의 낙엽 같고 십 리 장정의 버들가지 같은 이 인생을 십년 만에 성취한 월왕같이 십생구사 할지라도, 십지섬수 꼽아가며 시왕전에 진정이나 하오리라. 십삼 성에 주류하고 십팔 관문에 목을 베어 걸어도, 십년신변 이에낙엽ᄀᆞᆺ고 십니당정 뉴ᄉᆞᄀᆞᆺ튼 이 인ᄉᆡᆼ 십년셩취 월왕ᄀᆞᆺ치 십ᄉᆡᆼ구ᄉᆞ ᄒᆞᆯ지라도 십칠 년을 기른 뜻이 시방으로 돌아간들 변할 길이 전혀 없네."라 하였다.

완판 84장본「열녀춘향수절가」와는 달리, 「남원고사」에서는 실제적인 면에서는 〈십장가〉가 아닌 단순 설명으로 전개된다. 「남원고사」에서는 사또가

이낭청과 수작을 하다가 춘향을 대 위에 올라오게 한 후, 수청을 들라고 한다. 이 때 춘향은 사또의 거동을 보니 방송할 것 같지 않으므로 죽을 길밖에 없다고 판단하고 발악을 하는데, 그 발악의 말이 이 내용이다. 춘향은 이렇게 발악을 한 후에, 사또는 국록을 받고 살아가는 신하가 되어 만일 불행하여 난세를 만나면 자신의 목숨을 보전하려고 도적에게 투항하여 두 임금을 섬기겠느냐고 대어든다. 춘향은 이어서 "충신은 두 임금을 섬기지 아니하고, 열녀는 두 지아비를 섬기지 않는다"며 두 지아비를 섬기지 않으려는 것을 죄라 하고, 위력으로 겁탈하려 하니, 사또의 충절유무가 의심스러우며, 반역의 마음을 품은 사또 앞에서 무슨 말을 하겠느냐며, 빨리 죽여 달라고 한다. 이에 분노한 사또는 형방을 통하여 다짐을 받은 후, 춘향에게 형장을 가하게 된다.

이처럼 〈십장가〉는 「춘향전」 특유의 장식적 표현이다. 이를 놓고 매를 맞는 여인이 어찌 그런 노래를 부를 수 있느냐는 사실적 논리로만 이해할 수는 없다. 〈십장가〉의 이런 논리성은 작품 속에서도 구체적인 표현으로 제시되기도 한다.[451] 〈십장가〉를 부르며 변부사에게 저항하는 춘향은 살아날 가망이 전혀 없는 극한 상황이지만, 여전히 이도령을 사랑하는 마음을 유언으로 남기며 부탁의 말을 한다. 매를 맞아 죽게 되면, 다른 사람이 손대기 전에 삯꾼인 체 달려들어 업고 나와 둘이 인연을 맺었던 부용당에 뉘어 서방님의 속옷을 벗어 입힌 후, 선산 발치에 묻어주고, 비문에 '수절원사 춘향지묘'라 새겨달라고 한다. 춘향은 사랑을 지키기 위해, 기꺼이 죽어 망부석이 되고자 하였으며, 이러한 춘향의 망부석은 사랑의 힘이 응결되어 이루어진 하나의 거대한 상징이다.

---

451) 「남창 춘향가」에는 〈졔 심즁의 먹은 마음 낫낫시 발명훌제 십장가가 질머셔는 집장하고 치는 매의 언의 틈에 훌슈 잇나〉라는 비평대목이 있다.

(3) 성리학자 조경남이 역사 사실에서 전환시켜 창작한 풍자의 수준

(가) 「춘향전」의 핵심공간 광한루의 역사에 대한 통시적인 이해

「춘향전」에서 공간적으로 가장 핵심이 되는 곳은 광한루이다. 이 누각을 중심으로 「춘향전」의 특성을 밝히는 일도 작품의 비밀을 푸는 길이 되면서, 동시에 작품의 흥미를 제공하기도 한다. 광한루는 남원의 상징이다. 광한루는 그 명칭에서 알 수 있듯이 가장 이상적인 공간으로서의 천상 누각이다. 이는 이상향을 그리는 근원적인 소망과도 닿아 있다. 이 누각은 사방의 열린 공간을 통해서 자연 속으로 심신을 풀어놓고, 또 한편으로는 그 자연 속에서 호연지기를 기름으로써 새로운 에너지를 충전시켜 다시금 일상생활에 적용하게 하려는 것이다.[452]

광한루의 역사가 시작되는 과정은, 태종이 양녕대군을 폐위할 때, 이를 반대하다 퇴관하여 남원으로 내려온 황희의 이야기에서 시작된다. 그는 1419년에 자신의 선조 황감평이 지은 서실인, 일재를 헐고 새로운 누정을 흐르는 시냇가에 지어 광통루라는 이름 지은 데서 시작된다. 황희는 고려가 망할 징조가 뚜렷했던 혼란기에 태어나서, 세종의 탁월한 정책들이 이룩되어 조선왕조의 기틀이 다져진 뒤에 죽었다.

황희는 개경에서 태어났다. 그가 성균관 학관으로 있을 때 고려가 망했는데, 그는 고려에 대한 충절을 달랠 길 없어 개경 근처에 있는 두문동으로 들어가 숨어 살았다. 평생 벼슬을 하지 않고 학문에 전념하기로 작정한 것이다. 그러나 이성계가 유능한 그를 그대로 둘 리가 없었다. 그는 끝내 이성계의 끈질긴 간청을 물리치지 못해, 뜻을 꺾고 벼슬자리에 올랐다.

황희는 조선왕실에 들어와서 세자를 가르치는 우정자를 시작으로, 태종

452) 박기용, 『거창의 누정』, 거창문화원, 1998, 21쪽.

시기에 6조 판서를 두루 지냈다. 그에 대한 태종의 신임은 비할 데가 없었다고 한다. 태종은 그에게 "이 일은 나와 경만이 알고 있소. 만약 누설된다면, 경 아니면 내가 한 것이오"라면서, 기밀에 관한 업무를 전담하게 했다. 또한 하루 이틀이라도 만나지 못하면, 꼭 불러 다가 만나서 둘이 의견을 나누었다. 황희는 정승 자리에는 24년, 영의정 자리에 18년 동안이나 재직한 뒤 물러나는 평탄한 생애를 보냈다. 황희는 관로에 들어선 뒤, 단 한 번의 유배와 두 번의 가벼운 파직밖에는 겪지 않았다. 세종은 황희를 중용하여 태평성대를 이룩했고, 세종과 황희는 성군과 명신의 대명사로 지금껏 사람들의 입에 오르내린다. 그러나, 황희는 세종이 왕세자로 책봉되는 것을 반대하다 귀양을 갔다. 그는 양녕대군의 폐위와 충녕대군의 세자책봉을 크게 반대했다. 그는 양녕대군이 적자이므로, 적자를 제치고 다른 아들로 세자를 삼으면 후세에 큰 환란의 불씨가 된다는 명분을 내세웠다. 그는 또 양녕대군의 인물됨을 잘 알고 있었고, 양녕의 두터운 친구이기도 했다. 이때 그는 파주 교하에 유배되었는데, 그 이유는 그를 가까운 곳에 두려는 태종의 배려였다. 하지만 다른 신하들이 그에게 죄를 주어야 한다고 거듭 주장하자, 태종은 그의 조상 고향인 남원으로 유배지를 바꾸어 어머니를 모시고 유배생활을 하도록 특전을 베풀었다. 그는 남원 유배지에서 3년을 보내면서 문을 닫아걸고 친구들을 만나지도 않으며 글 읽기에만 열중했다. 그는 유배에서 풀린 뒤에, 세종은 자신의 세자책봉을 크게 반대한 황희를 왕위에 오른 지 3년 뒤인 1422년 좌참찬으로 발탁했다. 사사로운 감정을 떠난 인사였다. 그 뒤 두 사람은 평생을 두고 공적으로는 군신의 관계였고, 사적으로는 둘도 없는 친구의 관계였다. 세종 때에 이르러서는 좌참찬에 기용된 뒤 좌 · 우의정을 거쳐 영의정이라는 최고의 영예를 누렸다.

광한루라는 이름은, 세종 원년인 1419년에 황희가 유배 중에 광통루라는 이름으로 세운[453] 이후에, 1434년인 세종 16년에는 부사 민여공 중수를 하였고, 1444년에는 하동 부원군 정인지가 광한루로 개칭하였다.

황수신은 1458년에 쓴 〈광한루기〉에서 다음과 같이 서술하였다.

> 남원은 옛날부터 대방이라 불렀는데, 산과 물이 秀麗하고 기름진 땅이 백 리에 걸쳐 있어 참으로 하늘이 준 府의 땅이요, 어떤 고을이든지 이에 가히 비칠 바가 되지 못한다.
>
> 당나라 태종이 劉仁軌를 帶方州의 刺使로 삼았는데, 주민들에게 儉約을 가르치고, 가옥을 다스림에 누각을 짓지 못하게 하였으며, 도로를 다스림에 井子로 구획케 하였다. 신라 신문왕 5년에 남원小京을 설치하고, 군과 현의 주민들을 이주시켜 11년이 지나 城을 축조하였다. 지금도 읍의 네 귀퉁이에는 그때의 터가 남아 있다.
>
> 역대의 역사를 살펴볼 때, 고을이나 나라의 연혁을 오르내리다 보면, 모든 것이 풍속의 요순과 주민들의 착한 행동과 나쁜 행동(淑慝)이 있음을 알 수 있다. 오로지 이 남원부는 옛날부터 다만 大都護府라 불러왔다. 이것은 산과 물이 바르게 흐르고, 고개의 세가 네 곳에서 옹호하고 있어 쇠약하지 않고, 땅의 영험과 人傑의 풍취가 그렇지 아니한가 한다.
>
> 나의 遠祖의 휘는 公有니 장수현 사람이다. 그는 고려 명종을 섬겨 벼슬이 전중감에 이르렀으나, 가끔 李義方과 더불어 다툼이 있었다. 그런데 의방이 자신을 해치려는 일을 하므로 벼슬을 버리고 고향으로 돌아왔다. 그러나 고향의 고을 원님이 의방의 말을 듣고 붙들어 매고자 하였다. 가족을 이끌고 이

---

453) 황희는 태종 조에 대사헌, 병조 판서, 예조 판서, 이조 판서 등의 요직을 두루 거쳤다. 그는 또 양녕대군의 인물됨을 이때 그는 파주 교하에 유배되었다. 그리고 1418년(태종 18), 결국 양녕대군이 폐위되면서 황희 역시 관직을 박탈당하고 파주로 귀양을 갔다. 가까운 곳에 두려는 태종의 배려였다. 그러나 태종의 배려로 곧 고향과 가까운 남원으로 이배되어 어머니와 함께 지낼 수 있게 되었다.

곳 남원고을로 옮겼다. 이때부터 이곳에 살게 되었다. 후손 監平이 성균관에 유학하여 재주가 뛰어나 제멋대로 날뛰다가 두번이나 과거에 응시하였지만 급제하지 못하였다. 그러나 마음을 고쳐 하늘로부터 주어진 바 뜻을 알아 이를 즐거움으로 여기고 고향으로 돌아와 서당을 지어 逸齋라 부르고, 서책을 벗삼아 스스로 즐기니 배우고자 하는 무리들이 그를 스승으로 삼고자 하였다. 5세에 이르러 君瑞가 태어나니 이가 나의 친할아버지다. 배움에 힘써 벼슬길에 나아가 태조를 섬겨 正憲에 이르렀고, 강릉 판관을 할 때에는 주민을 다스림에 고상하여 마음이 너그럽고 까다롭지 아니하니 관리들이 경외하고 주민들이 그리워하여 따랐다. 우리 씨족이 이곳에서 살게 된 지 100년이 되어 친족들의 묘소가 모두 이곳에 있으니 영원한 고향이 될 것이다.

先君의 이름은 喜니 수상을 하였는데, 몸을 이어 편안과 위태로움이 24년이요, 나이 90세에 돌아가니 백성들이 모두 제사하여 그를 哭하였다. 시호를 翼成이라 하였고, 세종대왕의 묘정에 배향되었으며, 제사가 끊이지 않는다. 공덕이 많고 미덕이 무성하니 〈太史〉에 기록하였다.[454]

내가 깊은 생각이 없어 선인들의 흔적을 함부로 뒤쫓아 이어서 조정에 들어가 공훈이 있어 좌익공신으로 盟約한 나머지 고향애 적을 둔 封을 받게 되었으니 뜻밖의 일이 아니고, 평소의 총애에서 일 것이다. 人傑은 地靈이라는 것에 힘입는다고 하는데, 이것도 또한 이르렀음이라. 고향의 治所의 남쪽으로 2리 떨어진 곳에 지세가 높고 평평하게 넓은데, 멀리로는 사이사이에 속세가 있으며, 산 둘레는 하늘에 맞닿아 있어, 흰구름이 반쯤 걸려있고, 앞에는 골짜기물이 명주베를 펼쳐놓은 것처럼 흐르고, 물에서 纖鱗을 보노라니 가히 아름다운 곳이라 부를만하다. 이곳에 조그마한 누각을 세워 일컫기를 廣通이라 하였다.

---

454) 시를 지어 일컫었다. 오산으로부터 신이 내려와 甫와 申을 낳으시고/ 周의 황실을 돕게 하니 신을 믿는 것은/ 예나 지금이나 즐거움을 잉태하니 가히 꾸밈이 아니라.

송강 정철은 선조 14년인 1581년 전라도 감사를 지냈다.[455] 1582년인 선조 15년에는 전라관찰사 정철이 호수와 석축으로 3개 섬인 영주, 봉래, 방장의 섬을 조성하였다.[456] 전라감사로 재임할 때에 남원 광한루에 대한 내부를 확장하고 꾸미면서, 오작교 등의 이름을 붙였다.

그때 광한루를 신화적 공간으로 만들면서 돌로 쌓아 무지개 모양의 다리를 만들고 오작교라 하였다. 광한루를 네 개의 영역으로 구획하여 광한루 아래 서남쪽에서 건너게 하였다. 또 호반 가운데 작은 배가 있는데, 이름 짓기를 상한사라 하였다. 옛적에는 누 앞에 다만 물이 가느다랗게 띠처럼 있었는데, 정철이 크게 개척하고 평평한 호반으로 만들어 은하수를 상징하게 하였다. 둘레에는 돌로써 계단을 쌓았으며, 가운데에는 재를 만들어 세 섬으로 하고, 봉래도는 호반 가운데 세워 푸른 대나무가 아름답고 무성하게 꾸몄고, 방장도는 호반의 동쪽 가에 세워 백일홍을 심었으며, 한주도는 누 앞 호반 북쪽에 세워 연정을 세워 뜬 다리가 언덕으로 이어지게 하였다.

호반 가운데에는 여러 종류의 꽃들을 심었다.[457] 정철은 게다가 임진왜란 때는 구국의 이름으로 외교 활동을 하였으며, 전란 때에는 신하로서의 몫을 감당하였다. 이런 사실을 두고 볼 때, 그는 광한루에 대하여 남다른 애정을 가지고 문학적 상상력을 동원하여 광한루를 중심으로한 누각 주변에 신화적 상징물을 건축하고는 광한루의 새로운 이미지를 살려내었다.[458]

이후부터 남원의 광한루는 누 앞에는 2천여평의 호수를 파고 인공으로 조성한 삼신도가 있어 조선조 정원을 대표하는 조경의 양식을 자랑하는 좋은 산수 경관 속의 山水景苑으로 자리잡았다. 특히, 심성을 닦고 기르는 공간으

455) 이동희 편, 『조선시대 전라도 감사 · 수령 명단』, 전북대 전라문화연구소. 1995, 8쪽.

456) 『증보 龍城誌』, 1752년.

457) 「용성지」. 『신증여지승람』.

458) 이종은. 『한국의 도교문학』, 태학사, 1999, 552~553쪽.

로서, 송죽과 국화 매화의 네 계절과 유교의 선비사상이 포함되어 있고 신선사상이 깔려 있어 신선정원의 양식을 대표하게 되었다.[459)]

제2기의 광한루 시기에는 1582~1584에 부사 장의국이 선조 20년인 1582년에 남원부사로 부임했다. 그는 남원부사 재임 시절에 광한루 개축하면서 오작교를 신축하였다., 마루 밑에는 온돌방용 아궁이와 굴뚝이 사방으로 쌓은 벽체에 나 있다. 누 앞에는 연못 · 정자 · 다리 등으로 구성된 넓은 정원이 있으며, 이 정원 역시 조선시대 정원의 한 유구로 지목된다. 누원 근처 요천강의 맑은 물을 끌어다가 누 앞에 은하수를 상징하는 '호수'를 만들었고, 그 위에 견우와 직녀의 전설이 담긴 오작교를 축조한 것이다.[460)]

인조 4년인 1626년에 우의정 신흠은「광한루기」에서 다음과 같이 서술했다.

> "호수 위에는 다리가 있어 사방으로 넘어갈 수 있으니 마치 무녀가 물을 건너는 것과 같아 선관이 모여 일을 해서 다리 하나를 가로로 놓아 평지의 파란 물 위로 떨쳐놓은 것이리라. 그 다리를 이름하여 오작교라 하니 이 기록과 비슷하다. (중략) 비록 진선이라 해도 역시 이와 같은 것을 찾아 얻지 못하였을 것이다. 광한루라 이름한 것이 바로 여기에 있었던 것이 아닌가? (중략) 그렇다면 하늘 위에 있는 광한루를 오로지 남원에 있는 광한루가 되었다는 것이 족하지 못하다는 것인가?"

임진왜란의 패전에서 초토화된 남원, 그 복원된 공간으로서의 남원에서

---

459) 「금오신화」를 창작하여 소설문학의 길을 개척한 동봉 김시습은 이곳 광한루의 풍경을 보고 다음과 같은 시를 지었다. "나그네 숙소는 쓸쓸하니 거미조차 드물고/ 작은 누각의 고압적인 자태는 석양에도 빛이 난다./ 긴 피리부는 소리 옥소리처럼 들리니/ 흡사 항아가 날개옷을 입고 연주하는 것이 아닌지.(客館蕭條車馬稀 小樓高壓夕陽輝 一聲長笛人如玉 恰是姮娥奏羽衣).

460) 『문화재대관』3 · 보물 1, 한국문화재보호협회, 대학당, 1986.

일어나는 춘향과 이도령의 사랑이라는 점이 작품의 창작과 독서에서 고려된다. 이런점이 여타 소설의 공간설정과 「춘향전」의 남원이라는 공간설정이 가지고 있는 의미의 근원적 차이라 할 수 있다. 그런 이유 때문에, 남원의 부사가 타락하고 포학을 일삼는다는 것은 삼남의 요충지가 타락하고, 포학 수령의 휘하에 놓인다는 의미에서 한 지역의 부패가 아니라, 나라의 안위가 위태롭다는 국가적 차원의 의미해석이 가능하다. 변부사의 기능이 그 단적인 예가 된다.

이런 축적된 천상 이미지, 특히 견우와 직녀의 사랑 이야기가 신화 차원에서 형성되어 있는 바탕 위에서, 조경남과 그 제자 성이성 암행어사는 1639년의 1차 암행어사 때 이 곳 광한루에서 머물렀고, 그런 공간을 작가 조경남은 춘향과 이도령이 만나고 다시 이별한 후에, 변부사로 인해 위기에 놓인 춘향을 암행어사가 된 이몽룡이 출두 하여 변부사를 징치하는 공간으로 설정하였다.

성이성은 과거에 급제하였을 때, 임금으로부터 하사받은 어사화를 보관하는 목함의 겉에 광한악이라 쓴 것도, 광한루의 기억, 특히 조경남과 함께 한 기억까지 담아내고자 한 것으로 보인다. 이는 성이성이 1647년의 2차 암행어사 때에는 스승 조경남이 죽은 후라, 홀로 광한루를 찾아가서 옛 추억에 잠긴 것으로 알 수 있다.

(나) 암행어사의 〈금준미주〉 시를 통한 민심의 반전과 사회 정의의 확장성

암행어사를 파견해서 수령을 염찰하는 궁극적인 목적은 역시 민심의 수습에 있다. 수령들에게 지배받는 백성들에게 그 수령을 누를 수 있는 암행어사가 있다는 기대는 억눌린 백성들에게는 기댈 언덕이 되었다. 특히 이런 민심의 수습은 재난이나 국난, 정변 등 어려운 일이 있을 때는 더욱 시급해진다. 따라서 그럴 때 암행어사의 파견이 두드러지게 나타난다. 그래서 암행어사는 임진왜란이 일어난 직후에 민심수습을 목적으로 집중적으로 파견되었다."[461] 광해군이 인조반정으로 물어날 때까지 10여 년간 암행어사의 파견이 없다가, 인조가 즉위하면서, 어사 파견은 빈번해진다."[462] 이는 반정을 통해 정권을 잡은 인조가, 민정을 살피기 위한 특별한 배려로, 반정 후 새로운 덕치에 대한 백성들의 기대에 부응하려는 조처였다.[463] 이는 암행어사 제도가 정착된 후, 제도의 활용이 활성화된 결과이다.

「춘향전」에서는 확고한 선악의 삼각 구도가 서사의 가장 중심에 자리한 본의 역할을 하고 있다. 남원 관장으로서의 변부사가 판정을 내렸던 동헌에서의 제1차 심판 내지 재판과 달리, 암행어사가 광한루의 부사 생일연에서 벌이는 춘향에 대한 가혹 행위는, 제2차로 국가에서 특송한 감찰 대사로서의 암행어사가 직접 현장의 객관적 사태를 두고, 변부사를 비롯한 생일잔치에 동참한 여러 수령들에게 가해지는, 제2차 암행어사의 공개적 재판이요, 정의에 입각한 남원사람들의 증거와 공감하에 전개되는 재판이고, 그 고발장의 역할을 하는 것이 암행어사가 현장에서 지어 글로 써서 미리 제출한 〈금준미주〉 한시다.

춘향 개인의 고통과 한은 암행어사의 고발에서는 집단적 한의 표현인 '금준미주' 한시로 표현되고, 이 〈금준미주〉 한시의 내용인 천인 만성의 고통과 원한은 다시 변부사를 징벌하고, 옥중 춘향을 구출하는 개인의 흥이지만, 그 의미는 '천인 만성'을 대표하고, 또 그렇게 확장될 수 있다는 측면에서 이 반전의 출두의 판에 동참한 남원주민들의 대동적 참여에 의한 집단의 대반전이라는 한 판의 신명으로 나타난다.

그 와중에 다시 남녀 주인공인 옥에서 풀려난 열녀춘향과 암행어사는 진

461) 고석규, 「암행어사 제도의 운영과 지방통치」, 『암행어사란 무엇인가』, 박이정, 1999, 51쪽.

462) 고석규, 「암행어사 제도의 운영과 지방통치」, 『암행어사란 무엇인가』, 박이정, 1999, 48~49쪽.

463) 고석규, 「암행어사 제도의 운영과 지방통치」, 『암행어사란 무엇인가』, 박이정, 1999, 52쪽.

정한 재판에 의한진정한 혼인으로 통합되면서. 〈심청가〉의 개안과 재회가 한데 만나서 그 감격이 증폭되는 이치와 같이 된다. 즉, 개인의 문제와 한시의 집단의 문제로 고발, 개인의 문제 해결로 다시 집단의 문제 해결에 대한 믿음을 제공하는 극적 상징성을 가지며, 주제시로서의 역할을 〈금준미주〉 한시가 수행한다.

"암행어사 출도야!' 한 번을 고함하니 강산이 무너지고, 두 번을 고함하니 초목이 떠나는 듯, 세 번을 고함하니 남원이 우글우글 렁렁렁"

변사또의 생일잔치에 어사 이몽룡이 출도 하는 장면이다. 너무나 유명한 암행어사에 의한 제2의 재판과, 열녀 춘향과 암행어사의 제2의 혼사가 이루어지는 대목이다.

「춘향전」에서 〈금준미주〉 한시의 설정은, 특이한 배치요 묘수이다. 춘향의 정절과 핍박받는 민중간의 고리를 기묘하게 연결시켰다. 얼핏 억지 연결 같은 변부사 잔칫상을 보고 읊조리는 '천인혈, 만성고'는 내적 구성으로는 지나친 비약일 수도 있다. 그러나 '천 사람' '만 백성'의 사람들이라는 그 대상의 의미 확충방식은 생일잔치에 동참한 남원 부근 관장들의 잔칫상에 오른 그 술과 안주에 비견하는 것만으로는 무리임이 틀림없다. 예컨대, 명나라 장수 조도사가 광해군의 흥청대는 궁중의 잔칫상을 보고 노래부른 그 표현을, 남원의 지방 수령이 베푼 잔칫상을 보고 표현하기에는 너무 과장된 것이기 때문이다. 그러나 조경남의 눈에는 이런 설정이 가능한 것이었다고 판단된다. 즉, 남원부사의 잔칫상은 남원이 군사적으로 삼남의 요충지요, 정유재란 때의 왜군의 침공으로 피의 바다를 이룬 바로 그 공간이기 때문이다. 그 전란의 피해가 아직도 남아있고, 그 유족들이 살아있는 그 마당에서 변부사는 무죄한 기생 춘향을 능욕하고, 생일잔치의 유희감으로 죽이려 들고 있기 때문이다. 그런 의로운 만인의 묘지인 〈만인의총〉 앞에서 벌어지는 탐악한 관리 변부사의 잔칫상은 그야말로, 온 백성의 고혈로 벌이는 잔칫상이라고 할만하다는 뜻이 담겨 있다. 그러므로 현실의 성이성 어사출도에서는 있지 않았던, 절묘한 어사시를 허구적 인물인 변부사의 징치와 탐악을 만백성의 고혈로 연계시킬 수 있는 작가 조경남은, 남원이라는 한 지역의 개체적인 관리의 탐학상보다는, 국가적 차원의 탐학으로 인한 백성들의 비참한 삶의 현장으로 고발할 수 있는 '금준미주' 한시의 창조적 활용을 가능했던, 남원의 의병장 출신이다. 그는 조도사의 한시를 자신의 속잡록에 실어 소개할 수 있는 발상과 스케일을 가진 대 문호이며, 전란을 직접 겪은 의병장 출신이기 때문에, 이런 경험을「춘향전」의 주제의식의 기저에 충분히 강력하게 깔아놓을 수 있는 인물이다. 물론 표층에는 변부사같은 탐관오리의 이야기가 자리하고 있지만, 그 이면에는 그 징치의 표현이나 의미 부여를 강력하게 뒷받침하는 근거가 어사출도 대목의 '금준미주'시의 설정 같은 데서 확인이 된다.[464)]

또,「춘향전」의 어사출도 장면도 실제의 암행어사가 보여주는 출도 사실에 비하여, 크게 폭력적이고 집단적 과격 행위로 묘사되고 있다. 이것은 작가가 작품이 지닌 극적인 상황을 고조시키기 위해 의도한 설정이요 허구적인 조작이지만, 이런 설정은 상무적 성격의 작가가 구상한 것일 가능성이 높다. 암행어사 출도를 할 때, 역졸들의 관장에 대한 공격같은 것은 전쟁에서 겪은 전투의 굴절된 모습이다. 왜냐하면 실질적인 출도의 상황을 서술한 것이 아니라, 전쟁 체험에서 본 공격자의 분위기를 역졸들의 행위를 통해 드러내는 것이기 때문이다. 암행어사 출도가 흡사 유격작전 같은 모습을 띠는 것은 전후문학으로서의 특징을 보여준다. 출도하는 역졸들에게서 느낄 수 있고 그 통쾌감은 한 관장을 타도하는 통쾌감이면서 전쟁에서의 적을, 비유컨대 왜적을 타도하는 감동으로 느낄 수 있다.[465)]

---

464) 설성경,『춘향전의 비밀』, 서울대학교출판부, 2001, 160쪽.

465) 설성경,『춘향전의 비밀』, 서울대학교출판부, 2001, 161쪽.

8-4 어사 출도대목의 극적인 대반전에서 폭발되는 신명의 감성미

(1) 「원춘향전」이 개작으로 적층적 성숙을 이루는 「춘향전」의 실상

(가) 만남 대목의 상승의 정서와 이별 대목의 하강의 정서

「춘향전」에서는, 정치적, 사회적 의미가 첨가되는 데, 여기에는 이별의 두 당사자 사이에, 제3의 인물로서 변부사의 등장이 개입됨으로써 야기되는 삼각 관계의 극적인 갈등에서 비롯된다.

춘향과 도령 사이의 정한은 변부사의 개입으로, 관민의 갈등으로 대립이 발전하여 더욱 극적으로 진행되면서, 사회, 정치적 의미로 심화되고 확대된다. 부사와 그 관기 간에 벌어지는 수청의 요구와 인간적 '정조 수호'라는 개인 권익을 내세운 기생의 결사적인 투쟁은 치열함의 극한에 근접한다. 기생 쪽에서는 단 하나뿐인 목숨을 걸고 저항하는 죽음을 두려워 않는 진검승부에 해당하는 날카로움이 번뜩인다. 춘향의 생사를 놓고 벌리는 남원 최대의 권력을 지닌 부사가 벌리는 '권력의 칼날'은 춘향을 단칼에 베일 수 있는 권세와 위엄을 갖추고 있다. 변부사는 이처럼 「춘향전」의 '이별의 미학'을 한 차원 올려주는 극적인 기능을 감당하고 있다. 그래서 그의 등장이 가진 작품 내적인 비중은 역할의 비중에 따라 클수 밖에 없다. 이 점이 당시의 군담계 영웅소설의 부정적 인물인 '간신형'과는 구분된다. 중앙권력의 왕과 그 주변의 충신형 또는 간신형의 대립보다는 비록 축소된 권력을 다루고, 중앙이 아닌 남원이라는 지역의 문제를 다루고 있지만, 그 사실성이나 친민중적이라는 측면, 그리고 절대 다수를 점하는 일반 평서민이나 천민들의 위치에서는, 자신들의 실제적인 삶과의 가까운 거리에서 일어날 수 있는 지역 관장의 일이라는 점에서, 그 사실감 위에서 펼쳐지는 '사건이나 대화'가 주는 정서적인 감동력은 실로 막강한 것이다.

행복한 결말의 미학은 「춘향전」에서 가장 성공한 사례라 할 수 있다. 그 까닭은 춘향과 이어사의 극적 재상봉의 높은 수위의 감동이 이루어 내는 고도의 완성도가 해소되면서, 독자나 시청자의 내적 감동의 확산을 미리 눈으로 보여줌으로써, 감동의 여운과 내면화의 여지를 상대적으로 축소 시키고 있다. 물론 '흥'의 사회적 확산이라는 긍정적 기능도 있지만, 춘향과 이어사의 개인적 성취의 긴장감을 급격히 해소시키거나, 완전히 여운으로 처리하는 것보다는 서구적 개념의 극적인 완성감이 희석되지 않도록, 극적 상봉 대목의 긴장을 더욱 높혔다가, 급속하게 하강시키는 수법을 기본으로 해서 여운이나 내적 감동의 여지를 보다 안정적으로 보장해야 한다.

「춘향전」을 대목별로 볼 때, 변화의 정도나 방향이 가장 큰 부분은 결미 대목이다. 그만큼 「춘향전」의 끝을 어떻게 내느냐 하는 것은, 어느 작가도 극대화된 완성도를 보여줄 수 없는 구성상 최고 난이도 를 자랑하는 대목이다.

춘향은 자신을 모멸한 인간들도 이미 용서하고 있다. 그녀를 극도의 세속적 보상으로, 혹은 그녀를 극도의 비극적 희생으로 몰아가는 것은 참다운 우리의 미학이 아니다. 춘향의 아름다움은 역정적이면서도 감칠맛나는 살아있는 아름다움이다. 즉, 약한 듯 강하고, 미련한 듯 영민하고, 순한 듯 독살스러우며, 뻣뻣한 듯 부드러움이 살아있는 아름다움이다.

「춘향전」은 사랑을 주제로 삼으면서, 사랑의 구체적인 과정과 이를 경험하는 주체들의 섬세한 심리 변화, 감각적 쾌락, 감정적 경험이 사회화되는 과정을 탐구하고 이를 통해 생의 의미를 추구하는 방식을 통해 고전으로서의 신생을 거듭함으로써 예술 텍스트로서의 문학사적 위상을 제고해 왔다고 평가할 수 있다. 「춘향전」이 구현하는 사랑은 인간에 대한 감성적 이해에서 출발하지만, 이를 단지 감각의 문제로 축소시키거나, 쾌락의 문제로 한정하지 않았다. 「춘향전」에서는 사랑이라는 개인적이고 감성적이며 육체적인 문제를 사회적이고 이념적인 범주로 포용해 나가고, 한 개인의 자기 완성과 사회화라는 인간적 문제로 통합해 감으로써 사랑을 감각과 경험의 문제로 발견하고, 이에서 나아가 성찰과 반성의 대상으로 사유하도록 구성하고 있다. 이는 다시 쓰기 형태의 개작 이본을 탄생시키는 형식으로 텍스트에 대한 개성화 의지를 드러내거나 혹은 현대적 재해석의 요청을 받아온 각 이본의 생성을 통해 실천되고 실험되었다.[466)]

「춘향전」의 이본들에서는 춘향이 거지의 형상을 한 이도령을 전적으로 감싸 안고 염려하는 데 비해, 이도령은 옥중으로 찾아가 진심을 시험하는 데서 그치지 않고, 새로운 권력자로서의 수청을 요구하면서까지 사랑의 진정성을 확인하고, 그 사랑을 독점하고자 하는 욕망을 보여준다. 그러나 「춘향전」은 이러한 이도령의 태도를 혐오스럽게 바라보지 않고, 이를 기꺼이 수용하는 것으로 처리함으로써, 그의 태도를 옹호한다. 이도령의 춘향에 대한 시험은 사랑에 대한 모독이 아니라 춘향의 진정성을 증명하는 계기로서만 조명된다. 이도령의 사랑이 쾌락적이고 현실적인 것이라면, 춘향의 사랑은 부재하는 가운데 환기되는 내적인 힘, 자기를 지키는 힘으로서 호소된다. 이도령이 자기 확신의 사랑을 주장하지 못한 채 상대를 향해 불안한 의혹의 시선을 건낼 때, 춘향이 보여준 진정성의 응답은 불온한 의심을 잠식시키며 그의 사랑을 추구할 만한 가치로서 설득시킨다. 이로써 쾌락의 사랑은 약속이라는 신념의 체계로, 포용이라는 인간적 미덕으로 환치된다.[467)]

「춘향전」의 극적인 서사구조는 거시구조의 골격으로 보면, 만남대목은 봄이라는 자연배경이 지닌 새 세계로의 발전이라는 우주적인 질서에 힘입어 남녀 주역이 결합됨에 반하여, 보상대목은 순애적 행위에 대한 휴머니즘적

466) 최기숙, 「춘향전의 고전적 가치와 미학」, 『춘향전 연구의 과제와 방향』, 국학자료원, 2003, 323~325쪽.

467) 최기숙, 「춘향전의 고전적 가치와 미학」, 『춘향전 연구의 과제와 방향』, 국학자료원, 2003, 308쪽.

윤리가 배경이 되어 두 계층을 대변하는 사회적 의미로 주제적 인식을 확충시키고 있다. 즉, 전반부의 만남, 사랑, 이별의 세 대목의 사건들이 춘향과 도령의 개인적인 차원에서 진행된다면, 후반부의 세 대목의 사건들은 춘향의 경우는, 춘향의 시련이 춘향 집 밖의 일로, 그 사건은 사또를 비롯한 관원들과 다수의 농민을 비롯한 남원, 호남의 백성들의 공동 관심사로 진행된다. 도령의 경우도, 도령 개인적인 출세라는 측면보다는 암행어사로서의 사회적 공적인 활동이라는 점이 활동의 중심에 놓이게 된다. 이러한 사실은 열녀가 된 춘향과 어사, 즉, 옛 도령이 어사가 되어 재회한 보상 대목에서도 개인적인 보상이라는 측면보다는, 왕까지 그들의 사적인 결합을 공인해주는 사회적 결연으로 종결된다. 이러한 각 대목의 전개에서 보여주는 단위 주제 중심의 대목들은 각기 그 정감적인 분위기를 달리하며, 그 교체와 질적인 변화가 동반된 반복의 극적인 구성에 의하여 예술적인 감흥을 고조시키게 된다. 즉, 만남 대목에서 시작되는 봄이라는 자연의 계절과 젊음이라는 시기에 따른 자연적 흥은 사랑 대목에서 두번 째의 개인적 흥로 발전하고, 이는 다시 이별 대목에서, 개인적 한으로 교체됨으로써, 전반부는 기쁨으로의 상승을 거쳐 슬픔으로의 하강에 이르는 정감의 기복에 따른 변화의 미감을 보여준다. 여기에 반하여 후반부는, 여자 주역인 지방에 있는 춘향의 시련은 이별에 의한 첫번째의 개인적 한에 연결되며 그 강도를 강화시킨 두번째의 집단적인 한으로 발전하고, 그와 동일한 시간대에 남자 주역인 서울에 있는 도령의 출세는 이별에서 맛본 개인적 한과 아주 대극적인 세 번째 집단적 흥으로 반전되게 함으로써, 양반 집안의 남자 주역의 현실과 기생 집안의 여자 주역의 현실이 주는 거리감의 격차를 극대화시켜, 춘향의 슬픔을 더욱 개성화하고, 한편으로는 그의 구원을 예고해주는 기능도 함께하게 된다.

전반에서 자아내는 정감의 상승과 하강의 질량감에 비하여, 후반의 하강에서 상승으로의 전개에서 자아내는 정감의 질량감은, 전반보다 더 강화된 것으로 그 질량감이 더욱 강화된다.

전반부	만남대목	자연적 흥	(개인적 결연)	상승에서 하강으로
	사랑대목	개인적 흥	(육체적 애정)	
	이별대목	개인적 한	(개인적 분리)	

전후반의 대응은, 전후반부에서 각기 몇몇 하위 단위 대목들로 다시 대응되고 있다. 또, 전반부의 각 대목들은, 작은 대목들에서는 흥과 한의 분위기가 거듭 교체되지만, 이를 통괄하는 정감은 한스런 분위러 톡상승과 하강스세 대목은 모두 춘향과 도령이라는 두 주역 사이에 벌어지는 개인적인 사건인 점에 반하여, 후반부의 세 대목은 시련과 출세 대목은 각기 춘향이라는 여자주역, 도령이라는 남자주역이 홀로 겪는 사건의 체험이고, 마지막 대목인 셋째 대목만이 다시 열녀가 된 춘향인 여자 주역과 어사가 된 옛 도령인 남자 주역이 다시 함께 사건 주체로서의 체험을 하게 되는 점이 또 하나의 전환된 대응이 되고 있다.

이 경우도 만남 대목은 춘향과 도령이 봄이라는 자연배경이 지닌, 만물이 지향하는 음양의 결합에 의한 새로운 세계로의 발전이라는 삼라만상의 우주적인 질서에 힘입어 결합됨에 반하여, 보상 대목은 사회이념 내지는 사회정의라 할 순애적 행위에 대한 휴머니즘적 이념과 정의가 승리해야 한다는 사회윤리가 배경이 되고 있어, 춘향과 어사라는 남녀 주역간의 문제만이 아니라, 사회구성원 모두의 지지를 받는 것으로 그 논리적 기반을 확충시키고 있음이 특징이다.

전반부의 만남, 사랑, 이별 대목은 춘향과 도령의 개인적인 차원에서 진행된다면, 후반부의 사건들은 춘향의 경우, 시련으로 진행된다. 즉, 집 밖에서 일어나는 사건이며, 사또를 비롯한 관원들과 다수의 농민을 비롯한 남원, 호남의 백성들의 공동 관심사로 확장된다. 한편, 도령의 경우도 개인적인 출세라는 측면보다는 암행어사로서의 사회적 공인의 활동이 중심에 놓인다. 열녀가 된 춘향과 어사가 되어 온 옛 도령과의 재회인 보상 대목에서도, 개인적인 보상이라는 측면보다는 군왕까지 그들의 신분을 초월한 사적인 결연을 공인해주는 사회적 결연으로 발전한다. 그러면서도 이들 대목은, 서사의 전개마다 정감의 분위기를 달리하며, 대립과 반복이라는 극적인 구성에 따라서, '흥과 한'의 감흥을 증폭시킨다. 즉, 만남 대목에서 시작되는 봄이라는 자연의 계절과 젊음이라는 시기에 따른 자연적 흥은, 사랑 대목에서 두번째의 개인적 흥으로 발전하고, 이는 다시 이별 대목에서 개인적 한으로 교체됨으로써, 전반부는 기쁨으로의 상승을 거쳐 슬픔으로의 하강에 이르는 정감의 기복을 통해 변화의 미감을 보여준다. 후반부는 남원에 있는 여주인공 춘향의 시련이 도령과의 이별에 의한 첫 번째의 개인적 한에 연결되며, 그 강도를 강화시킨, 두 번째의 집단적인 한으로 발전하고, 그와 동일한 시간대에, 남자 주인공인 서울에 있는 도령의 출세는 이별에서 맛본 개인적 한과 아주 대극적인 세번째 집단적 흥으로 반전되게 함으로써, 양반 집안의 남자 주역의 현실과 기생 집안의 여자 주역의 현실이 주는 거리감의 격차를 극대화시켜, 춘향의 슬픔을 더욱 개성화하고, 한편으로는 그의 구원을 예고해주는 기능도 함께하게 된다.

특히, 시련 대목의 한은 「춘향가」가 지닌 정감의 세계를 더욱 성숙화시켜준다. 도령과 춘향이 나누는 사랑은 영원한 사랑, 죽음을 뛰어넘는 사랑을 마음껏 노래하고 약속하고 다짐한다. 두 사람만의 사랑 외에는 그 어떠한 것도 개입되지 못한다. 춘향 방 안에서의 사랑은 온전히 두 사람만의 몫이며, 외부 세계와 단절을 자처한 사랑이면서 동시에 그들 스스로가 그 안에 갇힌 사랑이기 때문이다. 그러나 도령의 부친이 서울로 올라가게 되면서, 그들은 비로소 현실이 그들 마음대로 될 수 없으며, 그들의 이념적 희망대로만 움직여주지 않는 현실 자체의 논리로 움직이는 거부될 수 없는 것임을 체험하기에 이른다. 여기서부터 그들은 두 사람만의 사랑이 현실 앞에서 무력하게 무너질수 밖에 없음을 체험한다. 그러나 이러한 이별의 체험을 통해서, 비로소 그들은 사랑은 그들에게 있어서 포기될 수 없는 실체임을 깨닫게 된다. 춘향은 이별의 슬픔을 제 홀로 견디면서 식지 않는 사랑으로 기다림의 삶을 시작하지만, 그 과정에서 미처 예측할 수 없었던 변부사의 포악은, 오히려 그녀 자신에게 사랑과 정절을 더욱 확고히 하는 계기로 작용한다.

「춘향전」의 후반을 이끌어 나가는 시련 대목은, 춘향이 겪는 고통의 질량을 통해 그녀가 인간적인 성숙으로 나아가는 과정의 첫 단계라 할 수 있다. 이는 춘향이 기생 집안의 여인으로 출발하였지만 도령과 이별한 후, 새로운 여인 즉, 정절의 여인으로 변신하는 정체성의 변모로 나타난다. 이러한 춘향의 정체성의 변모는 극적인 서사체계 및 인물의 상반적 성격인 기생형과 열녀형의 상승적인 통합화를 이룬다. 이 과정은 엄청난 양의 한을 삭여가는 과정이다.

(나) 시련 대목의 하강적 정서와 보상 대목의 상승의 정서

후반부의 거시적 구조와 한과 그 반전을 통해 집단적인 신명을 드러내게 하는 시련과 출세 대목에서는, 시련을 통해 성숙되는 열녀 춘향과 장애 없이 출세하는 도령의 호응으로 설정하였다. 즉, 남원에서의 춘향은 시련을, 한양에서의 도령은 출세를 각각의 주요 환경과 생활상으로 대비하여 설정하였다.

춘향의 정절이 지닌 의미는 절개를 지킨다는 수절의 의미로만 한정되지 않는다. 이는 아무도 그런 기대를 생각지도 않는 기생의 신분인 춘향이 절개를 지켰다는 의미만이 아니라, 포악한 관리에 결사 항거를 하는 매서운 여인으로서의 모습도 함께 지니고 있는 것이다. 이러한 춘향의 수절이 민중의 염원으로 표현되는 이유가 여기에 있다. 기생의 수절, 민권을 향한 저항으로서의 수절, 이 두 가지 수절이 바로 열녀 춘향 특유의 열녀 의식이다.

열녀란 처음부터 그렇게 태어나는 것이 아니라, 부닥친 상황이 만들어내는 것이다. 춘향이 초반에는 변부사에게 저항 끝에, 옥중에서 고난을 겪지만, 양반 자제로서의 도전의 길을 걸어 성공한 이어사의 힘에 의하여 끝내 승리를 쟁취한다. 그 고난 극복의 과정에 놓인 것이 기생이 열녀로 나아가는 시련의 길이다. 춘향은 그 시련을 통한 성숙의 길을 수평적 차원에서 걷지 않았다. 변부사로부터 몰아 닥치는 억압과 횡포만큼, 춘향은 그 억압에 맞서는 정신적인 힘을 길러내었다. 그 고행은 수식적인 상승의 길로 연결되었고, 그 고통을 이겨냄으로써 다음에 이어질 멋진 보상이, 예외적인 열녀의 영광이었다.

「춘향전」의 이런 숭고한 열녀 상은 작가가 만들어 낸 허구의 세계만이 아니라, 역사적 현실 속에서 살아간 남원의 열녀 기생 사건이 토대가 되었을 것이다. 그러나 이를 뒷받침할만한 기록이 너무 희소하고, 그 내용 또한 빈약하다. 물론, 일부 구전으로는 원한을 품고 죽어간 남원의 여인, 특히 사또에게 저항하다 죽은 억울한 기생의 이야기가 전승되는데, 이것이 남원 부사의 탐욕에 의해 희생당한 열녀 기생형 신원설화이다. 그 예로 "기생 월매의 딸 춘향은, 남원 옥중에서 원사하였다." "남원 부사의 자제 이도령은 동기 춘향과 정을 통했다. 그 후 춘향은 도령을 위해 수절을 하려다가 신임 사또인 탁종립에 의해 죽었다."등으로 전해져 왔다.

이들 내용은 전승 상에서 변이가 이루어진 부분이나, 「춘향전」에서 역수용이 된 부분도 있을 수 있겠지만, 그 토대는 실화에 근거했을 것으로 판단된다.

후반부
- 시련대목 — 집단적 한 — (사회적 분리)
- 출세대목 — 집단적 흥 — (정신적 애정)
- 보상대목 — 사회적 흥 — (사회적 결연)

→ 하강에서 상승으로

「춘향전」에서 독자의 가장 큰 공분을 자아내는 부분은 바로 춘향의 투옥 부분이다. 그것은 그만큼 특수한 경우임을 반증한다.

춘향은 옥중에서 사랑의 실체를 깨닫는다. 그러나 춘향의 심경의 변화는 사설로 표면화되어 제시되지 않는다. 춘향은 사실 처음부터 열녀였던 것이 아니라, 열녀로 형성되어 가는 것이다. 춘향의 삶 자체가 그녀를 열녀로 만든다. 담금질한 쇠가 칼이 되는 것과 같다. 춘향은 시련과 단련 속에서 열녀가 되어간다. 춘향은 변부사의 포악을 보면서 그것에 반항하는 것이 옳다고 생각한다. 그에 연루되는 것을 거부하면서부터, 그에게 저항하면서부터 열녀가 되어간다. 옥중에서 춘향은 자신이 기다려야 할 것, 진정으로 기다리는 것은 순수한 사랑의 대상자이지, 그 외의 다른 무엇일 수 없음을 비로소 깨닫는다. 죽음의 문턱까지 갔다 온 춘향은 더 이상 현세에서의 부귀영화를 원하지 않는다. 변부사는 운명의 상징이다. 비 온 뒤에 땅이 굳듯이, 춘향은 시련 뒤에 더욱 인간적 진지함을 응축해간다. 이러한 옥중 대목의 대표적 사건은 다음과 같이 '춘향이 홀로 옥중에서 자탄함', '춘향의 황릉묘 사설', '쑥대머리'로 이어진다. 이러한 옥중 대목에서 벌이는 「옥중가」의 본질은 폐쇄 공간인 옥중에서의 춘향의 자탄가 사설을 통해 가장 구체적으로 드러난다. 각 텍스트의 춘향의 옥중 자탄 사설의 짜임은 다음과 같다.[468]

「춘향전」의 큰 계통 중에서 「별춘향가」 계통의 「옥중가」 중에서 자탄 사설을 비교해 보면 다음과 같다.

> 완판 84장: 옥즁의 드러가셔 옥방형상 볼작시면, 부셔진 죽창 틈의 살쏘난 이 바람이요, 문어진 헌 벽이며 헌 자리베록 빈ᄃᆡ 만신을 침노한다. 잇ᄯᆡ, 춘향이 옥방의셔 장탄가로 우든 거시엿다. "이 ᄂᆡ 죄가 무삼 죄냐? 국곡투식 안이거던 엄형즁장 무삼일고! 살인죄인 안이여든 항쇄 족쇄 윈이리며, 역율 강상 안이여든 사지결박 윈이리며, 음양도적 안이여든 이 형벌리 윈이린고! 삼강수은 연수되야 청천일장지 의 ᄂᆡ의 셔름 원정 지여 옥황젼의 올이고져. 낭

468) 표 안의 숫자는 서술 시간상에 제시되는 순서를 의미한다. 전각 원문자의 번호는 이도령이 남원에 온 후에 제시되는 부분.

군 길워 가삼 답〃 부리 붓네! 한숨이 바람되야 붓난 불을 더 붓치니 속졀 업시 나 죽것네! 홀노 셧는 져 국화는 노푼 졀ᄀᆡ 거록하다. 눈 속의 청송은 쳔고졀을 직켜쑤나. 풀린 솔은 날과 갓고 누린 국화 낭군 갓치 실푼 ᄉᆡᆼ각 ᄲᅢ리나니 눈물이요, 젹시난이 한숨이라. 한숨은 청풍 삼고 눈물은 셰우 삼어 청풍이 셰우을 모라다가 불건이 ᄲᅢ리건이 임의 잠을 쌔우고져! 견우 직여셩은 칠셕 상봉하올 적의 은하수 ᄆᆡ켜시되 실기한 일 업셔건만, 우리 낭군 겨신 고ᄃᆡ 무삼 물리 ᄆᆡᆨ켜난지 소식조차 못듯난고! 사라 이리 기루난이 아조 죽어 잇고지거! 차라리 이 몸 죽어 공산의 뒤건이 되야 이화월빅 삼경야의 실피 우러 낭군 귀의 들이고져! 청강의 원앙되야 짝을 불너 단이면셔 다정코 유정하물 임으 눈의 보이고져! 삼춘의 호졉되야 힝기 무인 두 나ᄅᆡ로 춘광을 자랑ᄒᆞ어 낭군 오스 붓고지거! 청천으 명월되야 밤 당하면 도다올나 명〃이 발근 빗셜 임으 얼골의 빗치고져! 이 ᄂᆡ 간장 셕난 피로 임으 화상 기러ᄂᆡ여 방문 압푸 족자 삼아 거러두고 들며 나며 보고지거! 수졀 정졀 〃ᄃᆡ가인 차목하게 되야구나! 문ᄎᆡ 조흔 형산빅옥 진퇴 즁의 뭇쳐난 듯, 힝기로운 싱산초 가 잡풀 속의 셕겨난 듯, 오동 속의 노든 봉황 형극 속의 길듸린 듯, 자고로 셩현네도 무죄하고 국계신이, 요순우탕 인군네도 걸주의 포악으로 함진옥 의 갓쳐던이 도로 뇌야 셩군되시고, 명덕치민 주문왕 도 상주의 ᄒᆡ을 입어 우리옥 의 갓쳐던이 도로 뇌야 셩군되고, 만고성현 공부자도 양호의 얼 을 입어 관야의 갓쳐더니 도로 뇌야 ᄃᆡ셩 되시니, 이른 일로 볼작시면 죄 업난 나ᄂᆡ 몸도 사라나셔 셰상 귀경 다시할가! 답〃하고 원통하다! 날 살이리 뉘 잇슬가! 셔울 게신 우리낭군 벼살길노 나리와 이러타시 죽거갈 제, ᄂᆡ 목심을 못 살인가? 하운는 다기봉 하니 산이 놉파 못오던가 ? 금강산 상〃봉이 평지되거든 오랴신가? 병풍의 기린 황게 두 나ᄅᆡ를 톡〃 치며 사경일졈으 날 ᄉᆡ라고 울거던 오랴신가? ᄋᆡ고〃 〃 ᄂᆡ 일리야!" 죽창문 을 열싸리니 명졍월ᄉᆡᆨ은 방안으 든다마는 어린 거시 홀노 안져 달다러 뭇는 마리, "져 달아 보는야 임 게신ᄃᆡ 명기 빌여라! 나도 보게야! 우린 임이 누워던야 안ᄌᆞ던야? 보는ᄃᆡ로만 네가 일

러 ᄂᆡ의 수심 푸러다고!" ᄋᆡ고ᄋᆡ고 셜이 울다 호련이 잠이 든이,

완판 30장본 「별춘향전」은 거의 그대로 완판 33장본 「열녀춘향수절가」에 수용되고 있으나, 완판 84장본 「열녀춘향수절가」에서는 한량들의 이야기를 제거하고 그 대신 춘향이 님을 그리는 외로움을 토로하는 사설로 대체시키고 있다.

또, 황릉묘 장면에서도 다음과 같은 변이를 보인다.

완판 84장: 비몽사몽간으 호졉이 장주되고 장주가 호졉되야 세우갓치 나문 혼ᄇᆡᆨ 바람인듯 구룸인듯 한곳슬 당도한이, 쳔공지활ᄒᆞ고 산영수려한듸 은〃한 죽임 간의 일층화각이 반공의 잠겨거늘, ᄃᆡ체 귀신 단이난 법은 ᄃᆡ풍기ᄒᆞ고 승천입지ᄒᆞ니 침상편시춘몽중 의 힝진강남 수쳘이라. 젼면를 살펴보니 황금ᄃᆡ자 로 '만고정열황능지묘'라 두러시 붓쳐거늘 심신이 황홀하야 ᄇᆡ회터니, 쳔연한 낭자 셔이 나오난듸, 셕숭 의 ᄋᆡ쳡 녹주 등농를 들고, 진쥬 기싱 논ᄀᆡ, 평양 기싱 월션이라. 춘향을 인도하야 ᄂᆡ당으 드리가니 당상에 ᄇᆡᆨ의 한 두 부인이 옥수를 드러 청하기늘 춘향이 사양하되, "진셰간 쳔쳡이 엇지 황능묘을 오르잇가?" 부인이 기특이 네겨 ᄌᆡ삼 청하거늘 사양치 못하야 올나가니, 좌을 주워 안친 후의, "네가 춘향인다? 기특하도다! 일젼의 조회차로 요지연의 올나가니 네마리 낭자키로 간져리 보고시퍼 네를 청하여시니 심이 불안토다!"

춘향이 ᄌᆡᄇᆡ 주왈, "쳡이 비록 무식하나 고셔를 보옵고 사후의나 존안을 뵈올가 하여던니, 이러틋 황능묘의 모시이 황공비감하여니다." 상군부인 말삼하되, "우리 순군 ᄃᆡ순씨가 남순수 하시다가 창오산 의 붕하시니, 속졀업는 이 두 몸이 소상 죽임의 피눈물을 ᄲᅮ리노니, 가지마닥 알롱〃〃 입〃피 원한이라. 창오산붕상수졀 리라야 죽상지누 ᄂᆡ가 멸을, 천추의 집푼 한을 하소할 곳 업셔써니, 네 졀힝 기특기로 너다러 말하노라. 송건 기쳘연의 청ᄇᆡᆨ은

어느 쩍며 오현금 남풍시를 이졔까지 젼하던야?" 이릇타시 말삼할 졔, 엇더 한 부인, "춘향아, 나는 기주명월음도셩 의 화션하던 능옥 일다. 소사의 안히 로셔 틱화산 이별 후의 승용비거 한이 되야 옥소로 원을 풀 졔 곡종비거부지 쳐 하니, 산하벽도 춘자기라!" 이러할 졔 또 한 부인 말삼하되, "나는 한궁여 소군 이라. 호지의 오거하니 일부청춘 샌이로다! 마상 피파 한 곡조의 화도 셩식춘풍면이요 화픽공귀월야혼이라, 엇지 안이 원통하랴!" 한참 이리할 졔, 음풍이 리러나며 촉불리 벌넝〃〃 하며 무어시 촉불 압푸 달여들거늘, 춘향 이 놀닉여 살펴보니 사람도 아니요 귀신도 안인듸, 의〃한 가온딕 곡셩이 낭 자하며, "여바라 춘향아! 네가 날을 모로이라! 나는 뉜고 한이, 한고조 안히 쳑부인 이로다. 우리 황졔 용비 후에 여후의 독한 솜씨 닉의 수족 끈어닉여 두 귀여다 불지르고, 두 눈 쌔여 암약 먹겨 칙간 속의 너허슨니, 쳔추의 집픈 한을 언으 쩌나 풀러보랴?" 이리 울 졔, 상군부인 말삼하되, "이고시라 하난 딕가 유명 이 노수하고, 항오직별 하니 오릭 유치 못할지라." 여등 불너 하직 할식, 동방 실솔셩 은 시르렁, 일쌍호졉은 펄〃, 춘향이 깜짝 놀닉 씨여보니 꿈이로다!

이 대목은 완판 30장본 「별춘향전」에는 없었다. 그러던 것을 완판 33장본 「열녀춘향수절가」에서 꿈에 황능묘로 가는 상황을 생성시켰고, 이것을 완판 84장본 「열녀춘향수절가」에서는 그대로 수용하고 있다.

또, 파경몽은 텍스트별로 다음과 같은 변이를 보인다.

완판 84장: 옥창 잉도화 써러져 보이고, 거울 복판이 씨여져 뵈고, 문 우의 허수익비 달여 보이거늘, '나 죽을 꿈이로다'!"

또, 허봉사 해몽은 텍스트별로 다음과 같은 변이를 보인다.

완판 84장: 수심 걱경 밤을 실 제, 기럭이 울고 가니 일편 셔강 달의 힝안 남비 네 아니냐? 밤은 집퍼 삼경이요 구진 비는 퍼붓넌듸, 돗치비 씍〃, 밤식 소릭 붓〃, 문풍지는 펄넝〃〃, 귀신이 우난듸 난장마자 죽은 귀신 ,형장마자 죽은 귀신, 결령치사 딕롱〃〃 목 믹디러 죽은 귀신, 사방의셔 우난듸 귀곡셩이 낭자로다! 방안이며 춘여 끗시며 마루 익릭셔도 '익고〃〃' 귀신 소릭의 잠들기리 젼이 업다. 춘향이가 쳐음에난 귀신 소릭의 경신이 업시 지닉더니, 여러 번을 드러난니 파급 이 되야 청셩 국거리 삼직비 셰악 소릭로 알고 드르며, "이 몹슬 귀신더라! 나을 자바 갈나거던 조르지나 말염무나! 엄급〃 여율령 사파쐬 !" 진언치고 안자 슬 씩,

위의 본문에서 보는 바와 같이 「별춘향전」 계통의 각 텍스트는 30장본 「별춘향전」에서 33장본 「열녀춘향수절가」로, 다시 33장본 「열녀춘향수절가」에서 84장본 「열녀춘향수절가」로 갈수록, 춘향의 옥중 사설이 장편화 될 뿐더러 춘향의 비극적 상황을 극대화하는 방향으로 전개되고 있음을 알 수 있다. 곧, 초기본인 완판 30장본 「별춘향전」에서는 춘향의 옥중 자탄만이 제시되지만, 이의 후기본인 완판 33장본 「열녀춘향수절가」에 와서는 황릉묘 사설과 파경몽, 허봉사의 해몽이 부가되어 있고, 다시 이 완판 33장본 「열녀춘향수절가」의 후기본인 완판 84장본 「열녀춘향수절가」에서는 귀곡성까지가 제시됨으로써, 춘향의 옥중 상황의 비극성을 강화하게 된다. 또한 완판 33장본 「열녀춘향수절가」에서 완판 84장본 「열녀춘향수절가」로의 전개과정상에서는 작품의 개연성 확보를 위한 개작자의 노력이 보여져 발전적 면모를 보여주고 있다.

완판 84장본 「열녀춘향수절가」는 '춘향의 옥중 자탄', '황릉묘 사설', '파경몽', '귀곡성'에 이르기까지의 일련의 상황을 통해 감금상태에서의 절망상태를 보여준다. 옥중의 춘향은 살아있는 자와의 교통이 아닌 죽은 자와의 대화를 통해 그녀 자신이 삶보다는 죽음에 가까이 와 있음을 보여준다. 춘향의

파경몽은 절망 상황에 대한 공포감이 꿈을 통해 무의식적으로 재현된 것으로 보이며, 꿈 깬 후 옥중에서 맞이한 귀곡성은 죽음의 공포로 시달리는 춘향의 현 상황을 보여준다. 춘향은 황릉묘 꿈을 통해 꿈 속에서의 죽음 이후의 세계를 경험하며 파경몽을 통해 불길한 현실적 조짐과 만나고, 옥중에서의 귀신들의 소리를 통해 죽음이 그녀에게 가까이 와 있음을 확인한다. 이러한 「춘향전」에서의 귀곡성은 소설을 통해서는 완판 84장본 「열녀춘향수절가」에만 다음과 같이 제시되고 있다.

> 수심 걱정 밤을 ᄉᆡᆯ 제, 기럭이 울고 가니 일편 셔강 달의 힝안남비 네 아니냐? 밤은 집퍼 삼경이요 구진 비는 퍼붓넌듸, 돗ᄎᆡ비 쎽〃, 밤ᄉᆡ 소ᄅᆡ 븟〃, 문풍지는 펄넝〃〃, 귀신이 우난듸 난장마자 죽은 귀신 ,형장 마자 죽은 귀신, 결령치사 ᄃᆡ롱〃〃 목 ᄆᆡ디러 죽은 귀신, 사방의셔 우난듸 귀곡셩이 낭자로다! 방안이며 춘여 ᄭᅳᆺ시며 마루 ᄋᆡ리셔도 'ᄋᆡ고〃〃' 귀신 소ᄅᆡ의 잠들기리 젼이 업다. 춘향이가 쳐음에난 귀신 소ᄅᆡ의 정신이 업시 지ᄂᆡ더니, 여러 번을 드러난니 파급이 되야 청셩 국거리 삼ᄌᆡ비 셰악 소ᄅᆡ로 알고 드르며, "이 몹슬 귀신더라! 나을 자바 갈나거던 조르지나 말염무나! 엄급〃 여율령 사파쐬!" 진언치고 안자 슬 ᄊᆡᆨ

이는 완판 84장본 「열녀춘향수절가」의 판소리 사설과의 근접성을 입증하는 자료가 되기도 한다. 옥중에서 춘향처럼 억울하게 죽어간 사람들이 죽어서도 그 원통함을 떨치지 못해 옥중에 원혼으로 머물면서 억울함을 하소연하는 소리가 귀곡성으로 제시되어 있다. 귀곡성이 전개되는 상황의 배경은 비오는 한밤중으로 설정된다. 비오는 날 옥중에서, 비 소리를 실은 바람은 옥창문을 흔들어 귀신 기운을 돋운다. 옥중에서 억울하게 죽어간 귀신들의 울음소리로 춘향은 잠들지 못한다. 춘향이 귀신을 만난다는 건 이미 그녀 자신이 죽음의 문턱에까지 다다랐기 때문이다. 귀신들이 그녀에게 말을 걸어

온다. 자신들도 춘향과 같이 억울하게 이 옥에서 죽어갔노라고 말한다. 귀신의 울음은 바람이다. 모든 서러운 영혼들이 춘향에게로 모여 그녀를 잠들지 못하게 괴롭힌다. 춘향은 처음에는 두려워만 하다가, 귀신을 꾸짖는 태도로 변한다. 삶을 향한 의지로써, 진언을 외워 귀신에 대한 공포감을 쫓아보려 한다. 그녀는 아직 귀신과, 같은 세계에 있기보다는 살아있는 사람들의 세상에 있고 싶어하는 것이다. 죽음의 세계보다는, 아직 삶의 세계에 남고 싶은 것이다. 귀신들이 억울함을 하소연하며 춘향에게 달려들 때, 이제 옥중의 춘향이 맞서야 할 대상은 변부사의 포악만이 아니라 죽음이며, 그녀의 옥중 시간은 결사적인 투쟁의 시간이 된다. 아무도 없는 옥방에, 귀신 기운이 서린 공간에서 그녀 혼자 죽음의 공포와 맞서 싸우는 모습이야 말로, 처절한 현실을 더욱 비극적으로 만들기에 충분하다. 이러한 귀신의 울음소리는 춘향처럼 억울하게 갇혀서, 옥사까지 하게된 영혼들이 많이 있었음을 보여줌으로써 형벌제도의 현실상에 나타나는 부패성을 보여주고 있으므로, 변부사의 포악과 부정에 대한 비판적 시각을 간접화법으로 전달하는 기능을 한다고 볼 수 있다. 그러므로 이 귀곡성 부분은 중요한 주제화의 기능을 수행한다고 할 수 있다. 그러나 완판 84장본 「열녀춘향수절가」 이전의 완판 계열본 텍스트에서는, 이 귀곡성 부분이 제시되고 있지 않다. 완판본이 전해내려오는 동안에 완판 84장본 「열녀춘향수절가」에 와서 판소리극 사설의 귀곡성 부분을 수용한 것은 죽음의 선에 가까이 온 춘향의 절망 상태를 강조함으로써, 작품의 비극적 분위기를 고조시키기 위한 개작자의 의도적 배려인 것으로 판단된다. 이 부분의 삽입으로 인해 춘향의 옥중 절망의 체험은, 절망을 넘어선 공포감, 죽음을 너머 삶을 지탱하고자 하는 춘향의 마지막 안간힘의 분위기를 형성한다.

완판본의 세 텍스트에서는 춘향의 옥중 자탄의 꿈과 허봉사의 해몽 대목이 대조를 이루도록 구성된다. 전자의 상황은 절망의 상황이며, 후자는 절망한 현실을 희망적으로 극복하려는 부분에 해당한다. 흉한 꿈을 꾼 춘향이 꿈에서 깨자마자 그 불길함을 옥중의 귀곡성으로 확인하고 공포에 시달릴 때[469) 그녀는 허봉사를 청해 파몽을 의뢰한다. 파몽의 의외적 결과는 자신의 꿈에서 불길함을 읽었던 춘향으로서는 쉽게 믿겨지지 않는다. 그러나 눈먼 이에게서 읽혀지는 삶에 관한 마지막 희망을 춘향 자신도 쉽게 포기하지 못한다. 그러던 그녀에게 들리는 까마귀 울음소리는 허봉사의 해몽에 건 그녀의 마지막 희망마저 부정해 버리는 흉한 징조로서 다가온다. 그녀는 불길함을 떨치려는 듯 "손을 드리 후여 날이며 '방정마진 가막구야, 날을 자버 갈나거든 졸으기나 말여무나!'"라고 말한다. 이때에 '까옥 까옥' 하는 가마귀의 불길한 울음도 허봉사에게 와서는 '가옥'의 의미, 곧 , '좋은 집', '좋은 감옥'으로 풀이되어 정반대로 수용되어진다. 허봉사의 풀이는 믿을 수도 믿지 않을 수도 없는 망설임으로 남는다. 이 망설임은 기대와 좌절의 간극에서 생성되며, 이 간극은 독자의 호기심을 몰고 가서, 그들로 하여금 작품의 끝으로 빨리 달려가게 한다.

「남원고사」의 옥중 자탄 사설은 다음과 같은 춘향의 형용 묘사, 옥중 자탄, 〈수심가〉로 구성된다.

① 춘향의 형용 묘사: 즁병 ᄂᆡ여 그리져리 흣터지니, 츈향의 거동 보소. 정신을 겨요 찰여 눈을 드러 살펴보니, 옥방 형상 가이업다. 압문의ᄂᆞᆫ 살이 업고 뒤벽의ᄂᆞᆫ 외만 남아, 시졀은 납월 이라 삭풍은 쌔ᄅᆞᆯ 불고 삼믜아기 흣날니〃 골졀이 져려온다. 북풍한셜 찬 바람은 살 뽀드시 드러오니 머리 ᄉᆞᆺᄒᆡ 셔리 치고 숀발조ᄎᆞ 어름 갓다. 거적ᄌᆞ리 헌누비에 그리져리 겨울 가고 봄이 지나 하눅월이 다〃르니, 완연ᄒᆞᆫ 구쉬로다. 헌 ᄌᆞ리에 벼룩 빈ᄃᆡ 여윈 등을 파종ᄒᆞ고 풀쌔 업ᄂᆞᆫ 모긔들은 ᄇᆡ가족을 침질ᄒᆞᆯ 졔 쳔음우습 구즌 날의 귀곡셩이 쳐량ᄒᆞ고, 혼흑텬지 어둔 밤의 옥 고초가 긔지업다. 이팔청춘 졀ᄃᆡ가

469) 이 경우는 완판 84장본 「열녀춘향수절가」에만 해당된다.

인 가련이도 되것고나. 향긔로운 상산 난초 잡풀 속의 뭇쳣는듯, 말 잘ᄒᆞ는 잉무ᄉᆡ가 농 가온ᄃᆡ 갓쳣는듯, 청계슈의 노든 고기 그물 속의 걸녓는듯, 벽오동의 길든 봉황 형극즁의 드럿는듯, 십오야 밝은 달이 ᄯᅦ구름의 싸혓는듯, 초장적막 홀노 안ᄌᆞ 쥬야댱탄 우는 말이

② 옥중 자탄: 하로 이틀 한 달 두 달 이롤 엇지 ᄒᆞ잔 말고?

북ᄒᆡ안치 소무고졀 안독셔신 풀니엿고 유리슈옥 문왕ᄃᆡ덕 미녀션마 노히엿고, 붕당금고 이응이도 이졔하종 노혓고나 무죄구슈 이ᄂᆡ몸이 어이ᄒᆞ여 노혀볼고? 청텬의 썬는구름 놉흠도 놉흘시고 져구름의 올나셔면 님계신ᄃᆡ 볼거시오, 만경창파 져물결은 쥬야댱텬 흘너가니 져물갓치 흘너가량이면 님의곳의 가란마는, 일거월져 오ᄅᆡ간들 은〃일념 니즐손냐 옥즁명월 긴〃 밤의 독의셔창 빗기안ᄌᆞ 산운ᄒᆡ월 바라본들 쇽졀업시 ᄉᆞᆺ는간장 눌다려 니롤손가? 밤의깁히 못든잠을 낫벼ᄀᆡ의 잠간드니 몽니ᄒᆡ우 셔로만나 피ᄎᆞ상ᄉᆞ 니롤적의, 경박ᄒᆞᆯ손 일빵호졉 두견셩의 흣터지니 여견불견 황홀ᄒᆞ다. ᄉᆞ몽비몽 분별ᄒᆞᆯ졔 헛트러진 십이운발 빈혀ᄉᆞᆺ기 니졋고나. 츄월츈풍 ᄉᆞ시절은 뵈오리의 북지나듯 젹연무인 혼ᄌᆞ안ᄌᆞ ᄉᆡᆼ각는니 님ᄲᅮᆫ이라. 소〃낙목 부는바람 나붓기는 의상이라 향혼옥골 ᄉᆞ라질졔 쥬루만협 ᄒᆞᆫ는고나. 보고지고 우리낭군 엇지그리 못오는고 츈슈만ᄉᆞᄐᆡᆨᄒᆞ니 물이막혀 못오시나 하운이다 긔봉ᄒᆞ니 뫼히놉하 못오시나? 가련금야 슉창가라 ᄉᆞ랑괴야 못오시나 쥬마투계 유미환이라 노름 잠겨 못오시나? 오날이나 편지올가 ᄂᆡ일이나 쇼식올가 응당한번 오련마는 이럴니가 업슬노다. 바라보니 아득ᄒᆞ고 ᄉᆡᆼ각ᄒᆞ니 목이멘다 공방미인 독상ᄉᆞ는 날노두고 니른 말이로다. 동원도리 편시츈은 삼월모츈 슈심이오 공산낙목 우소〃ᄒᆞ니 ᄉᆞ월남풍 슈심이라. 오동야우 잠ᄭᆡᆫ후의 실솔셩이 슈심이오 겨울가고 봄이오니 송구영신 슈심이라. 비취금원앙침 공작병 합화연이 호ᄉᆞ도 되려니와 연분을 위ᄒᆞᆫ뜻지 이졔로 보와ᄒᆞ니 니별이 슈심일다. 니별에 설운뜻을 눌다려 니롤손냐. 가슴이 다타오니 님그리는 화렬이오

눈셥의 ᄆᆡ친한이 님그리ᄂᆞᆫ 화렬이라. 혈육으로 삼긴몸이 〃리설고 엇디살니 나죽고 님죽으면 그졔야 원슈되야 나조코 님조흐면 그아니 연분인가 니졍의 홍불기ᄂᆞᆫ 남복으로 종군ᄒᆞ고 탁문군의 봉구황이 고금이 다ᄅᆞᆯ만졍 인심이야 다ᄅᆞᆯ숀냐.

왕소군 반쳡여ᄂᆞᆫ 고금이나 상ᄉᆞ일념 원ᄒᆞ기야 마음은 ᄒᆞᆫ가지라.

셔왕모의 쳥됴연과 소즁낭의 흰 기럭기 이런 ᄯᆡ의 잇실진ᄃᆡ 소식이나 젼ᄒᆞᆯ 거슬. 화월 갓치 맑은 얼골 표〃ᄒᆞ여 눈의 암〃 건곤은 유의ᄒᆞ여 우리 둘을 삼겻ᄂᆞᆫᄃᆡ 셰월은 무졍ᄒᆞ여 옥빈홍안이 공뇌 로다. 나며들며 오락가락 님가든 길 바라보니 이ᄂᆡ 상ᄉᆞ 허ᄉᆡ로다. 무졍 셰월은 물 흐르듯 도라가고 유의ᄒᆞᆫ 우리 인ᄉᆡᆼ 이별의 다 늙는다. 녀관한등에 ᄀᆡᆨ회도 슯흐거든 벽창공방의 님 이별을 니ᄅᆞᆯ손가? 공산야월 졈문 날과 쳔음월혼우습ᄒᆞᆯ 졔, 깁을 둘너초혼 ᄒᆞ면 영이별이 〃ᄯᅵ로다. 져근덧 가ᄆᆡᄒᆞ여 ᄭᅮᆷ의나 보ᄌᆞᄒᆞ되, 슈심 겨워 잠 못드ᄂᆡ. 타긔황ᄋᆡᆼ 져 ᄭᅬᄭᅩ리 막교지상 우지 마라 . 네 우름의 잠 못닐워 님의 곳의 못 갈노라. 신무우익ᄒᆞ니 바라본들 어이 ᄒᆞ리? 셰류츈풍 져문 날과 오동청노츄월야의 이리 그리고 엇지 살니? 달은 밝고 바람은 찬ᄃᆡ 밤은 길고 잠 업셰라. 녯일을 솜〃 셰아리니 엇지 아니 설운손야? 덕급금슈 탕님군도 하걸의 포악으로 하ᄃᆡ옥의 갓쳣다가 도로 노혀 셩군 되고, 만고셩현 공부ᄌᆞ도 광ᄯᅡᆨ희 욕을 보나 도로 노혀 셩현되고, 명덕신민 쥬문왕 도 상쥬의 음악으로 뉴리옥의 갓쳣다가 도로 노혀 셩군 되고, 졍츈ᄃᆡ졀 소즁낭도 흉노의게 잡혀가셔 북히상의 갓쳣다가 고국으로 도라오니, 이런 일노 보아셔ᄂᆞᆫ ᄋᆡᄆᆡᄒᆞᆫ 이ᄂᆡ 몸이 힝혀나 옥의 나셔 셰상 구경 다시 ᄒᆞᆯ가? ᄋᆡ고〃〃 설운지고. 쥬야댱텬 우름 운들 슈졀츈향 젼혀 업다. 오날이나 방송ᄒᆞᆯ가, ᄂᆡ일이나 ᄃᆡᄉᆞᄒᆞᆯ가? 밤낫으로 기ᄃᆞ리나 노흘 ᄯᅳᆺ은 젼혀 업고, 취즁의 쥬망 나면 ᄯᅵ〃 올녀 즁장ᄒᆞ여 월삼동초 좌기마다 지만ᄒᆞ라 슈죄ᄒᆞᆫ들 송ᄇᆡᆨ갓치 구든 졀ᄀᆡ 북풍한셜 두려ᄒᆞ랴? ᄋᆡ고 이ᄅᆞᆯ 어이 ᄒᆞ리? 죽을 밧긔ᄒᆞᆯ일 업다. ᄇᆡᆨ병이 층ᄉᆡᆼ ᄒᆞ니 속졀 업시 나 죽깃네. 우리 도령님 한번만 보고지고. 한번 보고 그씌 죽어도 한이 업고, 즉금 죽어도 한이 업고, 이 ᄌᆞ리에 죽어도 한이 업깃네. 이 몸이 죽기 젼의 아모조록 보고지고. 알프기도 긔지 업고 칩기도 가이 업다. 마듸 〃〃 셕ᄂᆞᆫ 간장 드ᄂᆞᆫ 칼노 졈여ᄂᆡ여 산호상 ᄇᆡᆨ옥함의 졈〃이 담아다가 님의 눈의 뵈고지고. 보신 후의 셕어진들 관겨ᄒᆞ랴? 쳡〃히 놉흔 봉의 ᄌᆞ고 가ᄂᆞᆫ 져 구름아 나의 슬픈 눈물 빗발 삼아 품어다가 님 계신 옥창 밧긔 ᄲᅮ려주렴. 이럿트시 앏흔 몸이 님을 보면 나흐리라."

③ 수심가: 슈심가를 지어ᄂᆡ니, ᄂᆡ몸이 녀ᄌᆞ되고 군ᄌᆞ를 ᄉᆞ모ᄒᆞ나 ᄇᆡᆨ일이 무졍ᄒᆞ여 셰월이 깁허가니 젼〃반측ᄒᆞᄆᆡ 청춘이 가셕이라. 삼춘의 깁흔 병이 골슈의 드러시니 가ᄉᆞᆷ에 셕은피를 편작인들 어이ᄒᆞᆯ고? 문젼뉴 창외ᄆᆡᄂᆞᆫ 가지마다 츈ᄉᆡᆨ이니 금ᄉᆞ로 ᄆᆡᄌᆞᆺ시며 ᄇᆡᆨ셜노 다듬엇다.

무한츈광은 어이ᄒᆞ여 나의 회포를 도〃ᄂᆞᆫ뇨? 인ᄉᆡᆼ부득 ᄀᆡᆼ소년은 나도잠간 알것마ᄂᆞᆫ, 동원도리 편시츈을 님은어이 모로ᄂᆞᆫ고. 탁문군의 거문고를 남산 송ᄇᆡᆨ슈로 월노승 ᄆᆡᄌᆞᄂᆡ여 우리인연 ᄆᆡᆺ고지고. 죽지ᄉᆞ와 ᄆᆡ화곡을 님의 일홈 ᄉᆞᆷ아 더져두고, 무인셩월 황혼의 한슘셧거 노ᄅᆡᄒᆞᆫ들 그 뉘라셔 ᄎᆞᄌᆞ오리? 창텬이 알니업고 야ᄉᆡᆨ이 쳐량ᄒᆞ다. 상ᄉᆞ일념 못니긔여 북창을 의지ᄒᆞ니 ᄉᆡᆨ벽 셔리 찬 바람의 슯히 우ᄂᆞᆫ 져 홍안아. 요량한셩의 남은간장 다셕ᄂᆞᆫ다. 나의 회포 그려ᄂᆡ여 님의 곳의 보ᄂᆡ고져.

인비목셕이니 어이 아니 감동ᄒᆞ리? 어와, ᄂᆡ 일이여. 약슈 삼쳔니의 청죠를 바라거늘 동풍작야우의 몽혼이 날것고나. 쳥ᄉᆞᄇᆡᆨ녹 이길을 그릇 인도ᄒᆞ여 님의 곳을 아니가고 거ᄆᆡ쥴의 걸녓시니, 가셕ᄒᆞ다 나의 신세, 홍안박명 가련ᄒᆞ다. 어와 셜운지고 이ᄉᆡᆼ에 품은 한을 후ᄉᆡᆼ의나 즐기려 원ᄒᆞᄂᆞ니 텬지 일월셩신후토ᄂᆞᆫ 어엿비 녁이쇼셔."

「남원고사」는 작가 특유의 수사학적 재량으로 옥중의 춘향 신세에 대한 비유적 묘사를 "향긔로운 상산 난초 잡풀 쇽의 뭇쳣ᄂᆞᆫ듯, 말 잘ᄒᆞ는 ᄋᆡᆼ무ᄉᆡ가

농 가온ᄃᆡ 갓쳣ᄂᆞᆫ듯, 청계슈의 노든 고기 그물 쇽의 걸녓ᄂᆞᆫ듯, 벽오동의 길든 봉황 형극즁의 드럿ᄂᆞᆫ듯, 십오야 밝은 달이 ᄯᅦ구름의 ᄊᆞ혓ᄂᆞᆫ듯"와 같이 열거 제시한다. 마땅히 있어야 할 제자리를 잃은 자신의 처지를 잡풀 속에 묻힌 난초, 새장에 갇힌 앵무새, 그물 속의 물고기, 가시밭의 봉황, 떼구름에 싸인 보름달에 비유했다. 아름다움과 자유를 파손당하고 박탈당한 현상황이 강조된다.

춘향의 옥중 자탄 역시 열거법을 사용하여 긴 사설을 엮어내고 있다. 율문체 위주로 되어 있으며, 수심가라는 서정 가요로 자탄의 심정을 표현하고 있기도 하다.

「남원고사」는 다른 「춘향전」 이본에 비해 해당 사설이 길게 서술되는 관계로 다른 「춘향전」에서와는 다른 독특한 개성을 보여준다. 「수심가」는 가사 장르에 가장 근접할 것 같은데, 자신의 처지를 여러가지 비유적 상황을 통해 표현하고 있는 것이 오히려 긴장감을 늦추고 있는 느낌을 주어, 인물 중심이 아니라, 작가의 역량을 과시하려는 듯한 인상을 더 강하게 준다. 너무 세련된 문장을 구사하는 것도, 다른 「춘향전」에서의 옥중 자탄 사설의 문체와 구분되는 점이다. 춘향이라는 인물의 성격을 의식한 문체설정이라고 볼 수 없다. 이러한 것은 「남원고사」가 판소리의 영향권에서 생성된 「별춘향전」 계열본들과는 달리 19세기 후반에 본격적인 소설로 생성된 이본이기 때문인 것으로 판단된다. 판소리 영역 내에 있던 「별춘향전」 계열본이 극적 구성의 성격을 강하게 유지하고 있음으로써, 인물의 극적인 성격이 중심이 된 서사 전개 방식을 택하고 있는 데 비해, 소설의 서사성이 극적 구성을 압도하는 「남원고사」 계통본에서는 상황에 적절한 인물의 성격과 행동의 표현보다는, 독자가 독서 과정 중에 흥미성에 탐닉할 수 있도록, 사설의 확장과 수사적 기교를 중심으로 서사 전개를 하고 있다. 그리하여 「남원고사」에서의 옥중 자탄 부분과 같은 곳에서도 춘향의 절박한 상황을 간결하지만 강하게 제시하는 방법이 아니라, 상황에 다소 부적절하다고 할지라도 그 부분에서의 가능한 최대한의 문장력을 구사하여 수려한 문장을 길게 제시함으로써, 문체의 유려함 자체에 독자가 관심을 집중시킬 수 있도록 하는 방식을 택하고 있다. 「남원고사」는 이미 있던 극적 성격의 소설을 선행 텍스트로 삼았기 때문에, 인물의 성격을 살리는 「별춘향전」 계열본의 서술 방식과는 다른 작가적 개성을 살릴 필요가 있었고, 그러한 독자성의 추구 결과로 문체적 측면에서 작가의 역량이 발휘됨으로써, 사설의 확장과 플롯의 서사적 재편성이라는 결과가 파생되었으리라고 보여진다.

이러한 결과로 생성된 「남원고사」는 투옥상태와 같은 절박한 상황에서조차 춘향의 자탄을 길게 제시함으로써, 투옥이라는 상황의 절박성과 긴장감을 약화시키기는 하나, 독자는 문장의 다채로움 자체에 독서의 흥미를 갖게 된다.

이도령의 암행어사 되기까지의 과정을 보면, 남원 부사의 책방도령이 낮에는 글을 읽고, 밤에는 부모 몰래 춘향과 밀애를 나누다가, 서울로 올라온 이후에는 학업에 몰두하는 청년으로 바뀌기 때문에, 이도령의 과거급제 사건은 「춘향전」의 전개에 중요한 전환점이 된다. 물론, 이도령의 의식 변화는 구체적으로 서술되지 않지만, 과거에 응시하여 급제하는 장면은 분명 중요하게 제시되고 있다. 책방에서 글공부를 하던 도령이 과거시험을 준비하고, 과거에 응시하여 장원 급제 한다는 것은 소년 이도령이 사회적 능력을 공인받는 성인으로서의 전환을 의미한다. 당시로서는 과거의 길이 유가적 욕망을 실현할 수 있는 권력 획득의 필수적 관문이었다. 이도령은 과거에 응시하여 장원으로 급제할 뿐만 아니라, 탁월한 능력을 인정받아 왕으로부터 암행어사로 임명된다.

과거시험에 장원으로 급제한다는 것은 상승적 삶을 지향하는 당시로서는 남성들의 최상의 꿈이요 소망이다. 게다가 왕이 암행어사로 명하였다는 것은 엄청난 출세와 영광이다. 이런 암행어사가 된 이어사는 수의, 마패, 유척 등 암행어사의 징표를 왕으로부터 받고, 호남으로 암행하여 내려간다. 이어사는 마침 옥중에서 고생하던 춘향이가 죽게 될 처지가 된 남원 변부사의 생일날 출도를 하게 된다. 이로써 이어사는 관민의 대립상을 단적으로 보여주는 민중을 대변하는 춘향과 관원을 대표하는 사또 사이의 갈등을 해소하는 역할을 담당한다. 특히, 이어사는 사적으로는 사랑하는 님을 죽음의 위기에서 구출하는 역할을 하고, 공적으로는 탐학으로 민중을 고통으로 몰아넣는 포악한 변사또의 횡포를 징치하는 역할을 담당하고 있다. 이런 두 가지 기능을 하나의 사건으로 집약시켜 놓은 점이 어사의 역할을 더욱 극적으로 드러내며 감동을 주는 서사적 장치에 해당한다.[470)]

암행어사의 출도를 향한 길을 보면, 이어사는 왕으로부터 암행어사라는 직분을 받고는 임무를 수행하기 위하여 전라도로 내려가게 된다. 이어사가 암행어사의 직분을 성공적으로 이루어 낼 수 있는 능력을 지녔다는 점은 '철관풍채는 심산맹호' 같다는 외모에서 이미 드러나고 있다. 이런 암행어사의 권위와 풍모를 갖춘 이어사는 다음과 같은 행로를 거쳐 현지로 간다.

"젼나도로 힝할ᄉᆡ 남ᄃᆡ문 밧 셕나셔〃 셔리 중방 역졸 등을 거나리고 청ᄑᆡᆨ역 말 자바 타고 칠ᄑᆡᆨ 팔ᄑᆡᆨ ᄇᆡᆨ다리 얼는 너머 밥젼거리 지ᄂᆡ 동적이를 얼픗 건네 남ᄐᆡ령을 너머 과쳔읍의 즁와ᄒᆞ고 사그ᄂᆡ 밀럭당이 수원 숙소ᄒᆞ고 ᄃᆡ함괴 썩젼거리 진ᄀᆡ올 즁밋 진의읍의 중와ᄒᆞ고 칠원 소ᄉᆡ ᄋᆡ고다리 셩환역의 숙소ᄒᆞ고 상유쳔 하유쳔 ᄉᆡ술막 쳔안읍의 중와ᄒᆞ고 삼거리 도리터 짐게역 말 가라 타고 신구 덕평을 얼는 지ᄂᆡ 원터의 숙소ᄒᆞ고 팔풍졍 화란 광졍 모란 공주 금강을 건네 금영의 즁와ᄒᆞ고 높푼 힝질 소ᄀᆡ문 어미널ᄐᆡ 졍쳔의 숙소ᄒᆞ고 뇌셩 픗ᄀᆡ 사다리 은진 간치당이 황화졍 장ᄋᆡ미고ᄀᆡ 여산읍의 숙소 참ᄒᆞ고"

470) 설성경, 「춘향전을 통해 본 암행어사 이야기」, 『암행어사란 무엇인가』, 박이경, 1999.

이어사는 이런 노정을 거쳐 전라도 초입 여산에서 하루를 숙박한 다음, 서리와 중방들을 불러서 막중한 국사를 분명하게 거행하라는 추상같은 엄명을 내린 후 각기 나누어 출발시킨다.

서리에게는 전라좌도로 들어가서 '진산 금산 무주 용담 진안 장수 운봉 구례'의 여덟 고을을 순행하여 정한 날에 남원읍으로 대령하라고 하고, 중방과 역졸에게는 전라우도로 들어가서 '용안 함열 임피 옥구 김제 만경 고부 부안 흥덕 고창 장성 영광 무장 무안 함평'으로 순행하여 정한 날에 남원읍으로 대령하라고 하였다. 그리고 종사를 불러서는 '익산 금구 태인 정읍 순창 옥과 광주 나주 창평 담양 동복 화순 강진 영암 장흥 보성 흥양 낙안 순천 곡성으로 순행하여 정한 날 남원읍으로 대령하라고 분부하여 보낸다. 그리고 나서 이어사는 본격적인 암행을 하기 위하여 어사또의 행장을 차리게 된다.

그 모습은 순진한 사람을 속이기에 충분한 거짓의 꾸밈이었다. "모자 업난 헌파립의 버레줄 총총이 믜여 초사 갓끈"을 달아서 쓰고, 또 "당만 나문 헌 망근의 갑풀 관자 녹끈 당줄"을 달아서 쓰고, "헌 도복의 무명실 띄를 흉즁"에 둘어 매고, "살만 나문 헌붓치의 솔방올 션초"를 달아서 일광을 가린 초라한 모습이었다.

이어사는 이렇게 허름하게 차려서 백성들의 눈에 고급 관리로서의 모습이 드러나지 않게 하여 민심을 파악하고자 하였다. 비록 왕의 권위와 위세를 대신하여 현지 관리의 공무 집행에 대한 감찰권을 가진 어사이지만, 백성들의 생활 속에서 우러나는 민심을 여과 없이 포착하고, 관리들이 백성을 대하는 실상을 정탐하기 위한 한 방편으로서, 몰락 양반의 외모를 갖추고 행동한다. 이어사는 이런 모습으로 '통새암 삼이에서 숙소를 하고, 한내 주엽정이 가린 내 생금정을 구경하고 숲정이 공북루 서문'을 얼른 지나서 전주 남문에 올라서 사방 경치를 둘러본다. 전주 팔경을 다 구경하고 다시 차차 암행으로 남으로 내려오면서 민정을 정탐한다.

이어사가 그렇게 은밀히 암행하여 내려옴에 불구하고, 현지에서는 이미 각 고을의 수령들이 어사가 나왔다는 소문을 듣고 있다. "이방과 호장은 혼을 잃고, 공사의 회계를 하는 형방과 서기는 일이 생기면 얼른 도망하기 위하여 신발을 가다듬는 등 각각의 관리들은 넋을 잃고 분주하다"는 서술처럼, 부정한 행정의 증거를 없애려고 관리들이 당황해 하는 행동의 제시를 통해 공직 사회의 타락상을 폭로한다. 이와는 달리, 순박한 농민들의 생활상과 그들의 눈에 비친 수령을 비롯한 하급 관리의 부정적인 모습을 노래로 표현하기도 한다. 이는 어어사가 남원에 거의 당도하여 임실 부근의 구홧뜰 근처에 이르렀을 때는, 농사철이므로 농부들이 부르는 농부가의 사설에서 나타난다.

"어여로 상사뒤요 쳔지건곤 ᄐᆡ평시의 도덕 노픈 우리 셩군 강구연월 동요 듯던 요임군 셩덕이라 어여로 상사뒤요 순임군 놉픈 셩덕으로 ᄂᆡ신 셩기 역산의 밧슬 갈고 어여로 상사뒤요 실농씨 ᄂᆡ신 짜부 쳔추만ᄃᆡ 유젼ᄒᆞ니 어이 안이 놉푸던가 어여로 상사뒤요 하우씨 어진 임군 구연홍수 다사리고 여여라 상사뒤요 은왕 셩탕 어진 임군 ᄃᆡ한칠연 당하엿네 여여라 상사뒤요 이 농사를 지어ᄂᆡ여 우리 셩군 공셰 후의 나문 곡식 작만ᄒᆞ야 앙사부모 안이하며 하륙쳐자 안이할가 이이라 상사뒤요 ᄇᆡᆨ초를 심어 시시을 짐작하니 유신한 게 ᄇᆡᆨ초로다 여여라 상사뒤요 청운공명 조흔 호강 이 업을 당할소냐 여여라 상사뒤요 남젼북답 기경ᄒᆞ야 함포고복 ᄒᆞ여보ᄉᆡ 어널널 상사뒤요"

이어사가 이런 민요를 듣고 서 있다가, 또 한 쪽을 바라보니 거기에는 이들 보다는 더 늙어보이는 중늙은이들이 백발가를 흥겹게 부르며 농사일을 하고 있다.

"등장가자 등장가자 하날임젼으 등장 가량이면 무슨 말을 하실난지 늘근이는 죽지 말고 졀문 사람 늑지 말게 하난임 젼의 등장가ᄉᆡ 원수로다 원수로

다 ᄇᆡᆨ발리 원수로다 오는 ᄇᆡᆨ발 막그랴고 우수의 도치 들고 좌수의 가시 들고 오는 ᄇᆡᆨ발 쑤다리며 가는 홍안 거러당게 청사로 졀박ᄒᆞ야 단〃이 졸나 ᄆᆡ되 가는 홍안 졀노 가고 ᄇᆡᆨ발은 시시로 도라와 귀밋ᄐᆡ 살 잡피고 거문 머리 ᄇᆡᆨ발되니 조여청사모셩셜이라 무졍한 게 셰월이라 손연힝낙 집푼들 왕왕이 달나간이 이 안니 광음인가 쳔금준마 자버타고 장안ᄃᆡ도 달이고져 만고강산 조흔 경ᄀᆡ 다시 한번 보고지거 졀ᄃᆡ가인 겻ᄐᆡ두고 ᄇᆡᆨ만 교ᄐᆡ 놀고지거 화초원ᄉᆡᆨ 사시가경 눈 어둡고 귀가 머거 볼 수 업고 들를 수 업셔 하릴업난 일리로셰 슬푸다 우리 벗임 어ᄃᆡ로 가게난고 구추단풍입 진다시 션아션아 ᄲᅥᆯ어지고 ᄉᆡ벽 하날 별진다시 삼오삼오 시러진니 가넌 지리 어ᄃᆡᄆᆡᆫ고 어여로 가ᄅᆡ질리야 아마도 우리 인ᄉᆡᆼ 일장춘몽인가 ᄒᆞ노라”

이러한 〈백발가〉 민요를 부르고 있던 늙은 농부 중의 한 사람이 논가로 나와서 담배를 피워물었다. 이를 보고 있던 이어사는 가까이 다가가서 그 농부에게 다음과 같은 말을 건네며 남원의 민심을 염탐한다.

“이 골 춘향니가 본관의 수청 드러 뇌물을 만이 바더 묵고 민졍의 작폐한단 말이 올흔지”

“게가 어ᄃᆡ 삽나”

“아무듸 사든지”

“아무듸 사든지란이 게난 눈숭알 귀숭알리 업나 지금 춘향이를 수청 아니 든다 하고 형장 맛고 갓쳐쓰니 창가의 그런 열여 셰상의 드문지라 옥결 갓튼 춘향몸의 자ᄂᆡ 갓턴 동낭치가 누셜을 시치다는 비러 먹도 못ᄒᆞ고 굴머 뒤여지리 올나간 이도령인지 삼도령인지 그 놈의 자식은 일거후 무소식하니 인사 그러코는 벼살은 컨이와 ᄂᆡ 좃도 못하졔”

“어 그계 무슨 말인고”

“웨 엇지 됨나”

"되기야 엇지 되야마는 남의 말노 구십을 너머 고약키 하난고"

"자닉가 쳘 모로난 말을 하믹 그러체"

이 대화에서 드러나듯이, 이어사는 늙은 농부로부터 심한 모욕을 당하게 된다. 이는 이어사가 춘향에 대한 관심을 가지고 있기에, 어사로서 남원에 내려가지만, 춘향에 대한 구체적인 정보가 없으므로, 농부를 통하여 춘향 근황을 알아보려다가 오히려 인격적인 모욕을 당하게 된다. 그렇다고 이어사는 자신과 처지는 물론 춘향과의 관계를 표현할 수도 없는 입장이었다. 그토록 권세를 지닌 이어사지만 늙은 농부에게 자신의 약점을 꼼작없이 비판당한다. 이런 표현은 두 사람의 대화가 끝나고, 이어사가 스스로 돌아서며 "허허 망신이로고"라는 표현에서 단적으로 드러난다.

이어사는 농부로부터 수모를 당한 다음, 한 모퉁이를 돌아가다가 이 번에는 주령 막대를 끌면서 서울로 올라가는 아이를 만나게 된다. 이 아이는 역시 "오날이 몃칠인고 쳘이찔 한양셩을 몃칠 거러 올나가랴 조자룡의 월강하던 쳔총마가 잇거드면 금일노 가련마는 불상하다 츈향이난 이셔방을 싱각하야 옥중의 갓치여셔 명졔경각 불상하다 몹실 양반 이셔방은 일거소식 돈절한이 양반의 도리난 그러헌가"라는 노래조의 사설을 외우고 간다. 이런 상황을 맞은 이어사는 또 한번 긴장을 하면서 그 아이와 수작을 한다.

"이이 어딕 잇듸"

"남원읍의 사오"

"어딕를 가늬"

"셔울 가오"

"무삼 일노 가니"

"춘향의 편지 갓고 구관딕의 가오"

"이익 그 편지 좀 보자구나"

"그 양반 쳘 모로는 양반이네"

"웬 소린고"

"글시 드러보오 남아 편지 보기도 어렵거든 항 남의 닉간을 보잔단 말이요"

"이 이 드러라 힝인이 임발우기봉이란 말이 잇난이라 좀 보면 관계훈냐"

"근 양반 몰골은 숭악흐구만 문자속은 기특흐오 얼풋 보고 주오"

"호로자식이로고"

이런 재치 있는 대화를 나눈 다음에 편지를 받아 본 이어사는 그간 그리워하던 춘향의 얼굴을 보지 못하지만, 애타게 자신을 기다리는 춘향의 마음을 글로나마 먼저 마주하게 된다. 한편 춘향이 쓴 편지에는, 이도령이 장원급제를 하고 또 암행어사가 되어 내려오는 줄을 모르고 옥중에서 하늘같이 기다리는 자신을 구해달라는 유언조의 내용으로, 그 편지 내용은 다음과 같다.

"일차 이별후 성식이 젹조흐니 도련임 시봉쳬후 만안흐옵쓴지 원결복모흐옵닉다 천쳡 춘향은 장딕노상의 관봉치픽흐고 명지경각이라 지어사경의 혼비황능지묘흐야 출몰귀관흐니 쳡신이 수유만사나 단지 열불이경이요 쳡지 사싱과 노모 형상이 부지히경이오니 셔방임 심양쳐지 흐옵소셔"

이러한 편지의 끝에는 "기셰하시군별쳡고 작이동혈우동추라 광풍반야우여셜흐니 하위남원옥즁퇴라"라는 혈서로 쓴 글이 있다. 그 글의 필체는 "평사낙안 기러기 격"으로 그저 툭 툭 찍어 쓴 것이 모두 다 애고로다 라고 할 정도로 비통에 젖은 글이었다. 이어사는 이 편지를 보고 눈물을 흘렸다. 그 아이가 눈물로 편지가 상한다고 시비를 하므로 실랑이를 하다가 편지 주인이 자기 친구인데 일이 있어 함께 내려오다가 전주에 잠시 들렀으나, 내일 남원에서 만나기로 언약을 하였으니, 전해주겠다고 권하였으나, 이 말을 믿지 않는 그 아이가 편지를 뺏으려 덤벼들다가 이어사의 허리에 찬 마패를 보게 된다. 그 아이는 마패를 보고는 "찬 바람이 나오"라 하고, 이어사는 "이놈 만일 쳔기 누셜하여셔난 셩명을 보젼치 못ᄒᆞ리라"고 협박한다. 이 아이가 마패를 보자 자신도 몰래 표현한 순간적인 발언처럼 민중에게는 물론, 고급 관리들에게도 마패, 즉 암행어사의 힘은 차가운 바람이 날 정도로 냉엄한 분위기를 느끼게 함을 알 수 있다.

이러한 민심을 정탐하면서 이어사는 남원으로 들어와서 마침내 박석티에 올라서게 된다. 거기서 사면을 둘러보니 산도 옛날 보던 산이요 물도 엣날보던 물이다. 남문 밖에 서 있는 광한루도, 춘향과 거닐던 오작교도 옛 정취를 자아내고 객사 옆의 푸른 버들은 지난날 나귀를 매고 놀던 기억을 새롭게 하고, 맑은 시냇물은 발을 씻으며 놀던 생각을 나게 해주었다. 이런 감회에 젖어 있을때에, 오작교 다리 밑에서 빨래를 하면서 여인네들이 춘향 이야기를 나누는 것이 이어사의 귀에 들려왔다.

> "ᄋᆡ고 ᄋᆡ고 불상터라 춘향이가 불상터라 모지더라 모지더라 우리 골 사ᄯᅩ가 모지더라 절ᄀᆡ 놉푼 춘향이을 우력 겁탈하려한들 쳘셕 갓튼 춘향 마음 죽난 거슬 셰아릴가 무졍터라 무졍터라 이도령이 무졍터라"

이어사는 이런 빨래터에서 여인들이 나누는 춘향에 대한 슬픈 얘기를 뒤로 남기고 광한루에 올라서 주변을 살펴본다. 석양은 서산으로 지고, 새들도 잠을 자려고 숲속으로 향할 때, 이어사는 동쪽 장림 숲속에 보이는 춘향의 집을 찾아간다. 춘향 집 문전에 이르러 집안을 보니 "힝낭은 문어지고 몸ᄎᆡ는 ᄶᅬ을 버셔난듸 예 보던 벽오동은 숩풀 속으 웃뚝 셔셔 바람을 못이기여 추레ᄒᆞ고 셔잇거늘 단장밋틔 빅누룸은 함부로 단이다가 ᄀᆡ한틔 물여난지 짓도 ᄲᅡ지고 달리을 징금 ᄶᅵᆯ눅 쑤루룩 우름 울고 비창젼 누린ᄀᆡ는 기운 업시 조우다가 구면ᄀᆡᆨ을 몰나보고 ᄶᅪᆼᄶᅪᆼ 짓고" 달려든다. 이런 몰락한 춘향가를 본 이어사는 깊은 감상에 젖어 "요기야 짓지 마라 주인갓튼 손임이다 네의 주인 어듸 가고 네가 나와 반기는야"라 하며 중문을 바라본다. 그 중문에는 자기 손으로 직접 쓴 글자가 이제는 '충성 충자' 중에서 '가운데 중자'는 낡아 없어지고 '마음 심자'만 남아 있다. 또, 복이 들라고 기원하며 써 놓은 입춘서는 동남풍에 펄럭이고 있어 슬픈 마음을 더욱 돋우워 내고 있었다.

한편 이런 사정을 모르는 춘향모는 미음 솥에 불을 넣으며 자탄하기를 "익고 익고 닉 이리야 모지도다 모지도다 이셔방이 모지도다 위경 닉 쌀 아조 이져 소식조차 돈절하네 익고익고 셜운지거" 하며 나오더니, 울타리 안의 개울물에 흰머리를 감아서 빗고는 정화수를 한 동우를 떠서 제단 아래에 받쳐놓고 엎드려 "쳔지지신 일월셩신은 화위동심하옵소셔 다만 독여 춘향이를 금쪽가치 질너닉여 외손봉사 바릭더니 무죄한 믹을 맛고 옥중의 갓쳐스니 살일 기리 업삽닉다 천지지신은 감동하사 한양셩 이몽용을 쳥운의 놉피 올여 닉 쌀 춘향 살여지다"라 축원한다. 그리고 춘향모는 담배를 피우며 긴 한 한숨을 쉬면서 눈물을 흘리고 있다. 이런 정경을 바라보던 이어사는 독백조로 "춘향모 정셩보고 닉의 벼살한 게 션영음덕으로 아러던니 우리장모 덕이로다" 하며 안으로 통기를 한다.

이 때의 춘향모와 이어사의 수작은 춘향모가 상대의 정체를 찾아가는 소위 정체확인 사설의 형태를 보이는 재담으로 진행된다.

"그안의 뉘잇나"

"뉘시요"

"닉로세"

"닉라니 뉘신가"

"이셔방일세"

"이셔방이란이 올쳬 이풍원 아들 이셔방인가"

"허허 장모 망영이로세 날을 몰나 날을 몰나"

"자ᄂᆡ가 뉘기여"

"사회는 ᄇᆡᆨ연지객이라 하엿시니 엇지 날을 모르난가"

"ᄋᆡ고 ᄋᆡ고 이게 웬이린고 어ᄃᆡ 갓다 인자와 풍세 ᄃᆡ작터니 바람결의 풍겨온가 봉운기봉던니 구름 속의 싸어온가 춘향의 소식듯고 살리랴고 와 게신가 어셔 어셔 드러가ᄉᆡ"

이어사와 춘향모는 이런 재담기 많은 수작을 한 후, 춘향모의 안내로 집안으로 들어간다. 춘향모는 이어사의 손을 잡고 들어가서 촛불 앞에 이어사를 앉혀 놓고 자세히 살펴본다.

그 때 춘향모는 이어사의 외모가 거지 중에도 상거지 같은 모습을 보고는 기가 막혀서 놀란다. 이어사는 벼슬도 못하고, 집안에서 가산은 탕진되어 가족이 뿔뿔이 흩어질 때, 부친은 서당에 학장으로 가고, 모친은 친가로 가고, 자신은 춘향에게 내려와서 돈이나 얻어가려고 왔다고 속였다. 그러나 와서 보니 두 집안의 형편이 둘다 말이 아니라고 한다. 춘향모는 이 속임수의 말을 그대로 믿고는 기가 막혀서 "무정한 이 사람아 일차 이별 후로 소식이 업셔쓴이 그런 인ᄉᆞ가 잇시며 후긴지 바ᄅᆡ썬니 이리 잘 되얏소 쏘와논 사리 되고 업씨러진 물이 되야 수원수구 할가마는 ᄂᆡ 쌀 춘향 엇절남나" 며 퍼붓는다.

이렇게 심한 충격을 받은 춘향모는 홧김에 달려들어 이어사의 코를 물어 떼려고 하지만 여유가 있는 이어사는 거듭 능청을 부리며 춘향모의 속을 달군다.

"내 탓이지 코 탓인가 장모가 날를 몰나보네 하날이 무심ᄐᆡ도 풍운조화와 뇌셩젼기난 잇난 이"

"양반이 그릇되ᄆᆡ 갈농조차 드러쑤나"

"시장하여 ᄂᆡ 죽것네 날 밥 한 술 주소"

"밥업네"

사실을 모르는 춘향모와 사실을 숨기는 이어사 사이의 재담에서 독자들은 한편으로는 기막히고 애가 타는 춘향모의 정감에 이끌리면서도, 한편으로는 이런 정황을 여유 있게 바라볼 수 있다. 또, 현실적이고 이해타산적인 범속한 인간들의 모습을 자아 비판적으로 바라볼 수 있다. 그러면서 기성세대와 젊은 세대간의 타락과 순수의 심성을 비교하면서, 극적인 재미를 느끼게 하는 문학적 효과도 얻어낸다. 즉, 실제로 일어나는 진실한 몰락의 비참함이나 암담함보다는 여유를 가지면서 그런 비참함을 당한 인간의 심리적인 상황과 실제는 그렇지 않지만, 서사적 장치나 조건 때문에 한쪽의 인물들이 그런 비참한 상황을 실제로 알더라도 즐기면서 바라보는 다른 상대를 상이한 층위에서는 인식을 함께 맛볼 수 있는 여유를 가지고 긴장을 즐길 수 있다. 이는 인식의 상이한 층위에 존재하는 이들이 하나의 인식층위에서 나누는 복합적 대화의 효과를 지닌다. 특히, 서술자가 직접 개입하여 "엇지 밥 업실고마는 쾌짐의 ᄒᆞ는 말이엿다"라는 표현은 이런 상이한 인식 층위의 사건임을 확인시켜준다. 이처럼 춘향모의 성격이나 태도가 기성세대의 때묻은 현실적 욕망을 반영한다는 점은, 춘향모를 둘러싼 사람들 중에서 이어사, 춘향, 향단을 하나의 순수한 인간성의 소유자라는 공통된 심성세계를 제시함에서 확인된다.

이는 마침 춘향의 옥바라지를 위하여 옥에 갔다가 돌아온 하인 향단이의 다음과 같은 언행에서 구체화된다.

"져의 아씨 야단소ᄅᆡ의 가삼이 우둔우둔 정신이 우둔우둔 정쳐업시 드러가셔 가만이 살펴보니 젼의 셔방임이 와겨쑤나 엇지 반갑던지 우루룩 드러가셔 상단이 문안이요 ᄃᆡ감임 문안이 엇더하옵시며 ᄃᆡ부인 긔후 안령하옵시며 셔방임계셔도 월노의 평안이 힝ᄎᆡ하신잇가 오냐 고상이 엇더하냐 소녀몸은 무탈하옵ᄂᆡ다 앗씨 앗씨 큰앗씨 마오 마오 그리 마오 멀고 먼 쳘이 질의 뉘보랴고 와겨관ᄃᆡ 이 괄세가 웬 이리요 ᄋᆞ기씨가 아르시면 지러 야단이 날

거시니 너머 괄셰 마옵소셔 부억으로 드러가더니 먹던 밥의 풋곳초 져리짐치 양염 넛코 단간장의 닝수 가득 써셔 모반의 밧쳐 듸리면셔 더운 진지 할 동안의 시장하신듸 우션 요구하옵소셔"

굶주린 상황 속에서 이어사는 먹을 것을 보니 반가워서 "밥아 너 본 졔 오릭로구나" 하며, 여러가지 반찬을 한데 부어서 숫가락을 댈 것도 없이 손으로 마구 뒤적여 퍼먹는다. 이렇게 맛파람의 게 눈 감추듯 먹는 모양을 본 춘향모는 "얼씨고 밥비러 먹기난 공셩이 낫구나"라며 핀잔을 한다. 상전인 춘향모가 이어사에게 그렇게 푸대접함에도 불구하고, 향단은 본성이 순수하고 또 아직 때묻지 않은 소녀이므로, 다음과 같은 태도를 통해 순수한 심성을 일관성 있게 드러낸다.

"잇써 상단이는 져의 익기씨 신셰를 싱각하여 크게 우든 못하고 쳬읍하여 우는 말리 엇지할산아 엇지할산아 도덕 놉픈 우리 익기씨를 엇지하여 살이시랴오 엇쩨스나요 엇쩨스나요 요 실셩으로 우난 양을 어사또 보시더니 기가 막켜 여바라 상단아 우지마라 우지마라 너의 아기씨가 셜마 살지 쥭을소냐 힝실이 지극하면 사는 날리 잇난이라 춘향모 듯던이 익고 양반이라고 오기는 잇셔셔 딕쳬 자네가 웨 져 모양인가 상단이 하는 마리 우리 큰 아씨하는 말을 조금도 과렴마옵소셔 나 만하야 노망한 중의 이 일을 당히노니 화짐의 하는 말을 일분인들 노하릿가 더운 진지 잡수시요"

이어사는 비록 이 상황이 거짓으로 하는 속임이지만, 이런 상황 속에 스스로가 몰입되어 "분기팅쳔하냐 마음이 울젹 오장이 월넝월넝 셕반이 맛시 업셔"라는 표현이 나올 정도로 사실과 거짓의 벽이 허물어지고 있다. 이어사는 향단에게 상을 물리게 하고는 담배를 툭 툭 털면서 비로소 여유를 되찾고 다시 새로운 능청을 피우다가 춘향모, 향단과 함께 춘향이 있는 옥중으로 향한다.

그때, 춘향이는 비몽사몽간의 서방님이 오신 꿈을 꾸었다. 서방님은 머리에는 금관을 쓰고 몸에는 홍삼을 입고 있었다. 춘향이 그간의 그리움을 달래려고 서방님의 목을 안고 갖가지 정담을 하고 있는데, 춘향을 부르는 소리에 잠에서 깨어나게 된다. 옥 밖에는 이어사가 춘향을 부르는 소리에 깜짝 놀라서 깬 춘향은 "이 목소ᄅᆡ 잠결인가 쉼결인가 그 목소ᄅᆡ 고이하다"고 할 때, 춘향모가 나타나자 춘향은 모친의 소리를 잘못 들은 것으로 착각한다. 춘향모의 왔다는 소리에 서방임의 기별왔기를 기대하는 춘향 앞에 이어사가 나타나 두 사람은 다시 만나는 기쁨을 맞게 된다. 그러나 잠깐의 감격 뒤에 이어사의 초라한 모습을 보고 춘향은 좌절의 충격을 받게 되지만, 춘향은 자기 모친을 불러 다음과 같은 유언을 남기게 된다.

"한양셩 셔방임을 칠연ᄃᆡ한 가문날의 갈민ᄃᆡ우 기두린들 날과갓치 자진턴가 심근 남기 썩거지고 공든 탑이 문어졋네 가련하다 이ᄂᆡ 신셰 하릴업시 되야ᄭᅮ나 어만임나 죽은 후의라도 원이나 업게 하여주옵소셔 나 입던 비단 장옷 봉장안의 드러쓰니 그옷 ᄂᆡ여 파라다가 한산셰져 박구워셔 물ᄉᆡᆨ 곱게 도포 짓고 ᄇᆡᆨ방사주 진초ᄆᆡ를 되는 ᄃᆡ로 파라다가 관망신발 사 드리고 졀병쳔 은비ᄂᆡ 밀화장도 옥지환이 함속의 드러쓰니 그것도 파라다가 한삼고의 볼초찬케 하여주오 금명간 죽을 연이 셰간 두어 무엇할가 용장봉장 ᄉᆡᆨ다지를 되는 ᄃᆡ로 팔러다가 별찬진지 ᄃᆡ졉하오 나 죽은 후의라도 나업다 말으시고 날본다시 셤기소셔 셔방임 ᄂᆡ 말삼 드르시요 ᄂᆡ일리 본관사ᄯᅩ ᄉᆡᆼ신리라 취중의 주망나면 날을 올여 칠 거시니 형문마진 달리 장독이 낫시니 수족인들 놀일손가 만수우환 헌트러진 머리 이렁 져렁 거더 언ᄭᅩ 이리 빗틀 져리 빗틀 드러가셔 장피하여 죽거들난 삭군인체 달여드러 둘너업고 우리 두리 쳐음 만나노던 부용당의 젹막하고 요젹한ᄃᆡ 뉘여노코 셔방임 손조 염십ᄒᆞ되 ᄂᆡ의 혼ᄇᆡᆨ 위로하여 입은 옷 벽기지 말고 양지 ᄉᆞᆺ틔 무더ᄶᅡ가 셔방임 귀히되야 청운의 올의거던 일시도 둘ᄂᆞ말고 육진장포 ᄀᆡ렴ᄒᆞ야 조촐한 상예 우의 덩글

럿케 실은 후의 북망산쳔 차져갈 졔 압남산 뒤남산 다 바리고 한양으로 올여다가 션산발치의 무더주고 비문의 ᄉᆡᆨ기기을 수졀원사 춘향지묘라 야달 자만 ᄉᆡᆨ겨주오 망부셕이 안니될가 셔산의 지난 ᄒᆡ는 ᄂᆡ일 다시 오련만는, 불상한 춘향이는 한번 가면 언의 ᄯᆡ 다시 올가 신원이나 하여주오 ᄋᆡ고 ᄋᆡ고 ᄂᆡ 신세야 불상한 ᄂᆡ의 모친 날를 일코 가산을 탕진하면 하릴업시 거린되야 이집 져집 걸식다가 언덕밋틔 조속조속 조울면셔 자진하야 죽거드면 지리산 갈가무ᄀᆡ 두 날ᄀᆡ을 ᄶᅥᆨ 벌이고 둥덩실 나라드러 ᄶᅡ옥ᄶᅡ옥 두 눈을 다 파먹근들 언는 자식잇셔 후여ᄒᆞ고 날여주리 ᄋᆡ고 ᄋᆡ고"

이런 상황을 통하여 이어사는 사적인 관계, 즉 낭군으로서의 춘향의 순수한 심성을 십분 확인하게 된다. 춘향모와는 달리, 춘향은 자신을 위해 마지막 인정을 보여주는 자신이 책방 도령일 때의 춘향의 사랑보다 한 단계 더 승화된 지고한 정제된 휴머니티의 절정을 보여준다. 이 순수의 극에 위치한 지고한 사랑은, 윤리교과서 속에 갇혀있는 죽은 윤리요 성정이 아니었다. 현실 속에서 살아 숨 쉬는 사랑의 힘이요 한줄기 빛이었다. 이러한 지순한 사랑은 춘향의 깊은 내면에 잠자던 순수한 본성이 변부사의 시달림 속에서, 옥중의 고통 속에서 원래의 순수성을 회복하면서 현실로 드러낸 순수 애정이다. 이어사가 선택한 암행의 노정은 어떻게 보면 공무를 팽개치고 지극히 사적인 행동으로 숨겨둔 옛 님인 연인을 찾아 나선 듯하다. 그러나 춘향의 사건을 통해 더욱 깊숙이 고통받는 선량한 백성의 마음자리를 확인하게 된다는 세련된 구성의 논리를 이 작품은 구비하고 있다.[471)]

---

471) 「춘향전을 통해 본 암행어사 이야기」(『암행어사란 무엇인가』, 박이정, 1999)에서는 완판 84장본 「열녀춘향수절가」를 기본 텍스트로 삼았다.

(다) 정의가 살아있는 암행어사 출도 대목의 흥으로의 대반전과 신명

「춘향전」의 서사는 천상의 선관과 선녀가 조선의 지리산 옆 남원의 광한루라는 지상에 하강하여, 천상 주관의 초혼례를 이루는 과정을 보여준다. 천상과 지상이라는 거대 배경을 잔치마당으로 삼아 펼치는 '위대한 결혼'이야기로 짜여져 있다.

그래서 현대의 연출가들이 만든 연극, 영화, 특히 오페라에서는 마지막 장면이 옥중에서 벗어나 자유의 몸이 된 춘향이 족두리를 쓰고, 신부의 모습으로 등장하여, 어사화를 쓴 신랑 이몽룡의 품에 안기고, 남원사람들은 물론 온 우주가 축하하고, 하늘이 월노승으로 중매하는 '위대한 결혼'의 행복함 속에 우리는 우리도 모르게 동화된다.

기생 방의 어둠 속에서 시작된 사랑이지만, 열녀와 어사의 사랑으로 공인받음으로서, 찬란한 자유 혼인의 현장감이 베어난다. 인간의 참된 즐거움은 어울리는 자신의 짝을 찾아, 가정을 이루고 '가화만사성'의 행복을 누리는 것이다. 가정의 행복은 사회와 국가의 만복을 잉태하고 있는 모태이다. 제도나 사회관습에 얽매인 구속의 시간을 벗어나, 자유롭고 진실한 사랑의 춤판을 벌이는「춘향전」의 결말은 그야말로 신명 그 자체이다.

「춘향전」의 혼례의 대상자인 춘향과 도령의 첫 인연의 고리는 어느 봄 단오 명절날 맺히기 시작한다. 과거 공부에만 전념하던 빼어난 풍모의 책방 도령은 광한루 풍경을 구경차 나왔다가, 선녀같은 한복의 맵시로 천상을 향해 비상하듯 그네를 뛰는 춘향을 보고, 첫 눈에 반한다. 이렇게 시작된 그들의 지상에서의 첫 만남은, 그날 저녁 언약으로 이어지고, 둘은 사랑을 만끽한다. 그 혼례를 풀어가는 두 번째 고리는 이별의 날이다. 그들의 밀애는 사또인 도령의 부친이 승직하게 되자, 비록 사랑하지만, 기생의 딸인 춘향을 동반하여 상경할 수 없는 처지의 도령은 출세 후 만나자는 뒷날을 기약하고 이별하게 된다. 춘향의 님 향한 그리움은 기다림만으로 해결될 수는 없었다. 명관 이부사가 승진하여 떠난 자리는 탐욕스럽고 악독한 변부사가 부임하여, 남원 광한루의 봄빛을 휘몰아치는 겨울 북풍으로 돌변한다. 춘향의 수청을 강권하는 변부사, 이를 거부하는 춘향에게 권력의 힘과 형장으로 가혹함을 구사하는 변부사에 의해, 가족과 남원 민중의 위로와 한탄 속에서 춘향은 칠흑 같은 죽음과 맞서며, 억울하게 죽은 혼령들이 뒤 끓는 어둔 옥방에서 안으로 안으로 자신의 내면을 성숙시키며 열녀의 문턱으로 다가선다.

혼사를 풀어가는 세 번째 만남은 다시 남원이다. 첫 만남의 화려한 대면과는 극단적 대조를 보이는 옥중에서 만나는 사망 전야의 영결식이요, 열녀라는 존재로 되살아나는 새벽의 정신적 부활식이다. 이는 귀천의 무거운 사슬을 풀고, 어사와 열녀가 진행하는 공인된 혼례로서 초례의 완성에 해당한다.

열녀 춘향의 죽음의 날, 횡포한 변사또의 잔치날, 이런 명암의 확연한 대조는 다시 극적인 음양의 전환을 이루게 된다. 왕의 밀사로 내려온 이어사가 거지 모습으로 했던 염탐은, 가장 숨김없는 세상의 현실을 보는 어사의 엄정한 자세로서, 춘향이 당하는 끔직한 고통과 설움을 자기 님의 일로 체득한 어사의 회오와 감회이다. 무엇이 없어져야 할, 그러나 있는 현실이요, 무엇이 있어야 할, 그러나 아직은 없는 현실이며, 장차 맞이해야 할 현실임을 절감한다.

시련의 절정에서 춘향은 혹독한 부사의 정신적 육체적 고통을 견디며, 불의에 저항하며 죽음의 벼랑 끝에서도 꺾일 수 없는 자신의 정절을 드러낸다. 그가 천상의 하강 존재가 아니라면 차마 견디기 어려운 비극적 상황이지만, 고통으로만 생각하지 않는다. 그는 죽어가면서도 오히려 자신의 고통에 대한 미안함도 모르는 구원의 유일한 소망이었던 걸인 모습으로 찾아온 님을, 순수한 사랑으로 대하고 오히려 그를 위무한다. 님을 위한 수절로, 님과의 사랑과 혼인 약속을 지키기 위해 형장을 맞으면서도 변부사의 강포와 엄마 월매의 현실 순응의 권유를 물리치고 모질게 견디어 온 그 희망의 좌절을, 천상 존재였던 자신의 정체성을 회복하듯 휴머니티의 절정을 보인다. 불가의 자비와 유가의 인의, 기독교의 사랑으로 표현되는 인간의 지순한 심성의 아름다움을 보여준다.

「춘향전」의 재판은 2차에 걸쳐서 전개되었다. 1차는 변부사의 재판이요, 2차는 변부사의 생일잔치에서 암행어사가 펼치는 재판이다. 이는 불법과 불의에 대한 재심 재판으로 암행어사는 재심 재판에 대한 특별권한이 있었다. 이어사가 주도하는 2차 재판에서 춘향에 대한 변부사의 1차 재판은, 암행어사가 다시 주도하는 춘향에 대한 재심이다. 1차 재판관이었던 변부사는, 2차로 조정의 특사인 암행어사가 주도하는 대재판에서 탐관의 징치로 봉고파직을 당하게 된다. 「춘향전」은 중앙에서 파견한 암행어사가 지방 관청에서 벌이는 최고 수준의 명재판을 보여준다.

「춘향전」에서는 암행어사 출도를 할 때, 역졸들의 관장에 대해 공격을 하는 모습은 실질적인 출도의 상황과는 다른 것으로 아주 극적으로 과장된 것이다.

> 이 ᄊᆡ에 삼방하인 마촌 ᄊᆡ가 다하오니 관문 근쳐 골목마다 파립장ᄉᆞ 망건장ᄉᆞ 메육장ᄉᆞ 항우장ᄉᆞ 각〃 외며 도라단녀 삼방하인 손을 치니 군관 셔리 역졸드리 청젼ᄃᆡ를 둘너씌고 홍젼립을 젓게 쓰고 마ᄑᆡ를 ᄲᆡ혀들고 삼문을 쐉〃 두ᄃᆞ리고 이 고을 아젼놈아 암ᄒᆡᆼ어ᄉᆞ 츌도로다 큰문을 밧비 녈나 한편으로 봉고ᄒᆞ고 우직근 쑥닥 두ᄃᆞ리며 급히 즛쳐 드러오며 암ᄒᆡᆼ어ᄉᆞ 츌도ᄒᆞ오 이 쇼ᄅᆡ ᄒᆞᆫ마ᄃᆡ의 ᄐᆡ산의 범이 울고 청천의 벽녁이라 기와골이 쎨어지고 동헌이 터지ᄂᆞᆫ 듯 노름이 고름이오 삼현이 파면이오 노ᄅᆡ가 모ᄅᆡ 되고 ᄇᆡ반이 현반이라 좌우 슈령 거동 보쇼 겁ᄂᆡᆫ 거동 가쇼롭다 언어슈작 뒷켜ᄒᆞᆫ다 갓ᄂᆡ여라 신고 가ᄌᆞ 목화 ᄂᆡ라 쓰고 가ᄌᆞ 나귀 ᄂᆡ라 닙고 가ᄌᆞ 창의 잡아라 타고 가ᄌᆞ 물 마ᄅᆞ니 목을 다고 임실현감 갓모ᄌᆞ를 뒤켜 쓰고 이놈들 허무ᄒᆞᆫ 놈 갓구멍을 막아고나 칼집 쥐고 오좀 누니 오좀 마즌 하인드리 겁결의 ᄒᆞᄂᆞᆫ 말이 요ᄉᆞ이ᄂᆞᆫ 하늘의셔 더운 비를 쥬나 보다 쥐구멍의 상토 박고 구례현감 말을 것구로 타고 하인다려 뭇ᄂᆞᆫ 말이 이 말 목이 본ᄅᆡ 업나 녀산부ᄉᆞ 오좀

> 빠고 문 드러온다 바람 다ᄃᆞ라 말이 ᄉᆡᆨ져 니가 헷날닌다 굴독 뒤ᄒᆡ 슘엇다가 쥴힝낭이 ᄀᆡ가쪽이라 ᄀᆡ굼그로 다라난다 이러트시 덤벙일 제 본관 원이 ᄯᅩᆼ을 ᄊᆞ고 실ᄂᆡ부인 ᄯᅩᆼ을 ᄡᆞ고 셔방님도 ᄯᅩᆼ을 빠고 도련님도 ᄯᅩᆼ을 ᄊᆞ고 쇼인ᄂᆡ도 ᄯᅩᆼ을 ᄡᆞ고 왼집안이 ᄯᅩᆼ빗치라 이를 엇지 ᄒᆞ오릿가 남원부ᄉᆞ ᄃᆡ답ᄒᆞᄃᆡ 그러ᄒᆞ면 발진 놈을 밧비 불너 왕십니를 급히 가셔 거름장ᄉᆞ 잇ᄂᆞᆫᄃᆡ로 셩화갓치 잡ᄋᆞ오라 ᄇᆡ반이 낭ᄌᆞᄒᆞᆫᄃᆡ 몽치 찬 놈 고이ᄒᆞ다 장구통도 ᄭᆡ여지고 큰 북통도 ᄭᆡ여지고 ᄒᆡ금통도 ᄭᆡ여지고 피리 젓ᄃᆡ ᄯᅳᆺ밟히고 거문고도 ᄭᆡ여지고 양금쥴도 ᄭᅳᆫ허지며 교ᄌᆞ상도 부어지고 화틍항도 ᄭᆡ여지고 찬합도 허여지고 츈화가지 부러지고 차담상도 웃쳐지며 화긔병도 다 부이고 양각등도 다 족치고 ᄉᆞ초롱도 믜여지며 그런 잔ᄎᆡ 다 파ᄒᆞ여 동헌이 일공이라 좌슈 니방 곡경으로 발광ᄒᆞ고 삼번관쇽 늑방아젼 된벼락을 마졋고나 ᄂᆡ외 아ᄉᆞ 상하업시 ᄯᅩᆼ빗ᄎᆞ로 진동ᄒᆞᆫ다[472)]

「춘향전」에서 〈십장가〉에 호응하는 〈금준미주〉 한시는, 춘향의 정절과 핍박받는 민중간의 고리를 기묘하게 연결시키는 특이한 배치이며, 절묘한 한 수이다. 얼핏, 억지 연결 같은 변부사 잔치상에서 읊조리는 '천인혈, 만성고'는 내적 구성으로는 지나친 비약일 수도 있으나, '천 사람' '만씨 성'의 사람들이라는 그 대상의 의미 확충방식이다. 이는 생일잔치에 동참한 남원 부근 관장들의 잔치상에 오른 술과 안주에 비견하는 것으로만 해석하는 것은 무리임이 틀림없다.

예컨대, 명나라 장수 조도사가 광해군의 흥청대는 궁중의 잔치상을 보고 지적하며 했던 그 표현을 남원 지방의 수령이 베푼 잔치상을 보고 표현하기에는 너무 과장된 것이기 때문이다.

「춘향전」의 출도 대목은, 내용상 금준시요, 창작자의 입장으로서는 어사

472) 파리 동양어학교본 「남원고사」.

시가 지닌 엄청난 매력과 파괴력을 갖춘 대목이다. 이 대목은 구성과 주제의 조화에 의한 상승적 지향이라는 「춘향전」 미의식의 극점이기에 원작가 조경남이 삽입시킨 「춘향전」 구성의 절묘한 기술이었다. 즉, 수령들이 즐기는 그 술과 안주는 '백성들로부터 착취한 고혈'이나 다름없다는 폭탄 선언에 해당한다. 이어사가 워낙 뛰어난 재주를 가진 특출한 인물이기에 장원급제하여 젊은 호남어사가 되어 내려왔으니, 그는 어사 출도 때에도 재치 있고 순발력 있게 한시로써 출도의 기미를 보이며, 인근 수령들을 함께 혼내주는 장면 전체를 개작자가 삽입해 넣었다고 한다면, 이때야 비로소 「춘향전」 구성의 완성도를 높였다고 볼 수 있다. 이로써, 변부사를 격조 있게 징치하고, 변부사만이 아닌 그 잔치마당에 초대된 모든 수령들이 부패와 탐관의 한 통속이라는 의미로 확산된다.

「춘향전」은 축제적 재판 중에서, 어사형 재판이며, 출도적 재판이다. 왕권의 힘이 강림이나 도래하는 축제판에서 무죄한 죄인에 대한 극적인 사면이 이루어진다. 축제를 맞은 사면은 갇혀있는 죄수들의 죄를 판단한 뒤에 대사면한다. 이처럼 국가적 차원의 왕화가 지방에, 혹은 개인에 미치는 이야기로 축제판에 모여든 모든이의 감동의 확장성을 높인다. 왕이 친히 부임하는 것에 대비되는 왕의 사자인 암행어사가 왕권의 신성성에 비유될 왕권의 살아있음을 보여주는 축제적인 대사면 행위가 대동적 의미로 확산된다. 그러나 춘향의 경우는 시각에 따라 죄 있는 자의 사면이 아니라, 처음부터 죄 없음의 확인이라는 객관적 재판, 즉, 공안 으로 해석되기도 한다. 동시에 암행이라는 조건 때문에 꿈이나, 극중 극 을 보는 것과 같은 이중 시점으로, 인간 심성의 내면을 바라보게 해준다. 출도대목은 심각한 재판의 현장이지만, 실은 사람들을 웃기기 위한 뒤엎음의 놀이적인 상황으로 흥미성을 높인다. 비판정신에 입각한 기존 체제나 권위의 부정처럼 보이면서도 어사에 의한 체제의 내적인 뒤엎음이다. 동시에 동작이나 표현은 말장난이 상당부분 개입하고 있다. 이 점이 생일잔치에서 벌어지는 축제적 재판이 지닌 중의적 미학이다. 이는 이념적 지배체제의 도래를 보여주는 것으로 압제로부터의 해방을 보여준다.

(2) 통사적으로 본 「춘향전」 감성미 생동감과 흥한의 감성미

(가) 「춘향전」의 기저구조로 본 이별대목의 한과 출도 대목의 신명

「춘향전」의 기저구조는 위대한 결혼식이라 할 초례의식을 신화적, 상징적 의미로 표현해낸 것이다. 이는 지상에 적강한 천상 존재의 활동과, 지상에서의 천상 인연의 관계를 구체적이고 직접적인 표현이 없이, 중층적인 의미로 제공하는 인물로서 춘향과 도령이다. 그들의 기이한 만남과 완성은 동일한 서술 차원에서 진행되는 것은 아니다. 천상 존재의 지상 하강은 철저히 단편적 용어나 작품 분위기를 통한 상징적 차원에서 독자의 직관을 통해 감지해야 한다. 「춘향전」의 서술자는 구체적인 서술을 통해 춘향과 도령이 천상 존재의 하강임을 서술하고 있지만, 독자들은 선경의 분위기를 느끼게 하는 광한루에서의 만남, 그리고 서울 삼청동에서 살면서 절대 권력을 가진 암행어사가 춘향을 구출해주기 위해 내려온다는 것으로, 천상의 존재가 위기에 처한 지상의 존재를 구해 준다는 신화적 서사구조의 이미지와 통합적으로 인식이 가능하다. 이것이 「춘향전」이 지니고 있는 신화 상징적 의미의 형상화다.[473)]

「춘향전」은 춘향과 이도령을 주인공으로 한 만남, 이별, 고난, 보상으로 전개되는 사랑 이야기를 중심으로 판소리극 사설의 극적 서사체계를 그대로 유지하고 있기 때문에 다른 계통의 소설과는 서사적 구성 자체가 다르다. 즉, 평면적인 일대기 중심의 서사적 갈등을 중심으로 전개하는 군담계 영웅소설 등과는 여러가지 측면에서 상이성이 드러난다.

---

473) 설성경, 『춘향전의 비밀』, 서울대학교출판부, 2001, 148쪽.

그 중에서도 장면 중심의 극적인 상황을 주축으로 사건이 진행되는 점이 두드러진 특성 중의 하나이다. 만남 대목은 봄이라는 자연 분위기를 배경으로 하여 동식물이 음양을 찾아 새로운 출발을 한다는 원리에 순응하여 젊은 남녀가 인연을 맺는것에 반하여, 보상대목은 보다 인간적이고 인격적 측면인 순애적 행위에 근거한 휴머니즘적 사랑이나 자비를 베푸는 인간이 현실적으로 누리는 행복이라는 사회적 보상을 제공한다.

또, 전반의 대표 상황인 만남, 사랑, 이별의 세 사건이 춘향과 도령의 개인적인 차원에서 진행된다면, 후반의 시련, 출세, 보상이라는 세 사건은 훨씬 더 사회적인 사건으로 진행된다. 그래서 이도령의 경우도 그가 과거라는 개인적인 출세를 획득한 인물로서 보다는, 암행어사로서 펼치는 사회적 활동과 개인적 사랑의 재결합이 함께 중심에 놓인다. 이러한 사실은 열녀가 된 춘향과 어사가 된 도령의 재회에 대한 보상 대목에서도 개인적인 보상이라는 측면보다는 왕까지 그들의 사적인 결합을 공인해주는 사회적 결연으로 진행됨에서 확인된다. 이러한 각 대목의 전개는 각기 정감적인 분위기를 달리하며 교체됨에서, 극적인 분위기를 고조시킨다. 이는 서정성에 근거한 극적 분위기가 정감력을 높여주어 서사적 진행의 깊이가 「춘향전」의 예술적인 감흥을 증가시킴을 뜻한다.

그래서 「춘향전」의 전개는 서정성의 지원을 받는 극적 서사성이 독특한 맛을 풍긴다. 예를 들면, 만남 대목에서는 봄의 젊은이들이 지닌 자연적인 흥을 제기하고, 사랑 대목에서 이를 더욱 증폭시켜 애욕적 사랑의 흥을 일구어 낸다. 그러나 이렇게 고조된 흥은 이별 대목에서는 개인적 상황으로 인한 작별의 한으로 급변한다. 이로써 전반은, 기쁨으로의 상승을 거쳐 슬픔으로의 급격한 하강적 전환을 통해 흥과 한을 맛보게 한다. 이에 반하여 후반에서는 춘향이 무고하게 당한 옥중 시련에 대한 보상인 해방과 자유를 근거로 하여, 차단된 사랑을 복구하는 신명을 보여준다. 이처럼 「춘향전」은 극적인 서사체

계를 주축으로하고 있는 작품이다.[474)]

춘향의 한의 표출과 삭임은 옥중 사설의 유언대목에서 절정을 이룬다. 열녀적 면모는 십장가에서부터 표출되나, 기생의 면모와 열녀의 면모라는 두 가지 자아상을 갖고 있다가, 유언 대목에서 열녀의 의미 이상의 강력한 휴머니티를 발휘하는 승화된 인간으로 통합된다. 이것이 성장 과정으로서 겪는 경험의 총질량이 자아상을 발전적으로 변모시키는 삶의 역동성이다. 이러한 전환은 그의 삶의 질을 상승적으로 고양시킨 것으로 의식의 큰 전환을 가져온 이별의 체험이 계기가 되었다. 그 처절한 이별의 체험으로, 춘향의 정체성은 극적으로 변모하게 되었다. 전반에서의 춘향은 도령이 보낸 방자와의 대화에서 나타나는 것처럼, 거친 언어와 유혹적 행동을 구사하고 발휘하는 철없고 상스럽기까지 한 기생의 모습 그대로를 보여준다.

춘향은 단오일 나와서, 고혹적 자태로 그네를 뛰어 젊은 청년의 마음을 사로잡는다. 춘향과 방자가 나누는 대화는 욕과 상스러운 언어가 섞인 결코 정숙한 여자의 언행이라고 할 수 없는, 발랄하고 거침없는 언어로 채워진다. 춘향에게 있어서 도령과의 사랑은 미래를 향한 아무런 두려움이나 근심이 개입되지 않은, 앞뒤를 재지 않는 순수 정념으로 불타오른 희망이며 꿈이다. 그 과정에서 이별 체험은 비로소 사랑이 그들에게 포기될 수 없는 실체임을 깨닫게 한다. 이별을 통해서 그들의 무모했던 갇힌 사랑은 좌절되지만, 이러한 좌절을 통해서 그들은 자기들 생에 있어서 결코 좌절되어서는 안 될 그 무엇이 있다는 것을 깨닫는 데에 이른다. 그리하여 춘향은 이별의 슬픔을 제 홀로 견디면서 식지 않는 사랑으로 기다림의 삶을 시작한다. 그런 과정 중에서 변부사의 춘향을 향한 포악은 그녀의 사랑과 정절을 그녀 자신에게 더욱 확고히 심어 두게 하는 계기로 작용한다.

춘향은 슬픔을 겪고서 비로소 인생에서 지켜야 할 참다운 것이 무엇인가

---

474) 설성경, 『춘향전의 통시적 연구』, 박이정, 1994, 172쪽.

를 깨닫게 된다. 그러나 이러한 깨달음의 과정은 생략되고 결과적인 진행으로서의 인물의 행동만이 제시되고 있다. 춘향은 슬픔의 체험을 통해 비로소 자기가 지향해야 할 자아의 상을 찾는다. 사랑이 춘향을 성숙하게 하는 것이 아니라, 이별의 슬픈 체험이 그녀를 성숙시킨다. 이별로 인해 춘향은 자신을 좌절시키는 현실의 본질을 깨닫는다. 체험만이 춘향을 깨달음에 도달하게 하고, 그녀는 고통 속에서 자신의 참된 모습을 발견한다. 냉엄한 현실 속에서 자기 자신의 진정한 모습을 비로소 본다. 그리고 그 안에서 자기가 추구하고 지켜야 할 자신의 모습을 함께 발견하게 된다. 춘향은 거부되는 자기 자신의 지향적 가치를 통해, 그것이 포기될 수 없는 참다운 인간 가치임을 거꾸로 재확인해 간다. 춘향은 고통 속에서 비로소 자기가 도달해야 할 자기 자신의 자아상을 본 것이다. 이것이 가장 절실하게 드러나 있는 부분이 바로 〈십장가〉에서 〈옥중 사설〉까지이다.

「춘향전」은 이본에 따라 아버지가 양반으로 설정된 경우도 있고, 부계의 신분이 밝혀지지 않은 것도 있다. 춘향의 정체성을 둘러싼 사회적 시선은 춘향의 자기 규정에 의한 정체성의 문제, 주변인에 의한 정체성 해석의 문제 등 각기 상이한 차원에서 접근할 수 있다. 이 중 춘향의 자기 정체성의 문제는 서사 내적으로는 인물간의 대화적 차원, 공간 설정의 차원, 꿈을 통해 본 무의식의 차원 등으로 구체화된다. 춘향의 자기 인식은 문제적 상황 속에서 토로 되는 자기 고백이나 독백, 혹은 자기 정체성을 억압하는 사회적 시선에 대한 저항의 형식으로 표현될 뿐만이 아니라, 언술적 차원을 뛰어넘어 태도나 품행, 취향 등 생활적 범주 안에서 다양하게 표현된다.[475)]

이별대목을 통해 본 감성미를 증강시키는 언어 감각과 심성의 융합 상황을 살펴보면, 「춘향가」 중에서 백미로 꼽히는 춘향이 이몽룡을 한양으로 떠

475) 최기숙, 「춘향전의 고전적 가치와 미학, 『춘향전 연구의 과제와 방향』, 국학자료원, 2003, 263쪽.

나 보내는 이별 대목이다.

춘향이 기가 막혀
(중략)
이만큼 보이다가
저만큼 보이다가
달만큼 보이다
별만큼 보이다
나비만큼 보이다가
갈까부다 갈까부다
따라서 갈까부다
천리라도 따라가고
만리라도 갈까부다

판소리의 특징 중에 하나는 관객들을 울렸다가 웃겼다가 하는 것이다. 또한, 반복과 열거를 통해, 기생집의 딸이라는 신분 때문에 사랑하는 님을 홀로 떠나보내야 하는 춘향의 안타까움을 표현하고 있다, 정은 두고 몸만 떠나는 도령의 모습을 '달만큼', '별만큼'다시 '나비만큼'보이다 끝내는 고개 사이로 사라진다는 묘사는 외부묘사와 내면심리를 하나로 형상 해내는 격조 높은 기법으로, 우리말이 지닌 맛과 멋의 절정을 보여준다.

(나) 변부사의 행차와 출도대목의 풍자가 지닌 「목민심서」의 기능

「춘향전」 또한 이 시기에는 변부사의 행차와 출도대목의 풍자가 현실에서 정약용이 실학사상에 의해 목민관의 자세를 「목민심서」로 기술한 것과 효과면에서 맥락을 같이 하는 성리소설로서의 기능을 하였다고 본다. 즉, 지방현장으로 부임하는 관장들에게 감계의 기능을 하였을 것이고, 백성들 또한 언젠가는 그들에게 포악을 일삼고 탐학하는 지방관은 암행어사가 출도하여 백성들의 삶의 고통과 애환을 해결해 줄 수 있을 것이라는 기대를 가지게 하는 사회적 기능을 하였을 것으로 판단된다.

조경남의 「원춘향전」은 영조 시대에 와서는 이미 광대 판소리로서 여타의 일반 소설의 단순 흥미성보다는 성리소설로서의 기능을 하면서, 인과 의를 내세우는 춘향과 이어사의 인간상을 작품 이상으로 생각하였다. 이는 「춘향전」이 재미나 흥미뿐만 아니라, 성리소설이 지닌 윤리 정치 교과서적인 면도 수용하면서, 사회적 인식이나 근대적 자각을 일깨워주는 문학정신의 의미를 독자나 청자들이 일정 부분 받아들이게 하였을 것으로 판단된다. 이러한 향수 태도의 변화는 「춘향전」이 일반적 창작 군담계 소설보다는 뛰어난 감성미를 지닌 성리소설 이라는 특징을 지니고 있기 때문이다.

「춘향전」은 사랑의 이야기를 전개하면서도, 춘향과 책방 도령이 펼치는 사랑과 이별이 향수자들에게 정서적인 공감의 폭을 확장시키기에 충분한 극적인 구조와 문체를 지니고 있다. 이 중에서 특히 변부사라는 탐관에 대해 춘향이 보여주는 저항성은 〈십장가〉에서 그 절정을 이루고, 정의로운 심판은 〈어사출도〉 대목에서 절정을 이룬다. 「춘향전」은 흥에서 한을 넘어, 다시 흥으로 전개되는 구조이다. 기생에게 사또의 아들이 사랑을 고백하는 것은 흥이요, 도령과 춘향은 월매집에서 최고로 신명나는 육체적 사랑을 체험하는 것도 흥이다. 한의 정서는 이별 대목에서 이도령이 집안의 처지를 설명하면서, 춘향과 부득이 이별할 수 밖에 없는 사정을 설명할 때, 춘향의 반응 태도가 텍스트에 따라 차이가 많다. 그 백미는 「남원고사」와 완판 84장본 「열녀춘향수절가」에서 그 개성을 명확하게 보여준다.

「남원고사」에서는 도령에 대한 춘향의 협박 같은 용서의 해학을 보여주었다면, 완판 84장본 「열녀춘향수절가」에서는 순순히 이별의 슬픔을 받아들이는 춘향의 높은 수준의 인간미를 보여주는 지성적이고 감성적인 대응을 보여준다.

만남 대목과 사랑대목의 뒤를 중반부에 반전에 해당하는 이별대목은 춘향의 성격 중에서 숭고한 사랑의 심성에 근원한 사랑의 힘을 증폭시켜 보여주는 대목이다.

「춘향전」의 이별 대목은 바로 이어지는 시련 대목에서 더욱 증강된다. 이 대목에 종속된 장면으로는 춘향이 옥중에서 한양 낭군에게 보내는 서신 대목이 삽입된다. 방자가 전하는 춘향의 옥중 편지는 춘향의 편지가 제대로 그리운 님인 이어사에게 전달되는 곡절이 작품에 흥미를 보탠다. 변부사가 행한 1차 재판의 결과로 부당하고 억울하게 춘향이 처형되기 직전에, 이어사에게 전달 되고, 뒤이어 남원의 사태를 파악하려고 오는 암행어사의 출도로 그 감성의 높이는 절정을 이룬다. 그 중간에 어사 탐문, 남원의 노인, 농민들의 이야기, 방자의 춘향 편지 전달, 암행어사의 탐문등, 옥중에서 죽음을 맞이하게 된 춘향이 낭군과의 만남을 기대하는 간절함을 호소하는 결정적인 역할을 해내고 있다.

「춘향전」은 성리철학을 기본으로 한 이와 기를 바탕으로 지성적인 메시지가 담긴 감성적 서사를 기본 축으로 하여 진행되다가 흥과 한이 격돌할때는 야성미를 드러내는 융복합적 이미지의 작품이다. 후반부를 시작하는 변부사의 호사스런 부임장면은 「춘향전」의 변부사의 부임이 지닌 문제점을 독자나 청중에게 보여주면서, 19세기에 접어들어 다산 정약용이 『목민심서』에서 제시하는, 사또의 부임 장면에 대한 문학 속의 부정적 사례를 보여주는 보완 교과서 기능을 한다. 「춘향전」 속에서 기생 점고와 춘향을 데려갈 때 사령들의 행동, 춘향에 대한 변부사의 수청 요구와 그에 대한 저항을 통해서, 사또의 잔혹성을 부각시키고, 이를 통쾌한 복수로 연결시키기 위해 변사또를 자의적이고 임의적인 법집행과 고문을 일삼는 인물로 묘사한다. 이러한 설정은 자칫 조선사회의 법 집행과 형벌제도가 나름대로 짜임새를 갖추고 있으면서, 인권 보호를 위한 조치들이 있었다는 사실을 간과하게 한다. 그러나, 조선시대에 『경국대전』에 의하면, 삼심제가 엄격히 시행되었으며, 인권을 보호하기 위한 법적 제도가 완비되었음도 보여주고 있으며, 시대의 부조리와 모순을 과감히 폭로하고 다수의 사람들에게 대리 만족감을 불러 일으켜주기도 한다.

『춘향전』은 수령의 부패와 탐학, 청춘남녀의 사랑, 선비의 출세와 여성의 절개 등 당시 사회에서 중시되던 덕목과 시대상을 적절히 반영하면서 당시 대인들의 가슴을 깊게 파고들었다. 그러나 소설이기에 설정된 장면들에는 극적인 효과를 담아내기 위하여 과장되고 허구적인 사실들이 요소요소에 배치되어 있다.[476)]

극적인 서사성으로 볼 때, 「춘향전」의 절정에 해당 되는 대목이 어사 출도 장면이다. 이 대목의 꽃에 해당 되는, 놀란 관리들의 허둥대는 모습은 우리말이 지닌 골계적 표현의 특징을 아주 재치 있게 드러내 주고 있다.

완판 33장본 「열녀춘향수절가」에서는 암행어사 출도소리의 무서움을 '훈번을 고함ᄒᆞ니 강산이 문어지고', '두번을 고함ᄒᆞ니 초목이 놀난듯' '셰번을 고흠ᄒᆞ니 남원이 우군'으로 표현하였다. 특히, 그 소용돌이 속에서도 놀란 공방의 다음과 같은 후회스런 변명을 통해 웃음을 더욱 부채질하고 있다.

㉠ 등치로 휘닥싹 ………· ᄋᆡ고 허리아, 안할나요 ᄒᆞ는 공방을 부득이 하라더니 저 불 속의 엇지 드러가랴

㉡ 등치로 휘닥싹 ………· ᄋᆡ고 박 터젓네

이러한 ㉠, ㉡ 표현에 이어서, 관원들의 극도로 놀란 모습을 다음과 같이 대조하여 열거하고 있다.

㉠ 좌수 별감 ………· 넉실 일코

476) 신병주, 『고전소설 속 역사여행』, 돌베개, 2005.

㉡ 이방 호장……… 정신 업셔 '네가 누구냐

㉢ 운봉 곡셩……… 겁을 ᄂᆡ여 말을 썩구로 타고

㉣ 삼ᄉᆡᆨ나졸……… 넉실 이러 엇지 ᄒᆞᆯ 졸 모로난듸

이러한 ㉠, ㉡, ㉢, ㉣의 난장 상황을 다시 서술자의 입장에서 'ᄉᆡ지난이 거문고요 궁구난이 북 장구라'라 하여 일정한 거리를 두고 제시한다. 이어 다시 주인공 본관 변부사의 놀라움을 근접하여 본관이 '칼집 쥐고 오좀 누며, 탕건 일코 요강 쓰머 갓 일코 전립 쓰며, 인통일코 연상 들며 문 드러온다 바름 다더라, 물 마르다 목 드리여라'라 한다.

그 다음에 다시 관청색의 행동을 묘사하기를 '상을 일코 문쪽 이고 ᄂᆡ다르니'라 한 다음 서리 역졸들이 달여들어 때리는 모양을 '후닥딱'이라 하고, 그 반응을 "ᄋᆡ고 나 죽는다 엇지 ᄒᆞ여야 이 불을 면ᄒᆞᆯ고"라는 후회의 말로 종결 짓는다.

이를 「남원고사」에서는 다음과 같이 전개하고 있다.

이 쇼ᄅᆡ ᄒᆞᆫ 마ᄃᆡ의 ᄐᆡ산의 범 울고 청천의 벽녁이라 기와골이 ᄯᅥᆯ어지고 동헌이 터지ᄂᆞᆫ듯 노름이 고름이오 삼현이 파면이오 노ᄅᆡ가 모ᄅᆡ되고 ᄇᆡ반이 현반이라 좌우슈령 거동보쇼 겁ᄂᆡᆫ 거동 가쇼롭다 언어슈작 뒷켜 ᄒᆞᆫ다 갓 ᄂᆡ여라 신고 가ᄌᆞ 목화 ᄂᆡ라 쓰고 가ᄌᆞ 나귀 ᄂᆡ라 닙고 가ᄌᆞ 창의 잡아라 타고 가ᄌᆞ 물 마ᄅᆞ니 목을 다고 임실현감 갓모ᄌᆞ를 뒤켜 쓰고 이놈들 허무ᄒᆞᆫ 놈 갓 구멍을 막아고나 칼집 쥐고 오좀 누니 오좀 마즌 하인드리 겁결의 ᄒᆞᄂᆞᆫ 말이 요ᄉᆞ이ᄂᆞᆫ 하늘의셔 더운 비를 쥬나 보다 쥐구멍의 상토 박고 구례현감 말을 것구로 타고 하인다려 뭇ᄂᆞᆫ 말이 이 말 목이 본ᄅᆡ 업나 녀산 부ᄉᆞ 오좀 빠고 문 드러온다 바람 다ᄃᆞ라 말이 ᄉᆡᆼ져 니가 헷날닌다 굴독 뒤히 숢엇다가 쥴힝낭이 ᄏᆡ가쪽이라 ᄏᆡ 굼그로 다라난다 이러트시 덤벙일 제 본관 원이 ᄯᅩᆼ을 ᄊᆞ고 실ᄂᆡ부인 ᄯᅩᆼ을 ᄲᆞ고 셔방님도 ᄯᅩᆼ을 빠고 도련님도 ᄯᅩᆼ을 ᄊᆞ고 쇼인

ᄂᆡ도 ᄯᅩᆼ을 ᄡᆞ고 왼집안이 ᄯᅩᆼ빗치라 이를 엇지 ᄒᆞ오릿가 남원부ᄉᆞ ᄃᆡ답ᄒᆞᄃᆡ 그러ᄒᆞ면 발진놈을 밧비 불너 왕십니를 급히 가셔 거름장ᄉᆞ 잇ᄂᆞᆫᄃᆡ로 셩화 갓치 잡ᄋᆞ오라 ᄇᆡ반이 낭ᄌᆞ ᄒᆞᆫᄃᆡ 몽치 찬 놈 고이ᄒᆞ다 장구통도 ᄊᆡ여지고 큰 북통도 ᄊᆡ여지고 ᄒᆡ금통도 ᄊᆡ여지고 피리 젓ᄃᆡ 즛밟히고 거문고도 ᄊᆡ여지고 양금쥴도 ᄭᅳᆫ허지며 교ᄌᆞ상도 부어지고 화툥항도 ᄊᆡ여지고 찬합도 혀여지고 쥼화가지 부러지고 차담상도 웃쳐지며 화긔병도 다 부이고 양각등도 다 족치고 ᄉᆞ초롱도 ᄆᆡ여지며 그런 잔ᄎᆡ 다 파ᄒᆞ여 동헌이 일공이라 좌슈 니방 곡경으로 발광ᄒᆞ고 삼번관쇽 늑방아젼 된벼락을 마졋고나 뇌외 아ᄉᆞ 상하 업시 ᄯᅩᆼ빗ᄎᆞ로 진동ᄒᆞᆫ다

이처럼, 열거와 반복에 의한 복합적 꾸밈의 기법이 고도의 창의적 상상력을 통해 발휘되고 있다. 이를 분석해 보면, '기와골이 썰어지고'의 과장 정도는 대단한 것이다. '어사 출또'라는 한 마디 소리에 지붕의 기와골이 무느진다고 한다. 이는 단순히 어사 출또의 권위와 위세가 대단하다는 것만이 아니다. 오히려 그동안 무죄한 춘향을 비롯한 남원 고을 주민들에게 끼친 악덕 관원들의 타락의 정도와 그들이 당할 죄과의 무게를 은유하는 것이다. 이에 이어지는 '동헌이 터지ᄂᆞᆫ듯 노름이 고름이오, 삼현이 파면이오, 노ᄅᆡ가 모ᄅᆡ되고 ᄇᆡ반이 현반이라'는 개성 있는 묘사적 서술이 이러한 해석을 뒷받침해 주고 있다. 출또 후에는 암행어사에 의해 삼현을 켜고 질펀하게 풍류를 즐기며 놀던 잔치놀음이 뒤바뀌어 고름이 나는 썩은 몸을 들추어 내듯 병든 행정을 낱낱이 밝혀낼 것임을 암시하는 예언적 서술들이다. 이를 예감한 좌우 수령들이 워낙 질려서 넋을 잃고 헤매는 모습을 다음과 같은 언어와 행동의 뒤바뀜 표현으로 형상하고 있다.

㉠ 갓 ᄂᆡ여라 신고 가ᄌᆞ

㉡ 목화 ᄂᆡ라 쓰고 가ᄌᆞ

ⓒ 나귀 ᄂᆡ라 닙고 가ᄌᆞ

ⓓ 창의 잡아라 타고 가ᄌᆞ

ⓔ 물 마ᄅᆞ니 목을 다고

먼저 ㉠과 ㉡의 관계에서, '갓을 쓰고 목화를 신고'에서 목적어와 술어를 뒤바꾸었고, ㉢과 ㉤에서 창의를 입고 나귀를 타고 나서는 모습 또한 목적어와 술어의 순서를 엇붙이고 있다. 그러한 급박함에 속이 끓어올라 목이 타므로 물을 찾아 '목 마르니 물 달라'는 소리조차 ㉤의 '물이 마르니 목을 달라'는 주어와 술어 바꾸기로 전환시키고 있다. 이러한 한 판의 묶음 표현이 보여주는 꾸밈의 수법은 심리적 상황을 우리 말의 언어 구조로 전환하여 형상해내는 말의 재치를 보여 주고 있다.

이러한 열거 다음에도 분위기를 지속적으로 유지하며, 임실 현감으로 시각을 바꾸어 그의 행동에 대해 다음과 같이 재담의 정도가 강화된 표현을 반복한다.

ⓗ 갓모ᄌᆞᄅᆞᆯ 뒤켜 쓰고 이놈들 허무ᄒᆞᆫ 놈 갓 구멍을 막아고나

이러한 ㉥은 앞의 '갓을 신고'와는 달리, 갓모자를 거꾸로 쓰고는 갓구멍을 막았다고 남에게 탓을 하는 것으로 변이시켜 그 우스꽝스런 모습을 다시 조롱거리로 삼는다. 거기서 끝나지 않고, 다음과 같은 너무도 놀라고 다급한 김에 자신의 성기를 잡고 소변을 본다는 것이, 칼집을 쥐고 소변을 볼 정도로 혼이 나간 상태임과, 임실 현감이 있는 마루 아래에 있다가 그가 배설한 뜨거운 소변을 맞고 하늘의 비로 착각하는 하인들의 놀라움 속의 헛소리까지 연속해서 보여주며, 난장판이 된 동헌을 다음의 서술로 제시해 준다.

ⓢ 칼집 쥐고 오좀 누니 오좀 마즌 하인드리 겁결의 ᄒᆞᄂᆞᆫ 말이 요ᄉᆞ이ᄂᆞᆫ 하

늘의셔 더운 비를 쥬나 보다 쥐구멍의 상토 박고

이러한 표현을 보이는 ㉦에 이어서, 다시 시선을 구례 현감과 여산 부사에게 돌려 가장 대중적 엇붙임 말쓰임인 '문 들어온다 바람 닫어라'형을 다음과 같이 재미있게 제시한다.

㉧ 구례현감 말을 것구로 타고 하인다려 뭇ᄂᆞᆫ 말이 말 목이 본ᄅᆡ 업나
㉨ 녀산 부ᄉᆞ 오좀 싸고 문 드러온다 바람 다ᄃᆞ라 말이 ᄉᆡᆼ져 니가 헷날닌다
굴독 뒤희 숢엇다가 쥴힝낭이 ᄀᆡ가죡이라 ᄀᆡ 굼그로 다라난다

이러틋 덤벙이는 ㉧, ㉨의 상황을 배경으로 삼으며, 이 난장판의 주인공인 변부사에게 똥사설을 늘어놓는다. 이는 타도의 대상이 되는 변부사를 직접 보복하는 방법이 아닌 여유 있는 보복으로 우회시키면서도, 그 공격의 화살을 놓지 않고 '똥칠한 변부사'와 그 가족을 다음과 같이 표현하여 웃음의 대상으로 삼는다.

㉠ 본관원이 ᄯᅩᆼ을 ᄊᆞ고
㉡ 실ᄂᆡ부인 ᄯᅩᆼ을 ᄇᆞᆨ고
㉢ 셔방님도 ᄯᅩᆼ을 빠고
㉣ 도련님도 ᄯᅩᆼ을 ᄊᆞ고
㉤ 쇼인ᄂᆡ도 ᄯᅩᆼ을 ᄇᆞᆨ고
㉥ 왼집안이 ᄯᅩᆼ빗치라 '이를 엇지 ᄒᆞ오릿가

이처럼 ㉠의 변부사에서 처자, 하인들을 거듭 거론하며 끝내 ㉥에 이르러서는 온집안이 하나의 형편이 되었음을 제시한다. 그러한 소용돌이 속에서도 ㉢의 '셔방님도 ᄯᅩᆼ을 빠고', ㉣의 '도련님도 ᄯᅩᆼ을 ᄊᆞ고'에서는 '서방님', '도

련님'이란 구분을 통해 미혼 기혼의 자식들을 싸잡아 지적하며 자식들이란 의미로 그 대상을 확대하는 재치를 보인다. 변부사에 대한 이런 골계와 풍자적 재담은 여기서 끝나지 않고 한 번 더 마무리 웃음을 자아내게 하기 위해 변부사의 다음과 같은 철저한 미련 행위를 통한 대응으로 끝맺는다.

> ㉦ 남원부ᄉᆞ ᄃᆡ답ᄒᆞᄃᆡ 그러ᄒᆞ면 발진놈을 밧비 불너 왕십니를 급히 가셔 거름장ᄉᆞ 잇ᄂᆞᆫᄃᆡ로 셩화 갓치 잡ᄋᆞ오라

이런 ㉠에서 ㉦에 걸친 똥사설은 이것으로 끝나지 않고, 출또로 난장판이 되어 뒤죽박죽이 된 동헌의 다음과 같은 모습과 연계시키며 권력과 권위의 상징이던 그 곳을 누추와 구린내의 공간으로 전락시킨다.

㉠ 장구통 ·········· ᄭᆡ여지고
㉡ 큰 북통 ·········· ᄭᆡ여지고
㉢ ᄒᆡ금통 ··········· ᄭᆡ여지고
㉣ 피리 졋ᄃᆡ ······· ᄌᆞᆺᄇᆞᆲ히고
㉤ 거문고 ··········· ᄭᆡ여지고
㉥ 양금쥴 ··········· ᄭᅳᆫ허지며
㉦ 교ᄌᆞ상 ·········· 부어지고
㉧ 화듕항 ·········· ᄭᆡ여지고
㉨ 찬합 ·············· ᄒᆡ여지고
㉩ 츈화가지 ········ 부러지고
㉪ 차담상 ··········· 웃쳐지며
㉫ 화긔병 ··········· 다 부이고
㉬ 양각등 ··········· 다 족치고
㉭ ᄉᆞ초롱 ··········· ᄆᆡ여지며

이처럼, '씌여지고, 즛밟히고, 싀허지며, 부어지고, 혀여지고, 부러지고, 부이고, 족치고, 믜여지며'와 같은 아수라장을 보여 준다. 그러면서 이 장면의 최종 마무리는 '그런 잔치 다 파ᄒᆞ여 동헌이 일공이라. 좌슈 니방 곡경으로 발광ᄒᆞ고 삼번관쇽 눅방아젼 된벼락을 마젓고나. 뇌외 아ᄉᆞ 상하 업시 쫑빗츠로 진동ᄒᆞᆫ다'라 하여, 똥바다가 된 동헌 뜰을 보여준다. 이는 비록 왕의 사자인 암행어사의 출또로 인한 것이지만, 금준미주 시에서 보여 주듯 '옥 쟁반의 아름다운 술은 만백성의 기름이며, 노랫소리 높은 곳에 백성의 원망 소리 높다'는 풍자시의 구체적 장면화라 할 수 있다. 결국 화려한 풍류 속에 진행되던 변부사의 생일 잔치는 이런 대역전극으로 끝나 민중의 승리로 되돌아 감을 이러한 성숙된 언어 표현으로 살려 내고 있다.

「남원고사」의 이러한 장면 확대를 통한 골계적 표현과는 달리, 완판 84장본에서는 비교적 정제된 꾸밈새를 보여준다. 먼저 어사 출또 소리를 '남문의셔 출또야 북문으셔 출또야'로 입체화시킨다. 그리고는 공방, 형방이 혼이 나는 서술 다음에, '좌수 별감 넉슬 일코', '이방 호장 실혼ᄒᆞ고', '삼싀 나졸 분주하네'라고 열거한다. 수령들의 도망 장면에서는 다음과 같은 뒤바뀜 사설을 보여준다. '인궤 일코 과졀 들고', '병부 일코 송편 들고', '탕근 일코 용수 쓰고', '갓 일코 소반 쓰고', '칼집 쥐고 오좀 뉘기', '부셔진니 거문고요', '씌지나니 북장고라'와 같은 북새통을 묘사한 다음, 본관이 똥을 싸고 멍석 구멍에 새앙쥐 눈 뜨듯 내아로 들어가서 '어 추워라 문 드러온다 바람 다더라', '물 마른다 목 듸려라'라 했다고 서술한다. 이러한 뒤틀린 언어 기법을 관청색에게는 '상을 일코 문짝 니고' 내다른다고 하여 더욱 확대시킨다. 최종적으로는 서리와 역졸이 달려들어 '휘닥딱' 때리니, 'ᄋᆡ고 나 죽네'하는 표현으로 이 장면을 끝내고 있다.[477)]

춘향과 도령이 전반부에서 처음 만날때에는, 천상 공간에서의 견우성과

---

477) 설성경, 『춘향전의 통사적 연구』, 박이정, 1994, 418쪽.

직녀성의 뜨거운 사랑을 상징하는 광한루 즉, 신성 상징의 공간에서 만남이 이루어진다. 그러나 후반부의 시련 대목에서는, 죄인들이 갇히는 어둠의 공간인 감옥 에서 만난다. 죄인들이 갇혀야 하는 그 감옥이라는 공간에, 선량하고 의로우나 가장 소외된 여인인 기생 춘향이 갇힌다. 변부사로 인하여 야기된 이러한 무질서, 뒤바뀜의 현실적 모순과 부조리를 이도령은 암행어사가 되어서 순리와 정상적인 상황으로 전환시킨다. 도령과 춘향은 어사와 열녀로서, 갱생과 혁신 이상의 대반전, 즉 부활이란 표현이 적절한 대반전을 이루며, 어사출도라는 법질서를 통한 제도권 내에서 역전을 이루며 멋진 재회를 한다.

「춘향전」은 춘향의 옥중 저항만으로도 흥미로운 일이요, 어사의 탐학 관리의 징치만으도 통쾌한 일인데, 이 두 가지의 멋진 반전이, 도령과 춘향의 사랑이야기 속에서 그들의 사랑을 막고, 사회적 질서를 가로막는 악의 상징인 남원의 수령 변부사를 징치한 후, 사랑의 회복과 사회 정의를 동시에 회복하는 사랑의 삼각관계와 사회 개혁의 이중 주제를 하나로 통합시키는 미학적인 특징이 있다.

사랑이라는 주제 자체가 숭고한 것이며, 문학의 영속적인 주제인데다, 신분이 다른 이질적인 계층의 젊은 남녀가 펼치는 박진감 넘치는 사랑의 행진은, 이 작품을 수준 높은 고전으로 올려 놓기에 충분한 요건을 이미 갖추었다. 이와 아울러 지방 관청의 양반과 천민의 대립이 단순한 갈등으로만 치솟지 않고, 방자와 향단, 낭청과 월매라는 중개자적 인물들에 의하여 탄력성을 높이게 된다. 특히 「춘향전」 속에서 춘향의 모친 월매의 철저한 현실주의와, 그가 엮어내는 모정과 애환은 세련된 감동을 자아내는 맺음과 풀림의 틀을 갖추고 있다. 또, 천하고 여린 여인으로서의 춘향이, 사또에 맞서며 정절에는 신분의 높고 낮음이 있을 수 없음을 부르짖는 것은, 약한자의 항변이며 냉엄한 도전이다. 게다가 포악한 사또에 대한 이어사의 어사출도를 통한 대전환이야말로, 기층민에 의한 과격한 변혁보다는 정직한 권력으로 불의한 권력을 축출하는 혁신이라는 유연성을 보여준다.

「춘향전」은 이도령의 빠른 자기 변신과 성장으로 일구어 낸 암행어사란 직책의 획득과기생이라는 천한 신분의 울타리 속에서도 자기 갱신을 통한 열녀로의 성장과 변신을 보여주는 쌍방적 자아변신을 이룬 선남선녀의 사랑 이야기다. 그들은 만날 때는 도령과 기녀였지만, 다시 만났을 때는, 첫 만남에서 보여준 과거의 그들이 아닌 어사와 열녀로 만난다. 왕의 뜻을 거역하여, 사욕을 일삼는 포악한 변부사를 놓고, 한 쪽은 정절로 절대 강자인 변부사에 맞서 저항하고, 한 쪽은 왕의 밀사인 암행어사로서 변부사의 사욕을 정탐하여 징치한다.

(다) 광대예술 판소리 「춘향가」 증폭되는 언어 감각과 성리심성의 융합

「춘향전」의 통시대적인 역사에서 보면, 「춘향전」의 특징은 한 쪽은 이념적이고 이상적인 감동의 추구를 보여주고, 다른 한 쪽은 육감적이며 현실적인 감동의 추구를 보여준다. 애초에 산서 조경남이 「원춘향전」을 창작하였을 때에는, 감각적이며 현실적인 감동은 간략한 대신에, 성리 이념적인 이상적인 감동이 중심이었을테지만, 후대로 오면서 광대들에 의해서 강력한 추동력을 받으면서 판소리 양식의 사설에서는 이념적이고 이상적인 감동은 기저로 내려가고, 표면서사에서는 감각적인 사설과 문체로 그 아름다움의 지향성이 변이된 것으로 추정된다. 조경남의 「원춘향전」은 「춘향전」의 사랑의 이야기, 저항의 이야기, 수절의 이야기가 연계된 복합적인 의미망을 구축하고 있다. 나아가 사랑과 저항, 수절의 이야기 내면에는 다시 전란을 이겨내고, 평화를 추구하는 한국인의 원형적 심성까지 형상하고 있다.

「춘향전」은 극적인 구성 속에서 진행되는 사건과 대화, 행동의 묘사 등을 통해 감성을 자극하는 독특한 멋으로 주제에 연계된 흥과 한을 주축으로 삼은 희로애락이라는 감정의 기복이 만들어내는 극적인 장치를 갖춘 미의식이 담겨 있고, 그 미감을 자아내는 흥한의 정감이 지닌 핵심이 작품에 담겨있다. 이런 소설 춘향전의 독특한 정감의 미의식은 판소리 양식이 개발되어 판소리 「춘향가」의 연행 현장에서 더욱 세련된 흥한의 정서를 향수자들에게 체험하게 해준다. 그 결과 극적인 서사라는 구성에서 얻어지는 극적인 흥미를 기반으로 한 미학적 원리는 광대들이나 광대들의 사설을 지원해주는 상층문화를 인지하고 있던 광의의 양반층괴의 협력에 의해 구체적인 대화와 행동의 묘사 등을 예술성을 높이게 되었다. 특히, 전반부의 한의 정감, 그리고 후반부의 한의 삭임과 초극의 정감이 장면과 인물, 극적 장면의 구성 원리에서 희곡적인 성격을 지닌다. 뭉치 표현의 문체적 공식으로 본 서정성은 한국적 아름다움을 창출하는 원천을 보여준다. 나아가 언어예술에 나타난 한국의 아름다움을 종합시켜, 한국문화나 동양문화의 전통적 아름다움을 최고조로 드러내게 하고 있다.

이런 현상들을 구체적인 대목을 통하여 통시대적인 변모가 어떻게 지속적으로 이루어졌는가를 이도령이 춘향의 집을 찾았을 때의 사례에서 보자. 춘향모 월매가 책방도령을 극진히 대접하는 것은 도령 앞에 나오는 술상차리기의 다양함에서 보면, 때로는 사실적인 묘사에 촛점을 두지 않고 풍성한 잔치상같은 주안상이 등장시켜 귀하게 키운 외딸의 배필이 될 사위 후보에 대한 지극한 정성을 드러내고, 때로는 불시에 예고없이 찾아온 상태에서 내놓는 간단한 술상 차림으로 설정되기도 한다. 소설의 개작자나 연행에서의 광대 사설이 어떤 태도에 따라서 달라지는데, 현전하는 대표적 소설 텍스트를 통하여 비교해 제시해보자.

먼저 완판 33장본 「열녀춘향수절가」의 본문을 꾸밈의 기법이 시각적으로 드러나게 분석하여 배열하면 다음과 같다.

ᄃᆡ양판의　　　가리찜의
소양판의　　　제육초의
　　풀풀 쒸난　슝어찜의

포드득 포드득 ᄆᆡ초리탕의
ᄉᆞᆱ고요 우난 영계탕의
톰방톰방 오리탕의
곱장곱장 ᄃᆡ화 찜의
동ᄂᆡ 울산 ᄃᆡ전복을 ᄆᆡᆼ상군의 눈섭처럼 엇식빗식 올려노코
염통 산적
양복기며
씰씰 우난 ᄉᆡᆼ치다리 석ᄒᆞ산 갓치 고야노코

이 술상차리기는 'ᄃᆡ양판의 가리찜' 'ᄆᆡᆼ상군의 눈섭처럼 엇식빗식 올려노코'와 같은 차려진 모양과, '풀풀 쒸난 슝어찜', '톰방톰방 오리탕'과 같은 내용물의 신선함과 요리된 모양의 개성을 소리 흉내, 모양 흉내를 통해 드러내는 독특한 꿈밈새를 보여 준다. 이러한 묘사의 색다름은 비록 육례는 갖춘 혼인 잔치는 아니더라도 그에 준하는 백연가약을 맺는 도령과 춘향방의 배경으로서의 화려한 극적 분위기는 충분히 드러내는 표현이라 할 수 있다.

이러한 완판 33장본 「열녀춘향수절가」의 표현은 이보다 뒤에 나온 텍스트인 「남원고사」에서는 안주만이 아니라 술치레까지 확대되어 다음과 같은 더욱 푸짐한 술상으로 제시되어 생동감을 높인다.

팔모졉은 ᄃᆡ모반의 통영소반
안셩유ᄀᆡ
왜화ᄀᆡ
당화ᄀᆡ
산호반
슌금쳔은 각ᄉᆡᆨᄀᆡ명 버려노코
가즌 슐병 겻드렷다 쳠픠ᄀᆡ욱 죽절병

엽낙금정　오동병
야화 그린　왜화병
금경슈복　당화병
조션보화　쳔은병
즁원보화　뉴리병
벽ᄒᆡ슈상　산호병
문ᄎᆡ 조흔　ᄃᆡ모병
목 긴　항ᄉᆡ병
목 옴초라진　ᄌᆞ라병
각식 슐을 다 드렷다 도쳐ᄉᆞ의 국화쥬
니한님의　포도쥬
산님은ᄉᆞ　쥭엽쥬
마고션녀의　연엽쥬
안긔ᄉᆡᆼ의　ᄌᆞ하쥬
감홍노
계당쥬
ᄇᆡᆨ화쥬
두견쥬
니강고
쥭녁고
안쥬상을 도라보니　ᄃᆡ양푼의　가리찜
소양푼의　졔육초
양지머리
ᄎᆞ돌박이
어두봉미　노화잇고
염통산적　양복기며

신셜노의 젼골이오
ᄉᆡᆼ치다리 젼체슈며
연계찜을 겻드리고
송강노어 훼를치고
각관포육 편포로다
문어젼복 봉삭이고
밀양ᄉᆡᆼ율 싹가 노코
함창건시 졉어 노코
청실ᄂᆡ며
황실ᄂᆡ며
뉴ᄌᆞ
셕뉴 겻드리고
두귀발족 송편이며
보기조흔 ᄇᆡᆨ셜기
먹기조흔 ᄭᅮᆯ셜기
맛조흔 두텁ᄯᅥᆨ
경쳡ᄒᆞᆫ 화젼 산승
송긔 조악 가즌 웃기 괴야노코
민강ᄉᆞ탕
오화당
농안
예지
당ᄃᆡ초며
동졍금귤이 더욱 조타

이러한 술 사설, 그릇 사설, 음식 사설은 온갖 음식과 각종 그릇이 다 제시되고 있어, 당시 귀족 생활의 화려함을 반영하면서 비록 눈으로나마 만족스런 상대접을 받는 대리 충족을 독자에게 제공해 주기도 한다. 사계절의 음식, 국내외를 막론한 유명 음식들, 이를 담는 아름다운 도자기류의 그릇들은 춘향을 찾아온 이도령을 위해 마련된 것으로 사위를 맞이하는 장모의 온갖 정성스러움이 투영된 것이다. 이들 음식은 단순히 열거된 것이 아니라, '귀발족 송편이며 보기 조ᄒᆞᆫ ᄇᆡᆨ셜기 먹기 조ᄒᆞᆫ 숄셜기 맛 조ᄒᆞᆫ 두텁썩 경쳡ᄒᆞᆫ 화젼 산승 송긔 조악 가ᄌᆞᆫ 웃기 괴야노코 민강ᄉᆞ탕 오화당 농안 예지 당ᄃᆡ초며 동정금귤이 더욱 조타'와 같은 운율적 문장으로 표현하여 각 음식의 특징들을 제시하는 재미를 더욱 보태 주고 있다.

또, 다음과 같은 완판 84장본 「열녀춘향수절가」에서는 완판 33장본 「열녀춘향수절가」를 이어 부분 표현을 더욱 세련되게 다듬고 있다.

ᄃᆡ양판　가리찜
소양판　졔육찜
풀풀 쒸난　숭어찜
포도동 나는　ᄆᆡ초리탕의
동ᄂᆡ울산　ᄃᆡ젼복 ᄃᆡ모장도 드난 칼노 ᄆᆡᆼ상군의 눈셥체로 어ᄉᆞᆨ비ᄉᆞᆨ 오려노코
염통산젹
양복기와
춘치자명　ᄉᆡᆼ치다리 젹벽ᄃᆡ졉　분안기의 ᄂᆡᆼ면조차　비벼노코
ᄉᆡᆼ율
숙율
잣ᄉᆞᆼ이며
호도
ᄃᆡ초
셕유

유자

준시

잉도

탕기갓튼 청슬이를 칫슈 잇계 고야난듸

이러한 완판 84장본「열녀춘향수절가」의 음식사설은 분명 완판 33장본「열녀춘향수절가」에 비해 적층에 의한 성숙화의 현상을 보여주고 있다. 완판 84장본에서는 완판 33장본「열녀춘향수절가」보다 안주가 '고음식도 정결하고'라는 서술을 더 보태어, 그 정결함을 강조할 뿐만 아니라, '포드득 포드득 미초리탕', '포도동 나는 미초리탕'으로 교체하기도 하고, '싀고요 우난 영게탕', '톰방톰방 오리탕', '곱장곱장 듸화 찜'을 생략하기도 한다. 또, '동닉 울산 듸 전복을 밍상군의 눈섭처럼'은 '동닉울산 듸젼복 듸모장도 드난 칼노 밍상군의 눈셥체로'로 부분 확대도 하고 있다.[478] 또, '씰씰 우난 싱치다리 석ᄒᆞ산 갓치 고야노코'는 '춘치자명 싱치다리 젹벽듸졉 분안기의 닝면조차 비벼노코'로 확대 변이시키고 있다. '싱율 숙율 잣슝이며 호도 듸초' 등은 단순 열거형으로 부연 첨가하고, '탕기갓튼 청슬이를 칫슈 잇계 고야난듸'라는 부연 다음의 '고여 있다'는 그대로 유지시키기도 하는 확대지향의 첨삭 원리를 보여준다.[479]

이런 술상에 비교하면 신재효의「남창 춘향가」에서는 사설을 개작하는 작가 신재효에 의해서 상황의 처지에 맞춘 사실성을 확보하기 위하여 준비 없이 들이닥친 책방 도령에게 내놓는 술상이 아주 조촐하다. 또 월매는 걸인차림의 암행어사가 자신의 신분을 속이면서 춘향을 보기 위해 밤중에 찾아왔을 때 극단적인 냉대를 하면서 겨우 내놓는 밥상이 참으로 초라하다.

478) 설성경,「춘향전 문체의 변이양상 연구」,『동방학지』74집, 1992, 221쪽.

479) 앞의 글, 222쪽.

또, 이어사가 한 초동을 만나 그로부터 춘향이 며칠 전에 죽었다는 말을 듣고, 춘향의 초분이 어디에 있는지 까지 듣게 되는 부분이다. 이 말을 듣고 춘향이 죽은 것으로 오해한 이몽룡은 엉뚱한 남의 초분에 가서 통곡을 하게 된다. 그러다 그 초분의 상주인 옹씨 형제들에게 봉변을 당할 위기에 처하고, 여기서 이몽룡은 남의 무덤에 가서 울어 상주에게 얻어 맞으면 학질을 뗄 수 있다 하여, 그런 행동을 하였노라고 둘러댄다. 그러자 옹씨 형제들은 이몽룡이 평생 학질이나 앓게 하자며 때리지를 않고 놓아 주어, 이몽룡은 위기에서 벗어나게 된다. 이렇듯, 춘향이 죽지 않았다는 사실을 관객은 알고 있지만, 이몽룡은 모르고, 이몽룡이 거짓말을 하고 있다는 사실을 관객들은 알고 있지만, 옹씨 형제들은 모르는 것이 극적 아이러니이다.[480]

극적 아이러니는 극적 국면을 구축하는 효과가 있다. 극적 충격과 감동을 가장 강렬하게 끌어내는 부분은 바로 반전 장면으로 암행어사 출두 장면에서 절정을 이룬다. 이 순간을 경계로 걸인 이몽룡은 암행어사 이몽룡으로 전환하고, 화려한 축하연은 아비규환의 아수라장으로 전환하며, 변사또는 위풍당당한 관장에서 관직을 삭탈당한 죄인으로 전환한다. 그런데 이 반전의 장면이 극적 아이러니의 장치를 최대한 이용하고 있다. 이몽룡이 암행어사라는 사실이 다른 등장인물들에게 알려지기 직전에, 이몽룡은 최대한 봉욕을 당하고, 변사또는 최대한 기고만장한 것이다. 또 한 번의 반전은 춘향이 자신 앞에 서 있는 어사가 이몽룡임을 알게 되는 부분인데, 이 또한 매우 순간적이고 극적이다. 이 반전을 위해 극은 춘향이 어사의 정체를 모르는 아이러니를 극의 마지막 부분까지 최대한 연장하였다.[481]

통시대적으로 보면 「춘향전」의 재치있는 표현들은 판소리 사설에서는 소리로서의 창 부분에서 보다는, 소리가 없는 단순 사설 부분인,아니리 내지

480) 전신재, 「춘향가의 극적 아이러니」, 『춘향예술의 양식적 분화와 세계성』, 박이정, 2004.

481) 전신재, 같은 책.

대화 부분에 변화의 정도가 크다. 이런 현상은 판소리 광대들이 더 감각적 재미를 지닌 쪽으로 사설을 변이시키기 때문에, 예를 들면, “너 어디가니?” “남원 가요!”에서 점차 “나만 가요!”즉, “나혼자 가요!”와 같이 변이시키면서, 사실적 재담을 누적시키는 쪽으로 변이되기도 하였다. 또, 이와는 달리, 상징적인 의미를 증강시키는 쪽에서는 예를 들면. 춘향과 이도령의 만남의 공간인 남원의 광한루는 그들이 이별한 이후의 이몽룡의 한양에서의 공간은 삼청동으로 설정되면서, 견우 직녀의 오작교에서의 칠월 칠석날의 이미지와 연계되면서, 천상계에서 이미 맺어진 인연임을 부각시키는 남원 광한루 인근에 사는 춘향과 한양 삼청동에 사는 이도령으로 공간 소재의 상징 기능을 증폭시키는 사설의 변이나 전개가 이루어졌다.

또, 골계미를 개성 있게 드러내는 대표적 대목으로 ‘봉사의 옥방 찾아가기’가 있다. 이 대목은 눈이 어두운 허봉사를 통해, 한 쪽으로는 장애자의 슬픔을, 또 한 쪽으로는 그의 행동이 지닌 웃음 등을 통해 보여 준다.

완판 33장본 「열녀춘향수절가」에서는 ‘쏘랑을 건너쒸다가 잡바저 괴동을 집퍼 놀ᄂᆡ여 ᄲᅧ리다가 담돌의 부듸쳐 언겁절의 입의 무니 구른ᄂᆡ가 나ᄆᆡ’에서는 골계미를, ‘명천이 ᄉᆞ름을 ᄂᆡᆯ 제 별노 후박이 업건만 말 못ᄒᆞ난 벙어리도 부모 동거 천지만물을 보건마는 엇지 이 ᄂᆡ 신세 압 못보난 ᄆᆡᆼ인되야 흑ᄇᆡᆨ장단을 모르난고’에서는 눈먼 장애자의 슬픈 인생을 비감 어리게 드러내고 있다. 「남원고사」에서는 ‘문복 외며 가ᄂᆞᆫ 쇼ᄅᆡ 셔울 판ᄉᆞ와ᄂᆞᆫ 판니ᄒᆞ다 쇼ᄅᆡᄅᆞᆯ 폭 쥐여 지ᄅᆞᄂᆞᆫ드시 문슈ᄒᆞᆸ쇼 문슈ᄒᆞᆸ쇼’에서, 서울 언어와 전라도 방언의 맛이 다름을 지적하고 있다. 두 지역 언어의 어휘적 차이만이 아니라 억양의 상이성까지 지적하여, 문복을 외우고 가는 허봉사의 모습을 입체적으로 드러내어 실감을 느끼게 하고 있다. 또, ‘거드러거려 즛ᄂᆡ다가 물근 ᄯᅩᆼ을 드듸고 믯그러져 안셩장의 풀 송아지쳐로 뒤쳐지며 쳘버덕거려 니러날 제 두 숀으로 ᄯᅩᆼ을 집허 왕심어미 픗나믈 쥐무ᄅᆞ듯 왼통 쥐무ᄅᆞ고 니러셔셔 ᄲᅮ릴 젹의 옥 모통이 돌ᄲᅮᆯ이의 작근ᄒᆞ고 부듸치니 말이 못된 네로고

나 ᄯᅩᆼ 무든 쥴 젼혀 잇고 입에 너허 숀을 불 졔 구린ᄂᆡ가 촉비ᄒᆞ니 어픠 구려 어ᄂᆡ 년셕이 ᄯᅩᆼ을 누엇ᄂᆞᆫ고 셰벌 뼈근 ᄯᅩᆼᄂᆡ로다'에서는 골계미를 드러낸다. 이 경우는 미끄러지는 모습, 다시 일어나는 모습, 그러한 상황에 대한 허봉사 스스로의 판단까지 묘사해 내고 있다. 특히, '안셩장의 풀 송아지쳐로'의 뒤쳐지는 모습, '왕심어미 풋나믈 쥐무ᄅᆞ듯'의 왼통 주무르는 모습, '작근 ᄒᆞ고'부딪히는 소리 흉내까지 구체화시키고, 똥이 묻은 줄을 전혀 잊어 버리고 그 손을 입에 넣어 아픈 손을 불다가 그 똥 묻은 손에서 나는 구린내가 코에 진동하니, 그 독한 똥내를 '어픠 구려 어ᄂᆡ 년셕이 ᄯᅩᆼ을 누엇ᄂᆞᆫ고 셰벌 뼈근 ᄯᅩᆼᄂᆡ로다'로 무심결에 내뱉는 말이 웃음을 금치 못하게 한다. 이어서 옥문 앞을 지날 때에, '왼옷ᄉᆞᆯ 거두쳐 안고', '눈을 희번득이고', '코살을 찡그리고', '막ᄃᆡᄅᆞᆯ 휘져흐며 쉬파람 불 졔'에서처럼, 옷을 감싸안은 모습부터 눈과 코, 입, 손의 미세한 동작까지 사실적으로 묘사하고 있다. 그 대신 눈먼 장님으로서의 비애는 '눈먼 것만 한탄ᄒᆞ고'라 축약 서술되어, 그 한탄의 구체화는 생략하고 있다. 결국 이 텍스트에서는 골계적인 측면을 드러내는 데 주안점을 두고 있다.

완판 84장본 「열녀춘향수절가」에서는 사건의 상황을 더 촘촘이 엮어가며 봉사의 우스꽝스런 행위를 통한 골계미와 허봉사의 신세 탄식을 부연시키고 있다. 곧, 옥 밖으로 봉사 한 사람이 지나가는데, 그의 소리가 '셔울 봉사 갓틀진ᄃᆡ 문수하오 웨련만넌 시골봉사라 문복하오' 하며 외우고 가는 상황을 먼저 제시한다. 이어서 춘향이 이 소리를 듣고 '여보 어만이 져 봉사 좀 불너 주오'라며 요청을 하자, 춘향모는 봉사을 부르기를 '여보 져기 가난 봉사임'이라고 부르고, 봉사와 춘향모가 주고받기를, '계 뉘기 계 뉘기니'라 하니, '춘향어모요', '엇지 찻나', '우리 춘향이가 옥중의셔 봉사임을 잠간 오시라 ᄒᆞ오'라 한다. 그러자 봉사는 한 번 우스면서 '날 찻기 으외로셰 가졔'라 하므로 봉사의 옥방행은 시작된다. 춘향모와 봉사가 옥으로 가는 과정도 자세히 서술된다. 춘향모는 봉사의 지팡이를 잡고 길을 인도하기를, '봉사임 이리 오시요. 이거슨 독다리요 이거슨 기쳔이요 조심하여 건네시요'라 하여 친절히 안내하지만, 봉사가 실수를 하는 장면을 '압폐 기쳔이 잇셔 쒸여볼가. 무한이 별우다가 쒸난듸 봉사으 쒸염이란 계 머리 쒸던 못하고 올나가기만 한지리나 올나가는 거시엿다. 머리 쒸단 거시 한가온듸가 풍덩 빠져 노왓나듸 기여 나오랴고 집난게 기똥을 집펴제. 어풀사 이게 정영 똥이제 손을 드러 맛타 보니 무근 쌀밥 먹고 써근놈이로고. 손을 닉쌀린 게 모진 도그다가 부듯치니 엇지 압푸던지 입부디기 훌쓸러 너코 우난듸'라 묘사하며 웃음을 자아 내게 한다. 이어서, '먼 눈으셔 눈무리 쑥쑥 써러지며 이고이고 닉 팔자야 조고만한 기쳔을 못건네고 이 봉변을 당하여스니 수원수구 뉘다러ᄒᆞ리. 닉 신셰을 ᄉᆡᆼ각ᄒᆞ니 천지만물을 불견이라 주아을 닉가 알야 사시을 짐작하며 춘져리 당히온들 도리화기 닉가 알며 추져리 당히온들 황국단풍 잇지 알며 부모을 닉 아는야 쳐자을 닉 아는야 친구 벗임을 닉 아는야. 셰상쳔지 일월셩신과 후박장단을 모르고 밤중가치 지닉다가 이 지경이 되야ᄭᅮ나. 진소위 소경이 그르냐 기쳔이 그르냐 소경이 글체. 아조 ᄉᆡᆼ긴 기쳔이 그르라'라 하는 봉사의 신세 타령을 길게 확대하고 있다. 그 다음에 봉사가 '이고이고' 하고 슬피 우니 춘향모가 그만 울라고 위로하며 목욕시켜 옥으로 들어가는 것으로 장면 확대를 이루고 있다.

「춘향전」의 감성구조는 전후 대단락이 대비적 구성을 보이는 거시적 이원구조로 되어있다. 전 · 후대단락의 구조가 형성시키고 있는 상반된 감성구조를 지닌다. 신성공간의 정서의 흐름처럼 「춘향가」의 연행에서는 울음과 웃음이 교체 반복으로 나타난다. 소설 「춘향전」과 판소리 「춘향가」는 흥한의 양극적 정감을 교체 반복하면서, 한을 주축으로하여 정서적 맺힘과 풀림을 정감으로 엮어낸다. 새로운 정치와 사회분위기를 추구하는 새 시대, 새 세계를 염원하는 기층민의 민족 차원의 집단적 한이 소망적 풀이로 실현되어 재복, 수복, 평강을 누릴 수 있는 시대와 사회를 열어준다. 삶의 비극적 좌절과 상승적 감격의 균형을 추구하는 성격을 띠며, 판소리 춘향가는 대중적 취향을 수용하는 흥미성과 시대적 변화를 예고하는 사회성을 조화시켜, 당시대의 사회미학적 욕구를 폭넓게 충족시킨다.

「춘향전」은 항시 그 시대의 유행 물결에 따라 탄력성 있는 변화를 보이며 새 장르의 소개와 전파에 기여해 왔다. 「춘향전」의 월매는 호남 지방 남원에서 뿌리를 내리고 살던 기생이다. 그러기에 그녀의 딸 춘향 또한 남원에서 나고 자랐다. 그러던 춘향은 지리적으로 남원보다는 월등하게 삶의 환경이 좋다고 판단되는 서울에 토대를 둔 이도령을 만나 평생을 언약하고 사랑을 나누었다. 춘향은 이도령과 결연한 후, 항시 '한양낭군'을 모신다는 새로운 자신감을 가질 수 있었다. 이는 춘향을 서울에 거주하는 기생 딸로 설정하는 것과는 판이하게 다른 것이다. 춘향은 신분적으로 천한 기생의 딸일 뿐만 아니라, 생활 공간 또한 서울로부터 천리 정도로 떨어져 있는 시골에 사는 인물이라는 점이 강조된다. 그래서 판소리극 춘향가를 비롯한 「춘향전」에는 '한양 낭군'이란 표현이 거듭 반복된다.

「춘향전」의 결말에서 서울로 가게 되는 춘향의 모습과 춘향 일가의 모습이 강력한 인상과 여운을 남기는 데 크게 작용하게 된다. 구차한 시골 생활을 활활 벗어던지고, 이제는 당당히 '한양 사람'이 되어가는 모습을, 그들을 전송하는 남원 사람들은 선망의 대상으로 바라본다. 서울에 가서 어떻게 구체적으로 행복을 누렸다는 표현 못지 않게, '한양 낭군'의 당당한 짝으로서의 '한양 여인'이 되어 상경하는 춘향의 상황 그 자체에 그들의 행복한 미래는 약속되는 것이다.

또, 「춘향전」에서는 서울의 삼청동이란 동네 설정을 통하여, 서울의 단순한 지상 공간 이상의 상징적 의미를 실어내고 있다. 이는 천상 공간의 상징성을 대변한다. 적강한 도령의 천상 복귀처럼, 서울은 진정으로 살기 좋은 낙원이란 상징적 의미가 이도령의 집을 청렴한 양반들이 많이 사는 삼청동으로 설정하게 된 배경이다. 이러한 이야기가 반영하는 '서울 지향성'은 그 어떤 작품보다 「춘향전」에서 가장 강력하게 형상화되어 있다. 판소리 중에서도 「춘향가」가 유독 그러하고, 여타의 소설에서도 이 점에서는 「춘향전」과 비견될 만한 작품이 없다. 이러한 '서울지향성'은 근대전환기를 거치면서 더욱 가속화되기 시작하여, 20세기 중후반에 본격화된 '출세를 위한 서울행'과 직결된다. 곧, 「춘향전」의 작가들은 우리 민족의 집단적 심성 속에 자리하고 있는 '서울 지향성'을 가장 정확히 그리고 먼저 꿰뚫어보고, 이를 작품 속에 성공적으로 용해시켰다. 결과적으로 민족의 집단 심리로 작용하는 '상경 이미지', 곧 '서울 지향성'은 「춘향전」에의 공감을 더욱 높힐 수 있는 요소였으며, 역으로는 작품이 독자들의 그러한 시대적 분위기에 가속화 역할을 했다.[482]

「춘향전」의 감성미를 드러내는 최고의 원리는, 소재면에서, 인물의 성격 창조면에서, 또는 매혹을 주는 매력의 원천면에서 각각 최고의 것이 살아 남아, 새로운 「춘향전」을 끊임없이 재구성해내는 운동의 원리로 작용한다. 즉, 기존의 광대들의 더늠 연구에서 최고의 표현이 살아 남아 경쟁력을 확보하고, 독특한 미적 성취를 이룬 것을 주목했다면, 이제는 더늠과 같은 문학적, 혹은 음악적 최고를 찾는 그 노력과 원리가 「춘향전」을 구성하고 있는 제반 각 요소에까지 적용될 수 있음을 발견해야 한다. 즉, 춘향이 민족의 연인이 될 수 있었고, 지금도 그럴 수 있는 원천은 바로 민족 구성원 하나하나가 남성이든 여성이든 저 마다 품고 있는 최고의 여인상으로서의 면모가 집적되어 가장 매혹적인 요소들만 남아 그것이 천의무봉으로 재구성되었다는 데 있다.

또 이러한 재구성은 끊임없이 진행되는 과정이며, 요소별 재구성은 끊임없는 생산적 경쟁 속에서 남게 된 최고의 예술적 통합원리가 되었다. 즉, 소재이건, 미학적 원리이건 다시 그것들을 조합해 내는 예술적 통합의 원리이건 민족 전체의 지혜와 슬기와 솜씨를 짜내어 생산적 경쟁으로 여과하여 남게 된 명실상부한 민족 최대, 최고의 고전이 되는 것이다. 그러나 진정 주목

482) 설성경, 『춘향예술의 역사적 연구』, 연세대출판부, 2000, 15쪽.

해야 할 것은 이러한 과정이 시대가 바뀜에 따라, 민족의 기호가 달라짐에 따라, 시대가 요구하는 예술적 요구가 변천함에 따라 가장 두터운 향수층과 가장 민감한 작가적 노력의 소산으로 끊임없이 재창조되는 대응의 원리, 즉 여과와 수렴을 통한 최고의 조합이라는 장치가 민족고전으로서 살아남게 하는 원리인 것이다.

8-5. 조경남의 창작정신을 계승한 춘향예술에서 구현된 감성미의 세계

조경남은 「춘향전」 창작의 작품 차원의 모델로 삼은 암행어사와 임진왜란의 충주성에서의 실패를 참전했던 장군들이 성찰을 하는 모임을 암행어사 성이성의 변부사에 대한 대재판으로 전환 확작시키면서 〈금준미주〉 한시로 극적인 감성을 한의 절정에서 흔과 신명으로 승화시켰다. 「달천몽유록」의 작가인 암행어사 윤계선과 달리 조경남은 자신의 남원 지방의 진사로 단 한번도 지방에서나마 관직생활은 할 수 없었던 유생 의병장을 겪으면서 그 경험을 살려서 「춘향전」을 창작하였다.[483] 조경남은 출세한 제자 성이성을 중심으로 이도령과 이어사로의 활동을 설정하면서, 이부사의 자제이며 자신의 제자이기도 한 암행어사 성이성, 특히 성이성과의 광한루에서의 특별한 만남을 가졌던 일 등을 작품 속 이어사의 모델에 투영시키면서, 암행어사 윤계선의 이야에 임진왜란 당시 충렬 인사에 대한 위무와 세태의 풍자 대신에 남원 중심의 탐학을 당하는 백성들을 위로하는 이야기와 중첩시켜서 이순신을 좌장으로 한 연회에서 억울하게 순국한 장군들을 위무하는 이야기에 보태어

483) 설성경, 『춘향전의 비밀』, 서울대학교출판부, 2001, 95쪽.

춘향을 비롯한 남원 백성들을 위로하는 정신적인 승리로 전환시켰다.

작가 조경남은 남원부사의 아들이 책방도령일 때 학제공부를 가르친 스승이다. 그에게 학제공부를 맡긴 남원부사 성안의는 임진왜란의 역사적 사실을 장기간에 걸쳐 정확하게 기록한 조경남의『난중잡록』을 보았고, 또 그 속에 성안의 자신이 경상도에서 곽재우 의병장을 도우며 소모사 역할을 한 기록까지 있는 것을 보았다. 게다가 조경남은 율곡과 우계의 학문과 애국정신을 실천적으로 잇다가 금산전투에서 순국한 중봉 조헌의 제자인 것에 감동을 받았다. 이런 이유로 남원부사인 성안의는 자신은 퇴계와 남명을 이은 한강의 제자로서, 자신이 속한 영남학맥과는 학문과 당파가 다른 기호학맥이고, 중앙의 벼슬길에도 오를 수 없는 진사 출신인 향반 조경남에게 기꺼이 아들 성이성의 과거시험을 위한 학제 스승으로 맡겼다.

조경남은 학문이 높고 의리정신이 강한 남원부사 성안의의 높은 뜻을 받들어, 성이성을 제자로 받아들이고, 지리산 속에 있는 송림사에 특별 공부방을 차렸다. 그는 제자 성이성에게 특별 학습을 통해 학문과 성리본심을 기르는 인격과 덕성, 특히 전란 이후의 흩어진 민심을 수습할 국가의 동량을 기르는 데, 사명감을 가지고 혼신의 힘을 쏟았다.

조경남의 제자가 된 책방도령 성이성은 명가에서 받은 훈육 위에 스승 조경남의 올바른 가르침으로 치열한 정신을 함양하며, 힘은 들지만 아름다운 학문의 경지에 도달해 갔다. 이렇게 전개되던 도중에 덕치와 선정으로 4년이라는 재임기간 동안, 그동안에 남원에 부임했던 부사들과는 확연히 다르게, 남원 백성을 위해 선정을 베풀었던 성안의 부사가 전라도 광주목사라는 요직에 올라, 남원을 부득이 떠나게 되자, 스승과 제자는 안타까운 이별을 하게 되었다. 한참의 세월이 흐른 뒤인, 1624년에 부친 성안의가 제주목사로 부임해갈 때, 제주까지 배종하고, 다시 성이성이 한양으로 돌아가는 길에 일부러 남원의 옛 스승인 조경남의 집을 찾아와서 2차 만남이 이루어 졌다. 그 다음에 또 다시 세월이 흐르고 흘러, 제3차의 만남은 1637년에, 성이성이 반정으로 왕위에 오른 인조의 신임을 받아 호남암행어사가 되어 순천에서 암행어사의 공무를 마감하고, 개인의 자격으로 스승 조경남의 집을 방문하여 감격적인 3차 만남이 이루어졌다. 조경남과 성이성은 광한루에서 하룻밤을 지새우며, 사제간에 쌓인 정담과 반정이후의 암행어사로서의 세상 돌아가는 이야기로 밤을 지새우고, 이튿날은 성이성 암행어사가 늙고 병든 옛스승을 모시고, 남원부의 동헌에 나아가 스승을 존경하여 높이는 감격적인 사건이 일어났다. 이는 성리학의 나라 조선에서, 군주에 대한 충성과 스승에 대한 의리 즉, 군사부 일체에 대한 충과 효와 의리를 현실에서 실천적으로 보여주는 아름다운 행동이며, 사제 지간의 두 사람 모두에게 존경심과 공경심이 일어나는 성리이념의 실천적인 현장 사례가 되었다.

암행어사로 온 제자 성이성을 떠난 보낸 후에, 조경남은 이런 기이하고 감동적인 현실을 후세에 남겨 성리실천의 교훈으로 삼기 위하여, 제자 성이성 암행어사에 관한 기록을 단순 전기보다는 독자들에게 더욱 흥미롭게 전하기 위하여, 소설 양식으로 창작 하였다. 남자 주인공은, 남원의 성이성 책방도령과 암행어사 이야기를 주축으로 하면서, 스승인 조경남 자신은, 직접 사실적으로 서술하지 않고, 소설 일반의 흥미성을 유발시키는, 여성 주인공에 자신을 투사하였다. 게다가 이 여성 주인공은 다양한 인물소재를 융복합한 인물로 설정하였다. 즉, 『삼국사기』에 전하는 「도미처」「설씨녀」『고려사』의 지리산녀 같은 열녀 이야기, 가까이는 조경남과 자기가 전해 들은 고경명과 노진의 설화와 야담에 등장하는 기생 이야기, 자신이 잡록에 기록해 둔 남원성 전투에서 희생된 충렬지사들의 실화 등을 융합시켜서, 월매의 딸 춘향이라는 이상적 성리이념의 인물을 허구적 수준에서 설정하였다. 조경남은 경험적 현실인 사제간의 학습과 의리를, 남녀간의 사랑이야기로 전환시켜서, 신원형 근원설화와 창의적 융복합 인물 소재를 분리, 추출, 융합 방식으로 한 차원 더 나아간 새로운 인간상인 춘향을 형상해냈다. 그 춘향의 이야기를 표제와 서사의 근간으로 삼아, 사실과 허구가 묘합된 극적 서사로 전개하였다.

또한 조경남은 성리소설의 특징인 이중서사 구조로 표면서사의 사랑이야기 이면에, 성리학의 실천적인 이념을 생활 속에 무르녹여 「춘향전」으로 창작하였다. 즉, 호남의 스승인 조경남은 영남의 제자 성이성의 암행어사 되기와 남원에서의 어사출도 이야기를 절정으로 하여, 극적 서사로 된 소설을 지어 제자에게 선물했다. 그는 주인공을 춘향을 설정하면서, 작가 조경남 자신과 함께, 남원을 연고로 한 애국적 의리심의 절정인 남원성 전투의 희생자들을 융합시켜 설정하였다. 춘향은 순수한 사랑과 불의에 대한 저항, 즉, 목숨을 걸고 정절을 지켜내는 순수한 사랑의 원형에 성리 이념을 무르녹여 「춘향전」을 창작하게 되었다.

이런 배경에는 만년의 조경남으로서는 인생의 끝자락에 늘고 병든 자신을 찾아와서 생애 최고의 감동을 안겨준 자랑스러운 제자에게 고마움에 보답하고, 또 역사에 길이 남겨 후대에도 사표가 될만한 작품이 되기를 바라며, 역사 현실에 직접 있었던 영호남 학맥의 아름다운 사제 간의 만남을 사랑 이야기로 담아내었다. 그러하기에 조경남의 원초 「춘향전」은 사실에 허구가 가미되어 소설화된 소위 팩션형 소설에 해당한다. 전라도의 작가 조경남은, 경상도의 제자 성이성을 남성 주인공 모델로 삼고, 그의 연인인 춘향은 역사인물과 야사를 복합모델로 삼아 성이성에 대한 흥미로운 사랑이야기로 대체하여 소설로 창작하였다. 즉, 조경남과 성이성의 남원에서의 1610년에서 1611년 사이에 일어난 역사적 사실을 토대로 작가 조경남은 「춘향전」을 창작하면서, 작품의 표면서사로 전환시킨다. 역사적 현실은 조경남이 책방도령 성이성에게 과거 공부를 가르쳤고, 성안의 남원부사가 광주 목사 승진하여 남원을 떠날 때, 동시에 조경남과 성이성은 사제간에 아쉬운 이별을 했다.

조경남은 「춘향전」 창작에 대한 결심을 하게 된 사건이, 사제간에 헤어진 지 28년만에 다시 만난 감격의 광한루 재회이기에, 1611년의 아쉬운 이별 장면을 극적이고, 서사적인 재미를 위해서 신분이 다른 남녀간의 뜨거운 사랑과 애틋한 이별 사건으로 극적 서사화 하였다. 즉, 조경남은 1610년에 성이성 책방도령의 스승이 되어 1611년 2월, 성안의 부사가 광주목사로 전직하면서 성이성과 이별하던 그날을 「춘향전」에서는 광한루에서 이도령과 춘향이 만나고, 성안의 부사가 광주목사로 승진해서 남원을 떠난 것을, 이부사가 승진하여 한양으로 가면서, 이도령을 먼저 남원을 떠나 어머니와 함께 한양으로 출발하게 하고, 이도령은 이 사실을 춘향집에 가서 알린 후에, 춘향과 이별하고 한양으로 간 것으로 극적인 서사로 창작하였다.

이런 소재나 환경에서 창작된 「춘향전」에서는 스승 조경남과 제자인 책방도령 성이성에게 있었던 현실 소재와 이를 성리소설로 전환시켜서 소설로 창작하였다는 점이 특징이다. 작가 자신이 겪고 들었떤 내우외환과 관련된 여러 요인 중에서도 당파성의 문제를 「춘향전」에서는 이면서사로 다루고 있다. 당파성을 극복하고, 그 원인의 근본이 되는 도심을 회복하는 방법이 아닌 도심을 지닌 인물을 기생이지만 열녀인 춘향상을 통하여 보여준다. 춘향정신의 근본에는 성리이념의 근간이 되는 인심을 잠재우고 도심을 살려내는 심성 회복을 이면사서로 내장시켰다. 이런 주제를 설정하는 데에는 임진왜란의 의병장 출신인 조경남으로서는 영남과 기호 지역의 학맥간 대립이 당파로 번지고, 이것이 전란을 야기한 내부적 원인이 된 것을 목격하고 평생동안 집필한 『산서잡록』의 내용이 크게 작용하였다. 그 핵심은 자신이 작품 속의 여주인공 춘향으로 투영시키면서, 그 춘향의 인간상 속에는 노진과 고경명 설화계 야담의 어린 기생의 이미지 등을 융복합시킨 하구적 존재요, 성리이념에 의한 있어야 할 당위적 존재를 설정한 점에 있다. 그러면서, 춘향은 개인적인 존재이면서 당시의 집단적인 존재의 대표성을 가진 전형성으로 살려서, 국와 인조가 세 차례나 도성을 비우고 피난을 했던 역사적 사건, 특히 남한산성 밖에서 당태종에게 구고삼배를 한 치욕적인 사건에 대한 치유의 기능과, 광해군을 폐위시키고 반정 시대로 들어간 초심이 살아니서 성이성과 같은 인재를 암행어사로 파견하여 백성의 고통을 살피고 바로잡겠다는 정신을 높이 평가하는 백성들의 지지까지 담아내고 있다. 이런 점이 작가 조경남이 비록 춘향 개인의 사랑이야기이면서, 조도사가 광해군을 풍자하며 백성사람을 지적한 〈금준미주〉 한시로 변부사를 징벌하는 기법으로 설정된 결과이다. 한 마디로, 작가인 조경남은 독자로서의 백성들에게 정의가 살아 있음을 현장에서 보여주고, 탐관들에게는 암행어사 출도가 자신들에게 들이닥칠 수 있다는 경각심을 일깨워주는 정치 사회적 기능을 가진 창의적인 허구성의 성리소설임을 을 보여준다. 특히, 작가 조경남은 자신을 직접 「춘향전」 속 여성 주인공인 춘향에 투사하여, 자신이 춘향이가 되었다. 이는 소위 '요조숙녀는 군자호구'란 말의 실제 상황에 부합된다. 이들의 부합이라는 것은 작품 밖의 스승과 제자의 관계 쪽에서 보면, 크게는 내우외환의 근원이 된 당파성의 병폐를 완전히 제거한 이상적인 성리본심 즉, 도심으로 살아간 모범적인 성리시대의 인간상들로, 영남학파의 퇴계와 남명, 그리고 기호학파의 율곡과 우계의 정통 후학들이 주자 성리학을 조선의 성리학으로 성숙 발전시켰다. 그들의 도심은 사제의 관계에서 시작하여, 의로운 관민의 관계로 유지 발전되었다. 제자인 성이성은 조정에 나아가 인조반정 이후에 다시 병자호란을 겪었고, 이후 인조의 왕정을 제대로 보좌하여 나라의 기강을 잘 다스리고자하는 치열한 정신을 가진 최측근 신하로 활동하였다. 이런 작가 의도는 「춘향전」에서 당파성으로 인해 야기되는 내우외환의 슬픈 역사를 다시는 되풀이해서는 안된다는 성리학 시대의 정통 성리학자가, 삶으로 실천한 성리정신을 쉽고도 흥미롭게 담아낼 수 있었다.

또, 「춘향전」의 감성미를 높이는 데에는 기본서사를 구성하는 도교적인 우주 공간적 배경으로 설정이 큰 기여를 하고 있다. 「춘향전」에서는 다원적 공간을 설정을 하고 있기 때문에, 일원적 공간 위에서 전개되는 구체적인 사건 외에도 춘향과 이도령이 활동하는 현실 시공간 위에 광한루라는 두 사람의 만남의 공간에 대한 신화적인 세계에 의해 광한루는 우주적인 천상의 공간세계로 확대되는 상징적인 의미를 내장하고 있다. 이런 다원적 공간 우주적인 공간 설정은 무한한 우주로 확장된 시공간 세계 위에서 사랑의 의미를 속세의 개인적인 차원과는 다른 무한한 우주 속에서 펼치는 거대한 사랑 이야기라는 신화적 의미와 세속적 남원 광한루의 사랑으로 그 의미를 무한 확장시킨다. 이러한 의미는 춘향과 이도령이 만나는 광한루, 나아가서는 천상의 옥황상제가 거느리는 천상 세계의 광한전과 삼청궁이 짝을 이루고 있기에, 이도령의 거처는 한양의 삼천동에 살고있음으로 설정되었다. 이런 점은 작품의 구체적인 서술에서는 "이때 삼청동 이한림이라 하는 양반이 있으되 세대명가요 충신의 후예라"라는 대목에서 삼청동은 북악산 밑, 경복궁 뒤에 위치한 한양의 동네이름으로 설정되었다. 이 삼청동이라는 이름이 상징하는 의미는 도교에서 보여주는 개념을 가져온 것이다. 도교에서는 태청, 상청, 옥청을 일컬으며, 옥황상제가 거처하는 곳임을 전고로 활용하고 있다. 이는 표면서사와 이면서사를 통합적인 의미로 해석하면, 춘향과 이도령의 이미지는 지상에서의 신분을 극복한 숭고한 사랑 이야기면서, 다른 한편에서는 이미 천상에서 맺어진 사랑, 그 사랑을 못다한 미련을 지상에 내려와서 완성을 이루는 사랑이 표면서사에서 제시되는 사랑이다.

표면서사에서의 춘향과 도령의 사랑 이야기는 전반부에서 처음 만날 때는 천상 공간에서의 견우성 직녀성의 뜨거운 사랑을 상징하는 신성공간의 상징인 광한루에서 첫 만남이 이루어지고, 다시 후반부의 시련 대목에서는 감옥이라는 어둠의 공간을 고치면서 고난의 시간을 보내면서 인간적인 성숙을 이룩하였다. 춘향은 죄인들이나 갇혀야 하는 그 무섭과 캄캄한 감옥이라는 공간에서 인고의 시간을 견디면서 열녀의 이미지를 높혔다. 춘향은 변부사로 인하여 야기된 불의와의 투쟁에서 암행어사의 출도로 순리와 정상으로 환원되면서 열녀로서 갱생과 혁신을 이룬다.

「춘향전」에는 춘향의 옥중 저항만으로도 흥미로운 일이요, 암행어사의 탐학한 관리의 징치 만으로도 통쾌한 일인데, 이 두 가지 멋진 반전이 공존하는 미학적 특징이 있다. 도령과 춘향의 사랑이야기와, 그들의 사랑을 가로막고, 사회적 질서를 어지럽히는 악한 권력의 상징인 변부사를 징치하는 이야기속에 사랑의 회복과 사회 정의의 회복을 동시에 담아낸다. 즉, 인륜의 근본을 어지럽힌 잘못된 삼각관계의 해결과 더불어, 공권력의 부당한 횡포에 대한 사회적 개혁의 이중 주제가 하나로 통합되고 있다. 판소리 「춘향가」는 연행 현장에서 우러나는 흥한의 정서 체험과 주제나 구성에서 얻어지는 극적인 흥미를 기반으로 한 폭넓은 대중적 공감 획득의 미학적 원리를 지니고 있다. 이는 극적인 구성 속에서 전개되는 사건과 대화, 행동의 묘사 등을 통해, 우리 민족의 감성을 자극하는 독특한 그 무엇이 있기에, 주제 중심의 감상 못지않게, 희로애락의 감정의 기복이 만들어내는 극적인 장치와 정감의 미를 향수자들 에게 제공해주기 때문이다. 그래서 「춘향전」은 한민족의 전통 속에 깊이 갈무리된 흥한의 정감을 가장 적절히 표현해 낸 작품으로 평가된다. 특히, 전반부의 한의 정감, 그리고 후반부의 한의 삭임과 초극의 정감이 장면과 인물, 극적 장면의 구성 원리에서 희곡적인 성격을 지닌다. 뭉치 표현이 지닌 문체적 특성에 드러나는 서정성은 한국적 아름다움을 창출하는 원천이 된다.

판소리 「춘향가」의 창자들은 연행을 성공을 위하여 사설 부분에서도 서사적 심화. 서정적 심화. 극적 심화을 지속적으로 추구해왔다. 소통 방식에서의 흥행성의 호응도까지 고려한 지속적이고 창의적 성숙화를 통하여 원초의 소설 「춘향전」의 문학성을 음악 위주의 예술적 작품으로 새롭고 입체적인 예술성을 추구해왔다. 특히, 판소리의 조과 장단에서 볼 수 있듯이, 판소리 여러 작품을 선도한 「춘향가」는 창자의 유파와 유파 내의 개인적인 소리에 따른 청관중의 정시적 반응을 높이려는 노력은 음악과 문학의 상호 보완 내지 융합을 통하여 특유한 감성미를 창조하였다.

극적인 사건에 따라서는, 춘향과 도령의 사랑 대목에서 에로틱한 장면이 구체적으로 노출되게 한다. 이런 점은 춘향의 위상이 대체로 퇴기 월매의 딸로 설정되고, 성적인 교섭이 기생집의 공간이라는 점에서 이런 배경은 판소리의 다른 작품에 비하여 애초부터 편하게 설정될 수 있었다.

「춘향전」의 극적 서사의 전반적인 전개는 전반부에서는 비극적인 하강의 정서로 마무리 되지만, 후반부에 가서는 더욱 비극적인 하강으로 나아가다가 옥중의 춘향이 죽을 위기에 처했을 때, 극적인 대반전을 보이면서 변부사의 권력을 너머서는 초강력 권력인 임금의 대리인으로서의 암행어사가 거지 신분같은 초라한 외모를 벗고 어사출도를 오치는 사령들을 앞세우고 등장하는 암행어사의 출두는 고통받는 백성들의 구원자로서 춘향을 구출화는 흥과 신명의 판을 만들어내면서 신분이 다른 춘향과 도령은 열녀와 암행어사의 사랑으로 승화하면서 행복한 결말의 미학을 만들어낸다. 그러면서, 상층부와 하급관리들을 통해 관료사회가 구체적으로 나온다. 포졸이나 관속들이 자세히 그려진다. 게다가 봉건체제 하에서 핍박받으면서 살아가는 서민들의 아름다은 심성과 소극적이나마 그들과 대응하고 싸워나가는 측면이 부각되기도 한다. 이도령과 좋아지네던 춘향이를 떠올리고 '너 잘 걸렷다'며 서로 좋아한다.이는 상류사회에 대한 하층의 감정을 드러낸다. 그러나 다른 한편에서는 서민 천민의 일상 및 민속 생활상을 드러낸다. 예를 들면, 방언과 욕설 등도 포함하는 기녀들과 농민들의 생활상에 대한 묘사가 풍부하다. 그런가 하면, 옥중에서 죽음의 위기를 맞고 있는 춘향과, 옥중 춘향을 구출하려는 이어사의 어사출도 장면의 빠른 진행은 극적인 긴장감의 속도와 행위 주체들의 심리와 동작의 긴장감과 해소감에서 상승 작용을 높여준다.

「춘향전」의 미적 기반인 음양의 미학은 중국인의 철학적 사유에서 연원하였지만, 토착화 속에서 우리의 문학과 예술정신을 담아내는 창조적 재현의 틀을 마련하였다. 그래서 판소리의 대표 작품인「춘향전」은 음양적 인물 배치와 주역적 인생론을 서사적 사건으로 펼쳐내고 있다.「춘향전」의 인물 구성은 음으로서의 여성들의 길과, 양으로서의 남성들의 길이 상생과 상극의 대대적 조화를 이루고 있다. 춘향과 도령이 상생적 음양 관계를 구성하면서, 이들은 다시 춘향과 월매, 이어사와 변부사 등으로 각각 상극적 음양관계의 인물구조로 확산되고 있다. 그러기에 심성적 차원의 인식체계로서는 춘향과 월매는 인간의 양면성이며, 이도령과 변부사, 성부사와 변부사 또한 한 인물의 양면성을 반영한 것이다. 인간적 속성으로 지니고 선악, 순수와 타락, 젊음과 늙음, 개혁과 보수라는 양면을 우리기 지닌 성정의 두 가지 모습이란 측면에서 드러내주고 있는 것으로 해석된다. 춘향이 늙어서 월매가 되는 것이 일상 인간의 속성이라면, 육신은 늙어도 정신은 춘향의 순수를 지켜야 한다는 것이 유가적 덕목의 주제화이다. 도령이 성장하여 암행어사가 되는 이야기의 양쪽에는 그는 늙어서 변부사가 될 수도 있고, 성부사 될 수도 있는 것임을 비춰주는 것이다. 예술론이 수양론과 만나는 동양 문화의 전통은「춘향전」의 인물 설정의 관계를 통해 이런 숨겨진 의미를 은연중에 일구어내고 있다.

9

마무리

「춘향전」은 우리 고전문학을 대표한다. 「춘향전」을 모르는 사람은 우리나라 사람이 아니라고 할 정도로 「춘향전」은 이미 가치 평가가 끝난 불후의 명작이다. 광의의 「춘향전」은 원작가 조경남의 창작 이래, 원작의 개방적 성향의 특징으로 각 시대와 지역, 개작자의 신분과 취향 등에 따라서 다양하게 창조적 변이를 거듭해 왔다. 또 개작가의 관점에 따라 중심인물의 설정은 달라지지 않았지만, 관객의 시대적 요구에 따라 작품의 내용이 변하면서 다양하게 해석되기도 하였다. 현대에 와서는 어느 작품보다도 매체의 발전에 따라 여러 장르로 더욱 다양하게 표현되고 있다. 특히, 「춘향전」은 표현 양식의 다양화를 이루기에 가장 유용하게 활용되어지는 특성을 가진 작품으로서, 「원춘향전」의 창작이래, 380여 년간 춘향현상을 일으키며, 여러 장르로 재창작되는 창조적 진화를 보여주는 작품이다.

「춘향전」의 원작가 조경남은 남원 출신으로 평생을 남원에서 살았다. 그의 일생은 양대 전란으로 점철된 세월이었다. 특히 그는 정유재란 당시 무능한 중국의 원병 장수가 도망하고, 조선군이 혈전을 벌인 끝에 남원성과 함께 몰락할 때, 의기 있는 장교들은 화염 속에 버티고 서서 몸은 죽여도 정신만은 죽일 수 없음을 보여주었고, 수 많은 민중들은 맨몸으로 싸우다가 죽어가는 현장을 직접 보았다. 왜란이 끝난 후, 전란으로 소실되었던 광한루 등이 복원되었지만, 당시 전란의 후유증보다 더 무서웠던 것은 부패한 관장들의 가혹한 정치였다. 즉, 물질적으로 파괴된 것은 다시 복구할 수 있었지만, 파괴된 정신은 제대로 복원되지 않은 결과이다. 아니나 다를까 40년 만에 다시 호란이 발발하였고, 조경남은 왜란 때처럼 의병이 모아지지 않는 현실에 충격을 받았다. 그 원인은 중세 왕정 질서의 신념이 무너졌고, 그렇게 되기까지는 지방관들의 사리사욕도 큰 역할을 했기 때문이다. 그는 이상적으로는 중세적 질서의 재건을 기도하면서도, 현실적으로는 지방관의 탐학에 신음하는 백성들의 목소리를 외면하지 않았다. 작가 조경남은 고통받는 춘향의 형상에 전후 수탈받는 백성의 전형을 담았고, 신의를 지켜 돌아오는 암행어사의 형상에는 중세 질서의 복구라는 이념을 담았다. 기생 춘향과 사또 자제인 도령과의 만남은 가장 낮은 자와 가장 귀한 자의 만남이다. 이들은 광한루에서 만나서 사랑을 했다. 전란으로 파괴되었다가 다시 복구된 광한루,[484] 그 광한루에서 나눈 사랑은 신의와 절개를 중시하던 전란 이전의 정신세계가 복구된 사랑이다.

조경남은 국가적 번영과 안위를 훼손하는 내부 · 외부의 적들을 인식하고 있었다. 그는 끊임없는 전란의 부침 속에서 보낸 생애의 마지막에, 자신의 제자인 암행어사 성이성을 만났다. 왕도를 세워 무너진 중세이념을 재건하기 위해 전라도로 파견온 제자를 남원에서 만났다. 그는 중세적 모순의 징치 대상으로 변부사의 형상을, 중세적 이념의 복구 주체로 암행어사의 형상을 창안해 냈다. 그리고 왕화를 입지 못해 음지에서 시들어 죽어가는 백성, 그 백성의 상징을 춘향의 형상으로 그렸다.

「춘향전」의 주제는 여러 계통의 이본들에 따라서 달라지기도 하기 때문에, 여러 이본들을 토대로 보편적 주제와 개별 이본들이 담고 있는 개별적 주제로 구분해서 보아야 한다. 이런 관점에서 보면, 「춘향전」의 모든 이본에 공통적으로 나타나는 사랑, 신분 상승 욕구 등을 보편적 주제로 보고, 그와 반면에 각각의 이본들이 구체적으로 실현하고 있는 주제를 개별적 주제로 본다. 보편적 주제는 모든 이본에 공통되며 「춘향전」의 전승 과정에서도 변하지 않지만, 개별적 주제는 이본의 성격에 따라 다르게 파악될 수 있다. 그러므로 「춘향전」의 주제를 세 가지로 나누어 대주제, 중주제, 소주제로 파악해 볼 수

484) 광한루는 신화적 의미로 천상의 궁전을 상징하고, 현실적 의미로 국왕의 궁궐을 상징한다. 대표적인 용례를 송강가사의 광한전에서 찾을 수 있다. 광한루의 복구는 상징적으로 파괴된 국왕의 권위를 물질적으로 복구함을 의미할 수 있다. 그러나 진정한 국왕의 권위 회복은 「춘향전」의 암행어사같은 구원자로서 도탄의 백성을 구제하는데에서 이루어진다 하겠다.

도 있다. 대주제는 작품의 전체 내용을 대변하는 주제이고, 중주제는 작품의 전반부나 후반부 가운데 어느 한 부분을 대변하는 주제이며, 소주제는 작품의 구성 요소들이 소설에 수용되기 이전에 설화적 상태로 있을 때의 주제이다.[485)]

이 작품이 지닌 문학적 감동의 원천은 사랑의 완성을 유예시키는 운명적 시련과 이별, 그리고 뜻밖에 이루어진 암행어사 출두의 극적인 반전에서 그 절정에 달한다. 정의는 끝내 승리한다는 결말은 선악의 삼각구도에서 등장하는 변부사에 의하여 증폭된다. 춘향과 이도령의 사랑의 방해자인 변부사와, 사랑을 지키려는 춘향과 이어사의 결합은 남녀간의 자유로운 만남이 금기시되고, 사랑마저도 계급적 제약에 의해 규제받던 시대를 배경으로 하면서도, 이를 벗어나려는 순수한 사랑이 극적인 서사의 공감력을 높여준다.

성리학자들이 특수한 전고를 통하여 그 의미를 확충시킨 성리소설의 심층적 주제를 탐색하는 연구방법인 광통학은 통속소설과 유사한 표면서사의 이면에 숨겨진 본질적인 의미를 탐색하는 방법으로, 전고적 서사를 통하여, 때로는 전고적 서사의 유기적 융합을 통하여, 때로는 서사에 내장된 점진적인 의미의 축적과 적층을 분석하고 해석하는 연구방법이다. 이 방법으로 구체적인 작품과, 그 작품의 전후 시대 작품과의 상대적 상관관계를 통해, 조경남의 「원춘향전」의 표면과 이면의 이중 서사구조에 담긴 심층적 주제를 분석하였다. 한편으로는, 재능있는 광대들이 판소리 양식을 창안하여, 조경남의 「원춘향전」을 판소리 「춘향가」로 연행함으로써, 상보적인 위치에서 작품성을 높이면서, 향수자들이 요구하는 시대적인 의미를 적층적으로 쌓아가는 개방적인 속성이 「춘향전」을 소위 춘향 예술로 확장 시켜 나가는 데 결정적인 기여를 하였다.

산서 조경남의 성리소설 「춘향전」의 서사는 2차례에 걸친 재판으로 구체화

485) 설성경, 「춘향전 주제의 특성」, 『조선학보』, 105집, 일본 천리대, 1982.

된다. 변부사가 심판의 주체가 되어 진행하는 1차 재판에서는 변부사의 승리로 끝나서 유죄인 춘향은 투옥이 된다. 이와는 달리, 암행어사가 주체가 된 2차 재판에서는 춘향의 승리로 끝나서, 유죄인 변부사는 봉고파직 된다. 2차 재판의 최종 결과인 암행어사 출두는 「춘향전」 전체의 절정에 해당하며, 흥겨운 변부사의 생일잔치는 아수라장이 된다. 이 장면은 핍박받던 백성들과 독서를 통한 향수자들에게 최고 수준의 심리적인 해소감을 안겨준다. 변부사를 비롯한 이웃 지역 관속들의 허둥거리는 모습에서 억눌리며 살아온 백성들은 심리적인 통쾌함과 해방감을 얻는다. 판소리 창자들은 이 대목에서 이들 관속들의 허둥대는 모습을 희화하고 과장하며 길게 연속함으로써, 판소리 향수자들의 기대를 충족시킨다.

성리소설 「춘향전」이 지닌 주제의 한 갈래는, 탐관오리에 대한 징치다. 〈금준미주〉 한시로 그 절정을 이루는 어사출도 대목은 이몽룡이 백성들의 한을 씻어주고, 삶의 현장에서 희망을 확인해주는 환과 희의 절정을 제시하는 대목이다. 변부사의 생일잔치에서 사령들이 암행어사 출두를 외치기 전에 〈금준미주〉 한시를 통해 은근히 드러내자, 잔치에 모여있던 남원 인근의 여러 고을 수령들이 질겁을 하고 도망가기 시작하는 그 순간에, 암행어사 출도가 외쳐지자, 생일 잔치상이 뒤집어지고, 탐관오리의 학정을 징치하는 대반전이 일어난다는 극적인 표현이 「춘향전」의 대단원이다.

참고문헌

김태준, 『증보조선소설사』, 학예사, 1939

금장태, 『의리사상과 선비정신』, 우석, 1982.

김동욱, 『춘향전 연구』, 연세대학교 출판부, 1965.

김석배, 「춘향전 이본의 생성과 변모양상 연구」, 경북대학교 대학원 박사학위논문, 1992.

김영수, 『한국의 지역축제』, 도서출판 피아, 1996.

김학주, 『중국문학서설』, 동화출판공사, 1986.

김헌선, 『동해안 화랭이 김석출 오구굿 무가 사설집』, 월인, 2006.

김흥규, 『전통사회의 민중예술』, 민음사. 1980.

도광순, 「팔관회와 풍류도」, 한국학보 21권 2호, 1995.

류동식, 『한국무교의 역사와 구조』, 연세대학교출판부, 1985.

류준경, 「한문본 〈춘향전〉의 작품 세계와 문학사적 위상」, 서울대학교 대학원 박사학위논문, 2003.

류탁일, 『한국문헌학 연구』, 아세아문화사, 1989.

박 황, 『판소리 이백년사』, 도서출판 사사연, 1987.

백상기, 『조선조 감사제도』, 영남대학교출판부, 1990.

서종문, 『판소리사설 연구』, 형설출판사, 1984.

성현경, 『한국 옛소설론』, 새문사, 1995.

설성경, 『춘향전의 형성과 계통』, 정음사, 1986.

______, 『춘향예술의 역사적 연구』, 연세대출판부, 2000 .

______, 『춘향전의 비밀』, 서울대학교출판부, 2001.

______(편) 『춘향전 연구의 과제와 방향』, 국학자료원, 2003.

손태도, 『광대의 가창 문화』, 집문당, 2007.

송방송, 『한국음악통사』, 일조각, 1985.

신동욱, 『우리이야기 문학의 아름다움』, 한국연구원, 1981.

심우성, 『남사당패 연구』, 동화출판공사, 1980.

심효섭, 「조선전기 영산재 연구」, 동국대학교 대학원 박사학위논문, 2004.

안대회 외, 『시화총서』, 성균관대출판부, 2019.

양훈식, 『성혼 시의 도학적 성향과 품격미』, 학고방, 2020.

유민영, 『한국현대희곡사』, 홍성사, 1982.

윤광봉, 「축제의 연구」, 『한국민속연구사』, 지식산업사, 1994.

이상욱, 『조선 과문 연구』, 연세대학교 대학원 박사학위논문, 2015.

이석린, 『임란의병장 조헌 연구』, 신구문화사, 1993.

이성천, 『한국전통음악형성론』, 민속원, 2005.

이윤석, 『향목동 세책 춘향전 연구』, 경인문화사, 2011.

이윤석 · 최기숙, 『남원고사 원전비평』, 보고사, 2009.

이재수, 『한국소설연구』,형설출판사, 1969.

이정덕. 『전북의 축제』, 신아출판사, 2000.

이혜구, 『한국음악서설』, 서울대학교출판부, 1985.

장윤식, 『이조암행어사제도의 연구』, 고려서적회사, 1959.

전경욱, 「춘향전 작품군 가요의 형성과 기능」, 고려대학교 대학원 박사학위논문, 1989.

전상욱, 『방각본 춘향전의 성립과 변모에 대한 연구』, 연세대학교 대학원 박사학위논문, 2006 .

정노식, 『조선창극사』, 조선일보사, 1940..

정병헌, 「신재효 판소리 사설의 연구」, 평민사, 1986.

정소연, 『조선시대 한시와 국문시가의 상관성』, 한국문화사, 2019.

정병설, 『춘향전』, 서울대학교출판문화원, 2021.

정충권, 『판소리 사설의 연원과 변모』, 다운샘, 2001.

조동일, 『한국문학통사』, 3권, 지식산업사. 1994.

조윤제, 『교주 춘향전』, 박문서관, 1936.

황패강 · 윤원식, 『한국고대가요』, 새문사, 1986